南山律在家备览

弘一大师 遗著　　良因法师 导读

宗体篇 · 持犯篇 · 忏悔篇 · 别行篇 · 讲义篇

上海三联书店

唐・南山道宣律祖

弘一大师晚年慈照，1937年摄于上海

弘一大师油画像
徐悲鸿绘（1939年作于新加坡）

1920年，出家两年后的弘一大师，摄于杭州玉泉

1942年，弘一大师晚年留影于泉州

1936年，弘一大师在厦门鼓浪屿

1920年，弘一大师在上海

1941年，弘一大师在永春

1940年，弘一大师在漳州

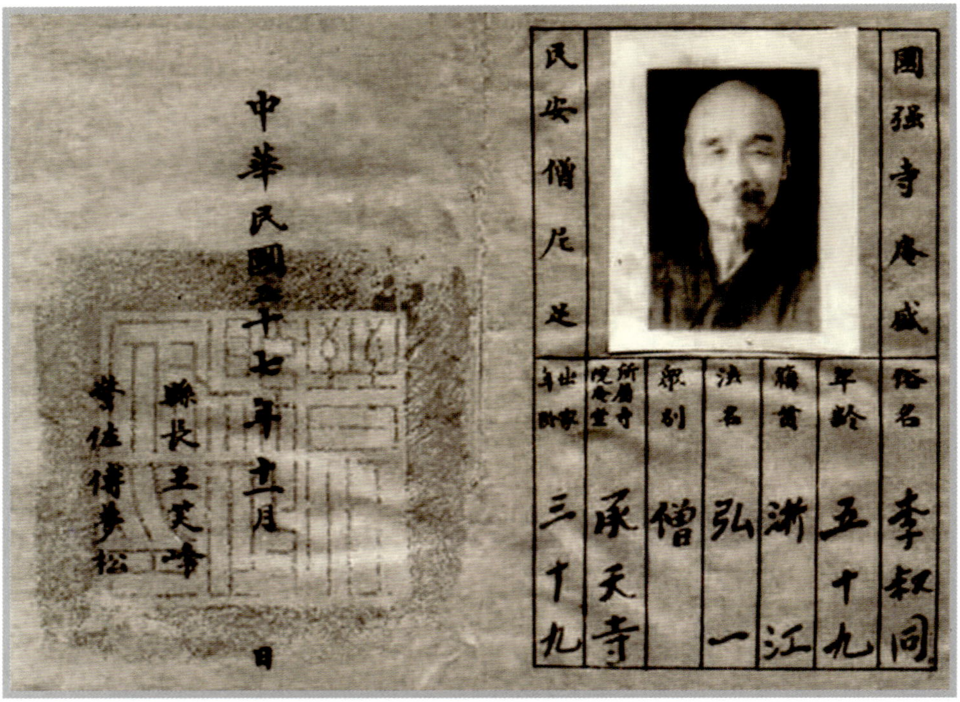

弘一大师出家时期僧人身份证（1938年11月办理）

1918年，李叔同出家前在杭州与两位得意门生合影留念（左为刘质平，右为丰子恺）

1938年，弘一大师与性常法师摄于泉州

弘一大师（左）与因弘法师合影

1942年，弘一大师与施至伟居士在石狮合影

1919年，弘一大师与留日医生陆露沙摄于杭州

1927年，弘一大师（右）与俗侄李圣章在西湖合影

1936年，弘一大师与佛学家、《护生画集》第五集的文字书写者虞愚（右）及蔡吉堂合影

1942年，弘一大师（中）与广义法师、传如法师合影于泉州百源村池畔

1942年，弘一大师（中）应浙江第一师范门生石有纪（左）邀请前往惠安灵瑞山弘法谱经，摄于泉州百源村池畔

1939年，弘一大师与黄福海（右）在泉州合影

1924年，弘一大师（坐者）离开衢州赴温州前在祥符寺留影

1927年，弘一大师（左）与宽愿法师在杭州飞来峰石洞前合影

1931年10月29日，弘一大师（左一）摄于庆福寺

弘一大师（右二）与国学大师马一浮（右一）合影

1938年，弘一大师摄于漳州七宝寺

1937年，弘一大师（左四）自青岛返闽时，旧雨新知送于黄浦江码头（左二为刘质平，左三为夏丏尊）弘公时年58岁

1938年，摄于福建泉州承天寺，自左至右：瑞今法师、泉州报社经理、郑健魂、弘一大师、转尘法师、袁延年、高文显、传贯法师、广义法师和觉圆法师

1937年，弘一大师（左四）去青岛湛山寺的轮船上

1938年，弘一大师（前排左四）于漳州尊元经楼宣讲《阿弥陀经》

1933年，弘一大师摄于泉州开元寺（左起：青眼居士、性愿法师、弘一大师、转尘法师、广心法师）

弘一大师（中）在漳州梅园与吕玉书（左）、施萌棠合影

1934年，弘一大师（前排左四）在厦门南普陀倡办佛教养正院，图为佛教养正院同学合影

1941年，弘一大师（第二排左五）于晋江檀林乡福林寺念佛会合影

1930年，弘一大师（左四）与虚云大师（左五）等在宁波白衣寺合影

1980年10月，弘一大师即李叔同先生诞生一百周年，纪念祭塔同人合影

天人供养道宣律师的“天界食物”，就是放在这个石壁上的凹槽里

唐·道宣律祖曾住此寺潜心著述，弘宣律学，开创了研习和传授戒法的宗派——律宗，净业寺也因此成为中国佛教律宗的祖庭

弘一大师闭关遗址（福建永春普济寺）
《南山律在家备览》在此处开始和完成，半个世纪的风雨只剩下石头砌的供桌

在原址恢复建起的弘一大师闭关遗址
弘一大师于1939年2月27日，莅院闭关，住寺后精舍，名其居“十利律院”书门联曰：“闭门思过，依教观心”

律宗祖庭，陕西终南山净业寺

弘一大师舍利塔（杭州）

弘一大师舍利塔（泉州）

赵朴初为净业寺题词“律宗祖庭”

弘一大师舍利塔碑文（杭州）

前国务院副总理李岚清素描弘一大师

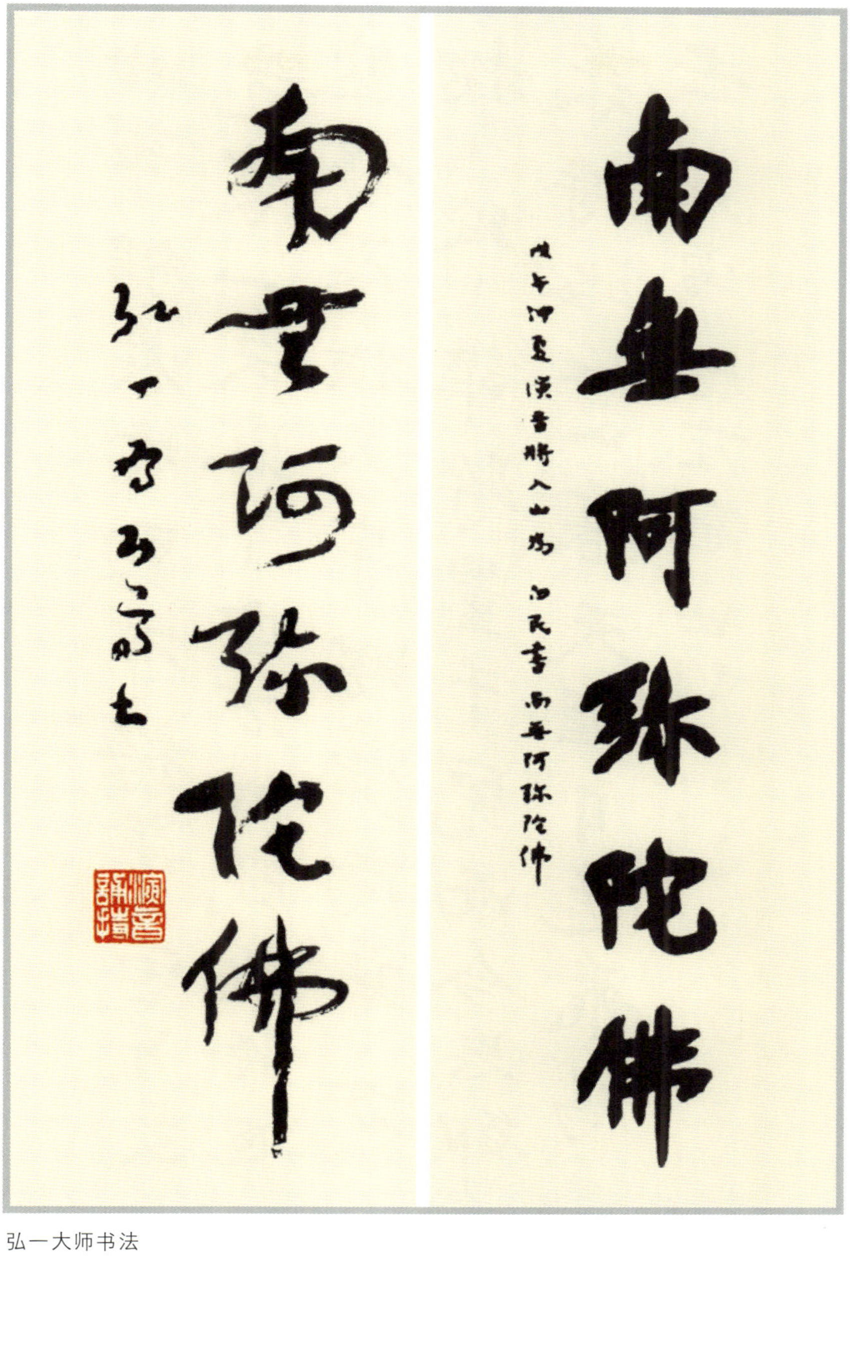

弘一大师书法

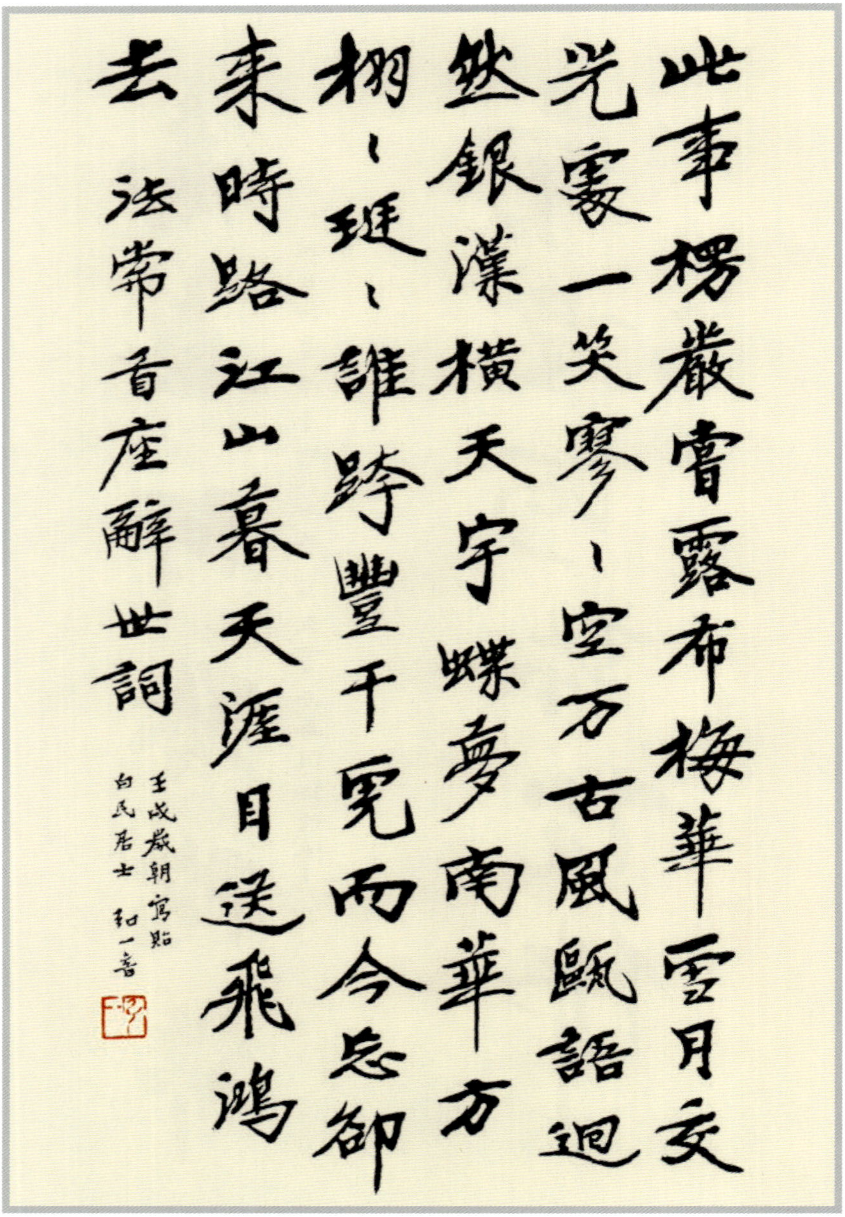

弘一大师书法（写给城东女学杨白民先生）

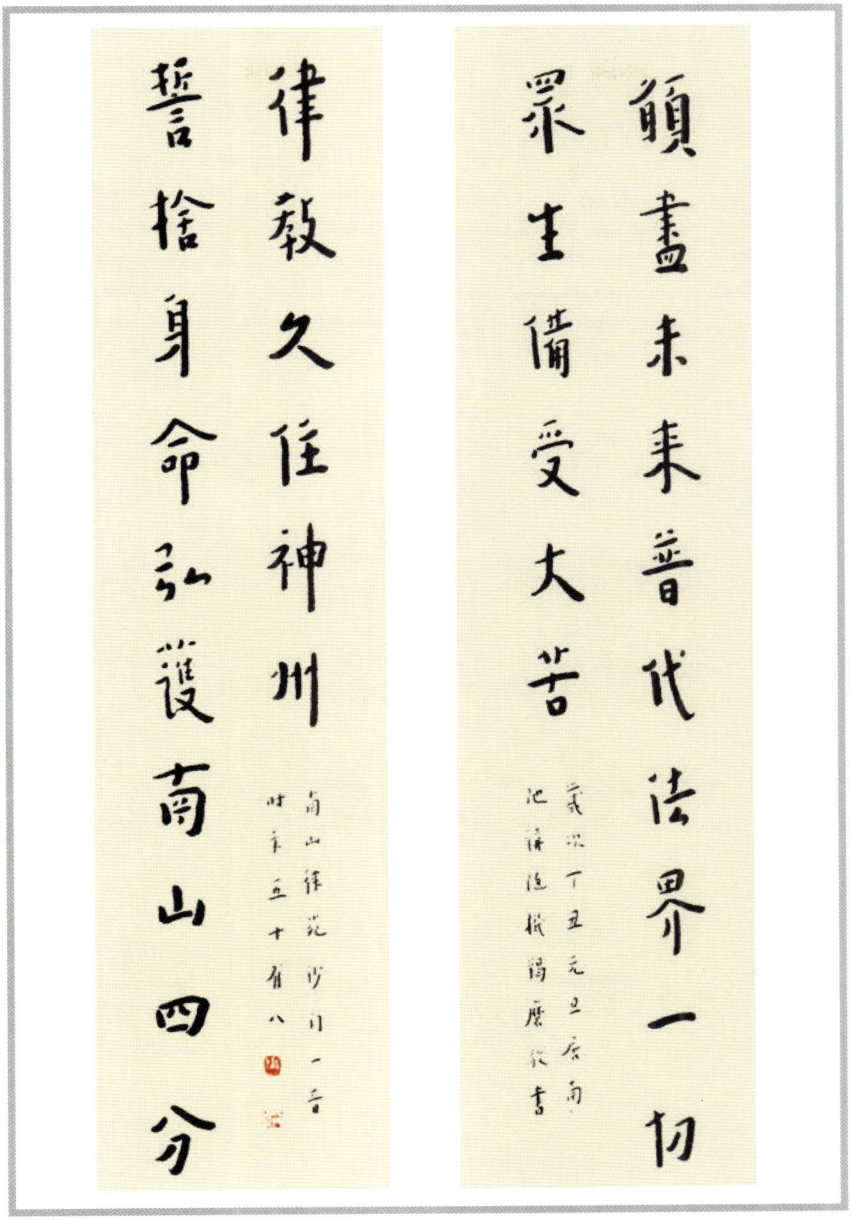

弘一大师书法

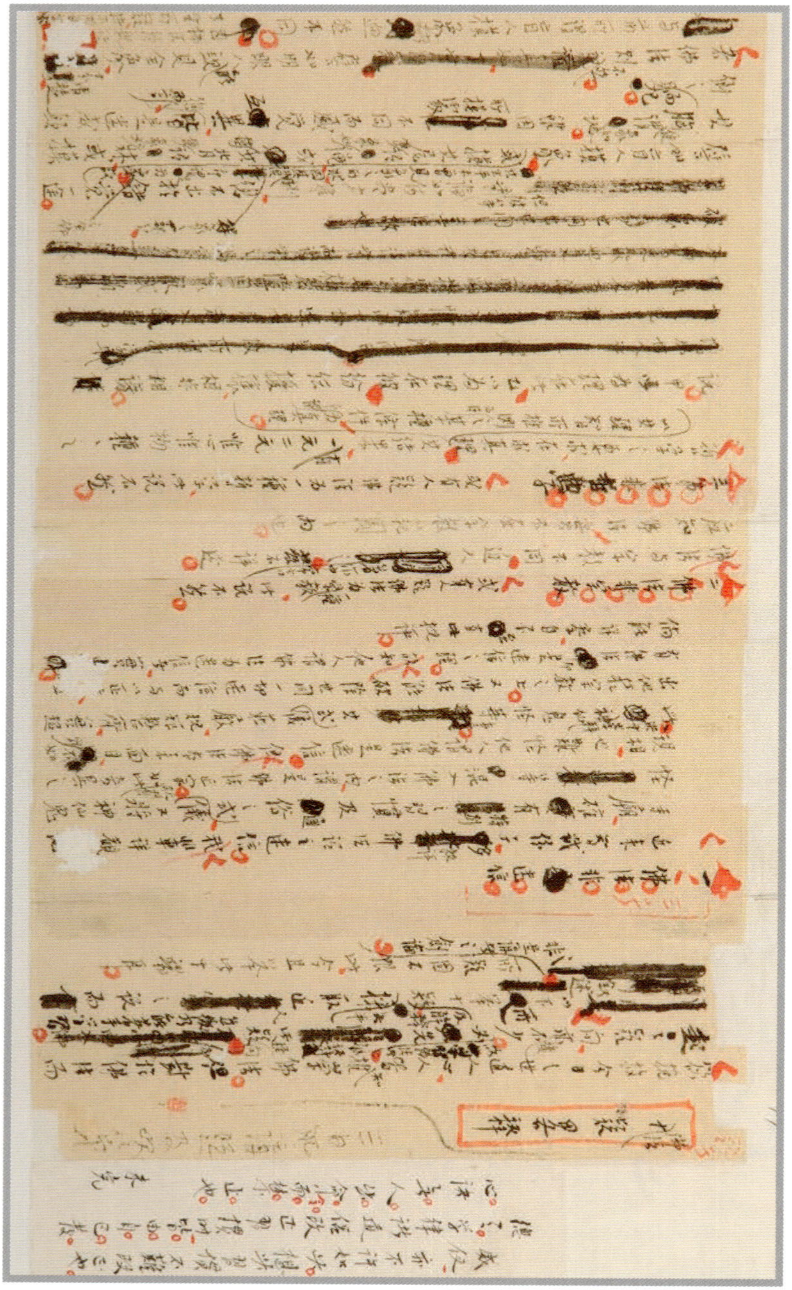

弘一大师手稿

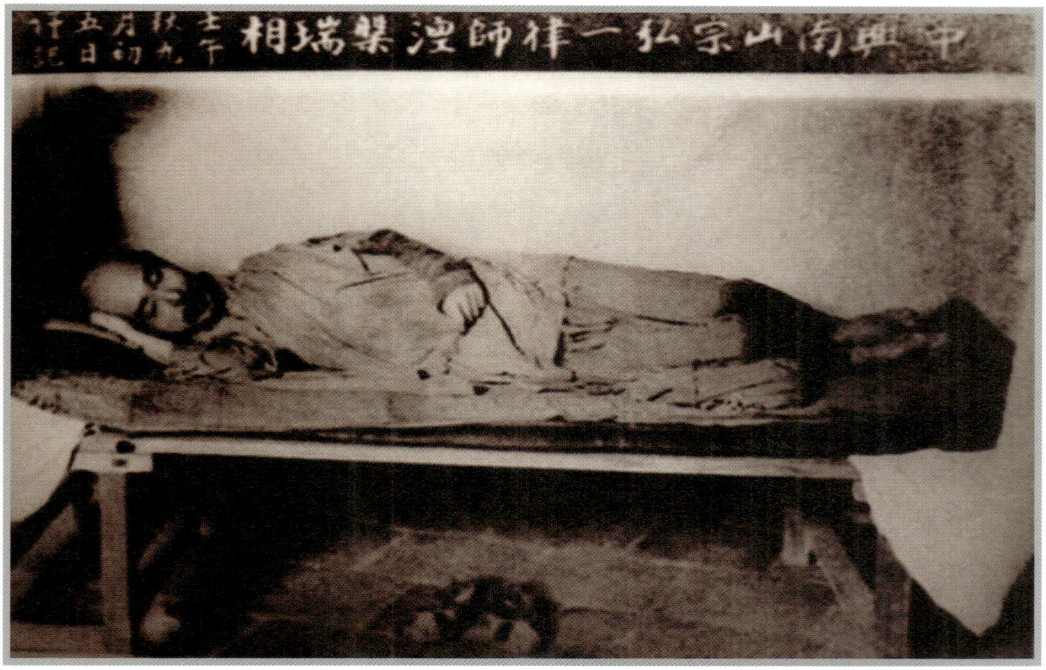

1942年，弘一大师于泉州圆寂

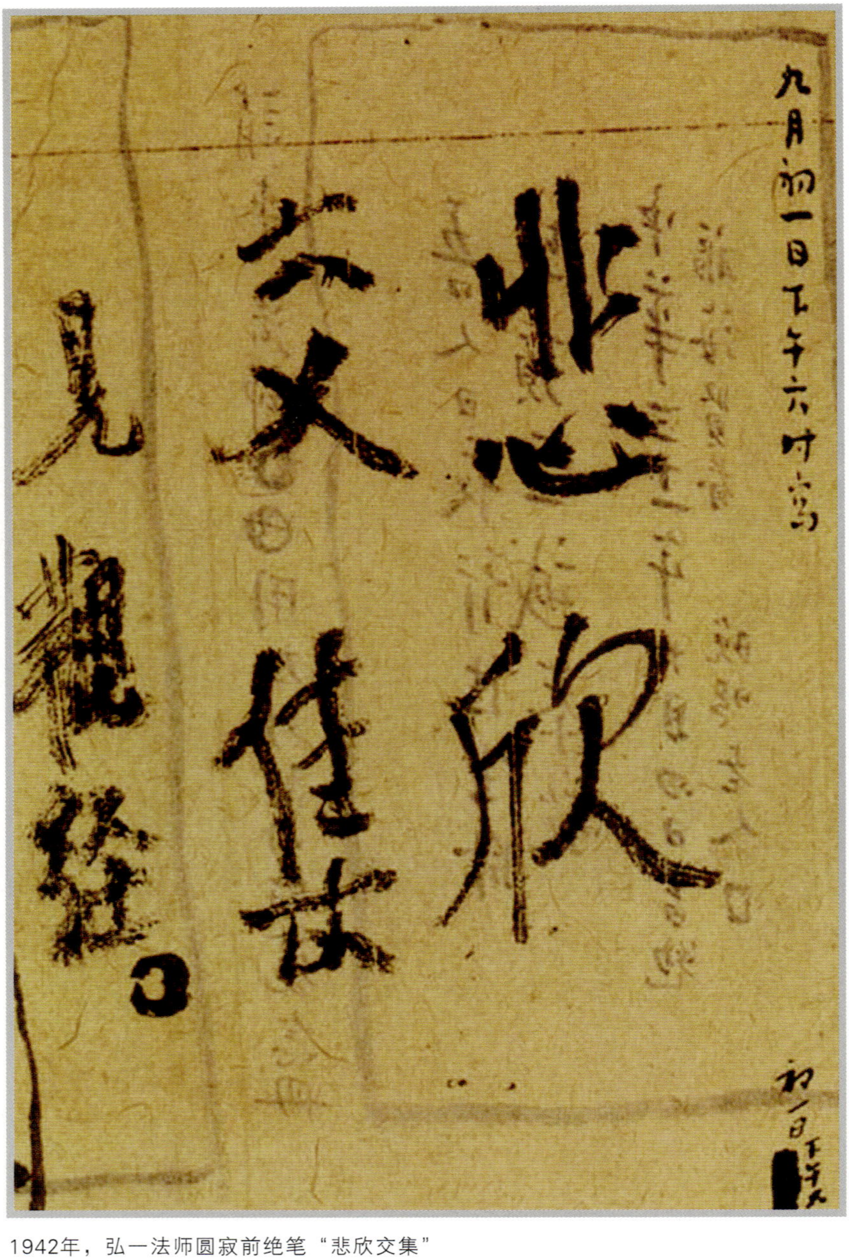

1942年，弘一法师圆寂前绝笔“悲欣交集”

南山律在家备览

—— 弘一大师 遗著　　良因法师 导读 ——

宗体篇 · 持犯篇 · 忏悔篇 · 别行篇 · 讲义篇

目　录

南山律在家备览・持犯篇

南山律在家备览・忏悔篇

南山律在家备览・别行篇

南山律在家备览·讲义篇

前　言

经云："因戒生定，因定发慧"，所以持戒是修行非常重要的基础。我们修行的目的，是为了得到解脱，而解脱最根本的关键，就在于透过智慧，观察一切法"如梦幻泡影，如露亦如电"，因此能破除一切颠倒妄想，而得到解脱。

但智慧的生起，必须假借定力的帮助。就像蜡烛，要有房间的保护，烛火才不会随风飘荡，而能够清楚分明地照物。定就像房子，能保护我们的智慧之火不受烦恼的干扰，使之照了分明。

若要得定，就不能离开"戒"这个基础。为什么呢？因为戒能规范我们的身、口、意三业，什么该做，什么不该做，使我们躁动的心能安定下来，所以戒非常重要。

例如我们在佛堂用功时很专注、内心很定，但出了佛堂，若没有戒的摄持，不该做的恶业照做，该做的善业却不做，必然导致身心躁动。于是，纵然在佛堂中用功地修定，一出佛堂，功夫就荒废掉了，这样要培养定是很困难的。

所以要保护我们的定力，除了修定者本身的正念正知外，再来就是要通过戒来摄持。透过常常忆念戒法——什么该做，什么不该做，自然就能帮助摄心，并随顺于修定，定力也就能慢慢增长了。

为什么说持戒随顺于修定呢？因为我们在修定时，必须专注于所缘境，生起妄想杂念，就要不断地把心拉回来。持戒时的心态也是一样的，必须不断地去观照，这件事该不该做，由此摈除了会使内心躁动的因缘，这不就是随顺于修定吗？所以真正懂得修行的人就会体会到：噢！戒真是太好了！我可以通过持戒，来帮助摄心，从而使定慧的力量渐渐生起。

不懂修行原理的人往往会觉得：持戒好麻烦，它限制我这该做、那不该做；我喜欢自由，干脆就直接念佛，或者学习般若智慧好了。这实在是外行的想法。没有戒的修行，就像没有地基的房子，盖得再漂亮，也是不安全、不牢固的。所以戒可以帮助我们主宰这念心，不再被习气所奴役，这是持戒的第一个功德。

再者，因为持戒，所以业清净，就能减少很多修行中的障碍。例如观想佛像，本来应该是金黄色的，但有人观想时，像上却总是浮着一层黑影，为什么呢？就因为戒没持好，所以修定也难以成就。修持其他法门也是一样，若是业不清净，往往会有种种障碍，使功德无法成就。因此，持戒除了能都摄身、口、意三业之外，还能使我们的业清净，从而在修学定慧时，更容易相应。

出家修行人之所以修定比较容易深入，就在于他有出家的戒体，业更清净，因此修定时更容易相应。有了定力，智慧也才能发挥力量。就像有了房屋的保护，烛火不再飘摇，才能够照了清晰。所以因戒生定，因定发慧，戒是整个修行的基础，是很重要的！我们要将持戒作为修行，乃至往生净土的资粮，这就是我们学戒、持戒的主要目的。

《南山律在家备览》是弘一大师本着一片悲心，在浩如烟海的南山宗律典中，扼要地择录出适合在家人学习的部分，辑为备览。备览者，即应当作为常备的、常常去阅览、复习之扼要教授，就像我们的常备药一样。

但《在家备览》对初学戒者，可能还是过于深广，因此我们先选取其中的精华，且对初学者比较适合的部分来学习。了解了本论之梗概，未来有因缘，再继续深入学习完整的《在家备览》时，相对就容易多了。

以上是介绍学习本论的意义，愿大家皆能发起欢喜心、无畏难心，共同学习此殊胜之教授。

2014年春 良因于净律寺普贤院

《南山律在家备览》成书的历史背景

恭录自《弘一大师书信》

第一篇

（一九三九年旧历三月十八日，永春普济寺，时年六十）

（《宗体篇》第二次正稿写竟）

圆晋居士莹鉴：

惠书诵悉。诸承关念，至用感慰。**朽人近年已来，精力衰颓，时有小疾。编辑之事，仅可量力渐次为之**。若欲圆满成就其业，必须早生极乐，见佛证果，回入娑婆，乃能为也。（古德云：去去就来，回入娑婆，指顾间事耳。）

《南山律在家备览略编》第一册《宗体篇》，至今晨已将第二次正稿写竟。尚须整理增删，然后再写第三次正稿。以前预计，四五月间可以将第一册稿本寄奉。近以目力不佳，精神恍惚，恐须延期至五月以后乃成就也。

《南山年谱》，于数年前已编就，今存鼓浪屿，仅有数纸。以后拟再编《灵芝年谱》，材料甚少，亦仅三四纸。将来即附于《在家备览》第三册后也。

《羯磨讲录》久已编就（共二册，或四册）。将来尚拟再为整理，乃能出版。《戒本讲录》，亦久编就（共二册，或四册），后半尚可用，前半须重编。以上两种，皆须俟编辑《在家备览》毕乃能着手。

吾人修净土宗者，决不以弘法事业未毕，而生丝毫贪恋顾惜之心。朽人以上所云编辑诸事，不过姑作此想。经云：人命在呼吸间，固不能逆料（预料）未来之事也。余与仁者友谊甚厚，故敢尽情言之。乞勿以此信示他人，他人见者或为惊诧也。聂云台居士病状如何？以后来信时乞便中示及。谨复，不具。

三月十八日　音启

第二篇

（一九三九年旧历五月十二日，永春普济寺，时年六十）

（《宗体篇》第三次正稿书写中）

昔蔚如居士刻《南山律书》近百余卷，除赠送之外，罕闻有人出资请购者。即赠送与人，读者亦希，仅藏置高阁耳。

且如朽人近编之《南山律在家备览略编》，因普被在家人故，将来出版之后，慕名而请购者，或尚有一二百人。若真能披读而研习了解其义者，或亦仅有仁者及古农、幼希数居士耳。

近来目疾增剧，抄录《备览》仅及一半，约五十余页。尚有一半，未抄录。谨复，不具。

五月十二日　音启

附一纸，乞于便中交夏居士为感！**此次书写《备览》稿，颇为用心。每写一页，须一小时以上，乃至两小时。**附呈废稿《十善法》一纸。

第三篇

（一九三九年旧历六月初五日，永春普济寺，时年六十）

(《宗体篇》第三次正稿写竟)

圆晋居士澄览：

惠书诵悉。《宗体篇》已于前日写竟。

《宗体篇》共计九十一页（中国页数），俟秋凉久晴时邮奉，谨复，不具。

六月初五日　音启

第四篇

（一九四〇年旧历春分，永春，时年六十一）

(《宗体篇》最后编校中)

圆净居士澄览：

惠书，欣悉一一。兹奉上《盗戒问答》稿一册，乞先付印。《南山律在家备览》，一时未易着手编辑。兹拟先辑《南山律在家备览略编》一部，共三册。拟分三次出版。第一册《宗体篇》，第二册《持犯篇》，第三册《忏悔篇》、《杂行篇》及附录。第一及第二册皆可单行。

现已着手先编第一册《宗体篇》，约于农历四月五月间可以编就奉上。此略编虽不及广本完备，然已规模初具，足供学者之研习矣。

《宗体篇》所述者，为如何受戒、得戒；《持犯篇》所述者，为如何持戒。故此二册，皆可各别流通。

朽人近年来，精神大不如前，且时有小疾，《在家备览》广本，恐难成就，故先辑此略编；又恐不能完成，故令前二册皆可单独流通，即使仅辑成第一册，或仅辑成第二册，而命终生西，亦无妨也。

战事于今年当可停止。其时朽人倘尚康健者，拟往厦门整理残稿。**但校订抄写皆由朽人自任之，故难以速成也**。旧藏槫桑古版律宗典籍甚多，其孤本之佳者有十数部，亦须校订抄写乃可寄上也（现皆在鼓浪屿及厦门）。

农历 春分晨

第五篇

《南山律在家备览例言》(摘录)

（一九四〇年旧历暑初，永春，时年六十一）

(《宗体篇》全数完成)

数年已来、欲于南山律中，摭挈其为在家居士所应学者，辑为一部，名曰《南山律在家备览》。老病因循，卒未成就。今行辑《略编》，别以流通。虽文不具足，义未详释，而大途略备，即此亦可窥见广本之概致焉。

南山之文古拙，而义赜隐。后之学者，未可畏难，浅尝辄止。宜应习览，自易贯通。

养痾山中，勉辑是篇[1]。偶有疑义，无书可考。益以朽疾相寻，昏忘非一。舛伪脱略，应所未免。率为录出，且存草稿。重治校订，愿俟当来。

1．谨案《例言》之末，泉州所藏原稿《附记》云：“(民国)二十九年，岁次寿星十月初九，辑录《宗体篇》竟，并识。沙门善梦，时年六十有一，居毗湖山中。”

例言所谓“养痾山中，勉辑是篇”者，即指《宗体篇》而言。其后续辑《持犯》《忏悔》

《别行》三篇，一依《宗体篇》例。故大师写定原稿寄沪时，删此附记。兹仍依泉稿补识，俾可考见大师辑成是篇之时地。

—— 大藏经会谨识

【注：“毗湖”即“蓬壶”的泉音。“善梦”即弘一法师别号。】

十月初九日（阳历11月10日），弘一大师在普济寺掩关572天后开关。闭关期间，完成《南山律在家备览略编》之编辑。

—— 泉州历史网

第六篇

（一九四二年旧历九月，泉州，往生之年）

彬翰居士文席：

前奉惠书，欣悉一一。朽人已于农历（九）月（四）日谢世[2]。**前所发愿编辑之《南山律在家备览》，未能成就，至为歉然**。惟曾别辑《盗戒释相概略问答》一卷，虽简略无足观，然亦可为最后之纪念也。附邮奉上，希收受。谨陈，不具。

后记：

弘一大师晚岁辑《南山律在家备览略编》，**费时二载，极费苦心，稿凡三易，方得告成**。**原拟全部写成现代文言，俾浅显易读，而未果遂**……

—— 大藏经会谨识

2. 沈彬翰，江苏苏州人，当时为上海佛学书局经理。按此涵预先写就，着人后填月日寄发。

良因赞曰：

当我们仔细体会弘一大师晚年的身心状态，以及大师编撰时精益求精的态度；再看《南山律在家备览》所引述的《南山三大部》卷帙之繁多，内容之浩瀚……本书编辑时的艰难程度，是可想而知的。

如大师所言：“近来目疾增剧……每写一页，须一小时以上，乃至两小时……”忆念大师为众生殚精竭虑之悲心，当我们阅读此书时，岂敢再以文字古拙、义理隐晦等托辞，而生懈慢推延之心呢！

从道宣律祖、灵芝律师……到弘一大师，历代的祖师们以无尽大悲，为我们留下了如此珍贵的教法，愿后来学者皆能体会古德殷殷之意，发起精进之心，传承古德之教授，莫做佛法断种人。

南山律在家备览

——宗体篇

弘一大师 遗著

良因法师 导读

以戒為師

宗体篇大纲

- 总说
  - **第一课 总明宗趣**
    - 甲一、依据
    - 甲二、宗趣
- 戒法
  - 通叙戒法
    - **第二课 示相彰明**
      - 甲一、正示戒法
      - 甲二、杂项料简
        - 乙一、化教与制教差别
        - 乙二、戒法与世善差别
        - 乙三、遮戒与性戒差别
    - **第三课 略明戒德**
      - 甲一、圣道本基
      - 甲二、戒有大用
  - 归戒仪轨
    - 戒德高胜
      - **第四课 归依功德**
        - 甲一、归意
        - 甲二、显相
          - 四种三宝
          - 宝性论六义
        - 甲三、功益
      - **第五课 持戒功德**
        - 甲一、五戒
        - 甲二、八戒
    - 受戒仪轨
      - **第六课 预习发戒**
        - 甲一、所受法体
        - 甲二、发戒境量
        - 甲三、依境发心
        - 甲四、用心承仰
      - **第七课 正式作法**
        - 甲一、简人是非
        - 甲二、叹功问相
        - 甲三、忏悔清净
        - 甲四、作法差别
          - 乙一、临时开导
          - 乙二、正纳戒体
          - 乙三、示相教诫
      - **第八课 问答释疑**
        - 甲一、三归
        - 甲二、五戒
        - 甲三、八戒
- 戒体
  - **第九课 戒体相状**
    - 甲一、所发业体
      - 乙一、辨体多少
      - 乙二、解释名义
        - 丙一、约圆义以示体相
        - 丙二、约随行以明持犯
      - 乙三、显立正义
    - 甲二、发戒数量
      - 乙一、明境遍一切
        - 丙一、总标
        - 丙二、别释
          - 一、分不定
          - 二、因不定
          - 三、定
          - 四、五种分别
      - 乙二、明发戒多少
    - 甲三、结示劝修
- 行相
  - **第十课 戒行戒相**
    - 甲一、戒行
      - 乙一、正明随行
        - 丙一、基本定义
        - 丙二、受随关系
        - 丙三、随行功德
      - 乙二、因示舍戒
    - 甲二、戒相
    - 甲三、结劝

第一课 总明宗趣

本课先将整个《在家备览》的精神，做概略性的介绍。第二课到第十课才是《宗体篇》的正文，也就是介绍戒法、戒体、戒行、戒相的部分。

所谓“宗趣”，“宗”就是宗旨，是持戒的主要精神；“趣”就是趣向，是持戒要达到的目标。

戒法虽然多门，如五戒、八关斋戒乃至菩萨戒等，但是它会有一个中心思想，也就是宗。这中心思想是什么呢？如前言所述：“因戒生定，因定生慧。”大悲佛陀制定戒法的目的，是为了帮助我们修行，这就是宗旨。

而持戒之后最主要的趣向为何呢？成阿罗汉吗？当然不是；或者只是成菩萨吗？也不是；持戒的目标是为了要成佛，这是南山律宗特别殊胜的地方。

本课内容分为两段：**甲一、依据，甲二、宗趣**。我们先介绍教材的依据：

甲一、依据

此课程内容，乃依据弘一大师所编之《南山律在家备览》为底本，而加以糅合而成。

本书是根据弘一大师所编辑的《南山律在家备览》糅合而成，《在家备览》可说是弘一大师一生学戒、弘戒的结晶。由于年代久远，流传下来的律藏典籍难免有错误脱落，因此大师费了一生的功夫，来整理律藏，尤其是道宣律祖所著的《南山三大部》，这是南山宗的根本论典。之后，大师在晚年更择取《三大部》思想的核心，糅合成《南山律在家备览》。因此可以说，这是大师数十年学戒的心得，实为大师一生智慧的结晶！

因此本论的标题虽是《在家备览》，但出家人一样要学习，因为它是整个律藏的思想核心。它就像一把钥匙，藉此打开浩如烟海的律藏之关键枢纽。

所以弘一大师告诉弟子："以后如果要纪念我的话，不要写一些纪念文章，那些意义不大；真的要纪念我的话，就弘扬这本《南山律在家备览》吧！"

由于《在家备览》义理精要，初学必须假借方便，方能渐渐契入。故在此不加个人意见，也不改变原文，仅就着本论中扼要处，编辑成这本《导读》，以作为未来大家深入本论的基础，这是本课程的依据。

接着介绍：**南山律**。

唐道宣律师居终南山，后世因称其撰述曰"南山律"。

这是第一段，"人清净"，就是介绍说法者道宣律祖，人的清净。

南山以《法华》、《涅槃》诸义，而释通《四分律》。

这是第二段，"法清净"，就是介绍南山律，法的清净。

贯摄两乘，囊包三藏，遗编杂集，攒聚成宗。

最后一段是赞叹因为人、法皆清净，所以显现了南山宗的殊胜。

首先介绍第一、“人清净”，也就是介绍道宣律祖的生平。

我们在学习任何传承的法门时，对这个传承的祖师，都必须要很了解。因为透过了解祖师的生平，再学他的教授时，才能生起信心，以及尊重恭敬之心，并因时常忆念、顶礼祖师，而能得到古德们的加持。所以我们在学此法之前，对传承的祖师——道宣律祖，要先生起大信心。

以下根据弘一大师所编辑的《年谱》，来介绍律祖的生平。

出生 **隋文帝开皇十六年丙辰四月八日，律祖生于京兆。曾祖陈朝驸马都尉；祖陈留太守；父名士申，吏部尚书；母姚氏。十岁遍览群书。十二岁善闲文藻。**

道宣律祖出生在隋文帝开皇十六年的四月八日（农历），跟释迦牟尼佛诞辰是同一天。他出生在长安，那时称为京兆。

他的家族是非常显赫的贵族，曾祖父曾经在魏晋南北朝时，被南方的陈朝授予驸马都尉，祖父曾做过陈留太守。宣祖的父亲钱士申，在陈朝时担任吏部尚书，也是个大官。

他母亲非常信佛，因为他们夫妻年纪很大，都没有孩子，所以就不断地祈求观音菩萨加持，送给他们一个孩子。结果有一天，梦到天空一轮明月，掉到他母亲的怀里，后来他母亲就怀孕了。

他母亲怀孕时，又做了个梦，梦到有人跟她说，你所怀的孩子，过去生是梁朝的僧佑律师。而僧佑律师的前身，是齐朝的僧护律师，这两位大德在《梁高僧传》里都有记载。

梁朝的僧佑律师，是连皇帝都非常崇敬的一位大德。归依他的弟子有上万人之多，而且还曾到皇宫里面为六宫的嫔妃授戒，皇帝对他这么尊重恭敬。甚至因为他年纪大了，还允许他在皇宫内乘轿。他在当时，也是僧众的一个领袖，是一位非常有修行的大德。

僧佑律师的前世——齐朝的僧护律师，他从小就出家，一生精进修苦行。后来在天台的石城山造了一尊弥勒大佛。这尊佛像是非常有感应的，智者大师后来就是在这尊大佛前灭度的。智者大师灭度时，整个大佛放大光明，光明照到房中，现场每个人都见到了，这就是道宣律祖的前世。所以我们知道，道宣律祖也是再来人啊！

宣祖毕竟生长于书香门第，所以在他十岁的时候就已经遍览群书，十二岁的时候，文采就非常地好了。弘一大师曾赞叹说：“我们要是能够常常阅读道宣律祖的著作，除了佛法的利益之外，文学素养也能够提升的。”我们现在直接读《在家备览》，可能会比较吃力一点，但是经过解说之后会发现，义理其实都不是太难，就只是因为我们不熟悉当时的文言形式罢了。

出家 **昔在童稚，即有信心。年十有五，喟然叹曰：“世间荣禄，难可常保。”因往事日严寺慧頵和尚。十六岁两旬之间，诵法华经一部。十七岁剃落。**

接着谈到宣祖出家的过程。由于他父母都信佛，也是由于过去生的善根，因此他从小对三宝就很有信心。

宣祖十五岁的时候，陈朝被隋所灭，他父亲本来是贵族，这时也丢了官，从原本最高的吏部尚书，变成普通老百姓，这个变化太大了，所以道宣律祖就感叹：这世间的荣华富贵，实在都是无常啊！因此发心到长安日严寺，礼请慧頵（jūn）和尚，请求剃发出家。

十六岁那年，他师父要他背《法华经》，本来希望他半年到一年把它背下来，没想到他二十天就背下来了。我们知道，《法华经》不要说背，七卷六万多字的经文，单单从头到尾念完一遍，正常的速度差不多也要五个小时左右。而宣祖二十天当中就将《法华经》背下来了。

在那个时候，要剃度是要经过考核的，不像现在谁都可以剃度。因为这件事情，所以当时日严寺的长老比丘们都很震惊，知道这是个再来人，因此一致允许他剃度出家。所以宣祖十七岁剃发，正式成为沙弥。

宣祖的师父慧頵法师，也是一位很有道德的修行人，自知以本身的才能，是不足以教导他这个弟子的，因此他就把道宣律祖托付给他的好朋友智首律师来教导，那是当时律宗的一位大德。所以古人就是有这种雅量，不会说这是我的剃度徒弟，又这么样的优秀，我一定要把他留在身边，不会的！他会考虑他的道业前途，怎么好就怎么做。

受具　**二十岁奉诏，依智首律师受具。顶戴宝函，绕塔行道，感舍利降函，乃进受具戒。**

到了二十岁时，道宣律祖就准备要受具足戒，也就是比丘戒了。但宣祖对受戒这件事情非常地谨慎、虔诚，他希望得到佛菩萨的印证，认可他能获得戒体后，再去受戒。他的师长智首律师，曾经给他一个宝函，过去是装佛舍利的，现在已经空了。宣祖就顶戴着这个宝函行道，不断地绕佛、经行、诵经等，祈求佛陀现瑞证明。经过几天精进行道后，宝函中突然出现舍利子，此时宣祖就有信心了，知道这是诸佛给他的印证，这次受戒肯定能得到上品清净的戒体，因此他才去受了具足戒。这个标准对我们来说，或许是做不到，但是至少我们未来学戒、受戒时，应当效法宣祖的精神，要更加地谨慎才好。

住山　**二十一岁，天下大乱，遂入终南山习禅，兼阅律典。**

到了二十一岁，本来受戒后应该马上要学戒的，但那时陈朝刚亡，隋朝初建，乃至不久后隋朝也灭亡了，天下因此大乱。长年的兵荒马乱，老百姓都吃不饱了，哪还有能力护持寺院呢！所以整个寺院就破败不堪，僧众四处沦散，留在寺院的人，往往也只能挖野菜来维持生计。此时生活都有问题，更谈不上学戒了。

所以宣祖在二十一岁那年，就进入终南山修行止观、坐禅。因为没有人可以引导他学戒，所以他只能自己阅读律藏。而那时所能阅读的律典，实际也就只是戒本而已，完整的律藏还是看不到的。

习律　二十六岁依首律师听习律藏。先后共二十一遍，时经六载。三十一岁，六月间，创制《行事钞》。

一直住山用功，到他二十六岁那年，唐朝李渊统一全国，终于天下太平了。因此智首律师就跟皇帝上奏折，希望能够来开讲《四分律藏》。那时唐朝的李渊父子，基本上也是护持佛法的，因此就允许智首律师的请求，开这个戒场。于是宣祖就从终南山下来，回到长安学律。

宣祖花了半个月时间，听完了一遍《四分律藏》后，因为他的个性欢喜实修，所以就想继续回到终南山禅修。但是智首律师跟他说："戒净定明，慧方有据。"就是说持戒要是清净的话，定力才能很清楚分明地显现。这也就是前面所说的"因戒生定"的道理。"慧方有据"，据就是依据，智慧才有依据。也就是说我们修禅的目的，是为了要求智慧，而智慧的开启，戒、定的基础很重要！因为师长要求宣祖留下来继续听戒。于是他前前后后，一共听了十遍智首律师所宣讲的《四分律藏》。

听完十遍后，宣祖又想要上终南山修禅。智首律师又不允许，要求他再听十遍。所以后来宣祖又再听了十遍，只是再听十遍时，他兼带着复讲，藉此教学相长。所以宣祖听讲《四分律藏》，一共听了二十一遍。

宣祖二十天就能把《法华经》背下来，又是高僧转世，以他的智慧和记忆力，这样的根机，却能够耐着性子听讲律藏二十一遍，可看得出他内在的素质，是相当沉潜的。现代人不要说听讲二十一遍，有时候看到这部经这么大部头，就摇头放弃，不想学了；或者听完一次就好了，认为我已经知道、可以了。所以古德修行的成功，除了大根机之外，实在还是下死功夫啊！

宣祖前后一共花了六年的时间，听完二十一遍律藏，所以对律藏有深入的体会，因此同年，他写成第一部巨著《行事钞》。这部著作除了整理、归纳律藏的内容之外，并将律学诸宗派的说法，加以抉择、贯通，因此内容相当丰富。他当时年仅三十一岁。

游方　**三十二岁思往关表，以广见闻，于和尚前跪陈行意，和尚流涕。是年周游讲肆**。

学了二十一遍《四分律藏》，并著述了《行事钞》之后，宣祖于三十二岁时，想到长安以外的地方去参学，以增广见闻。但是他的剃度师父慧頵法师很舍不得他离开，流着泪跟他说："在长安还是有很多大德可以参学，何必一定要离开，到那么远的地方去参学呢？"很舍不得。在师父的苦留之下，宣祖不忍违逆师父的心意，于是又在长安待了三年。在这三年当中，长安城中不论是讲经论也好，讲戒律也好，宣祖都去听闻，以吸取各家的精华，同时也藉此删补所造的《行事钞》。

游方　**三十五岁远观化表，北游并晋，东达魏土。依法砺律师，始得一月，遂及物故**。

《行事钞》流通之后，在京城律学界造成了很大的轰动，从没有人能把律学整理得这么殊胜、这么彻底。甚至可以说从释迦牟尼佛入灭以来，能够整理出这样的律典著作，也是少有的。所以当时长安就有很多的出家众，请他去讲经说法，或者来请教问题，由此造成了太多的干扰，于是宣祖决定离开长安，到各处参学。他游学的范围包括河南、河北、山西这一带。这当中最重要的，是参访东方的法砺律师。

在唐朝时，律宗有三个重要的派别，除了道宣律祖的南山宗之外，就是法砺律师（569–635）的相部宗，以及怀素律师（625–689）的东塔宗。在宣祖参学时，东方的法砺律师，与西方的智首律师，都是当时专门弘扬戒律的大德。宣祖参访法砺律师时，律师已经非常年迈了。

法砺律师见到宣祖时说："我听说关中那个地方，流传出一部著作，名为《行事钞》，我看写得相当的好。能够写出这样的著作，我想恐怕就只有智首律师了。"道宣律师疑惑地说：难道我师父，也写了一本《行事钞》吗？就把它请过来看。一看，原来就是当初自己写的那部。于是告诉法砺律师说："这是弟子所写。"这让法砺律师相当惊叹，没想到这么年轻，就能够写出这样殊胜的著作。

宣祖参访法砺律师一个月后，律师预知时至，就告诉宣祖说："我要走了，你可以先行离开。"宣祖离开之后没多久，法砺律师就往生了。这是宣祖参学的过程。

隐居　五十一岁始，隐居终南山丰德寺，摈影不出，十有二载。

宣祖从三十五岁开始，在中国北方各地，一方面参学，一方面则自己用功，并同时发表了《南山三大部》中的《羯磨疏》、《含注戒本疏》，以及其他种种重要的律学注疏。

直至五十一岁时，宣祖才回到终南山隐居。一方面加深禅修的功夫，一方面编修过去所著述的《南山三大部》等律学著述。《三大部》可说奠定了南山宗的思想，是非常重要的著作。

除了著述之外，宣祖也做种种加行。他一生当中，一共行了二十一次般舟三昧。般舟三昧是"长行三昧"，也就是九十天不坐不卧，只是旋绕念佛、观修，这是非常强大的苦行，而宣祖行了二十一次，必须有过人的意志力，以及福慧二种资粮，方能企及。

(弘护) 六十三岁，高宗为皇太子建西明寺，诏为上座，乃居京师。

到宣祖六十三岁时，因为唐高宗李治的皇太子身体非常不好，因此建西明寺，为他儿子祈福。既然是皇家寺院，又是为皇太子祈福而建，自然必须请有德之人，方可担任本寺上座。因此皇帝就请宣祖出山，担任西明寺的上座，同时统理僧众，来弘护佛法。因此宣祖就离开终南山，担任西明寺的上座，开始了他晚年最后的弘护。

(弘护) 七十二岁，乾封二年（公元667年）**二月八日，创筑戒坛于终南山净业寺，出《戒坛图经》一卷。**

经过九年之后，也就是道宣律祖七十二岁时，他在终南山净业寺创立了戒坛，一个依律而制的如法戒坛。

为什么要创筑戒坛呢？因为有如法如律的戒坛，才能为僧人传授比丘、比丘尼戒。这对住持佛法来说，有很大的意义。

为什么呢？因为佛法赖僧弘传，也就是需要比丘、比丘尼僧众的弘传。而要成为比丘、比丘尼的身份，必须先受戒，而且得到戒体。而受戒就必须要有如法的戒坛，所以戒坛对于佛法的住世，有极为重要的意义。而过去的戒坛，都不是特别地如法，所以道宣律祖就根据律藏的要求，建立如法的戒坛。

因为这是一个模范，所以必须挑选各地的精英，来参加这个戒期。因此他从当时中国的每一州，各选出一两名特别杰出的出家众，来参加这个戒场。且有几十位当时的大德同时来观礼。所以这个戒坛成立之后，有种种的感应。例如宾头卢尊者（佛陀规定他不准入灭，作为末法众生的福田，来接受末法时代众生的供养）现前，来顶礼这个戒坛。

还有一位来自西域，证得三果的圣僧，也来此旋绕戒坛，并赞叹道："从佛陀灭度以来，对戒法的弘扬和阐释，宣祖实为第一！"不仅三果圣人这么说，宣祖与天人感通时，曾经听过佛说法的天人也是这么说的，有这样的感应。

传戒之后，宣祖就将整个传戒的过程、仪轨、戒坛布置等，写了一本名为《戒坛图经》的著述，作为后世出家众传戒的标准。

弘护 **二月末，数感天人相寻，撰《律相感通传》一卷。季春，感灵，出《祇洹寺图经》二卷。**

二月末创戒坛，在二月末时，宣祖于禅修中，感应到很多天人来相见。他在石头上打坐时，有很多天人来顶礼，并赞叹他的著作，以及他弘护戒法的功德。但是同时也对他说："您老人家的著作当中，有些错误的地方，最好修改一下。但这些错误并不是您的过失，而是当初翻译的人，在翻译上的错误。"因为这些天人，在佛陀那个时代，就已经听佛说法了，所以他们知道佛陀当初是怎么说的。

同时，他们也为道宣律祖描述佛陀在世的时候，祇洹精舍是怎么盖的，还有一些佛世芳规，那时的出家众，在生活上是怎么样持守戒律的一些细节。

所以宣祖就把这些感应，以及天人所叙述的内容，分别记录下来。如《祇洹寺图经》，就是介绍佛陀在世时，祇洹精舍的图样。《律相感通传》，就是记录天人所述律文的部分。

示寂 **十月三日，设"无遮大会"。午时，道俗咸闻天乐异香，律祖敛容迁化。**

在他七十二岁那年的十月三日那天，宣祖设无遮大会。所谓的无遮大会，是印度的一种风俗，也就是施无遮。在这个法会当中，布施一切众生财物的同时，还有法供养，请出家人来为众生说法。这个大会是无遮止的，任何人都能够参加，所以称为无遮大会。

在无遮大会时，大众都听到天乐鸣空，当初跟宣祖谈话的那些天人，这个时候都来到眼前，跟道宣律祖说："您老人家今生弘扬佛法、护持戒律，功德圆满，将往生兜率内院，我们特来迎请您归内院。"此时，宣祖在无遮大会，天人的迎接中，端坐往生兜率内院。

宣祖往生之后，唐朝皇帝非常地伤心难过，因此规定全国的寺院，都要挂道宣律祖的真容形像作为纪念。

（附）道宣律祖重要著述：

（戒律）《四分律删繁补阙行事钞》、《四分律删补随机羯磨疏》、《四分律比丘含注戒本疏》等

（观行）《净心诫观法》、《释门归敬仪》等

（护法）《续高僧传》、《广弘明集》、《集古今佛道论衡》等

（感通）《集神州三宝感通录》、《律相感通传》、《感通录》等

从上述的介绍可知，道宣律祖不管是自利的精进、智慧，或者是利他的弘护戒法，功德都是非常殊胜的，应当作为我们学戒时的依止。所以我们若要学习、深入《在家备览》，就应当常常忆念、顶礼宣祖，祈求他老人家加持。

道宣律师因为常年居住在终南山，所以后世就称他的思想为南山律宗，这就是我们称为南山律的由来。以上说明人清净，下一段接着介绍法清净。

南山以《法华》、《涅槃》诸义，而释通《四分律》。

这是南山宗特别殊胜之处，且这殊胜是过去弘扬戒法的印度，乃至中土的大德们所未曾达到的，是道宣律祖依经典、佛陀的秘密义，所发挥的创见。

《法华经》思想的重点是"一切众生都有佛性，一切众生都能够成佛"。而《涅槃经》是扶律谈常，也是一样谈常住真心、佛性的道理，只是同时再一次地强调戒律。所以《法华》、《涅槃》的重点在晓示一切众生都有佛性。宣祖即以此思想，来释通《四分律》。

《四分律》就其明显义来说，是出家的声闻戒法。是在佛灭度一百年之后，法正比丘于上座部的律藏中，契同己见者，采集成文。经过四度完成结集，故称为《四分律》。因此，《戒本》中虽然也有“若有为自身，欲求于佛道，当尊重正法”之说，但是广律中并没有明显的说发无上菩提心、成佛之事，故唯部分地通于大乘的秘密义。

道宣律祖以《法华经》的思想告诉我们，学戒、持戒的目的是什么呢？是为了成佛！不是为了成就人天乘，也不只是为了要证阿罗汉，而是为了成佛。

如同《法华经》里所举化城的譬喻，有一商主带领五百商人，去五百由旬（一由旬约11.2公里）外取宝。走到三百由旬的时候，大家都很累，走不动了，想放弃回家。这时商主知道再走两百由旬，就到宝所了，这时如果退回，实在太可惜了。但是大家实在也走不动了，怎么办呢？这位商主就变现出一个化城，在化城中有种种美好的饮食、卧具、汤药，乃至娱乐之具。在这里商人们可以稍微放松、休息一下。

等休息够了，大家也都恢复精神体力了，商主再将化城化去，告诉大家，实际上这不是宝所，只是暂时休息的化城，如果再走两百由旬，就可以到达真正的宝所。此时大家吃饱喝足了，也休息够了，便能振作精神继续前行，而到达宝所了。

这化城譬喻什么呢？指的是二乘偏真涅槃的果位。佛陀在经典里面告诉我们，当透过修行，证了阿罗汉之后，便能入于无余涅槃，安住在空性当中，而得到彻底的休息，这无余涅槃的境界就是化城。

因为佛陀如果一开始就告诉众生，成佛要经过三大阿僧祇劫，乃至无量阿僧祇劫，恐怕很多人就放弃、不修了。更不用说成佛要无量劫地舍头目脑髓、大勇猛精进，大多数的人，恐怕就都放弃了。

因此佛陀很善巧地示现了化城，使承担力较弱的人，能先进去休息。而佛陀的真实目的是什么呢？是希望我们都能够成佛。为什么？因为一切众生都有佛性，就像《法华经》衣领明珠的譬喻一样，我们每个众生都有佛性，只是因为一念迷，所以忘失了。因此我们修行的目的，是为了要成佛。

所以道宣律祖善巧地，以《法华经》的思想来开显，让我们知道学佛，乃至持戒的目的，是为了成佛。所以后面戒体的部分，会谈到以大乘心来纳受上品的戒体，而不再只是以小乘的心，或者人天的动机，来纳受戒体，这就是南山律的特色，此为第一殊胜处。

以《法华》、《涅槃》诸义，这“诸义”包括什么呢？包括《解深密经》或《摄大乘论》中瑜伽派的思想。以此作为戒体的观念。

在道宣律祖以前，大家都知道有戒体，但戒体到底是怎么回事呢？它是色法，还是心法？还是非色非心？古德各有各的说法，且都有经论的依据，各执一词，相争不下。

但是道宣律祖以唯识、阿赖耶熏习的观念告诉我们，实际上戒体就是阿赖耶识的一个善种子。所以古德种种说法，实际上就只是看到种子的部分、表象功能，于是会有种种的偏见。

当我们知道，原来戒体就是阿赖耶识里面的善种子，我们对戒体就有了很明确的形象概念，也就知道该怎样去护持它了。

通过瑜伽派阿赖耶识种子的观念，成就戒体之义，这也是他老人家独创的一个概念。虽说是独创，但都是有经论依据的，此为第二殊胜处。

所以《四分律》原本是声闻戒法，但是通过道宣律祖以大乘的《法华》、《涅槃》，还有《解深密经》的开显之后，它就通向大乘了。所以我们汉地的南山律宗，是大乘佛法。但是很多人一提到律宗，就认定它是小乘佛法，这实在是外行的想法。

贯摄两乘，囊包三藏，遗编杂集，攒聚成宗。

最后是赞叹，**“贯摄两乘”**。“贯摄”，就是贯穿摄持，也就是通达大小二乘，同时把它们摄持在一起。**“囊包三藏”**，含摄了经、律、论三藏，在《南山三大部》当中，经典包括《法华经》、《解深密经》等经典；而律典则以“四分律”为主，并涉及其他诸部律；论藏则包括《毗尼母论》、《善见论》、《萨婆多论》等律部的论藏，以及《成实论》、《俱舍论》、《摄大乘论》等律部之外，大小乘的论典。所以南山律宗涉略相当广泛，经、律、论三藏都包含在内了。

所以若真要深入了解南山律宗的思想，恐怕只有具备道宣律祖那样广博的知识层面才行。记得学人在十多年前第一次学讲《在家备览》，有一个很深刻的体会，就是觉得教理要是学得更深入的话，我还能讲得更深入。但毕竟那时出家年限尚浅，所以感觉有的法义虽懂，但是如果要看得更深入，还需要更深入教理的基础。因为宣祖本身通达三藏，所以他的著作，囊包经、律、论三藏。

“遗编杂集”。遗编，就是前人的著作。杂集，就是小品，如《律相感通传》，这就属于小品。将宣祖的遗编、杂集结集在一起，成立南山宗的思想。唐朝律宗有三家，除了南山宗之外，相部宗、东塔宗，在唐朝之后就再没往下传了。

虽说南山宗传到了现在，但是在宋朝之后，也曾经中断过。后来明、清弘律的大德们，知道宣祖著作过《三大部》，也很想学习，但是汉地已经失传了。后来是在民国初年，由杨仁山老居士从日本，再次把《南山三大部》请回来。

所以我们现在也算是很有福报，虽然生长在末法时代，这是我们的悲哀；但是过去明、清祖师看不到的《三大部》，我们却能够亲见，这也是我们幸运的地方。

当然《三大部》属于出家律，所以大多数人可能没有机会学。但若能学习其精华——《南山律在家备览》，也可以说是很有福报的。以上关于“法清净”，就介绍到此。

甲二、宗趣

所谓的宗趣，就是“宗旨”和“趣向”。宗旨是说虽然戒法的内容千变万化，但是万变不离其宗，它有一个共同的宗旨，是什么呢？就是要帮助我们调伏烦恼。并非佛陀随他个人的想法，规定我们这个不能做，那个不能做，来约束我们。实际上是佛陀以大慈悲、大智慧，透过戒法来帮助我们调伏烦恼，使内心安定下来，这个是持戒的宗旨。

依着这个宗旨，它最后的趣向是什么呢？就是恢复我们的本来面目，这就是持戒的宗趣。

我们首先以《法华经》“衣里明珠”的譬喻，来说明持戒的宗趣为何。

在《法华经》里描述：有一个人非常贫穷，不得已，只好去请一个很要好的朋友帮忙。这位好朋友也是有心想要帮他的忙，但是一开始并没有给他什么东西，只是和他喝酒、谈天。谈着谈着，穷人不知不觉地就醉倒了。而这位有钱的朋友，也刚好有事要离开。于是他就在这穷人的衣领里面，系了个无价宝珠，用这宝珠可以换取无量无边的珍宝，送完之后就先离开了。

这个穷人也是命里该穷，醒来之后，没有发现衣领里面有这宝珠，结果还是一直过着穷困潦倒的乞讨生活。过了很久，他们又一次相遇了。这位有钱的朋友很惊讶地问：“咦？我不是给你一个宝珠，就别在你的衣领里面吗？你怎么不拿出来用，拿来换取无量的珍宝呢？”这时候穷人才恍然大悟：“啊，原来这几年的穷困潦倒都是白受的，竟然带着这个价值连城的珠宝到处乞讨”……这个就是“衣里明珠”的譬喻。

这譬喻说明我们众生的自性宝，就像衣里明珠一样；也就是说众生的自性当中，本来就具足佛的无量智慧、无量功德，只是因为一念迷，因此带着这衣里明珠到处乞讨。也就是带着我们自性的功德到处漂泊，在三界当中轮回，到处流浪，受了无穷无尽的痛苦。实际上这无穷无边的痛苦是没必要的，因为我们自性的“衣里明珠”——自性的功德，始终不曾失去，只是没有开显而已。

当然，这个道理说来是容易，我们都有“衣里明珠”，只要承担就好了，就能够开显出来。但是所谓承担，不是一种意气凑泊——我就是要承担，我能够承担，我就是佛，不是狂禅的那种态度。口中说是佛，但是内心却还是贪、瞋、痴，这样子“衣里明珠”还是不能开显出来。

那么要怎样开显出来呢？佛陀慈悲地安立了戒法，因戒生定，因定发慧。有了戒法的力量，身心慢慢安定下来，不再有那么多的烦恼、那么多的困扰。我们自性本具的功德——这衣里明珠，就能够慢慢地开显出来，这个就是持戒的宗趣。

道宣律祖将声闻戒的戒法，以《法华经》的道理开显出来。无怪乎天人也好，印度来的三果圣人也好，都赞叹从佛陀入灭以来，对戒法的阐释，道宣律祖最为殊胜。

当然宣祖的功德，不止是运用了《法华经》的思想，还有《解深密经》的思想，以及对戒法条目，进行重新归纳整理。以后谈论到《持犯篇》就知道，这些都是道宣律祖的大智慧啊！《在家备览》很多内容都来自《行事钞》——宣祖三十一岁的著作，这只有大菩萨的境界，方能及此。

了解宗趣之后，我们接着来看下面的表解，具体地说明依持戒来返妄归真的原理。

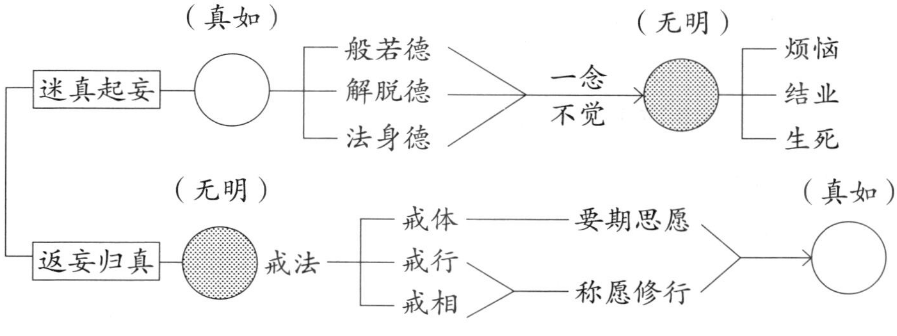

图1-1

图1-1的大结构，分为**“迷真起妄”**、**“返妄归真”**两阶段。

“迷真”就是迷失了我们的本来面目、本有的真如本性，而起种种的颠倒、妄想，也就是我们现在的境界。原本是“真如”的大圆镜、清净的大圆镜，具足“般若德”、“解脱德”、“法身德”三德。但是因为**“一念不觉”**，就变成充满黑点的无明，成为阿赖耶识，乃至其中熏习的种种恶业。从无明心中产生**“烦恼”**、**“结业”**、**“生死”**三障，这就是凡夫的流转，**“迷真起妄”**的过程。

我们先解释什么是“三德”、“三障”。

“三德”是**“般若德”**、**“解脱德”**、**“法身德”**。

“般若德”就是般若智慧，也就是成佛之后，所证得的照了法界没有障碍的智慧。它能够照了一切法全体法性，上至佛法界，下至秽恶的地狱法界，每一法的本质都是清净本然的真如。

我们可以举个譬喻来帮助理解：例如晚上做梦，有时候梦到堕入地狱、被人追杀，或者是被刀割、火烧，很痛苦；有时候梦到我们升天，受种种的快乐。但实际上梦到升天也好，梦到堕入地狱也好，这个梦境的体，都是我们这一念不生不灭、能够做梦的心，梦只是心所显现的影像，是心的投影罢了。同样道理，往生净土的快乐也好，堕入地狱的痛苦也好，实际上它的本质，都是这一念真如本性所显现的影像。能够照了此理，所显现的智慧就是“般若德”。

所以“般若德”虽说是佛陀所亲证的智慧功德，但是我们凡夫众生，如果能起智慧观照，也就跟“般若德”相应了。当可爱的境界来了，我们心中不迷、不取、不动，痛苦的境界来了，也是一样地不动。因为观察可爱也好，不可爱也好，这一切境界，就像梦境当中可爱、不可爱的境界，它的体是能够做梦的心，是没有什么可不可爱、没有生灭的，能这样观照的话，我们的心就自在，也就随顺于“般若德”。

亲证“般若德”之后，会产生什么作用呢？就是“解脱德”。“解脱德”就是起种种度化众生的作用，一切神通自在。例如阿弥陀佛的净土，就是“解脱德”的大用，以此摄受众生。或者像《维摩诘经》里所描述法身大士的境界：能够把一座须弥山纳入到一个小芥子、一个小菜种子里面去；或者把整个三千大千世界劈成两半，就像丢铁饼一样，丢到很远的地方去，然后再把它捡回来拼回去，而里面的众生都不觉不知，这就是“解脱德”的妙用。乃至佛菩萨种种无碍的辩才，千百亿化身，随缘显现，千江有水千江月，随众生的因缘，各得度脱，这些都是“解脱德”的妙用。因为证得了甚深的“般若德”智慧，所以在这个当中，能够生出解脱德的妙用。

虽然有“般若德”的智慧观照，或者“解脱德”的种种妙用，但是诸佛都是安住在不生不灭的法身理体当中，这不生不灭的法身理体，就是“法身德”。

就像千江有水千江月，虽然在全世界有水的地方，到处显现月影，但是天上的月是不动的；虽说不动，但是又同时能够随缘显现出无量无边的月影。无量无边的月影，就像“解脱德”，不动的月就像“法身德”。

所以在这不动的“法身德”中，才能够起“般若德”的智慧照了；乃至在般若的智慧照了当中，能生起利他的“解脱德”。虽说有三德，实际上体是不二的。就像梦境与梦心，虽说有二，但是其体无别。无论离开梦心寻找梦境，或者舍弃梦境寻觅梦心，皆了不可得。

三德是佛亲证的功德，也是我们修行人的依止处。要常常去忆念我们的“衣里明珠”——不生不灭的法身。虽然外在的境界会有生灭，但是这一切生灭相的本质，是不生不灭的法身理体，所以不要被外在的生灭所动。

就像天气刚开始很冷，渐渐转暖，接着又变冷了。我们的心就像天气一样，变来变去，忽冷忽热的。但是观察这一念能够起变化的心，其体为不生不灭的法身。依止这种智慧，随着境界起般若观照，这时候也能够有“解脱德”。这就是佛所证的三德，合称为“真如”。

为什么“三德”名为“真如”呢？真，是不虚伪的意思；如，是不变异、没有变化的意思，随缘不变义。

什么是不虚伪的“真”呢？就是不虚妄。为什么不虚妄？因为观察一切法，都是我们法身所现的影像，这就是真。我们认为世间可爱也好，不可爱也好，实际上都只是在内心所现的幻影上，虚妄分别罢了，境界本身没有所谓的好坏，境界就只是自心所显现的影像，而我们在心中生起爱憎取舍，这就是虚妄。

什么是不变异的“如”呢？外在的境界虽有生灭，但是我们的法身是不生不灭的。我们得到人的果报，只是自性本具，人的果报显现，但是法身本自具足，上至佛法界的功德，下至地狱法界的法，在轮回中都无增减。

如《六祖坛经》所说：“何期自性，本自清净；何期自性，本不生灭；何期自性，本自具足；何期自性，本无动摇；何期自性，能生万法。”我们应当依止这不生不灭的理体，来安住我们的身心，依止“真如”的大圆镜，就能够显现出“般若”、“解脱”、“法身”三德。

但是只因我们“一念不觉”，就在三德当中对应地起三障，般若德变成“烦恼”，解脱德变成“结业”，法身德变成“生死”。这三法能障碍清净心，使我们流转生死。如水结成冰，“三德”因此变成了“三障”。

为什么“般若德”会变成“烦恼”？因为般若照了不动的法身，而烦恼照了贪、瞋、痴。一样是照了的功能，但是一个照向不动的法身，成为般若德，另一个则是照向贪、瞋、痴的境界，变成烦恼。所以，烦恼即般若，就是这个道理，因为它的体都是这一念能够了别的心，只是这一念了别的心，去了别什么境界罢了。

我们愿意在世间放逸、造罪业，就是以真如本性当中般若德的用，转成染污烦恼的用。但是当我们在佛堂用功，念佛、拜佛、听经、观察实相时，就将原本烦恼的照了功能，转成清净般若德的照了功能。所以水跟冰是不二的，水冻结就变成冰，冰化了就成为水；“般若德”与“烦恼”不二，亦复如是。

同样，“解脱德”跟“结业”也是不二的。为什么呢？因为“解脱德”创造清净、自在的业，而“结业”则是造种种恶业。一样在造业，但一个是清净的业，现佛净土、现种种的神变、自在；另一个是被烦恼所捆绑，起杀盗淫等染污的业，故其体无二。

最后是“法身”与“生死”不二，因为“生死”是生灭相，生死流转，在三界内有无穷无尽的六道轮回，三界外有刹那生灭的变易生死，这些都是生灭的境界。而生灭与不生灭，实际上是不二的，为什么呢？我们从譬喻去观察，就比较容易理解。例如能做梦的心，是不生灭的，而它所创造出来的梦境，却是生灭的。虽然梦境生灭，但能够做梦的心是不增不减、不垢不净，没有任何生灭的。但它并不是像冰块一样定死不动，它仍然随缘显现种种生死的境界，所以“法身”与“生死”不二。

因此“般若、解脱、法身”三德，与“惑、业、苦”三障是不二的，这就是我们“迷真起妄”的过程。

流转的原理知道了，我们接着就应当“返妄归真”。主要就是依着戒、定、慧来返妄归真，而本论主要依着戒法来说，因为它是修行定慧的基础。

所谓的“返”，并非真的有来去相可得，就只是把这念妄心停下来。就像古德所说：“东去西去，不如到万里无寸草处去。”因此“返妄归真”，就只是把我们的妄心停下来。

就像央掘摩罗过去没有信佛时，被魔所摄受，到处杀人，最后要杀他母亲时，佛陀知道他将造五逆罪，为了禁止他造这种业，所以就示现在他眼前，吸引他的注意力。央掘摩罗就反过来追佛陀，他追得越快，佛陀就走得越快；他追得越慢，佛陀也走得越慢，永远保持一个等距离。央掘摩罗最后急了，就说：“道人，停下来吧！”意思是停下来让我杀吧。佛陀说：“我早就停下来了，是你还在动。”这时央掘摩罗豁然醒悟，本来被魔所束缚的心顿然清醒。

这就是“返妄归真”的返，将我们的心停下来，也就是透过持戒的力量，将我们的妄想心停下来，而“归真”，回复到我们的本来面目。

那怎么返妄归真呢？请看“图1–1”，我们现在是充满黑点的无明状态。透过戒的四科：戒法、戒体、戒行、戒相，来返妄归真。关于这四科，后文会详细说明，在此先大略解释其义。

戒法：圣人制教
戒体：纳法成业
戒行：依体起护
戒相：戒相有二义，一、约行为相，即“为行有仪”，如今所云。
　　　　　　二、以法为相，如后《持犯篇》所示。

图1–2

所谓戒法，就是**圣人制教**，名之为戒法。圣人就是佛陀，戒法只有佛陀才能够制定，不像经典，谁都能宣说，只要佛陀印可就可以了。而戒法就像法令，必须由国王，或者国家最高的司法单位才能够制定，一般老百姓或者官员，是不能制定的，这个就是戒法。

那么戒法的重点是什么呢？它主要规范我们的身口意三业，这轨范不是捆绑，而是帮助我们，把妄想心停下来的方法，称之为戒法。这当中包括五戒、八关斋戒、菩萨戒，乃至出家的比丘、比丘尼戒等等，这些轨则，都称之为戒法。

而戒法本身只是一种轨则，一个无情的法，怎么样把它纳入我们的心中，成为保护的力量呢？这就必须**纳法成业**，将戒法转成心中的戒体，也就是阿赖耶识里面的善种子，它能产生一种防非止恶的力量，所以称之为戒体。

而戒体怎么来的呢？重点是通过**“要期思愿”**。我们在受戒时，念三归依之后，拜下去时要观想面对十法界的有情无情，未来都要断恶、修善、度众生，这就是“要期思愿”。

所谓“要期”是就时间来说，我们受五戒是尽形寿，我这辈子决定要这么做，这是时间上的“要期”。空间上的“要期”，就是十法界一切有情无情的境界，都是我们未来持戒的目标，后文会详细解说。

“思愿”是一种愿心，也就是说我的愿望是尽形寿，面对十法界有情、无情的境界，都能断恶、修善、度众生。所以总的来说，这就是菩提心，以菩提心为体、为内因，结合外在的佛、法、僧三宝境界为外缘。其中佛宝就是受戒时，所面对的佛像；法宝就是受戒的仪轨；僧宝就是授戒师。在佛、法、僧三宝的加持下，配合内在的菩提心，在阿赖耶识中熏习一个善种子，这就是戒体。

戒体不是普通的善种子，它是有力量的，它有任运防非止恶的功能，所以跟一般世间的善法是不同的。同时，戒体能保护我们。例如受持五戒之后，若能谨护戒体，若遇到杀生等事，戒体自然而然就会产生一种抗拒的力量、一种防非止恶的功能，禁止我们去造恶业。如果长时间的守护戒体，使它的力量强大，甚至在梦中都能做得了主。因此当我们临终时，正念依旧做得了主，这就是戒体的重要性！

但是光有戒体还不够，我们同时也要保护戒体，戒体才能保护我们。如果我们都不去守护它，甚至破坏它，慢慢戒体任运防非止恶的功能，也就消失了。

要保护戒体的话，则要配合戒行、戒相。戒行，主要指的是意业的**依体起护**，戒相主要是指身口业的守护，后面《持犯篇》会讲到。总的来说，都是**称愿修行**，符合当初在登坛受戒时，观想面对十法界有情无情，所发起断恶、修善、度众生的本愿而修行。

例如过去，看到家里的苍蝇、蚂蚁、蚊子，就想杀它。但是得到戒体的人，看到这个境界，有可能第一念还是会想杀，但第二个念头，戒体就产生一种排斥的力量，告诉他不能杀生。如果随顺这个排斥的力量不去杀生，这样依体起护的善行，就返回来熏戒体的种子，使戒体的力量更加强大，这就是保护我们的戒体。

所以当戒体发挥出力量时，我们就随顺它，不去造恶业，这就是“戒行”。因为有了戒行，于是**为行有仪**，就有了戒相(此为戒相的第一义)。因为有意业清净防护的行为，所以表现在外，自然也就是清净庄严的相状。就像我们看印光大师、弘一大师的相片，就是清净庄严，跟世俗人完全不同。这并非由于穿着，也不像世间人化妆，或是矫揉造作。即使不挂主持、法师的头衔，与他们接触时，就知道这不是普通人。为什么呢？因为他们有戒体，同时又以戒行去保护戒体，所以表现在外，就是清净庄严的相状，这就是戒相。

所以透过“戒法”、“戒体”、“戒行”、“戒相”这四个法，得到并保护戒体。因为与戒体相互保护，便能不断辗转增上，将原本“惑”、“业”、“苦”三障的境界，慢慢回复成清净本然的法性。这就是道宣律祖以《法华》、《涅槃》的一佛乘思想，教授持戒的“宗趣”。

所以懂得这道理的话，持戒也是圆顿法门。要是不懂这个道理，就会说持戒是小乘、是着相，那就很可惜了。所以学习《南山律在家备览》的教授时，只要心中不存有成见，真正去体会法义，就会真正地了解，持戒真的是趣向解脱的要道，很重要，很重要!

第二课 示相彰名

前面“总明宗趣”是概略地介绍戒的法、体、行、相这四科，以下就正式地介绍《宗体篇》的内容，也就是对这四门，来分别描述。

我们首先介绍“戒法”—— 圣人制教，就是佛陀所制定的教法，称之为戒法。

以下分为两段：第一、**“通叙戒法”**，第二、**“归戒仪轨”**。

“通叙戒法”就是通途地说明什么是戒法，包括第二课**“示相彰名”**，和第三课**“略明戒德”**。透过这两课的学习，我们知道什么是戒法，也知道学习戒法，对我们个人的修行，乃至佛法的住世来说，是多么重要。

接着我们再谈，既然持戒这么重要，那我们应该怎么样来纳受戒法，就是**“归戒仪轨”**，受三归依、五戒、八戒的受戒仪轨。了解仪轨的内容后，在受戒当中才能如法地跟着发心，而得到上品戒体，以上是**“戒法”**部分的大纲。

我们先谈**“示相彰名”**的内容。学习这课的主要目的，除了了解戒法的基本名相之外，更要将这一切概念，汇归到修行上面，使我们懂得持戒的重要性，未来在持戒的过程中，才能生起信心，也才能坚持戒法。

示相彰名分为两段：甲一、正示戒法，甲二、杂项料简

◀《事钞》云
- 示相——“言戒法者。语法而谈，不局凡圣。直明此法，必能轨成出离之道。要令受者信知有此。”
- 彰名——“虽复凡圣通有此法。今所受者，就已成而言，名为圣法。”

首先看第一段**“正示戒法”**，开显戒法的基本定义与功能。

所谓示相，就是显示戒法的功德相状。首先介绍“法”的基本定义。**“语法而谈，不局凡圣”**。以法这个字来说，是不拘于凡夫或者圣人的，一切缘起的万事万物，都可以称之为法，这包含了世间法、出世间法，所以桌子、椅子、山河大地、我们的身心，乃至净土，都可以称之为法。总之，一切的缘起的境界，都可以称之为法。

“直明此法，必能轨成出离之道”。在此，道宣律祖直接开显道，所谓戒法，有它特殊的意义。什么特殊意义呢？戒法能够轨范修行人，成就了生脱死之道。也就是从生死的此岸，到达涅槃彼岸的道路。就像我从房间到佛堂，必须要有道路；从生死的此岸，到达涅槃的彼岸，也是需要道路，这就是戒法，它构成了生脱死的道路。

为什么戒能成就了生脱死的道路呢？如前所述，“因戒生定，因定发慧”。趣向解脱的道路，主要是透过般若波罗蜜的智慧，将“惑、业、苦”三障转成三德。但是要承担这样的般若智慧，必须要有戒跟定的基础。透过持戒才能发定，透过发定而生起解脱的智慧，所以戒能够**轨成出离之道**。

因此**“要令受者，信知有此”**。要令受戒的人，相信戒法有能轨范我们、使我们得到出离的功能，这就是“戒法”的目标。

接着看第二段，**彰名**，彰显戒法的德名、德号。

“虽复凡圣通有此法”。虽然凡夫有纳受戒法，圣人也证得五分法身中戒法身的功德。但是凡夫所纳受的戒法，**“就已成而言，名为圣法”**，已经成就的圣人来说，是一种圣法。

这意思是说，虽然我们将戒法纳受到心中，成就了戒体，但这个戒法对我们凡夫来说，尚未成就种种圣道的功德，所以还只是凡夫法的一个部分。但是实际上，我们心中所纳受的戒体，其本质跟佛的五分法身（戒、定、慧、解脱、解脱知见）中的戒法身，是无二无别的。而五分法身中戒法身的体，是佛的清净法性，是圣法。所以我们因地里所种下来戒法的种子，跟果上佛的戒法身，同样属于圣法。所以说**"今所受者，就已成而言，名为圣法"**。

所以我们要知道，虽然现在受了戒，可能还没什么功德，还是凡夫，但是在阿赖耶识所种下的种子，是个圣法种子，它能够引导我们趣向圣道。同时，这个种子跟佛陀的戒法身，本质是无二无别的。就如同圆顿法门所举的例子：王子刚刚出生时没有任何功德，但他是王种，因此所有的王公大臣，都必须向他礼拜。为什么呢？因为他虽然现在没有什么功德，但是未来必定要接受王位，所以应当尊重，这意思是一样的。

甲二、杂项料简

料简就是简别、讨论关于戒法的一些常见问题。

通常有人认为，我们心好就好了，不一定要持戒。很多人都是这种观念，甚至有些佛教徒也是这么想的。或者认为我念阿弥陀佛就好了，阿弥陀佛是无量光、无量寿，念佛就够了，何必还要持戒，会有这些错误的观念。所以这段利用三番问答，来解释这一类的疑问。

乙一、化教与制教差别

乙二、戒法与世善差别

乙三、遮戒与性戒差别

乙一、化教与制教差别

我们先简单定义一下，什么是“化教”与“制教”？所谓“化教”是指经论，“制教”就是戒律。佛法有经、律、论三藏，经、论的部分属于“化教”，律典的部分属于“制教”。

为什么经论称为“化教”呢？因为这是佛陀渐次教化众生的善巧方式，所以可以按照各人契机去修。同时这是佛陀随着不同众生的根机，所安立的不同法门，所以只要契机，一门深入也好，兼修不同法门也好，这是“化教”的态度。

“制教”的“制”就是制定，意思是如果具有特定的身份的话，就一定要持守。例如出家人，一定要守沙弥十戒、比丘戒，这就称为“制教”。受了戒之后，就要按照规定去持守，不像“化教”（例如念佛法门、药师法门），修不修都随个人的因缘。“制教”的态度，是都要去持守的。

▲《业疏》云：“自古详教，咸分两途。化教则通被道俗，专开信解之门。行教则局据出家，唯明修奉之务。”

自古以来，详细地来区分佛陀的一代时教，他讲经说法四十九年，一共三百余会，详细地分别佛陀所说的三藏教法，**“咸分两途”**，大致上可以分为两类，哪两类呢？

第一是**“化教”**。它**“通被道俗，专开信解之门”**。

第二是**“行教”**。就是要奉行的教法，也称为“制教”。**“局据出家，唯明修奉之务”**，行教主要限于出家众，是说明出家后应当持守的戒法条目。

我们看弘一大师所归纳的“表2–1”，就能明白之间的差别。

	(披机)	(目的)	(方法)	(内容)	(违反)
化　教	通道俗	开其信解	令开慧解，非对过立	十善五停等	用舍任缘
制教（行教）	局道	制其修奉	持犯阶定，随过制约	开遮轻重等	违反有过

表2-1

第一、披机差别。

“化教”所加被的根机是：**通道、俗**。道是出家众，俗就是在家众，就是说它在家跟出家两众都摄受。例如《金刚经》，并没有规定一定是出家人或者在家人学。只要有这个慧根，也愿意学，都可以修学，所加被的根机是广泛的。

“制教”主要加被出家众，故称为**局道**。

第二、目的差别。

“化教”的目的是**“开其信解”**。“制教”的目的是**“制其修奉”**。就是说“化教”的目的，是透过经论的开示，来开启众生慧解之门，如《金刚经》、《法华经》的目的，是为了打开众生的慧解，显示解脱之道。

“制教”的目的是**“制其修奉”**。制定出家众必须奉持的轨则，也就是说规定僧众必须要做的，一个很明确的轨范。例如五戒，有它的开、遮、持、犯，只要是受戒者，就必须全部遵守。

第三、方法差别。

“化教”的方法是**“令开慧解，非对过立”**。就是透过种种经论的开示，使我们开启慧解。而**“非对过立”**，不是因为佛弟子犯了某件错事，而针对性地制定教法。

“制教”的方法是**“持犯阶定，随过制约”**。界定持犯的标准。如何阶定“随过制约”，随着出家众犯了什么过失，佛陀**藉此**因缘，方才制定相应的戒法。

也就是说释迦牟尼佛刚成道时，是没有这么多戒法的，而且那时的佛弟子们，都非常清净，所以也不需要制定戒法。如果在刚开始，佛弟子都很清净时，就制定种种规约，这岂不是很奇怪?

后来出家的佛教徒越来越多，弟子也就越来越复杂，什么样奇怪、不清净的行为都有。为了使大众能安心办道，不要造作恶法，只要比丘犯了错误，佛陀就制定相应的戒法，来约束僧众的行为，这就称为“随过制约”。

例如有一个比丘杀生，佛就集合大众，然后对这比丘种种诃责，接着制定戒律，规定从今天起，再也不准杀生，这叫做“随过制约”。

实际上根据古德的说法，这些犯过失的比丘，都是十方诸佛的示现。为什么他们要这样示现呢? 根据《四分律》所描述，过去七佛中，毗婆尸佛、式佛、拘留孙佛、迦叶佛因为制定广律，所以佛法久住世间。另外的随叶佛、拘那含牟尼佛，只是留下简单的教诫，而没有制定广律，因此佛法的住世，也就随着佛陀的灭度，很快结束了。可见制定广律是很重要的。

能够生长在佛世，随佛出家的比丘，自然都是大善根，很清净的，佛陀不能无缘无故制定戒法。因此必须透过十方诸佛的示现犯错，佛陀才能制定戒法，有戒法的约束，才能够摄受未来的佛弟子，安心办道，佛法也因此才能长久住世，这就是“随过制约”。

同时，根据律典的描述，佛陀制定每一条戒法，都是观察法界无量无边的众生，无量得度的因缘之后，才制定的。所以表面上看起来，是因为比丘某种犯错的因缘，佛陀制戒。实际上这犯错的因缘只是媒介，佛陀不会只是针对某种单一的因缘而制戒。

所以现在有人会说，时代不同了，某些戒法已经不需要了。例如为什么佛陀会制定“过午不食”这条戒? 有几个因缘，其中一个因缘就是，有一天晚上，迦留陀夷到居士家托钵乞食。因为他脸比较黑，那天刚好又是暴风雨，一个怀孕的妇人，挺着大肚子出来开门时，刚好雷电一闪，照在尊者的黑脸上，她以为是鬼，吓了一大跳，因为惊吓过度而流产。因此恶口咒骂道："你们比丘，宁可肚子破掉，也不应该这时候来乞食！"因为这个原由，所以佛陀就集合大众，规定从今天开始，过了中午之后，不可再出去托钵化缘，故制定了过午不食戒。

有人因此说，这只是一个偶发事件，现在我们吃晚餐，也不会吓到任何人，所以这条戒已经不符合时代性了。实际上不是这样的，如前所述，佛陀制定戒法，都是观察无量众生得度的因缘而制定的，比丘犯错只是为了使佛能制戒而示现。依着佛戒而行，修行就能得大利益。

"化教"就比较广泛，它不是"随过制约"，而是开示总的原则，如开示法性不生不灭的道理，这样的总原则，然后我们依此修行。

第四、内容差别。

"化教"的内容是**十善、五停等**。十善业、五停心观，乃至一切的般若波罗蜜的法门，都属于化教。

"制教"的内容是**开、遮、轻、重等**。这是戒学的专有名词。"开"就是开缘。比如过午不食戒，本来过了中午之后，就什么都不能吃了，但若是有病的因缘，例如需要吃点中药，这就可以开缘。开许不犯戒，称之为开。

"遮"就是遮止不能做，就像过午不食戒，过了中午十二点之后，就不能再吃任何固体食物，这就是遮止。

"轻、重"是说，同样的犯戒，有轻罪，有重罪。这些都是戒法的内容。

第五、违反差别。

"化教"是**用舍任缘**，"制教"是**违反有过**。

“用舍任缘”就是说化教的经论，你愿意依着它来修，很好；暂时不修也没关系，就随顺你个人的因缘。例如愿意学《金刚经》的道理，并依此法门修行也行；愿意学《解深密经》的道理，并依此法门修行也行，只要法门契机、能调伏烦恼，从哪一门契入都可以的。“方便有多门，归元性无二”，这就是用舍任缘。

但“制教”戒律的态度不同，它是违反有过，违反佛陀所制定的戒法，就要结罪，是有过失的。就像军队的军令一样，不能不遵守。

以上就是“化教”与“制教”的差别。

▲《资持》云：“问：五、八二戒既是戒制，应是行摄。答：化教所摄。”

这里讨论五戒跟八关斋戒，是属于化教还是制教。所以**问五戒**和**八戒**，既然是**戒制**，都是“持犯阶定”、“随过制约”，也是有“开遮轻重”等等的，看起来就像是戒的内涵，所以它**应**该**是行摄**。行就是指行教，也就是制教。

底下回**答**，是**化教所**收**摄**。所以五戒和八关斋戒是属于化教，不属于制教。

制教主要是指出家众的戒法，包括沙弥戒、比丘、比丘尼戒。其他的像五戒、八关斋戒乃至菩萨戒，这些跟经论一样，都是属于化教所收摄。

为什么它们是属于化教呢？因为重点在“用舍任缘”，说五戒、八戒乃至菩萨戒都是一样，要持守或者不持守，对一个在家佛弟子来说，并没有硬性规定。甚至五戒只守其中的一条戒、两条戒，也是可以的。

为什么呢？就像佛寺对于偶尔来参访的居士，会当他是客人，所以会比较客气。只要他不要违反共住规约，他愿意在寮房多休息，只要五堂功课都能出来，可以不用太管。

但如果他是要来发心出家的，那就不一样了，就要严格规定了。时间还没到，就不能在寮房休息，其他规矩也要遵守。

为什么呢？因为标准不同。一位在家居士，能够暂时离开城市的喧嚣、不清净的环境，来到山上短期用功，我们都是随喜的，所以尽量给他方便，不要一下子给他太大压力。他愿意精进，跟着精进当然好；若是不能，慢慢调整也没关系。所以五戒、八关斋戒就是这样的态度。佛陀说，在家白衣就像客人，出家众就像家人一样，是有差别的。对客人自然就比较客气，所以五戒、八戒乃至菩萨戒，并不勉强要马上受，甚至愿意先受其中的几条戒，佛陀也是随喜的，这就是用舍任缘，所以它是属于化教所收摄。

虽说是化教所收摄，但是每条戒的开、遮、轻、重，跟制教是一样的。例如杀生的标准，具足“是人、人想、有杀心、起方便、前人命断”这五缘，就构成杀生的重罪，这点，出家戒跟在家五戒是一样的。其他如杀畜生是轻罪，杀人是重罪等判罪方法，也都是一样的。但是你可以决定受与不受，像客人一样，佛陀尽量开方便，让初学者慢慢地跟上，不会要求一下子全受，所以五、八戒都是属于化教所收摄的。

乙二、戒法与世善差别

这段讨论五戒、八关斋戒等戒法，与世间善法的差别。

很多人都会说，我学化教的经论就好了，因为经论能开慧解，我透过经论得到解脱，或者修世间的善业就好了，何必一定要持戒！戒告诉我们不要做杀盗淫妄的事情，世间善业也是同样的禁止，那不都是一样的，何必非要麻烦去受戒呢？以下就讨论这个问题。

▲《业疏》云：“问：一切善作尽是戒否？”

一切世间善法的造作都属于戒吗？如果它们是戒，那确实受不受戒，都没有差别。如果它们不是戒，那差别在哪里呢？

其实，世间的善业不是戒，但反过来，戒却涵盖了世间善法。世间的善法就像楼的下层，戒就像楼的上层，有阶级的差别。而这阶级差别，并非否定下层的世间善业；而是说同样是善业，但戒的强度，远远超过世间的善业，果报也是完全不同的。

“答：律仪所摄善作名戒。自余十业，但单称善，不名为戒。”

“律仪所摄善作”，是说受了五戒或者八关斋戒后的善行，如不杀生等，称之为律仪所摄的善法造作，这就不只是世间的善业了。

比如受五戒的人，为什么不杀生？不是因为今天的心情不想杀生，也不只是世间道德的约束，而是忆念：我受了五戒，有五戒律仪的约束，所以我才去造作不杀生这个善作，这样善作称之为戒。

“自余十业”，此外的十善业，都只能称为世间的善业，不能称之为戒法。关于这之间的差别，我们可以用“表2-2”，来详细说明。

◀戒有二义——有本期誓 / 遍该生境——余善反之，故不名戒。

表2-2

戒跟世间善法的差别在于：第一、**“有本期誓”**，第二、**“遍该生境”**。

“有本期誓”，是说有原本的要期、誓愿，如第一课“返妄归真”中，关于纳受戒体的方法所明，受戒时必须“要期誓愿”。

“本期誓”有二，第一就时间来说，我们造作持戒的善业，是尽形寿造作。例如不杀生，不是随着今天的心情好不好而不杀生；而是因为我当初受戒时，在佛前殷重地发了愿："我弟子某甲，尽形寿归依佛，归依法，归依僧"，我这愿力是尽形寿的，这就是本期誓之一，就时间上来说。

第二个本期誓是，面对十法界有情、无情的境界，我要断恶、修善、度众生。那么这种断恶修善等誓愿就是本期誓。也就是说我不杀生的动机，不只是因为世间的道德要求，而且是随顺于当初断恶、修善、度众生的本愿，因此不杀生，这是"有本期誓"之二。以上两点，世间善法显然是不具足的。

"遍该生境"是说受戒时，心量是含摄十法界一切有情、无情的境界，称为遍该生境。例如不杀生的境界，是面对十法界的境界，都不杀生。

不像世间的善人，或许也护生，例如有的人专门保护那些濒临绝种的动物，但他只是不杀濒危动物，他还是每天吃鸡鸭鱼肉，并没有想去保护它们。所以众生的善业，通常是有局限的。

又如慈悲，众生慈悲的范围，往往以家人为主，对外人就看当时的心情，以及他跟我缘的远近、亲疏等等。而戒法慈悲的对象是十法界一切的有情无情，所以二者有很大的不同。

所以**"余善反之，故不名戒"**。世间的善法没有这两个特点，有局限性，因此跟戒是不一样的。

世间人在造善业时，往往也不会发心想要遍十法界修如是善业。例如看到蚊子，不杀它，可能只是一种单纯的慈悲心而已。但受戒的人不杀蚊子，是因为当初我在佛前登坛受戒时候，发心面对十法界一切有情、无情的境界，我都不伤害。动机不一样，果报也就不同。

果报怎样不同呢？首先是因为心量广大，所以成就的福报更大。第二就解脱来说，如果纯粹只是慈悲心，未来的果报，可能就只在人天而已。但是如果动机是为了当初受戒的本愿，面对十法界有情、无情的境界，都要断恶而不杀生，因为这誓愿遍十法界，所以跟佛遍法界的法身是相应的。依着这个动机来持戒，未来的果报就是成佛，因果相随顺嘛！所以同样的行为，动机不同，成就的功德，也完全不同，这是就果上的不同而论。

接着就因地修行的差别来看，世间的善业往往只是一时的念头，并没有太大的防护功能；而戒体能生起任运防非止恶的功能，所以对修行人的防护力量，是完全不同的。

例如有人发起善心说，这辈子再也不抽烟了，或者这辈子一定要对众生起慈悲心等等，看起来似乎也是有要期誓愿，那这跟戒的力量有何差别呢？由于这种世间的誓愿，没有透过受戒仪轨、三宝境界的加持，所以在阿赖耶识里面的熏种，远远不及戒体种子的力量，所以未来也就构成不了任运防护的功能，这是就因地修行上的差别而论。

综上所述，为什么我们不只修世间的善法就好了，还要持戒呢——可从两个方面来看：

从因上说，受戒之后有戒体的力量在，可以生起任运防非止恶的功能。

从果上说，同样的善行，所成就的果报，无论是福报，还是解脱成佛的果报，都是完全不同的，这就是戒法与世间善法的差别，所以必须要受戒。

所以在经典里，佛陀以圣言量告诉我们，同样是拜佛，受五戒的人，跟受三归的人，其功德是千倍万倍的差别；受八关斋戒跟受五戒的人，功德也是千万倍的差别，就是因为戒体不同，因此所发挥的力量也就不同。

乙三、遮戒与性戒差别

既然持戒很重要，那么持杀盗淫妄的性戒就好了，何必还要持不饮酒等遮戒呢？

▲《戒疏》云："明遮性者，由恶缘境，不可随说。以义收之，大分为二。"

首先定义，什么是遮戒、性戒、遮罪跟性罪。相对于**遮**罪、**性**罪，就是遮戒跟性戒，戒是为了防范罪而施设的。

"由恶缘境"。以恶心、烦恼心来缘境界，它的相貌是无量无边的，所以**"不可随说"**，无法一一说之。从早到晚我们起的恶念很多，多到无法一一列举，往往刹那刹那间，都是跟贪瞋痴相应，所以不可随说。

但是**"以义收之"**，从性质上来分类的话，**"大分为二"**，大致可以分为两种恶业，也就是"性恶"和"遮恶"。

我们必须先把基本定义了解清楚，再往下谈才不会混乱。

"言性恶者。如十不善，体是违理，无论大圣制与不制，若作违行，感得苦果，故言性恶。"

什么是**性恶**？就像**十不善**业（身三、口四、意三），实际上相当于五戒中的杀盗淫妄四个重戒。**"体是违理"**，就它的本质来说，是违背世间因果的。"理"，指的是世间的因果。

所以**无论大圣**佛陀制戒与否，**"若作违行，感得苦果"**。只要造作这种违背世间因果的行为，必定要感召相应的苦果。

因此有人认为，我持戒后，不能杀生、不能偷盗、不能邪淫、不能妄语，太麻烦了；我要是不受戒，反而比较轻松、自在。

但是实际上，我们即使不受戒，造作这些恶行，未来一样要受恶报。所以并不是佛陀刻意要约束我们，反而是因为佛陀慈悲，不忍我们受苦而制戒。

举例来说，例如一个人在黑暗中，什么也看不到，地上有一盆沸水，结果他一脚踩下去，被烫伤了。他能抱怨说这不公平啊，不应该啊，因为我没有点灯，所以我没看到，我不应该被烫伤吗？

这么说显然是没道理的，因为不管有没有看到，被热水烫到会受伤，是一定的。

世间的因果就像这样，杀盗淫妄或者十不善法，其本质皆是违背世间的因果，不管有没有受戒都一样，造作了，未来必定受苦果。因此佛陀制定戒法的目的，实在是出于慈悲，让我们不往火坑里跳，并不是像有人认为的，这只是对佛教徒的一种约束而已。

这就是“性恶”，它的本质就是恶业，不会因为不受戒，就能侥幸无过。所以世间人往往只是一种驼鸟心态，不愿意去面对事实。就像驼鸟遇到危险时，会把头埋到沙堆里，以为看不到就没事一样。

所以性罪，不管佛陀制与不制，乃至不管信不信佛，造作这样的事情，一样都是要结三恶道果报的。

“是故如来制戒防约。若不制者，业结三涂，不在人道，何能修善。故因过制，从本恶以标名，禁性恶故名为性戒。”

之前谈性恶，底下接着说明性戒，戒的部分。

所以佛陀就**制戒**来**防**范、约束我们的身口意三业。因为若不制戒，**业结三涂**，也就是说造作性罪的结果，就是三恶道的果报。那自然**不在人道**，又怎能**修善**呢？因为三恶道太苦了，不能修善，更不用说修解脱道了。

“故因过制”。因为性恶的过失，而来制定戒法，所以**“从本恶以标名”**，本恶就是指性恶，约性恶之名，来标立戒法的名称。为了**禁止性恶**，而立定的戒法，故称之为**性戒**，也就是杀盗淫妄这四条戒。

“言遮恶者。圣未制前，造作无罪。由非正业，无妨福善。自制已后，尘染更深，妨乱修道，招世讥谤，故名遮也。”

所谓“遮”是说，它是佛陀特别遮止，跟世间的善法是不相通的，称为遮。

遮恶的相状是什么呢？**“圣未制前”**。大圣佛陀在还没有制戒之前，如果造作这些恶法，本身是无罪的。

◀（附）八关斋戒
- 性戒 —不杀生、不偷盗、不淫欲、不妄语。
- 遮戒 —不饮酒、不着香华鬘香油涂身、不歌舞倡伎、不坐卧高广大床、不非时食。

表2-3

如“表2-3”，八关斋戒当中的遮戒，包括不饮酒、不着香花鬘香油涂身、不歌舞倡伎、不坐卧高广大床、不非时食。这些行为如果对没有受戒的世间善人来说，只要不太过分，是没有关系的。

例如有时喝一点酒、涂抹胭脂等等，对世间善业来说没什么过失，所以称为**“造作无罪”**。所谓“无罪”是说它不是“性罪”，因此造作这些业，不会引导我们到三恶道，跟杀盗淫妄不同，因此“无罪”，就世间法来说是无罪的。

“由非正业”。非正业是说，它不是牵引入三恶道的正业，而且**“无妨福善”**，并不妨碍世间人修福修善。就像世间善人，他也喝酒；有些女众到佛寺，也会打扮，这对她来佛寺培福，并不妨碍，这称为“遮恶”。

“自制已后，尘染更深”。但是对于一个修行出世解脱道的佛弟子，如果受了“遮戒”之后；或者说佛陀制定这个“遮戒”之后，如果违犯的话，则尘染更深，对他的影响，比对世俗人还大。

如八关斋戒，如果是一个内心很粗重的俗人，那这过午不食的戒对他来说，其实差别不大。但是对一个真正想深入实修的人来说，过午不食的影响就很大了。

在此举《小止观》里面的一个公案来说明。有一个比丘在荷花池旁经行时，闻到荷花的香气，就忍不住多闻了两口。这时荷花池的池神就出来诃责他说："你是个比丘，怎么可以偷我荷花的香气呢？"这比丘不服气地说："我看到之前那个人，到你的荷花池里到处践踏，摘采荷花，把这池子弄得一片狼藉，你怎么一句话都不说？我不过多吸两口荷花的香气，你就诃责我？"

池神说："那是个俗人，他的业本来就很粗重了，所以他采荷花，将池子弄得一片狼藉，对他的业来说，没有什么大影响。就像一张黑纸上，再滴几滴墨汁，就算晕开了也没太大差别，反正本来就是黑纸。但是你就像白纸一样，只要一点小小的污点，就非常地清楚、刺眼，所以我必须要诃责你。"

这就是**"尘染更深"**的道理，因为程度不同，所以影响也不一样。遮戒对世俗人来说，差别不大；但是对修解脱道的人来说，影响就非常大了。

以前我师父说："你要去品味品味，为什么佛陀制定八关斋戒？很简单，例如着香花鬘、歌舞倡伎，对一般的世俗人来说，可能感觉不出它的差别，那我们怎么去感受它的不同呢？你就想印光大师、弘一大师，如果印光大师跟弘一大师见面之后，印光大师问弘一大师，现在几点了？弘一大师拿出手上的金表来看，哦，现在早上九点多，表还闪闪发光……那你想啊，弘一大师这样就不庄严了。"

又比如印光大师的照片，看起来清净庄严，如果他胸口戴个胸花，或者脖子上戴个花鬘，感觉就很不恰当了。

所以世俗人像黑纸一样，他造这些业，反正也不是三恶道的业，所以差别不大，只要不太过分就好。但是对于修行人，如果要出三界，就必须恒常地看好自己的念头，去对治贪烦恼。而这些遮戒的业，喝酒乃至坐卧高广大床等等，都会增加我们的贪婪心，所以必须禁止。

爱不重不生娑婆，我们会来娑婆世界的主因，就源于贪烦恼。这些遮恶表面上看起来，好像影响不大，但实际上它更可怕，为什么呢？因为它的“合理性”，使一般人没有戒心，而将贪烦恼深深地种植到内心中，所以往往更难对治。

如杀盗淫妄，世间的善人都知道不可以做，因为它很粗显，很容易看到它的过失，也就容易遮止、对治。而喜欢唱歌跳舞，喜欢化化妆，或者喜欢喝点小酒之类的，一般人看不出有什么问题；实际上因为不断地熏习，所以不断地加强我们对三界的贪爱，乃至深入骨髓，真要对治时，往往反而比对治杀盗淫妄更难。

经典里面记载，有一个优婆塞非常贪爱他的妻子，结果死了之后，变成他妻子身上的虫子。当然，如果只是贪爱，也不见得就一定会牵引他去三恶道，但是他贪爱过度了，才变成小虫子。所以贪爱的熏习，虽然不见得直接是三恶道的业，但是对来世的影响，却是很大的。

所以为什么我们要受持遮戒？就是为了修出世道，栽培出世的善根。如果今天只想修人天福报，或许还没那么急迫；但如果想脱离三界、破除这种深入内心的贪爱，就必须慢慢地练习持守这些遮戒了。

因此受菩萨戒的人，在六斋日或者三长斋月，要受持八关斋戒，就是因为菩萨是要求解脱的。所以要一点点地动摇、拔除这种深入骨髓的贪爱心。

“招世讥谤”。以上妨碍修道，是就自利来说的影响。“招世讥谤”是对利他的影响。

如果一个出家人唱歌跳舞，肯定会引起世间人的讥嫌。即使在家居士也一样，如果一个在家居士，特别喜欢打扮、化妆、喝酒等等，世间人也会讥嫌：你一个学佛的，怎么这样子呢？因此“招世讥谤”的过失，对在家、出家人都是一样的。

因此“性戒”是遮止三恶道的业；而“遮戒”是遮止轮回的力量。以上是第二课：示相彰名，大致介绍至此。

第三课 略明戒德

《宗体篇》中“第一、戒法”的第一段“通叙戒法”，前面已经介绍完了。接着要介绍的是第三课的“略明戒德”，大略说明戒法的功德。

甲一、圣道本基
甲二、戒有大用
今初

第一、“圣道本基”是告诉初发心修学的人，戒是根本，所以初下手就需要持戒。第二、“戒有大用”，是说不仅初学者需要，乃至到成佛为止，都需要持守戒法。这两段有这样的差别。

甲一、“圣道本基”

戒是成就圣道的基础。就像要有大地，才能生长万物，如果在虚空中，是无法耕种的，所以戒是一切修行功德生长的大地。

▲《戒疏》云：“斯乃大圣降临，创开化本。将欲拯拔诸有，同登彼岸。为道制戒，本非世福。”

“斯乃大圣降临”。戒法是大圣佛陀来到这世间，**“创开化本”**，开始教化众生的根本。也就是说，佛陀来到娑婆世界的目的，是为了度众生，因此他创制戒法来作为教导众生的根本，因此称为创开化本。

所以通过戒法，**将欲拯拔一切有情**，**“同登彼岸”**，同登涅槃的彼岸。

以下是个重点：**“为道制戒，本非世福”**，佛陀制戒最终极的目的，是为解脱道。“道”就是道路，通过道路，可以通达到涅槃。因此“修道”，就是修这个法门，可以通达到涅槃。

最主要的道，就是般若智慧，有般若才能到达涅槃。所以是为了成就般若之道而制戒。所以虽然在经典中，佛陀说持戒能得大福报，但这并不是佛陀说戒的真实目的。

那么得到世间福报，有什么不好呢?

世间福报看似可爱，但它本质是苦：

世间福报本身是苦，如《别译杂阿含经》所说：“无常故苦，苦即无我。”世间的福报本身是无常的，因为无常，所以会感召种种的苦恼。因为无常，所以在追求的时候，即使很努力，也未必能得到，这是求不得苦。因为无常，在追求，或者得到之后，保护的过程中，必须与他人计较、争执，这就是怨憎会苦。因为无常，所以得到之后早晚会失去，就是爱别离苦。乃至从始至终，内心搅扰不安的五阴炽盛苦……所以不管在追求时也好，得到也好，乃至失去也好，它的本质都是苦的。

我们看世间福报大的人，往往要比一般人，承受更多的压力，为什么?因为要守护他的财富，他必须比别人更努力。即使现在的心情可能不想再冲刺了，但他必须强迫自己要不断地努力，直到退休，或者无能为力为止。为什么呢? 就是为了守护这无常、却为众人共同追逐的财富。

所以如果我们持戒的目的，就只是为了世间的福报，那就没什么价值了，因为追求的境界，表面上看起来很快乐，但本质却是痛苦的根源。

就像《佛说四十二章经》所说："譬如刀刃有蜜，不足一餐之美；小儿舐之，则有割舌之患。"刀刃上的蜜糖啊，无知的小儿不懂，用舌头去舔，不可能吃饱，但被刀刃割伤的痛苦，却会持续好几天。

所以我们在持戒的时候，要先认准目标，如道宣律祖所说："为道制戒，本非世福"，要确认这个目标。

其实，当把目标确定成：为了解脱而持戒，我们所得到的福报，反而远远超过只为世间福报而持戒。为什么？因为发上品心持戒，所引生的福报反而更大，且是不求而得的。以上先确认持戒的果，是为了成就解脱。

接着从修因上，来看持戒的重要性：

"然烦惑难清，要由方便，致设三学，用为治元。戒如捉贼，定缚慧杀。三行相因，斯须摄济。"

就因地的修行来说，为什么要持戒呢？重点就是**"烦惑难清"**。众生的烦恼，是很难彻底清除的，是深入骨髓的。在经典中譬喻贪烦恼就像布沾了油一样。我们知道，抹布沾了油，是很难去掉的。我们贪烦恼的心，就像沾了油的布一样，跟境界深深地黏着在一起，牢不可拔，而且这种贪烦恼还不只是今生的熏习，而且是无量劫的熏习，因此实在是"烦惑难清"。要是真的用功修行，去对治自己的烦恼，就能感受到我们内心烦恼的力量，确实如此。

所以**"要由方便，致设三学，用为治元"**。"治元"，就是对治烦恼的根本力量。因此要以戒定慧三学的善巧方便，作为对治烦恼的根本力量。

怎么样对治呢？接着举譬喻来说明：**"戒如捉贼，定缚慧杀"**。如果有贼进家了，那首先要看到他，不要把贼当好朋友，让他随意走动，否则东西会被偷光的。所以首先要认识这是贼，这就是戒的力量。接着"定缚慧杀"，用禅定的力量把它绑住，再用智慧来杀贼。譬如世间的人，都会觉得用偷盗，或者打妄语的方法，可以迅速得到财富。事实上，他今天得到财富，是由于过去生有这福报，所以感召到财富。然而今生却用偷盗、打妄语等种种方法来获取，纵然暂时得到了，但这过去生所修来的财富，却会因为他偷盗、打妄语等不正当的手段，而变得不牢固，很容易被夺走、被破坏，而且因为偷盗等恶行，又给他结下未来三恶道的种子。

但是世间人不懂这个道理，他们把妄语、偷盗等恶行，都当作好朋友，紧紧地抱住不放，认为这些可以帮助我成功。或者有的人觉得，我的生命当中，就是需要这些——杀盗淫妄酒，生命才能快乐，更加的滋润。

因此，众生就不断地受这个贼的伤害，盗取他的功德法财。过去生所修的福报、智慧、善根，就在杀盗淫妄酒当中，不断不断地被消磨掉。从很多的历史公案中都可以看到，欢喜造恶的人，最后都因此破坏了他原有的福报、功名。就是因为他们把这个贼当成了好朋友。

相反，如果能够持戒的话，“戒如捉贼”，面对这些烦恼境界，就会知道他们是贼，不是好朋友，也就不会任由这个贼在家里到处乱窜，所以也就不再受他的伤害了。透过戒来抓贼，这就是我们要学戒的原因。

有些人受了五戒甚至菩萨戒，却想不通，觉得自己是个好人，但是为什么学佛这么久，还是没有福报，还是有很多障碍？若知道“戒如捉贼”的道理，就会明白，问题可能就出在，虽然受了戒，但是没有认真地持守，所以心中的贼，都还在不断活动，当然就不断地盗走自己的功德法财了。

透过戒抓住贼后，再用禅定的力量制服住，让烦恼不动，最后用般若无生的智慧去照破它，就能够彻底地断烦恼，而得到解脱，这就是“戒如捉贼，定缚慧杀”的必然程序。

因此结论：**“三行相因”**。“三行”，就是戒、定、慧三行，互相为因。戒可以帮助定，定可以帮助慧。反过来说，慧也可以帮助戒和定。

为什么呢？因为持戒也要有智慧啊，如果有智慧，就能透过智慧的抉择，很清楚地认识到为什么要持戒，就不会觉得持戒好像很呆板了。例如蕅益大师开示过午不食的十大利益，当我们用智慧去抉择明了后，未来在持午戒时，即使刚开始肚子饿，但是会有坚持的动力，乃至渐渐习惯，而欢喜持此戒了。

或者在持戒过程中，因为环境的染污，而产生种种障碍。你有智慧，就能用种种善巧方便，去避开障碍。

经论中举个例子：有个修道人在山上打坐用功，看到一只鹿从他的前面跑过，后面猎人追过来，就问他说："你有没有看到那头鹿？"

他如果说看到了，猎人就会问他往哪里去，他要是告诉猎人，就会犯杀戒。相反的他如果说没看到，又犯了妄语戒，真是两难的境界。这个修行人很有智慧，他就说："你自己看足迹啊！"就这样很善巧地把这个问题化解了。

所以持戒要清净，尤其在这种五浊恶世，真的需要智慧的善巧方便。当然，在一般世俗的环境，要百分百持得清净，确实不容易；但如果有智慧的话，纵然没有百分之百，也能持个七八十分，总好过不及格。

所以智慧可以帮助持戒，也可以帮助修定。当然透过修定，也可以帮助持戒与发慧，这称为"三行相因"。

"期须摄济"。三学是彼此收摄、互相帮助的，所以不可偏废。

"故初行者务先学戒，检策非违，三业清净，正定正慧，自然而立。"

所以**初**发心的修**行**人，**务**必要**先学戒**。用戒律来**"检策非违"**，遇到境界就要检查，身口意三业，是不是有违背戒律的过失？

这样的话，**"三业清净，正定正慧，自然而立"**。"正慧"就是真正与解脱相应的智慧，而不是离开戒律的狂慧。狂慧的人往往执理废事，不重视戒律，所以无法真正见到解脱的空慧；而具足正慧之人，因为有戒律的基础，因此能够生起正定、正慧，故能从缘起中见到空性，所以反而更深信缘起不虚，这个才是与解脱相应的智慧。

▲《资持》云：“五分功德以戒为初。无上菩提以戒为本。安有弃戒别求圣道？《智论》所谓无翅欲飞，无船欲渡。圣言深勉，可不信乎？”

这段是劝修，**“五分功德以戒为初”**。五分就是五分法身：戒、定、慧、解脱、解脱知见，这是佛所亲证的功德。

所谓戒法身：戒，就是调伏的意思，佛能调伏一切的烦恼，永远不再造业，恶业永远停止下来，因此称为佛的戒法身。果上能够调伏，一定有它相随顺的因——也就是我们初下手的戒。

所以戒有很多名字：又名律、清凉、调伏、禁止……很多的别名，因此，戒不是强压，而是透过这种善巧，来安定、调伏我们的心。因上透过戒来调伏自心，自然能够感召果上，佛陀五分法身中戒法身的功德。所以五分功德以戒为初。

佛的**无上菩提**也是**以戒为**根本，这就是前面所述：“因戒生定，因定发慧”的道理。

“安有弃戒别求圣道？”想要放弃戒法而别求圣道，是不可能的。就像《大智度论》里所说的**“无翅欲飞”**，没有翅膀，却想要飞翔；**“无船欲渡”**，想过河，却没有船，这都是不可能的。

所以总结：**“圣言深勉”**。佛菩萨殷重深切地劝勉我们，怎么可以不相信呢？

以上是“甲一、圣道本基”，说明初学者必须持戒的道理。接着“甲二、戒有大用”，是说不止初学者需要持戒，乃至老修行，甚至大菩萨也是一样，都要持戒的！

甲二、戒有大用

▲《事钞》云："夫三宝所以隆安，九道所以师训，诸行之归凭，贤圣之依止者，必宗于戒。"

这段文字从各方面来说明持戒的重要性，第一从利他来说，**"三宝之所以隆安"**，兴隆昌盛，来自于戒的力量。

为什么呢？如《行事钞》所述："(佛说)我灭度后有五种法令久住……二、下至五人持律在世……"《善见律》亦说："以律师持律故，佛法住世五千岁。"因为佛法赖僧弘传，所以只要乃至有五比丘，能清净持戒，就可以做一切僧团的羯磨法。僧团能维持，僧众便得以安心办道，而能亲证佛法，乃至弘扬圣道，因此佛法也就能住世。

可能有人会想，我们又不是出家人，五比丘住世，跟我们有什么关系呢？实际上，还是很有关系的。为什么呢？因为如果在家居士都认真学戒、持戒，出家众也会受影响，也会警惕自己，感到忏愧：哎，在家居士都这么精进地持戒、学戒，我们出家众被居士称"师父"的，多不好意思啊。因此也会努力地学戒、持戒。

出家众能够努力地学戒、持戒，自然也会影响在家居士更加增上，上下都能相互良性地影响。

相反，在家居士如果对戒法不看重，有些出家众可能因此也无所谓，在家居士就更是无所谓……三宝就越来越衰败了。纵然经、律、论三藏的典籍还在，但事实上佛法已经在衰了——因为没有人亲证。

要知道，所谓的"教法住世"，不是讲经的光盘住世、网络上随时可以下载的资料住世，称为佛法住世，不是的。"教法住世"是要有人亲证，真正能够将教法的功德，在心中显现出来，才可称为教法住世。而三宝之所以兴隆，不是因为信佛的人很多，而是因为教法住世，也就是有人亲证这教法，才是真正的住世。所以不管在家众还是出家众，真正能够持守戒律，教法才能住世。

以下是就自利来说：

“九道所以师训”。九法界除了佛法界之外，乃至等觉菩萨，都是以戒为师。

“诸行之归凭”。一切定慧法门都是以戒为归凭。不管修念佛法门也好，参禅修止观也好，戒是一切法门共同的依托，就像大地是万事万物的依止一样，有了戒法，从凡至圣才得到依止。

“贤圣之依止”。此处“贤”指的是大乘的三贤位(十住、十行、十回向)，或者小乘的加行位(暖、顶、忍、世第一)。“圣”指的是大乘初地，小乘初果以上。不论贤位或者圣位的尊者，都必须依止戒法。

以前佛学院的上达下理老和尚，曾经讲过一个例子，他说佛学院以前曾经一方面开讲《六祖坛经》，谈“心平何劳持戒”，一方面又同时开讲《比丘戒》，告诉我们“宁可舍弃生命，也不可犯戒、破戒……”这时有比丘同学很疑惑，就问参禅的上达下理老法师说：“那到底要不要持戒？”达公长老就问他说：“你心平了没有？”同学说：“我心没有平！”达公喝道：“那你还不好好持戒！”

我们初学者，未证到空性，心没有平，所以要努力地持戒。而贤圣们的心平了之后，是不是就不需要持戒呢？不是的，因为他们已经多少分证了五分法身的戒法身，因此对他们而言，戒的调伏力量，已经是任运地现前了，所以他是任运地持戒。

所以《六祖坛经》说：“心平何劳持戒”，重点在这个“劳”字。当心已经像大地一样，安住在法性当中时，五分法身的戒法身或者随顺、或者亲证，就不用像初学的时候，那么费力地持戒，常常犹豫到底要持还是不持？不持又过意不去，持了又想犯戒，老是人天交战。

当心任运地跟法性相应时，自然能生起调伏烦恼的力量，也就是所谓的“道共戒”，自然地诸恶不造。那时就不用劳顿、辛苦地去保护戒体了，这才是“心平何劳持戒”的真义。

因此，藕益大师在《灵峰宗论》中说：“有禅者曰：定共戒，道共戒是务。兹(持戒)在所缓矣。予不屑荅也。呜呼！儱侗瞒盰，病通斯世，解文识义，能复几人。若在所缓，应云定夺戒，道夺戒。共之一字云何通。”所以贤圣的依止，自然也是戒，乃至最后成佛，彻证五分法身，全体是戒矣！

所以从因到果，从自利到利他，都必须要持戒！

第四课 归依功德

请先翻看第1页的《大纲表》，本课属于“戒法”这一科的第二段——“归戒仪轨”。既然知道戒的重要性，接着就要得到戒体，才有未来所谓持戒之事。所以接着介绍得到戒体的方法，这是持戒的必要前提。

在正式介绍归戒仪轨之前，必须先说明“戒德高胜”。因为只有对戒法怀着强烈的好乐心、希求心，在登坛受三归依、纳受戒体时，才能够生起强烈求戒的心，并发起菩提心，从而得到上品戒体。所以要先介绍三归依、五戒乃至八关斋戒的功德。首先介绍归依的功德，归依是入佛门的第一步，虽然它不是戒法，但它具有很大的功德。

甲一、归意

我们为什么要归依三宝？归依不仅仅是个仪式，也不是为了跟某位法师结缘，而挂他的法名。那归依的目的究竟是什么？

◀《业疏》云
- 示境——“《多论》云：以三宝为所归。
- 显义——所归以救护为义。
- 举喻——如人获罪于王，投向他国，以求救护。彼王敕言，汝求无畏以投我者，莫出我境，莫违我教，必当救护。
- 合法——众生亦尔，系属于魔，有生死过。归向三宝，魔无如之何。”

第一、示境：《多论》，就是《萨婆多论》。此论中说：佛、法、僧三宝是我们所归依的境界，而且三者缺一不可。

第二、显义：归依的意义是什么呢？**“所归以救护为义”**，归依的目的，就是为了得到救护，求三宝救拔我们离开生死苦海而归依。

第三、举喻：“如人获罪于王，投向他国”。譬如有人得罪了国王，走投无路，只得投靠另一个更强大的国家，寻求保护。于是，那个国家的国王就告诫他说：你希**求无畏**惧、而来**投**靠**我**，希望得到我的保护，是可以的，但是有两个条件：

一、**“莫出我境”**。不能出我的国境，出了国境就没人能保护你了。

二、**“莫违我教”**。要遵守我们国家的法令。这样我就一定能够救护你。

第四、合法：“众生亦尔，系属于魔，有生死过”。众生也是同样的道理，为烦恼魔、鬼神魔、五阴魔、生死魔等四魔所系缚，所以有生死的过患。也就是说我们都有烦恼，所以都在轮回中，不断地头出头没，“如人获罪于王”，难以超脱。

那怎样才能得到三宝的救护呢？“莫出我境，莫违我教。”“莫出我境”就是不要离开三宝的境界，要多在三宝的境界中熏习；“莫违我教”，就是佛菩萨在经典中开示的，什么该做、什么不该做，就像国家的法令一样，我们不要违背。例如佛陀告诉我们，不要做杀盗淫妄的事情，我们就要照着去做，这就是“莫违我教”。

“魔无如之何”。这样，四魔就没有办法控制这个人了。

归依三宝的目的是求救护，因此我们应当导正心念，忆持此事，不要只是挂个佛弟子之名，或者只是图“我是某某人的弟子”。所谓拜师、挂个名，往往就只是满足世间人的虚荣心罢了，那是没有意义的。为我们授归依的师长，只是十方三宝的代表，我们的心最主要是归依十方三宝，并祈求三宝的救护。

甲二、显相

为什么三宝能够救护我们呢？这就要先了解何谓三宝。

▲《戒疏》云："有四种三宝：一理体者。如五分法身为佛宝，灭理无为是法宝，声闻学无学功德是僧宝。"

"理体"，是指一种清净无染、诸佛所亲证的法身理体，它是我们自性本具的功德彻底地开显。

第一、**五分法身为佛宝**。五分法身：戒、定、慧、解脱、解脱知见。戒是指证得清净法身时，永断一切恶的功德；定是指佛的心，恒常安住在自性当中，不动摇、不生灭；慧是以根本智，观一切法都不离自性；解脱，是指因为安住在法性中，所以能够起种种的神通妙用；解脱知见，就是当证得解脱之后，能自知证得了解脱，这是后得智。

成就这五分法身的是谁呢？就是理体的佛宝。

第二、**灭理无为是法宝**。"灭理"就是灭谛之理，不生不灭的法性就是灭理，也就是无为之法。所谓无为，不是离开有为之外另外有一个无为，而是一切法当下就是无为，能了知一切法当下就是全体真如，是不生不灭的理体，因此一切法皆是无为。

我们归依三宝的核心，就是归依法，这个法就是"灭理无为"。因为它是三宝共同的体，也就是清净无为的真如本体。佛宝彻底亲证了这个清净的本体，僧宝则分证此体。所以三宝共同的体都是"灭理无为"，这是我们正式归依的境界。为什么三宝能够救护我们？就是因为它所依止的体是灭理无为，这是魔王到达不了的境界。魔王只能到达六道，他牵引我们在六道中头出头没；但灭理无为的境界，他到不了。

因此，只要“莫出我境，莫违我教，必当救护”。我们的心要常常安住在不生不灭、法性的智慧当中，如观察《金刚经》：“一切有为法，如梦幻泡影。”或者即使对法性的道理还不是很懂，就只是常常诵念这段文，乃至读诵简短的《般若波罗蜜多心经》：“观自在菩萨，行深般若波罗蜜多时，照见五蕴皆空，度一切苦厄……”多去读诵、思维这些诠释灭理无为的般若经典，我们的心就能跟三宝的境界相应，这是魔王所到达不了的境界。

归依佛，因为佛亲证了这个理体；归依僧，因为僧分证了这个理体，他们皆能引导我们到达这不生灭的境界，因此三宝能够真正地救护我们。

所以归依之后，或许我们有自己的亲教师，这跟一般法师的缘不一样，但是我们应当知道，我们归依的是十方三宝，我们是三宝弟子，而非仅仅是某人的弟子，亲教师只是我们到达三宝不生灭境界的引导，这是一个佛教徒要常常去忆念的。

不要认为我的师父有很大的加持力，我就不必特别修行，仰仗师长的加持，就能了生脱死……这都是心外求法。师长也只是透过说法，引导我们的心趣向三宝。唯有当我们把心常常安住在三宝的境界中时，才能真正的得到救护而解脱。所以不管念佛、拜佛、诵经、持咒……都是透过这些方法，使我们的心安住、随顺于不生不灭的理体，这是根本。

第三、**声闻学无学功德是僧宝**。“声闻”可以包括小乘、大乘的声闻。“学”指的是有学位，就小乘来说是初果到三果，就大乘来说是初地到十地。“无学”就小乘来说是阿罗汉，就大乘来说就是佛果。所以理体僧宝，指的是小乘的有学、无学位，和大乘的有学位，因为大乘的无学位就是佛宝了。这是“第一、理体三宝”，它的本质是清净无染的。

“二化相者。如释迦道王三千为佛宝，演布谛教为法宝，拘邻等五为僧宝。”

接着说明化相三宝。化相三宝是理体三宝为了度众生，所显的幻化之相。因为理体三宝本身是无形无相的，是清净无染的大功德聚，所以凡夫众生接触不到，就必须要透过化相三宝与住持三宝，在世相上的显现，才能藉此引导众生。

所谓的化相三宝，简单来说就是释迦牟尼佛在世，所显现的三宝的境界。为什么称为**化相**？因为它是由不生不灭的法身理体所化现出来的，因此称为化相三宝。

化相三宝的**佛宝**，就是释迦牟尼佛的化身。

“道王三千”是说释迦牟尼佛的教化区域，遍满整个三千大千世界。

“演布谛教为法宝”。“谛”是真实的意思。释迦牟尼佛在世时，所开示的种种真实不虚的教法，就是化相的法宝。不过那时还没有结集成文字的经典，只是佛陀所宣说的法义，就是化相的法宝。

“拘邻等五为僧宝”，就是阿耨憍陈如。阿耨憍陈如等五比丘是最早的僧宝。佛陀成道后，观察到五比丘跟他的缘最深，所以他就到鹿野苑去度五比丘。在佛陀三转法轮之后，五比丘次第证得圣道，也就是前述的“声闻学无学功德”的理体僧宝，五比丘因此也就成为了佛陀在世时最早的化相僧宝。

“三住持者。形象塔庙为佛宝，纸素所传为法宝，戒法仪相为僧宝。”

佛陀灭度后，为了使三宝能久住世间，僧众们建立的种种形象，并代代相传的，就是**住持**三宝。

“形象塔庙为佛宝”。佛陀灭度后僧众们所创建的佛像、佛塔等，都属于住持的佛宝。这并非是偶像崇拜，而是透过这些形象塔庙，使众生生起归依、向道之心。

“纸素所传为法宝”，就是透过纸张等书写印刷出来的经典的语言文字，就是住持的法宝。

“戒法仪相为僧宝”。受了出家的具足戒后，所显现的出世的仪相，就是住持僧宝。虽然或许他们都还是凡夫，还有烦恼，但只要具足正见，仍然有戒体在身，就应当为一切人天所恭敬、供养。因为佛法必须靠僧团来弘扬，佛像本身是不说话的，经典如果无人解释，我们很容易错认消息。所以必须要专业的修行人，也就是僧宝，才能为我们诠显经典的真实义。因此纵然他只是凡夫，只要是住持的僧宝，就应当归依、恭敬供养。

“四一体者。如常所论。唯约心体，义分三相，如《涅槃》说三宝同性等。”

前面理体、化相、住持三种三宝，都是属于清净，或者是分证清净的境界，而**一体**三宝，指的是我们的自性，它就通于凡圣了。

“如常所论”。如一般大乘经典所论说的。

“唯约心体”。这“心体”就是我们的自性清净心。依着自性清净心来说，我们也是具足三宝功德的。佛寺早晚课诵后，都会念：“自归依佛，自归依法，自归依僧。”所谓“自归依佛”，是归依我们的自性佛；“自归依法”，是归依我们的自性法；“自归依僧”，是归依我们的自性僧，也就是我们自性所具的佛、法、僧三宝。

虽然它们现在还是染污的，但就像“衣里明珠”的譬喻一样，佛的“三德”与我们众生的“三障”是不二的，所以我们自性本来就具足三宝。佛寺早晚课的前半段，都是修事相上的法，持咒、诵经、念佛等等，最后透过念三自归，将这一切有相行，全部汇归到自性不生不灭的三宝理体。

在藏传佛法中，修一切法之前，都会先念诵三归依，并观想归依境等，那是为了祈求三宝加持，以破除修法的障碍。而汉地的传承，会将三归依的诵念放到最后，就是为了将前面的有相行，全部汇归到自性不生不灭的理体，也就是自性三宝。

“如《涅槃》说三宝同性等”。“同性”的“性”，就是指真如理体。在《涅槃经》中，开示自性三宝之体，皆是真如本性。

这是什么意思呢？我们自性的佛宝，就是内心照了的功能。因为“佛者，觉也。”觉是觉悟、照了的意思。我们能够产生照了的功能，就是自性的佛宝在起作用。只是我们用它去照烦恼、虚妄分别的境界、虚妄地分别好坏、大小、美丑等等，而起烦恼。但是凡夫这照了的功能，与佛是不二的，都是真如本性所起的作用，这就是自性佛宝。

再说自性法宝。法是清净无染之体，也就是智慧所照了的境界。外在一切境界都是我们自性所显现的影像，虽然相上有生灭，但体是不生灭的，就如同梦境(生灭)、梦心(不生灭)的道理一样。因此真如所显的一切境界，就是自性法宝。

僧宝的僧，本义是“和合众”。和合，就是不二，出家众住在一起，为什么称为僧团？因为大家依着六和合(身和同住、口和无诤、意和同悦、见和同解、戒和同修、利和同均)而共住，所以称为僧团。自性僧宝，就是能照了的自性佛宝，与所照的自性法宝不二。

譬如：在梦境中，能看的眼睛，和眼睛所看见的佛像，有能有所（眼睛为能见，佛像为所见）的差别，但实际上能照见的眼睛也好，所照见的佛像也好，本质都是这念能做梦的心，因此虽然相上有差别，其体是没有差别的。

自性佛宝与自性法宝，皆是真如所显，其无二无别的体性，就是自性僧宝，此即“三宝同性”之理。所以一体三宝是通于染净、凡圣的。这是我们的本来面目，只是我们在迷惑中而没有开显而已。

因此修行普贤菩萨十大愿王，“第一、礼敬诸佛”，不只是礼拜外在的佛，同时也是礼敬我们与十方佛无二无别的自性佛。“称赞如来”，乃至“请佛住世、请转法轮……”都是一样的道理。能依止自性三宝之理而修，这样的三归依就是圆顿法门了。

在此以宋朝灵芝律师《补续芝园集》中的开示，总结四种三宝：

“众生妄念，天真本具，一体三宝也。

诸佛果德，清净无染，理体三宝也。

乘时利见，启迪群庶，化相三宝也。

垂裕后世，流及无穷，住持三宝也。”

因此我们必须常常忆念一体三宝，内心于境界上不迷、不取、不动，再透过外在理体、化相、住持三宝的加持，内外和合，才能得到解脱，这是三归依的真实义。

接着是赞叹三宝的功德：

◀《戒疏》又云
- 约义略释——此三益世，近拔三有，远清二死，希世独达，可重名宝。
- 引文广释——故《宝性论》喻分六义
  - 一、希有义。世宝贫穷所无，三宝薄福不遇。
  - 二、离垢义。世宝体无瑕秽，三宝绝离诸漏。
  - 三、势力义。世宝除贫去毒，三宝六通难思。
  - 四、庄严义。世宝严身令好，三宝能严法身。
  - 五、最胜义。世宝诸物中胜，三宝诸有无上。
  - 六、不改义。世宝炼磨不变，三宝八法不动。

首先是**“约义略释”**：**“此三益世”**。为什么三宝能够利益世间？**因为“近拔三有”**，就近的来说，能够使我们超脱六道，拔除三界轮回之苦。就远的来说，**“远清二死”**。“二死”就是三界内的分段生死，和三界外的变易生死。因此归依三宝不但能够使我们超越三界内的轮回，还能灭除界外的变易生死，而成就佛果，这就是远清二死。

接着引《宝性论》中六种譬喻，广泛地说明为什么三宝是尊贵、殊胜的。

“一、稀有义。世宝贫穷所无，三宝薄福不遇”。首先就存在来说，三宝是稀有难得的，称为**“稀有义”**。就像贫穷的人，无法拥有黄金、钻石等世间的宝贝，薄福之人，也遇不到三宝。

这可以从以下几个方面来观察：

第一、理体三宝，这种清净无染的境界，对于一般的凡夫众生，如果不懂圆顿之理，是无法照见实相而接触到的，这是第一种薄福。因为福者慧之体，没有福报，就不可能证悟，也就见不到理体三宝。

第二、化相三宝，能够亲见释迦牟尼佛出世说法，那是必须有大福报的。

第三、住持三宝，佛像、经典，或是出家僧众，对于福报不够、对佛法没有信心的人，也是遇不到的。

第四、一体三宝，二乘的人不知道佛性的道理，不知道自性本自具足三宝的功德，这也可以称为薄福不遇。

“二、离垢义。世宝体无瑕秽，三宝绝离诸漏”。第二是约着三宝的本质来说。**“世宝体无瑕秽”**，就像世间的宝，如黄金、钻石等，体是清净、没有瑕秽的一样，**“三宝绝离诸漏”**。三宝的本质，也是远离一切烦恼垢秽的。理体三宝、化相三宝之体，是清净无漏之法；住持三宝、一体三宝，相上或许随顺于有漏、无漏，但本质都是清净无染的。

“三、势力义。世宝除贫去毒，三宝六通难思”。第三是约着三宝度化众生的妙用来说。**“世宝除贫去毒”**，世间的宝贝能够消除贫穷，以及因贫穷而生的烦恼毒。

“三宝六通难思”。同样的道理，三宝有大势力、大神通，度化众生时，佛菩萨能现种种神变，“应以何身得度者，即现何身而为说法。”其广大的六神通也是不可思议的。

在《佛祖统纪》等古籍中记载，最初迦叶摩腾和竺法兰两位尊者，来汉地弘法时，有很多道士不服气，要求与两位尊者在皇帝面前斗法。结果斗法时，道教的法术全部不灵，而两位尊者则现出种种神变。同时焚烧佛家与道家的经典，结果道教的经典立刻被焚毁，而佛教的经典不但烧不坏，还放大光明……所以三宝的六神通，是不可思议的。

“四、庄严义。世宝严身令好，三宝能严法身”。第四是就着外相来说，三宝可以庄严自他。世间的宝物，只能庄严我们的色身，而三宝能庄严我们的法身。我们依止三宝修行，就能将我们法身自性本具的功德开显出来，也就是庄严法身。

例如我们修行净土法门，往生极乐世界，受用净土种种清净庄严的功德。这些清净庄严、妙乐的境界，实际上是我们自性本具的，只是被我们的烦恼所障蔽，而显现不出来。当透过修行净土法门，在阿弥陀佛的大愿力加持之下，我们自性本具的极乐功德就能开显，因此三宝能庄严我们的法身！

“五、最胜义。世宝诸物中胜，三宝诸有无上”。第五是总结三宝的功德。**“世宝诸物中胜”**，就像世间的宝物，在一切世间的物品中，是最珍贵的一样，**“三宝诸有无上”**，三宝在一切有为法中，是最殊胜的。

为什么呢？因为它的本质是无为法。只要是有为法，就有对待，就一定会有更好、更庄严的。只有无为法，远离一切的比较、对待，才是真正的“无上”。

即使是通于凡圣的一体三宝，它的本质也是无上的。因为虽然我们现在是烦恼的境界，但是自性本具的佛性，是没有改变的，与诸佛无二无别，只是没有开显出来而已。所以乃至是一体三宝，在一切有为法中，也是无上的。

“六、不改义。世宝炼磨不变，三宝八法不动”。第六是断除疑惑。从上述五方面的观察可见，三宝的功德是非常殊胜的，但是佛陀说一切法无常，那么三宝也是无常的吗？为破此疑，而有第六的不改义。

"世宝炼磨不变"。就像世间的一些宝物，比如黄金，经过火烧、捶打，它的性质都不会改变，特别坚固，**"三宝八法不动"**，三宝在利、衰、毁、誉、称、讥、苦、乐，这八风当中，也是不会被动摇的。

理体、化相、住持三宝一旦显现，就像昊日当空，一切魑魅魍魉无不遁逃。所以三宝犹如金刚，能破坏一切万物，而不为万物所破坏。

一体三宝，也就是我们的自性，虽然还在迷惑中，但其体依旧是随缘不变的。如《楞严经》云："舜若多性可销亡，烁迦罗心无动转。"即使虚空可被破坏，乘性所起的精进愿心也不会退转。以虚空无尽故，我愿亦无穷。当我们恒常忆念自性三宝时，就相当于同时在修礼敬诸佛、称赞如来，乃至请转法轮、请佛住世……普贤十大愿王了。

再说佛陀时代的化相三宝，虽然表相上已经消失了，但其实也是随缘住世，不生不灭的。例如智者大师修法华三昧，在诵《法华经》到《药王菩萨本事品》时，豁然入定，在定中，他看到释迦牟尼佛现在仍然在灵鹫山说《法华经》。

这就是三宝的不变义，只要福德因缘具足，它就能恒常地显现。以上是《宝性论》中，从六个方面来赞叹三宝的功德。

▲《戒疏》又云："四宝为言，理宝为胜，由常住故，为世所归。余三随设，体是有法。"

"理宝为胜"。是说在四种三宝当中，理体三宝是最殊胜的，因为它是圣人所证得的、清净无染、不生不灭的本体。

"由常住故，为世所归"。因为它是常住的，所以是世间人所应当归依的境界。尤其是灭理无为——理体法宝。

“余三随设，体是有法”。其他的化相、住持、一体，三种三宝，是随着众生得度的因缘而施设的，因此体是有为法。

但是在末法时代，这四种三宝中，以住持三宝最为重要，为什么？因为理体三宝，除非达到大证悟的境界，不然是见不到。化相三宝，随着释迦牟尼佛的灭度，佛陀的圣弟子们也次第灭度了，所以凡夫众生也见不到了。而一体三宝，仍然在迷。所以众生唯一能接触到的，就是住持三宝了。

我们必须透过住持三宝的引导，才能真正归依理体三宝，并依此理而修行，从而开发出自性本具的一体三宝。

因此虽然我们看到的佛宝只是木雕、画像等等，但仍然要以虔诚恭敬的心来面对，因为佛的法身是遍满的，所以佛像也不离佛的法身，若以虔诚恭敬的心来礼拜佛像，就可以得到佛清净法身的加持。像西藏有名的“狗牙舍利”的公案，就是个很好的例子。所以透过虔诚恭敬地礼拜佛像，也就是住持佛宝，就可以得到佛清净法身的加持。

就住持法宝来说，虽然经典只是“标月指”，但如果没有它的指引，还是见不到月亮的。所以对住持法宝，也必须怀着如对佛天般的恭敬。

就住持僧宝来说，即使他只是个凡夫僧，但只要他说的是正法，我们以虔诚恭敬的心来听法，一样可以得到利益。经典里有个公案说，古印度有位老比丘，按照僧团的轮替制度，被邀请到一个老妇人家中应供。在接受供养后，依佛制的规矩，应当为居士开示。但是这位老比丘平常很放逸，很少用功，当这个老妇人很虔诚恭敬地请他登座开示。他根本就不知道要说什么，但又不能不说，窘迫慌乱中，不禁感叹道：“苦啊！苦啊！”不知如何是好。

这个优婆夷是以极为虔诚恭敬的心来请法的，她以为老比丘就是在对她开示世间苦的道理。因此心中起观照，并进一步观察：“无常故苦，苦即无我”，于是她当下破了我执，居然就证果了。正因为她以非常虔诚恭敬的心来面对，所以无论老比丘说什么，她都能往法上会，而正是这念虔诚恭敬的心，感应到三宝的加持，因此能够证果。

所以末法时代，以住持三宝最为重要，因为这是凡夫众生所能接触到的境界，所以我们应当对住持三宝特别地恭敬。同时，要依止理体三宝涅槃之理来修，并常常忆念我们的自性清净心，也就是一体三宝，这才是真正的归依之行。

甲三、功益

这段是就世出世间法，来说明受持三归依的功德利益。首先说明出世间的功德：

▲《归敬仪》云："经云：'若人得闻常住二字，是人生生不堕恶趣'。斯何故耶？以知法佛本性常故。一时闻解，熏本识心，业种既成，净信无失。"

这里首先引经典的印证，来说明受持三归依的功德。

"经云"，指的是《涅槃经》，《涅槃经》中说：如果一个人得以听闻**"常住"**二字，此人生生世世不堕三恶道。所谓"常住"指的是常住真心，就是理体法宝，灭理无为之理，也就是我们的真如本性。

这里的**"闻"**，不仅指的是耳闻，还必须要欢喜受持，才可称之为闻。

举个《贤愚经》中的公案：古印度有个长者叫须达(给孤独长者)，他养了两只鹦鹉，只要有比丘来托钵，这两只鹦鹉就会很欢喜地在前面引导。阿难尊者有时也会到长者家，去接受应供。看到这对鹦鹉这么有善根，因此有一次尊者去托钵时，就为它们说"苦、集、灭、道"四个字。鹦鹉听了很欢喜，就从地面飞到树上，又从树上飞下来，来来回回飞了七次。

没想到过了几天，这对鹦鹉就被一只野狸给咬死了，阿难心中很不忍，就问佛陀鹦鹉死后到哪里去了？佛陀用天眼通观察，看到鹦鹉升天了。为什么呢？因为它们听闻四谛法后，心中生大欢喜，在地面和树上，来回飞了七次，正因为这个原因，所以感召到未来七次往返欲界天的果报，它们最后一生，天的果报结束后，将来到人间修行，最后证得辟支佛。

你看，连畜生道众生听闻四谛法，功德利益都这么殊胜，更何况要是能够听闻大乘圆顿常住之理，而且以欢喜心来受持，必然能生生不堕恶趣的。

“斯何故耶？以知法佛本性常故。”为什么呢？因为知道法身佛的本性常住不坏之故。“法身佛”指的是理体的佛宝，也就是五分法身，也就是常住涅槃之体，都是一样的。

因为知道法身佛的本性常住，因此**“一时闻解”**，一旦听闻并理解了这个道理之后，以欢喜心来受持，称为闻解。**“熏本识心”**，用这个法义来熏习阿赖耶识的心，这时候**“业种既成”**，这种清净的业种就能成就，**“净信无失”**，并能在心中不断地忆持，而不失去。

“况能立愿归依，奉为师范。固当累劫清胜，义无陷没。”

何**况能“立愿归依”**，因为所谓归依三宝，实际上就是归依法身，不生不灭的理体。所以我们要是能发愿受持三归依，也就是受持法身不生灭之理。同时，**“奉为师范”**，依理体三宝为轨范：理体佛宝——五分法身，理体法宝——灭理无为之理，理体僧宝——声闻学无学功德，作为我们修行的引导。则**“固当累劫清胜”**，必将生生世世投生人天。**“义无陷没”**，不会堕落到三恶道，必定往生人天或者净土。

“如经：有人受三归依，弥勒初会解脱生死。”

“如经”，是指《弥勒下生经》。在《弥勒下生经》中说，如果**有人**曾在释迦牟尼佛法时代，乃至曾经**受**持**三归依**，他最晚将在**弥勒**菩萨成佛后龙华三会的**初会**中，即能**解脱生死**。至少能够证得阿罗汉。弥勒菩萨成佛后说法三会，在第一会中，就是先度那些在释迦牟尼佛时代，曾经栽培过善根的人。根据《弥勒下生经》的说法，那时候会有九十六亿众生，证得阿罗汉。这是以经文引证，来说明归依三宝的功德。

最后总结：

“此乃出苦海之良津，入佛法之阶位。”

“此”是指归依三宝，尤其是归依理体三宝，是**“出苦海之良津”**，“津”就是渡头，归依三宝，是使我们脱离生死苦海最佳的渡头。

同时也是**“入佛法之阶位”**，进入佛法的初阶。佛法如大海般浩瀚无际，入门之初，就是要从三归依开始。如果没有三归依，纵然读了很多经典，或者参禅、做种种加行，功德都是很有限的。因为我们修行的功德，主要就是来自于三宝的加持。这一点，密宗尤其强调。他们甚至认为，我们修行的功德，实际上并非来自于特别的聪明，或者特别的精进，这些都只是助缘，修行的功德，完全来自上师与本尊的加持。

在显教也是同样的道理，我们学了很多经论，或者精进的参禅、念佛，但如果心中对佛、法、僧三宝没有归依之心的话，就得不到三宝的加持。这样精进的修行，就只是栽培人天福报而已，对于解脱来说，意义不大。

所以《菩提道次第广论》中说：内外道的差别在于是否有三归依，而不全然是思想的差别。就像有的研究佛学的学者，其实是不信佛的。他可能写了很多论文，关于天台，关于中观，或者关于唯识等等，但他只是对佛教的哲学理论有兴趣，对于受持和实践，就没有太大兴趣了。甚至有些很有名的佛教学者，还是基督教徒，他只是喜欢佛法的哲理思想而已，这样的人，其实都是外道，并不能称为佛教徒，因为他连最基本的三归依都没有。

我们也是一样，要检查自己是不是佛教徒，就要看我们对佛、法、僧三宝，是否有真正的信心。这种信心不只是相信三宝能给我福报，能使我身体健康，不只是这么浅薄；而是真的相信三宝，能够救拔我们解脱生死。就像前面所说："以救护为义"，归依三宝是希望三宝能救拔我们，使我们能够脱离今生的苦恼，以及来世轮回之苦。所以有没有三归依，是判定内外道的根本，也是入佛法的阶位。

对于上述"甲二、显相"所说三归依的相状，以及三宝的功德，要常常去体会。如《宝性论》所说，三宝的六种功德，乃至其他经论中所描述三宝的功德，也都应当常常去体会。因为这是我们到底能不能进入佛门、能不能得到三宝加持的基础。如果没有这基础的话，再多的努力，也只是栽培善根、福报而已，跟解脱的关系就不大了。以上是说明归依所成就出世的功德，下一段则是教诫我们，对三宝不要有轻慢之心：

"但以罪多恶重，轻而慢者，虽曾受归，随缘还失。"

末法时代的众生**罪**障**多**，**恶**业**重**，因此很容易对三宝产生**轻**视、骄**慢**之心。认为靠自己的力量就能够得到解脱，不需要依靠三宝的救护。如果有这样的心态，那么**虽**然**曾**经**受归**依，**"随缘还失"**，只要有恶因缘出现，就可能失去三归依。因为三宝虽能救护我们，但如果遇到恶缘时，我们对三宝的信心不够，不向三宝祈求，反而去找天魔外道、鬼神帮忙，那三归依自然就失去了。

在受归依，诵念三归依文这段文时，我们会念：

我弟子某甲，尽形寿归依佛，宁舍身命，终不归依天魔外道。
我弟子某甲，尽形寿归依法，宁舍身命，终不归依外道邪说。
我弟子某甲，尽形寿归依僧，宁舍身命，终不归依外道徒众。

但是现在有些人在遇到障碍时，对三宝的信心不够，就找鬼神帮忙，三归依的戒体自然就消失了。

又如有人学佛之后，身体还是不好，或者事情还是不顺，就可能产生邪见：认为信佛没有用啊！当这种恶念生起时，对佛、法、僧三宝生起弃舍之心，这时三归依的戒体，也就自然地失去了。

或者有的人会认为：我要先学好世间善法，把人先做好，否则没有资格学佛。实际上这样的想法也很容易失去三归依。因为固然学习世间善法，打下人天乘的基础，对学佛是很好的辅助，但如果认为必须要靠世间善法，才能把人做好，佛法太高，无法达成这目标的话，很可能在这念头当中，就已经失去了对佛法的信心，因此也就失去三归依了。

所以在现在这五浊恶世的大环境中，种种见浊、烦恼浊炽盛，如果没有学习经论，确实是很容易失去三归依的，而一旦失去了三归依，五戒、八关斋戒，乃至一切修行，就都谈不上了。

因此这段文字告诫我们，不要有骄慢的心，不要轻视三宝，要对三宝绝对地尊重。遇到障碍，就祈求三宝加持，不要信心飘摇，而失去戒体。要知道人身难得，佛法难闻，归依对于我们今生乃至来世的解脱，都是非常重要的。若不慎失去了归依之体，那实在是非常可惜啊！

"是故智人初受归时，专心缘此，得名归依，故感善神随逐护助。"

因此，有智慧的人，**一受三归**依，就应当**专心缘此**。"缘此"，就是缘着三宝的境界，就像《三宝歌》所说："今乃知，唯此是，真正归依处"。相信三界苦海中，只有三宝能够真正救拔我们。

有人说：我求鬼神，感应特别快。这对很多人来说，确实没有错。为什么呢？物以类聚嘛。鬼神也是六道众生，甚至很多还是属于三恶道的众生(鬼道)，我们的心跟三恶道自然更容易感应，所以求鬼神往往感应来得快。

而要跟佛菩萨感应，必须有极为虔诚、清净之心，那相对来说，就不容易了，必须要很努力才行。很多人目光短浅，为了图快，直接求鬼神，还美其名曰"求护法"；岂知从此失去了三归依，因小失大，得不偿失啊。

真正有智慧的人知道，只有三宝是依怙，应当专心地祈求三宝加持。在初学阶段，缘着住持三宝，种种事相上的境界修归依；随着对般若经典的深入，慢慢将心安住在常住涅槃之理，这才是三归依的真实归依处，这样也才算是一个真正的佛弟子。

所以，若没有善知识的引导，或者对经论的学习，要坚定归依之心，其实是不容易的。当归依的量成就时，不管遇到什么障碍，自然就会祈求三宝，相信三宝能够救拔我们，而不求其余了。

还有一点要强调的是：我们归依三宝，主要是归依法，也就是归依涅槃无为的境界。但是很多人归依之后，对听经闻法兴趣不大，只是欢喜修福报，这样子的归依心，往往也是不圆满的。只是祈求三宝赐福，而对于三宝能够救护，得到今生以及来生的解脱这件事，信心不够，因此对听闻佛法兴趣不大，这样的归依也是不完整的。

只要能够一心一意缘着三宝的境界，守护这念归依的心，自然而然能够**感**应到**善神**的**随逐护助**。

在《佛说灌顶经》中说："佛言：梵志，汝能一心受三自归已，我当为汝及十方人，敕天帝释所遣诸鬼神，以护男子女人辈受三归者……佛言如是灌顶善神。今当为汝略说三十六……"因此，受了三归依，就能得到三十六位神王的日夜守护。

而根据本经的说法："此诸善神，凡有万亿恒河沙鬼神以为眷属，阴相番代，以护男子女人等辈受三归者。当书神王名字带在身上，行来出入无所畏也。"所以真正归依三宝之人，不用再求鬼神的帮助了，因为自然已有三十六位神王，及其万亿恒河沙的眷属，日夜地轮班守护。

有人曾问一位活佛说："师父，如果有人用邪咒加害你，你怎么办？"他说："我就忆念三归依。"因为他有信心，忆念三归依时，自然会得到佛菩萨，还有三十六位善神的日夜守护，还有什么比这更安全的呢？所以我们不要对三宝有轻慢的心。以上说明归依三宝所得到的出世间的功德，接着说明世间的利益：

▲《归敬仪》又云："《校量功德经》云：四大洲中满二乘果，有人尽形供养，乃至起塔。不如男子女人作如是言：我某甲归依佛法僧，所得功德不可思议。以诸福中，唯三宝胜故。"

在**《校量功德经》**中说：假设**四大**部**洲**的人都成就声闻、缘觉**二乘**的**果**位，**有人尽形**寿地**供养**这些圣人，并在他们灭度之后，各各**起塔**来供养他们的舍利子，这个福报自然是很大了。供养一个二乘人的塔，功德都很大，更何况是终身供养满四大部洲这么多的二乘人，乃至起塔，那福报当然是很大。

可是这么大的福报，还**不如**一个**善男子善女人**，虔诚地**作如是言："我某甲归依佛、归依法、归依僧"**的福报，因为归依三宝所得的福报，是**不可思议**的，所有的**福田中，三宝**是**最胜**的福田。

因为我们归依佛、归依法、归依僧，你心中缘的是十方的佛、法、僧三宝，而四大部洲的二乘人，除了数量有限之外，他们还只是二乘，只是僧宝当中的一小部分。三归依时心中缘的，是遍法界的三宝，对此境界生起虔诚、恭敬之心，自然所得的福报无比殊胜，这是说明归依所生的世间福报。

最后，总结一下本课的内容：

“甲一、归意”中，说明归依三宝的真实目的，是为了求救护。

“甲二、显相”中，说明了四种三宝的差别，同时，引《宝性论》的六义赞叹三宝，使我们对三宝的救护力量生起信心。

“甲三、功益”中，更近一步地说明，三宝之所以能为救护，是因为它具足世间、出世间的种种功德。

常常如理思惟、忆念这些法义，才能使我们三归依的戒体，越来越坚固，三宝的“救护”义，也才能对我们真正产生深远的力量。

第五课 持戒功德

在第四课中，谈到三归依的功德不可思议，本课接着说明持戒的功德，更为殊胜！

甲一、五戒

▲《羯磨注》云："经云：有善男女布施满四天下众生，四事供养，尽于百年，不如一日一夜持戒功德。以戒法类通情、非情境故也。"

先说明持五戒的世间福报。**经**典里面说，若是**有善男子善女人**，对**满四天下**的一切**众生**，予以衣服、饮食、卧具、汤药等**四事供养**，而且这样的财布施，持续行了一**百年**，这样所得到的福报可说是相当大了，但是还不如他**一日一夜持戒**的**功德**。

为什么呢？**"以戒法类通情、非情境故也"**。因为戒法的所缘境，是普遍的通于有情与无情的境界故。财布施只是缘着有情的境界，也就是仅针对四天下的一切众生，而且只是作财物的供养。而我们纳受戒体的时候，心中所缘的是十法界一切有情无情的境界，发起断恶、修善、度众生之愿，这个量是完全不同的，因此，所成就的福报也就天地悬隔。

要决定业的强弱，可以由三方面的因素来决定：第一约心，第二约境，第三约相续。

约心来说，是就着心量的大小，以及发心的强度，决定了业的大小。行财布施的发心，只是行“布施”这一世间善业；而持戒的发心，不仅是修世间善法，还要断恶、修善、度众生，这跟财布施等世间善业相比，心量是完全不同的，因此所成就的善业，也就更为广大。

约境来说，文中所说的财布施，只是针对四大部洲的众生，而持戒则是缘着十法界一切有情、无情的境界，其心量是遍法界的，所以约境来说，差别也是很大的。

若约相续，也就是善心相续的时间来说，世间的善业往往只是偶尔为之，而持戒的发心则是尽形寿的，那也是差别很大的。

所以，一旦了解了佛法业果的道理，对经典所讲持戒与世间善法功德的差别，就能够深信不疑了。

“初受戒时，已行三施尽众生界。故财有量，不及此也。”

若是依上品心来纳**受戒**体的话，就等同于**已**经对法界一切**众生**，**行**财施、法施、无畏施这**三**种布**施**了。所谓财施是给予贫困的众生财富、生活物资；法施，就是为众生说法；无畏施，就是众生有恐惧、不安时，给予种种鼓励、安慰，使他们离开怖畏。

我们在登坛受戒时，发心未来面对十法界的有情无情，必须断恶、修善、度众生，这时，就已经成就了三种布施。因为量是“尽众生界”，而且又是具足三种布施，所以即使是对四大部洲所有的众生行财布施，这量还是不及持戒的。

这段是先总说差别，接着分别依三种布施，来详细地说明它的道理：

“尽形不盗者，已施法界有情之财。言不杀者，已施法界有情无畏，即用戒法行己化他，即名法施遍众生界。”

从三方面来说，第一、**尽形**寿**不**偷**盗**，就等同于布**施法界有情财**富。因为不偷盗，就积极义来说，是给予众生物资；但就消极的来说，可以使众生免于财物的损失，也就相当于是对法界众生行财布施了。

而就内心的动机来说，不论是积极的财布施，或者是消极的不偷盗，其本质都是慈悲，希望众生能够免除贫困之苦，因此从发心而言，是无差别的。

第二、**不杀**生，持戒人的动机，是对法界众生都不杀害，这就等于是布**施法界有情无畏**，使一切众生，在面对我们时，都可以免除被杀害的怖畏，因此就等同于布施法界有情无畏。

约心而言，一样都是出于慈悲，不忍见众生受苦。所以不杀生和行无畏施，功德也是无差别的。

第三、**用戒法行己化他**，自己持戒、并用戒法来教化众生，就等同于以**法施遍众生界**。依着教法来自行、化他，这就是法布施。

所以当我们发起广大的心量持戒时，就等于是对法界众生，行三种布施了。**“故财有量不及此也”**，财布施再广大，总还是有限量，因此所成就福报的量，是远远比不上持戒的。不过这有个前提：就是纳受戒体、乃至未来持戒时，都是真正地依着广大的菩提心而行，那就会有大福报。

为什么修同样的法门，有的人修了之后福报很大，而有的却还是苦苦恼恼，没什么福报？实际上这就是跟心量有关系了。

若持戒的目的，就只是希望事业顺利、家庭和乐，或者身体健康等等，当然也很好，但这样的发心，持戒的结果，也就只是得到一点小小的福报。相反的，若真正地发菩提心，纳受上品戒体，乃至日后护持戒体的话，那福报就是无量无边的。

很多高僧大德，在他们的一生当中，很长的时间都只是在山上加行用功，也没到山下做慈善事业等世间福业。但是当他出来弘扬佛法、利益众生时，那福报力、影响力却非常地大。例如印光大师在世时，他对整个中国汉地的佛法，影响就非常巨大。而他这福报力也不是做慈善事业得来的，那是怎么得来的呢？就是他在因地修行的时候，真正发了菩提心，所以成就的福报，也就特别殊胜。所以持戒的功德大小，跟菩提心的发起是有很大关系的。

“财为局狭集散之法，能开烦惑恼害之门。戒法清澄，故绝斯事。”

这段话是总结，财布施比不上持戒的原因有两个：第一个原因，如前所述，就量来说，持戒的福报，是胜过财布施的。

第二个原因就是这段文字所说的：**财**布施是局限**狭**隘的，同时又是**集散**之法。这个“集”就是集聚，“散”就是财物本身是无常散坏之法，虽能积聚，但是终归败坏，所以**“能开烦惑恼害之门”**。为了守护这无常败坏之法，我们会生烦恼(求不得苦、爱别离苦等)，甚至去恼害众生。

“戒法清澄，故绝斯事。”相反，戒法就没有这问题，它是绝对清净的；而财布施在累积财富的过程当中，就可能会引生烦恼甚至造恶业。所以一个是绝对清净的福业(持戒)，一个则是可能带有烦恼恶业的福业(财布施)，这是完全不同的。

▲《羯磨注》续云：“论云：由戒故施得清净也。”

这是说明持戒的出世功德。《**羯磨注**》说：因为持**戒**，所以**布施**才能够**清净**。世间布施的福报本身，往往就夹杂着烦恼、恶业。所以要完全清净的话，就要在布施的同时，配合持戒，这样的福报才能够真正清净。

《业疏》释云
- 破戒行施之损——“《智论》云，若不持戒，得财施者。多贪不净，以利求利，恶求多求故使来世受不净果，如牛羊猪狗衣食粗恶。
- 持戒行施之益——若持戒者，既绝恶求，清净行绝，乃至佛果。”

第一段先说明**“破戒行施之损”**。“损”，是指三恶道。就是说如果为了行财布施，而造作杀盗淫妄等破戒之事，那就本质来说，其实是有损的。

因为因果是分开算的，你供养三宝，有供养三宝的福报；但是在这个过程中，若造恶业，就会有造恶业的果报。

“《智论》云：若不持戒，得财施者，多贪不净”，所以《**大智度论**》说：如果**不持戒**来行**财**布**施**的话，结果就是**多贪不净**。以为布施的钱越多，福报越大，于是为了得到更多的福报，而拼命积累财富行布施，这叫多贪不净。

就像有人说，我现在先不急着学佛，要先多赚点钱供养寺院，先培福要紧。这乍听起来似乎有道理，但实际上没道理，为什么呢——因为“多贪不净”，表面上说：我是为了供养三宝，才努力赚钱；但事实上呢，这当中夹杂着很多个人的贪烦恼，所以这是多贪不净之心。

同时因为此心，所以会**“以利求利，恶求多求”**。“以利求利”，就是前面所说的，“财为集散之法”，以烦恼心来集聚财富。也就是用已得的利润，来赚取更多的利润。

甚至“恶求多求”，就像前面所说的，“能开烦惑恼害之门”，为了要行布施，而用种种欺诈或杀盗淫妄的方法，来追求财富。

“故使来世受不净果”。因为与烦恼、恶业相应，所以来世还是要受不清净的果报，就像人类所豢养的牛羊猪狗一样，衣食粗恶，却很丰富。所以为了累积财富而造恶业，然后再行布施，结果就是落入三恶道中享用福报，这样岂非有损！

就像《六祖坛经》所说：“自性若迷，福何可救？”一个人迷了自性、造恶业，堕入三恶道中，再大的福报也无法挽回这沉沦。所以我们学佛之人，要以修解脱道为主。当然我们在修行过程中，还是可以祈求三宝加持，让我们衣食、生活上都无匮乏；但是这样祈求的目的，应当只是为了能安定地修行。

如果希望三宝加持，让我赚更多的钱，再反过来供养三宝。这样的心态往往会夹杂个人的私欲、贪烦恼在里头，就有可能会因为烦恼心，而造种种罪业，结果要到三恶道做龙王、蛇王、鬼王……去享受这个福报了。而在三恶道中享福，很可能继续颠倒，再造恶业，这样就更难解脱了。

第二段是说明**“持戒行施之益”**。若能持戒而行布施的话，就能够断绝恶求。

“若持戒者，既绝恶求”。“恶求”就是使用不正当的方法，来求取财富。**若**是**持戒**，虽然也追求财富，但却能用正当的方法，这时就能断**绝恶求**。

“清净行绝”。依止清净心而行，因此不为世间法所染污。

“乃至佛果”。持戒而行布施，有两个功德：

第一、使布施的功德圆满、清净。

第二、这样持戒布施的功德，能引导我们趣向佛果，因为发上品心持戒，这上品心就是成佛的因。所以持戒而布施，这样的布施，就能引导我们趣向佛果，而不只是受点人天痴福，福尽仍然堕落了。

综上所述，受持五戒，就世间的福报来说，超过财布施；就出世间的功德来说，可以使布施等六度清净，乃至可以引导我们达到成佛的果报，也就是能净化我们的业。

很多人都很喜欢到寺院去培福，但是必须知道，自己是否真的在培福？如道宣律祖说：“众僧良福田，亦是蒺藜园。”三宝是大福田，但同时也可能是个荆棘园，它可能牵引我们到恶道。但问题不在三宝，因为三宝是清净的，问题出在我们面对三宝的境界时，做义工、布施等，是不是同时持守戒律。

要是学习《在家备览·持犯篇》就会知道，面对三宝物，一个不谨慎，很容易就犯戒了。例如，看到好吃的东西，顺手就抓起来吃；或者看见喜欢的东西，就把它带回家去……虽然也护持三宝，但同时又犯了盗三宝物的罪过，恐怕护持三宝的福报，还远远比不上你盗三宝物的过失，由此感召未来种种地狱的果报，那就很可惜了。所以虽说三宝是个大福田，但是如果没有学戒，它反而同时变成荆棘园。来到荆棘园，采到的不是果实，而是荆棘了。

那么三宝物要怎么守护呢？有一个总原则：就是来到寺院，不要随便取走寺院的任何东西，除非向寺院买。如果不是买的，而是自己拿的，或是某位出家众给我们的，如佛桌上的供品等，最好都要补贴佛寺。因为我们所取的东西，有可能就归属于三宝物，也有可能属于其他施主等等，因此要仔细研究偷盗戒，那是很复杂的。

戒法必须要学，在不很精通之前，最好是谨慎一点。能不拿的东西，最好别拿。若必须要取用，例如在佛寺吃饭等，就必须要补贴佛寺，以免本来要修功德，结果反成“破戒行施”，那就很可惜了！

甲二、八戒

接着介绍受持八关斋戒的功德。为什么在家众受五戒之后，还要受持八关斋戒呢？因为五戒的果报，最多只是人天而已。虽说发菩提心受持五戒，最后就能通向佛果，但这毕竟是比较遥远的一条路，受持五戒与最终成佛的关系，相对来说还是比较疏远的。

八关斋戒就不一样了，八关斋戒是在家人的出家戒法，受持八关斋戒，可以为在家居士栽培出世的善根，它是直接通向解脱道的，所以是成佛的近因缘。

为什么要栽培出世的善根呢？因为“三界无安，犹如火宅”，只有栽培了出世的善根，才能让我们或者今生，或者来世，能够走上解脱修行之路。

若临终能往生极乐世界当然最好，那就一劳永逸了。要是没能往生，今生常受八关斋戒，这种子种下去后，来世就有机会出家修梵行。我们看有的孩子年纪很小，就可以到佛寺出家修行，这有可能是因为他过去世就是出家人，也很有可能他过去生，就曾长时间受八关斋戒，这善种子成熟了，所以感召到这样殊胜的果报。

所以八关斋戒对于我们修行人来说很重要，它能为我们栽培出世的善根。

◀《业疏》云
- 总示三名——“云戒云斋云关者，众名乃异，莫不摄净归心也。
- 别释
  - 戒——言八戒者，八即所防之境，戒则能治之业。
  - 斋——言八斋者，斋谓齐也，齐一其心。或言清也，静摄其虑，如世闲室亦号斋也。
  - 关——言关斋者，即禁闭非逸，静定身心也。”

首先是**“总示三名”**，先总说八关斋戒的三个名称：**“云戒云斋云关者，众名乃异，莫不摄净归心也”**。戒、斋、关，虽然名字不同，但意思都是一个：要**“摄净归心”**。就是透过摄受八种清净的正法，让我们回归到自己的自性清净心。

同时，在受八关斋戒的时候，还要透过念佛、念法、念僧、念施、念戒、念天，这六念的摄持，来引导我们回归到自性清净心。所以所谓“摄净”，所摄受的净法有两个：一是清净的戒法，另一个就是清净的六念了。

因此在《佛说斋经》中，佛陀说八关斋戒若要持得清净，不只是要清净持守这八条戒，更重要的是要同时摄持这“六念”。

因此，我们来到寺院受八关斋戒，过清净的出家生活。除了持守八戒之外，还要尽量多用功，多拜佛、念佛、诵经等，这样的话，八关斋戒才能持得圆满。如果只是受八戒，心却很散乱，还是到处聊天、闲逛，那就不符合八关斋戒的意义了。

接着是**“别释”**，分别解释这三个名词的意思：

第一、“戒：言八戒者，八即所防之境，戒则能治之业”。什么是八戒呢？**“八”**指的是**所防**范的八种烦恼**境界**，包括杀、盗、淫、妄……乃至坐卧高广大床等等，这当中包括性罪和遮罪。性罪使我们直接通向三恶道；遮罪也就是我们的贪婪心，它是使我们通向轮回的业。这些都是我们在修出世解脱道中，必须要防范的境界。

“戒”是能够对治烦恼境界的善业，戒本身有禁止的意思，也就是透过这八条戒法，禁止我们走向世间轮回，乃至三恶道的境界。

第二、“斋：言八斋者，斋谓齐也，齐一其心”。斋有两个意思，第一个是**“齐”**，**齐一其心**，也就是专注的意思。受八关斋戒之后，要常常检讨自己的身口意三业，跟这八条戒相不相应，这是就消极的意义来说。就积极的意义来说，因为守住了六念，一方面能帮助我们护持好这八条戒，另一方面则透过六念的摄持，使我们更能专注在所缘境上，好好用功，这就是齐一其心。

所以“斋”也有专注的意思，将凡夫放逸的心归拢起来，慢慢我们的心就不会到处攀缘、浮动，像随波逐流的浮萍一样东去西去，也就能够安定了。

“或言清也，静摄其虑，如世闲室亦号斋也”。斋的第二个意思是**“清”**，就是清净或者澄清的意思。**“静摄其虑”**，“静”就是安定，“虑”就是内心的妄想杂念。这里指透过八法跟六念，将我们内心的妄想杂念收摄住，使心安定下来，保持澄清，就像澄清的水，能照了万物一样。因此**世间**远离喧嚣杂染的空**闲**屋**室**，也会被称为**斋**。

所以“斋”有两层意思：一是齐，二是清。齐是斋戒的“体”；清是斋戒的“用”。

从用上来说，受八关斋戒之后，若是心很安定、很澄清，那这持戒就很成功了。若受了八关斋戒之后，内心躁动不安，为了过午不食，忍耐饥饿，一直盼着明天要怎么大吃大喝一顿，这样的持戒，恐怕就不圆满了。

另外根据《萨婆多论》所述，斋有另外一种解释，就是单纯指过午不食。一般世俗所说斋戒沐浴，这“斋”通常是指过午不食。因此根据《萨婆多论》的解释，所谓戒是另外的八条戒，所以实际上八关斋戒是九条戒。

不过这是属于比较狭义的解释，广义来说，斋还是清净、齐一的意思。

以上介绍的是“斋”的体、用关系，接着介绍“关”。“关”是以譬喻来说明斋戒的功能。

“关斋”，意思是透过八法、六念的持守，能**禁闭**过非跟放**逸**。透过守住八戒，所以不会造恶业，又能持守六念，于是放逸的心，就能渐渐收摄起来，使身心安定，这就是“关”的意思。

所以从对八关斋戒三个名称的解释，大概也就可以知道八关斋戒的功德了。

我们接着说明受持八关斋戒所得的世间福报：

▲《业疏》云：“《多》云：‘《经》说：作阎浮王，于人中宝一切自在，不如八戒十六分一。’”

《萨婆多论》引经典里面的说法：**“作阎浮王”**，阎浮王就是转轮圣王，转轮圣王有七宝千子，在人间，他的福报是最大的，他**于人中**一切的**宝**物，得到**自在**，有这么大的福报。但都还不如受持八关斋戒的人，十六分之一的福报。可见受八关斋戒的福报，是非常大的。

不论是受五戒也好，八关斋戒也好，经典都说福报非常地大。但有的人会想：奇怪！我也受五戒，也受八关斋戒，我怎么感受不到那么大的福报，甚至依然还是苦苦恼恼的呢？

关于这问题，我们可以从两方面来解释：首先，我们应当相信，因果是绝对不虚的，受戒、持戒，获得福报是肯定的，这是佛陀的圣言量为我们保证的。所以这福报的种子，肯定已经栽培在我们心中了，至于什么时候成熟受报，那就要等待因缘了。或者今生，或者来生，但肯定会受报的。现在可能只是因为过去恶业的果报尚未受尽，或者因为有烦恼习气等障碍，所以福报尚未能显现。

但若是配合多拜忏，将旧业忏除清净；或者努力对治习气，将烦恼习气等障碍破除后，福报马上就能够显现(如《俞净意公遇灶神记》的公案所述)，这是第一个解释。

第二个解释是，虽然我们也持戒，但或许当初受戒时就没有得到戒体。持戒功德的先决条件，是要得到戒体。但在受戒时，可能因为打妄想，或者茫然无所知，而没有发起善心，就糊里糊涂地完成了受戒仪式，这样就只是结个善缘，是得不到戒体的。没有戒体，自然也就谈不上持戒的功德了。

我们要相信佛陀的开示，受持八关斋戒必能得大福报。因此不必向外攀缘，不必非得到处去跟人结缘、做慈善事业，才能有大福报，其实“一切福田，不离方寸”，福报的大小，主要取决于我们造业时的心。为什么做慈善事业会有福报？就因为在做慈善事业时，慈悲心生起来，心量扩大了，此时，障碍自然破除，因此我们自性本具的福报，就开显出来。外在的境界，就只是福报开显的助缘罢了。

所以高僧大德住在山上修行，并不做世间的慈善事业，就只是一心修行、发菩提心，但他的福报却很大。所以一切的修行，还是得往心上会，至于是否配合修慈善事业，就随各人的因缘了。

接着说受持八关斋戒，所成就的出世的功德，先说灭罪的功能：

▲《业疏》云：“《善生》云：‘除五逆罪，余罪皆灭。’”

在《善生经》里面说，受持八关斋戒，除了五逆罪之外，其他的罪都能灭除。在律藏的《二十二明了论》也说：“四万二千福河，恒能洗浣破戒垢污”，就是说透过受持出家戒法，会生起四万二千种福河之流，就像四万二千条大河，能将一切破戒的罪业洗刷干净。出家戒如此，在家戒的道理也是相随顺的。因此，受戒能洗刷过去所造的罪业。

虽然如《善生经》所说，五逆罪还不能灭除，但受了八关斋戒，即使曾造作五逆罪，也因此能重报轻受。

在《大般涅槃经》中记载，波罗奈国有个屠夫，名字叫“广额”，他专门做杀羊的营生，一天杀千万只羊，这么多。但是某天有个因缘，在舍利弗尊者座下，受了一日一夜的八关斋戒。后来他就因为这福报力，死后得生天上，做北方毗沙门天王的太子。

他一生造了这么多的罪业，就只是一日一夜，虔诚地受持八关斋戒，当然，必然是配合六念，并修种种忏罪之行，死后就得生天。可见，受持八关斋戒，灭罪的功德力是非常强大的。

我们受持八关斋戒的同时，若再配合拜忏，其灭罪的功德，是受五戒人的千万倍。所以我们要是有机会受持八关斋戒时，这一天要尽量多用功。因为同样的念佛、拜佛，它的福报也好，灭罪功德也好，都远远超过平常受五戒时的力量。接着以譬喻来说明这道理：

▲《业疏》云：“《智论》云：‘譬如软将将兵，终竟无勋；健将破敌，一日之中，功盖天下。五戒八戒，其相同此。’

良由五但离邪，未能清绝。八行全净，相同无漏，约期乃少，取行则多，故功益彼。”

《**大智度论**》说，**譬如一个软将**，他的个性很懦弱，只想到自己的财富、地位、生命、妻子儿女这些，所以打仗的时候，他能躲则躲，躲得越远越好。

“软将将兵，终竟无勋”。他即使率领军队出征多年，也终究不会有什么功勋。如果主帅本身就怕死，那底下的人谁肯卖命！所以“终竟无勋”。

相反，**“健将破敌”**。如果是一位不怕死、不怕吃苦的英雄豪杰，就有可能仅在**一日之中**，大**破敌**军，而**功盖天下**。

持戒也是这个道理，五戒就像“软将”，而八关斋戒就像“健将”一样。为什么呢？**“五但离邪，未能清绝”**。就淫欲这件事来说，五戒只是离开邪淫。“未能清绝”，它并不制止夫妻间的正淫，所以还是无法防范粗重的贪婪心，所以只是“软将”。

但是**“八行全净”**。乃至仅一日一夜受持八关斋戒，在八种戒行当中，连夫妻间的正淫也要断尽，则使令身心彻底清净。

所以**“相同无漏”**。八关斋戒在相上等同于出家的无漏戒，夫妻间的正淫也禁绝，所以受了八关斋戒，虽然没有剃发，实际上跟出家的沙弥十戒，就只差“不捉持生像金银宝物”这一条戒了，因此它等同于受一日一夜出家戒法了。

“约期乃少”。虽然只是一日一夜，就日子来说是短的，但是**“取行则多”**，受八关斋戒时，受持八法、六念，这种清净之行，比起五戒，是既深又广的。**“故功益彼”**，所以这种功德是超过五戒的。

所以为什么受八关斋戒能灭罪，而且有大的福报，原因就在这里。接着下一段，说明受八关斋戒，所累积的福德资粮：

▲《业疏》云：“《成实》云：‘天王福报亦所不及。帝释说偈，佛止之曰：若漏尽人应说此偈：六斋神之日，奉持于八戒，此人获福德，则为与我等’。”

“天王”，指的是忉利天王。欲界有六层天，第一层是四天王天，第二层是忉利天。第二层忉利天的天王，其福报也比不上一日一夜受八关斋戒的人。

为什么呢？接着解释：**“帝释说偈”**。忉利天王曾说了个偈颂，意思是：“如果有人能在六斋日，奉持一日一夜八关斋戒，这个人所获得的福报，就跟我一样了。”

佛陀因此诃责帝释天说：“你还没有资格说这句话，因为受八关斋戒的人，所得的福报比你大。”那么谁有资格说这话呢？**“若漏尽人应说此偈”**，漏尽人就是阿罗汉，只有阿罗汉才有资格说这个偈颂：**“六斋神之日，奉持八戒，此人获福德，则为与我等”**。若在六斋日时能够奉持八关斋戒，这个人所获得的福报，则与我漏尽的阿罗汉相同。正是由于八关斋戒相同无漏，它跟出家的无漏戒，相上来说是一样的，因此所得到的福德资粮特别殊胜。接着介绍智慧资粮：

▲《义钞》云：“优婆塞受三归五戒者，闻佛说法，得下二果，不证三四。受八戒者，亦证三四。”

《义钞》，就是《四分律拾毗尼义钞》，这是道宣律祖的著作。它说：在家男居士受**三归五戒**的话，若同时听**闻佛**陀**说**四谛、十二因缘等出世解脱的正**法**，可证**得初果**和**二果**，但是**不能证**得三果**四**果。但他如果能够**受**持**八**关斋**戒**的话，就能**证**得三果，乃至**四**果阿罗汉。

所以有的论典说在家居士修行，不能证得阿罗汉；而有的却说在家居士也可以证得阿罗汉，这之间的差别，就在于他有没有受持八关斋戒。因为“相同无漏”，跟出家人一样，受持出世无漏的戒法，这是关键！

为什么呢？因为初果断见惑，但是欲界、色界、无色界的思惑都还在，所以他欲界的爱烦恼都还在的。

二果断了欲界九品思惑当中的前六品，还剩下欲界三品的思惑，纵然微薄，但是男女贪爱之心仍然存在。

所以在家居士虽然也可修行空性，而证得初果，但是如果没有透过八关斋戒来断除正淫，则仍会有欲界男女贪爱的习性存在，顶多就只能证到二果。因为三果已经断尽欲界的思惑，必须男女贪爱永尽，才能证得的。因此如果没有受八关斋戒，不修梵行，那是不可能证得三果的，更不用说证四果阿罗汉了。

若受持八关斋戒，断除夫妻间的正淫，这时再受持佛陀所说的空慧法门，就可能证得四果阿罗汉了。

小乘是这个道理，大乘也是一样的道理。就像前文所述，“斋”是齐，或是清的意思，受持八关斋戒，心是清净的，这时智慧的开发，是远远超过仅受五戒的。因为八关斋戒的两个重点：一是断夫妻间的正淫，二是过午不食，这两点要是能长时间，不断地串习，必然能产生强大的清净力，我们的心也就寂静、安定下来，智慧也就随之开发了。

接着看下段的附文，这并不是《在家备览》的内容，而是学人附带说明的。因为这段经文对于修净土的人来说很重要！

(附)《佛说观无量寿佛经》：“佛告阿难及韦提希：中品上生者。若有众生，受持五戒，持八戒斋，修行诸戒，不造五逆，无众过患，以此善根，回向愿求生于西方极乐世界。临命终时，阿弥陀佛与诸比丘眷属围绕，放金色光，至其人所，演说苦、空、无常、无我，赞叹出家得离众苦。行者见已，心大欢喜，自见已身坐莲华台，长跪合掌，为佛作礼，未举头顷，即得往生极乐世界。莲华寻开。当华敷时，闻众音声，赞叹四谛，应时即得阿罗汉道，三明六通，具八解脱。是名中品上生者。”

经文说，中品往生的人，一生以修行戒善为主，也就是以**受持五戒**，同时兼**持八关斋戒**，乃至**诸戒——其他**出家戒为主的修行人。同时**不造五逆**罪，也没有很大的过恶，并将这**善根回向求生极乐世界**。

临命终时，会看到**阿弥陀佛**跟**诸位比丘**等**眷属围绕**，来到眼前。同时阿弥陀佛身**放金色光**，为他**演说苦**、**空**、**无常**、**无我**的道理，赞叹出世解脱之道，这时，就能随着佛往生极乐世界中品上生。

所以要是持五戒，又能兼持八关斋戒，则往生极乐世界至少是中品生以上。如果再加上“读诵大乘，解第一义”，那就是上品生了。

《论语》说：“取法乎上，仅得其中；取法乎中，仅得其下；取法乎下，其下下矣。”我们应当取法乎上，不要说我生平无大志，能去就不错了，所以只求往生边地，或者只求下品生，要是定那么低的标准，到时恐怕就去不了了，因为往生的心，必须与清净心相应才行。

以上是介绍五戒跟八关斋戒的功德，既然知道其功德殊胜，接着就要学习如法受戒的方法了。

第六课 预习发戒

请先翻看第一页的《大纲表》，本课属于《宗体篇》——“戒法”的第二段“归戒仪轨”的部分。在“归戒仪轨”中，首先是“戒德高胜”，这是前方便，透过认识三归、五戒、八戒的功德，来生起好乐持戒之心。接着是“受戒仪轨”，这是正行，说明如何纳受戒体的方法。

在正式介绍仪轨之前，我们先学习本课“预习发戒”，因为在受戒中，如果要得到上品的戒体，摄心只是个基础，更重要的，是在这基础上，要发起上品菩提心。因为菩提心对于大多数人来说，还是很生疏的，所以必须在受戒之前，先预习整个过程。

本课分为四科：

甲一、所受法体

甲二、发戒境量

甲三、依境发心

甲四、用心承仰

甲一、所受法体。是说受戒之后，在我们心中所纳受的戒体，是怎样的相状？先将戒体之果标显出来。

甲二、甲三、甲四三科，是说明要成就这个果，应当具足的因。

甲二、发戒境量。说明纳受戒体时，内心的所缘境。

甲三、依境发心。说明纳受戒体时，我们所发起的广大菩提心，这是能缘之心。

我们登坛受戒时，念三归依文之后，拜下去时会观想，面对十法界有情、无情的境界，发起“愿断一切恶，愿修一切善，愿度一切众生”的菩提心。这就是能缘之心。十法界有情、无情的境界，就是所缘境。

甲四、用心承仰。说明能缘的心与所缘的境必须和合，才能纳受上品戒体。

所以甲二到甲四，是说明如何成就戒体的因。

甲一、所受法体

▲《芝苑》云：“**标心期受，须识何法。谓佛出世制立戒法，禁防身口，调伏心行。十方诸佛、三乘贤圣并同修故，名为圣法。**

今者发心誓禀此法，作法而受。因缘和集，心境相冥，发生无作，领纳在心，名为戒体。

故知受时弥须用意，一生大事不可自轻。”

在此先说明如何将戒法纳受成为戒体的过程。

“标心期受”。所谓“标心”是指我们心中有预期、有目标的设定。**标心期**望能够纳**受**戒体，则**“须识何法”**，应当知道纳受到心中的是什么样的法，也就是先介绍戒法。

“谓佛出世制立戒法”。佛陀出世的目的，是希望一切众生都能够得到解脱，因此制定了戒法。通过戒法的轨范，来帮助我们趣向解脱道。所以戒法是**禁防身口**，乃至于意业的**心行**。表面上看起来，戒法好像只是防身、口的恶业

（身：杀、盗、淫；口：妄言、绮语、两舌、恶口），实际上禁防身口二业的终极目的，是为了调伏内心的造作。我们的心，控制着我们的行为；反过来，行为也可以帮助制约我们的心。

比如说我们来到佛寺，要注意眼睛不要东张西望，耳朵不要到处乱听，保持都摄六根的状态。当身口约束、不攀缘之后，内心才能安定下来，好好来用功。所以戒法的主要目的，就是透过身、口来摄心。

十方诸佛，乃至**三乘贤圣**，都共**同修**此戒法，所以戒法本身是**圣法**。

戒法既然如此殊胜，我们应当如何将它纳入心中，成为戒体呢?

“今者发心”。当我们发起广大的菩提心，**“誓禀此法”**，誓愿领纳此法，然后**“作法而受”**，依着仪轨作法来受持。

此时**“因缘和集”**。这个“因”就是我们内在的菩提心，“缘”就是外在三宝的境界(佛像为佛宝，受戒仪轨为法宝，授戒师为僧宝)。

“心境相冥”。“冥”就是相契合。当内在的菩提心，与外在三宝的加持相结合，就能在我们心中熏成戒体的种子。

“发生无作，领纳在心”。**领纳在心**中的戒体种子，它本身是一种无作的业性。

所谓“无作”，就是当戒体未来遇到染污境界时，自然会产生一种抗拒力，防止我们去造作恶业。这种防非止恶的功能，不必假借造作而起，所以称为无作。

当了解了戒法的重要性，以及戒体生起的原理后，**“故知受时弥须用意”**，“弥”就是特别，所以我们在受戒时，要特别的用心。**“一生大事不可自轻”**，这是关系到今生解脱的大事，所以不要觉得无所谓，反正常有受戒的因缘，而且受戒很简单，因此被这轻慢心，耽误了一生的大事。

所以我们在受戒时要谨慎，以虔诚恭敬的态度，发起菩提心来领受戒法。

甲二、发戒境量

这段讨论要生起上品戒体，心中必须缘的境量。因为什么事情都是因果相随顺的，心中有多大的格局，就能成就多大的功德。比如受戒的目的，如果就只是因为不忍心看到众生被杀，所以受不杀生戒，这是一种格局；如果是为了使一切众生都能成佛，所以我必须受戒，以后才能自利利他，这又是一种格局。同样的不杀生戒，不同的格局，结果是完全不同的。因此，要成就广大的功德，就要缘广大的境界，先发起广大的心量。因此：

▲《芝苑》云："所缘境，即法界众生，依正等法。戒依境制，体从境发。境既无量，体亦无边。"

"法界众生，依正等法"。十**法界**有情**众生**的**正**报，下至地狱众生，上至诸佛；以及无情的依报，都是我们在受戒时的所缘境。可见，所缘境是遍法界的。

同时**"戒依境制"**。因为对境的不同，所以就制定不同的戒。例如对有情的境界，会有杀、盗、淫、妄四戒；对无情的境界，则有不饮酒戒、不着香花鬘戒等等，所以戒法是依着境界的不同而制定的。

"境既无量，体亦无边"。所缘**境既**然是**无量**无边的，因此所成就戒**体**的量，**亦**是遍法界，无量**无边**的。

这就是为什么持戒可以引导我们成佛，因为在受戒时，我们心中的所缘境，就是遍法界的量，跟佛遍法界的法身是相应的，所以这时所纳受的戒体，就是成佛的正因了。

为什么要缘这么广大的所缘境呢？

▲《芝苑》又云：“且现前色心，无量劫来，今生之中，造生死业，不可穷数。恶心遍布，充塞法界。《经》云：‘若有体相，尽虚空界不能容受’。”

《**芝苑遗编**》先就众生流转门的相状来说：我们**现前**这**色心**，也就是果报身心，从**无量劫来**，乃至于**今生**，所**造**的**生死业**，**不可穷**尽。就像《**华严经·普贤行愿品**》所说：**“若有体相，尽虚空界不能容受”**。

且不论过去生，只看我们今生；不说从小到大，就单单回忆一下，昨天一天当中，起了多少恶念！所以无量劫乃至今生，我们起的恶念，是无穷无尽的。我们的恶心也好，恶心所起的恶行也好，都是充塞法界的，假使有真实体相，尽虚空界也无法容受。所以我们必须要超脱，要通过还灭门，回复我们的本来面目，故下一段接着说：

“若得戒者，则翻无量恶业，悉为清净戒体，为善种子，作成佛本基。”

我们必须断尽一切恶，才能成佛。所以我们**得戒**时，必须将**无量**的**恶业**，都转成**清净**的**戒体**，这样的**善种子**，才是**成佛**的**本基**，也就是佛种子。

这是什么意思？就是说过去十法界有情无情的境界，都是我们造罪业的境界。例如面对佛法界，没学佛之前，我们可能也曾经毁谤，或者轻贱过三宝。

又如面对三恶道法界，我们没有学佛前，吃的鸡鸭鱼肉数量想必不少。这些都是面对有情的境界，所造的恶业。

面对无情的境界，比如喝酒、歌舞倡伎、着香花鬘等等放逸的行为，在过去想必也是我们习以为常的造作。

所以我们今天通过持戒，希望转染成净，这时候，过去造罪的这些境界，就要反过来，作为我们修善的境界。就像古德所说：“从地而倒，还从地起。”在哪里倒下，就要从那里爬起来。

我们举一个公案：世亲菩萨最初是在小乘的僧团出家，所以他不仅不信大乘，而且还造了五百部论，来毁谤大乘佛法，所以恶业很重。而他的哥哥无著菩萨，一出家就修行大乘，他知道谤法罪业非常重，如果不悔改的话，未来将受无间地狱的果报，那是很可怕的。

那怎么办呢？若是直接劝，世亲菩萨是不会接受的，所以他就想了个善巧方便——写封信给弟弟说：“我生了重病，快要死了，希望我们兄弟能够见最后一面，你赶快来见我吧。”

世亲菩萨于是赶紧到佛寺去见无著菩萨。但是无著菩萨并没有马上见他，只是让他先住下来。到了傍晚，世亲菩萨听到有人在读诵大乘经典，当然这就是无著菩萨的安排。世亲菩萨善根深厚，当他听到这位比丘唱诵大乘经典时，感受到大乘的慈悲无量、智慧无量，内心大为感动。

因此他深深地悔悟过去毁谤大乘的罪过，世亲菩萨对他哥哥无著菩萨说：“我过去毁谤大乘，罪业深重，过去我都是用这舌头来毁谤大乘的，所以我要把舌头割掉，以表忏悔！”

但是无著菩萨说：“不对，割掉舌头又怎能忏清你的罪业呢？当初你是用这舌头来毁谤大乘的，现在就应当反过来，用你的舌头来赞叹大乘，这才是最好的赎罪方法。”

后来世亲菩萨就又造了五百部论典，来赞叹大乘佛法，因此成为瑜伽派的一代宗师。

所以，同样的道理，过去十法界有情、无情，都是我们造罪业的境界，恶心遍满整个法界。现在我们希望通过持戒，而能趣向成佛的话，就要将过去造罪的境界，全部转变过来，成为我们断恶、修善、度众生的境界。所以我们在受戒时，就要观想面对的是十法界有情无情的境界。这就是“翻无量恶业，悉为清净戒体”的道理。

因为这善种子的境界，是遍法界的，所以它是佛种子，可以作为成佛的本基，不是菩萨、不是二乘，也不是人天的种子。

“南山祖师云：未受已前，恶遍法界。今欲进受，翻前恶境，并起善心，故戒发所因，还遍法界。”

南山祖师就是道宣律师，这是灵芝律师引道宣律祖的话说：**“未受**戒**以前，恶**心、恶行**遍**满整个**法界**。”十法界的有情无情，都是我们造罪的境界。

“今欲进受”。我们现在想要受如来戒法的话，就要在之**前**造**恶**的**境**界上，皆**起善心**，使之成为我们未来修善的境界。

“故戒发所因，还遍法界”。所以戒发起所依止的因，应当以菩提心遍缘法界，这样戒才能持得圆满。这是道宣律祖以《法华》、《涅槃》“一切众生都有佛性”的思想来发挥戒体的观念，这也是南山律特别殊胜之处。也因此，在唐朝的律宗三派中，唯有南山律宗经过一千多年的岁月，仍能流传至今。

甲三、依境发心

既然以法界为量，十法界的善法浩瀚无垠，如果我们的心量卑微，岂能容纳？就像大海要广大无边，才能融纳百川。所以我们必须发起相应的广大心才能容受。本段就是说明能缘的心，要如何扩展，才能与法界的境量相应。

▲《事钞》云：“次令发戒。应语言：当发上品心，得上品戒。”

《**行事钞**》说：授戒师要**令**受戒的人，**发**起**戒**体，就应该告诉戒子说：“**当发**起**上品心**，才能**得**到**上品戒**体。”但是如果不事先练习，不知道什么是上品心，更不知道如何发起上品心，那么授戒师即使这么说，也是枉然。所以必须先介绍什么是上品心，再谈如何发起的善巧方便。

道宣律祖介绍上品心时，是先介绍下品、中品心后，才谈到上品心的。为什么呢？首先是因为上品心具足慈悲与智慧，是比较微细的境界。所以要通过下品、中品到上品，渐次地认识后，对上品心才能真正地了解，而不会含糊笼统。

例如有时我们只是发起人天的善念，却会以为这就是菩提心。就像有的人常常到佛寺做义工，大家会赞叹说："菩萨你很发心！"久而久之就真以为我们是菩萨了，而事实上这可能只是人天的善念而已。真正菩萨的发心是很广大的，所以我们要从人天的发心次第学习，才不会以凡滥圣。

同时，从下到上依次学上来的话，才能凸显出菩提心的殊胜。就像学人曾经看过一个印度教的外道写的一本书，其中谈到他们的修行法门。我看的时候感到这个外道的慈悲、智慧，实在也是很了不起。此时转念再想，佛陀时代只有那些大阿罗汉，才能折服这些外道，这时才深感阿罗汉的尊贵。平常我们在大乘佛法的环境中，常常会将阿罗汉跟菩萨相比，而显得阿罗汉的慈悲与智慧都比较卑劣；但是当与外道修行人相对比，会发现原来阿罗汉也是很了不起的。

当感受到阿罗汉的殊胜后，再往上看菩萨。菩萨可以生生世世为了众生，而不辞劳苦地度化众生，这时才能感受到菩萨的不可思议。阿罗汉的慈悲心已然非常殊胜了，而菩萨的大悲心更是不可思议！

我们做善事，如果被人讥嫌、毁谤，往往就退心了，心想：算了，为了大家这么努力地付出，结果却是这样，我还不如自己用功更好……很容易就会有这种心态。此时，若比对阿罗汉那种无我与慈悲，再比对菩萨的大悲心，才能真正感受到菩提心的殊胜。

所以从下到上的次第学习，主要有两个原因：第一是避免我们认知错误，所以从下、中、上，一个个去比对，才能知道什么是真正的上品心。第二就是通过与下品、中品心的比对，才可以真正地看到上品心的殊胜，而生起好乐追求之心。

接着我们依次来介绍：第一、下品心，即二乘的发心。第二、中品心，这是小菩萨的发心。第三、上品心，即是大菩萨的发心。

◀《事钞》云
- 下品——“《毗跋律》曰：发心我今求道，当救一切众生，众生皆惜寿命。以此事受，是下品软心，虽得佛戒，犹非上胜。”
- 中品——“余二就义明之，云何中品，若言我今正心向道，解众生疑，我为一切作津梁，亦能自利，复利他人受持正戒。”
- 上品——“云何上品
  - 自利行——若言我今发心受戒，为成三聚戒故，趣三解脱门，正求泥洹果。
  - 利他行——又以此法引导众生令至涅槃。
  - 护法行——令法久住。”

一、下品发心

首先介绍下品的二乘发心。**“《毗跋律》曰：‘发心我今求道，当救一切众生，众生皆惜寿命。’”**《**毗跋律**》说，为什么要受戒呢？**“发心我今求道”**，这个“道”指的是声闻缘觉的二乘果位。因为《毗跋律》是声闻戒，所以说为什么要受戒——就是希望求得二乘的道果。

要成就这个果，要修什么因呢？**“当救一切众生”**，“救”就是救护，但这个救护并不是菩萨的救护。因为**“众生皆惜寿命”**，这里所谓的救护，就是不要伤害一切众生，因为众生都爱惜自己的生命。

我们会觉得蚂蚁很卑微，用水一冲，一下子就冲走一大片。但是我们要是静下心来，细细去体会蚂蚁的心，它也很珍惜自己的生命。当我们捉弄它，用嘴对它吹气，它赶紧就趴在地上不动，甚至因为恐惧而全身颤抖。没有众生轻视自己的生命，蝼蚁尚且贪生，一切众生都很爱惜自己生命的。所以我们不忍心伤害它们，因此要救护一切众生，放生护命。

“以此事受，是下品软心”。因为这个动机而受戒，是下品的发心，因为慈悲与智慧都很浅薄，而大多数的人受戒，恐怕都是跟这种心相应。就只是因为不忍伤害众生，所以不对众生行杀盗淫妄等事，并没有度众生之心。

所以**“虽得佛戒，犹非上胜”**。虽然也可以得到佛戒，但并非得到上胜的戒体，因为这样感召的只是人天果报。就像基督教、天主教乃至伊斯兰教的修行人也都是慈悲的，所以慈悲之法是通于内外道的。

天人、二乘、菩萨都有慈悲心，但他们慈悲心的量是不一样的，经典以一个譬喻，来说明之间的差别：就像有位大富长者，有个心爱的独生子。某天，这个小孩不小心掉进粪坑里了。这时旁边有很多的路人看到了，都很同情，但是没有人愿意跳到粪坑里去救他，一方面因为粪坑太臭太脏，另一方面也没这能力。后来小孩子的母亲来看到了，也是很焦急、痛苦，但是她也没有能力跳到粪坑里去救，只是在岸边痛哭而已。后来大富长者来了，看到孩子掉进粪坑里，他想都不想，直接就跳进去救他的孩子。因为他有这悲心，也有这种能力，能够把孩子从粪坑里救出来。

这譬喻当中，在旁边指指点点围观同情的人，就譬喻外道、天人，他们都有慈悲心，也都有神通。当天眼通、天耳通发起时，看到众生受苦，他们也是慈悲不忍的，但他们没有这种能力，他们的慈悲心也没有强到想去救度众生。

二乘的人就像孩子的母亲，他们更加慈悲，虽然也想救他的孩子，但是能力有限。因为二乘看轮回就像粪坑一样，深不可拔，岂能从中自由进出、度众生！因此虽然也很怜悯轮回中受苦的众生，但是他们智慧有限，没有这能力，到轮回中救度众生，因此只能证入偏真涅槃，不能广度众生。

只有菩萨具足慈悲与智慧，能够在轮回当中游戏生死，度化众生。

所以这种下品发心，只是与人天、二乘相应的慈悲心而已。

二、中品发心

接着介绍中品的小菩萨发心。**“余二就义明之，云何中品？”**，**“余二”**是指中品跟上品，**就**意**义**上来说**明**他们的差别。

先说中品。中品所祈求的果是什么呢？**“若言：我今正心向道”**，“道”就是佛道。所谓“正心”就是说我修行的目标，是为了直趣佛道，不走人天、二乘的小路，必定要到成佛为止，称为正心。正心趣向佛道，是中品发心所要到达的目标。

因为这个目标，所以因地怎么修呢：**“解众生疑”**。除了不忍看到众生受伤害之外，也为众生解答他们的疑惑。

所以，**“我为一切作津梁”**。“津”就是过河的渡头，“梁”是桥梁，就是作众生的引导。怎么引导呢：**“亦能自利，复利他人受持正戒”**。并非引导每个众生都能成佛，而是希望每个众生都能以持戒为基础，渐渐得到修学定慧的利益，而获得各自不同程度的解脱。

所谓小菩萨是指权教菩萨，他们不懂圆顿法门，不知道一切众生都有佛性。就像瑜伽派的经论说，众生有五种种性(如来种性、声闻种性、缘觉种性、不定种性、无种性)，这些种性基本上是不能改变的，就像水里面不能冒出火，火里面冒不出水一样，是固定的，因此称之为种性。

小菩萨的智慧不圆满，并不知道众生都能成佛的道理，因此他利益众生的态度，是依着种性的差别，使他们得到各自的利益。如果是人天种性的，就引导他们透过持戒，而得到人天的利益。如果是如来种性的，就引导他们透过持戒，未来得到成佛的利益等等，这就是小菩萨的发心。

三、上品发心

接着介绍上品发心，大菩萨知道一切众生都有佛性，一切众生都能够成佛，所以他学戒、持戒的目的，是为了借助戒法的力量，使修行尽快成就，以期自利利他。而自他二利的终极目标，是为了使自己与一切众生，都能够成就佛道。

唯有透过智慧的抉择，才能真正发起上品的心。因此首先要观众生苦，感同身受，生起极为不忍之心。再观察这些众生，都是我们过去生恩重如山的父母，所以他们的解脱，是我不共于他人的、必须生生世世肩负起的责任。所以要发起菩提心，必须透过智慧的抉择。

《华严经·普贤行愿品》中说："文殊师利勇猛智，普贤慧行亦复然。""文殊师利勇猛智"代表大愿，因为要有文殊菩萨勇猛、广大的智慧，才能真正地生起菩提心；普贤代表依菩提心所发动的大行，因为菩提心必须依广大勇猛的智慧而生起，因此依菩提心所显现的大行才称为"慧行"，所以我们要发菩提心、行菩萨道，必须要学习智慧。有了智慧，才能够真正地观察众生的苦，并彻底地放下自我，也才能发起生生世世，承担众生离苦得乐的誓愿。有了广大的智慧之后，接着来介绍上品心：

"云何上品
- 自利行——若言我今发心受戒，为成三聚戒故，趣三解脱门，正求泥洹果。
- 利他行——又以此法引导众生令至涅槃。
- 护法行——令法久住。"

首先介绍**"自利行"**：

"若言我今发心受戒，为成三聚戒故，趣三解脱门，正求泥洹果。"上品心的目的，是希望透过戒法自利利他，而使一切众生都能成佛。但你要以戒法度众生，首先自己要先实践，甚至投入整个生命去实践，使心中生起戒法的功德，才有说服力；否则光是口上宣说，是不能感动世人的。

就像台湾的上忏下云老和尚，他一生拜八十八佛，即使法务再怎么繁忙、劳累，也从不间断。甚至坐飞机到美国，机上十几个小时，他就在飞机上拜佛，不给自己中断的理由。

因为有这样的道力，所以他老人家每次对人说：“我们要多拜八十八佛，忏悔业障。”仅仅这么简单的几句话，很多人就因此发心拜八十八佛。台湾拜八十八佛的风气，就是他老人家提倡开来的。这就是道力，用一生的时间与精力来修这个法门，所以弘扬的时候就会有力量。

再说弘一大师，为什么他老人家能够将戒法弘扬开呢？并不只是因为他对戒法理论进行了深入研究，虽说这是基础，但不是全部；最主要还是因为他老人家的德行，有那种清净、庄严的功德，所以接触到他的人，自然都会对戒法生起信心，心想：持戒的结果，能有这样的功德相状！有信心之后，就愿意去持戒了。

所以固然上品发心的最终目标，是度化众生趣向涅槃，但是前方便，是“自利行”，透过受戒时，发起断恶、修善、度众生的三种誓愿，来成就三聚净戒，乃至发起三行，然后趣向三解脱门，最后果上证得佛的三身。这是生起次第，请看“表 6–1”：

三誓	三戒	三行	三门	三身
断恶誓	受摄律仪戒	修离染行	趣无作解脱门	证法身佛
修善誓	受摄善法戒	修方便行	趣空解脱门	证报身佛
度生誓	受摄众生戒	修慈悲行	趣无相解脱门	证应身佛

表 6–1

“三誓”：就是断恶誓、修善誓、度生誓。我们在登坛受戒时，念完三归依拜下去，此时观想面对十法界有情无情的境界，愿断一切恶、愿修一切善、誓度一切众生，这就是三誓。发起这样的誓愿，不只是为了自利，更是希望将这些资粮，用来度尽一切众生。

“三戒”：透过三誓可以成就摄律仪戒、摄善法戒、摄众生戒之三聚净戒。

三聚净戒本来只是受菩萨戒的人，所应当学习的三种戒，但是道宣律祖善巧地将《法华》、《涅槃》一佛乘的思想，用来开演声闻戒法。所以原本只是单纯声闻戒的五戒、八关斋戒，用大乘心来持守的话，它的本质就跟菩萨戒一样，具足三聚净戒了。只是其戒法的范围，不像《梵网经菩萨戒》十重四十八轻这么广。

因此，受戒的时候这三种誓愿是很重要的，下至三归依，上至受菩萨戒时，乃至出家众的比丘、比丘尼戒，都一样要发起这三种誓愿，才能成就菩萨的三聚净戒。

为什么三誓可以成就三聚净戒呢？我们分别来说明。

首先，“愿断一切恶”这个誓愿，可以成就摄律仪戒。这是透过善律仪来破恶律仪。恶律仪就是杀、盗、淫、妄；或者八关斋戒中的着香花鬘、过午食、高广大床、歌舞倡伎等等，这些都是恶律仪。

“愿修一切善”这个誓愿，能生起摄善法戒，愿修一切世间、出世间的善业，包括福德和智慧两种资粮，也就是说以般若智慧为前导，再配合种种福德资粮的积聚，因此摄善法戒的内容，主要就是六波罗蜜。

并且“誓度一切众生”的誓愿，能成就摄众生戒。要圆满菩萨的功德，必须把“我”的执着放下来。所以持戒的目的，不只是希望“我”得到解脱，更希望通过持戒的功德，能够引导众生，也达到成佛的解脱，这就是摄众生戒，或称为饶益有情戒。

一般来说，只有菩萨戒，才能圆满三聚净戒，五戒或八关斋戒的本质，就只是摄受善律仪的摄律仪戒而已。但是，透过道宣律祖的引导，发起三种誓愿，使得受五戒与八关斋戒，也同时具足了摄善法戒和摄众生戒，而成就圆满的三聚净戒，体上就等于是菩萨的三聚净戒法了。

因此任何法门都是这样，它是圆顿还是方便，主要是看怎么发心，用什么样的智慧来修。用圆顿的智慧修，念佛本身就是圆顿法门；但是如果没有圆顿的智慧，就算学习《楞严经》，或者受菩萨戒，结果也只是栽培人天福报而已。所以要成就菩萨的广大菩提心，并生起清净的三聚净戒，必须以智慧为前导。

“三行”：纳受三聚净戒后，就能生起离染行、方便行、慈悲行。

受摄律仪戒可以成就“离染行”，这很容易了解。也就是说在了解五戒和八关斋戒的开遮持犯后，可以离开杀生、偷盗、邪淫等染污的行为，这就是离染行。

当生起摄善法戒时，开始修行福德与智慧资粮，就具足“方便行”。所谓方便，就是成佛的方便；以般若为前导，再配合其他五度，就构成方便行。其中，智慧资粮为主，但福德资粮也不可或缺，因为要有福报，我们的智慧才能开显。

就像《华严经》所说：“牛饮水成乳，蛇饮水成毒”，同样的水，蛇喝了变成毒液，而牛喝了，却变成营养的牛奶。“般若”就像水一样，福报不够的人，学习之后反而会变成邪见。很多狂禅，就是因为福报不够，却错下承担，终究成狂禅。所以方便行就是以般若为主，然后配合其他五度的成佛方便。

摄众生戒能引发“慈悲行”，也就是慈悲利益众生的行为，这容易理解。

“三门”：透过三行所成就的功德——“三解脱门”。在此先介绍一下三解脱门：涅槃就像城，城外是生死的境界。从生死的境界，要进入到涅槃城里，必须要通过门，这个门就是三解脱门。也就是说，透过空、无相、无作这三个门，就可以进入涅槃城。不管修行大小乘，都是要通过三解脱门，才能入于解脱城。

修离染行，可以趣向“无作解脱门”。因为受持摄律仪戒，离开趣向三界的染污行，心清净了，这时候就不再造作三界的业，因此成就无作解脱门。

修方便行，可以趣向“空解脱门”。因为方便行中的般若智慧，能够引导我们趣向空性、不生灭的境界。

因此在修行当中，智慧最重要，在《楞严经》二十五圆通章中，优波离尊者就是通过持戒来摄住身根，再配合圆顿的智慧，观察持戒中无我相、无人相、无众生相，离一切相，而契入圆通。这就是受戒后修方便行，而成就空解脱门的例子。所以持戒到底是大乘还是小乘，是圆顿还是方便，就看我们的智慧了。

修慈悲行，可以趣向“无相解脱门”。无相解脱门就是度化众生时，能了知当相无相。面对一切男女、善恶等相时，没有我相、人相、众生相可得。观察一切众生也好，我们的心也好，全体真如，无二无别。因此虽然日日度众生，但是无众生相可得，这样的菩萨道才能持久。

要是分别执着这个人有善根，那个人没有善根；这个人好，那个人不好；这个人对我好，那个人对我不好……种种我相、人相、众生相、寿者相的对待，那菩萨道很快就会夭折了。所以在行菩萨道的时候，要常常配合无相的智慧。

当然，刚开始度众生的时候，都会有我相、人相的对立，但是只要在众生界中不断不断地历练，透过慈悲，以及般若空慧的力量，软化内心的执着，慢慢就能趣入无相解脱门了。

同时，要证入空性，慈悲心也是很重要的。首先，有了慈悲心，心才柔软，般若法水就容易润泽、进入我们的心中。

其次，有了慈悲心，心量就能渐渐扩大，这时就容易与虚空般的法性相应。再者，有慈悲心的人会有福报，具足福德资粮，才有开悟的可能。

所以刚出家的人都要多发心护持大众，如分配到厨房工作，或者出重坡、挑砖瓦、挑粪、挑水等，就是通过护持大众，使慈悲心发起，而不断地培福，未来到禅堂、念佛堂精进用功时，就容易与法相应。所以依止慈悲心发起度众生的誓愿，才可以趣向无相解脱门。

“三身”：跨过三解脱门后，就进入涅槃城了，这涅槃城就是佛三身的功德。

透过愿断一切恶的誓愿，可以证得佛的法身，因为法身离一切染着，所以断一切恶，能成就法身清净无染的功德。

透过愿修一切善的誓愿，可以成就佛的报身，因为报身是佛的智慧功德所显，而我们修善业以般若为主，福德为辅，因此修善可以成就报身。

透过誓度一切众生的誓愿，可以成就佛的应化身。为什么佛成就了不生不灭的法身后，还能够“千江有水千江月”，随缘度众生呢？就是因为他有过去大悲愿力的推动，所以在不生不灭的法性大海中，能够任运生起随缘度众生的妙用，也就是佛的应化身。

所以不要轻视今天所受的五戒，只要受戒之前，能够透过般若智慧的抉择，真正发起“愿断一切恶、愿修一切善、誓度一切众生”的誓愿，并能多思维：通过这三种誓愿，可以成就菩萨的三聚净戒，发起三种清净行，而成就三解脱门，乃至最终趣向佛果三身，不断串习这些道理，在登坛受戒时，忆念这三种誓愿，而生起殷重的菩提心，就能成就上品的戒体了。所以要成就真正的上品戒体，要多积资忏净才是！

接着介绍第二段的**“利他行”**：**“又以此法引导众生令至涅槃。”**能够自利的话，就能利他，就能引导众生也发起这三种誓愿，而成就三聚净戒、三种清净行、趣向三解脱门，乃至最后能够成佛三身。

最后是第三段的**“护法行”**：**“令法久住”**。菩萨的愿力是广大的，他不只要利益眼前的众生，也要利益尽未来际一切的众生。所以他的发心，不只是要度众生，还要护持正法，**使正法久住，**而能利益久远。

为什么为人授戒，或教授戒法的内容，乃至精持戒法，就是护持正法了呢？因为我们好好持戒，周围的人也会受影响，因此也能认真持戒。只有教、证二法在众生的心中住持，佛法才能真正地住世。以上是上品发心的内容。

▲《事钞》云："如此自知心之分齐，得佛净戒亦有分齐。"

"如此"，学习了三品发心，**"自知心之分齐"**，就知道自己的发心属于哪一类，因为有上、中、下品发心的不同，所以**得佛净戒，**也**有**上、中、下三品戒体的差别。

▲《事钞》云："如是发戒，缘境及心有增上。此之二途，必受前时，智者提授，使心心相续，见境明净，不得临时方言发心。若约临时师授，法相尚自虚浮，岂能令受者得上品耶？或全不发，岂非大事！"

《事钞》说，透过这样的方法来**发**起**戒**体，这时**"缘境及心有增上"**，"增上"就是一种殊胜的力量。所缘境是十法界一切有情无情的境界，能缘的心则发起三种誓愿，这两者都是殊胜的，不是一般凡夫、二乘的心量。

所以心境这两方面，都**必**须在**受**戒之**前**，由一位**智者**，也就是师长，来**提**醒与**教**授。首先告诉戒子怎么发起上品心，并在受戒之前，引导受戒人不断不断地积资忏净，多忏悔业障。透过拜忏，我们的心才能清净，也才能生起如理思维。还要多集聚福德与智慧资粮，才能在真正临坛时，使发心(三种誓愿)**心心相续**，观想(十法界境)**明**了、清**净**。

"不得临时方言发心"，不可以不预先为他开示，在登坛时才说"你要发上品心，纳受上品戒"就来不及了。最好是在受戒之前，就先学习《在家备览》这样的教授，知道怎么依境发心。再不断地积资忏净，到登坛观想的时候，内心才会真正感动，而发起上品的戒体。

“若约临时师授”。如果只靠受戒时临时的教授，则**“法相尚自虚浮”**，“虚浮”就是不认识。受戒前要发三种誓愿，以成就三聚净戒，而生起三行，并趣向三解脱门，方能证得佛的三身，这些全都是法相。受戒时才解释，根本来不及，又岂能令受戒者得到上品戒体？

“或全不发”。临时解释，戒子可能完全发不起心。所以大部分的人受戒时，内心要么打妄想，不然就是一片空白，这时恐怕连下品的发心都没有，更不用说上品心了，那这样实际上是没有得到戒体的。

所以有时会有人问我，他是否破戒了？我都会想：他可能得戒都谈不上，遑论破戒。所谓破戒，是要先得到戒体；如果连戒体都没有得到，破戒也就谈不上了。如灵芝律师在《济缘记》中说：“无戒满洲，正当今矣！”如果不曾学习如《在家备览》这样的知识，大多数的人，可能都是不得戒的。即使在登坛时，虔诚恭敬地发起善念，也顶多就是得到下品戒体罢了。

所以虽然受戒的功德这么殊胜，受戒的人也很多，但大多数的人却没什么感觉，恐怕就是因为他们根本没得到戒体的缘故。若发心受了戒，却根本没得到戒体，只是跟戒法栽培善缘，作未来得度的因缘而已，这能说不是**大事**吗！

我们应该很庆幸，能学到这样的法，所以学了之后就要认真地实践、受持。过去可能在受戒时，不懂这种道理，或者不得戒体，或者只是得到下品戒体，但是透过不断地积资忏净，慢慢地上品心生起来，未来如果有受戒的因缘，再重受戒时，就可以得到上品戒体了。

同时，刚开始可能戒体羸弱，但是可以通过多次受戒，使上品戒体的力量越来越巩固、强大。

以上介绍能缘的心，接着看下一段，心境和合的相状：

甲四、用心承仰

▲《芝苑》云：**“心境相应，纳体正要。**

正作法时，冥心运想，遍缘如上情非情境，由境广故，心亦随遍。念念现前，不得浮散。当想已身，总虚空界，容受法界尘沙戒法。

当此之际，深须用意，莫缘他事。差之毫微，则徒染法流，一生虚丧，可不慎哉？”

“心境相应，纳体正要。”这是总说。心，就是菩提心的三种誓愿；境，就是十法界有情无情的境界。心境相应，就是受戒时，念三归依的文之后，拜下去观想时，**心**跟**境**要**相应**，这是**纳**受戒**体**的关键所在。

接着说明方法：在**正**式**作法**的时候，从一开始的忏悔、请师、迎请三宝、发愿等等，都要摄心，并虔诚恭敬地跟着仪轨随文入观。

尤其在最重要的三归依的时候，要**“冥心运想”**，心中随着师长的教授，在第一番羯磨时，观想面对十法界有情无情的境界，发起三种誓愿。再观想大地震动、裂开，十法界的善法被我们的愿力推动生起等等。

此时的重点，不是把云彩观想得很清楚；云彩观想得再清楚，那只是色法，它只是个表法，代表十法界的善法，真正的重点是内心的菩提心，**遍缘如上**所述，就是普遍地缘着十法界一切有**情**和无**情**的**境界**。

由于**境**界**广**故，所以**心也**要**随**着广大的境界而**遍**满，生起三种誓愿。使上品心**念念现前，不得浮散。**

“当想已身，总虚空界，容受法界尘沙戒法。”这是总结：既然要将十法界的善法，全部纳受到身心当中，成为戒体，就应当观想我们的身心，也遍满整个法界，才能**容受**遍**法界，尘沙**般无量无边的**戒法**。

“当此之际，深须用意，莫缘他事。”最后告诫：在这个时候，应当深深地用心。“莫缘他事”，不要在这时打妄想。所谓“他事”，也包括下品或中品的发心，这些我们都要避免，要缘上品的发心。

因为**“差之毫微，则徒染法流”，**动机上一点点的差错，就可能仅得了个受戒的外相而已。实际上**“一生虚丧”**，一生因此而空过。**“可不慎哉？”**我们学戒、持戒之人，能不谨慎小心吗?

以上是预习发戒，也就是受戒前预习的方法。主要重点是:

一、所缘的境界，必须是十法界的有情无情。

二、能缘的心，必须是圆满的三种誓愿。

三、心境相契，将先前所学、所熏习的道理，在受戒时殷重生起。

好好体会这些道理，作为未来受戒的基础吧!

第七课 正式作法

在“第六课、预习发戒”中，我们已经了解受戒者所应具备的心态，本课接着正式介绍受戒仪轨，使我们在登坛受戒的时候，不会觉得生疏，而能在稳定的状态中，发起上品心，得上品戒。

甲一、简人是非
甲二、叹功问相
甲三、忏悔清净
甲四、作法差别

甲一、简人是非

在受五戒或者八关斋戒前，要先**简**择受戒**人是非**，也就是他是否有遮难。

受三归依前不需要简择，因为佛的态度是，纵然犯了五逆罪，只要他愿意重新开始学佛都好。

但是五戒、八关斋戒是出世戒法最初的阶梯。这就必须简择了。因为若受戒者本身的业太重，就不容易发起戒体。所以他必须先忏悔清净了，才不会有障碍，因此必须简择。

▲《羯磨注》云："当于受戒前，具问遮难。故《善生经》云：'汝不盗现前僧物否？于六亲所、比丘比丘尼所，行不净行否？父母师长有病弃去否？杀发菩提心众生否？'"

在正式**受戒前**，要先**具**足地**问**受戒者，是不是有这些**遮难**？所以《善生经》，也就是《优婆塞戒经》中，就会先问：**"汝不盗现前僧物否"**，就是你过去有没有偷过出家人的东西？这是发起戒体的障碍。

"于六亲所、比丘比丘尼所，行不净行否"。所谓六亲，就是指父母兄弟姊妹等近亲；是否曾对六亲或者对比丘、比丘尼强迫他们行淫？

"父母师长有病弃去否"。父母是我们的恩田，师长是我们的敬田，这都是大福田、很重的境界。所以在父母师长有病时抛弃他们，会构成戒障。

"杀发菩提心众生否"。包括六道发菩提心的一切众生。以上四点是遮难。

"若有遮难者，忏净可受五戒。唯污尼或污比丘者，已后不许出家。"

若是**有遮难**的话，拜大悲忏、八十八佛等取相**忏**，忏悔清**净**之后还**可**以**受五戒**。唯有**污尼或污比丘**，侵犯比丘比丘尼，虽经过忏悔，以后仍不许出家。

这是第一段的简人是非，如果没有问题的话，接着：

甲二、叹功问相

赞**叹**持戒的**功**德，并**问**要受持几条戒？

▲《羯磨注》云："《善生经》云：'具问遮难已，若无者，应语言：此

戒甚难，能为声闻、菩萨戒而作根本'。"

《**善生经**》说，戒师在**具**足**问**完**遮难**之后，如果都没有犯，就应当开示说："五戒是难遭难遇的。"为什么呢？因为首先，只有佛陀出世才会制定戒法，其他的菩萨，或者是声闻缘觉，就算证果也不能制戒的，所以这是第一难得。

第二难得在于，五戒或者八关斋戒，**能为声闻**戒作**根本**。因为五戒的扩展，就是八关斋戒，而八关斋戒又只比沙弥戒少一条而已。所以就声闻戒来说，受五戒、八关斋戒，可作为未来出家后，受比丘、比丘尼戒的基础。就像从小学、中学、大学，慢慢学上去一样，戒法是越来越微细，这个是对声闻戒来说。

对菩萨戒来说，五戒或者八关斋戒为什么是根本呢？因为声闻戒的重点在出离心，而菩萨戒的重点在菩提心。

出离心是菩提心的基础，因此五戒是菩萨戒的根本。

同时，要是按照道宣律祖开示的，发上品心的方法来受五戒、八关斋戒时，要生起三种誓愿：愿断一切恶、愿修一切善、愿度一切众生。此时所成就的戒体，与菩萨三聚净戒的戒体，就已是相随顺了。只是戒条有广略的差别而已。

总之，五戒、八关斋戒，能为声闻戒和菩萨戒的根本，是因为：

第一、声闻戒的出离心，是菩萨戒菩提心的基础。

第二、若发上品心受五、八戒，则同样成就三聚净戒，只是广略差别。

第三、八戒比较略；声闻、菩萨戒比较广。

附带一说，既然菩萨戒的重点在菩提心，因此有人问，他适不适合受菩萨戒？可知重点不在于他六斋日时能不能持八关斋戒等事相上的戒法，而在于他愿不愿意学习，护持菩提心。我们初发菩提心，并想让它更加坚固，所以透过持守菩萨戒的方式，来保护我们的菩提心，这才是受菩萨戒真正的目的。

所以如果愿意学习发菩提心，纵然菩萨戒的戒条，不一定持守得清净，仍然可以尝试受菩萨戒。相反，如果对菩提心没有概念，也没有认真学习菩提心的想法，纵然在菩萨戒的戒相上做得很好，结果也只是栽培人天福报而已。

以上是赞叹功德，在受戒之前戒师可以随缘为戒子宣说，来增加他求戒的殷重之心。

接着问相，就是问要受多少戒：

“善男子，戒有五种，始从不杀乃至不饮酒。若受一戒，是名一分优婆塞。具持五戒，名为满分优婆塞。汝今欲受何分之戒，当随意受。尔时智者应随语为受。”

虽说受持五戒的功德很殊胜，但还是应当量力而行，以免太过轻率，使得日后犯戒不断。所以授戒师会问：**“善男子，戒有五种，从不杀生**到**不饮酒，若受一戒，**就**是一分优婆塞；**受两戒，是少分优婆塞；受三戒、四戒，就是多分优婆塞；如果具足受**持五戒**的话，就是**满分优婆塞**。这可**随**着你的**意**愿来**受**持。”此时**智者**(授戒师)应当**随**着戒子所选，**为**他们**授**戒。

受戒前，可以先了解五戒的戒相，尤其是杀盗淫妄这四条戒判重罪的标准。因为要是犯了重罪，忏悔就比较困难。所以若守不住，那这条戒就先不要受。

以杀戒为例，杀蚂蚁虽然也是恶业，但这是犯杀戒中的下品戒；而杀人那就犯重戒，也就是破戒了。所以有人说：“师父，我不小心踩死蚂蚁，我破戒了！”其实没那么严重，所谓破戒是蓄意杀人，而且对方死掉了，才算是破戒。不小心踩死蚂蚁不犯杀戒，但是欠他一条命，以后还是必须还的。

偷盗犯重的标准，是偷了价值超过五钱以上的东西，就犯上品罪。但从古至今，对于佛陀时代的五钱，其价值多少，说法不一，有一种说法是相当于现代的美金20元左右。

邪淫犯重的标准，是在男二处(口道、大便道)、女三处(口道、大便道、小便道)行淫，就是犯重。如果只是身体的接触，并没有进入男二处、女三处的话，就不犯重，但结中、下品罪。

妄语犯重的标准，如果骗别人说“佛菩萨来为我开示”，或者说“我证果了”“我是圣人”等，这就是大妄语，犯上品罪。一般性的谎话，犯中品罪。

饮酒戒，只要一滴酒喝入口中，就犯中品罪。

所以在受戒之前，至少要先了解犯重的标准，如果是偶尔会犯中、下品罪，还是可以受，犯了之后再忏悔。如果肯定是持守不住的，那就暂时不受了。

甲三、忏悔清净

我们在受戒之前，要先忏悔清净。为什么呢？就像杯子要洗干净，才能够装甘露水；我们要将法界的善法纳受到心中时，也是要先忏悔清净的。

▲《羯磨注》云：“《阿含》等经云：‘于受前忏罪已，然后受法’。”

在**《阿含》等经**中说，受戒之前要先忏悔罪业，包括过去无量劫，乃至今生所造的罪业，都彻底地忏悔后，再来受法。

最好在受戒之前提前忏悔。比如预定下个月要受戒，这个月就好好地多修忏。当然正式登坛时也会有忏悔的程序，但是在受戒前就应该多拜忏，如拜八十八佛、大悲忏，或者拜阿弥陀佛。业清净之后，登坛时才能生起上品菩提心。

要忏悔清净，有相应的方法，尤其内心的动机很重要。不要糊里糊涂地拜忏，而是要依止“耻心、畏心、勇心”，这样的动机来礼拜，先忆念这三种心再拜佛。

忏悔所依——耻心、畏心、勇心——于三宝生大归依

表 7-1

“耻心”，就是惭愧心，在内心中检讨：我是已经受戒的人，或者我是佛教徒，怎么还造这样的罪业呢?

或者这罪业，是没有学佛之前所造，那么就想：我们众生都有佛性，我却依着佛性沉沦，造这样的罪业，实在是不应该。对于过去所造的罪业有羞耻、惭愧心，可以帮助我们在拜忏时产生力量，因此洗刷罪业。

虽然取相忏中，能清洗我们罪业的力量，主要来自于三宝的加持，但是惭愧心、忏悔心，是触发我们跟佛菩萨感应的媒介，通过这个力量，才能够感应三宝的加持。

根据《法苑珠林》的记载，在《最妙初教经》中有一个欣庆比丘的公案。这个比丘犯了四重戒，也就是破了比丘戒，那是很严重的。他也知道这很严重，将来会堕到地狱里面受苦。因此他就发起殷重的惭愧心、忏悔心，经过九十九天的精进修忏，居然“罪业即灭，戒根即生，如初受戒时无有异也”，不仅将破戒的罪业灭除清净，甚至将戒体都恢复清净了。就像一棵快死的树，把它移了个地方栽种，结果又活起来，而且长得更好一样。

本来依着声闻戒的理论，破戒比丘是不可能恢复戒体的，且在方便教法中，破戒之人也不可能再证得阿罗汉。但是由于他强大的惭愧、忏悔心的力量，所以感应到三宝的加持，不但恢复了比丘戒的戒体，而且还证得阿罗汉。

所以如果没有破戒，又有惭愧心、忏悔心来修忏悔的话，一定可以得到三宝的加持而灭罪，我们一定要有信心。

有人忏悔时总是怀疑：我忏悔到底有效没效？忏悔后到底是清净了还是不清净？当有这种心时，就是对三宝的信心不够，就很难忏悔清净。

修忏悔法门时，有的人忏悔很久都不见效，这可能有种种的原因，或者是过去造业太重，或者就是因为拜忏时用心不对了。也就是说他没有惭愧心，认为反正就是做功课，该做的做完就好了，这样自然不见效。

所以在拜忏时，要先生起惭愧忏悔的心，在佛前彻底发露，尤其是看自己的习气哪方面偏重，就在佛前至诚地发露忏悔，这是第一个根本——耻心。

“畏心”，就是畏惧因果的心，畏惧他人知道的心，以及畏惧死无常的心。

第一、畏惧因果的心。造罪业就有因果，绝对是逃不掉的，所以我们在拜忏时，因为深信因果而害怕。这时，才能生起殷重的心。

什么是殷重的心？如善导大师在《往生礼赞偈》中说：“上品忏悔者：身毛孔中血流，眼中血出者，名上品忏悔。中品忏悔者：遍身热汗从毛孔出，眼中血流者，名中品忏悔。下品忏悔者：遍身彻热，眼中泪出者，名下品忏悔。”这样才算殷重心。虽然我们连下品心都很难生起，但至少在拜忏时，要透过思维业果，发起畏惧心、惭愧心来修法。

关于业果决定，可以这样思维：世间所有众生，都逃离不了因果律。不要说我们凡夫众生，乃至证得阿罗汉，只要他没有入无余涅槃，或者灭尽定，得到暂时休息的话，都还要受因果律的支配。乃至佛陀也不能违背因果律，众生起颠倒，必然堕落三恶道，佛陀也不能用他的神通力，将众生从三恶道中拉出来。

虽然往生极乐世界，就不会受过去的果报，但也不是逃出因果律，而是在佛力的强大加持之下，使过去恶业的果暂时不起现行罢了。

就像经典中记载，鸯掘摩罗在没有出家之前，因为着魔，杀了999个人，最后要杀他母亲时，被佛陀度化出家，乃至后来很快证得阿罗汉。但虽然证得阿罗汉，每天仍然感受到如地狱火烧般的痛苦。

不过这是由于他本身业清净，所以恶报显现得快。现在有的人做很多杀盗淫妄的罪业，好像都没什么恶报显现，而有的人稍微造一点罪业，果报就马上显现了，这差别在哪里呢？其一是由于前者可能福报特别大，所以恶业暂时不显现；后者可能就是业相对清净，所以果报显现也会比较快。所以修行人有时恶业显现，不见得是坏事，反而是因为透过修行，所以业清净，而显现得快。

此外，佛陀为了度化众生，而示现九恼(六年苦行、孙陀利谤、木枪、马麦、流离王杀释种、乞食空钵、旃荼女谤、调达推山、寒风索衣)，要告诉我们什么呢？那就是：因果是决定的！所以我们一定要畏惧因果。即使因为工作、生活环境所迫，无法严谨地持守戒法，还是要有惭愧心、怖畏心。造同样的恶业，如果有惭愧、怖畏心，果报就轻得多。相反，要是认为如偷税等，大家都这么做，我也这么做，没有惭愧、怖畏之心，这样的果报就更重，因此我们必须相信业果决定。

第二、畏惧他人知道的心。我们造作恶业，会受到舆论的批评。即使世间人不知道，那些有神通的佛菩萨、鬼神也都知道。因为这些众生见到，使我们深感羞愧，称之为畏心。

第三、畏惧死无常的心。生命是无常的，随时有可能结束。在面对死亡时，一生所造的恶业如果没有忏悔，来世必定受报，因此畏惧死无常，实际上这也是来自于对因果的畏惧，这是“畏心”。

“勇心”，就是勇猛的心。在忏悔时要发起勇猛、坚定的心。不要苟且偷安，心想：反正我这习惯很多年了，将就凑合着过吧。这叫苟且的心。如果业力不断地串习，时间越久就越难以忏悔了。

就像厨房的桌面，如果好久才擦洗一次，要清洁就很困难。如果每次做完饭马上擦，就能很快清理干净。我们的习气也是这样的，所以要尽早地忏悔恶业，不要产生因循的习惯。再者，就算今生不忏悔，来世总有一天还是要忏悔的。这就是勇心，不要因循苟且。

所以忏悔要依止：耻心、畏心、勇心，对三宝产生大的归依，相信三宝可以救拔我们，并求三宝加持。

以耻心、畏心、勇心作为媒介，而感动三宝的忏悔法门，要在受戒之前一两个月，或者更长时间，就开始修持，受戒时方能得到上品戒体。

甲四、作法差别

乙一、临时开导

乙二、正纳戒体

乙三、示相教诫

这是正式作法的差别内容。

乙一、临时开导

授戒师在授戒之前，要临时再提醒戒子过去所学的发心方法，激励并使他生起上品心。

“若至此时，正须广张示导发戒正宗。不得但言起上品心。则受者知何是上品。徒自枉问。今薄示相貌，临事未必诵文。”

因为凡夫的心和菩提心是天地悬隔的，所以在授戒前，戒师应该以种种广泛而善巧的开**示**引**导**，来激励戒子，使他能够发起菩提心，这是**发**起上品**戒**体之**正宗**——主要的宗旨。

上品戒体的成就来自于菩提心，戒师只是助缘而已。固然，如果戒师清净，而且具足菩提心量的话，随其受戒，戒子的清净心、菩提心也都会受影响。但是根据大乘佛法的观点，我们所得到的戒体，不是授戒师给的；这跟小乘的思想——认为戒体来自戒师，所以戒师很重要——是不一样的。

“不得但言起上品心”。在受戒前，戒师必须再广泛而善巧地开示引导，不能只是告诉受戒的人，要发起上品心。此时受戒的人，仓促之间，是很难发起上品心的！同时，平常如果没有串习菩提心，并忏悔业障，这时候让戒子发起上品心是很不容易的。

结果**“徒自枉问”**，不过是白白地告诉他要发上品心。**“今薄示相貌”**，所以仪轨中，就只是大略地开示上品心的相貌。**“临事未必诵文”**，当受戒时，戒师可以用各种善巧来引导戒子，不一定就要照着仪轨的文来念。

▲《事钞》续云：“应语言：善男子！深戒上善，广周法界，当发上心，可得上法。今受此戒，为趣泥洹果，向三解脱门，成就三聚戒，令正法久住等，此名上品心。”

戒师应当对戒子开示说：“善男子，五戒或者是八关斋戒，都是深戒上善。所谓**深戒**，是指戒法是圣法，虽然在因地受戒时，我们都还只是凡夫，但是所受的戒体，跟佛五分法身的戒法身是相随顺的，所以它的本质，是随顺于圣法的，因此称之为深戒。

同时，戒法只有佛陀才能够制定，菩萨、声闻、缘觉，乃至天人，都是不能制定的，因此称为深戒。

因为是深戒，所以**上善**，超过一切世间善法之上，称之为上善。在“第二课、示相彰名”中提到参考“表2-2”，戒法和世间善法的差别有两点：第一、要期誓愿，第二、遍该生境，所以这个深戒上善，它的本质是**广周法界**，遍法界的量。因此，**当发**此**上**品**心**，**可**以**得上法**，得上品的戒体。

那么，怎么发起上品心呢？要忆念受戒的终极目标，是为了**趣**向**泥洹果**，也就是趣向佛的三身。可参考“表 6–1”。再从果往因上推，就是趣**向**三**解脱门**，再往前推就是要**成就**菩萨的三**聚**净**戒**的因，这是就自利方面来说。

“令正法久住等”。这属于护法行，“等”是指利他行(可参考第六课《预习发戒》上品心之文)，这就是上品心的三点内容。

以上是说明能缘的心，接着谈所缘境：

“次为开广汝怀者，由尘沙戒法注汝身中，终不以报得身心而得容受。应发心作虚空器量身，方得受法界善法。”

为了帮助我们扩展心量，**“开广汝怀”**，所以我们必须要将十法界有情、无情的境界，都作为我们的所缘境。

“由尘沙戒法注汝身中”。因为要把十法界如尘沙般的善法，构成戒法，全部注入我们的身心当中，因此**终**究**不**能**以**凡夫狭隘的果**报身心**，**而得容受**尘沙般、遍法界的善法。

所以**“应发心做虚空器量身”**，应当观想我们的身心像虚空一样，周遍法界。观察我们的自性遍法界，以此遍法界的自性，**方得**容**受**这遍**法界**的**善法**。

“故《论》云：‘若此戒法有形色者，当入汝身，作天崩地裂之声’。由是非色法故，令汝不觉。汝当发惊悚意，发上品殷重心。”

所以在论典中说：如果**戒法有形**相、颜**色**的话，**当**这法界般广大无边的尘沙戒法，注**入**我们**身心**当中时，必然会发起**天崩地裂之声**。只因为戒法本身不是色法，所以我们感觉不到它这遍法界的量。

“汝当发惊悚意”。所以接着劝勉我们，应当发惊悚意，**惊**就是警策，**悚**就是畏惧。我们应当发起戒慎恐惧的心，提醒自己：这是今生得解脱的重要因缘，可不要错失了。如果受戒时懈怠心起，恐怕今生就这样子空过了。

“发上品殷重心”。然后再发起上品的殷重心，才能将这法界尘沙般的戒法，容纳入身心中。这是“第二、所缘境”。接着总结：

“今为汝作法，此是如来所制，发得尘沙法界善法，注汝身心，汝须知之。”

现在将**为**你**作法**授戒，**此**法**是如来所制**定的。通过仪轨和我们的发心，就可**发**起**尘沙**般**法界**的**善法**，并将其灌**注**到我们的**身心**当中。我们必**须知**道，这是要用心的时候，因此要虔诚恭敬，发起广大心，来领纳广大的善法。

乙二、正纳戒体

前面讲解了许多理论，包括受戒功德、预习发戒、简人是非、忏悔业障等等，其目的都是为了使我们在正式纳受戒体时，生起菩提心相应之量，而能够纳受上品的戒体。所以正纳**戒体**这段仪式，是整个三归五戒仪轨当中的核心，前面都是为了在此时，生起菩提心相应之量。

《事钞》云：“作法者。我某甲，归依佛归依法归依僧，尽形寿，为五戒优婆塞。如来至真等正觉是我世尊。三说”

这段是**“归誓”**，归依时所发起的誓言。

第一句：**“我某甲”**，这里要称呼自己的名字，称法名或俗名都可以。如果不自称己名的话，是不能够成就的。

第二句：**“归依佛归依法归依僧”**，念诵这段三归依文的部分，就是正式纳受戒体的时候。若只是单纯地受三归依，不受戒，称为“反邪三归”；若受五戒、八戒，则是受三归依的同时，也受戒，就称为“五戒三归”、“八戒三归”。所以本体都是三归依，都是祈求三宝的救护，只是受戒的深浅不一样而已，所以都是在三归依时纳受戒体。

此外我们念三归依，也是希望未来成就三宝的功德，不只是求救护而已。

第三句：**“尽形寿”**就时间上来说，受戒的时段是**“尽形寿”**，也就是这一辈子，到生命结束为止。

第四句：**“五戒优婆塞**（夷）”，是说明所受戒的内容。

第五句：**“如来至真等正觉，是我世尊”**，为何要加上这一句呢？根据《四分律行事钞资持记》所说：“如来等，结归正本也。以三宝名通九十六种，后须显正，非同前滥。由此胜号，外道无故”，这说明我们所归依的境界，是佛陀所安立的三宝，不同于外道的三宝。

那为什么不直接说佛陀就好了呢？因为在此要凸显佛的三身：

如来：是乘如实道而来，千江有水千江月，为了度化众生而随缘显现的，这是化身。

至真：是指佛的智慧契入真实、实相，智慧圆满，也就是报身。

等正觉：就是等同于十方三世诸佛，十方三世佛，共同一法身，是同一味的，这就是法身。

所以在此具足归依佛的法报化三身。念完归依的誓言之后就拜下去，开始观想，如“表7-2”：

若约受五八戒言，即三说三归誓而纳戒体，如下文所载：

- 第一遍说归誓时，法界善法，由心业力，翻恶为善，悉皆动转。
- 第二遍说归誓时，法界善法，聚集空中，如云如盖。
- 第三遍说归誓时，法界善法，从空中下，注入身心，充满正报。

表7–2

一共做三次的观想，来成就戒体。

讲解时，似乎诵念誓言、礼拜观想是分开的，实际上这两件事是同时进行的，我们在念三归依的文时，就要同时忆念、发起菩提心，只是拜下去时，再把这菩提心具体、强化而已。

第一遍拜下去时观想：**“法界善法，由心业力，翻恶为善，悉皆动转”**。由菩提心所推动的业力，将十法界的有情无情，这些过去是造恶的境界，翻转成修行善法的境界，成为十法界的善法。

此时我们观想大地震动、裂开，从大地涌现出无量无边的云彩，这些云彩代表十法界的善法。不过这时候重点要放在发菩提心上，观想云彩等等只是辅助，以帮助我们缘十法界的善法。不要很努力地观想云彩如何如何庄严，而心中却没有发菩提心，这就本末倒置了。

第二遍拜下去时观想：由于菩提心的推动，**“法界善法，聚集空中，如云如盖”**。十法界的善法，如云如盖般，全部聚集在我们的头顶上。

第三遍拜下去时观想：**“法界善法，从空中下，注入身心，充满正报”**。观想法界的善法，透过我们菩提心力量的引导，灌入我们的身心，这时候就正式地纳受了五戒、八关斋戒的戒体。

受菩萨戒时的三番羯磨，受比丘戒时的白四羯磨，也是同样的方式来纳受戒体。

在三次观想完之后，接着是**“结归”**：

“我某甲，归依佛竟归依法竟归依僧竟，尽形寿为五戒优婆塞。如来至真等正觉，是我世尊。”

这时候五戒、八戒的戒体，实际上已经成就了，只是在佛前宣誓，再次地自我砥砺：我已经受戒了，应当以三宝为依怙，无有二意。此时就不用观想了，只要至诚恳切地宣誓即可。

乙三、示相教诫

本段宣**示**戒**相**，同时**教诫**受戒之后，应当怎么做。受戒只是学戒的开始，所以受完戒后还有很多要学习的。

首先介绍“**示相**”的内容：

▲**《事钞》云：“《智论》：‘戒师应语言：汝优婆塞听！是多陀阿伽度、阿罗诃、三藐三佛陀，为优婆塞说五戒法相’。”**

《**行事钞**》引《**大智度论**》中龙树菩萨的说法，授**戒师应**当对戒子**说**：“**汝优婆塞听**”，男众优婆塞，或者女众优婆夷谛听，底下所宣说的戒相，是佛陀亲口制定的。

“**多陀阿伽度**”，这是梵音，多陀是如，阿伽度是来，多陀阿伽度就是如来，代表佛的化身。

“**阿罗诃**”就是阿罗汉，在声闻法中，佛是大阿罗汉，翻译成汉语的意思就是无生、应供。因为佛的智慧是圆满的，这代表佛的报身。

“**三藐三佛陀**”，三藐是正等，三佛陀是正觉，三藐三佛陀就是正等正觉，或简称等正觉、正遍知，这代表佛的法身。

下面接着宣读戒相：

“汝当听受。尽形寿不杀生是优婆塞戒，能持否？答：‘能’。尽形寿不盗是优婆塞戒，能持否？答：‘能’。尽形寿不邪淫、不妄语、不饮酒、并准上说。”

戒师在问的时候，要是能持，就回答：“能”，不能持就默然不答。

虽然五戒可以分受，但是在三归依纳受戒体时的观想，心中仍是缘十法界有情无情的境界，这样才能纳受上品的戒体。所以先立下圆满的愿心，而暂时乃至只受持一戒，也是可以的。

示相之后，授戒师就要对戒子做种种的开示，让他回去好好地护持这个戒法。所以接着是**“教诫”**的内容：

“是为在家人五戒，汝尽形受持。”

这是**“谨护”**，告诉戒子要**尽形**寿地**受持在家人五戒**，所谓受持也包括忏悔，因为我们很难做到受了戒之后永远不犯，因此犯戒之后必须发露忏悔。发露可以找一位同样受五戒的同参道友，不一定是出家人。但是作法忏，就必须请出家众来作法了。

“当供养三宝，劝化作诸功德。”

这是第二句**“作福”**，就是培养世间的福报，在培福当中最主要的，就是**供养三宝**，为什么呢？因为我们是三宝弟子，供养师长是弟子的职责。更何况三宝是世间最殊胜的福田，所以要供养三宝，为自己培福。不过这个培福不是为了将来享受快乐，而是希望作为修行解脱道的基础。

同时也**劝化**他人**作诸功德**，发慈悲心，让其他众生也能跟三宝结缘，也能培福，作未来得度的因缘。发起慈悲心，福报就能更加增广。

这里主要是指财供养，下面则是法供养。

“年三、月六常须持斋。”

这是第三句**“受斋”**，**年三**，是指农历的一、五、九这三个月，称为三长斋月。**月六**，指每个月的六斋日(每个月的初八、十四、十五、二十三，以及月底的两天，二十九、三十，或者二十八、二十九日)，都要练习持八关斋戒，作为未来受八关斋戒，乃至菩萨戒等上戒的基础。

不过受五戒不像菩萨戒，必须在六斋日受八关斋戒，只是鼓励大家练习，作为出世解脱之因。

为什么要选择六斋日受八关斋戒呢？这是有特殊意义的。根据经典的记载，在农历一月的时候，幽冥界阎王的业镜，会照耀我们南赡部洲，人间善恶皆于此中显现，所以此时尽量多修善才好。

第二个说法是，此时四大天王或他们的眷属，会出来巡视南赡部洲(初八、二十三是四天王的使者巡视，十四、二十九是四天王的太子巡视，十五、三十号是四大天王本人巡视)，这个时候特别修功德的话，能够得到天王的护佑。

三长斋月则是因为这三个月中，恶鬼的势力很强，此时修斋戒，他们就不敢侵犯，同时功德也会更加殊胜。

“用此功德，回施众生，果成佛道。”

这是第四句**“回向”**，不要仅仅回向自己身体健康、事业顺利等，还要将

此功德，回施法界**众生**，皆能离苦得乐，乃至解脱**成佛**。

所以**第一、谨护，第二、培福，第三、受斋，第四、回向**，这是受五戒之后，应当做的事情。

以上是受戒仪轨的内容。

第八课 问答释疑

在本课中，讨论一些可能会影响我们得到戒体的问题。

甲一、三归

▲《羯磨注》云："此但受归法，无有戒法。故《母论》云：'三归下有所加，得归及戒，若无加者，有归无戒'。"

"此但受归法，无有戒法"。三归依又称为"反邪三归"，是指我们在佛前立下誓愿：从今天开始，我要以三宝为导师，祈求三宝的救护，乃至最后我要成就三宝的功德，将过去一片狼藉的生命，转向三宝的境界，从此趣向大光明。

当然，这不只是泛泛的誓言，在受戒时因为有三宝力量的加持，所以在心中可以成就三归依戒体的种子。它一样是戒体的种子，只是它只属于反邪归依之法，并没有戒法。

有人会担心，归依之后我还可不可以吃荤呢？这当然是可以的。受三归并没有强迫一定要吃素，即使杀盗淫妄的事情，也是允许慢慢地断除。所以它不像五戒有戒法的约束。

"故《母论》云"。《母论》就是《毗尼母论》，它说：**"三归下有所**

加，得归及戒”，这是说，我们在念“归誓”时念：“我某甲，归依佛、归依法、归依僧，尽形寿为五戒优婆塞。”若后面加上了“尽形寿”、“为五戒优婆塞”这两句，就同时成就三归和五戒，成为“五戒三归”，所以说“三归下有所加，得归及戒”。

“若无加者，有归无戒”。若只念“我某甲，归依佛、归依法、归依僧，如来至真等正觉是我世尊”，没有后面的“尽形寿为五戒优婆塞”，则只成就三归依，而没有戒法。

所以，若只是受三归依，则没有任何的戒法约束，唯一的要求就是要以三宝为导师，不能去拜鬼神，不要听从邪法，不要亲近外道邪人，就是这几个限制。

▲《业疏》又云：“又问：‘得一年、半年受否’？答：‘得随日多少，受三归也’。”

有人会问：三归依可不可以只受一年或半年？后面回答：**“得随日多少，受三归也。”**就是说受三归依，可以随着个人心意，想受多少天都行，甚至乃至一刹那的念头，受持三归依也都很好。

以前我们佛学院的院长海公长老，就告诉学生说：“戒律的善法部分要尽量开缘，当然也不是乱开缘，但尽量让大家都能去受这个戒法。”所以不一定要把标准定得那么高，非得尽形寿，不一定的，三归依乃至只受几天都可以的。只要在心中种下三归依的种子，它就是金刚种子，能作为众生未来得度的一个因缘。乃至不是特别了解三归依，只要不毁谤，愿意受三归依都好。

就像佛陀时代有个老人，想到僧团出家，结果他次第地请五百阿罗汉为他剃度，那些阿罗汉用神通观察，他在八万大劫之内，都没有出家的善根，所以都不为他剃度。于是他在僧团外啼哭，这时佛陀过来了，明知故问：“老人家你为什么哭呢？”他说：“我想出家，大家都不让我出家，说我八万大劫之内，都没有出家的善根。”佛陀说：“我为你剃度，你有出家的善根。”后来他出家之后，果然很快就证果了。

阿罗汉们都很奇怪，心想：我们用神通观察他，八万大劫内都没有善根，为什么佛陀说他有善根，为他剃度，而且他还证果了呢？

佛陀说：“在八万大劫外，久远劫以前，这个人曾经做过樵夫。有一次他在山上砍柴遇到老虎，被老虎追赶，爬到树上去，内心非常惊恐，就念了一句‘南无佛’，他那时心中对三宝，生起了很强烈的归依的心，因此种下了金刚种子。在久远劫后的释迦牟尼佛时代，他就因为这个种子，开花结果，因此出家证果。”

所以只要能够尽量和三宝结善缘，都是好事。

▲《业疏》云：“五趣为言，皆得受也，除报重者。自余山间空远轻系地狱，皆成三归，除不解者。”

“五趣为言，皆得受也”。五趣就是六道，把阿修罗道合并到其他道去了。六道的众生都能受三归依。

“除报重者”，除了业障太重的，例如有邪见者，根本不想受；或是堕落地狱，一直承受着剧烈痛苦，而生不起祈求三宝的心，也就没有办法发起想受之心了。

因此所谓不能受，并不是有什么条件；而是他自己不能生起祈求三归之心，那就没办法了，这称为报重。

“自余山间空远轻系地狱，皆成三归”。自此以外，其余甚至像在人烟比较稀少的山间，或者是比较空旷偏远的海边，那些地狱当中最轻的轻系地狱的众生，只要没有苦到头脑一片混沌，都是可以成就三归依的。

因此所有的六道众生都能受三归依。这是第一，除报太重不能受。

第二、**"除不解者"**。"不解"就是不解法师语。比如说我们对美国人讲中文，他不明白我们讲的话，那也是没有办法。

比如畜生道，大部分就不解法师语，不过《梵网经菩萨戒》说："若见牛马猪羊一切畜生，应心念口言：'汝是畜生发菩提心'。"所以即使对不解语的畜生，也可以为它们授归依。为什么呢？为它们栽培佛法的善根，作为未来得度的因缘。

同时，畜生道的众生虽然现在愚痴，但是过去生可能也曾栽培过善种子，所以为它授三归依，有的还是能够领受的。据说唐朝智者大师放生的鱼，死了之后很多都变成出家人，在天台山国清寺禅堂修禅。就是因为智者大师在放生时，为它们说法，所以为它们种下圆顿种，才有这福德因缘，跳脱畜生道，来到国清寺禅堂修行。

以上属于三归依的问答部分，接着看五戒的问答：

甲二、五戒

现在关于戒律的解释很多，但是不管怎么说，都必须要有律藏的依据。它不像经论谈玄说妙，不管你怎么说，只要不要违背义理都可以。"律唯佛制"，对戒律的解释，必须要以律典为根据。

首先看到第一段，关于**"渐顿"**的问题：

▲《业疏》云："《成论》云，有人言，五戒木叉唯顿无渐，此事如何？"

《业疏》里记载**"有人言"**，有的人这么认为：**"五戒木叉唯顿无渐"**，五戒的波罗提木叉唯是顿受，没有渐受一二戒。**“此事如何”**，这是真的吗？

在此先解释下，什么叫**“木叉”**？戒有很多名字，波罗提木叉就是其中的一个。波罗提木叉翻译为“别解脱”或“保解脱”。

别解脱，是指受一条戒，就可以得到一部分的解脱。例如受不杀生戒，就可以解脱短命、多病的不可乐果报。受不邪淫戒，就可以解脱妻不贞良，或得不随意眷属的果报，因果是分开算的，所以称之为别解脱。

所谓保解脱，保就是保证，受戒之后保证趣向解脱，称为保解脱，这是波罗提木叉的两层意义。

接着谈五戒是否可以渐受，有人说五戒必须要一次性全受，不能渐受一两戒，那么律典怎么说呢?

事实上从佛陀灭度一百年后，佛法就开始分部派：从上座部、大众部分裂开始，接着又分出十八部或二十部等等。这些很多都是因为律学上的知见不同，而导致的分歧。因此律学本来就有很多不同的说法，而我们汉地主要是根据《四分律》的思想。

五戒必须全受，这是《萨婆多论》(*即萨婆多部，依止《十诵律》、《萨婆多论》等*)实法宗的思想。但是南山律所依的假名宗(*即昙无德部，依止《四分律》、《成实论》等*)，就不是这样判定的：

▲《业疏》云：“《论》答：‘随受一二三，皆得律仪’。《善生》所列一分、二分、少分、多分、满分是也，准斯明渐。五师受一，得戒不疑。如薄俱罗唯受不杀例也。”

《成实论》回答：“五戒可以**随**你的心愿，受一戒、**两**戒、三戒都可以得到戒体。**“律仪”**，就是戒体。

例如五戒中，如果不杀生相对来说容易得多。纵然吃荤，只要不把活物带到家里自己杀。家里的蚂蚁、蟑螂，也不要用杀虫剂来杀害它们，那就可以先试试看。善法我们可以尽量地随学，都是好的。

“论”，是阿罗汉或者菩萨所造的，所以如果是谈戒律，它还必须有经典的根据，只有经典中佛陀所说的戒法，才是最原始的，也是最主要的根据。所以《成实论》引《善生经》中佛陀的开示作为证明。

《善生经》，就是《优婆塞戒经》。在《善生经》中说，受五戒当中的一条戒，名为一分优婆塞（优婆夷）；受两条戒，名为二分；受一两戒名为少分；受三四条戒，名为多分；五戒全受，名为满分。所以在经典里，很明确地说明了，五戒可以只受一条、两条，那绝对是不会有错了。

“准斯明渐”，依着《善生经》的证明，我们知道五戒是可以渐受的，所以说**“五师受一，得戒不疑”**，即使是请五位法师，各为我们授一条戒，都可以得到五戒的戒体。

不过三归依要一次全部受。不能说我只归依佛，对法没兴趣，对出家人更没信心，那不行！三归依——归依佛、归依法、归依僧，缺一不可，要同时受的！

以上是举经论来证明。接着举实例来证明：**“如薄俱罗唯受不杀例也”**。佛陀时代的薄俱罗尊者，他老人家一生都不生病，而且寿命特别长，活了一百六十岁。而且他还有“五不死报”，刚出生的时候，他后母想杀害他，结果不论是火烧、汤煮、水淹、鱼吞、刀刃……都伤不了他，为什么？因为他过去生，曾经很虔诚恭敬地，就受了个不杀生戒，所以感召到未来，生生世世都不生病，乃至在释迦牟尼佛的时代，有这么殊胜的果报。

以上是谈渐受、顿受的问题。接着讨论**“延促”**，受五戒可否只受几天的问题：

▲《业疏》云：“如《多》《杂》二论解云：‘五戒一受佛制定，故

必须尽形，八戒必一日夜不可乖也’。如《成实》中：‘亦随日受，乃至尽形’。”

如实法宗的《**萨婆多论**》、《**杂心论**》所说，**五戒**必须**一受**就是一生，这是**佛制定**的戒法，所以**必须尽形**寿地受持。**而八**关斋**戒**必定一次，只能受**一日一夜**，这是**不可乖**违的。

但是根据南山律所依的假名宗，《**成实论**》的说法，不论是五戒还是八关斋戒，受持的时间，短至一日夜，甚至半日半夜，多到尽形寿，是可以开缘的。

我们一般受戒时，根据仪轨会念："我某甲尽形寿归依佛、归依法、归依僧"，但就理论上来说，受五戒时即使你念"我一日归依佛、归依法、归依僧，为五戒优婆塞（优婆夷）"，也是可以的。

就像有的人他"过午不食"这条戒，可能一时持不了，他也可以选择半日半夜，也就是十二小时受八关斋戒。当然我们一般是不这么做的，不过如果迫不得已，乃至受半日半夜都好，善法是尽量开缘的。

当然，开缘的前提不是因为懈怠，而是很有心想受八关斋戒，只是客观的条件不允许才开缘，不是给自己的懈怠找理由。

我们举个公案：佛陀时代有个沙门叫亿耳，他没有出家的时候，曾经跟着一群商人到大海里面去采宝。采宝回来的途中经过一个小岛，他就去岛上游览。其他商人就起了贪心，把他放逐在这个小岛上，弃他而去。结果这个亿耳就只好沿着小岛，找回家的路。

走着走着，他看到有一个人，这个人白天非常快乐，很多的婇女（宫女）在身边唱歌、跳舞，吃很好的饮食，受用种种快乐的境界，到了晚上，突然整个境界全变了，很多狗啊等等的动物来撕咬他的肉，把他咬成碎块。到了白天，他又开始受这种五欲的快乐。

亿耳觉得奇怪：这个人怎么果报差距这么大。他就问这个人。这个人就说，他过去生也曾经信佛，但是他有个坏习惯：喜欢邪淫。有一天，有一位尊者告诉他说：“某某人啊，你这样不好，你这样邪淫，以后会堕到地狱里面去的。”这个人说：“我也知道这不好，但是我已经习惯了，怎么办呢？”尊者就问他说：“你一般邪淫都是在白天还是晚上？”他说是晚上。尊者说：“好，那你白天受五戒，晚上你控制不住习气就舍戒。白天不做邪淫的时候，你就清净地持五戒。”所以他就因为白天持五戒，感召到现在白天受种种五欲的快乐，而也因为晚上邪淫，感召到现在晚上就受地狱的果报。所以因果是分开算的，很清楚的。

这个亿耳走着走着，又看到一个人。这个人刚好反过来，白天被狮子虎狼把身体撕咬成碎片，到了晚上，却受五欲的快乐。他就问这个人：“你怎么会有这样的果报？”

那个人跟他说：“我过去生是个做屠宰业的旃陀罗，专门杀猪杀羊。有一天，有个尊者来告诉我说：‘某某人啊，你这个业非常不好，将来要堕入地狱。’”他说：“我也知道这非常不好，但是我们家就是靠这个过活，我要是不做这个，我怎么办？”那尊者就问他说：“你一般是什么时候屠宰？”他说：“我都是白天啊，晚上下班休息就不做了。”那尊者就跟他说：“那么你晚上就清净地受持五戒，白天就管不了了。”他就按照这个方法去受持。结果现在果报现前，因为过去白天屠宰，所以白天受地狱的痛苦，也因为过去晚上清净地持五戒，所以现在晚上受种种五欲的快乐。

所以从这个例子可见，五戒也是可以受半日半夜的。不过这是很特殊的例子，那是实在没有办法才能这么受的。

接着看下一段，关于**“具支”**的问题：

▲《事钞》云：“《智论》。问：‘口中四过，何为但有妄语’？”

口的四过包括：妄言、绮语、两舌、恶口。

绮语：就是说一些使人动念、没有意义的玩笑话，或者是一些浮华不实的话。

恶口：就是讲一些很粗暴的话、骂人的话。

两舌：又称为离间语，是说种种挑拨离间的话。

口业的过失有四种，为什么在制五戒的时候，就只制不妄语这条戒呢？

答—┬—正答—但举妄语，余三并摄。
　　└—转释—又佛法贵实语，故在先摄也。

首先是**“正答”**：我们在受不**妄语**这条戒的时候，**“余三并摄”**，绮语、两舌、恶口都摄在里面了。所以不要认为我受不妄语戒，就只是不打妄语而已，如果犯绮语、两舌、恶口，一样要结中品或者下品罪的。

那为什么只举妄语呢？后面**“转释”**：**“佛法贵真实语”**。因为佛陀是真语者、实语者，所以佛法强调要说真语，不可打妄语，因此把妄语提出来作为代表，也就把绮语、两舌、恶口都包含在里面了。

这是关于具支的问题，接着下一段，关于**“自誓受”**的问题：

▲业疏云：“如律文中，皆自誓受者。《多论》文云：‘听五众受’。两俱得也。”

“律文”，就是《四分律》，为南山律所宗。在《四分律》中，允许自誓受。所谓的**“自誓受”**，是说在三宝前依着仪轨，自己照着念来受持。

《**多论**》，就是实法宗的《萨婆多论》，它说：**“听五众受”**，只听许由出家五众(比丘、比丘尼、式叉摩那、沙弥、沙弥尼)授五戒。

“两俱得也”。道宣律祖总结，这两种说法都对。这怎么会通呢？如果千里内没有合适的师长，可以为我们授戒的话，那么自誓受是可以开许的。

例如在国内的偏远地区，或者出国了，方圆五百里内，可能都没有出家众，或者没有懂得授戒法的出家众，那就允许开缘。或者有的都市虽然佛寺也很多，但是平常不传五戒，只是统一每年的某几日传戒，在中间没有遇到法会，却很想受戒，也允许自己在佛前自誓受。

在佛前自誓受，就是根据受戒仪轨来念，尤其在念到三归依时，必须如前面所说的方法，去观想发愿，差别只是没有师长在面前授而已。

另外，假设遇到急难的因缘，心想：人身难得，佛法难闻。遇到难缘，可能生命随时都会有危险了，因此非常想受戒。在这种急迫的情况下，他乃至心念、口言，“我弟子某甲，归依佛、归依法、归依僧，为五戒优婆塞（优婆夷）”，或者为八戒优婆塞（优婆夷）（三说），也可以成就戒体，事后再依照仪轨补受。

或者例如一大早必须要赶快出门，来不及受，可以先在心中忆念，“我弟子某甲，归依佛、归依法、归依僧，为五戒优婆塞（优婆夷）”，或者为八戒优婆塞（优婆夷）（三说），下午忙完了，再回来补受也行，这称为自誓受。

所以正常情况，是请出家五众来授。如果有难缘的话，可以允许自己在佛前自誓受。甚至很急迫的情况，可以心念口言三归依，过后再补受。

佛陀对善法的态度是尽量开缘的，只要以律文为依据，若真的是很想受戒，却有障碍的话，佛陀还是开许的。

最后一段，关于**“重受”**的问题：

▲《业疏》云：“若准《多论》，不得重受。”

在《萨婆多论》中，规定是不能重受的。如南传、藏传的系统，就认为不能重受，他们觉得这样没有意义，因为戒是定死的。

▲《业疏》云：“依《成实》、《四分》，俱开重受。故末利夫人第二第三重受五戒，即其证也。”

依假名宗的《**成实论**》；以及更重要的，由佛陀亲口宣说的《**四分律**》，都是**开**许**重受**的。

我们思维一个道理：前面所说戒体的概念。戒体是我们在登坛受戒时，因为心境相合，在阿赖耶识里面，所熏下的一个善种子。既然是阿赖耶识的种子，那么反复熏习，自然是没问题，甚至应该会更好。

就像我们的烦恼种子，为什么不去对治，它就会越来越厉害？因为不断地熏习嘛！既然种子会受熏习，戒体本身就是一个种子，它自然也是可以受熏习的。

那怎么熏习呢？第一是护持这个戒体。当面对染污境界时，戒体会发挥出一种防非止恶的功能，我们就随顺它，不去造恶业。于是我们护戒的善行，就会反熏戒体的种子，使它的力量更强大，这是一种熏习的方法。

第二个熏习的方法，就是重新受戒。例如过去受戒不如法，或者受戒之后，没有好好护持，因此再也感觉不到身心中，有任何戒体的力量。这时就应当再次受戒，把戒体补强一下。

所以重受是允许的，而且是很好的。如果有因缘的话，我们可以再次于佛前重新发心受戒，来熏戒体的种子，增强它的力量。

后面接着引《四分律藏》的实例，来证明重受是可以开许的。在《四分律藏》中记载，佛陀为末利夫人作种种开示后，末利夫人听了很欢喜，就在佛前宣誓：“弟子从今以后尽形寿归依佛、归依法、归依僧，尽形寿受持五戒，为五戒优婆夷。”佛陀默许了。

佛陀又再为她说种种开示，末利夫人因为感动，所以又第二次、第三次在佛前宣誓：“我弟子某甲，归依佛、归依法、归依僧，为五戒优婆夷，尽形寿受持。”佛陀也都默许了。这就证明，五戒或者八关斋戒，乃至菩萨戒等，都一样是允许重受的。

弘一大师将上述内容，总结为“表8-1”：

一、对趣	多宗 ——	余道众生不得戒
	成宗 ——	余道众生得戒
二、渐顿	多宗 ——	不具受不得戒
	成宗 ——	不具受得戒
三、延促	多宗 ——	五戒必尽形八戒必一日夜
	成宗 ——	延促任意皆得
四、具支	多宗 ——	但发四支
	成宗 ——	皆发七支
五、自誓	多宗 ——	定从他受
	成宗 ——	开自誓受
六、重受	多宗 ——	不重受
	成宗 ——	开重受

表8-1

五戒的问题讨论完了，接着我们讨论八戒的部分：

甲三、八戒

▲《羯磨注》云：“《俱舍论》云：‘若先作意于斋日受者，虽食竟亦得’。”

根据《**俱舍论**》里面的说法，若事**先作意**在六**斋日**或十斋日要**受**八关斋戒，当天早上来不及受，午斋之后再来补受**亦得**，也能得戒。

例如今天是**斋**戒**日**，但是早上出门前，受八关斋戒来不及了，因此先**作意**一下：“我今天要受八关斋戒”，同时心中再作意，念三归依：“弟子某甲尽形寿归依佛、尽形寿归依法、尽形寿归依僧，为八戒优婆塞（优婆夷）”（三说），此时就开始持戒。到了**“食竟”**，就是午斋之后，下午或傍晚再补受，这时也可以得到戒体，之前所有的持戒功德，都还是有的。

▲《业疏》云：“若将欲受，难事不得。待难解已，受者亦成。”

若想要受八关斋戒，但**“难事不得”**，比如说急着要出门，或者有人阻碍，这时没有办法在佛前正式地受八关斋戒，**“待难解已，受者亦成”**，可以先作意，现在要受八关斋戒，心念三遍三归依。等到难解之后，比如说急事办完，或阻挡你的人离开了，再来补受，也是可以的。

▲《事钞》云：“《善生》：‘受八戒不得多，唯独受’。”

《善生经》说：**受八戒**的话，**不**可以很**多**人一起受。为什么？因为怕人多时心散乱。八关斋戒等于是在家人的出家戒法，特别重要、特别尊重。所以当心散乱的时候影响得戒，对未来的解脱影响很大，所以不允许。

但是一样可以开缘，就是说虽然是大众一起受，但是规矩很严谨，不会构成干扰的话，这是允许开缘的。

例如佛寺举行八关斋戒的法会，大家在一起受，都很守规矩，也都很虔诚恭敬地求戒、观想，一切都很如法。那么跟大家在一起，不仅不受干扰，反而觉得更加摄心，这样一起受是可以的。

《业疏》云
- 明成否 —— “《善生》云：若诸贵人常敕作恶。若欲受斋，先遮断已，后方成就。若不遮者，则不成也。
- 遮　疑 —— 《成实》云：有人依官旧法，或为强力令害众生，谓无罪者，亦得杀罪，以缘具故。”

《**善生经**》说：**“若诸贵人”**，贵人，就是大官，**“常敕作恶”**，常常要求我们去造恶业，比如打人，或者杀鸡杀鸭等等。如果这一天要受八关斋戒的话，必须要先遮断，不行这个恶法，戒体才能够成就。

当然，八关斋戒本身就不允许造作这些恶法。例如打人，八关斋戒虽然没有“不能打人”这一条，但是我们知道，“斋”是清净的意思，打人的业就不是清净的。所以八关斋戒除了八戒之外，还要守住六念，即使戒法上没有明确规定，但只要是会影响内心清净的事，都必须要遮断，受戒才能够成就。若不遮止的话，这个戒就不能成就，这是第一段**“明成否”**。

再看下一段**“遮疑”**：

《**成实论**》说：**“有人依官旧法。”**“依官旧法”就是依着政府的法令。**“或为强力”**，“强力”指的是一些达官显贵。有人依着政府的法令，或依长官的命**令**来杀**害众生**，他认为这是被强迫的，**无罪**；但事实上**“亦得杀罪”**。纵然是被强迫杀生，就制教的律典来说，也是犯了杀戒。为什么？因为杀生的五**缘具**足：是人、人想、具杀心、兴方便、对方命断，虽然是被迫的，一样犯杀罪。就像世间的刽子手执行枪决的命令，就制教来说，也是犯杀戒的。

我们判定犯罪与否，可以从两方面来看：如果就制教罪来说，这是绝对犯戒的。因为制教是只要具缘，不管动机好坏，都一样犯了杀戒。

第二就业道罪来说，同样是犯了杀戒，但是动机不同，所结的业道罪也不同。例如主动的杀生，跟被迫杀生，这个业是不一样的。

世间人在日常生活中，难免会有造业的情况，例如被迫做杀盗淫妄的事情，当然能避则避；真的避不开，至少在造业时要有惭愧心、忏悔心，不要随喜。心中要想：我怎么会生长在这样的环境，必须要造恶业！有惭愧心、忏悔心，即使就制教罪来说同样结杀罪，但是业道罪就会比较轻。

《业疏》云——
- 身口犯——"若已受斋。鞭打众生，虽即日不行，待明当作，皆斋不净。以要言之，若身口作非威仪事，即名不净。
- 意　犯——若心起贪瞋害觉，虽不破斋，斋不清净，
- 止　犯——若不修六念等，亦名不净。"

先明**"身口犯"**。我们一定要知道，受八关斋戒时，不仅不能造作不清净的业，甚至不能在当天计划未来要造不清净的业。例如**已**经**受**八关**斋**戒了，却要**鞭打众生**，比如家里小孩子不听话，想着今天受戒了不打，明天再打，这也是斋戒不清净。凡是计划着受戒过后，要怎么放逸，虽然当下还不至于失去戒体，但都是斋戒不清净，这点我们要特别注意。

"以要言之"。总的来说，**若**是**身口作非威仪**的**事**情，都称为不清净。不管你当下做，或者计划做，都是不清净。例如现在在佛寺受八关斋戒，心里想着等斋戒完，我要上哪儿去玩，这个时候斋戒就不清净了，那很可惜。

"若心起贪瞋害觉"。**"觉"**就是想法。若是因为**贪瞋**，而生起**害**他的想法，**虽**然没有**破斋**，但是**斋**也是**不清净**的。所以我们受八关斋戒的时候，要注意自己的起心动念，不要起贪瞋的念头。要依着八法跟**六念**修行，来摄住我们的心。

六念中的"念佛"，就是念佛的功德、念佛的十力、四无所畏、十八不共法；念佛化身的功德、报身的功德：念阿弥陀佛的名号，也就是在赞叹阿弥陀佛无量光、无量寿的功德，因此可以称为念佛。

"念法"：就是心中忆念佛陀的正法。

"念僧"：就是观察僧宝有大威德，所以我们应当要随学僧的功德。

"念施"：就是忆念布施可以成就大福报，使我们的修行减少很多障碍。

"念戒"：戒是出世解脱之要，所以要忆念这个戒法。

"念天"：思维天的功德是怎么来的呢？是透过持戒、修福而来的，所以

我们也应当持戒修福，未来才能得到天的果报。这是依声闻法比较狭隘的说法。如果就大乘广义的说法，这个天还包括第一义天。因为天是光明的意思，第一义天实相之理是大光明的境界，所以要忆念实相。

修习六念，总的来说就是心中要常常保持正念。当解、行并进时，也就是在修六念了。

以上将有关受戒的“问答释疑”解释完了，相信大家对于受戒时，到底成就与否，应该大致了解了。

第九课 戒体相状

请先翻看第一页的《大纲表》，整个宗体篇分为“戒法、戒体、戒行、戒相”四大科。戒法部分介绍完了，接着我们介绍戒体。

虽然戒法是很殊胜的，但是必须要将这个法，纳受到身心当中，才能成就我们未来的持戒功德。不然法是法、心是心，法再好跟我们也没关系。因此戒体，就是“纳法成业”，将戒法纳受到我们的身心中，成为清净的种子。

我们前面已经介绍了怎么发心、怎么缘境，以纳受戒法。但这只是第一步，受戒之后还要保护戒体。要保护戒体，就必须知道戒体是怎么回事，所以这一课我们介绍戒体的相状。这当中分为三段：

甲一、所发业体
甲二、发戒数量
甲三、结示劝修

甲一、所发业体

我们受戒时所纳受的戒体，在我们心中，所发动起来的业性，它的本质是什么？讨论这个问题，就是所发业体。这一科又分为三小段：

乙一、辨体多少

乙二、解释名义

乙三、显立正义

乙一、辨体多少

受戒后，我们纳受了法界恒沙般的善法，那么在心中纳受的戒体有多少？

▲《事钞》云：“问：别脱之戒，可有几种？”

“别脱”就是别解脱戒。别解脱戒，总摄起来，**可以有几种？**

答：
- 约境示量——论体约境实乃无量。戒本防恶，恶缘多故，发戒亦多。故《善生》云众生无量，戒亦无量等。
- 举要统收——今以义推，要唯二种，作及无作。二戒通收，无境不尽。

第一段**“约境示量”**，约着外境，来显示戒体之量。“境”就是我们在登坛时，所缘十法界有情无情的境界。戒**体**是**约**着十法界的**境**界而生起的。既然法界无量，所以依此境所生起的戒体，**实**际上也是**无量**无边的。这是总说，以下别释：

因为**“戒本防恶，恶缘多故，发戒亦多”**。为什么我们要缘十法界有情无情的境界，来发起戒体呢？因为戒的根本目的，就是为了防止我们造作恶法。“恶缘多故”，众生造恶的因缘很多，十法界的有情无情，都可以是我们造恶的境界。怎么倒就怎么起，持戒，就是将过去这些造恶的境界，转为我们修善的境界，因此依着这众多的恶缘转变，所发起的戒的量也是众多的。

接着引经典证明，《善生经》说：**“众生无量**无边，有十法界的差别，所以缘着无量的众生所发起的**戒**的量，**亦**是**无量**无边的。”

这是总的约境界来说，戒体是无量无边的。例如约人道、畜生道、天道来说，各成就一部分戒体。十法界的众生无量无边，所以约不同种类的众生所发起的戒量，也是无量无边的。

第二段**“举要统收”**，虽然所发戒体的量无量无边，但是举其大要，可以统收归纳成几类。

“今以义推，要唯二种，作及无作。”以义理来推论，总摄起来主要唯有二种：作戒和无作戒。

“二戒通收，无境不尽”。作与无作二戒，通收无量的境界，没有境界超出此二戒的范围，所以“无境不尽”。

这一段先简单地将无量无边的戒体，总摄成作戒和无作戒。后面再详细说明什么是作戒与无作戒。

乙二、解释名义

本段**解释**作戒跟无作戒，这两个**名**字所诠释的**义**理。

附带一说：《在家备览》刚开始学可能会觉得很多名词比较生疏。如作戒、无作戒，事实上学习之后会发现，它的理论并不像《楞严经》、《法华经》、《维摩诘经》等那么深。只是一方面，道宣律祖写的是唐朝骈体文，虽然很优美，但读起来还是会有点生涩。另一方面，里面很多我们没接触过的名词，当了解其基本定义之后，就会发现事实上并没有太复杂、太深的道理，因为戒法毕竟还是谈事相的多。只是在学习时，要很清楚地掌握那些名词的基本定义。就像手摊开来叫手掌，握起来叫拳头，手指弯曲叫手印。但不管叫什么名字，实际上名字所诠释的，就只是手的作用而已，清楚定义之后，就不会感觉很玄了。

▲《事钞》云：“问曰：既知二戒，请解其名。”

我们**既**然**知**道作跟无作**二戒**的名字，**请解**释它这个**名**字的意思。回答分为三段：第一段是“作”；第二段是“无作”；第三段是“戒”。我们先从戒来解释，然后再反过来谈什么叫“作戒”，什么叫“无作戒”。先看戒的基本定义：

戒
- 直示——“云何名戒，戒禁恶法。
- 引证——故《涅槃》云：戒者直是遮制一切恶法。若不作恶是名持戒。”

先看第一段**“直示”**，戒的基本定义是“禁止”，例如不杀生戒、不偷盗戒就是禁止我们去造三恶道，或者轮回的业。

所以不管作戒也好，无作戒也好，虽然相上不同，但其共同的功能，就是**“戒禁恶法”**。它们都能使我们不造作恶法，这是戒的基本定义。

再看第二段**“引证”**：

所以《涅槃经》说：“**戒**就是**遮**止**制**约**一切的恶法**。**若**是受戒的人**不作恶**业，就称为**持戒**。”因此所谓持戒，就是身、口、意三业，能够随顺于当初所受的戒，不去造恶业。

例如受了不杀生戒，身、口就不要造作杀生的事情，乃至意业也不要起杀念，这就称为持不杀生戒。所有的戒都是这个道理，戒律禁止的恶法不去造作，就称之为持戒。

知道戒的基本定义之后，再讨论什么是作戒。所谓作戒跟无作戒的差别在于：作戒是通过身、口、意的造作，而生起防非止恶的功能；无作戒不用特别造作，乃至起一切善、恶、无记的念头时，它都能任运地生起防非止恶的功能，称为无作戒。

先有这个基本的概念，再解释**“作戒”**：

“答云：先明作戒体。**《论》云：‘用身口业思为体’**。**论其身口，乃是造善恶之具**。**”**

“先明作戒体”，了解作戒的戒体怎么来的呢？《成实论》说：**“用身口业思为体”**。

“思”指的是思心所。八识各有其心王与心所。就像一个有权势的人，必然有一群随从跟着。这个有权势的人就像心王，随从就像心所。有心王就必定有心所的作用，二者不相离的。

心所简单说就是念头。善的念头就是善心所，恶的念头就是烦恼心所。而“思心所”根据《成唯识论》的定义：“谓令心造作为性”，所以思心所就是心的造作功能，因此是通于善恶的。

什么是**“身口业思”**呢？就是能够推动身口业的思心所；也就是推动身业、口业的念头，它是作戒的体。**身口**只**是造善恶**业的工**具**而已。

比如在登坛受戒念三归依时，念：“我弟子某甲，尽形寿归依佛、归依法、归依僧”，此时口中念文，身体长跪、礼拜。意业作种种的观想。而意业是主导，身业的礼拜和口业的诵文，都是受意业的引导所产生的行为。所以你在念三归依时，那一念心的造作，就是“身口业思”，也就是作戒体。

作戒是通过身、口、意的造作，而生起当下防非止恶的功能。也就是说我们在念“我弟子某甲归依佛、归依法、归依僧”时，身口意三业当下清净，不造恶业，这时所产生防非止恶的功能，就称之为戒。它是由身口意刻意地造作，所生起防非止恶的功能。

“所以者何？如人无心杀生，不得杀罪。**故知以心为体**。**”**

为什么作戒的体是内心的念头，而身口的礼拜、诵念只是辅助呢？

就像有**人无心杀生**，例如走路不小心踩死一只蚂蚁，或者从楼上丢个石头下去，不小心打死众生，这是无心杀生，此时**不得杀罪**。因为虽然有身业杀生的行为，但是你的意业并没有想杀它的念头，所以不构成杀罪。

判断是否构成杀罪，必须具足五缘："是人、人想、起杀心、兴方便、对方命断"。这当中"起杀心"是最主要的因素，要是没有起杀心，纵然其他四缘具足，也不构成杀罪。任何一条戒都一样，必须要有造作恶法的心，才构成犯戒。

由此可**知**，造业必须**以心为体**。因此作戒之体是"身口业思"，而非身口。也就是说身口的造作只是辅助，真正的造业主是心，所以戒法主要也是约心来判断的。

有的人以为戒律只治身口不治心，其实不是的，戒律也要约束心。例如坐着不动，但是内心在想杀盗淫妄的事情，犯不犯戒？也犯，犯下品的远方便罪，未来学习《持犯篇》就清楚了。相反，不小心踩死一只蚂蚁，就杀戒来说不结罪，因为没有想杀它的心，但欠它一条命却是有的，以后还是要还。也许因缘会遇时，也会不小心被它打死。

不过作戒并不是我们最后得到的戒体，它只是得到戒体的过程。当三归依念诵、观想完，作戒的戒体就消失了。接着第二念，在我们的阿赖耶识中，会结下一个善种子，这个善种子就是无作戒体，是我们想要得到的真正的戒体。

"言无作者，一发续现，始末恒有，四心三性，不藉缘办。"

我们接着介绍无作戒体，无作的戒体是什么呢？可以从四句来观察：

第一句**"一发续现"**，无作戒体一旦发动起来，其力量会相续地现前。就是说只要一得到戒体，且没有被破坏掉的话，它都会恒常地起现行。不管在睡觉、放逸，或是提起正念的时候，这个戒体都会恒常、任运地起现行。

所以为什么一个持五戒的人，他拜佛的功德，远远超过一个只受三归依的人？就是因为这个戒体是“一发续现”的，它在心中成就之后，是任运生起作用的。因此受戒后，除了防非止恶，同时修一切善业，功德也会更加殊胜。

因此古印度有个习俗，如果要去佛寺供养三宝，在出门前，他们就会先受八关斋戒。因为受八关斋戒之后再供养，福报是平时的千万倍。就是因为戒体“一发续现”的力量。

第二句**“始末恒有”**。“始”就是从得到戒体时开始。“末”就是到往生为止。我们受五戒时会念：“我弟子某甲，尽形寿归依佛、归依法、归依僧”，所谓尽形寿，就是这一期生命。要期的是这一辈子都归依三宝，所以当生命结束时，五戒的戒体才会自动舍去。

第三句**“四心三性”**。在四心、三性当中，无作戒体都会起作用。所谓“四心”就是指受、想、行、识，这是心的领纳、取相、造作、了别等四种作用。从心一开始面对境界时的领纳，到后来起种种分别、造作中，戒体的功能都恒常存在。

“三性”就是善、恶、无记三性。不论起善念也好，恶念也好，心中一片空白的无记也好，戒体也都恒常地作用着。只是起恶念时，戒体会产生一种排斥的功能；起善念时，会令功德增长。

起恶念时，例如因为过去的习气，生起想偷盗的恶念时，戒体无作的力量就会同时生起，发出一种排斥的力量。

起善念时，例如拜佛，就是从善心所生起。在拜佛时，戒体也在恒常地起作用，所以所受的戒越高，修善的功德也就越殊胜。

在无记中，如下文所述睡眠、无记等，戒体也会生起作用。

第四句**“不藉缘办”**。不必假借外缘，就能够承办它的作用。不像作戒，必须刻意地诵文、观想、礼拜等，才能防非止恶。无作的戒体是阿赖耶识的善种子，这种子不断地起现行，因此无作的力量是一直存在的。

以上说明无作戒的道理，接着看下一段的**“引证”**：

故《杂心》云：“身动灭已，与余识俱，是法随生，故名无作。”

《杂心》就是《杂心论》，是律部的论典。**“身动灭已”**。身口的动作结束之后也就是我们在受三归依时，身业礼拜、口业念诵、意业观想，这些作戒的阶段结束之后。

“与余识俱”。“余识”指的是后面相续的念头。无作的戒体什么时候生起呢？当前面的作戒结束之后，第二刹那无作戒的戒体就生起来了，乃至戒体没有被破坏前，在未来的一切心念中，都会同时存在的。

“是法随生”。这个无作的力量，都会随之任运生起，故名无作。

《成论·无作品》云：“因心生罪福，睡眠闷等是时常生，故名无作。”

在**《成实论》**的**《无作品》**中说：**“因心生罪福。”**“罪”就是恶念，“福”就是善念，随着这一念心起善恶念，乃至无记的**睡眠**、**闷**觉等，此时戒体无作的力量都恒**常生**起中，因此称之为无作。

乃至“睡眠、闷等”，“闷等”也包括临终，这个很重要啊。若平常就有戒体的力量存在，临终时就不会随着习气而起颠倒，也就不会因此而堕入三恶道，至少下辈子还能保持人身。就像一个人为什么会到铜柱地狱受报？就是因为他临终时，看到俊男美女的幻相，习气使然，就去抱他，这俊男美女马上变成炽热的铜柱，于是就到地狱受生了。

如果有戒体的话，看到这种俊男美女的境界，戒体自然就会发挥出力量来保护他，使他不会趣向这个境界，也就不会堕到铜柱地狱里面去了。

所以睡眠也好、闷觉也好，乃至临终时，戒体无作的力量都还在。即使断气，入于中阴身，虽然戒体没有了，但是因为一生护持戒体的戒行习气，还有剩余的势力在，也会产生排斥染污的力量。

所以为什么佛陀说今生持五戒，下辈子才能得到人身？这重点还不在福报，而是因为受持五戒，并常常保护戒体，临终的时候就不会颠倒，不会造作三恶道的业，而保得人身。

关于“作戒”、“无作戒”的关系，可以参看弘一大师所整理的“表9–1”：

- 始登坛后
  - 作　戒 —— 生（未竟）
  - 无作戒
    - 作俱无作 —— 随作生（未竟）
    - 形俱无作 —— 因成未现（潜发）
- 三法竟第一刹那（初一念）
  - 作　戒 —— 圆满
  - 无作戒
    - 作俱无作 —— 圆满
    - 形俱无作 —— 圆满(示现)
- 第二刹那（第二念）
  - 作　戒 —— 谢
  - 无作戒
    - 作俱无作 —— 随作谢
    - 形俱无作 —— 独存

表9–1

乙三、显立正义

丙一、约圆义以示体相
丙二、约随行以明持犯

丙一、约圆义以示体相

本课介绍戒体的作用。戒体是阿赖耶识里面的善种子，它怎样使我们“返妄归真”，乃至趣向佛果呢？虽然我们都知道，持戒可以帮助修行，但是它详细的原理，只有透过理论上的教量证明，方能令人生信。

而南山律的殊胜处，就是用大乘佛法的义理，来开显《四分律》。除了用《法华》、《涅槃》圆教的义理，说明发上品心，受持上品戒，以通向成佛的道理之外，另一方面，就是用阿赖耶识善种子的概念，来诠释戒体的相状。这样就能与唯识学“赖耶受熏”的原理相衔接，使持戒与大乘修行紧密地结合在一起。

▲《业疏》续云：“欲了妄情，须知妄业。故作法受，还熏妄心，于本藏识，成善种子，此戒体也。”

这是**“显立正义”**的第一段：**“约圆义以示体相”**，依着南山律宗圆教的宗义，以显示戒体的相状。

“欲了妄情”。这是持戒乃至修行最主要的宗旨，我们要常常忆念这个宗旨。“妄情”，就是妄想执着的心，它不但是无量劫来的熏习，乃至今生，从小到大，从早到晚，只要心中没有起正念，就都是跟妄情相应，在阿赖耶识中熏习了无量无边的浓厚习气。若要了断，必须有下手处，那就是以般若波罗蜜的力量，来破除妄想。

但是就一般人来说，般若的力量在刚开始的时候，还使不上力，所以必须有个下手处，就是**“须知妄业”**。这个“知”是觉察的意思，也就是说透过戒的力量，来觉察妄业。

凡夫众生都在起惑、造业、受苦这三障中流转。“起惑”就是起贪瞋痴的烦恼。起了烦恼之后自然“造业”——造生死流转之业。造业后必然“受苦”，因此，这个果报身心不安定，乃至受六道轮回种种的苦恼。所以戒、定、慧的目的，就是要断除惑、业、苦三障。

就断“苦”来说，我们身体不好，或者内心愚痴、福报不够等等，都是苦果。这些要怎么改变呢？必须修忏悔法门！所以为什么要天天拜八十八佛，就是要通过忏悔的力量，来改变这苦果，使恶业能慢慢消除。

过去可能一脸苦相，看起来就是没有福报，但是透过精进地修忏，两年、三年、五年，乃至十年之后，整个内心乃至外相都能改变，这就是通过忏悔，改变苦果的方法。

忏悔苦果恶报，还只是消极离苦得乐的方法。有恶业才会感召苦果，如果只是忏悔苦果，却不遮断恶业的话，一边忏一边造恶业，就像一边装水一边漏，这样永远无法得到真正的安乐。

所以我们应当掌控自己的业，也就是透过持戒的力量，来断绝恶业。佛陀在戒法中，开示我们什么该做、什么不该做，只要依教奉行，就能使我们远离三恶道，乃至生死轮回的业，掌控自己的生命。

例如八关斋戒中，杀、盗、淫、妄四戒，是遮止我们三恶道的业。后面的过午不食乃至不着香花鬘等等，是帮助我们遮止轮回的业，这就是对治业。

但对治业还不够究竟，要更进一步地破除“惑”，也就是根本的烦恼。而破烦恼主要就必须假借定、慧的力量了。先修定，使内心能够像镜子一样，清楚分明地照了一切万物。再以智慧之火，焚毁、破坏一切的烦恼，也就是“了却妄情”。

虽说破除轮回的根本——妄情，要透过定慧的力量，但还是必须假借戒的力量，来止住恶业，乃至透过忏悔的力量，来止住苦果，而安定身心，作为修道的基础。所以修行当中必须有主有伴。主就是能断烦恼、了生死的智慧；伴就是戒、定，以及忏悔、修福等助行。

认识了这些修行的基本原理，再去持戒时，就知道，持戒遮止恶业之后，苦果不再相续，也可以使定慧渐渐生起，而能断烦恼、了生死，就会对持戒生欢喜心了。

所以**"欲了妄情，须知妄业"**。这个"知"是了知，也就是透过戒体的力量，来觉察妄业。戒体是任运现前、无作的力量，面对染污境界时，它自然能够生出一种排斥的作用，使我们不会入于染污的境界，这就是戒能"知妄业"的力量。这是大小乘修行的共同原理，只是"巧"、"拙"的差别而已。

了解原理之后，**"故作法受，还熏妄心"**。"作法受"是指透过受戒仪轨，来纳受戒体，就能"还熏妄心"，反过来熏习这念虚妄的心，也就是阿赖耶识。在阿赖耶识中熏成一个无作的种子，这个阶段是属于第一"作戒"的过程。

"于本藏识，成善种子"。当三归依三番羯磨之后，作戒自动舍掉，无作戒体就成就了，在阿赖耶识中就成就了一个善种子。要是以南山律的圆教宗来说，它是一个随顺于佛性的善种子。**"此戒体也"**，这就是戒体。

这就是道宣律祖的大智慧，将戒法、瑜伽结合在一起的持戒修行概念。

接着是灵芝律师的注解，说明种子有十义：

（附）种子十义：一、从众缘生。二、体性各异。三、生性常存。四、任运滋长。五、含蓄根条花叶等物。六、虽复含蓄、相不可得。七、遇时开绽。八、子果不差。九、辗转相续。十、出生倍多。

我们先从世间的种子谈起：

"一、从众缘生"：世间花草树木的种子，必须有外在的水分、养分……种种因缘和合，才能产生。

"二、体性各异"：每个种子的体性都是不一样的，花有花的种子，树有树的种子，各各不同。

"三、生性常存"：种子在没有抽芽生长之前，它所潜藏的生性是长存的。据说有的树种子，经过几百年甚至上千年，只要不烂坏，把它种到土里，居然也能活，这就是生性常存。

“四、任运滋长”：当种子埋到土里，只要给它充足的水和养分等，它就能够任运地滋长根茎花叶等。

“五、含蓄根条花叶等物”：虽然从种子上，看不出根茎花叶等物，但是它含蓄着未来能够生根茎花叶的潜能。

“六、虽复含蓄，相不可得”：虽然它含蓄着未来长出根茎花叶的潜能，但是从种子的外相上，是看不出来的。

“七、遇时开绽”：当时节因缘成熟时，种子就能长出根茎花叶。

“八、子果不差”：什么样的种子就长出什么样的果实，这是绝对不会有错谬的。

“九、辗转相续”：种子能够开花结果，果中又具足很多种子，又能够继续散布出去，使种子越来越多，叫做辗转相续。

“十、出生倍多”：因为种子、果实彼此辗转，所以出生倍多。

以上是世间种子的特性，用来类比戒体，这阿赖耶识的善种子，也同样有这些特性。阿赖耶识的无作戒的善种子：

“第一、从众缘生”：受戒时透过内在三种誓愿的菩提心，缘外在十法界之境，并配合戒场三宝坛场的加持，因缘和合之下，在阿赖耶识当中熏成戒体的种子，这就是假借众缘生，而且这些因缘缺一不可。

“第二、体性各异”：受戒时因有上品、中品、下品发心的不同，所得戒体种子的体性，也都是不一样的。若得到下品戒体，未来持戒就只能感召人天果报而已；得到中品戒体，未来就感召二乘果报；得到上品戒体，未来就能感召成佛的果报，所以戒体种子的体性是各各不同的。

“第三、生性常存”：在阿赖耶识中所种下的戒体种子是长存的。虽然说五、八戒的戒体只是尽形寿，生命结束后，戒体就失去其无作的力量，但它仍然是个善种子，使我们和三宝之间结下深刻的缘分，引导我们未来趣向解脱。即使我们堕落三恶道，未来也能够迅速出来，就是因为有戒体所转变的善种子的力量，这就是生性常存。

“第四、任运滋长”：只要保护好戒体，它的无作力量将不断地增长。因为无论在任何时候，戒体的种子都会起现行，如果现行中我们再保护它，就会反熏戒体种子的力量，因此它的势力会任运增长。

“第五、含蓄根条花叶等物”：戒体能够成就未来种种的功德，包括世间的福报，和出世间涅槃的功德。只要它没有被破坏，它所含藏的成就未来功德的能力，是长存不失的。

“第六、虽复含蓄，相不可得”：虽然戒体当中含藏着福德与功德，乃至成佛的果报，但是刚受戒时，这些都还看不到，这就是相不可得。那我们怎么知道戒体含蓄功德呢？刚开始就只有依止圣言量，也就是佛陀的开示，来印证此事。同时，我们也可以看到很多人持戒之后，确实是生起了功德相状的，因此我们相信此事。

“第七、遇时开绽”：我们只要认真地纳受戒体、并认真地持戒，当它累积的力量能够超越眼前的障碍时，就能够显现福报、功德。

就唯识学来说，种子是异熟的，异熟就是异时而熟：种子种下去，到开花结果，有时间差，但时间到了必然开花结果。

刚开始持戒时，可能还感觉不到有什么特别的功德，那是因为过去不善业的果报还没有结束。但是只要我们认真持戒，并配合拜忏、修福等助缘，因缘成熟时，持戒所生起的功德，就能够开花结果，这就是遇时开绽。

因缘成熟的时间，是我们能够控制的。就像世间人透过催生，能够使花提早开绽，或者开得更漂亮一样，不断地去创造持戒、修福、拜忏等善缘，当这些善业的力量积累足够时，就能够改变过去罪业的力量，使功德提早显现。

至于忏悔业障，就是要虔诚地拜忏，如拜八十八佛等；另一方面，从积极义来说，认真持戒也是一种忏悔业障的方法，“从地而倒，还从地起”，业障来自于过去的犯戒破戒，现在就反过来，好好持戒，这也是很好的忏悔方法。

“第八、子果不差”：因果是相随顺的，若发上品心，种下圆顿种，未来感召的，就是成佛的果报，这是不会错谬的。

“第九、辗转相续”：种子起现行，现行又反熏种子，它是种现相续增长的。也就是说，戒体的力量不断起现行，而现行时就随顺、保护它，就能反熏这个种子，使种子的力量越来越强。

“第十、出生倍多”：认真持戒，能使戒体种子的力量，和戒体的功德，都会不断辗转增广，这就是出生倍多。

所以从世间的种子十义，我们可以体会到，戒体的种子亦复如是。总的来说，当种子种下去之后，只要保护好它，它就必然能够开花结果的。

前面的种子十义，是透过譬喻，来说明持戒能趣向解脱的原理，下一段“约随行以明持犯”，是正式地以理论来说明种子的功能。

丙二、约随行以明持犯

先看第一段的**“谨奉”**，如果能够恭谨慎重地奉持戒体的话，戒体能产生什么样的功德。

“由有本种熏心，故力有常，能牵后习，起功用故。于诸过境能忆、能持、能防。随心动用，还熏本识，如是辗转，能静妄源。”

这是说明戒体的功能。**“由有本种熏心”**，心指的是阿赖耶识。受戒之后，在阿赖耶识当中，会熏成戒体的种子，它是成就未来功德的一个根本，因此称为“本种”。

“故力有常”。戒体的力量是恒常相续存在的，因此**“能牵后习”**。“后习”指的是后来的戒行。因为有戒体，才能够衍生出未来的戒行。若没有戒体，就只是世间善法。

戒体能够引发戒行，因此称为**“起功用”**，它能够牵引未来防非止恶的习性，这种功能就是“起功用”。“功用”的重点就在于**“能忆、能持、能防”**，在一切烦恼境界当中，戒体恒常地起现行，称为**“能忆”**。就像母亲随时关注着小婴儿，怕它受到伤害，这称为能忆。

因为能忆，所以能持，能够持守正念不失。因为在面对染污境界的时候，戒体会自动起排斥的作用，因此能够使我们持守正念不失，这叫**“能持”**。

因为能持，所以**“能防”**，能够防止我们去造作恶业。“能忆、能持、能防”就是戒体所产生的随行功能，也就是刚才说的“能牵后习”，后来的随行。总之：

在一切染污的境界中，戒体任运地起作用，这是“能忆”。

因为不断能忆，所以能够持守正念不失，这是“能持”。

因为持守正念不失，所以能防止我们造恶业，这是“能防”。

因此**“随心动用，还熏本识”**。这个“心”指的是第六意识心，“识”指的是阿赖耶识。面对染污境界时，戒体的种子会自动生起“能忆”的功能，生起排斥恶业的力量。如果它发挥这种提醒功能时，我们随顺它，不去造恶业，此种相应于戒体的善业，也就能返熏戒体的种子。也就是说种子会起现行，而现行会反熏种子，它们是自类相续，互相熏习的。

比如有人贪烦恼很重，当他起贪烦恼的时候，如果不去克制它，而是随顺贪烦恼造恶业，这时恶业的现行，又会反熏贪烦恼的种子，使得贪烦恼的力量更加增强，这就是自类相熏。

戒体也是一样，戒体会产生一种清净的力量，如果随顺这种清净的力量，去保护它，而不造恶业，那这种现行，又会反熏戒体。所以认真保护戒体，就能不断地熏它的力量，使之越来越强。

例如过去吃荤的时候，看到鱼就想杀来吃。但是有了戒体之后，看到鱼可能第一念还是有想杀的习气，但是第二念戒体就会自动产生一种排斥的力量。如果随顺这排斥的力量，并提醒自己："我是已经受戒的人，应该保护我的戒体"，因此不去杀这条鱼，这种善念是为了保护戒体而生起的现行，它就会反熏戒体，使不杀生戒体的力量更加增强，这就是"随心动用，还熏本识"。

相反，如果戒体起现行，我们不管它，依旧造恶业，那这时反熏的，就是烦恼种子，同时也会破坏戒体的力量。戒体第二次起现行时，如果又破坏它，则烦恼的力量越来越强，戒体的力量越来越薄弱，乃至到最后就没有了。

所以我们为什么鼓励各位如果有因缘的话，再去重新受戒，就是因为在家的环境，很容易使人产生烦恼心而破坏戒体。所以若有因缘，当发上品心再次受戒，再次熏习戒体，让它的力量增强；就像机器用久了，再去维修、补强一下。

不过补强不是根本的解决之道，重点在于面对境界时，要随顺戒体能忆、能持、能防的功能，不要造恶业，不断以清净的行为来保护戒体，就能反熏戒体，使戒体的力量越来越强。所以一位真正发心持戒清净的修行人，修行越久，越能够感觉到他身上散发出来的清净力量，这就是戒的功德。

最后总结：**"如是辗转，能静妄源"**。戒体的种子起现行，现行再还熏种子，这样辗转的种现互熏，"能静妄源"。"静"是安定的意思；"妄源"就是我们的烦恼，或者也可以解释成佛性，因为它是一切妄想的根源，也是解脱的根源。

我们的佛性本来是清净无染的，只是被我们的颠倒妄想所熏习，变成惑、业、苦的状态。透过持戒的力量，种现相熏，慢慢地，阿赖耶识中，杂染种子越来越少，清净种子的力量越来越强，这时候我们自性的功德，就能慢慢显现出来，所以佛性是染净的根源，也就是"妄源"。

接着，我们配合佛的三身、三德，进一步说明这个道理。

（附）持戒成佛三身

一者断恶誓—受摄律仪戒—修离染行—复本清净—证法身佛—名为断德

二者修善誓—受摄善法戒—修方便行—复本自在—证报身佛—名为智德

三者度生誓—受摄众生戒—修慈悲行—复本平等—证应身佛—名为恩德

这个表与前面的“表6-1”大致相同，只是多了后面的“三复、三德”。

一、当发起“愿断一切恶”的誓愿时，可以成就摄律仪戒，这时修离染行，可以恢**复本**来的**清净**。我们自性本是清净的，只是被烦恼所染污。当透过摄律仪戒的修行后，就能恢复本有的清净心，也就能证得离染的法身佛。因为断除一切烦恼，所以成就**断德**。

二、当发起“愿修一切善”的誓愿时，就能成就摄善法戒，此时修方便行，也就是以般若为首的六波罗蜜。因为方便行，所以能够**复本自在**。为什么说复本自在呢？因为有般若波罗蜜的照了，所以我们的心不随境转，而得到自在。这是由般若智慧所显，所以成就报身佛。智慧彻底地开显，也就成就**智德**。

三、当发起“愿度一切众生”的誓愿时，就能成就饶益众生戒，并带动修习慈悲之行。修慈悲行度众生时，离开我相、人相、众生相、寿者相这四相的对立，就能够**复本平等**，不随四相迁流。这时候就能证得应身佛，并成就**恩德**。恩德就是佛三德中，度化众生的大慈大悲。智、断二德属于智慧，恩德是属于慈悲的。

从在佛前登坛受戒，发起三种誓愿开始，“如是辗转，能静妄源”。透过种现互熏，修离染等三行，便能趣向三解脱门，而恢复清净、自在、平等，最终证得佛的三身、三德。

因此不管学习什么法门，般若波罗蜜都很重要。佛陀说：“般若波罗蜜，是第一波罗蜜。”学戒也是一样，如果只是在戒相的开遮持犯上下功夫，没有配合智慧理解的话，持戒就会很勉强，因此功德就不易显现，以至于内心容易动摇，功德就更难以显现了。

因此，要学习般若经论，了解《法华》、《涅槃》一佛乘的道理，以及《解深密经》阿赖耶识种子的思想。透过道宣律祖开示的引导，了解受戒、持戒乃至成佛的原理，对持戒就会有信心了。即使有人说："我持戒之后，反而身体不好，我是否不该持戒？"也会知道这是重报轻受，而不动摇了。所以要谨奉戒法，实际上还是要配合般若智慧的学习。

我们要常常去忆念道宣律祖的这段开示：

“由有本种熏心，故力有常，能牵后习，起功用故。于诸过境能忆、能持、能防。随心动用，还熏本识，如是辗转，能静妄源”。

它总摄了戒体的功能，忆持并常常体会它的道理，我们对持戒就会越来越有信心。

接着再看第二段**“慢犯”**，因骄慢心而犯戒的情况：

“若不勤察，微纵妄心。还熏本妄，更增深重。”

相反，如果**不勤**加检**察**起心动念，因此**微纵妄心**——乃至稍微放纵妄心，结果就会**还熏本妄**。例如贪烦恼起现行时，如果放纵它，就会反过来再熏贪烦恼的种子，使贪烦恼种子的势力**更增深重**。

戒体发起作用，排斥染污境界时，若不随顺它，戒体的力量就会被削弱，而烦恼的种子就会被反熏增强。一消一长，结果烦恼的势力，就会更增深重。

相信透过这样深入地学习戒体的相状后，大家就知道该如何持戒了。

甲二、发戒数量

这一段讨论：我们受戒之后，在我们的心中，到底发起了多少品戒体。

乙一、明境遍一切
乙二、明发戒多少

乙一、明境遍一切

在谈“发戒数量”之前，先回顾发起戒体时的所缘境：

丙一、总标
丙二、别释

丙一、总标

“《事钞》云：‘《俱舍》云。戒从一切众生得定，分因不定’。何以故。不得从一种众生得故。”

《俱舍论》说：**戒从一切众生得**，这是必**定**的。例如受不杀生戒，是对十法界的众生都不杀。发起这样的心，才能成就不杀生戒，不能只针对某些特定的众生不杀。

为什么？底下解释——**不得**仅**从一种众生**而**得**到戒体。就像世间很多善人，他不会杀人，甚至还保护动物，但是他还是喜欢吃活鱼活虾等。如果有这种心的话，是不能得到戒体的。

接着再看第二段“别释”，分析定与不定的道理。

丙二、别释

前面是总说“分因不定”，分不定和因不定。分就是支分，因就是指内心的动机。底下接着谈分不定的道理：

- 不定
  - 分不定
    - 分不定者。有人从一切分得戒，谓受比丘戒。
    - 有人从四分得，谓受所余诸戒，即五八十戒也。
  - 因不定
    - 因不定者有二义。若立无贪瞋痴为戒生因，从一切得，以不相离故。
    - 若立上中下品意为戒生因，则不从一切得。

一、分不定：

- 分
  - 杀
  - 盗
  - 淫
  - 妄言
  - 两舌
  - 恶口
  - 绮语
    - （以上七支）
      - 五八十戒从四分得
      - 具戒从一切分（七分）得
        - （以上二者）分不定

表9-2

戒主要是治身口七支的恶业。身业是杀、盗、淫；口业是妄言、绮语、两舌、恶口共七支。

“五、八、十戒从四分得”：请参考“表9-2”，根据《俱舍论》的说法，五戒、八关斋戒、沙弥十戒都只是治身口七支恶业当中的四分而得戒，也就是杀、盗、淫、妄这四分。

所以五戒或者八关斋戒、沙弥十戒，对于口业，都只有治妄语这件事情，并不包括两舌、恶口、绮语这三分。

“具戒从一切分得”。比丘戒，就要完整地治身口七分的恶业而得戒，因此包括两舌、恶口、绮语这三分都要受持。

因为受五、八、十戒只需从四分得，而比丘戒必须受满七分，才能得戒，所以称为**分不定**。这是依《俱舍论》的“实法宗”的说法。

但是依《四分律》的“假名宗”的说法，受五戒，身口七分都包括在内，这与实法宗的说法是不一样的。所以假名宗的解释，“分”就是固定的。

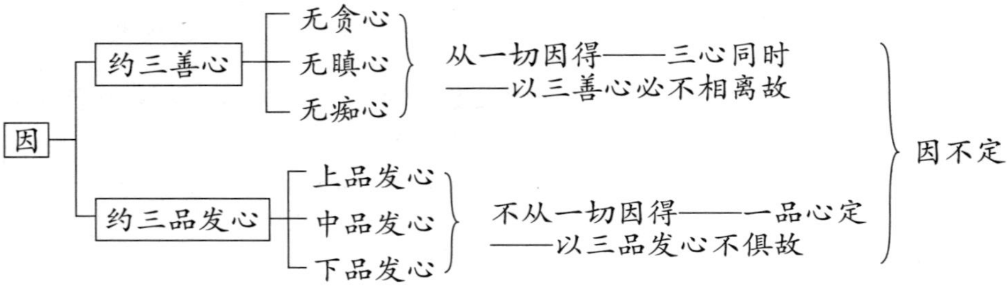

表9–3

二、因不定：

请参考“表9–3”，所谓因是指我们受戒时的心，也就是因心。可以从两方面来说：

第一、对于**无贪**、**无瞋**、**无痴**这三善心之因来说，在纳受戒体时，无贪、无瞋、无痴必须同时具足，**为戒**体**生**起之**因**，所以称为**从一切**因**得**。为什么？因为这三善心，必定**不相离**的缘**故**。有无贪，自然会有无瞋、无痴，反之亦然，三善心是互相影响的。

比如说：为什么我们会生气？因为我们贪求不到。例如这个人骂我，让我很生气。为什么我会很生气呢？因为贪爱自我，所以他骂我时就会生气，所以瞋实际上还是来自于贪。贪、瞋、痴三毒，实际上会互相影响的。

所以在受戒发起“愿断一切恶、愿修一切善、愿度一切众生”的誓愿时，必须同时具足无贪、无瞋、无痴的心。所以“因不定”，并不是约三善心的因而论。三善心之因，是必须同时具足的。

第二、对于三品发心来说，三品发心**为戒体生起之因**，但这个因是不决定的。或者发起上品心而得戒，或者发起中品心而得戒，或者发起下品心而得戒，这就不从一切因得戒了。为什么？因为得到戒体只会是三品发心中的一种。

总之，所谓不定，有“因不定”和“分不定”：

“分不定”就是由身口四支，或者七支来得到戒体，这个分是不定的。

“因不定”就是受戒时因地的发心，或者是上品，或者是中品，或者是下品，这个因是不决定的。

三、定：

这是说一定要具足这个条件，才能得到戒体，称之为定。

“若不从一切众生得，戒则无也。何以故？由遍众生起善方得，异此不得。云何如此？恶意不死故。”

首先是总标：**“若不从一切众生得，戒则无也”**。我们受戒时的心必须要缘十法界一切的众生，对他们都不做杀盗淫妄等事，才能得到戒体。如果说我就不杀人，其他畜生道、天龙鬼神就不一定了，这样的心态是不能得到戒体的。

何以故？由遍众生界起善心，**方**能**得**到戒体，为什么这么要求呢？因为**“恶意不死故”**，如果只是缘着一部分众生发起善心，则恶心并没有止息的缘故。例如只发心不杀人，却要杀鱼，那这念杀的恶心其实并没有止息。若常常杀鱼，不断地熏习杀心，在烦恼剧烈时，也就有可能杀人。

所以恶意不死，戒体就不能成就。同时，就圆教宗来说，戒体是成佛的因，跟佛的五分法身是相随顺的。而佛的法身是遍法界善，所以戒体的因，当然也要遍满十法界，这样因果才能随顺。

虽然我们出了戒坛，不见得能够做得这么圆满；但是在登坛受戒时不要想：我以后环境可能不允许，或者内心烦恼太多，应该做不到，就不缘十法界了，只缘人道吧。若这样想就不得戒了，所以要注意！

四、五种分别：

“若人不作五种分别，得木叉戒。”

接着说明要得到戒体，必须具备的五个条件，如果心有所犹豫，就可能得不到戒体了。

“一、于某众生我离杀等。”

在受戒时有分别，例如心想：“我以后不杀人，其他的众生就不一定了”，这样想就得不到戒体了。

这个“等”包括偷盗、邪淫、妄语、饮酒等戒，都不能有分别，不可以只是对某一道、某一类的众生来持戒。

“二、于某分我持。”

这是根据《俱舍论》的说法，认为五戒同时要持，不允许分受；但根据《善生经》是可以的。

“三、于某处能持。”

例如受戒时心想：受戒后，在寺院里可以持戒，出了寺院就不一定了。生起这样的心态，就不得戒了。必须在一切时处，都发愿要能持。

虽然现实因缘，确实会有很多的障碍，使我们不能持戒清净；但是在登坛受戒时，不去想这些，应当发愿未来我在一切时、一切处都要持戒清净。

有这种愿心生起时，它就可能生起一种力量，未来在原本不能持戒清净的环境中，也能慢慢地持戒清净。因为只要有愿力，不论是三宝，或者是护法，都能为我们护戒的。

例如比丘戒二百五十条戒，依佛陀的要求，应当要轻重等持。但是末法时代，众生的根器、环境都越来越差，要轻重等持越来越难。所以有的人就会觉得，末法时代做不到，因此放弃。但还是有一些精进持戒的人愿意轻重等持，微细戒犯了之后，能够马上忏悔。他们能够做到轻重等持，就是因为有愿力；有愿力在，自然能感召到他人的护持。

在家众也是一样，可能环境比较差，没办法持戒清净，所以就放弃了。如果是自己放弃，那就真的是没办法了。

所以要有这愿心，配合不断地忏悔，不断地回向，求三宝加持、护法加被。即使可能要经过长时间，一年、两年、三年、五年的回向，才会有好的因缘出现；但没有关系，只要不放弃，慢慢地，持戒环境就能越来越好。所以还是看各人的愿心是否坚固了。

就像在台湾，每个人都要服兵役。有一位信佛的人觉得：当兵每天都要缘着斗争打杀的境界，要触碰杀生之具等，有伤慈悲心，于是他就不断地持咒、念佛回向，希望能够分配到一个好的单位。

因为他有这个愿心，再配合修行，果然被分配到一个好的岗位：做后勤。当兵一两年中连枪都没有碰过。还有一位，刚好遇到长官也信佛，他在工作之余还能够常常听经、看经典、持大悲咒，当兵就像在闭关一样，能持续地修行。

有人会担心：我现在发这个愿，以后做不到，是不是对佛菩萨打妄语呢？其实不是的！打妄语，是讲话的当下就心口相违，而我们在受戒发愿时，是真的希望未来能做得到，所以不是妄语。

所以受戒时，要紧是当下的心要真诚，至于未来一时做不到，那只是暂时的福德因缘不具足，具足惭愧忏悔心继续努力就好。

“四、某时能持。”

根据《俱舍论》的说法，五戒必须是尽形寿的受持，而八关斋戒一次只能受一天，时间都是固定的。但是依据《成实论》的说法，这两种戒，短至半日半夜，长至尽形寿，都可以受，没有时间上的限制。只要是善法，佛陀都尽量开缘，这是假名宗殊胜的地方。

“五、某缘不持，除斗战事。如此受者，得善不得戒。”

心中若想，遇到某种因缘时不能持戒，例如遇到打仗的时候，我就开缘不持戒，平时还持戒。如果有这样的想法，不得戒体。不管未来因缘如何，这都不重要，在受戒的时候就要发圆满的心。

这五种分别的心如果生起，虽然仪轨都没有问题，结果却不得戒，得到的只是世间普通的善法种子。因为戒体是要具足“本期誓”、“遍该生境”才能成就的，这种种的分别，都是不应该有的，这很重要！

▲《业疏》云：“夫论戒者，普遍生境，俱无害心，方成大慈行。群行之

首，岂随分学？望成大善，义不可也！”

《**业疏**》说：关于**戒**，必须**普遍**缘众**生**的**境**界，都生起不杀盗淫妄等恼害众生的心，方能**成**就佛的**大慈**之**行**。因为持戒就是为了要成佛，而佛是大慈大悲的，所以我们持戒也要学佛，生起遍法界的慈悲，方成大慈之行。

戒是**群行之首**，是一切修行的基础，因戒生定，因定发慧，所以**岂**可**随分学？**“随分学”就是前面所说的五种分别，可能有时候持、有时候不持等，这种随分学是不行的。

“望成大善”，“大善”就是成佛，有分别的持戒，却希望能够成佛，这从**义**理上来说，就是**不可**能的。因为佛是恶无不尽、善无不满的。因此受戒时，登坛发心必须要学佛的心量：恶无不尽、善无不满，这样的发心。

▲《资持》云：“准知得戒之心，不容毫发之恶。高超万善，轨导五乘。众圣称扬，良由于此。”

由此可以知道**得戒之心，不容毫发之恶**。纵然未来做不到，但是在登坛受戒的那一刹那，还是要发起圆满的菩提心。

戒法之所以**高超万善**之上，能够**轨**范、引**导五乘**(人天乘、声闻、缘觉、菩萨、佛乘)的修行人，为十方诸佛**众圣**所**称扬**，**良由于此**，正是因为得戒之心是圆满的缘故啊。

乙二、明发戒多少

我们在受戒时，心缘广大的法界，因此所发起的戒体，也是无量无边的。虽然无量无边，但约着烦恼以及戒法的差别，可以总摄成不同的品类。

首先看五戒：

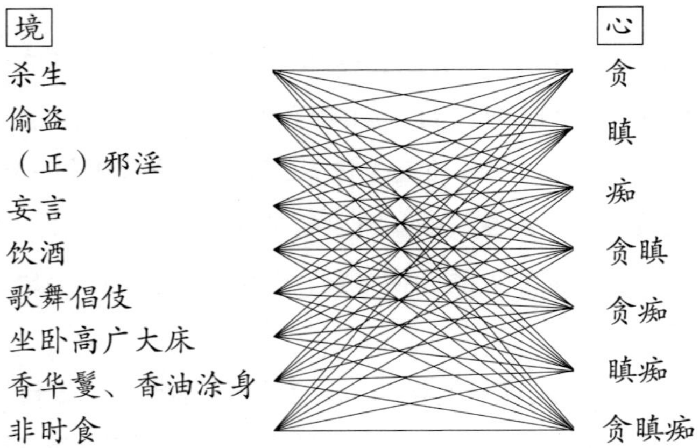

表 9-4

在“表9-4”中，说明面对境界造业，有可能是依着七毒，也就是“贪、瞋、痴、贪瞋、贪痴、瞋痴、贪瞋痴具足”，这七种动机而造罪，以杀生为例：

1、贪：例如因为贪着美味，而杀鱼来吃，这是为了贪而杀生。

2、瞋：例如以强烈的瞋恨心杀害仇人，就是瞋杀。

3、痴：就像外道杀动物或人来祭祀天神，认为这样可以得到大福报。

以上是依着单独的贪、瞋、痴烦恼而杀生。

4、贪瞋：例如屠夫在杀牛时，是因为贪它的肉；但是如果牛激烈地反抗，屠夫就可能生起瞋心，这时就是以贪瞋之心杀生。

5、瞋痴：例如世间人把老鼠、蟑螂称为害虫，认为杀它们是应该的，这是痴。在杀的时候，同时内心很讨厌，以瞋恨心而杀，这就是瞋痴相应。

6、贪痴：就像外道认为，鸡鸭鱼肉是上帝赐给人类的一道菜，所以吃了没有罪，这是痴。在杀它们的时候，一方面又贪着它们的肉，这是贪。

7、贪瞋痴：例如杀动物来吃时，又贪肉、又因某些原因而有瞋心、又觉得理所当然、没有罪的。

这七毒都有可能促使我们造罪，所以就不杀生这条戒来说，表面上看起来只有一戒，事实上含摄了七品的戒体在里面：跟贪相应的杀、跟瞋相应的杀……乃至跟贪瞋痴相应的杀，其他戒条，也是一样的道理，各约着七毒造罪。

五戒——七毒——就五戒以历—┬情境得二十八戒 ┐ 共得三十五戒
　　　　　　　　　　　　　└非情境得七戒　 ┘

表 9-5

综合“表 9-4”、“表 9-5”，**就五戒**而言，对于有**情**的**境**界，可以**得**到**二十八**条**戒**体。因为在有情的境界上会造“杀盗淫妄”这四种罪，造罪动机可能是七毒当中的任何一种。四种罪配合七毒，4 x 7 = 28，所以是得到二十八条戒体。

“非情境得七戒”。非情境就是无情的境界，在五戒中就是“酒”戒。众生会因为贪瞋等七毒的原因而饮酒，所以 1 x 7 = 7，对于无情的境界，一共得到七品戒体。

因此如果五戒全部受的话，配合七毒，就包含了 28 + 7 = 35 品戒体在内。

当说某人破戒了，其实他不可能同时把这三十五品戒体全部破了。例如不杀生戒，同时包含有七品戒体。如果只是因为瞋心而杀人，就制教来说，这个人是破戒了；但就戒体来说，他只是“以瞋心来杀人”这部分的戒体破了，对着贪痴等其余六毒而成就的六品戒体并没有破掉！

道宣律祖详析戒体的目的，就是要告诉我们，修行人纵然有一条戒持得不清净，乃至最坏的情况，破了其中一条戒，但是五戒中的其他戒条还在，甚至破了的那条戒，就细分来说，也并没有全部被破掉，所以不要自暴自弃。

经典里面举了一个譬喻：就像有一位牧牛人，养了五百头牛，他很爱护它们，每天都把牛喂得饱饱的，还把牛的身体洗刷得很干净。但有一天来了一只狼，咬死了一头牛，结果只剩下四百九十九头牛。

这个牧牛人就想，我原本的五百头牛是圆满的，现在只剩四百九十九头了，既然残缺不全，那我干脆全部都不要。于是他就把剩下的四百九十九头牛全部推到山谷底下摔死。佛陀说这是一个愚痴的人，五百头牛只不过缺了一头而已，其他四百九十九头牛都还是在，但他为了那一头牛而把其他四百九十九头牛都杀了，这是愚痴。

佛陀说这五百头牛就譬喻出家的五百条戒，原始的律典出家比丘有五百条戒。有人犯了一条戒，就想：算了，我不行了，放弃持戒吧，结果把全部都破了。

有的持戒之人，在日常生活中可能会常常打妄语，因此心想：既然打妄语了，戒已经不清净了，那其他戒条就无所谓了吧，结果杀盗淫妄全犯了。

事实上佛陀告诉我们：戒是波罗提木叉，翻译为“别解脱”或者“保解脱”。受持一分，就有一分的解脱，所以称为别解脱。例如受不杀生戒，就可以免除短命、多病的果报；受不偷盗戒，就可以免除共财不得自在的果报等等，并不会因为一条戒没持好，而抵消掉受持其他戒的功德，所以因果是分开算的。

同时，由于五戒包含了三十五品戒体在内，要全破光，还是相当不容易的。所以不要像那个愚人，少了一头牛，其他牛就全都不要了。我们还是要尽量清净地持守能够守住的戒。

现实生活中，如果某条戒没有办法持得很清净，那就只有多忏悔。并且每天用功时发愿、回向，希望未来能够成就好的持戒环境。而对于其他能持守清净的戒，要相信其别解脱的功德，仍然要好好地持戒。不要因为一点残缺，就全盘放弃。

刚开始学戒或许无法马上就做一百分，那就先从六十分做起。就算没有六十分，五十分、四十分，都好过零分。只要不是零分，你从二十、三十分慢慢学上去，都好。

同时，如果未来因为犯戒，甚至破戒而堕入三恶道，要靠什么力量才能把众生救拔出来呢？还是要靠当初持守清净的另外几条戒，以它们的功德力，使众生能从三恶道中度脱。

所以佛陀的态度是："宁愿受戒破戒，也不要不受戒生天"。因为即使受戒破戒，三十五条戒体也不可能全破，因此即使因为破戒而堕落地狱，其他三十多条戒体的功德力，也能够帮众生从三恶道超拔出来。

那为什么不要不受戒生天呢？不受戒，但是做了很多善事而生天，表面上看起来很好，但是天福享尽之后，过去生罪业的种子起现行，还是会堕落到三恶道。而因为过去不曾受戒，堕落之后没有戒体的功德力可以救拔，那就要待很久，才有可能脱离三恶道。

当然，我们不能以贪功德，甚至很轻率的心态来受戒。这里只是彰显受戒的功德。所以我们就算犯戒，仍然要去护持其他清净的戒体。不要老是想犯戒的部分，那会因此自暴自弃的。

当然，犯的戒条还是要忏悔，但是忏悔之后，就不要再想："我是犯戒之人，我不清净了"。忏罪之后，还是一样谨慎恭敬地保护戒体，忆念戒体清净的功德，因此生起好乐持戒之心，持戒也就能越来越清净了。

接着再看八戒：

八戒——七毒——就九戒以历—┬情境得二十八戒　┐共得六十三戒
　　　　　　　　　　　　　　└非情境得三十五戒┘

表 9-6

八关斋戒为什么有九条戒呢？配合"表2-3"、"表9-6"可见，八关斋戒中性戒有四条，遮戒有五条，所以八关斋戒实际上有九条。那为什么我们称为八关斋戒呢？因为一般是把“不非时食”戒单独提出来，再加另外的八条戒，所以有九条戒。

所以八关斋戒中，七毒配合九条戒，一共有 7 x 9 = 6 3品戒体在内。其中对有**情境**界，是“杀盗淫妄”四戒，因此可以**得**到**二十八**品**戒**体，这跟五戒一样。

其他的“不饮酒、不着香花鬘香油涂身、不歌舞倡伎、不坐卧高广大床、不非时食”等等，都是约无情境界所制的戒，所以得到 7 x 5 = 3 5品戒体。因此整个八关斋戒有六十三品戒体。

古德这么开示，绝对不只是哲学分析，而是为了让我们多去忆持清净的戒体，不要因为一部分持得不清净，就自暴自弃。就像八关斋戒有六十三品戒体，顶多就违犯其中几条，还有五六十条戒的戒体是清净的。因此，即使持戒会有点瑕疵，若能受持八关斋戒的话，还是应当尽量受。

当然，我们还是要依着尊重戒法之心来受戒，不可轻率。基于对戒法的尊重和强大的希求心，纵然刚开始持不圆满，还是可以受的。纵然犯了戒，只要虔诚忏悔，并回向未来能够持戒清净就是了。

甲三、结示劝修

《业疏》云
- 示所归——“今识前缘，终归大乘。故须域心于处矣。
- 引证——故《经》云：十方佛土唯有一乘,除佛方便假名字说。
- 劝修——既知此意，当护如命如浮囊也。故文云：我为弟子结戒已，宁死不犯。又如《涅槃》经中罗刹之喻。”

先说明**“示所归”**这一段：**“今识前缘”**，是指本课所说到的戒体的理论，从戒体的生起，到它的无作功能等等，都称之为前缘，也就是戒体缘起的因缘。

“终归大乘”。我们学戒体的这些道理做什么呢？为了汇归于大乘！戒体是成佛的种子，所以要将持戒最终汇归于大乘，而不只是为了人天果报。所以我们持戒时，要常常忆念：为什么不杀生、不偷盗、不邪淫、不妄语等，就是为了护持当初我们登坛时，那一念菩提心。

“故须域心于处矣”。“处”就是大乘，应当将我们的心，安住在大乘里。常常如理作意，提醒自己保护戒体，是为了成就大乘的功德。

再看第二段**“引证”**。**《法华经》**说：**“十方佛土**中，**唯有一乘**法，无二亦无三，**除佛方便说。”**“一乘法”就是说虽然佛法表相上看起来，有大小乘的差别，但是佛陀出世的目的，都是为了使众生开示悟入佛的知见，使众生都能成佛。

如果众生根器利，就直接跟他讲通向成佛的大乘；众生根器迟钝，就先为他说人天，或者小乘的法门。但是讲三乘的真实义，都是为了引导众生入于大乘而铺路。就像《法华经》所说为实施权、开权显实的道理，彻底地开显佛陀出世、度化众生的真实目的，就是为了让众生终究都能契入一佛乘。

最后看**“劝修”**。**“既知此意”**，既然知道《法华经》一佛乘的道理，**“当护如命”**就应当像保护我们的性命一样保护戒体；**“如浮囊”**，像保护大海中的救命浮囊一样保护戒体。

“故文云”。这是《四分律》的文。在《四分律》中佛陀说：**“我为弟子结戒已，**弟子们应该**宁死**也**不犯**戒。”虽然面对死亡，可能会给我们带来痛苦；但是如果为了保护生命而破了戒，那未来三恶道，甚至就是地狱的果报，就不止是眼前小小的痛苦了，那是划不来的，所以宁死不犯。

又如《涅槃经》中，**罗刹**来取浮囊的譬喻：一个人掉到大海里，好不容易找到一个浮囊（救生圈），这时来了一个罗刹，对他说：“这个浮囊给我一半好不好？”给他一半，气就跑掉了，还怎么用？当然反对！

罗刹说：“给一半不行，要不给四分之一？”还是不行！

最后罗刹甚至索取像针孔这么小的一点浮囊，也不行！因为就算给针孔这么点大，气就泄出去了，浮囊就无效，人也就要被淹死了。这是假借譬喻，来说明保护戒体就像保护浮囊一样，一点都不能放松、不能舍掉。

以上将戒体部分，详细介绍完了，我们当常常思维**“一发续现，始末恒有，四心三性，不藉缘办”**；**“于诸过境能忆、能持、能防。随心动用，还熏本识，如是辗转，能静妄源”**这些文，以及发戒数量，乃至渡海浮囊等譬喻，使内心生起大欢喜，而能恭谨地守护戒体！

第十课 戒行戒相

当通过如法的仪轨，将戒法纳入身心中，成为戒体的无作业性后，就应当发起戒行，也就是“依体起护”，随顺所纳受的戒体，而起保护的行持，称之为戒行。

虽然戒体能够保护我们，但是我们也要去保护它。就像古代武士配刀，能够保护自己，但同时，他也要保护好刀一样。

同样，保护好戒体，它就能生起无作的力量，任运地保护修行人，因此接下来要介绍怎样保护戒体。

甲一、戒行
甲二、戒相
甲三、结劝

甲一、戒行

乙一、正明随行
乙二、因示舍戒

乙一、正明随行

丙一、基本定义

丙二、受随相资

丙三、随行功德

◀《事钞》云

- 蹑前科——“戒行者，既受得此戒，秉之在心。
- 示行相——必须广修方便，检察身口威仪之行。克制专崇，高慕前圣。
- 结示名义——持心后起，义顺于前，名为戒行。”

丙一、基本定义

首先是第一段**“蹑前科”**。顺着前面戒体那一科的内容来说：**“戒行者：既受得此戒，禀之在心”**。戒行是什么呢？既然通过如法的仪轨得到了戒体，并将它纳受在心中，也就是在阿赖耶识里面储存着。

接着第二段**“示行相”**：

这段分为行、愿二门：**“必须广修方便，检察身口威仪之行”**——这是守护戒体的行门；**“克制专崇、高慕前圣”**——这是愿门。由此行愿二门来保护戒体。

“必须广修方便”。当戒体任运生起排斥恶法的作用时，随顺它而不去造恶，这只是消极地保护戒体而已，同时还要积极地修种种方便来守护它，包括“教方便”和“行方便”。

一、教方便：就是要学戒，不懂得戒法的话，怎么保护戒体？那只是空愿而已！学习了戒的开遮持犯之后，才知道什么可以做、什么不可以做，而不是道听途说，这都必须要有律文的依据。现在道听途说的思想太多了，就像有人说受八关斋戒，中午之前不能吃东西等等，这都是个人的看法。增加戒法，或者减少戒法，都是不如法的，所以必须要学戒。

佛陀说缘起法甚深甚深，即使以道宣律祖的善根，尚且将《四分律藏》听了二十一遍后，才相信自己是融会贯通了。所以戒的开遮持犯不能靠自己猜测，一定要学习。通过学习之后，才能清楚地知道，例如不杀生戒，具五缘成犯，什么是五缘？什么情况能开缘？等等。

同时，还要学习判罪轻重的标准。因为犯戒后必须要忏悔，忏悔之前必须先确认犯的是上品、中品还是下品罪，才能如法忏悔。如果判罪错误，作法忏则无效。所以这些都必须要学习。

而且学戒不是只学一次就够的，必须多次学习。因为不像学习经论空性的道理，只要掌握大原则就好，事相法门比较复杂精细，不能有所错谬，因此必须数数学习，尤其一些容易犯的戒条，要将它记录下来，常常提醒自己不要犯，如果犯了要忏悔，这个是“第一、教方便”。

二、行方便：

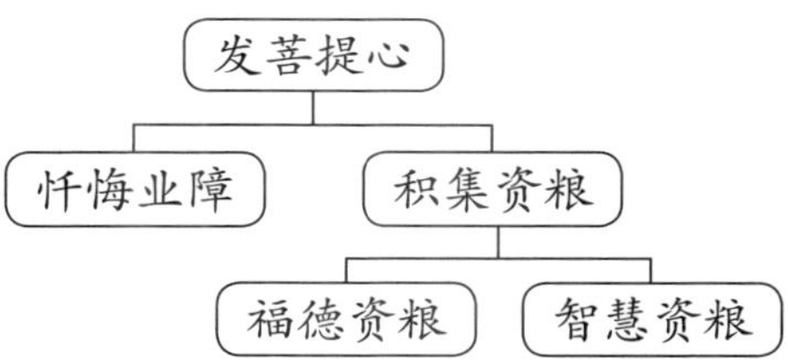

表10-1

根据“表10-1”，行方便包括积集福德、智慧资粮，和忏悔业障。此外在积资忏净前，还有一个很重要的，就是要串习菩提心法门。

一、**发菩提心：**为什么呢？因为上品戒体的纳受，主要来自于大乘菩提心。所以为了使戒体更加坚固，除了消极地不造恶业之外，更要积极地修学菩提心法门，因为它与戒体是相随顺的。像《普贤行愿品》、《普门品》、《华严经》、《法华经》……这些关于菩提心教授的经典，要常常念诵与学习，这是行门第一个方便：熏习菩提心。

二、**忏悔业障：**修菩提心之后，接着就要积资忏净，积集福德、智慧资粮，并忏悔业障。

有的人持戒环境很好，有的人持戒却很多障碍。为什么会生活在持戒困难的地方？这是过去恶业所感，所以要多忏悔过去的恶业。同时，受戒之后难免犯戒，也应当天天修忏悔法门，以消除罪障。

所以在拜八十八佛之前，要先观想：佛陀(归依境)全身放金光，在眼前加持我们，帮助我们忏悔业障。必须在佛前彻底发露忏悔、求加持。对于五戒当中，哪条戒持得特别不好，这方面习气特别重，就要就着这一两条去认真忏悔。透过长时间修忏悔法门，当业清净了，才能持戒越来越清净。

三、福德资粮：世尊将成道时，魔王想干扰他。佛陀就观察，为什么他能做魔王呢？因为他过去生当中，曾经办过一次无遮大会，凭借这个福报，所以今生做魔王。

接着佛陀再观察自己，无量劫修菩萨道中，为众生舍了无量的头目脑髓，这样的精进修行，累积了无穷无尽的福报。相比之下，魔王的福报就太差了。所以佛陀知道魔王干扰不了他。

所以福报大的话，内魔、外魔都不容易生起。即使生起，也不容易动摇修行人。所以应该多培福，以积集福德资粮。

福德资粮的培养，最主要来自哪里呢？多发慈悲心，就会有福报！在日常生活当中，面对家人、朋友、同事，乃至一切人道、非人道的众生，都要常常提醒自己，以慈悲心来面对他们，甚至发起实际慈悲的行为，这样就会有福报。

为什么放生福报很大？就是因为放生时会激起慈悲心，所以慈悲心是重点，不只是救活了多少众生。

此外也应当护持三宝，孝养父母。三宝、父母都是非常重大的福田，在这境界当中培福，也是特别地快，这是积集福德资粮。

四、智慧资粮：要能持戒清净，一定要有智慧。因为有智慧才能善巧地避开恶缘。例如受八关斋戒，持过午不食戒，有时就需要智慧善巧，才能突破种种现实的障碍。

同时，持戒就是要违背自己的烦恼习气，这也要有智慧观照，才不会太过于勉强。例如多思维持戒的功德，以及多想想烦恼的过患。或者观察烦恼境界的本质是无常、苦、空等等。用种种般若方便，帮助调伏烦恼，可以使持戒更容易；若只是一味靠勉强的话，通常不能持续太久，所以需要智慧资粮。

因此广修方便，就教来说，就是要学戒；就行来说，要发菩提心，积资忏净。这些都是护持戒体的前方便。

接着是**“检查身口威仪之行”**。广修方便属于前行，而面对境界的正行，就是检查身口威仪之行，以正念正知来保护戒体。因为有广修方便的前行基础，才有能力去检查身口威仪之行，来守护戒体。

（附）检查身口威仪之行
- 诸根不掉
- 守护律仪（轨则圆满、所行圆满、于微小罪见大怖畏）

——糅合《瑜伽师地论》——

表10-2

怎样检察身口威仪之行呢？请参考“表10-2”，根据《瑜伽师地论》，可以大略分两门：

一、诸根不掉：就是眼耳鼻舌身意六根，不要掉举，简单说就是眼睛不要乱看，耳朵不要乱听，常常保持摄心。不只在佛堂内守住六根门头，离开佛堂到了世间都是一样，守住六根，就像经典譬喻“龟缩六”。乌龟遇到障碍时，会把头、尾、四脚、六肢都收缩起来。我们面对境界时也是一样，收摄我们的六根，这是透过修“止”的方法，来收摄六根。

另外，也可以透过修“观”，使“诸根不掉”。首先观察受戒时的本愿，也就是菩提心。我们在行住坐卧当中，做任何事情都要想一想，这跟当初受戒时的本愿——未来面对十法界有情无情的境界，都要“愿断一切恶、愿修一切善、誓度一切众生”——相不相应？如果相应，就让它相续下去，不相应就停下来。

也可以更进一步，观察一切有为法，如梦幻泡影。面对一切境界：眼睛看到好色、恶色，耳朵听到好听、不好听的声音等等，都观这境界如梦幻泡影。

也可以观察我们的内心，是谁在听声音？是谁在念佛？能够念佛、造作的这念心，也是如梦幻泡影。

当透过空观的智慧观察，使我们的心住于平等位，不虚妄分别，就能诸根不掉了。以上是用“观”的方法。

总之，若要诸根不掉，必须透过：

止：收摄六根，不向外攀缘，回到佛号上。

观：忆念当初登坛时，所发的菩提心；

或者以空观观察外境也好，能取的心也好，当体如幻，而行于平等位。

二、**守护律仪：**对内来说，必须诸根不掉；对外来说，则必须守护律仪。

守护律仪包括三点：

1、轨则圆满：四威仪要符合所受戒法的要求，不要让世间人，以及其他学戒的人讥嫌；乃至能令大众见而欢喜。

2、所行圆满：持戒之人所到之处，也必须是清净的。就像《菩萨善戒经》所说：“不净之家，不在中食”。不要到那些放逸、或者是造恶业的地方去，如接近淫男淫女，或者去屠夫家等，种种杀盗淫妄酒的场所，或者不攀缘权贵等等，这些就是所行圆满。

就像《楞严经》的缘起，阿难尊者到淫女家去托钵，结果被摩登伽女，用大梵天咒所迷，差点因此破戒。所以守护律仪，就要注意自己去的地方清不清净，这是很重要的。

3、于微小罪见大怖畏：就像《梵网经菩萨戒》所说：“水滴虽微，渐盈大器；刹那造罪，殃堕无间”。轻视小罪而不发露、不忏悔，久而久之它就会累积起来。因为业果会增长广大，最后可能会变成地狱果报。同时，造罪后在阿赖耶识中，会形成种子，种子也会再起现形，现形之后再继续熏习种子，种现互熏的结果，原先微弱的罪业种子，就会被越熏越强，所以应当于微小罪见大怖畏。

以上“广修方便，检查身口威仪之行”，是属于行的部分。而行需要愿力来推动，才能坚固持久。

记得有一次我师父问我跟师兄两人，怎样对治淫欲心？我第一反应，马上就回答：“修不净观！”师父并没有说话。师兄说：“发菩提心？”师父说：“对，发菩提心！”

这意思就是说，如果只修不净观，却没有菩提心的愿力推动，不净观的力量有时还是有限。因为欲心是无量劫熏习的烦恼，习气太重了。所以当配合菩提心时，心想：我是要成佛度众生的，我不应该做邪淫这种伤害众生的事情。此时再修不净观，就更有力量了。所以这个持戒之行，必须借助愿力的支持。

“克志专崇，高慕前圣”：克是定，定下志向。专崇，是崇重。定下我们的志向，因此特别崇重、仰慕古代贤圣们的持戒风范，以此作为我们效仿、学习的目标。

就像经典里面说的“鹅珠比丘”、“海板比丘”的持戒公案，我们就应当学习并常常用来策励自己。

鹅珠比丘的公案是说，有一户人家是专门帮人家穿珠子的。有一天他正在为国王穿珠子，这时有一位比丘来乞食，他也信佛，就把国王给的珠子放在桌上，去取食物。这时来了只鹅，看到肉色的珠子，一口就把它吞下去了。

穿珠师拿了食物出来，发现珠子不见了，这里又没有旁人，他就想一定是比丘偷的。问比丘，比丘默然，因为如果他告诉穿珠师珠子被鹅吞下去，那穿珠师一定会把鹅肚子剖开来取珠子，这就杀生了，虽然不是自己杀的，但实际上就是犯了杀生罪。所以他只能默然。

穿珠师因为这是国王的珠子，不是随便的，他赔不起，比丘又交不出来，于是他很恼火，就拿棍子殴打比丘，打到比丘口鼻都流血了，比丘还是不说。

这时，那只鹅看到血，又起贪心想来吃血，穿珠师大怒，拿起棍棒一棒把鹅打死了。

鹅被打死后，比丘才告诉他说，珠子是被鹅吞了。因为怕穿珠师杀鹅取珠，所以自己只好隐忍不说。这就是古代律典里常引的鹅珠比丘的公案，他宁可自己受伤害，也要持戒。

第二个海板比丘的公案，是说有一次，一群出家人和商人一起坐船出海，结果遇到海难，船沉没了。有一个年轻的比丘抱到一块木板，而旁边有个上座比丘没有木板，就快沉下去了，于是上座比丘就对年少比丘说：根据律上说，好东西要分给上座，你这个东西要给我啊。年少比丘想：对，在律上是这么说的，我是个持戒的人，就应当遵从律法，于是他把唯一赖以生存的木板让给了上座比丘。

他这种持戒的精神感动了海神，海神就把他安全地送回去了。这一则公案告诉我们，持戒人宁可牺牲生命，也要遵守戒法。

像鹅珠比丘、海板比丘这种行为，一般人很难做到，但是我们要“克志专崇，高慕前圣”。仰慕他们这种高尚的行为，并尽量随学。《论语》说：“取法乎上，仅得其中；取法乎中，仅得其下；取法乎下，其下下矣。”所以我们取法乎上，即使做不到一百分，最起码也还有七八十分。

相反，要是受了戒之后，也不认真持守，认为大家都这样子，我也就这样子吧！取法乎下，到最后就只会自甘堕落了。所以我们应当取法乎上，高慕前圣。

如果做不到，就生惭愧心，所以佛陀告诉我们，佛法中有二种健儿：一是自不作罪，二是作已能悔。我们做不到轻重等持，就要保持惭愧心。有惭愧心，即使造业，果报也相对比较轻。同时，因为有惭愧心，就能忏悔，而引导我们渐渐趣向持戒清净。所以惭愧在持戒中，是很重要的善法。

至于惭愧怎么生起？那就是“克志专崇，高慕前圣”，多阅读高僧大德的传记，效法他们持戒的精神，就能慢慢生起惭愧心了。

以上所说是愿，有行有愿，这样的戒行就能圆满清净。再看最后一段：

“结示名义：持心后起，义顺于前，名为戒行。”

前面所说的行愿二门这种持戒的心，是随着纳受戒体之后，而生起的。因此所谓戒行，必须先得到戒体。为了保护戒体，也就是当初受戒时，那一念菩提心，才有戒行随后生起。因此在义理上，是随顺于之前所受戒的戒体，所以**名为戒行**。

丙二、受随相资

“受随相资”是说受戒时所纳受的戒体，跟之后的随行，也就是戒行，是互相帮助的。

◀《事钞》云
- 对体辨行
  - 约法明——“然则受是要期思愿，随是称愿修行。
  - 约喻显——譬如
    - 筑营宫宅。先立院墙周匝，即谓坛场受体也。
    - 后便随处营构尽于一生，谓受后随行。”
- 互显相须
  - 叙互阙
    - “若但有受无随，直是空愿之院，不免寒露之弊。
    - 若但有随无受，此行或随生死，又是局狭不周，譬如无院屋宇，不免怨贼之穿窬也。
  - 示相须——必须受随相资，方有所至。”

这当中分为两段，第一段是**“对体辨行”**，第二段是**“互显相须”**。

一、对体辨行：比对戒体，来辨明戒行与戒体的关系。首先**“约法明”**，约理论来说明受随的关系。

纳**受**戒体要通过**要期思愿**，而**随**行是**称愿修行**，为什么不犯戒，是因为随顺于受戒时所发的愿，因此戒行也属于随行。

接着是**“约喻显”**，用譬喻来帮助我们理解：**“筑营宫宅。先立院墙周匝，即谓坛场受体也”**。譬如要建筑营构宫宅，一定要先安立院墙，把整个院落圈起来，里面才可以放心地盖精致的宫殿楼阁，而不怕有小偷来破坏。

这院墙周匝围绕，指的就是在坛场所纳受的戒体。如果要盖大宫殿，围墙也必须辽阔；如果只想盖个小院落，那么围墙就不用很大，甚至用个竹篱笆围起来就好。所以未来持戒，若想成就大功德，乃至趣向成佛，当初受戒时，就要发起广大的菩提心。

其次，就像围墙有保护房子的作用一样，持戒的功德虽然很殊胜，但必须要有戒体无作的力量来保护它，功德才能相续地存在。

“后便随处营构，尽于一生，谓受后随行”。有了围墙之后，就在里面随处经营建构，尽于一生，这代表受后随行，是依着围墙大小来盖房子。盖了房子很庄严，有很多功能，这就是依着戒体来持守戒行，以种种持戒的功德，来庄严我们未来的佛果。

二、互显相须：

这一段从两方面来说明戒体跟戒行，是相互需要的：第一、“叙互阙”，第二、“示相须”。

先看第一、**“叙互阙”**，两者互相阙（缺）少，有什么过失？

“若但有受无随，直是空愿之院，不免寒露之弊。”很多人到佛寺去受戒，其实就只是求平安的心态，并没有受后的随行，也就是说，并没有认真持戒。这就像**空愿之院**，只有围墙而里面没有任何房子，**则不免寒露之弊**，不免有暴露于寒热之中的过失。如果只有戒体，而没有戒行来保护它的话，戒体也很难守得住，那就是寒露之弊。

另外也可以解释成：真正持戒的功德，是来自于受后的随行。所受的戒体，它只是一个善种子，如果只有戒体而没有戒行，则功德是相当有限、微薄的，这就有寒露的过失了。

“若但有随无受”，相反，有随行但是没有受体。虽然也受戒，可是因为不如法，所以没有得到戒体，这样的发心持戒，就称为有随无受。这就只是表相上在做，严格来说不能称之为随行，因为随行是为了保护戒体，才称为行，有随无受的持戒，本质上只能算是普通的善业。

有随无受有两个过失，第一个是**“或随生死”**，将随着生死业力，继续流转三界。为什么呢？因为没有戒体的行持，就只是世间普通的善业而已，没有戒体的力量引导，毕竟也只是人天福业。当未来人天福报享尽时，依旧堕落，所以这是不能引导修行人达到解脱的。

第二个过失是**“局狭不周”**。因为受戒时，要缘着遍十法界有情无情的境界发菩提心，才能成就佛种。如果没有发起这样广大的心，而且没有坛场三宝的加持，构成戒体的强大业性，那就只是世间善业，功德还是相当有限的，只是一点人天果报而已。

所以**“譬如无院屋宇，不免怨贼之穿窬也”**。房子虽然盖得漂亮，但是如果没有围墙的保护，难免会遇到小偷侵入。戒行如果没有戒体的菩提愿力保护，就仍然只是随顺三界，这就如同遇贼穿墙而入，盗取我们的功德法财一样。

“必须受随相资，方有所至”。这是第二段**“示相须”**，受戒得到戒体，还有随行的严持戒行必须互相资助，方有所至，就能到达成佛的境界。以上是说明受随相资的道理。

丙三、随行功德

◀《事钞》云
- “问：今受具戒，招生乐果为受为随。”
- “答：
  - 对显亲疏
    - 受疏——受是助缘，未有行功。
    - 随亲——必须因随对境防拟，以此随行至得圣果，不亲受体。
  - 别彰行相
    - 成随之相——故知一受已后，尽寿已来，方便正念，护本所受，流入行心，三善为体，则明戒行随相可修。
    - 无随之失——若但有受无随行者，反为戒欺，流入苦海。不如不受，无戒可违。
    - 结诰——是故行者明须善识，业性灼然，非为滥述。”

本科假借一段问答，来说明它的道理，先看问的部分：

“问：今受具戒，招生乐果，为受为随？”

如果受了比丘(尼)的具足戒，当然所有戒都是一样的，若说持戒可以感召、生起未来人天乃至成佛、可乐的果报。这感果的力量，是来自于当初所受戒体的种子呢，还是来自于随行呢?

这个问题很重要，接着看下面的回答，首先是第一段：**“对显亲疏”**。这一段又分两小段，先说明**“受疏”**。

“受是助缘，未有行功”。纳受戒体，只是未来功德生起的助缘。因为没有行持的功德，它就只是个善种子而已。在没有生起随行前，种子谈不上什么功德。

接着进一步解释，也就是**“随亲”**这一段：

“必须因随对境防拟，以此随行至得圣果。”必须因为随行中，对境界生起防范拟度的功能，就是前面所说“身口威仪之行”等等。以此随行的功德，才能引导众生证得成佛的圣果。

因为随行会反熏阿赖耶识的戒体种子，种子再起现行时，再起随行反熏种子，因此阿赖耶识中戒体种子的力量，就越来越强，渐渐烦恼淡薄，而趣向于成佛。

所谓**“不亲受体”**，就是说不是以受体为功德的亲因缘，它只是一个助缘而已。

所以很多人以为受戒之后，就会有功德。实际上受戒纳受戒体，只是未来持戒功德的助缘而已。之前所介绍持戒的世间、出世间功德，都是因随行而渐渐生起的。所以有的人受戒以后，觉得经典所说的功德，怎么都感觉不到，因此生了退心。实际上，没有随行，自然没有功德，因果法尔如是的。

第二段**“别彰行相”**，分别说明有随行、没有随行的相状：

“故知一受已后，尽寿已来，方便正念，护本所受。”这是第一段，**“成随之相”**。所以我们知道，一受戒已后，至尽形寿已来，都应当生起方便正念，也就是前面所说的行、愿等种种方便，来护持本初所纳受的戒体。

“流入行心，三善为体。”行心，是指一切心的造作。因为有随行，所以流入未来的一切念头中，使这念心都能够以三善为体，也就是念念与无贪无瞋无痴相应。

“则明戒行，随相可修。”因此说明，随着四威仪之相，皆可修戒行。只要生起念头，就要以戒行保护它，使内心与戒体的三善心相应。

第二小段接着说明**“无随之失”**。**“若但有受，无随行者，反为戒欺”**，如果但有受戒，而没有随行保护戒体的话，反而为戒所欺。为什么呢？因为如果不受戒，犯杀生等恶业，就只有性罪，而没有犯戒罪。但是如果受戒之后，仍然做杀生等事，则除了犯性罪之外，又加上犯戒罪，这岂非为戒所欺！

所以犯戒之后要忏悔，除了通过作法忏（必须找清净的出家人作法），来忏悔制教罪之外，还要忏悔性罪。性罪必须透过取相忏，例如拜八十八佛等来灭除。《南山律在家备览·忏悔篇》有详细的说明。

“流入苦海，不如不受，无戒可违”。因为违戒而流入苦海，还不如不受戒，这样反而无戒可违。当然这不是戒伤害你，而是受戒的人违背了受戒的誓言，而造作的业。

宣祖这么说，实际上是为了勉励我们受戒的人，要认真持戒，而不是劝我们别受戒。有人会想：那我还不如不受戒，即使造了恶业，顶多也只是性罪而已，不必再加上犯戒罪。其实，因为受五戒有三十五品戒，受八关斋戒有六十三品戒在内，这功德是很殊胜的。纵然偶尔犯戒会有过失，但是其他戒品清净的功德更殊胜，因此还是应当受戒。

最后**“结诰”**，也就是结劝。

“是故行者明须善识”。所以我们修行人，必须善识，善识什么呢？灵芝律师解释：“令善识者，诫精学也。一须识教，教有开制。二须识行，行有顺违。三须识业，业有善恶。四须识果，果有苦乐”，所以要认识戒律的教、行、业、果四法。

教：就是要认识戒的开遮持犯，必须听法师讲解，不可以自己瞎猜。

行：对四威仪的行，要以正念观察，是随顺于戒呢？还是违背了戒？

业：要注意现在所造的业，是善业还是恶业？或许在行的表相上看没有问题，但动机可能有问题，那还是不清净的，那仍旧是恶业了。

果：此指苦乐果报，若知道苦果则心生畏惧；知道持戒的功德，以及未来殊胜的果报，则心生渴仰。对教行业果这四件事，要清楚地认识。

“业性灼然，非为滥述”。灼然：像火在烧，很清楚分明的意思。因果法则是丝毫不爽、没有任何侥幸的。就像有人说，我犯了偷盗，现在护持三宝，是否可以将功赎罪？这是不可能的！护持三宝有护持三宝的功德，犯戒有犯戒的过失，未来受报的时候，是分开算的。就像前面所说，破戒行布施，则因破戒会堕三恶道，但是在三恶道中，还是会享用因布施而得的福报。

我们不要看世俗人，造恶业后依旧是荣华富贵，就心生疑惑。佛弟子要相信因果：荣华富贵来自于他过去的福报，而现在造恶业，未来必定受苦果。所以业性灼然，没有任何侥幸的！

乙二、因示舍戒

如果有不得已的情况，例如可能有破戒因缘，或者无法长期受持的话，是可以舍戒的。

为什么前面一再赞叹持戒、守戒的功德，在此却提到舍戒呢？实际上这也是出于对戒法的恭敬、尊重，如果带戒犯戒，甚至破戒，那因果是非常重的。所以出于畏惧因果，以及对戒法的尊重，如果某条戒实在守不住，佛陀是允许我们舍戒的，等到以后有因缘再受。

否则，一旦破戒，虽然理论上可以修取相忏来灭罪，但取相忏中要得见好相才能灭罪，这是很不容易的事情，所以还是不要造这种业才好。

此外，五戒、八关斋戒、菩萨戒都可以分受。五戒就是在受戒时，就可以选择某条戒受与不受。

而八关斋戒、菩萨戒一般习惯都是在受的时候全受，出了受戒场后，如果有哪些戒条，觉得可能做不到，或是肯定做不到，而且会常犯的，就可以舍掉部分做不到的戒条。

▲《戒疏》云："泛列经论舍相不同：如《杂心》说：'若舍、命终、断善、二形生'也。《善生经》：加受恶戒时，舍善戒。《俱舍论》：八戒期心尽夜分终故舍，且列如此。"

关于舍戒的方法，在此广**泛列**出**经论**当中的**舍相**，有种种**不同**，第一根据《杂心论》所说的有四种情况：

一、舍：也就是做法舍，后面会谈到做法舍的方法。

二、命终：死亡后，戒体自然舍去。为什么呢？因为受戒时，是发心：尽形寿归依佛、归依法、归依僧，所以当生命结束的时候，戒体自然舍掉，变成阿赖耶识中，普通的善种子。

有人问：“受五戒时，可不可以念‘我某甲尽未来际，归依佛、归依法、归依僧’？”

答案是：五戒不开许尽未来际受的，为什么呢？因为众生都有隔阴之迷，如果发心尽未来际都受五戒，那下辈子隔阴之迷，哪里还记得受五戒之事。如果那时还有戒体的话，岂不是很容易就破戒了。所以佛陀只允许尽形寿受戒，生命结束后，就自动舍掉戒体了。

三、断善根：若起邪见而远离三宝，称为断善根，这时与当初受戒时的本誓——“归依佛、归依法、归依僧”相违背，所以戒体就自动消失了。

四、二形生：这个主要是约出家比丘(尼)戒，五戒、菩萨戒等就没有这个限制。

所谓二形生，是指一个人本来是男众，突然生出女根；或者本是女众，却突然生出男根，一个人同时具足男根女根。就比丘(尼)戒来说是不允许的，因为出家人的形象很重要，关系到众生对佛法的信心。

接着看《**善生经**》的说法：**“加受恶戒”**，例如因为工作的需要，开始发心要天天做杀生等恶行（如做屠户等），就是加受恶戒，会自动舍去善戒。或者又去受外道的戒法，也会自然失去戒体。

最后是《**俱舍论**》的说法：**“八戒期心尽夜分终故舍”**，就是受八关斋戒时，根据实法宗的规定，一次只能受一天。所以当夜分终了，第二天明相出来时(到户外没有灯光的地方，可以看到手掌上的粗纹为准)，戒体就自动消失了。

以上列出种种舍戒的方法。以下是弘一大师的补充说明：

“断善即起邪见者。邪见语通，未能的指。考《行宗》别文，云：断善失戒，四舍之一，即生邪见，远舍三宝。”

起邪见就是断善根，**邪见语通**：关于邪见的定义比较广泛。**未能的指**：《戒疏》并没有很明白地说明，怎样的邪见，才会自动舍戒。

考《行宗》别文，弘一大师参考灵芝律师《行宗记》(道宣律祖《戒疏》的批注)内有提到，所谓**“断善失戒，四舍之一”**，断善根而失去戒体，是《杂心论》所说的，四种舍戒方法之一。

“即生邪见，远舍三宝”，我们归依时，心念口诵：“我某甲尽形寿，归依佛归依法归依僧”。所以遇到一些障碍，而起邪见，不再信仰三宝，而信仰外道时，或是远舍三宝时，就违背了当初受戒时的誓言，戒体就自动舍掉了。

接着，讨论一个问题：舍戒后，有两种业是否也被舍掉了呢？

◀《戒疏》云
- “问：今舍戒者，为舍已生随行为因之业；为舍初愿，本受无作体耶？
- 答：
  - 因业不失——已生为因，不可舍也。得圣无漏，方倾善习。
  - 无作体失——今所舍者，止是本体。更不相续。
  - 引证——故《杂心》云：言舍戒者，戒身种类灭也。”

“今舍戒者，为舍已生随行为因之业”？“已生随行为因之业”，是指我们受戒后的随行，可以感召未来快乐的果报。所以这**随行为因**，他所生起的业，也就是**已生之业**。舍戒后，这种业是否也被舍掉了呢？

“为舍初愿，本受无作体耶？”舍戒后，当初登坛受戒时，因为发愿而纳受的戒体，这个无作业，是否也被舍掉了呢?

简单说就是问：“舍戒是否连受戒后因为随行所生起的福报都舍掉了？还是只舍掉当初所得到的无作戒体呢？”

回答分为三段，第一段是**“因业不失”**。在随行的因中所造的善业，是不会失去的。因此**“已生为因，不可舍也”**，我们透过持戒所修的已生的善因，为将来快乐果报之因，它是不会舍掉的。即使舍戒了，因为过去持戒所修的福报依然存在，不会全部枯萎、灭除，因此不用担心。

“得圣无漏，方倾善习”。这善种子直到我们成佛，得圣人无漏的境界时，方倾善习，才全体转识成智。本来因为持戒所产生的，只是人天有漏的种子。但当成佛后，全部转识成智，将有漏的种子，全部都转成无漏、清净的种子。因为这清净的种子，而成就佛身、佛净土的无量功德庄严，这就是“方倾善习”。它的功德不会消失，只会更加增上而已。

第二段**“无作体失”**，说明舍戒只是戒体失去它无作的功能而已。**“今所舍者，止是本体，更不相续”**，现在所舍的，就只是戒体本体无作的功能而已，更不相续。也就是说，戒体其任运防非止恶、无作的力量不再相续，而转成阿赖识中一种纯粹的善种子而已。这善种子虽然失去了无作之力，但是构成了金刚种子，毕竟不销，成为我们未来解脱的因种。

最后是**“引证”**，引《**杂心论**》的证明：**“言舍戒者，戒身、种类灭也”**。所谓舍戒，第一是舍掉戒身，也就是戒体。第二是舍掉戒体的种类，也就是随行。因为随行是依着戒体而发起的，所以与戒体是相随顺的种类。

舍戒之后，未来即使修不杀生等，它的本质也就只是人天善业而已，不再称之为持戒了。

下面介绍作法舍，舍戒的方法：

▲《戒疏》云："作法舍中，具缘有五：

初、是住自性者。

二、所对人境。**如《多论》云：'若无出家人，随得白衣外道，相解者成'**。

三、有舍心。

四、心境相当。**如《律》：'中边不领，前人不解，并不成舍'**。

五、一说便成。**"**

初、是住自性者：作法舍的先决条件，就是必须住自性，也就是住于有戒体的自性。如果没有戒体，所谓舍戒也就没有意义了。

二、所对人境：必须对一个人说要舍戒。**"如《多论》云：'若无出家人，随得白衣外道，相解者成'**。**"**舍戒时要对人说，如果一时找不到出家人来作对首法，在家居士(白衣)，甚至是外道也都可以，只要他能够理解你所说的话就可以了。而且也不需要对方同意，只要告诉他，想要舍戒就可以了。

三、有舍心：有决定舍戒的心，不是开玩笑、或是被逼迫，而没有真正想舍的心，犹豫也不算，所以要自己内心决定要舍戒，这是重点。

四、心境相当：舍戒时的心境必须相当，也就是说如果：**"中边不领，前人不解，并不成舍"**。例如中国和边地，因为语言不通，所以听你说话的人并不理解你所说的话。或者并非语言不通，而是讲得太含糊，或者对方只是小孩子，或者对方有智力、听力等障碍，因此不理解你所说的话，同样不构成舍戒。

五、一说便成：例如原本是受五戒满分的优婆塞(夷)，要舍掉不杀生戒，就跟对方说："我某甲舍不杀生戒，作五戒多分优婆塞(夷)。"

如果原本就只受了一条戒，那就说："我某甲舍某某戒，作三归优婆塞

(夷)。”

如果连三归也要舍掉，那就说“我某甲舍三归依，作外道”等等。

修行就像爬山，上山很累、很艰难；但若从山上滚下来那就很快了。所以受戒时要缘境发心、如理作意，才能纳受戒体，很不容易；但是如果要舍戒，说一次就好了。可见，成就善业不容易，但是要舍掉却是很快的。

接着解释，为什么佛陀要开许舍戒：

◀《戒疏》云
- 叙机劣——“所以开者。凡夫退位，知何不为？带戒犯非，业则难拔。
- 显开意——故开舍戒，往来无障。
- 结叹权巧——即是大圣善达机缘，任物垂教，号法王也。”

第一段是**“叙机劣”**，叙说开许舍戒的主要原因，是为了使根机比较陋劣的人，也能慢慢地发心学戒。**“所以开者。凡夫退位，知何不为？带戒犯非，业则难拔”**。之所以开缘允许舍戒，是因为凡夫心不定，进进退退，就像空中的羽毛一样忽上忽下，一时道心强了想持戒，过几天起烦恼，戒又守不住了，所以凡夫都处在可能退转的阶位。失去正念时，哪里还知道何者不当为呢？什么该做、什么不该做，起烦恼时就都顾不上了。如果这时候带戒犯非的话，所结三恶道的业，则难以拔除。

第二段**“显开意”**，说明佛陀因此开缘之用意。**“故开舍戒，往来无障”**。所以佛陀慈悲开缘，使初学者可以舍戒，未来依旧可以**往来无障**。往，就是舍戒。来，就是受戒。无障，就是可以多次的舍戒、受戒，这都可以的。

在家五戒、菩萨戒，没有限定来去几次。但是男众出家人受比丘戒，规定只能七次往返。为什么是七次呢？根据律上记载，有位比丘出家之后起烦恼而回家，之后又出家，但是又再起烦恼……这样的往来六次，到了第七次出家才成功，而证得阿罗汉，所以佛陀就规定可以来回七次。

但是女众只能往来一次。所谓男众的七次、女众的一次，其判断标准，是根据受比丘(尼)戒才算。像现在短期出家，只受沙弥戒等，就不算一次。

在家五戒、八关斋戒、菩萨戒为什么不限次数呢？因为就像一般在家人，愿意暂时舍弃尘劳，来到佛寺短住几天。只要他守规矩，即使来来去去的，佛寺也都很欢迎一样，在家居士就像客人，因此佛陀允许在家戒来来去去的，没有次数限制。

有的人认为受戒之后不要舍，感觉好像缘起不好，实际上如果此事缘起不好，佛陀就不会开许了。再者，也要看众生的根机，正念强的人，固然不需要此法；但有的人受戒时，没有考虑清楚，或者受戒后正念薄弱，这样与其破戒，还不如先舍戒，以后有因缘再重受还好些。

因此，只要心态正确，并非由于轻慢，而是出于对戒法、因果的尊重而暂时舍戒，就不至于构成不好的缘起。就像前面说到的，第七次出家才证果的比丘，就是一个很好的例子。

第三段**“结叹权巧”**，总结、赞叹佛陀慈悲智慧的权巧方便。**“即是大圣善达机缘”**，这是由于大圣佛陀，善巧通达众生的根机，以及每个人修行的因缘不同，才制定舍戒之法。

“任物垂教，号法王也”。任就是随顺，物就是事物的机缘。佛陀能够随顺众生的根机，而进行教化，因此号为法王，于法自在也。

因此，舍戒之法，也可以说是佛陀鼓励大家受戒的另一个方便了。

以上戒行的部分，就全部介绍完了。

甲二、戒相

根据《行事钞》的定义，戒相是“为行有仪”，也就是透过持戒，会表现出来的清净庄严的仪表。下文是详细的定义：

▲《事钞》云：“戒相者，威仪行成，随所施造，动则称法，美德光显，故名戒相。”

所谓**戒相**，就是修行人在四**威仪**中，因为戒**行成**就，所以能清净地持守戒法，对境不犯。**随**着他**所施造**，任何举**动**都**称**合戒**法**。因此**美德光显**于外，**故名戒相**。

就像当初舍利弗尊者，就是因为看到马胜比丘的威仪非常庄严，因此对佛法产生很大的信心，而随佛出家的。

我们看古代高僧大德的画像，也能感觉到那种美德光显，特别的清净庄严，就是因为高僧大德们都持律精严，因此表现出庄严的相貌，这就是戒相。

接着是弘一大师对戒相两种定义的解说：

戒相有二义：一约行为相，二以法为相。

《事钞》<标宗显德篇>中，约行为相，即此略文也。

《事钞》<随戒释相篇>中，以法为相，即今编《持犯篇》所引据也。

一、**约行为相：**就是上文所述：“威仪行成，随所施造，动则称法，美德光显”，因为持戒而表现出的庄严美好的相状，称为戒相。

二、**以法为相：**以戒法的开遮持犯，为其相状，也就是《南山律在家备览·持犯篇》所讨论的内容。

以上就是戒相二义，于此宗体篇中所述，即是**“约行为相”**。我们若能持戒清净，必然能使身心彻底改变，自然显现出清净庄严的相貌，众生见了欢喜、恭敬，这就是对佛法最好的宏扬、护持了。

甲三、结劝

我们学了戒法之后，就要好好持戒，那么我们的努力，应当归心何处呢？在此结劝文中，引古德的开示，作为我们持戒时，内心究竟的归宿处：

▲《芝苑》云："每以两端开诱来学：一者入道须有始，二者期心必有终。

言有始者，即须受戒，专志奉持。令于一切时中，对诸尘境，常忆受体。著衣吃饭、行住坐卧、语默动静，不可暂忘也。"

宋朝的灵芝律师，在《**芝苑遗编**》中开示，他老人家常常以**两**个法门，来**开**示**诱**导**来学**之人：第一就是**入道**必须**有**好的开**始**，因此必**须受戒**。因戒生定，因定发慧，所以受戒是第一步。

受戒之后必须随行，所以应当**专**心致**志**地**奉持**戒法。使**令**我们于**一切时中**，面**对**一切六**尘**的**境**界时，都能**常**常**忆**念所**受**的戒**体**。也就是说面对烦恼境界时，要常常忆持我们的戒体，而且主动以戒行来保护它。

不论是**着衣吃饭**、**行住坐卧**、**语默动静**中，都**不可暂忘**，要随时去保护戒体。

"言其终者，谓归心净土，决誓往生也。"

固然持戒最终极的目的，是为了要成佛，但是也必须有个中程的目标，那就是往生净土，以持戒的力量，来加持我们往生净土。尤其对于我们生长在末法时代的众生来说，这是一个最重要的目标。

为什么呢？以下解释：

“以五浊恶世，末法之时，惑业深缠，惯习难断，自无道力，何由修证。”

我们生长在五浊恶世，又是佛法的末法时代，可以说是恶上加恶。会生长在这样的环境，自然是我们过去的恶业所感召。因此，由于过去生所带来的等流习气很重，我们都是**惑业深缠**，烦恼、恶业深深的缠缚着我们的心。**惯习难断**，不好的习惯很难断除。

“自无道力，何由修证”。我们的道力很薄弱，因此要谈今生修行，乃至证得无生，了生脱死，是没有办法的。不说别的，解脱的基础——禅定，就很难生起。要生起开悟的智慧，一般人也是办不到。福报就更不用说了，生长在这时代的众生，都是福报不足的。

我们阅读《佛说无量寿经》下卷，佛陀对末法时代，五恶五痛五烧的描述，就可以感受到，处于这样的环境，面对自己的根机，今生要靠自力断惑证真，已经是不可能的了。

“故释迦出世五十余年，说无量法，应可度者，皆悉已度。其未度者，皆亦已作得度因缘。”

所以释迦牟尼佛出世，说了无量法门，那些生长在佛陀在世时代的众生，自然都是善根、福德特别殊胜的人，都是今生可度之人，佛陀皆已将其分别度脱了。没有得度的众生，世尊也慈悲地为他们留下了种种法门，作为他们未来得度的因缘，因此在正法、像法时代，还是陆续有佛弟子依法修行，今生得以度脱。

“因缘虽多，难为造人。”

但是到了现在末法时代，可令众生得度的**因缘虽多**，也就是法门虽多，但是大多**难为造人**，也就是说众生的根器已经达不到那标准了。因为解脱的基本要素，除了有甚深的禅定之外，还要有开悟的智慧，甚至还需经多生多劫的积功累德。一个人会生长在五浊恶世、末法时代，那就代表他已经不具足这样的条件了。

“唯净土法门是修行径路。”

所以唯有净土法门才是修行的径路。净土法门仰仗佛力，不需要断惑证果，却可以带业往生，今生超出轮回，岂非径路！

要想靠自己的力量超出轮回，是很困难的。如果只是研究经典的理论，或许感觉还没那么强烈，但如果有因缘做一段长时间的精进加行后，就会深刻地感受到，不要说断惑证果，一个人若能够数十年如一日地用功，一生都精进办道，这已经是凤毛麟角了，而从古德的传记当中，我们知道，这也还只是修解脱道的基本条件而已。

例如智者大师的师父——慧思禅师证果后，当下发起神通，在神通中见到他过去七生，都在现在所住的山洞中，一生精进用功，不禁感慨万千，这多不容易啊！

不仅长时间安住办道不容易，即使长时间闭关用功后，再出来面对世俗的环境，依旧多少会动念，可见，要断惑证果，确实不容易的。永嘉大师《证道歌》中也说：“吾早曾经多劫修。”他老人家说他也是累劫不断地修行，才能够开悟证果，因此，只有真正用过功，才知道此间的困难，所以净土法门实在是修行的快捷方式啊！

“故诸经论，偏赞净土。佛法灭尽，唯《无量寿佛经》百年在世。”

因此在大乘的诸多经论中偏赞净土，特别地称扬赞叹净土法门。在《佛说无量寿经》中说：“当来之世经道灭尽。我以慈悲哀愍，特留此经止住百岁，其有众生值斯经者，随意所愿皆可得度。”佛陀特别加持，在未来佛法灭尽之后，让《无量寿经》又多住世百年，因为这是末法时代，众生唯一得度的希望。

“十方劝赞，信不徒然。”

在《阿弥陀经》中，十方诸佛出广长舌相，来劝修、赞叹净土法门，相信绝对不是徒然的，因为这真是我们末法时代，超越生死大海的津梁。

所以我们学戒、持戒的目的，是希望假借戒法之力，作为往生净土的助缘。因为往生净土，必须有信、愿、行三资粮。这当中厌离娑婆、欣求极乐的信愿，如果没有戒的基础，内心躁动不安，又怎么能够成就，而作往生资粮呢？

同时，三资粮的“行”，就是要能念念相续地守住佛号。如果没有戒的力量，心就像风中的蜡烛一样飘摇不定，持名之行也是没有办法成就的。所以信愿行三资粮，都要以戒作基础。

所以对于末法众生来说，我们要知道**“入道须有始，期心必有终”**这两端，以戒律作为我们入道的开端；以求生净土，作为我们一切修行的目标。

《南山律在家备览·宗体篇》，就扼要地介绍到此，希望对于刚迈入戒学、或者有志于研究《南山律在家备览·宗体篇》的人，会有些许的帮助。

了解了戒学的大纲，未来在学习《南山律在家备览·持犯篇》时，就能掌握其宗旨，而圆满地契入戒法“波罗提木叉”之真实义！

2014年3月 于净律寺普贤院

附录一　本书中引用的律典简介

《业疏》：《四分律删补随机羯磨疏》的别名，又名《四分律羯磨疏》或《四分律业疏》，为南山三大部之一。唐代道宣律师撰，其内容广释道宣自著的《四分律删补随机羯磨》，辨释持戒的要谛。

《事钞》：《四分律删繁补阙行事钞》的别名，又名《四分律行事钞》或《六卷钞》，为南山三大部之一。唐代道宣律师撰，其内容就《四分律》加以删繁、补阙，叙述《四分律》的要义，并参酌诸律诸家之说，详述律行的故实制规，对后世僧行风仪的确立影响甚大。道宣律师以此著作被尊为南山律宗开祖。

《戒疏》：《四分律含注戒本疏》的别名，又名《四分戒本疏》或《南山戒本疏》等，为南山三大部之一。唐代道宣律师撰，其内容广释道宣自著的《四分律比丘含注戒本》，先略说佛陀制戒的本意及神足、说法、忆念三轮中的部属、尸罗、波罗提木叉、毘尼等名义，及诸部律藏的种别、戒本的题名、诸广律的传来情形等。其次，注释《含注戒本》的内文，设立“广教行法”及“略教行法”二分，并各立序分、正宗分、流通分三段，更以细科分别之。

《资持》：《四分律行事钞资持记》的别名，又名《四分律钞资持记》或《行事钞资持记》。宋代灵芝元照律师撰，其内容注释道宣律师所著《四分律行事钞》。

《智论》：《大智度论》的别名，又名《摩诃般若波罗蜜经释论》等。古印度佛教大德龙树菩萨（约3世纪）撰，其内容主要讲述中道实相,以二谛解释实相之理,发挥般若思想,对《摩诃般若波罗蜜经》作出系统解说及论证。

《归敬仪》：《释门归敬仪》的别名，唐代道宣律师撰，其内容有关供养归敬之理论及仪礼作法。

《义钞》：《四分律拾毗尼义钞》的别名，又名《拾毗尼要义钞》或《要义钞》等。唐代道宣律师撰，其内容补充解释《四分律行事钞》。

《芝苑》：《芝苑遗编》的别名，宋代灵芝元照律师撰，其内容包括卷上之戒体章、持犯体章、大小乘论等六篇，卷中之授大乘菩萨戒仪、诫沙弥文等五篇，卷下之为蔣枢密开讲要义、南山律宗祖承图录等五篇。

《母论》：《毗尼母论》的别名，是注释《律藏·犍度品》的典籍。

以上律典有部分内容涉及到出家戒律，在家人不宜阅读！

《南山律在家备览》编辑小组糅合解释

附录二　本书中出现的古代与现代通用字

① “归依”同“皈依”（“归”乃翻译梵文而形成的文字，《字汇补》：“归”与“皈”同，本义指返璞归真；中国人把人性分为“善”和“恶”，而印度则把其分为“黑”和“白”，把“黑”反过来到“白”，就是“归”字的用意，“反白”就是返璞归真，含有觉醒和回头之意，故现代多用“归依”）。

② “瞋”同“嗔”（因为《南山律在家备览》原文里是“瞋”，所以本书遵循原文统一用“瞋”）。

③ “藉”和“借”（意为“凭借、依靠”时，两字是通用的，如：借助——藉助）。

④ “趣向”（在本书中有“趋向”之意，因佛经中多用“趣向”，所以遵循经文统一使用）。

⑤ “祇桓”和“祇洹”（两个词组在经文中都有出现，在道宣律祖的著作中使用的是“祇洹”，所以在本书中遵循原著统一使用）。

⑥ “其他”和“其它”是异形词，意思和用法完全一样，写法不同。《现代汉语词典》等工具书都推荐使用“其他”，既可指人，也可指物。

⑦ 波罗提木叉，意译为随顺解脱、处处解脱，即佛教出家众所应遵守的戒律。

《南山律在家备览》编辑小组糅合解释

南山律在家备览

——持犯篇

弘一大师 遗著

良因法师 导读

自净其心

沙门一音

第一课 持犯总义

甲一、明起业之源

甲二、约三性示相

甲三、结示伤叹

《在家备览》中关于持犯总义的内容很多，我们只是取其中的一小部分来大概介绍一下。持犯总义分为三大段：**甲一、明起业之源；甲二、约三性示相；甲三、结示伤叹**。

▲《资持》云：**“化制两教，辨业天乖。制则从教重轻，化则论心浓薄。教唯楷定，缘具则例入刑科。心既不常，动发则须分体性。因果既异，化制斯分。必味宗途，未穷业本。故先料简，委示来蒙。”**

《在家备览》是在唐宋时期成文，所以现代人看起来会比较晦涩，但讲的道理并不难懂。**“化制两教”**，佛法有**化教**和**制教**的差别，在宗体篇中已经介绍过。化教指的是经论，如《金刚经》、《法华经》、《楞严经》等，都属于化教，它是佛陀按照众生根基的不同来教化众生的方式。你可以随个人的因缘，选择修这个法或修那个法；而制教，是佛陀规定受戒的人一定要持守的，如出家的沙弥戒、比丘戒，就属于制教。**“辨业天乖”**，**辨**别化教和制教在**业**上的差别，就像**天**地悬隔那么大的差距。何以见得？**"制则从教重轻"**，**制**教，就是我们戒律的部分，尤其是出家戒的部分。制教是从**教**的规定来判定罪的**轻重**，这个教指的就是戒法，比如说杀人，一定是犯上品罪，杀畜生是犯下品罪。不管在杀这个众生的时候，内心的烦恼是粗重还是淡薄，只论犯戒的对境，如果是杀人就是重罪，杀畜生就是轻罪。从相上来看，这个就是制教。**"化则论心浓薄"**，**"浓薄"**是指内心善恶的强弱。**化**教判断业的轻重，不仅看是杀人还是杀畜生，还要看在造业的时候，心的轻重。比如同样是杀死一只蚂蚁，不小心踩死它，这个业就很轻，但如果是用凌虐的手段，残忍地把它杀死，这个业就很重，这是化教的态度。化教会看你在造业的时候，烦恼心的轻重，这叫"论心浓薄"。总之制教只看行为，杀人就判重罪，杀蚂蚁就判轻罪。而化教要看心态，即使同样是杀一只蚂蚁，烦恼心重，业就重。

"教唯楷定，缘具则例入刑科"，这一句指的是制教的部分。制**教**只能是**楷定**的。"楷定"，是指佛陀亲口宣说的，是不能改变的。例如佛陀说，杀人犯上品罪，杀畜生犯下品罪，这是不能改变的。所有的戒法一定要由佛陀亲口宣说，因为缘起法甚深甚深，即使等觉菩萨，都会有看不清楚的时候，何况是下位的菩萨乃至凡夫呢？所以制教的教法部分，也就是戒律的部分，只能由佛陀亲口楷定。

"缘具则例入刑科"，从律上来判断是否犯戒，要看是否具缘，当**缘具**足的时候，就是犯戒了。例如杀生戒，《事钞》云："犯缘具五。一是人。二人想。三起杀心。四兴方便。五命断。"具足这五个缘，就犯杀戒了，所以制教的态度是比较死板的，根据事相来判断，这是个大判。

"心既不常，动发则须分体性"，这是描述化教的部分。但因为**心不**是恒常不变的，心态随时会不一样，所以**"动发则须分体性"**，**"动发"**，就是发动身口意三业，**"体性"**，就是善、恶、无记三心。也就是说化教判定轻重，要从内心的动机来判断。所以犯了戒之后，会有两种罪：一是按制教的标准来判断，此为制教罪；二是用化教的标准来判断，此为业道罪。例如一个受五戒的人，杀一只蚂蚁或蟑螂，首先就制教来说，犯了制教的罪，受五戒不能杀生，却杀生了。杀蚂蚁、蟑螂这是畜生，犯的是下品罪。其次就化教来说，杀生本就属于世间的恶法，所以不管你有没有受戒，杀畜生一样都是有罪业的。所以受了戒的人要注意，若犯了杀、盗、淫、妄这四条根本戒，都是同时结下犯戒罪和业道罪这两种罪的。

“因果既异，化制斯分”，制教的判罪是约缘具，例如杀戒，五缘具足，就犯戒了；化教判罪是约这一念心，根据心烦恼强弱的不同，来判定罪的差别。制教跟化教的**因**不一样，所以当然**果**也就不一样，因果不同，所以**“化制斯分”**，化教跟制教由此而区别开。

总结：**“必昧宗途，未穷业本。故先料简，委示来蒙”**。**“昧”**是不明白，如果不明白化制二教的**宗途**，就不能够**穷**尽**业本**。戒律的制定，是为了制止我们造恶业，但若对业的基本原理了解得不够透彻的话，持戒往往也就只是个表相，起不到断绝恶业的作用。比如我今天持不杀生戒，内心却在想：这些蚊子太可恶了，害我一夜睡不好，真想把它们全部杀死。但是我受戒了，又不能杀。不能杀是因为戒律的规定，内心却很想把它们杀死。这时有人会以为：因为并没有动手杀它，所以持戒还是清净的。其实不是的，持戒已经不清净了，因为虽然没有杀它，但是有了杀它的心，就制教（戒律）来说还没有犯戒，但就化教的因果来说，起杀心就有罪，就有恶业在心中了。

所以我们在持戒的时候，要从心上来调。否则持戒只是个表相而已，我们应该更重视心才对。持戒的同时，还要看好这一念心，就像前面举的例子一样，表面上看起来没有犯戒，事实上他的戒体已经不清净了。所以我们后面在讲到戒的开、遮、持、犯之前，要先了解这念心和业的相状，才不会学了很多理论，结果就只是学些事相上的东西，做起来很呆板、很束缚。只有把戒法的修行汇归到因果的道理上，持戒之后，业才能确实清净。因为业清净了，所以这念心也清净了，心清净了，就会感到很快乐。真正持戒持得好的人，内心是愉快的，身体是健康的。为什么？因为他通过持戒清净，将整个生命转变了，所以他的身心都彻底地脱胎换骨了。而所谓持戒清净，不只是从表相上来看有没有具缘、有没有成犯，更重要还看你的内心是否跟烦恼相应。

我们先来谈这念心，然后再谈外相。**“先料简，委示来蒙”**，**“委”**是详细，**“蒙”**是初学，对初学的人，做一个详细的开示。

甲一、明起业之源

◀《事钞》云
- 示业本——“起业要托三毒而生。然毒之所起，我心为本。此义广张，行人须识，如忏法中具明业相。”
- 正叙重轻
  - 示犯报分齐——“今略述起罪必约三性而生，受报浅深并由意业为本。”
  - 引文显相——故《明了论》解云，破戒得罪轻重不定。

▲《事钞》云：“起业要托三毒而生。然毒之所起，我心为本。此义广张，行人须识，如忏法中具明业相。”

持戒是为了修行、求解脱，持戒对于修行、解脱究竟有什么意义呢？若能了解其中的道理，就不会觉得持戒呆板束缚，反而会以欢喜心积极主动地持戒。

“起业要托三毒而生”，世间人为什么杀鸡鸭来吃？因为贪。世间人为什么争执吵打？因为瞋……恶**业**都是**托**贪、瞋、痴三**毒而生**起的。但三毒还不是烦恼的根本，烦恼的根本是什么呢？**“毒之所起，我心为本”**，三**毒**的根**本**是我执。正如树根虽然埋在土里，地面上看不到，但树干、枝叶却依之而生，我执就是生起三毒的根，**“我心”**就是我执。我们认为五蕴当中有个常、一、主宰的“我”存在，这就是我执。因为有我执，这是“我的”身、“我的”心，所以当有人赞叹“我”，“我”就快乐，当有人毁谤“我”，“我”就痛苦。有人打“我”，“我的”身体就很痛苦，有人帮“我”按摩，“我的”身体就很舒服。执着这是“我的”身、“我的”心，于是对于“我的”身心的顺境就起贪，逆境就起瞋。所以有我执，就会有贪、瞋、痴，这是起业的根本。

“此义广张，行人须识”，这个道理在后面还会详细地说明。为什么要学习这个道理呢？因为我们今天之所以会流转生死，就是因为有我执。当阿罗汉破了我执，就出三界了。怎么破我执呢？要有般若波罗蜜的智慧。“观自在菩萨，行深般若波罗蜜多时，照见五蕴皆空，度一切苦厄……”，“照见五蕴皆空”，则能“度一切苦厄”，能够破我执，才能出三界。但是要成就般若智慧，必须要有助缘，这个助缘是什么呢？也就是要有禅定作为助缘，如果心很散乱，即使曾经熏习过般若智慧，也使不上力，所以要有定功，而定功的基础在戒。只有透过持戒，才能遮止、不去做一些不好的业，使身、口、意三业保持清净。此时再用般若智慧去对治内心的贪、瞋、痴三毒，乃至根本的我执，才会有力量。例如同样学习一部经论，由于在家没有持戒的环境，心很散乱，业也比较粗重、不清净，可能只能吸收听到的经的三四成。但若到道场中参学，渐渐习惯之后，身心越来越清净，同样听法师讲一句话或听一堂课，受用会远远超过在世俗的环境。所以因戒生定，因定发慧，就是这个原理：通过持戒，来收摄粗重的三业，渐渐地才有力量用般若智慧去破三毒乃至我执。所以我们必须要知道这个原理，才会欢喜持戒。

再看下一段：

“今略述起罪必约三性而生，受报浅深并由意业为本。”

这段从因、果两方面来说：就因来说，造罪一定是由善、恶、无记三性而

生。例如犯戒可能出于善心、恶心或无记心（当然，无记心不一定犯戒）。故约善心、恶心、无记心三性之因来造业。

从果报上来说，**“受报浅深并由意业为本”**，例如，同样杀一只蚂蚁，果报有可能堕到地狱，也可能只是堕到饿鬼、畜生道。**受**果**报**为什么会有**浅深**的不同呢？是因为**“意业为本”**，身、口、意三业中，烦恼心的轻重，是决定受报轻重的根本。简单说，就因为造业时的因有善、恶、无记三心的差别，所以未来受果报的时候，就会有轻重的差别，重报有可能是堕地狱，这是就业道罪来说。但如果就制教来说，杀一只蟑螂或蚂蚁，一样是犯下品罪的。

因此我们在持戒时要注意，不要以为只要事相上做得到就可以了，事相上做得好，可能只是不犯重罪，如果不去注意这一念心，有可能犯下品的罪，但结果却是堕地狱，因为“受报浅深并由意业为本”。

“故明了论解云：破戒得罪轻重不定。”

《明了论》就是《律二十二明了论》，这是律部的一个论。论中说，**破戒得罪**之后，未来果报**轻重**是**不**确**定**的，有可能直接堕地狱，甚至堕无间地狱；也有可能不堕地狱。所以不要以为破戒一定堕地狱，不破戒就一定不堕地狱。重点不是事相上的差别，而在自己的心。我们看下表，这是弘一大师根据律藏中的要义择录出来的。

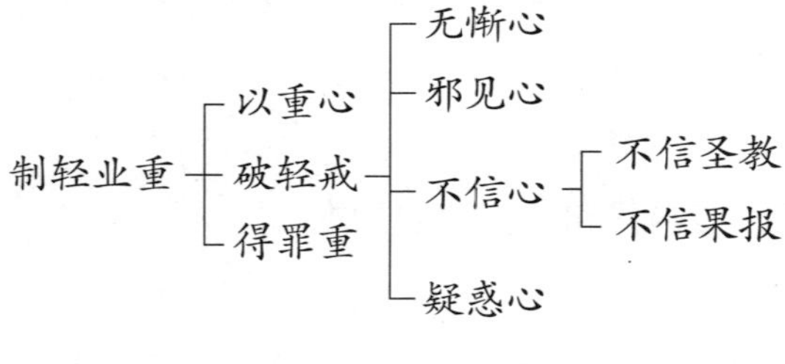

“制轻业重”，**制**就是制教，也就是戒。戒律制的是**轻**罪，但未来果报却很**重**。即**“以重心破轻戒得罪重”**。破戒时是**重心**——殷重的烦恼心，即使**破**的是**轻戒**，未来**得**到的**罪**也很**重**。比如杀生，只是杀蚂蚁；偷盗，只是偷一点点小东西；邪淫，可能只是造作一些不好的念头等等，就制教来说，这些属于轻戒，但是，如果用下面这四种心来破这些轻戒时，未来的果报就是地狱的果报，这叫**“业重”**。四种重心分别是：

第一，**“无惭心”**。在造业、犯戒的时候，没有惭愧心。什么是惭愧心呢？就是“惭己愧他”，“惭”是就自己来说，“愧”是对他人来说。“惭己”是指对自己的要求，作为一个出家人，或者一个受了戒的在家居士，受戒之后，并没有好好珍惜自己的戒体，而且也不尊重自己是一个受了戒的人，犯戒了，却没有惭耻之心，甚至心中觉得无所谓，这叫“无惭心”。

“愧”是指“愧他”，犯戒造业一定会引起旁人的讥嫌诃责，即使没人看到，天龙鬼神、诸佛菩萨也都是知道的，想到这些，内心感到羞愧，这是“愧”。要是无惭无愧，造罪时内心都无所谓，反正自己高兴就好了，没有羞愧的心、不在乎别人的讥嫌，纵然只是造作小罪，所结的业道罪也是很重的。

像现在末法时代，要每一条戒都持得清净，确实不容易，尤其是有工作的在家居士，常常会有困扰，例如老板要求做假账，不做，会丢掉工作；做呢，又犯戒。这时如果不得已而造作，就要有殷重的惭愧心。因为做假账犯偷盗罪，就制教罪来说，盗五钱，就犯上品偷盗罪了；但若做的时候，内心很惭愧，这在唯识学中属于“非意乐所造业”，不是内心想做，而是被强迫所造的业，以惭愧心来造的话，这个业相对来说就轻多了。相反，要是造业的时候想：“又不只是我一个人这么做，大家都这么做啊!”以这种无惭无愧的心态造作的话，业就会很重。杀生、邪淫等罪也是一样。

佛陀传记中记载，释迦牟尼佛晚年的时候，琉璃王因为宿怨，而发兵把整个释迦族全灭了，当时神通第一的目犍连尊者为了留存释迦一脉，用神通把一些人放到钵里送到天上，以为可以让他们逃过一劫，但是没想到，战争结束后，把钵拿下来一看，钵里的众生全部化成了血水。在琉璃王灭释迦族的时候，世尊的头痛了三天。

这是什么因缘呢？佛陀告诉弟子，过去久远劫前，有个村庄里的人在河里捕到一条很大的鱼，大家很高兴地把这条大鱼分着吃光了。有个小孩没吃，但他看到大鱼好奇，就在鱼头上敲了三下。这条大鱼就是后来的琉璃王，在鱼头上敲了三下的小孩就是释迦牟尼佛，整个村子的人就是被灭了的释迦族。所以，不是人多，业就会被分担或减免掉。无论人多少，得果时，一样要受报。

最近媒体报道，台湾因为鸡的产量过剩，怎样保持鸡的价格不跌呢？就杀小鸡。用火烧死、用电电死，或者丢到河里淹死……各式各样的方法。甚至还一次性杀了几十万只。我当时就想，这几十万只小鸡，刚好和一个小城市的人数差不多。可能以前他们都造着同样的业，大家都觉得无所谓，反正左邻也这么做，右舍也这么做，我这么做应该没事吧！造业时无惭无愧，果报现前的时候，再多同造业的人也不会减轻，都也是一样受报。

虽然在现在的社会中，持戒更不容易，但我们还是鼓励各位受戒，不要破重戒，如果是被逼无奈犯了轻戒，要有惭愧心，这点很重要。若没有惭愧心，即使犯轻戒，也会得重罪的。

第二，**“邪见心”**。对因果的认识是错误的，称为邪见心。就像有的人说，鸡鸭鱼肉是人间一道菜，本来就是给人吃的，以这样的心态吃，就是邪见心。或者像印度有些外道认为，妇女就像树上的水果，熟了就是要摘下来吃，所以他们在造邪淫的时候，没有惭愧心。还有外道，用众生作为祭祀的供品，认为这样上天会赐福，这都是邪见心。出于邪见心而造业，即使犯的是轻戒，结下的罪也很重。

第三，**“不信心”**。不信心包括两类，一类是**“不信圣教”**，一类是**“不信果报”**。**“圣教”**，是指佛陀所制定的戒律。“不信圣教”是认为某戒律不是佛制定的。例如佛陀规定比丘尼见到比丘时，要行八敬法，但有人会说这不是佛陀制定的，这是后人轻视女众，才制定的戒，这就是“不信圣教”。或者认为，印度和中国的风俗民情不同，所以戒律不用照搬；或者认为佛陀制戒是三千多年前的事了，到现在已经不适用了等等。

例如佛陀制定“不非时食戒”的因缘，是有一次迦留陀夷尊者晚上去托钵乞食，一个怀孕的妇女出来开门，这时刚好天空划过一个闪电照在尊者的脸上，由于尊者长得特别黑，闪电一照，妇女以为是鬼，就因惊吓过度而流产了。佛陀因此就集合僧众说：从今以后，过了中午就不允许再去托钵。事实上，这条戒对修行本来就很重要，佛陀只是假借迦留陀夷这个因缘制定此戒。而有的人认为，现在下午吃饭又不会吓到别人，也不会障碍别人，所以不需要再持这条戒，或者有的人认为吃素不是佛陀制定的等等。

事实上，律典中说，佛陀制定每一条戒，都是观察无量众生得度的因缘后制定的，绝对不会因为某个偶然、单一的事件就制戒，那些事件只是一个触发点而已，也可以说佛陀是借题发挥，趁这个机会来制定这条戒。所以这些戒律都不会是不合时宜的，要是觉得不合时宜，那就是“不信圣教”了，破轻戒，得重罪。

因此我们要把这些世智辩聪的心打扫干净，自己要是持守不了戒律，也不要以“时代不同了、环境不同了” 等等为借口，对佛陀的教法产生异议，否则以这样的“不信心”造业，一旦果报现前，就追悔莫及了。

“不信果报”，是指不相信佛陀在律藏中所说，破戒或犯戒的果报。例如佛陀说犯一个小罪，果报是要堕到地狱中几百万年。有人不信，想哪有那么严重，我不过是犯了一个小罪而已。如佛陀时代有位宝莲香比丘尼，破了淫戒，在别人诃责她时，她狡辩说邪淫的事情是两情相悦，又没有伤害到别人，有什么要紧的？她刚说完这句话，当下身体就发出猛火，地面现出一个大坑，直接堕到无间地狱中去了。原本她破戒的果报还不至于那么严重，就是因为邪见

"不信果报"的这个心，当下得了重报，这个就是"不信心"。

第四，**"疑惑心"**。"疑惑心"跟"不信心"的差别在于，信是信一点，但也不全信。一般说来，"不信心"外道居多，但"疑惑心"我们佛教徒也会有。如果我们对佛陀的教法没有深入去思惟或实践的话，多少都会带有疑惑心，怀疑圣教——怀疑这可能不是佛说的吧！我要考察考察才好；或者疑惑果报——果报可能不会这么严重吧！这应该不会发生在我身上吧！有这种侥幸的心态，都称为"疑惑心"。以这些心来破轻戒的话，得到的罪也是重的。

- 制重业轻
  - 以轻心
  - 破重戒
    - 有惭心
    - 无邪见心
    - 有信心
      - 信圣教
      - 信果报
    - 无疑惑心
      - 不疑圣教
      - 不疑果报
  - 得罪轻

相反，**"制重业轻：以轻心破重戒，得罪轻"**。就制教罪来说，犯的是重罪，但若是出于下面这四种心而犯戒，所结的业道罪还是轻的。

第一，**"有惭心"**。就是有惭愧心。无论犯轻戒、重戒都一样惭愧，而且要天天忏悔。我们要天天拜八十八佛忏悔业障，就因为在这个娑婆世界中，很难完完全全清净，所以要不断地忏悔。忏悔之后虽然还是会犯，但还是要不断忏悔。就像洗完澡后身体还是会脏，但还是要洗。慢慢忏悔久了，业也就清净了。所以第一要有"惭愧心"。

第二，**"无邪见心"**。对因果要有正确的认识。认真学戒，弄清楚每一条戒的开遮持犯，认为出于好心而犯戒没有关系，这就是邪见。例如有人会问："如果我今天看到一条蛇，它可能伤害很多众生，所以我把它杀了。我是为了救人才杀它，这是否就不会有果报？"事实上，菩萨戒对杀盗淫妄虽然有开缘，但至少要是资粮位、加行位，甚至有的高标准要见道位的菩萨才能开缘。

大乘资粮位就是十信位，加行位是十住、十行、十回向，只有这些大菩萨才能够开缘。我们没有达到这样的境界，就轻易地去做戒律不允许的事情，还觉得是为了利益众生才做的，事实上内心是跟烦恼，或者贪图功德相应的，而做的时候还没有惭愧，还认为是对的、是应该的、是与菩提心相应的，这就是邪见心。所以对因果、对戒律要有全面正确的认识，才能具备“无邪见心”。

第三、**“有信心”**。信心包括对**圣教**的**信**心、对**果报**的**信**心。对圣教的信心就是对佛陀制定的戒法的信心。“经通五人，律唯佛制”，律典只有佛陀才能够制定，就像古代只有国王才能够颁布法令一样。因为缘起法太深了，乃至等觉菩萨都有看不清的时候，只有佛陀能完全看清楚。而戒律就是依据缘起法而制定的，所以只有佛陀才能制定戒律。佛陀观察无量无边的众生得度的因缘之后，才制定的戒法，所以我们要相信佛陀圆满的大智慧。对于戒法，无论是否理解，都应该照做。

就像没有受过八关斋戒的人，会觉得晚上不能吃饭，又不能唱歌跳舞等规定很奇怪。但是当真正持守八关斋戒，从中得到法喜、清凉和种种利益时，就会体会到：哦！原来大智慧的佛陀，制定八关斋戒真的是非常有必要的。以我们凡夫的智慧去分析戒法，不见得能理解，要先去做。就像古德说的，刚开始持戒的时候呆板一点没关系，不要试图一开始持戒，就能做到圆融自在。一开始不守戒就以圆融自在为借口，到后来就完全放任了。要相信圣教，刚开始持戒的时候就是呆板一点，生硬一点，慢慢持戒久了，就能体会到其中的利益，所以要相信圣教。

“信果报”，是要相信善恶因缘果报的道理。多思惟观察经论中所说因果的道理，如《地藏经》里面讲三恶道的果报，什么样的因会感召到地狱、饿鬼、畜生的果报；或者《十善业道经》，讲十善业的因缘果报等等。多去看、多去体会经典，慢慢地，对因缘果报的道理就能生起信心。也可以学习《广论》中的善巧，从四点去思惟业的总相：第一点，业果决定；第二点，业增长广大；第三点，业不作不得；第四点，业作已不失。

第一点，业果决定。造善因绝对会得到快乐的果报，造恶因绝对会得到痛苦的果报，因果丝毫不爽。有人会说：现在社会上很多人走旁门左道。走邪路，造很多恶业，为什么却大富大贵，而没有得到不好的果报呢？

事实上，一个人会大富大贵，是因为他过去生栽培了富贵的因，不是因为走旁门左道，社会上走旁门左道的人多了，只有很少的人能真的大富大贵，所以旁门左道不是大富大贵的因。相反，今生走旁门左道造下了一个不好的因，未来痛苦的果报就等着他了。所以我们要相信因果丝毫不爽，善因得快乐的果报，恶因得痛苦的果报，绝对不会有侥幸的。

第二点，业增长广大。增长广大是说，造的业因小，而得的果报大。就像吃一小颗毒药，却会扩散到全身一样，例如因地可能只是杀了一只蚂蚁，但得果报时，却可能是很长久的地狱果报，业也是会增长广大的。例如我们受一周的八关斋戒，感觉好像没什么特别明显的改变，但它在阿赖耶识中种下了种子，未来开花结果时，会是非常殊胜的果报。

佛陀将成道时，魔王要来干扰他，佛陀就观察，是魔王的福报大呢，还是佛陀自己的福报大？因为福报小的人是不可能障碍福报大的人。佛陀首先观察魔王在过去生中，曾经举办过一次无遮大会，所以今生有这个福报做魔王。佛陀接着观察自己，在无量劫的生命当中，曾经为无量的众生，舍无量的头目脑髓，累积了广大无尽的福报，因此他知道，魔王绝对干扰不了他。

魔王凭借办了一次无遮大会的功德，就可以成为他化自在天的魔王，而受持五戒的功德，已经远远超过办无遮大会，何况是受持一日一夜八关斋戒，更是远远超过五戒的功德。所以业是会增长广大的，莫以善小而不为，莫以恶小而为之。

第三点，业不作不得。我们想要得到快乐的果报，就要去栽培相应的因，否则是不可能快乐的。有的人觉得生命很苦恼，很想求解脱，但告诉他要精进用功以求解脱，他却提不起劲来，即使佛在眼前也没办法。我们要知道“业不作不得”，想要脱离轮回的痛苦，就要去栽培解脱的因。

第四点，业作已不失。善业都是这样。持七天的八关斋戒，又做了广大的回向，并回向无上菩提，这个果报到什么时候结束呢？到你成就无上菩提的时候才结束，这是“业作已不失”。恶业也是一样，“假使百千劫，所作业不亡，因缘会遇时，果报还自受。”正如前面讲到的公案，释迦族之所以会被灭族，是因为久远劫前，他们曾经共同吃掉一条大鱼，虽然久远劫来一直没有受报，但终究有一天会受报，这叫“业作已不失”。

再比如说唐朝的悟达国师，他的过去世在西汉时期曾经谋害过一个人，那个冤魂累世以来，都在寻求报复的机会。但悟达国师在后来的十世中，都是持戒严谨的大德高僧，冤家报复不了他，直到这一世，皇帝向他顶礼时，他起了一念骄慢的心，这时人面疮的果报就现前了。所以一再地告诉大家要坚持拜八十八佛，甚至放蒙山，忏悔业障，多积功累德等等，就是因为过去所造的恶业，若不把它净化掉，终究会现前的，若在现前时毫无准备，只会更加痛苦。

因此我们要从《广论》中所说的“业果决定”、“业增长广大”、“业不作不得”、“业作已不失”这四点来观察；或者配合《地藏经》、《十善业道经》、《百喻经》、《百业经》等等的经典去观察；或者是《了凡四训》、《安士全书》等等，尤其初学佛时，要多看这类讲因果的书籍。当然，要看正确的因果教育类书籍，像现在很流行的《三世因果经》，那其实并不是佛经，其中有的观念是错误的。多看正确因果教育的经典，并常用经典中的道理观察世间，对因缘果报就越来越深信了。这是“信果报”。

第四，**“无疑惑心”**。就是不疑惑圣教，不怀疑果报，不但相信，而且完全不疑惑。这都是要经过长时间的熏习才能具备的。出于以上四种轻心而犯戒，则破重戒得罪轻。

甲二、约三性示相

三性就是善心、不善心、无记心，约着这三种心，来显**示**造业犯戒的**相**状。我们犯戒不见得是出于恶念，有时候可能是出于善心，或者无记心犯戒，都是有可能的。

我们先看善心犯戒的情况：

乙一、善心

▲《资持》云：**“初善心者，虽非粗恶，然是无知。结业乃轻，违制无别。”**

出于**善心**造罪，**虽**然不是**粗恶**的不善心，不是那种贪瞋的烦恼，但**“然是无知”**，无知是说在造业的时候与愚痴相应。正如我们前面讲的，有人认为杀死一条蛇，就可以救护其他众生，以一个众生的生命换很多众生的生命是正确的。如果是智慧足够的大菩萨，这样做时完全没有我执、完全跟菩提心相应，对大菩萨是可以开缘的。但我们凡夫众生智慧不够，怎么知道这样做就一定是好的呢？另外，在造作的时候，有没有个人的私欲在里面？我们凡夫众生的心很粗重，很难看清楚自己，这时候就可能无知造业了。出于善心造罪，就化教的业道罪来说，**结业**是**轻**的，但是**“违制无别”**，对于制教来说，就违背戒律的这一点，是没有差别的。不是说因为好心杀人就没有破杀戒，好心杀人，一样是破了杀戒的。这是总说，下面举例说明：

◀《事钞》云
- 好心犯盗 —— "如僧祇中。知事暗于戒相，互用三宝物。随所违者，并结上罪。
- 慈心犯杀 —— 或见他厌生，与其死具。看俗杀生，教令早与，勿使苦恼。此并慈心造罪，而前境违重。
- 示犯所以 —— 不以无知便开不犯，由是可学皆结根本。"

▲《事钞》云："如僧祇中。知事暗于戒相，互用三宝物。随所违者，并结上罪。"

首先以出于**好心犯**偷**盗**戒来说明。《摩诃**僧祇**律》**中**说，**"知事"**就是佛寺的执事，例如当家、知客等等，如果**"暗于戒相"**，对戒律学习得不深入，于是**"互用三宝物"**，知事和一同犯的人都结上罪。

互用三宝是很容易犯的。比如供佛的东西（香、钱、水果等等），拿去供养僧，甚至更微细的，由于菩萨，包括观音菩萨、大势至菩萨等等，也都算是僧，供佛的东西拿去供养菩萨，也变成供僧了，就成了犯戒。或者把供佛的香，拿去供养法宝经典，这也犯戒。虽然是出于对三宝的恭敬心，但结果还是犯偷盗了。所以寺院里的东西，不要随便动，甚至执事给的东西，也不要随便拿。因为不知道这位执事对戒律是否认真研究过，有可能他不经意间犯了偷盗，自己也因此犯了偷盗，以后两个人都要受报的。

关于"好心犯盗"的问题，我们讲到偷盗戒时还会详细说明。

"或见他厌生，与其死具。看俗杀生，教令早与，勿使苦恼。此并慈心造罪，而前境违重。"

以**慈**悲**心犯杀**戒的情况，这里举了两个例子：

第一个例子是**"见他厌生，与其死具"**，比如有人得了绝症，身心都很痛苦，因此**厌生**，想自杀。有人出于慈悲心，想要帮他早点结束痛苦，于是提供自杀的资**具**，如刀子、毒药等等，帮他自杀，虽然这个人心是慈悲的，但不会因为好心而不结罪，一样是犯了杀戒要结罪。

又例如为他人实施安乐死，包括给动物实施安乐死，一样犯杀戒。所以我们佛教徒是不能给其他众生实施安乐死的，因为每个众生都有其各自的果报。如果不忍心看他受病痛的折磨，希望他早一点解脱，可以求观音菩萨、求阿弥陀佛早点带他走。因为若是佛菩萨把他带走，让他痛苦的生命提早结束，这是佛菩萨的威神力加持，让他重报轻受。比如由于过去罪业的果报本来要拖三年才死，但是因为我们，或者他本人虔诚恭敬地祈求，而感应到佛力加持，使他三年受苦的重罪转成三个礼拜，就提早往生了。从表相上看，他好像是早死了，但从本质上来说，却是重报轻受、转业了，这样是可以的。所以若看到众生受病痛的折磨很痛苦，可以教他念佛，速求往生；或者自己为他念佛，回向他早日往生，但是不能帮他安乐死。

有一种特殊情况是，如果一个人的生命完全靠医疗手段在维持，插上管子就能继续活，拔出管子他就会自然死亡；而且他自己受病痛的折磨已经非常厌生了，或者他已经完全没有意识了。这时如果把管子拔掉，让他自己自然地死亡，从佛法来说，也没有犯杀戒。

第二个例子是**“看俗杀生，教令早与。”看**到**俗**人在**杀生**，**教令**杀者**早**点让它死，不要让它多受痛苦。比如看到一个人在凌虐小动物，于是劝他说：“你别这么残忍地折磨它了，让它痛快一点死吧。”虽然这样说是出于慈悲心，但就制教来说，若此人听你的劝告，一刀结束了它的生命，劝说的人还是犯了杀罪。当然，就化教的业道罪来说，因为劝的人的心是跟善心相应的，所以业比较轻，不见得会因此堕地狱，但就制教罪来说，还是一样的犯杀罪。所以我们只能劝他停止虐待，不能劝他杀生。

这两种情况都属于慈心造罪，**“而前境违重”**，就制教来说，面对眼**前**杀生的境界，一样都是违背制教罪而结重罪，这是关于杀戒的例子。

“不以无知便开不犯，由是可学，皆结根本。”

不会因为**无知**就**开**缘**不犯**。比如不会因为不懂得戒律，而以善良的心来造罪，就不算犯戒了。就制教来说，结罪都是一样的。世间法律也是如此，即使完全不懂法，犯了法都是要被依法承担责任，这是世间共同的理法。就像在黑暗中走路，踩到坑中把腿摔断了。不能这样讲理：因为我不知道地上有坑，所以腿不应该摔断。要想保障人身安全就把灯打开再走；我们在因果中行走，必须打开戒律的明灯，才能走得更安全。

佛陀所制定的戒律，尤其是针对在家人的戒律，属于性罪的部分都是如此。就算没有受戒，若犯了这些过失，一样要承担因果。比如杀生，不管是否曾受戒，杀生一样都结三恶道的果报，所以叫性罪。**“由是可学，皆结根本”**，作为一个受了戒的佛弟子，应该要懂得戒律，若是不懂，这是你个人的问题，因为这是可以通过学习而获得的知识，所以无论懂不懂戒律，犯了杀生、偷盗，**“皆结根本”**，一样都**结根本**罪。所以作为一个受了戒的佛弟子，一定要学习戒律，否则有时候我们好心帮助人家，自己都不知道这样会犯杀、盗、淫、妄的罪，那就很不值得了。

这是讲到“善心犯戒”的情况，就制教罪来说，都是一样的结罪，但业道罪就相对轻了。

乙二、不善心

▲《资持》云：“次不善心者，谓贪瞋痴三毒所起单复等分，鼓发七支故。”

不善心，是指以**贪瞋痴三毒所**引**起**的**“单复等分”**的烦恼心。所谓**“单”**，就是在造罪的时候，单纯只是出于贪心、瞋心或痴心；**“复”**，就是在造罪的时候，内心夹杂着贪瞋、贪痴或瞋痴的烦恼，同时夹杂着两种烦恼，叫“复”；**“等分”**是指在造罪的时候，贪、瞋、痴烦恼都有。

举例来说：比如因为爱吃鸡而杀鸡，这是由贪而杀生；若因为恨一个人，而把对方杀死了，这是由瞋而杀生；若认为“鸡鸭鱼肉，人间一道菜”，本来就是拿来吃的，或者认为用牛羊祭祀，甚至拿人来祭祀，能够得到鬼神的护佑，可以得大福报，这就是由痴而杀生。再比如说有人因为想吃而杀鸡，但杀的时候鸡拼命反抗，于是他很生气地把鸡杀了。他杀鸡是因为贪爱美味，这是贪；杀的时候很生气，这是瞋。或者有人爱吃鸡，而且认为鸡鸭本来就是给人吃的，吃它们没什么过失，这样杀的话，就是贪、痴相应，这叫“复”。如果造业时，前面三种心都有，那就是“等分”。

无论“单”、“复”或“等分”，总之内心是跟三毒相应的，才**“鼓发七支故。”**七支，指身业的杀、盗、淫；口业的妄言、绮语、两舌、恶口。因为内心意业贪、瞋、痴的烦恼，所引发的身口七支的恶业，叫“以不善心造业”，这是基本定义。

◀《事钞》云
- 通叙 ——“识知戒相，或复暗学。轻慢教网，毁訾佛语。
- 引示 —— 如《明了论》述云。有四种粗恶意犯罪。
  - 一者浊重贪瞋痴心
  - 二者不信业报
  - 三者不惜所受戒
  - 四者轻慢佛语
  - ——故心而造，则得重果。
- 结示 —— 以此文证。由无惭愧，初无改悔，是不善心。”

▲《事钞》云：“识知戒相，或复暗学。轻慢教网，毁訾佛语。”

“通叙”是说明为什么会以不善心、烦恼心来造罪。有以下几种情况：

第一个，**“识知戒相，或复暗学。”**有的人对**戒**的**相**状差别**知**道得很清楚，但是明知故犯，这叫“识知戒相”；而不懂得戒律，只是糊里糊涂地持戒，所以犯了戒也不知道，这叫“暗学”。这是分别是否懂得戒律的情形。

第二个，**“轻慢教网，毁訾佛语。”**说的是犯戒时的心态。**教**是指戒律，不管懂不懂戒，有的人用很**轻慢**的态度，对如同**网**络般深广的戒法。正如有人认为“持戒是小乘，只是事相上的修行，我只修心，不从事相上下手。”把心跟事割裂开来，就像一个人想把水跟波分开，只要水不要波一样，这是因为无知，而引发轻慢的心。

毁訾佛语就更严重了。**“毁訾”**就是**毁**谤。例如有人说戒律不合时宜、戒律恐怕不是佛讲的，或者说持戒就是着相等等，这都是“毁訾佛语”，他不知道连法身大士都持戒，而且持戒更清净。因为有这样的心态，所以会以贪、瞋、痴的烦恼造作种种罪业。这段通叙，是说明犯戒人的心态。

第二段**“引示”**，说明犯戒的几种烦恼的心。

如《明了论》述云：“有四种粗恶意犯罪：一者浊重贪瞋痴心；二者不信业报；三者不惜所受戒；四者轻慢佛语。故心而造，则得重果。”

“《明了论》”就是《律二十二明了论》，**粗恶意**就是指贪、瞋、痴三毒，**有四种**情况是跟贪、瞋、痴三毒相应而造**罪**的：

第一种是**“浊重贪瞋痴心，”**这是总说。**“浊重”**是在造罪的当时，以及造罪的前后，都跟贪、瞋、痴的心相应，三时无悔。三时指方便时、根本时、成已时。方便时，是造罪前的准备阶段；根本时，就是造罪的当下；成已时，是造罪完成之后。三时都没有惭愧、后悔，这就是浊重。

正如现在社会上很多人认为，走旁门左道是通向财富和权势的捷径，所以处心积虑地谋划、无惭无愧地做种种尔虞我诈、杀盗淫妄的事情，甚至做的时候内心很得意、很欢喜，做完之后还觉得很满足，这样三时无悔，相应的心就是浊重贪、瞋、痴的心。在后面的《忏悔篇》中会讲到，若以这种浊重的贪、瞋、痴的心来造业，未来很难忏悔清净。因此我们一再强调，即使不得已犯戒了，也要有殷重的惭愧心才好。

第二种是**“不信业报”**。也就是不信因果，这是跟痴烦恼相应的。比如邪见，不信善有善报、恶有恶报，以这样的邪见心来造业，果报也是很重的。

第三种是**“不惜所受戒”**。**不**珍**惜**自己**所受**的**戒**法，觉得是否要保护好自己的戒体，是无所谓的事情，这是对法的一种骄慢。

第四种是**“轻慢佛语”**。就是对佛陀的说法持一种骄慢的态度，不肯信受奉行。第三和第四都属于骄慢心。

“故心而造，则得重果”，以这四种不善**心**来**造**罪的话，所**得**到的**果**报是很**重**的，即使只是杀一只蚂蚁。但若是和这四种心相应，就业道罪来说，都可能会堕到地狱中去受苦。律上说，倘若一个比丘，以这几种烦恼心造罪，即使犯的只是一个小小的罪业，也要堕到地狱当中九百万年，受这么重的果报。本来所犯的小罪还不至于感召到这么重的果报，就因为有这种浊重的烦恼心和无惭无愧、无所谓的心态，导致了果报的增长广大。

这是第二段的引示，再看第三段的**“结示”**。

以此文证。由无惭愧，初无改悔，是不善心。

由以上的**文**字**证**明，**“由无惭愧，初无改悔”**，**“初”**就是“都”，很多古德的著述都用“初”代表“都”的意思，因为没有**惭愧**，所以都**没**有**改悔**的心，这就**是不善心**。由于贪、瞋、痴的心太猛烈了，以至于造作的整个过程都没有惭愧。以这种不善心所造的业都很重，所结下的往往就是定业。经典中说“定业不可转”，通常指的就是用这样的心所造的业。一般的业是可以转变的，但定业很难转。就是因为在造业的时候，是由这样粗恶的烦恼心所推动。

所以《摄大乘论》中说:“二种决定转,诸佛无自在。”当两种情况决定要发生的时候，连于一切法得大自在的诸佛，也都无能为力。哪两种情况呢？就是业决定转和报决定转。“业决定转”，就是众生由这四种“粗恶意”所推动，想要造恶业的烦恼心非常强，决定要造恶业时，即使是佛也没法阻止他。“报决定转”，是说众生已经造了罪业，而且造罪业时的烦恼心非常刚猛，之后又没有好好地忏悔，等未来果报已经要现前了，佛陀也无法改变，这就是“诸佛无自在”。

所以我们一再强调，不能只在表相上持戒，若内心烦恼炽盛，也不能说这是持戒清净。相反，若一个人犯戒了，但在犯戒的初、中、后三时都有很殷重的惭愧心，还是能够免除地狱罪报的。所以真的要做到持戒清净，就要去检查自己在造善、恶业的时候，是什么样的心态？虽然就律上来说，杀一只蚂蚁，同样是结下品罪，但要注意还有一个化教的业道罪在里面，出于善心还是不善心、是否具足惭愧心等等，果报完全不一样。

懂得了这些道理，我们就能更准确地判断自己是否持戒清净。不仅是看表相上是否做得到，还要看起心动念是否清静。比如持不杀生戒，要连想杀害、伤害众生的心都没有，才是持戒清净。持不偷盗戒，不仅事相上不去造作，内心连偷盗的起心动念都没有，才是真正的清净。

有个公案名为“俞净意公遇灶神记”，就是很典型的代表。明朝有个读书人叫俞都，他一生行善，还办文昌社劝人行善、惜字、戒淫等等，但却一生穷苦潦倒，到晚年时，孩子死的死、散的散，非常凄凉。他每年年关都会给灶神烧一张黄表，诘问上天为什么给自己这样不公的待遇，诉说心中的不满，请灶神转呈给玉皇大帝。

有一年腊月三十，他照例给灶神上了黄表之后，想到自己不幸的人生，跟瞎了眼的老妻在寒冷的屋子里相对，落落寡欢。这时，突然有人敲门，开门一看，一位自称姓张的老先生走了进来，老先生说，其实他就是他们家供奉的灶神，俞都每年上的表文，多亏自己给扣下了，要是上呈给玉帝的话，责罚恐怕更重。为什么呢？灶神说："你表面上劝人行善，肚子里却都是不好的想法。比如你劝人惜字，自己却把有字的纸拿来糊窗户，或者做一些随随便便的用途；劝人家戒淫，自己却欲心不断，见到人家的妇女长得美丽，总是喜欢多窥视几眼……你表面行善，内心却恶念不止，这样子居然还敢上这么多怨天尤人的表文，这些黄表若呈上去，恐怕上天的责罚更重。"

俞都听了之后大汗淋漓，才知道果然抬头三尺有神明，内心若没有真正地改过向善，只做表面功夫是不行的。从此他彻底地改过，给自己改名为"净意"，自净其意，真正从内心上彻底地改变，守住每一个起心动念。他这样改变后，慢慢地，原本失散的小孩子也找到了，各方面的境遇也好转了，福报也就渐渐地现前了。

这个公案说明一切唯心造，纵然在戒的事相上做得很好，也不见得就是真正的清净持戒。当我们观察到内心生起的种种染污的念头，就知道自己并没有真正的持戒清净，还需要好好地修行。而且当我们知道自己持戒不是那么清净的时候，才不会因为自己持戒，而生起骄慢的心。就像有人认为"我受了菩萨戒，我要站前排"；或者是"我受戒很久了"；或是"我每天持午"……以这些戒相来自欺欺人。当然并不是说这些相不对，而是要注意我们持戒的内涵，是要真正从内心去调伏烦恼，否则都不算是持戒清净。

在《佛说斋经》中说，八关斋戒怎样才算持得清净？并不是今天过午不食，或者断了正淫修梵行，就是清净，那倒未必。所谓斋戒清净，更重要的是内心要有六念，八条戒只是帮助我们在持斋戒的时候，加强内心六念的力量。为什么持八关斋戒的功德这么大？除了戒法本身，最主要就是因为有六念的加持戒体，因此功德远远超过五戒（关于持守八关斋戒的功德，各位可以参看《在家备览宗体篇》）。所以重点在内心念佛、念法、念僧、念施、念戒、念天，这六念。而不是像一般人所想的："我长时间持午，就是持戒清净了"。

我们持戒的目的，在于用戒法来帮助自己调伏烦恼，因此要常常提醒自己，持戒清净的重点在于看好内心的念头。同时，当我们知道"诸法意先导，意主意造作"，意业是最重要的时候，纵然一时调伏不了烦恼犯戒了，也会生起殷重的惭愧心、诃责心，这样还有救。若不了解这些道理，犯戒后无惭无愧、不知忏悔，甚至无所谓，那就很难救了。所以我们在介绍后面每一条戒的开遮持犯前，先介绍持戒的基本心态，以此为前提，再谈持戒，才不会只是耽着外相。

乙三、无记心

"无记心"是指内心处于非善、非恶的状态。以无记心造业，是不是一定不受报、不感果呢？不一定。有的也会感召到恶报，有的虽不会感得恶报，但还是会有别报。

▲《资持》云："下明二种：初纵放者谓泛尔无记，次约睡狂即昏迷无记。"

"无记心"主要分为两种：

"初纵放者谓泛尔无记"：第一种是**"纵放"**，就是放纵自己的烦恼。人在造业的时候，内心悠悠**泛泛**的，虽然没有强烈的贪、瞋、痴、烦恼，但也没有谨慎地摄护戒律，只是随顺于自己放逸的习气，这叫**"泛尔无记"**。

"次约睡狂即昏迷无记"：第二种是在**睡**眠或**颠狂**的情况下造业，这叫**"昏迷无记"**。这是大判。

“元非摄护，随流任性。意非善恶，泛尔而造，并通摄犯。唯除恒怀护持，误忘而造。此非心使，不感来果。”

这是说明泛尔无记的情况。**“元”**是原来，他一开始就没有认真地去**摄护**自己的心念，而是**随**波逐**流**放**任**自己的习**性**。所以他犯戒虽然不是因为明显的**善**念或**恶**念的推动，但却是随顺于自己放逸的习气，这叫做**“泛尔而造”**。以这种无记心造业，是**通**于、收**摄**于**犯**戒的。

比如烧柴的时候，为了避免杀生，应该把柴火仔细检查一下、敲一敲，看看里面有没有虫子，看仔细了再烧。如果经过很谨慎的检查后，还是有小虫子被烧死了，那不结杀生罪。相反，如果连看都不看，也不想认真守护不杀生戒，拿起柴就往火里扔，这时就是“意非善恶，泛尔而造。”虽然没有善恶的动机，只是随着自己不谨慎、放逸的习气而造作，但这时如果有小虫子因此被烧死的话，就要结杀生罪了。所以，虽然同为无记心所造的业，在造作时内心是否曾谨慎地守护戒体，决定了是否结罪。若是“泛尔无记”，跟放逸的心所相应，是要结罪的。这是要结罪的情况。

“唯除恒怀护持，误忘而造。此非心使，不感来果。”

这是不结罪的情况。若他**恒**常地**怀**着**护持**自己戒体的心，但是**“误忘而造”**，一时失**误**，或一时**忘**记**而造**作，这都不是放逸**心**的驱**使**而造作的，所以**“不感来果”**，**不**会**感**召未**来**的苦**果**。

比如前面烧柴的例子，虽然已经很认真地守护不杀生戒——仔细检查过柴了，但还是有虫子被烧死，这叫“误”，误杀。或是搬东西的时候，虽然很注意了，但还是不小心，掉东西把地上的虫子打死了，这也是“误”。再比如某人受八关斋戒时都很认真地持午，但有一次忘记时间过午了，又拿东西吃，吃的时候突然想起，马上就不吃了。他只是一时忘记，并不是记得过午还故意去吃，而且平时都是很认真持午，这叫“忘”。因为**忘**记而作或者是**误**作，这都不是烦恼**心**的驱**使**而造作的，所以**不会感**召未**来**的苦**果**。

我们在前面的《宗体篇》中说过，就像刀子可以防身，但我们也要好好保护刀子，要常常磨，它才能够保护好我们一样，戒体能够保护我们，但我们也要去保护戒体，要“恒怀护持”。如果以“恒怀护持”的心，偶尔误作，或者忘记而作，是可以开缘不结罪的，关键就看我们自己是什么样的心态了。若是“泛尔无记”的造作，就要结罪。看第二个：

“非即如上。前为方便，后眠醉狂遂成业果，通前结正。并如论中无记感报。”

“非即如上”，如果不是前面所说的这种情况，而是**“前为方便”**，他之**前**就有想做杀、盗、淫、妄等恶业的心，并且实施了**前方便，“后眠醉狂遂成业果”，后**来或是在睡**眠**中，或因喝**醉**，或因颠**狂**，而**成**就**业果**，这时**通前结正**，要**通**于**前**方便时来**结**罪。结正就是结罪。

譬如某人白天设了一个陷阱想要捕杀猎物，做了种种的前方便，后来在他回家睡觉时，有动物掉进陷阱里死了。这时，设陷阱的人正在睡梦中，处于无记的状态，那他结不结罪呢？要结罪！为什么？因为他曾依止烦恼心造作了前面的方便——设陷阱，后来就算在业成就的根本时中，处于睡眠、酒醉、昏迷，或者颠狂等无记的状态，也一样要“通前结正”，要约着**前**面方便时的造作来**结**罪。

由此可见并不是无记就一定不结罪。比如某人想要伤害一个人，也施设了种种方便、做了种种准备，后来时间一长，忘记这件事了，但是这个人最终因为某人之前施设的种种方便而受到伤害。虽然当时某人甚至已经没有伤人之心了，但是伤害发生时，某人还是要结罪。因为某人前面有伤害他的心，他也因此而受到伤害，即使后来心已经转为无记，还是要约着前面的烦恼心来结罪。就像《成实论》**中**说的**无记感报**一样。

- “问：无记无业，云何有报？
- 答：解有二
  - 约方便释——初言感报者。谓先有方便，后入无记，业成在无记心中故言感报，而实无记非记果也
  - 约总别两报释——二者不感总报，非不别受。如经中，头陀比丘不觉杀生，彼生命过堕野猪中，山上举石即因崩下还杀比丘。如《成实论》中，睡眠成业，是无记业。”

“问：无记无业，云何有报？”

这就引出一个问题：正常来说，**无记**心既然不跟善、恶念相应，不造**业**，怎么还会**有果报**呢？比如狮子吃鹿，只是业力使然，这只鹿过去生欠了狮子一条命，狮子在杀鹿时，并没有很粗重的烦恼心，是一种类似于无记的心。所以狮子吃鹿，并不造业，也并没有出于烦恼而结下未来的果报，这叫**“无记无业”**；或者是在睡梦中造了业，也是无记不感报，这是不受报的情况。前面为什么说无记的业会有果报呢？

“答：解有二：初言感报者。谓先有方便，后入无记，业成在无记心中故有感报，而实无记非记果也。”

这要从两方面来解释：

首先约着前**方便**来**解释**，无记造业而**感果报**，是指**“先有方便，后入无记”**的情况，正如前面所举的例子，某人先铺设了一个陷阱，这是前方便，后

来在他回家睡觉时，有动物掉进陷阱死了。这个**业**的**成**就，是在他睡觉时的**无记心中**，好像无记**感报**，但这样不是真的无记，他之前依止烦恼心而施设造业的前方便，所以约着他造罪的方便时来结罪。**“而实无记非记果也”**，实际上感报也是因为前面的烦恼心所感召，**而**不是因为后面的**无记**感**果**，真正的无记，确实是不感召果报的。

“二者不感总报，非不别受。如经中，头陀比丘不觉杀生，彼生命过堕野猪中，山上举石即因崩下还杀比丘。如《成实论》中，睡眠成业，是无记业。”

“不感总报，非不别受。”这是第二点，从总报和别报的角度来解释。总报是指粗重的三途的果报。就像一些泛尔无记的情况，虽然没有强烈的贪瞋痴引导，但却是因为没有摄护正念、随顺自己放逸的心而犯戒，即使不一定会招感三途的总报，但还是要结罪，所以并非不受别报。

如经典中举的例子：有一位行头陀的比丘**不觉杀生**，**“不觉”**指因为没有谨慎护持而不小心误杀了众生，**“彼生命过堕野猪中”**，被他杀的众**生**死后，**堕**入**野猪**当**中**，有一天这头野猪在**山上**翻刨**石**头，石头**崩**塌下**来**，**“还杀比丘”**，正好把比丘砸死了。由此可见欠命还命的别报还是要受的。

《高僧传》中记载了安世高尊者的公案，他是古代安息国（现在伊朗）的一位太子，来到汉地弘扬佛法。尊者有神通，有一天他告诉朋友说：“我今天出去会被别人打死，你要出去为那个打死我的人作证他是误杀我，不用他偿命。因为过去生中我曾经不小心打死他，所以今天我要受报。”果然，当他走到菜市场的时候，就被一个人不小心打死了。可见无记心造业，虽然不感三恶道的总报，但还是要承受别报。此处的别报是什么呢？就是欠一条命，就要还命。

所以我们即使“恒怀护持”，纵然很认真地持戒了，还是难免会有不小心杀生、伤生的情况，虽然不结罪，但是你欠它一条命还是要还的，因此我们一方面要谨慎护持所受的戒，另一方面就是要多回向。比如每天晚上总回向时，就顺便回向：凡是一切被自己有意无意伤害的众生，都能往生净土等等。长时间不断为他们回向，以解冤释结，把这些恶因缘化解掉。这是第一个杀戒的情况。

第二个，邪淫戒的情况。**“如成论中，睡眠成业，是无记业”**，在《**成**实**论**》**中**说到一个例子：有一个比丘，在睡眠中漏失不净，也就是所谓的遗精。虽然这是在他睡眠时发生的，但还是要结小罪。为什么呢？因为他在睡前，没有认真摄护正念，甚至胡思乱想男女之欲，所以即使是在**睡眠**的无记心中**成**就的**业**，没有三恶道的总报，却还是有别报在。

“问：如前无记有不犯者，其相如何？

答：
- 谓学知戒相，善达持犯。心常兢厉。偶尔忘迷，由非意缘，故开不犯。如扶持木石，失手杀人。如是等缘，并非结限。
- 反上所怀，并结正犯。”

“问：如前无记有不犯者，其相如何？”

上面是说无记心犯戒要结罪的情况，前面也说到无记心有不犯戒的情况，是怎么回事呢？

“答：谓学知戒相，善达持犯。心常兢厉。偶尔忘迷，由非意缘，故开不犯。如扶持木石，失手杀人。如是等缘，并非结限。”

对**学**戒的**人**，无记心不犯戒的情况，要满足几个条件。

首先要**“学知戒相”**，要学戒。受戒后若不学戒，就不知道怎样护持戒法。就像现在大家一听到受菩萨戒，都很踊跃，一参加好几百人，但受戒之后，回去学习菩萨戒戒相的，恐怕只有个位数，没几个人愿意学，大家都只希望得到受菩萨戒的功德。但是菩萨戒的功德来自于守护菩萨戒，守护它才会有功德，不守护它就没有功德。我们若受了五戒、八关斋戒乃至菩萨戒，一定要学知戒相，若是受戒了却不学戒，那一定犯，而且一定结罪，绝对不会有什么无记不犯的情况。

其次要**“善达持犯”**，通过学习，把自己所受的每条戒的开遮持犯都搞清楚了，才能够**善**巧地通**达**什么是持戒、什么是**犯**戒。

第三要**“心常兢厉”**，**兢**就是战战兢兢，**厉**就是常怀策动，内心要保持正念、随时摄心，谨慎地持戒，对自己的一切行为都要战战兢兢。

第四要**“偶尔忘迷”**，就是前面说的，造作是因为偶尔忘记，或是一时失误。比如一时忘记已经过午了，这叫**“偶尔忘迷”**；**“由非意缘”**，**“意”**指的是染污意，不是以染污心去缘这个境界，所以**开缘不犯**。经典中举了个例子，就像**“扶持木石，失手杀人”**，搬运木头或石头的过程中，虽然很小心了，但还是一失手，掉下来把人打死了，这就不算犯戒，所以也就没有三恶道的总报。不过别受还是有的，欠一条命，以后是要还的。**“如是等缘”**，类似的情况，因为已经“恒怀护持”了，因此**“并非结限”**，并非为制教（结）所限制，也就是说，这是属于开缘不犯的，这是对于学过戒律的人来说的。

“反上所怀，并结正犯。”

对于**没**有**学**过戒律的**人**，若他内心与上面所说的这些情况相**反**、也就是没有满足**上**面这些条件的话，**“并结正犯”**，同样是正式地犯了这些戒的。

以上只是《持犯总义》之少分，若欲学习较详细的内容，可以参阅本书后之《附录》乃至于《在家备览》之全文。

甲三、结示伤叹

◀《事钞》云
- 示生死长久 — “然则业苦绵积，生报莫穷。
- 嗟毁犯陷坠 — 虚纵身口，污染尘境。既无三善可附，唯加三恶苦轮。
- 正叹 — 以此经生，可为叹息。”

最后引用古德的劝勉，作为本课的总结。

“然则业苦绵积，生报莫穷。”

这是开**示生死**轮回的果报非常**长久**。**“业”**是业因，**“苦”**即苦果，业因与苦果总是延**绵**不断地累**积**，无穷无尽。由于过去造作的恶业，而感召到种种苦果；苦受现前时，为了逃避痛苦，又继续造恶业，为未来的痛苦种下了因。就像现在贫苦的人，贫穷本身就是过去造作的恶因，所感召的痛苦果报，为了要脱离贫穷，不择手段地造恶业赚钱，新的恶因造下后，未来当然就是到三恶道受苦。三恶道出来后，好不容易又做回人，贫穷下贱，为了脱离贫穷，继续造恶业，然后又堕三恶道……三恶道的果报都是非常非常漫长的，比如地狱的果报，以人道的时间来算，都要经过几千万年甚至几劫的时间，这叫“业苦绵积”。**“生报莫穷”**，未来的苦报是无穷无尽的。

我们举个公案：有一天，阇夜多尊者和弟子们经过一座城，走到城门口时，尊者突然闷闷不乐。进城后走到一棵树下，尊者看到树上站着一只乌鸦，突然又面露微笑。尊者是阿罗汉，阿罗汉是不会无缘无故有这些情绪的，于是弟子们就请问是什么原因。尊者告诉弟子，他到城门口时，碰到一个饿鬼道的小孩子，哭哭啼啼地说，他母亲到城里去找食物，经过好几万年了都没出来，他又渴又饿，痛苦得要死。要知道饿鬼道的众生是饿不死的，他们只能一直承受着极度饥渴的痛苦，他请尊者帮忙进城去找他母亲。

尊者进城后，用神通力找到了那位母亲，饿鬼母亲说："尊者，我何尝不想尽快把食物带出去给我的孩子吃！每次我遇到有人在路上涕唾，都如获至宝，但想赶快拿回去和孩子分享时，就会有其他大鬼把涕唾抢走。今天好不容易得到了一些人间的涕唾没被抢走，又怕城门口有其他大鬼拦着不让我带出去，希望尊者你能保护我，让我把这些涕唾带出去跟我的孩子分享。"尊者问："你记不记得做饿鬼多久了？"这个母亲说："我已经饿昏头了，也记不住多久了，我只记得眼看着这座城池从建设起来，到渐渐衰败变为废墟，然后再建起来……反反复复已经七次了。"大家想：一座城从盖起来，到再变成废墟，要经过多么长的时间啊！而反复七次这么久，却还只是这个饿鬼众生生命长度的一部分而已，可见，饿鬼道的寿命相当漫长。尊者想到饿鬼道众生的痛苦，面上因此惨然不乐。

接着尊者又解释，为什么看到树上的一只乌鸦，自己会微笑呢？是因为这只乌鸦曾经是他过去生的儿子。在过去久远劫前，他曾经很早就想出家，如果当时能出家，在那一世就能证道，脱离三界轮回。但是他要出家的时候，他的妻子为了挽留他，就让他儿子抱住他的腿不放，哭闹说："你要是出家了，我们母子怎么办呀？"他因小孩的阻拦而没能出家。就因为当时没能出家，后来在三界的轮转中受了无穷无尽的痛苦。后来这个小孩儿因为当初障碍尊者出家，在九十一劫当中都做乌鸦，到现在还在做乌鸦，未来还将继续做乌鸦，一直无法从畜生道中解脱出来。

这是莲池大师编的《释门自镜录》中的一段公案，就是"业苦绵积，生报莫穷"的写照，三恶道的寿命都是非常漫长。我们若不依照佛陀的教导去观察，总认为不用着急学佛，先拼事业要紧，老了再学佛。到老了又想：哎，老了学不动了，下辈子再说吧！这就是一种"常见"，觉得今生做人很正常，本来就应该做人，不管这辈子为善为恶，下辈子都还能够继续做人。

事实上佛陀告诉我们：这辈子做人，下辈子还能够做人的几率是相当低的。更何况得人身后，还能六根没有残缺、没有邪见，能生长在有佛法的时代、有佛法的地方、甚至还有师长的摄受、教导，有他人的护持等等……这种离开八无暇、具足十圆满的果报身，是相当难得的。今生若连最基本的五戒十善都做不到，下辈子就难保人身了。“得人身如爪中土，失人身如大地土。”那不做人，到哪里去呢？大部分人都是堕落三恶道。

三恶道的苦就不用说了，而且三恶道寿命都非常长。畜生道的寿命虽然很短，但要从畜生道中超脱出来却很困难。舍利弗尊者曾经用神通观察一只鸽子，八万大劫前是鸽子，八万大劫后还是鸽子。而阿罗汉的神通，最远就只能看到前后八万大劫。连舍利弗尊者，都看不出这只鸽子在畜生道中沉沦了多久，也看不到它未来还要在畜生道中待多久，更不用说地狱道的果报了。

为什么众生沦落三恶道就很难解脱出来呢？因为一路颠倒，难以护持正念修行。连我们生病了，都很难保持正念，更何况是在三恶道巨苦的境界中呢？这就是“业苦绵积，生报莫穷”的道理。轮回的路很长远，尤其在轮回中，我们大部分都是待在三恶道，那更是又苦又长了！

轮回这样痛苦，而我们大部分人仍然**“虚纵身口，污染尘境”**，在**污染**的**尘境**中，白白地放**纵**自己的**身口**意业，结果**“无三善可附，唯加三恶苦轮”**，**“附”**是依靠，**“轮”**就是轮转不息。在轮回中没有三**善**业**可**以依靠，只是不断地增**加三恶**道的**苦**果，**轮**转不息。这就是现代人的写照。就因为现代人不断地、尽情地造恶业，还怕落于人后，所以天灾人祸不断，而这还只是花报，未来就是直接堕落三恶道的果报了。

“以此经生，可为叹息。”这样不断造恶业，**经**历一**生**，不但浪费了宝贵的人身，还为自己感召了未来无穷无尽三恶道的苦果，真是很令人**叹息**啊！尤其是对有机会学佛的人，若还是不珍惜人身，不如法精进修行，那真的是太可惜了。

第二课 不杀生戒

在第一课的“持犯总义”中，我们了解持戒和业果之间的关系，以及判断持戒和犯戒的总原则。从本课开始，我们进入到“持犯别相”，也就是开始学习八关斋戒每一条戒文的开遮持犯。也就是把“持犯总义”中的理论，具体地运用到每一条戒上去，由此构成了每一条戒的差别戒相。

◎不杀生戒总科判表：

- 甲一、犯境
- 甲二、犯相
  - 乙一、列缘
  - 乙二、随释
    - 丙一、广辨杀相
      - 丁一、自作教人
      - 丁二、用语破国
      - 丁三、赞死
      - 丁四、自杀
    - 丙二、别明非畜
- 甲三、不犯

我们首先学习不杀生戒。从三个方面来学习不杀生戒：甲一、犯境，说明构成犯杀生的境界。甲二、犯相，说明开遮持犯的相状。甲三、不犯，说明开缘的情况。后面我们对每一条戒的介绍，一般都分为这三个部分。

甲一、犯境

▲《事钞》云："人者，律云：从初识至后识，而断其命也。"
（初识者，谓初识在胎，犹自凝滑，是识所依。乃至命终最后一念，未舍执持，随暖坏者是也。）

《行事钞》引用**律**中的定义，所谓**"人"**，当然不仅是人，也包括一切的六道众生或者有情，是指**从初识**到**后识**这整个阶段。若在这个阶段中**断**取他的性**命**，就构成杀生。

上面括号中是弘一大师的注解：

"初识者，谓初识在胎，犹自凝滑，是识所依。"

"初识"是指最**初**神**识**刚入**胎**时，**"后识"**就是神识离开色身时。为什么我们会进入母胎中呢？因为有父精母血构成胚团——这是色法，再加上我们颠倒心的加持，于是就入胎——入于父精母血当中了。**"凝滑"**是指神识入于父精母血当中的前七日，就像蛋黄一样，称为"凝滑"。**"是识所依"**，从这时候开始，它就是一个生命体了，若伤害它，就是杀生。像这种初识阶段，除非用仪器去侦测，不然一般可能察觉不到，因为它很小，就像一个蛋黄的凝滑体。所以堕胎肯定是杀生，因为堕胎时已经远远不止是初识了，这时候去伤害它，就是犯杀生罪了，这是初识的观念。

再讲后识：**"乃至命终最后一念，未舍执持，随暖坏者是也。"**

"未舍执持"是说阿赖耶识还没有**舍**掉所**执持**的这个色身时。一个人刚死掉时，阿赖耶识并没有马上离开，它还会在几个小时（通常是八小时）内执持着色身，称为"未舍执持"。怎么知道阿赖耶识还没舍执持呢？**"随暖坏者是也"**，当阿赖耶识还在执持色身时，身体的某一部分还会有暖气（温度）在，而当阿赖耶识舍掉所执持的色身时，暖相就**坏**失了，身体会完全冷却，这时称为“后识”。如果一个人的心跳和脑波都停止了，但是他身上某个部分还有暖气（温度）的时候，就表示他的阿赖耶识还没有舍执持，还在执持着这个色身，这时如果伤害他的色身，仍然构成杀生。所以杀生的范围很广，从阿赖耶识刚入胎，到阿赖耶识舍离对色身的执持，都称为有生命体，在这期间若伤害他，都构成杀生。

甲二、犯相

乙一、列缘

▲《事钞》云：“犯缘具五：一是人；二人想；三起杀心；四兴方便；五命断。”

“犯缘具五”，如果**具**足这**五**个**缘**，就破杀戒了。也就是要同时具足这五个缘才叫破戒，如果五个缘没有全部具足，就可能只是犯戒，而不叫破戒。所以常常会有人问：“我不小心踩死一只蚂蚁，是不是破戒了？”根据以上原理，由于并没有同时具足五个缘，所以没有破戒。

“一是人”，所杀的对象必须**是人**，若是蓄意杀死蟑螂、蚂蚁、鸡、鸭等畜生的话，只是犯戒，不构成破戒。

“二人想”，是指在杀生时，很明确地知道所杀害的众生是人，没有错误的认识。比如在黑暗中，看到一个人，却以为是木头，一刀砍下去，这就不是“人想”。很明确地知道他是个人，并把他杀了，才是“人想”。

“三起杀心”，有真的想要杀害对方的心。

“四兴方便”，不但有杀害对方的心，同时还造作了一些事情，比如准备刀枪、绳索、毒药，或教唆别人去杀他等等。

“五命断”，如果对境是人，也是蓄意要杀他，那当对方命断的那一刹那，就破杀生戒了。若杀的是畜生、非人、鬼神等等的，罪就比较轻，我们后面会再介绍。

乙二、随释

以下介绍“兴方便”的相状。

- 乙二、随释
  - 丙一、广辨杀相
    - 丁一、自作教人
    - 丁二、用语破国
    - 丁三、赞死
    - 丁四、自杀
  - 丙二、别明非畜

丙一、广辨杀相

丁一、自作教人

- ◀《事钞》云
  - 自杀
    - 标示—四分云。杀有二种。一者自杀。
    - 列相—谓身现相，口赞死相，坑陷，倚拨，若安杀具，及以与药等。
  - 教人
    - 标示—二教他而杀。随其前使。
    - 列相—若教叹，教遣使，往来使，重使，展转使，求男子，教求男子，遣书，教遣书等。
    - 总示—并任方便，但令命终称本期者。三性之中，能教犯重。

▲《事钞》云：“四分云。杀有二种。一者自杀：谓身现相，口赞死相，阬

陷，倚拨，若安杀具，及以与药等。”

这里说的**“自杀”**，不是杀自己，而是指自己亲自动手去杀众生。第二个**“教人”**，是教他人去杀。先看第一段的总标：**“四分”**就是《**四分**律》，这是一部律典。《四分律》中说，杀生有两种情况，第一种是自杀，就是自己动手去杀。下面举了六种情况：

第一，**“身现相”**，**身现**恐怖或威吓的**相**，把人吓死或逼死。比如想要杀一个人，把他带到悬崖边，故意吓他，让他一不小心掉下悬崖摔死；或用种种手段逼迫他，使他自己跳崖而死；或者知道对方胆小，故意装鬼吓他，把他吓死了，这是身现相。

第二，**“口赞死相”**，**赞**叹**死**亡有多好，劝别人去死。例如中东的恐怖分子之所以敢全身捆满炸弹，去制造恐怖袭击，就是因为他们的传教士向他们鼓吹：若为了信仰、为了所谓的“正义”而死的话，就能生到天上去享受种种五欲的快乐。所以他们自杀时都勇猛无畏。这就是“口赞死相”。如果跟别人说：“你一生造了那么多罪业，不如死了算了。”结果他真的自杀了，这也叫“口赞死相”，都是结上品不可悔罪。不过我们劝人家临终时一切放下，求生极乐世界，这不是“口赞死相”。因为我们不是鼓励他去自杀，而是劝他对娑婆世界不要再贪恋，把心向着阿弥陀佛，向着极乐世界，而他也是随顺业力自然而亡，所以不是口赞死相。

第三，**“阬陷”**，就是设**陷**阱伤害对方。

第四，**“倚拨”**，这是设机关，就像武侠小说中描写的机关，碰到那个机关，就会有刀剑射出来杀人，这叫倚拨。

第五，**“若安杀具”**，就是安置陷阱、机关之外的其他杀生工具，杀害对方。例如绳索、刀杖等等。

第六，**“及以与药等”**，就是给对方吃毒**药等**等。

以上都是说明自己动手杀的情况。

再看第二个“教人”：

“二教他而杀。随其前使。”

就是自己不动手杀，而是**教**唆**他**人去**杀**，对方也**随**顺他的指**使**去做，这叫**“随其前使”**。这是标示“教人”的定义。

“若教叹，教遣使，往来使，重使，展转使，求男子，教求男子，遣书，教遣书等。”

这里列举了九种教人的相状：

第一，**“教叹”**，就是教唆别人去劝他人自杀。比如叫某甲去劝某乙自杀，这叫“教叹”。

第二，**“教遣使”**，就是教唆别人、派遣他人去杀。比如叫某甲找杀手去杀某乙，就是“教遣使”。

第三，**“往来使”**，比如某甲指使某乙去杀人，某乙一时不忍心下手，回来了，某甲又再一次叫他去杀，于是某乙就去把人杀了，这叫“往来使”。

第四，**“重使”**，就是重复使唤多人去杀。比如叫某甲去杀某人，同时又分别唆使乙、丙、丁也去杀此人，这叫重使。

第五，**“展转使”**，所谓“展转使”就是一个传一个，一个教一个，比如甲叫乙去杀某人，乙自己不去，叫丙去杀，丙自己也不去，又叫丁去杀……如果丁最后把人杀了，那甲、乙、丙、丁四个人都一样要结重罪，因为四个人都有杀心，这叫“展转使”。所以有人会认为犯戒的事自己做不太好，就叫别人去做。其实这样免不了自己的罪过，那个人如果做了的话，两个人都要结罪。

第六，**“求男子”**，寻求有勇气、有能力的男子去帮他杀人。

第七，**“教求男子”**，教他人求男子，自己不找，教别人去找杀手杀某人，这叫“教求男子”。

第八，**“遗书”**，就是自己嘴巴不讲，写封书信劝人去死。就像古代皇帝，写一封诏书赐死某人，就是“遗书”。

第九，**“教遗书等”**，自己不写，教唆他人写**书**信劝人去死。“等”是说还有很多种手段，只是使用的方法不同，共同点是都有要杀害对方的心，而且指使他人去杀，最后都成功了，那就要结罪。

“并任方便，但令命终称本期者。三性之中，能教犯重。”

三性就是善、恶、无记三性，**“任”**就是随用一切的方便，杀人的方法很多，无论律文中是否提到，只要是**称**合他**本**来的**期**望，**令**对方**命终**，当对方被杀死时，这个业也就成就了，无论此时指使的人心态是善念、恶念，还是无记的念头，**能教**的人都是**犯重**罪，所教的人也是一样，某甲叫某乙去杀人，不管某乙是被迫的还是自愿的，都是一样犯重罪。

丁二、用语破国

▲《事钞》云：“萨婆多。比丘知星历阴阳吉凶。由比丘语，征破异国，杀害得财，皆犯盗杀二上罪。优婆塞例同。”

《**萨婆多**论》，是律部的一个论，其中说如果一个**比丘**会推演**星历阴阳吉凶**，**“由比丘语，征破异国”**，他帮助国王测算什么时候出兵攻打他国能成功，国王因此而**征破**了他国，**“杀害得财”**，**杀害**对方国家的人民并**得**到钱**财**，**“皆犯盗杀二上罪”**，国王和比丘都**犯**偷**盗**和**杀**生两种**上罪**。因为攻破别的城市，抢夺钱财，这是偷盗；只要有征伐，必然会杀很多人，这是杀生。这种情况下，国王本身理所应当犯上罪，比丘因为教别人造恶也一样犯上罪**“优婆塞例同”**，在家优婆塞、优婆夷如果这样做，也一样犯上罪。

丁三、赞死

▲**《事钞》云：“萨婆多。若为一人赞死，此人不解。边人解用此法死者，无犯。”**

赞死就是前面所讲的“口赞死相”。在《**萨婆多**论》中说，**若为**一个**人赞**叹**死**，比如跟某甲说死有多好，劝其自杀，但某甲不接受，或者**不理解**。而**“边人解”**，旁**边**听的某乙理**解**了，**“用此法死者”**，某乙就去自杀了，这种情况**无犯**。**“无犯”**是指不犯根本，不是不犯戒。

什么叫“不犯根本”呢？造罪有方便时、根本时、成已时。方便时，即前方便时，他确实有杀人的心——劝人自杀，也做了杀害某甲的行为——说种种劝他自杀的话，这是方便时是有杀业的，只是根本时没有成功，他想杀的某甲没死，旁边听的某乙却自杀了，这跟他没关系，因为他只是想要某甲死，并没有要某乙死，所以某乙的死，对他来说不犯戒。某乙误死，他当然是欠了一条命，但是就犯戒来说，他对某乙的死不结罪，而对某甲结方便时的中品罪。

所以这里所谓“无犯”是指没有破根本，没有犯重罪，因为入于根本时候，没有成功，不过要结方便时的中品罪。比如想去杀一个人，结果到那里后没杀成功，这时就是结方便时的罪，因为根本时没有成功，因此“无犯”是这个意思，只是结中品的罪，没有结上品的罪。

“今多有人自焚。多有愚从七众赞美其人，令生欣乐，并如律本结重。”

如**今有人“自焚”**，比如宗教的偏激份子，是为了所谓的正义，或者其他原因而自焚，**“多有愚从七众”**，常常会**有愚**昧的在家和出家**“七众”**，在旁边**赞美**他，**令**他对自己的行为**生**起**欣乐**之心，如果他因此而死的话，按照**律本**，那些赞叹的人都要**结**杀人的**重**罪，所以我们千万不要赞叹自焚的人。

有人质疑《法华经·药王菩萨本事品》中，药王菩萨不是燃身供佛吗？要知道，药王菩萨是法身大士，他这样做时，内心是跟清净心相应的。凡夫众生自焚时，在那种极度痛苦的情况下，不太可能与清净心相应，都是跟烦恼心相应的。这时候去赞叹、随喜他，甚至在旁边赞美这样死如何如何好，只要他因此而死，这些人都要结杀人的重罪，所以绝对不要赞叹自焚这种事。

丁四、自杀

这里所说的自杀，是指了断自己的生命。我们前面介绍到，若杀害其他众生的话，要结罪。那么若是杀害自己，是否也要结罪呢？

▲《事钞》云：“五分四分，自杀者中罪。谓结其方便。”

在《**五分**律》和《**四分**律》里都说，**自杀**犯**中**品**罪**，为什么呢？因为**“谓结其方便”**。前面讲过，判定犯上品杀戒，要具足五个缘：以自杀来看，第一个，“是人”；第二个，“人想”；第三个，“有杀心”，有想要杀害自己的心；第四个，“兴方便”，用种种的方法杀害（服毒、跳楼等），这四个缘都具足；第五个，“前人命断”，自杀就不具备这个缘了。

因为我们戒体存续的时间只是尽形寿，到生命的结束时，戒体就自动消失。所以在“命断”的那一刹那，一进入根本时，戒体就失去了。没有了戒体，就构不成杀生罪，只结方便罪，因此在有戒体的时候还没有“命断”，第五个缘还不具足，等命断时，戒体已经没有了，就构不成犯戒，只结方便时的中品罪。由此可见自杀从制教罪、业道罪都要结罪，不是说这是我的生命，我就可以自行了断的。

《行宗》云："今亦有人，不知所以，自投焚溺，欲冀超升。"

《行宗记》是宋朝灵芝律师，对唐朝道宣律祖所编纂《戒本疏》的注解。《行宗记》中说，现**今**也**有**些**人，不知**道什么是真正解脱的因，妄图通过**自投**"或者**焚溺**等方式自杀，希望得到**超升**。"自投"就是跳崖；"焚溺"，就是自**焚**或自**溺**。就像印度很多外道认为，若是在他们的圣河——恒河——里死去的话，就可以脱离轮回，所以他们就以各种各样的方式到恒河中去自杀，以求超升。

"苦因未除宁亡三有之报，死而无悔实唯一勇之夫。将谓永灭不生，焉知此没彼出。"

对此灵芝律师呵斥道："**苦因未除宁亡三有之报**"，这个"苦"就是三界流转。会在三界中不断流转受苦的原因，是内心贪、瞋、痴、烦恼力量，乃至根本的我执的牵引，这是一切痛苦的根源。痛**苦**的**因**没有去**除**，又怎能结束三界轮回的果**报**呢?

就像印度很多外道修无益的苦行：有的把手举在空中，三十年不放下，以至整个手枯萎了都不放；有的人整天躺在荆棘里，认为今生把苦全部消完了，下辈子就可以解脱轮回，不再受苦。有的佛教徒也认为，今生修苦行，吃很多苦，下辈子就可以得到解脱。事实上，解脱的关键不在苦行；当然，苦行是一种很好的助行，佛陀也赞叹十二头陀行，但苦行的目的，是帮助我们调伏内在的我执，通过日中一食、树下一宿、冢间坐等等的方式，调伏内在的贪爱心，因此般若智慧开启，才是苦行的真实意，也因此帮助趋向解脱。而不仅是吃得比别人少、睡得比别人少、做很多辛苦的工作，就能得到解脱。如果没有配合般若智慧的观照，借此调伏内心的贪爱与我执，有时候苦行的结果，反而更增长我执。为什么呢？因为修习了苦行，行力增强、心力增强、福报也越大，结果我执更重。总之苦因就是烦恼，烦恼没去除，三界的果报又怎么能够去除呢？

“死而无悔，实唯一勇之夫”，像这样自杀以求超升的人，往往**死而无悔**，但实际上就只是个逞匹**夫**之**勇**的人，**“谓永灭不生，焉知此没彼出”**，自以为这样做就能**永**远**不**再轮回，不再投**生**了，岂不**知**不过是**“此没彼出”**，而且往往就是**此**人道的生命结束后，就投生**彼**三恶道中了。因为自杀而死时，内心往往是恐惧不安的，甚至带着种种痛苦忧愁，这样的烦恼加持，就会堕落三恶道。甚至有一种说法，说自杀的人，可能投生到鬼道时，因为他死时强烈执着之心，所以每天还会不断重复自己自杀的过程和痛苦。因此听说有人自杀过的地方，常常会有人跟着自杀。或许就是因为前者自杀而死，痛苦难当，想要找个替代者，这样他的执着才能放下吧！

忏公师父曾说：他以前年轻的时候，来到北平（现北京）的佛寺想要出家。有一天上厕所时，突然起了个念头：“我要是在这里上吊，应该不错！”马上转念一想，“唉，我怎么起了这个念头呢？”赶快收摄正念。后来才知道，原来曾经有人在那个厕所里吊死过。可见众生的执着，因此要找个替代者，来暂时停止自己一次又一次、一天又一天不断重演的自杀过程。所以自杀的人是最傻的，以为死了就解脱，殊不知死后更痛苦。而且自杀还要结罪，即使没有受戒的人，也要结性罪，死后多数要堕三恶道，尤其是那些身上绑着炸弹去炸死别人的人，死后肯定是下地狱的。

“固当勤修三学，广运四弘。诵持方等大乘，系念诸佛嘉号。冀龙华而得度，指安养为所归。深厌死生，善识因果。欲除苦本，其要在兹。”

从自利来说，应**当勤修**戒、定、慧**三学**，这才是了脱生死的根本。从利他来说，就是发菩提心，**广运四弘**誓愿：众生无边誓愿度，烦恼无尽誓愿断，法门无量誓愿学，佛道无上誓愿成。发起四弘誓愿，来成就大乘的菩提心。同时配合**“诵持方等大乘，系念诸佛嘉号”**，读**诵**受**持大乘**经典，可以使菩提心的力量增长，并开启智慧。同时配合佛力的加持，多**念佛**持咒，这都是从佛菩萨的法身中流露出来的秘密语，都有很大的加持力。

“冀龙华而得度”，希望未来**龙华**三会的时候，能够**得**到**度**脱。经典中记载弥勒菩萨发愿他未来龙华三会出世的时候，要先度释迦牟尼佛时代曾受过戒，乃至三归依、但还没得到解脱的人。或者**“指安 养为所归”**，**“安养”**就是极乐世界，念佛求生极乐世界，作**为**自己究竟的**归**宿。

“深厌死生，善识因果。欲除苦本，其要在兹。”

这是总结我们解脱的根本：第一个是**“深厌死生”**，想要得到解脱，就要常常观察生死的过患，以此作为我们修行的原动力。但这还不够，第二个要有智慧，**“善识因果”**，真正地明白解脱的因果。观察生命无常，观察业果，这是要得到解脱的重点下手处。要善识因果，可以从戒律入手，因为戒律本身就是根据因果律制订的。然后配合多读诵因果教育的经典和书籍，如《地藏经》、《十善业道经》、《安士全书》等等。先师忏云老和尚就常常要求弟子们，刚学佛的时候要多看因果教育、祖师们的法语开示等书籍，以培养道心，不要一开始就谈玄说妙，否则若福德、智慧资粮不够，看般若等甚深经典，有时候会变成邪见。正如佛陀说，“牛饮水成乳，蛇饮水成毒。”同样是水，牛喝了变成乳汁，蛇喝了却变成毒液。所以刚开始积累资粮很重要，要先以“深厌死生，善识因果”为修行的下手处。**“欲除苦本，其要在兹”**，**“苦本”**就是烦恼，想要去除烦恼的关键就在于此。

这里我们讨论一个问题：《十诵律》中说“不得自伤毁形，乃至断指，犯罪。”就是说受戒的人不可以毁坏自己的身体，包括断指，比如把手指砍断，或者燃指供佛，都要结下品罪。在各部的声闻律中都规定不可以自杀，也不可以残害自己的身体。若自杀而死，犯中品罪；若残害自己的身体，燃指、点戒疤等等，结下品罪。这是声闻律的规定。

但是菩萨戒的做法却刚好相反，《梵网经菩萨戒》中说：“若不烧身臂指供养诸佛，非出家菩萨。”为什么受菩萨戒时要燃臂香？就是因为我们没有古德那么强大的心力和承担力，烧身、燃指都很难做到，但燃臂香相对而言比较能承担。忏云老和尚也鼓励大家燃臂香，老和尚自己的两只手臂上，也都燃了很多。蕅益大师也是常常燃臂香、燃顶香，大乘菩萨戒反而鼓励烧身、烧臂、烧指来供养诸佛。甚至在《法华经》中，药王菩萨燃身供佛，十方诸佛赞叹。那么到底该不该燃呢？对于这个问题，灵芝律师以他的大智慧，在注解中给了我们答案。他把众生分为三类来分析：

第一类是虽然没有受过声闻戒、五戒、八关斋戒或比丘戒的众生，但是真正发菩提心烧身、烧臂、烧指的众生。只要真的跟菩提心相应，就有大功德。为什么呢？因为重点不是佛陀要你把身体烧掉，或者燃臂香来供养他；而是在这过程中，能够弃舍我们对色身的执着，一心皈命三宝，这就是如说修行，也就是对佛陀最好的法供养，因此十方诸佛皆赞叹，所以若完全依着菩提心来燃身、燃香，是有大功德的。

第二类是只受了声闻戒，没有受菩萨戒的众生。比如泰国、缅甸等南传佛教的比丘或居士，他若燃香、烧身、烧臂、烧指等，绝对是没有意义的，因为他没有依着菩提心而做，纯粹只是在自毁身形。这时就要依声闻戒法来判，烧身而死属于自杀而死，犯中品杀戒；残害身体，若没有死，犯下品杀戒。

第三类是既受了声闻戒（如五戒、八关斋戒），也受了大乘菩萨戒的众生。他若燃香、烧身、烧臂、烧指等，是否犯戒，就要看他当时的发心了。如果他是真发菩提心而为之，而且在燃的时候，完全是跟清净心和菩提心相应，就可依大乘的菩萨戒来开缘，不但不犯戒，而且有大功德。

但是灵芝律师特别强调，要审查自己的心，是否真的是跟菩提心相应？如果只是为了得到别人的恭敬赞叹，或者与别人攀比：看到别人燃三颗，我就燃六颗，超过他；看到别人燃六颗，我就燃九颗，超过他……就不是和菩提心相应，不在大乘菩萨戒开许的范围内，这样的燃香、燃指、烧身等，不但没有功德，反而是有过失的。所以必须在行为的方便时、根本时、成已时都和菩提心、清净心相应，或者即使不敢说菩提心，最起码也要与虔诚恭敬的心相应才行。

过去听老法师讲过，以前台湾有个小沙弥，不是很懂佛法，却想学药王菩萨燃身供佛，于是全身浇满汽油，点火烧身。烧的时候因为特别痛苦，一直在叫“师父啊！师父啊！救命啊……”最后被烧死了。因为他临终时极度的痛苦害怕，死后肯定是堕三恶道的。

所以要知道，药王菩萨是法身大士的境界，他燃身供佛后，不是又入轮回，而是在其他的佛净土出世，还是大菩萨的境界，生死自在，所以他可以燃身供佛。而我们是生死凡夫，没有菩萨和古德们那么高的境界，做不到燃身、燃指，我们只可以燃臂香。

在大乘菩萨戒中说，如果要忏悔罪业，可以先燃香供佛，以表达我们虔诚供佛的心，然后再拜忏，功德更殊胜，但前提都是要确认自己的心是清净的。

丙二、别明非畜

“非”，指非人，即鬼神。“畜”指畜生。我们前面讨论的是关于杀人的问题，那如果杀害的是非人或者畜生，不具足五缘中的前两个“是人”、“人想”，怎么判罪呢?

戒本注云：“若杀非人，若畜生有智解于人语，若能变形，方便杀者并中罪。不死者下罪。”

如果杀的是非人，也就是鬼神道的众生，比如用咒语把它杀死，犯中品罪；如果是**“畜生有智，解于人语，若能变形”**，像狐仙、黄鼠狼仙等等，这些修成精的**畜生**，它**有**人类的**智**慧，又能理**解人**类的**语**言，甚至**能**够**变形**，如果杀了这一类的众生，就和杀非人一样，都要结中品罪，如果没有杀死，结下品罪。

“畜生不能变形，若杀者下罪。”

这是指一般不能变形的畜生，如蚊子、蟑螂、蚂蚁等，若杀这类畜生，犯下品罪。

“若知水中有虫，或用或饮者。亦应准此而结下罪，随所用所饮一一犯也。”

如果明**知**道**水**里**有虫**，还拿这水来**用**，比如用池塘里的水浇花，池塘的水里当然会有很多虫，这些虫一离开水就会干死；或者明知水里有虫，还喝下去，这时**“亦应准此而结下罪”**，如同杀害畜生一样要**结下**品**罪**。现在的自来水里都加氯，水里的虫都被杀死了，所以饮用自来水问题不大。但如果是山区自然流淌的水，尤其是浑浊之水，就可能会有虫。所以比丘有六物，其中之一是滤水囊，是一种小小的、很细密的网，用它来过滤水里的小虫。若出家众外出没带滤水囊，也可以用袈裟的布当滤网来过滤水。需要说明的是，所谓“水中虫”，指的是用肉眼可以看到的虫。佛陀说不能用天眼看（以现代来说，就是用显微镜看），否则天眼能看到水里都是微生物，那所有的水都不能喝了，所以只能用肉眼看。**“随所用所饮一一犯也”**，若明知水里有虫，还拿来用或拿来喝，则每用一次、每喝一口，就要结一次下品罪，喝两口结两次，喝三口结三次……所以不是说喝一杯水，只结一次罪，这杯水分几口喝下去，就结几次下品罪。

知道水里有虫还用，叫“畜生想”；怀疑水里有虫还用，叫“畜生疑”，虽然只是怀疑，还是要结罪的。比如口很渴时，不愿多想就喝下去，如果里面真有虫，就结下品罪了，

所以家里若有蟑螂、蚂蚁等，不要杀它可以用酵素等其他方法驱赶。也不能专门养只猫或狗来抓蟑螂老鼠，只要决心不杀生，就会有办法。如果养猫狗，就是为了抓蟑螂、抓老鼠，那也是犯杀戒了。就像前面讲的“教遣”，饲主教它去杀，或遣它去杀，乃至有此心意，也是犯杀戒的。

甲三、不犯

◀《事钞》云
- 误失：“不犯中。律云：若掷刀杖瓦石材木，误着彼身而死。
- 看病：及扶抱病人而死。或以药食及以来往出入而死者。一切无害心，不犯。”

▲《事钞》云："不犯中。律云：若掷刀杖瓦石材木，误着彼身而死。"

不犯就是开缘的情况，戒**律**中说：**若**是抛**掷刀**子、木**杖**、**瓦石**、**材木**等等，不小心把众生打死了，重点是没有想要杀生的心，而且在抛掷的时候，心中也确定不会砸到众生，这叫误杀。如果抛掷的时候内心不确定，怀疑心生起来，抛掷出去，结果真的把人或其他众生砸死了，就结中品、或下品的方便罪了。所以必须是确定不会伤到众生，因为判断错误而杀生，才不结杀罪。但是，欠的一条命还是要还的。

蕅益大师说，除非入于涅槃，或是往生极乐世界，不然都是要还的。就像目犍连尊者业报现前时，还是会被外道打死。往生极乐世界，是在佛力的加持下，使业力暂不现前。在那里迅速成佛后，转有漏为无漏，得到业自在，就可以自己做主了。就像佛陀有金枪、马麦等九恼的示现一样，如果示现还债，对众生有利益，佛陀就示现还债；如果示现还债对众生没有利益，佛陀就不示现还债，这就是大自在的境界了。

"及扶抱病人而死。或以药食及以来往出入而死者。一切无害心，不犯。"

若是看护病人的时候，**扶**他躺下或**抱**他起来，他却因此**而死**，那不犯戒。但必须是真的很认真谨慎地在照顾病人。如果是很随便、很轻慢的态度，明知道不能随便搬动，还随便动他，使他因此而死，那就要结罪了。所以到底有没有犯戒，主要看心态。

"或以药食"，若是给病人吃了不恰当的药或食物，导致其死亡，如果是按医生的处方给他吃，或是真的很认真地为他选择药食，他却因此而死，就不犯戒；如果是很随便的给病人吃药或食物，把病人当小白鼠来试验的话，就要结罪了。

“及以来往出入”，若病人因为被内外搬动而死，也是一样，谨慎为之的话，不结罪；轻慢心就要结罪。

整个杀戒就先介绍到这里。最后再介绍一个著名的公案，来说明业力因果不虚。

佛陀时代有位迦留陀夷尊者，他常常到一位居士家接受供养。这位居士要往生时，弥留之际交代儿子说：“我死后，你要继续供养迦留陀夷尊者。”于是他儿子也一直很虔诚地供养尊者。但他儿子的妻子与一个强盗私通，妻子知道迦留陀夷尊者是有神通的阿罗汉，会知道自己的丑事，怕尊者告诉她丈夫，就跟强盗合谋杀死了迦留陀夷。本来尊者有他心通，应该知道并避免被谋杀，但神通不敌业力，当业力现前时，他还是躲不掉。

波斯匿王知道迦留陀夷被杀后，非常愤怒，他对迦留陀夷非常尊重，没想到尊者居然被市井小民给杀死了。盛怒之下，波斯匿王就把这对夫妻全家，和他附近的十八家人全部杀死，又把强盗和他同伙儿的五百个强盗的手脚全部砍断，丢到土坑里面慢慢等死。

后来佛陀说，怎么会有这样的因缘？因为过去很久很久以前，有个外道头子，常常举行祭天的仪式。有一天，有五百个商人带来一头羊，他们把羊的四肢全部砍断后，交给这个祭祀主杀了祭天。这女众就是那头羊的转世，迦留陀夷的前世，就是那个祭祀主，所以今生女众把迦留陀夷杀了。那五百个强盗的前世，就是五百个商人。他们当初共同把这只羊的四肢砍断拿去祭天，造了这个共业，所以果报现前时，都要受手脚被砍断的果报。

我们现在看社会新闻，常常会认为，某个人该杀、杀得好、该死，但未来果报成就时，这个随喜的业，同样也是要受报的。当然，杀人的人，果报最严重，就像迦留陀夷被杀，但一切随喜的人，就像五百个商人，也同样要受报。

所以我们看到社会上杀人等新闻时，一定要注意自己的起心动念，不要认为某人该杀、该死，不要随喜，否则也同样要受报。若看了会起心动念的，最好少看。这些人与人之间、国与国之间的厮杀，表面上看，是所谓的正义和邪恶，实际上从佛法因果的角度去看，都是业力相牵引。

所以不管对杀人者或是被杀者，我们都应当怀着同情、悲悯的态度。佛陀不会认为谁该死，也不会以所谓的正义去评判。佛对一切众生都是悲悯的。因为众生无知，才会彼此杀害。

就像过去有个印度教的修行人，想参加争取印度独立的战争，去请求他师父同意时，他师父有神通，就跟他说："我可以告诉你，印度将在某一年独立。"结果印度果真就是在那一年独立的。所以个人只不过就像傀儡一样，不断被业力的绳索，牵引着往前走而已，一切都要往因果上会！

下面我们举几个在实际讲课中提出的问题，来进一步讨论一下杀戒的内容。

问：如果为杀生做好了所有准备，只是在最后实施的时候放弃了，是否结罪？在准备过程每完成一个步骤，是否都要结一次罪？

答：若做了杀生的准备，最后却没有杀，也是要结下品的方便罪。但不是每一个准备步骤都结罪，不是约着准备过程而结罪，而是看到哪里打住，就结相应的罪。

问：受过戒的佛弟子自杀，是不是比一般人堕落得更厉害？

答：受过戒的人犯了任何戒，罪都要比没受戒的人严重。但是受过戒的人，由于他曾经得到过戒体，那个力量也能够帮助他尽快从三恶道里出来，这是两方面的消长力量。业本身就很复杂，就看他是戒体的力量强，还是恶业的力量强。

问：现在常有很多负面消息通过微信、QQ等便捷方式传播，如果因为传播这些消息，导致群众的游行、冲突，使人受伤、丧命，那传播这些消息的人，会不会犯戒或结罪？

答：首先要看他的动机，如果他是希望引起冲突、从中谋利，肯定是有罪的。

如果他纯粹是出于慈悲和正义，也要很谨慎地辨别。因为我们这念心是很复杂的，在转发时的那念心，一定带有瞋恨。正义、慈悲的心，会感召好的果报；但是瞋恨心，以及因为瞋恨心所引发的一连串负面的后果，也要受恶报，业是分开算的。

缘起法很复杂，我们很难预知这个做法，会产生什么效果。有的人或许只是看热闹的心态去转发，但如果转发导致的严重后果跟他有关，他一定有共业在，只是因为他当初可能没想到会有这么严重的结果，也不是为了引发动乱而转发，所以这个业相对会轻，但是因果毕竟不饶人，因此还是守口摄心，老实修行为要。

问：怎样燃臂香？

答：首先从粗的香上截取小段的香，每段一公分左右，要燃几颗，就截取几段。然后准备一些西瓜皮、哈密瓜皮、香蕉皮等比较凉性的东西，或是在要燃的地方涂点牙膏，帮助香柱站立，也有助于降温。西瓜皮效果最好，因为西瓜性属寒。把西瓜皮切成薄片，一条横一条竖地交叉，十字的中间就是放香的地方。

燃完香那块皮肤不要马上碰水，以免伤口感染，吃食物也要注意，不要吃煎炸的会上火的东西，否则吃了之后伤口容易扩散、化脓。过去忏云老和尚建议大家燃臂香时尽量燃在上臂的位置，以免被在家人看到不易解释，引起误会，徒增烦恼。他老人家曾半开玩笑地说："如果有人问怎么会一颗一颗的，就说是被蚊子咬的。”这些都只是技巧，燃香重点在于要配合发愿，真正发了菩提心，再燃。

忏悔发愿的方法，可以参考蕅益大师《灵峰宗论》的第一卷，里面有很多他老人家燃臂香、顶香时的愿文，程序上大致都是先忏悔，接着发菩提心，最后再回向。刚开始不要燃太多，可以先燃三颗试试看，如果燃得多，烧到一半觉得太痛了，而在内心悔恨，那就达不到燃香的目的了。

问：对于亡者和堕胎婴灵怎样超度比较好？超度时是否需要给堕胎婴灵取个名字？是否能帮它归依三宝？

答：首先是我们自己每天做完功课要回向，尤其是对堕胎的婴儿，如“回向给弟子某某堕胎的婴儿”，在有生之年要天天回向，因为这个伤害实在是太大了，一方面希望他能够从恶道里出来，因为他死时很痛苦，可能会堕落三恶道；另一方面通过每天为他回向，解怨释结。因为堕胎除了结杀生的总报外，还欠了他一条命，只能通过每天不断的回向，来化解彼此之间的恶因缘。

不止对堕胎的婴儿，对已经往生的父母、祖父母等，我们都应当一辈子为他们回向。另外也可以在寺院里，为他们立个永久的牌位（但是不必立很贵的牌位，只要是在三宝地就有加持力的）。给堕胎婴儿取名字和授三归依，也都是可以的。

附带说一点，现在有些佛教团体，太过于夸张地强调堕胎婴儿的干扰。实际上，不只是婴灵，我们过去杀害的众生，都成了怨亲债主，如果整天想着他们，岂不是反而构成一种吸引的力量？就像《大势至菩萨念佛圆通章》所说：“忆佛念佛，现前当来，必定见佛。”相反，要是整天想着鬼神，那会如何呢？怨亲债主的干扰固然是有的，但不是所有事情都和这有关，所以不要太过于去强化，只要长期为我们所伤害过的众生回向就好。

问：自杀是了断自己的生命，很多时候要比杀别人更难，心要更果决，所以临终那念瞋心，应该是属于重心；再加上很多人认为自杀是自己的权利，往往还有无惭心，从这些角度来看，自杀是否应该属于上品罪呢？

答：就制教来看，也就是从戒律的角度来说，不论烦恼轻重，只要杀人，就犯上品，杀非人犯中品，杀畜生犯下品，跟烦恼的强弱无关。自杀因为不具足“五缘”，所以只结中品罪。但从化教的业道罪标准来看，业就很重了，肯定是堕三恶道。如果是出于强烈的贪瞋痴而自杀，就直接堕地狱；如果贪瞋痴没那么强烈，也可能堕入鬼道。

问：文中提到“杀鬼神道众生，犯中品罪”。鬼神道众生能被杀死吗？他死后，又会去哪里呢？

答：只要在六道轮回中的众生，就都会死。至于死后投生哪一道，要看投生那一刹那的心和哪一道相应了。若跟善念相应，可能会升天道或人道，但这种可能性不大，因为众生被杀时，往往是怀恨而死的，一般会因此投胎到三恶道去。

问：在生活中，常会遇到米面生虫的情况，通常我们会把米面和虫一起扔掉做布施想，但如果在冬季，把虫子扔到室外，虫子可能被冻死，这样算不算杀生？

答：在律上说到，我们身上的跳蚤，若在热天，可以把它直接请出去。但若是天冷的时候，请出去它会被冻死，所以要用个瓶子，里面放些油腻的东西养着它，等到春暖花开的时候再把它送出去。我们可以模仿这样的做法。

我们放生的重点，在于“恒怀守护”的心态，虽然不能保证所放生的众生都能存活，但在放生的过程中，从选择环境、到选择放生方式等等，都一定要用谨慎爱护，尽可能让众生能够存活下去的心态来放生，才没有过失。

问：有精神病的人杀人，犯戒吗?

答：有精神病的人杀人，不犯戒，但是欠对方一条命。我们称之为“狂乱坏心”，杀人不结罪。在戒律上定义中规定，要到“见火而抓，如金无异；见粪而抓，如旃檀无异”的程度，才算达到“狂乱坏心”的标准。也就是说，他看到火就抓，就像抓黄金一样，看到大小便就拿起来吃，就像见到旃檀一样，颠倒到这种程度，才叫做狂乱坏心。

问：有精神病的人杀人，不犯戒，但欠命要还命，这是属于花报吗?

答：不是花报，是别报。因“狂乱坏心”而杀人，因为没有犯戒，所以没有三恶道的总报，但是有别报——个别的别报还是有的，欠他一条命还是要还的。

问：我在家里看到蟑螂，不敢去抓，劝别人去抓，结果蟑螂被弄死了，我是不是犯戒了?

答：你没有犯戒，主要是没有杀它的心，所以没有犯戒。

问：同样是自杀，为什么普通人、受五戒的人和受菩萨戒的人自杀，果报会不一样呢?

答：果报的轻重，取决于两种力量：一种是造业时，烦恼的强弱。烦恼越强，果报越重；第二种是所受戒体的不同。在《菩提道次第广论》中称为“所依力”，也就是所受的戒体。戒体越高，造善业的功德就越大，相对的，造恶业的果报也越重。所以业是错综复杂的。

问：受五戒的人喝了酒，算不算严重破戒?是不是要忏悔后，才能重新受戒?

答：喝酒不算破戒，破戒是很严重的，要犯了杀盗淫妄四根本戒的上品罪，才叫破戒，犯中品以下的只叫犯戒。喝酒犯中品戒，不需要重新受戒。

若是破了根本戒，只能在忏悔后才能重新受戒。根据《梵网经菩萨戒》的判法，忏悔要见到好相、瑞相，比如拜八十八佛、拜忏，见到瑞相之后，才可以再重新受戒。若一直都没见到瑞相，连续不断忏满一年，也可以重受。

问：我们在学法之前不知道不可以盖蚕丝被和穿羽绒服，但是已经买了，现在可以送给别人，还是以后不能再穿？

答：以后不买、不穿这个是肯定的，也可以送给寒冷地区，贫困的人穿。除非是自己的身体差到非得穿，没有其他可以取代的，否则尽量避免造这个杀业。我之前听过东北的一个居士和我讲过一个真实的故事，一个女众买了狐皮的衣服，然后穿上狐裘回家的路上，这个衣服突然发出声音说：你穿上这个衣服暖和吗？她吓得赶紧去退货，所以还是别穿好。

问：羽绒服不适合受戒人穿，动物被子也不能用吧？受戒后，以前盖的鸭绒被还能用吗？

答：杀生来的东西都不适合受戒人用。受戒前买的不算犯戒，但受戒后就应该不用了。至于御寒效果，比如用好的棉絮做成的棉被，或者现代保丽龙抽丝做成的被子，保暖的效果也是挺好的，如果太冷的话还可以开空调，用电毯等，总之尽量避免杀业。

第三课 不偷盗戒

◎不偷盗戒总科判表：

- 甲一、犯境
- 甲二、犯相
  - 乙一、列缘
  - 乙二、随释
    - 丙一、有主物
    - 丙二、有主想
    - 丙三、有盗心
    - 丙四、重物
    - 丙五、举离处
- 甲三、不犯

不偷盗戒分为三段：甲一、犯境；甲二、犯相；甲三、不犯。我们先看犯境：

甲一、犯境

▲《事钞》云："初犯境之中。谓六尘六大，有主之物，他所吝护。非理致损，斯成犯法。"

"犯境"，就是**犯**偷盗的**境**界。包括**六尘**（色、声、香、味、触、法）、**六大**（地、水、火、风、空、识）。凡是**"有主之物"**，也就是说这东西是有主人的，而且是**"他所吝护"**，是**他**人所**吝**惜、**护**念不舍的，不是结缘品，称为“他所吝护”。**“非理致损”**以**非理**的方式**致**使这东西毁**损**或者减少，这就构**成犯**偷盗戒了。这是偷盗的基本定义。

甲二、犯相

甲二、犯相 ┬ 乙一、列缘
　　　　　 └ 乙二、随释

乙一、列缘

“列缘”是指具缘成犯的情况。关于具足哪些缘构成犯盗，弘一大师在《在家备览》中，引用了道宣律祖在不同著作中的两种说法。本书则是根据《戒疏》的判法来做介绍。

▲《戒疏》云：“此戒五缘：初、是人物；二、人想；三、是重物；四、有盗心；五、举离处。”

只要具足**五缘**，就构成上品的不可悔罪。

我们先解释一下“上品不可悔罪”。若犯了杀、盗、淫、妄四根本重罪的上品罪，在声闻戒法中，是没有办法忏悔的，属于“断头罪”，没救了。但在大乘佛法中，上品罪还是可以忏悔的，忏悔要见到好相，或者忏悔满一年，就可以得到清净，再重受戒就可以了。

下面就具体分析，构成犯上品偷盗戒的五个缘：

第一，**“是人物”**，所盗物品的物主是人类，不是畜牲，也不是非人的鬼神。

第二，起**“人想”**，偷盗时，知道物主是人类，不是非人或畜生。

第三，**“是重物”**，所盗之物的价值满五钱，就属于**“重物”**。在佛陀时代的印度，偷盗满五钱就要判死罪。当时的五钱，到现在具体价值多少？有种种不同的说法。其中一种说法认为，折现大概相当于美金二十元左右，就属于重物。

第四，**“有盗心”**，有想要偷盗、侵占他人物品的心。

第五，**“举离处”**，**举离本处**，只要以盗心把这东西一拿起来，就犯偷盗罪了。即使又再放回去，虽然从因果来说，他没有欠对方，但偷盗的恶业却已经成就了。这是具五缘成犯。

乙二、随释

我们就着这几个缘来分别讨论：

- 丙一、有主物
- 丙二、有主想
- 丙三、有盗心
- 丙四、重物
- 丙五、举离处

丙一、有主物

- 丁一、三宝物
- 丁二、别人物
- 丁三、非畜物

丁一、三宝物

- 戊一、佛物
- 戊二、法物
- 戊三、僧物

丙一、有主物

有主物可以分为三类：**三宝物、别人物和非畜物**。

其中，**三宝物**就是**佛物、法物、僧物**。

戊一、佛物

《戒疏》云："言佛物中有四差别。"

- 初佛受用物者
  - 示物相 — "如堂宇衣服及以金石泥土曾为佛像之所受用者，不得差互常拟供养，生世大福。
  - 引律证 — 故律云。若是佛园坐具等者，一切天人供养，同塔事故。
  - 征所以 — 所以不许者,莫不即体法身之相，表处是深，不得轻故。"

"初佛受用物者，如堂宇衣服及以金石泥土曾为佛像之所受用者，不得差互常拟供养，生世大福。"

（《疏》言"不得差互"者。虽此等物朽烂破坏，不许卖此，转制他物而供养佛。惟应别制新物，供佛受用。于其烂坏之物仍旧存奉，不可弃毁或取去贩卖。故《事钞》引《宝梁经》云，乃至风吹雨烂，不得贸宝供养。）

这里所说的**佛物有四**种**类**别。包括：**一、佛受用物**；二、**属佛物**；三、**供养物**；**四、献佛物**。

首先介绍第一个：**佛受用物**。**佛受用物**主要指住持的佛宝，如佛像、佛的殿塔等。在前面宗体篇中介绍过，佛陀灭度后，谁能代表佛陀呢？就是佛像，透过佛像来摄受、度化众生。佛受用物有哪些呢？**"堂宇"**，就是供佛的殿堂；**“衣服”**，像印度及我国西藏现在还保持着用华丽的衣服庄严佛像的传统；**“及以金石泥土”**，**金**属、**石**头、**泥土**等，这些是做佛像的材料，甚至木头、树脂等，只要是**“曾为佛像之所受用者”**，作为**曾经**属于**佛像**的一部分，就**不得差互**。下面是弘一大师对“不得差互”的注解。

“虽此等物朽烂破坏，不许卖此，转制他物而供养佛。”比如大殿或家中供过的佛像，立体的、印刷的、画的佛像，都是佛受用物，纵然这些**物**品**朽烂破坏**了，也**不**能**卖**掉它，来**转制他物供佛**。比如一个铜制的佛像坏了，不能把它称斤卖掉，得到的钱再拿去做供佛的东西。还有佛像的衣服、殿堂等等，甚至大殿拆下来的木头砖瓦，都不能拿去卖了换钱，再做其他供佛的东西。**“唯应别制新物供佛受用”**，只能另做新的来供养佛。**“于其烂坏之物仍旧存奉，不可弃毁或取去贩卖**。”已经坏掉的佛的衣服、乃至做大殿的材料等，这些**烂坏**的佛受用**物，仍**应该好好存放收藏起来，**不可**以随便丢掉、**弃毁或**者**卖**掉。

“故《事钞》引《宝梁经》云，乃至风吹雨烂，不得贸宝供养。”所以《行事钞》**引《宝梁经》**中的经文说：佛像、佛塔，即使**风吹雨烂**，也不能把它卖掉，再用卖得的钱来**供**佛。因为它是佛曾经受用过的东西，代表着佛的法身，要对佛的法身绝对的恭敬，所以“不得差互”。**“常拟供养，生世大福”**，常**常供养**它，能**生**起**世**间人的**大福**报，纵然它只是一个泥雕、木制的佛像，只要以虔诚恭敬的心来供养，就可以得到大福报，甚至可以得到大的加持。

《观佛三昧海经》中记载，在过去空王佛的时代，有四个比丘破了戒，非常惶恐。这时空中有声音告诉他们：“虽然空王佛已经入灭了，但你们可以到空王佛的佛塔中去，以虔诚恭敬的心，瞻仰佛的眉间白毫相，并好好修忏，就能够灭罪。”于是他们依言到佛塔中，观佛的眉间白毫相，一心修忏，因此得以灭罪。后来这四位比丘还次第成佛了，他们就是东方妙喜国的阿閦佛、南方欢喜国的宝相佛、西方极乐世界的阿弥陀佛、北方莲花庄严世界的微妙声佛。

由此可见，只要是出于虔诚恭敬的心，即使只是瞻仰佛像，一样能得到真佛的加持，重罪消灭，乃至迅速成佛。因为佛的法身是遍法界的，当然也就遍于泥塑木雕的佛像之上。所以当我们面对佛像时，内心知道它是佛遍法界身的一个显现，因此以虔诚恭敬的心来恭敬供养佛像，就能得到真佛的加持，灭罪破障，成就大福报。

还有一个有名的“狗牙舍利”的公案。有一位虔信佛法的老妇人，托她去印度做生意的儿子，帮她带一颗佛陀的舍利子回来。但时间一长，她儿子就忘记了，做完生意快回到家时，才想起来。这时不可能再回印度了，于是他急中生智，在路边捡了一颗狗牙，把它磨一磨、擦一擦，带回去给他母亲，说这就是佛的舍利子。老妇人看到后，非常欢喜，以为这真是从遥远的印度请来的佛舍利子，于是很虔诚地把它供在佛桌上，恭敬供养，结果，就在她对着这颗狗牙至诚顶礼时，狗牙居然放光现瑞了！为什么会这样呢？因为佛的法身本来就是遍一切处的，当老妇人把狗牙当成真佛舍利子，恭敬供养时，就得到了佛法身真正的加持。

所以我们要很恭敬地对待三宝物。古人说“如对佛天”，当我们进入佛堂，面对佛像时，要像面对真佛一样的恭敬。如果进入佛殿就像逛景区，指指点点，这个佛像怎么样，那个佛像怎么样，相当不尊重，这是很损自己福报的。佛堂称为法王殿，那是法王住持的地方，不管佛像大小，做工好不好看，都一样要很恭敬。

有一次，有个弟子问阿底峡尊者：“这尊文殊菩萨像好不好看？”尊者说：“文殊菩萨像没有不好的，只是这尊菩萨像的做工，稍微次了一点。”说完就将这尊像恭敬地顶戴于头顶上。

宋朝的遵式大师，有一次为佛寺请了一尊千手观音像，在搬运的过程中，不小心把观音像的手指头碰断了一小截，他老人家非常恐惧，想都没想，拿起断的手指就按回去，结果这截手指头就这么被接回去了，都不用快干胶的。为什么？就因为他当时的那念心，相当虔诚恭敬。古代的大德们都知道，佛像是佛法身的全体大用，所以他们在面对佛像时，认为这就是真正的佛。当你认为它是真正的佛，把它当成真佛一般虔诚恭敬地供养时，就可以得到真佛的加持。若看它只是画像，那就很难得到真佛的加持。

“故律云：若是佛园坐具等者，一切天人供养，同塔事故。”

在**律**上说，只要**是佛**曾经受用过的东西，包括**园**林、**坐具等**等，都有加持力，**一切天人**都应当如**同**供养佛**塔**一般**供养**。在西藏就非常重视佛受用物，比如莲花生大士，或是其他有修行的大德们，曾经用过的袈裟、钵、衣服等，任何一件东西，甚至是大德们的须发，他们都认为有很大的加持力。

虚云老和尚曾到宁波阿育王寺，前去礼拜释迦牟尼佛的舍利子。他刚看到舍利子时，跟我们看到的舍利子一样，是暗暗的绿色。但是他不断虔诚恭敬地礼拜，渐渐地，他看到的舍利子越来越大，越来越明亮，乃至到最后，舍利子呈现出非常庄严的颜色。这就是因为他不断虔诚恭敬的祈请礼拜，忏悔业障，业转了，看到的佛舍利子颜色就变了。所以木雕、纸画的佛像，也都是佛法身的全体，要如同侍奉佛塔一样的尊重。

“所以不许者,莫不即体法身之相，表处是深，不得轻故。”

为什么佛像或佛受用物等即使烂坏了，也不能拿去卖，或是随便抛弃呢？因为**“莫不即体法身之相”**，它们全**体**是佛**法身**的代表。大家若是学习了《般若经》就知道，佛的法身遍一切处，所以一切处都是佛法身的显现，尤其是佛像，你若认为它是佛的法身，你就可以得到佛法身的加持力。所以**“表处是深，不得轻故”**，其**表**法的意义相当**深**，**不**可以**轻**慢对待。

现在一些佛教圣地，被开发成旅游地后，就存在很多轻慢佛受用物的问题。像九华山，连糕饼上都印着地藏菩萨像，那怎么能吃，买了之后都不知道该怎么处理。再是吃完之后，往垃圾桶一丢，那个业实在不知道会怎么算。

历史上也有很多因为轻慢佛像，而遭受罪报的例子。《法苑珠林》中记载，三国时期孙权的儿子孙浩，曾经偶然间从地下挖出一尊阿育王所造的金质佛像，但孙浩这个人非常昏昧暴虐，没有善根，他竟然命人把这尊佛像放置在厕所旁边，还把筹（上大厕所时的擦拭木片，相当于现在的卫生纸）放在佛像手上，上厕所时，就从佛像手上拿。

到四月初八浴佛节那天，他竟然朝佛像上撒尿取乐。结果片刻之间，孙浩突然全身发肿，下身尤其疼痛无比。太史占卜说，这是得罪了一位大神所致。但把所有的神庙都祭祀了也没用。后来宫中有一位信佛的宫女告诉孙浩，这恐怕是轻辱佛像所致，于是孙浩赶快把佛像请到大殿上，用香汤洗了数十遍，并焚香顶礼，供养忏悔。孙浩自己在病床上叩头，陈述自己的罪过。又请了高僧来为他说法，这样病才渐渐消除。下半身疼痛，可能是花报，也可能是护法神的责罚。但他未来下地狱的果报，恐怕不容易去除了。

现在印刷技术发达，印刷的佛像很多，我们处理时一定要谨慎。印得庄严的，可以收集起来送给别人结缘，不要乱丢。若是被人丢弃的、破破烂烂的佛像，有的寺院会把它全部收集起来，到一定数量，包好，全部沉到海里去。据说经典里有记载，海龙王曾说过，要供养残破的佛像。这个方法也可以参考。

印光大师在《文钞》“复如岑师代友人问书”中曾开示说：“像之可以供可以存者，供之或存之。其不能供不能存者，焚化之。毁像焚经，罪极深重，此约可供可存者说。若不可供不可存者，亦执此义，则成亵渎。譬如人子，于父母生时，必须设法令其安全。于父母亡后，必须设法为之埋藏”，必须以恭敬心把它火化，然后把灰处理好，放到人踏不到的地方。注意这是说已经残破不堪、无法结缘的佛像，如果还能用的话，最好是整理整理，送给别人结缘，这样比较如法。从根本上说，最好是不要随便印佛像和经典，到处乱丢。尤其是宣传海报类的印刷品，绝对不要印佛像、菩萨像。这是第一个，佛受用物，也是最需要谨慎处理的。

“二、属佛物。所以得转者，由本施主通拟佛用，故得货易。不同前者曾为胜相，故唯一定也。”

（《疏》言：“得转得货易”者。于此属佛之钱宝田园人畜等物，可以随宜贩卖，买取供养具等而供养佛。）

第二种是**“属佛物”**。**属佛物**可以**转**为其他的用途，再来供佛，括号中是弘一大师的解释：

属佛物包括**“钱、宝、田园、人畜等物”**，有的人用**钱**财、黄金等**宝**物来供佛；供养一片**田园**，其上的收成都用于供佛；有的人供养**人畜等物**，如古代把奴婢献给佛寺，或是把牲畜供养佛寺，比如供养佛寺一头牛，专门来做劳役等等。这些东西只是系**属于佛**，不代表佛的法身，所以**“可以随宜贩卖，买取供养具等而供养佛。”**这个**“等”**，就包括可以转买佛受用物、属佛物、供养物、献佛物来供佛。

另外不能认为观世音菩萨的功德也很殊胜，就把供养阿弥陀佛的东西拿来供养观世音菩萨。因为观世音菩萨属于僧宝，阿弥陀佛属于佛宝，这也不能互用。

所以我们供养三宝时，发心尽量不要太局限。比如供养个香炉，不要只发愿专门供养阿弥陀佛，否则若要再拿它去供养观世音菩萨，或地藏菩萨时，就不行了。甚至从严格意义上说，若局限了只供养阿弥陀佛像的，再转供药师佛像，都不行，会结小罪。如果是转而供养菩萨，那就不只是结小罪了。

（此云属佛物，与前段所云佛受用物有异。因钱宝田园人畜等物，不堪受用，但可系属，故云属佛物耳。）

佛受用物，代表着佛的法身，而钱宝、田园、人、畜等物，佛像不堪受用，不能代表佛的法身，**但可**以**系属**于佛，所以称之为**属佛物**。

属佛物为什么跟佛**受用物**在处理上**有**差别呢？**因为钱宝田园人畜等物**，不像木头、石头等等，可以直接制作成佛像来受用。佛宝本身**不堪**直接**受用**属佛物。除非把本来是属佛物的黄金、宝物，打造成佛像，那它就变成佛受用物，不再是属佛物了，这时，这黄金佛像就代表佛的法身，就不能再做其他用途了。

(西竺布施者，或通施三宝，或别指施佛施法施僧。别指施者，各有所属，不得互用。今云属佛物，即是别施佛者。虽许转贸，而所易得者，仍属于佛，不容有滥。)

印度人很喜欢用复杂的逻辑进行思惟，所以他们在戒律上也分别得很清楚。他们要供养时如果指定这钱要**“通施三宝”**，那这个钱拿来供佛、供法、供僧都可以，具体可由执事决定。如果指定这钱用于供佛，或是用于供法、供僧，那**“别指施者，各有所属，不得互用”**，他指定供养什么，就只能按其指定的供养，不能混用。**“今云属佛物，即是别施佛者”**，这里所说的**属佛物**，指的就**是**专门**施佛**、供养佛的物品，**“虽许转贸，而所易得者，仍属于佛，不容有滥”**。这些物品**虽**然允**许转**卖，但**贸易所得**的东西，**仍**然**属于佛**，**不**能混**滥**。

中国人供养时一般不会分得那么清楚。很多人就只是习惯说：“师父，我这钱拿来供佛。”我们就会向他确认，是只供佛，还是通指供养三宝。如果只是供佛的东西，就不能拿来供养法、僧了，虽然同是三宝，但是不容互用，不能混滥。所以我们到寺院去供养时，尽量不要有局限。

“三、供养物。以幡华等得货易者，事同属佛，可以义求。”

（供养物者即是香灯华幡供具之物。《疏》言以幡华等得货易者，此亦有别。华等可以转贸他物供佛，与前属佛物同。若幡等唯可转变，不可转贸。

故《资持》云，若佛幡多得作余佛事者，谓改作缯盖幢幔等物，然曾供佛体不可变，不同前华可持转贸。）

供养物是什么呢？就是供具，如佛**幡**、供佛的**华**（即花）等等。这一类物品也可以**货易**，但货易的所得，还是必须用来供佛，这是重点。因为**“事同属佛”**，这类物品从大判上来说和**属佛**物一样，所以**“可以义求”**，可以类推。以下是弘一大师的注解：

“供养物者即是香灯华幡供具之物。”我们顺便说明一下佛前供具所代表的意义：

香：盘香、卧香、香粉等等。佛前供香，代表佛的戒功德。所谓戒香远闻，佛的戒香功德就像焚香一样，能够散播到十方世界。

水：佛前供水，不是给佛喝的，供的水澄清、稳定，代表佛禅定的功德，自性定的功德。

灯：莲花灯、蜡烛等等。佛前供灯，代表佛的智慧功德。

所以佛前供具香、水、灯，代表戒定慧的功德，这是不可或缺的。

华：真花、假花都可以。佛前供花，代表佛因地所行的菩萨万行。因为有花为因，才有结果，所以在佛前供花，一方面是庄严佛堂，另一方面，就是彰显菩萨因地所修六度万行的功德。

过去有位居士问忏云老和尚：“供佛是不是一定要用真花？”老和尚说：“假花也可以。”居士说：“怎么可以用假花来供佛呢？”好像欺骗佛一样。

老和尚说："这佛像也是假的，也不是真的。"所以供佛的花，用真花假花都可以，主要是供养时，以虔诚心观想香、花等周遍十方，供养十方诸佛。

幢幡：幢是圆筒状的，上面写着种种经文、佛号、咒语，从上垂下来。如写着尊胜咒的，叫尊胜幢。**幡**是扁扁的，上面写着佛号，或画着八吉祥等图案，这是佛幡。幢幡都吊得高高的，代表佛法身功德的高远。

这些都是属于**供具**类的**物**品，不是佛像本身。

"若幡等唯可转变，不可转贸。

《疏》言以幡华等得货易者，此亦有别。"

文中说**幡华等**可以**货易**，但其中还是**有**一些差**别**。

"华等可以转贸他物供佛，与前属佛物同。"花一类的供具**可以**卖掉，或者拿去跟人家做交易，比如今天有一个法会，供养的花太多，那多余的花就可以拿去卖掉，再用得来的钱买其**他物**品**供佛**，如买香、灯等供佛。这**与前**面的钱宝、田园、人、畜等**属佛物**的处理方法一样。

"若幡等唯可转变，不可转贸。"若是幢**幡**或佛顶上的宝盖等这类物品就不一样了，这些东西代表佛法身的高远，其意义很像前面的佛受用物，虽然它不是佛所直接受用的，但它是在表彰佛法身的功德，所以应当像对佛法身一样尊重，因此**"唯可转变，不可转贸"**，只能把它转变成其他的供养物来供佛，不可以把它卖掉，再来转做其他供佛的事。

"故《资持》云，若佛幡多得作余佛事者，谓改作缯盖幢幔等物，然曾供佛体不可变，不同前华可持转贸。"缯盖就是丝织品所做的宝盖。幔，就是佛前的布幔。**若佛幡**太**多**，可以**改作缯盖、幢、幔等**供具；或者幢太多，可以改制成幔或幡。因为他们都是属于表彰佛法身功德的这一类供具，它们之间互相转变是可以的，但**其曾**经**供佛**的**体**，是**不可**以改**变**的，**不同**于**花**一类的供具**可**以**转贸**。既然幢幡等是佛法身功德的表法，那就应该像尊重佛法身一样尊重它。

关于戒律，有的比较简单，可以自己判断，例如杀戒中，杀畜生犯下品，杀人犯上品。有时就比较复杂了，如偷盗戒。尤其僧团的事务本身又比较微细，有时甚至需要请问专门研究戒律的律师，某些事情该怎么处理比较如法。否则盲目而行，犯偷盗戒，甚至破戒的机率是非常高的，所以要很谨慎小心。如果是在家居士破了偷盗戒，顶多拜忏满一年，也就可以重新受了，但出家戒就没那么容易，破了偷盗戒就失去了出家的身份，那就很严重了。

“四、献佛物者。开侍卫者用之，义同佛家之所摄故。”

献佛物，就是供佛的饮食、水果等，这类物品有时效性，不能一直放着，一定要在很新鲜的时候就撤下来。因为佛现的是僧相，他持出家戒，过午不食，所以我们供佛的饮食、水果这些吃的东西，过了中午就要把它撤下来。如果因为上班，没办法中午赶回来撤怎么办呢？可以在佛前供半小时、一小时，或者稍微供一下，出门之前，就把它撤下来。不要过午才撤，这符合佛过午不食的精神，是对佛的尊重。

供佛的水果和饭菜，一定要用单独的餐具专门供佛用，不可以跟个人的餐具混用。要买新的、庄严的器皿来供佛。饭菜也不需要一大碗，一个小碗就可以了。供佛的水果，要把皮削掉，切好，取出一小部分来供。比如西瓜，不要用整个的来供佛，取一小块出来，装在很精致的小碗或小碟子里，一点点来供佛就好了。

为何如此呢？就像家里来了一位贵客，我们要请他吃西瓜，不可能把整个西瓜丢给他，让他自己切，我们一定是切得好好的，装在精致的盘子里请他吃。供佛就要像对待贵宾一样，以最虔诚恭敬的心态来供养。

如果条件许可，我们应该养成一个习惯，凡是自己将受用的东西，都先拿来供佛。例如新买的衣服，没穿之前，可以在佛堂供一下佛。虽然佛不需要，但这代表佛弟子对师长的一种恭敬和心意。又如刚买了一袋苹果，先取出一颗，洗干净、削好皮、切好、把籽去掉，在佛前供佛。刚拆开一包饼干，也先取出几块来供佛。

若条件不许可，也要养成习惯，在吃新的东西或者新的菜（旧的就不要了）之前，就先默念：供养佛，供养法，供养僧，然后再吃。养成这种习惯，时刻记得三宝是我们归依的境界，心中要常存念三宝。

香、花、灯、幢幡等供养物，饮食，水果等献佛物，乃至佛受用物本身，都应当尽量选用最好的材质。比如汉地，会用最好的檀香或沉香木来做佛像；藏族人会用黄金来做佛像，并镶上七宝；或者用七宝来做供具。为什么要用最好的东西来供佛呢？因为这代表一个弟子对师长虔诚恭敬的态度。除非条件不许可，如果条件许可，就应当以力所能及，最好的东西来供佛。

如果我们明明可以用好的东西供养，却认为我只要有这个心意就好了，用很粗糙的供具饮食，然后把这观想成上妙之具来供佛，那是自欺欺人。过去我们学院老法师曾开示说：“供佛是给自己培福的好机会。做香灯师是最有福报的。为什么呢？因为做香灯师，就等于是佛的侍者。佛在世的时候，阿难尊者做侍者；佛灭度后，我们无法亲近佛，怎么办呢？那就做香灯师时，我们把佛像当作真佛，以虔诚恭敬的心，来做好这份工作，这样做佛的侍者，那就有大福报。”所以我们一定要用能力所及，最好的供具来供佛。

“献佛物者，开侍卫者用之。”献佛物就是供佛的水果、糕饼这类东西，一般供到中午就撤下来了，撤下来之后怎么处理呢？由佛的侍者来处理，比如佛寺的香灯师，就可以处理这些东西。但这其中还是有区别，不是全部可以由香灯师处理的，要分为几类：

第一类，是居士供养的，他供养时的心态，是供佛后就交给佛寺处理，自己不带回去了，已经做了舍心。这一类供完后，就由香灯师来处理，香灯师要给谁都可以。

第二类，是居士供养时，没做舍心，他还要拿回去，这种情况下，要还给居士。若香灯师把它拿去送人，就犯偷盗了，因为居士并没做舍心。

第三类，是从常住库房里拿出来的，这一类供养完后，要收回库房，交由大寮来处理。因为这是常住的饮食，所以也不是香灯侍卫者可以处理的。

所以我们如果在佛寺做义工，一定要问清楚。从另一方面来说，如果我们用糕饼、水果等到佛寺供佛，最好做舍心，供了之后就交给佛寺的人处理了，不要想着再拿走，以免别人犯偷盗。要不然就在旁边看着，以免被人误拿。

同时，我们在无法确认此物归属的情况下，一定不要乱拿。即使是佛寺法师给的水果糕饼等物，也未必就一定没问题，因为不是每个人都对戒律特别清楚。如果法师很热忱一定要给，我们最好以向佛寺购买的心态去接受，然后再补贴佛寺等值的价钱。如果能不拿的，就不拿，除非是确认结缘的书籍法宝一类，那就没关系了。

下面再总结一下四种佛物：

第一种，佛受用物，就是供佛的殿堂塔寺，还有佛像的本身；

第二种，属佛物，就是居士供养佛的钱宝、田园、人畜等等，这类佛像不能直接受用的物品；

第三种，供养物，就是供佛的香、花、灯、幢、幡等等；

第四种，献佛物，就是糕饼、水果等等；

这四种物的处理方法不一样，各有各的原理，如前所述。

问：如果我们供佛食品时的发心，就是供佛的，但供完后，自己却又取用，这算不算偷盗？

答：食物属于献佛物。这类物品，佛本来是不用的，供佛就是为了表达我们的心意。这样佛受用过了，我们就可以自己取用了。

同时，如律文中说的，第四种献佛物是“开侍卫者用之”，开缘侍卫的人可以用。对于自家的佛堂，我们自己就是香灯师，所以供完之后，我们可以任意支配使用，这是律上明文规定的，侍卫者本来就是可以用的。

另外，有法师开示，在供养的时候，就观想祈请佛菩萨加持，希望通过这样的供养，一方面培福，另一方面，祈求佛菩萨加持，让我们受用以后身体健康之类的。取用的时候，就观想佛菩萨已经加持给我们了，这样也可以。

问：如果新衣服先供佛后，我们再取用，算是犯盗吗？

答：这要分两种情况。若本来就是用于供佛的衣服，那属于佛受用物，不能随便取用。

如果是我们自己的俗服，这类衣服佛菩萨是不会穿的，只是穿之前先供养一下。或者我们可以在供养的时候观想，这不是供养给佛菩萨穿的，只是请诸佛菩萨加持一下。

或者如律上所说，我们可以转想，供养佛后，就是属于佛的，作为佛弟子，我穿着它，就像父母给我们的东西一样，把它作为佛恩赐给我们的东西，来好好受持它。

问：本来发心供佛的东西，没有实际供养之前，是否可以转供僧？

答：不可以。既然已经发心供佛，那它就是属佛物了。所以以后要供养三宝之前，要想清楚，因为供养后，属数永定，不能改变。

问：家里供佛的食物、水果，撤下来时，是否有什么仪轨？

答：不用，直接撤下来就可以了。坊间流传着诸如《赎果偈》之类的，在藏经中都是没有的，恐怕是后人编造的，也与戒律不合。

问：我们平时做笔记，常常会写到佛菩萨的名号，这些纸应该怎样处理？

答：这些都属于法宝物，要很谨慎地处理。就如笔记，很乱，不可能跟他人结缘，按照印光大师的开示，可以自己在家把它焚化，再把灰放在人踏不到的地方，也可以拿到寺院的香炉火化。

问：家里请的佛像，是否一定要装藏或开光？应当怎样如法装藏？

答：装藏是藏传佛教的习俗，汉传的佛像，从古到今都没有装藏。有因缘装藏也可以，没有因缘装藏或开光，直接供佛像也很好，一样有感应。佛像代表佛的法身，只要以虔诚恭敬，就可以获得加持力。

有位藏传的仁波切就曾告诉我，不要随便装藏，装藏要如法，如果不如法，还不如不装，否则比没有装藏更糟糕。因为装藏有复杂的仪轨，还有所取的材料，都是很讲究的。如果请真正有修行的喇嘛或仁波切，根据仪规很如法地去装藏，那么这种装藏是好的，有装藏的加持力；如果他装藏的东西或仪轨是不如法的，那装藏的佛像反而会带来问题。而且，仁波切说：装藏后的佛像更有灵性，如果装藏之后，长时间不去礼拜的话，就会有鬼神进驻，那就很不好了，所以没有把握就不要装藏。

看到很多杂志和网络上发布的信息，不要急着照做，因为现在很多做法，看似很有创意，但是不符合佛法的。

问：很多人供品都供好几天，才撤下来，这样行不行？

答：当然不行，食物你可以只供十几分钟、二十分钟。但中午前一定要撤下来。

问：食品如果不是每天供，行不行？

答：食品可以不用每天供养，比如初一、十五供养就好了。但清水要天天供、天天换。早上供新煮的开水，不能从家里的茶壶倒。每天早上装水供养，晚课前后可以把它撤下来，撤下来之后，供水的空杯不要放在佛桌上，包括供水、供菜、供饭的空杯，不供时就把它放到旁边去，不要放在佛桌上，供空杯，以后会没有福报。

问：水也是中午之前撤下来吗？我们供矿泉水可以吗？

答：水是晚课前后撤下来，或者是晚课后不撤，第二天清晨换水也可以。供矿泉水可以，但那矿泉水不能是你要喝的，要专门放一瓶供佛用。如果条件许可的话，就每天从水龙头接新水烧开，不要到厕所接水，要到干净的地方接水，把它烧开后供佛。如果供佛的水杯有盖子的话，把它盖起来，不让灰尘掉入。

问：供过佛的水，我们自己喝，或者浇花都可以吗？

答：可以自己喝，但浇花太可惜了，供佛的水有加持力，就算自己不喝，把它拿出去撒到地面上，布施给众生，观想并咒愿：愿一切见闻觉知此水的众生，包括一切鬼神、蚂蚁等等，都能离苦得乐。这样咒愿后，撒出去供养众生也很好。

问：有些门票上印有佛塔，佛塔是跟佛的受用物一样处理吗？

答：画的佛塔、佛像都是受用物，它的处理方式跟佛受用物一样，要很谨慎地处理。

戊二、法物

◀《戒疏》云

- “言盗法物亦有其四。”
- 一法所受用者
  - 出物体：谓纸素竹木上书经像，或箱函器幞曾经盛贮，克定永施，不许改转。此则一定，敬同圣教。
  - 示所以：皆是灭理之所依持。故有损益，并望涅槃而生罪福。
  - 出谬见：“有人无识，烧毁破经。我今火净，谓言得福。”
  - 据文斥：此妄思度。半偈舍身著在明典，两字除惑，亦列正经。何得焚除，失事在福也。
- “余之三相，可以准前。”

▲《戒疏》云：“言盗法物亦有其四。”

“一、法所受用者：谓纸素竹木上书经像，或箱函器幞曾经盛贮，克定永施，不许改转。此则一定，敬同圣教。”

法物跟佛物的分判一样，也有四种，即法受用物、属法物、供法物和献法物。

第一种是**“法所受用者”**，就是法受用物。包括写了经像的**纸、素、竹、木**。**“素”**是白色的生绢布，有的经典是写在绢布上的；“竹”是竹片，古代在竹上书写文字；“木”是木头。**“上书经像”**，**上**面写了**经**典或者画了佛**像**。**“或箱函器幞”**，**或**者是装经典的**箱**、**函**，**器幞**就是专门用于包裹经典的包经布。**“曾经盛贮”**，这些是**曾经**装**盛**、**贮**藏过经典法宝的物品。**“克定永施”**，它的功能就只能用于供养法宝，包括书写经典的纸张，和包装经典的物品，都是法受用物，**“不许改转”**，就像佛像和佛殿的材料一样，其用途是不能更**改转**变的，否则就属于犯盗了。所以**“此则一定，敬同圣教”**，这类物品**一定**不能改变用途，要对它十分地恭**敬**，就像尊敬佛陀的**圣教**一样。

在《宗体篇》中，我们提到有四种三宝。其中理体的法宝，是涅槃无为之理。我们三归依，最主要归依的，就是理体的法宝。依着这个理体，所显现出来的语言文字经典，称为住持法宝。它住持在世间，引导我们趋向涅槃。所以对住持的法宝要非常恭敬。

“皆是灭理之所依持。故有损益，并望涅槃而生罪福。”

经典的目的**是“灭理”**，也就是达到实相不生不灭的境界，这是理体的法宝**所依持**的。经典它是“标月指”，通过经典的语言文字，使我们能够见到实相。正如佛像是佛法身的全体大用一样，经典是实相之理的全体大用。实相的理，是遍一切处的，当然也就遍于经典当中。**“故有损益，并望涅槃而生罪福”**，**“损”**是破坏，**“益”**是恭敬，作为住持的法宝，经典是能诠的语言文字，涅槃是所诠的理，能诠跟所诠不二，就像佛像跟佛的法身不二一样。承载经典的法本，与其所诠释的涅槃之理是不二的，所以我们对经典恭敬或亵渎，都是**望着涅槃而生罪福**，恭敬法宝，功德就无量无边；亵渎法宝，罪业也是不可思议。

历代的高僧大德们，对经典都非常地恭敬、尊重。《高僧传》中记载，古代有的大德为了抄经，甚至从作为抄经纸的树开始，就非常讲究。他选择很清净的环境，专门种一批树，并用香汤灌溉。等树成材后，做成纸张，专门用于抄经。抄经时，每抄一个字，他就拜一拜。所以当他抄完后，这部经就有很大的加持力，很有感应。与佛像的道理一样，若认为它就是清净无为的实相之体的显现，那就可以得到实相理体的加持。

相反，如果把它只作为普通的读物看待，例如随意地把经典放在地上，这不仅是对经典不恭敬，也是对整个实相之理、对涅槃境界的亵渎。甚至有人把写了经文，乃至一句偈、一句颂的纸张，丢到垃圾桶里，这都是望着涅槃实相的境界而结罪，过失都是非常重的。我们三归依，主要所归依的就是实相之理。若对经典，或其所诠释的灭理无为之理，都不能生起尊重恭敬之心，那我们的三归依，肯定是有问题的。

所以对经典法宝要很注意，若要印刷，尽量做到精致；若是请来的经典，一定要非常恭敬，如果自己不受持，可以转赠他人，但绝对不能乱丢，任其风吹日晒落满灰尘。要放在洁净的地方，用干净的布盖上，或者放在抽屉里。这是对法宝的尊重。读经典的书桌，也一定要干净，就像我们不能把佛像放在杂物堆里一样，对待经典也要同样的恭敬。

很多人对法宝没有这概念，在家里随意堆放，这就非常不好了。有时候我们学习经典，会感觉有障碍，很可能就是因为过去曾经轻慢、亵渎过经典，种下了不好的因。这时就只有通过多拜忏，来忏悔过去亵渎经典的过失。

所以我们一方面要恭敬供养法宝，一方面也要认真忏悔过去所造的业，并尽量把恭敬经典的方式告诉有慧根的人。递送经典时，应当用双手递接；持捧经典时，应当捧在胸口以上的位置。如果打坐时可以把经典放在手上，但平常就应当把经典恭敬地捧在胸前，不要像拿小说一样，随意地拿在手上甩来甩去，更不能往裤袋里一插，那非常地不恭敬，是很损自己福报的。一分恭敬，一分利益。要深入佛经的义理，需要有很多因缘，这也是一个因缘。我们若对经典的法宝非常恭敬、尊重，以后学这部经典时，就能得到涅槃之理的加持。因此一定要恭敬对待法宝。

对于残破的经典，或者我们书写的佛法笔记之类，如果用不到了，也无法跟别人结缘，为了避免别人看到后产生轻慢、不恭敬的心，可以依照印光大师的开示，很恭敬地把它火化。火化的灰，或者沉到水底，或者顺水漂流，或者埋到人踏不到的地方，总之，火化后的灰，也要恭敬地处理。

这里顺带说一个问题：佛寺中的经典，若想请回去，要先确认一下是否是结缘的经典。若它是放在结缘柜上结缘的，那请回去没问题；但如果是属于常住的书，就不能请。因为从律上来讲，结缘的经典，是没有主人的；如果是常住的书，如藏经楼里的书，它就属于常住，是有主人的，就不能随便拿了，它属于常住财物的一部分，除非向常住买下来。所以我们若从佛寺请非结缘经典，或者是法师要将常住的经典送给我们，这时就要补贴常住，至少按照书的成本价来补贴。

“有人无识，烧毁破经。我今火净，谓言得福。此妄思度。半偈舍身著在明典，两字除惑，亦列正经。何得焚除，失事在福也。”

有的**人**没有见**识**，**烧毁**残**破**的**经**典，心想：**“我今火净，谓言得福”**，认为既然这是破经，把它用**火**烧**净**，这样可以**得**到**福**报。道宣律祖说，其实这完全是众生自己虚妄的想法。就像民国初年出现，现在一些地方依然流行的烧往生钱，在纸钱上面印了往生咒，再把它烧给亡者，认为可以加持亡者。《印光大师文钞》中，处处呵斥这种邪知邪见。因为往生咒是法宝，把往生咒写在纸钱上，这纸钱就属于法受用物了，我们不但没有像对法宝一样恭敬它，反而为了利益亡者，随意地把它烧掉，殊不知，正如《地藏经》中所说：“缘是临终被诸眷属造是恶因，亦令是命终人，殃累对辩，晚生善处”，当亡者到冥司，与阎罗王对辩的时候，这只会增加他的负担。

此外，用于盖在亡者身上的陀罗尼经被也一样。因为经被上面都是咒语，相当于经典一样，也是法受用物，一定要恭敬。在使用时，应当在经被和亡者的身体之间，隔一层被褥。尸体或许会流出脓血、臭水等分泌物，如果直接把陀罗尼经被盖在上面的话，会玷污法宝，那很不好。所以在经被下面要垫一层薄被或毯子。

前一位亡者用完后，只要它没有被玷污、破坏，就应该把它收藏好，留给下一位使用。很多人把经被和亡者一起埋到土里去，认为能加持亡者，其实那是亵渎，反而贻祸亡者。因为若是土葬的话，尸体长蛆长虫，陀罗尼经被会被啃得乱七八糟的。

有的人把陀罗尼经被与亡者一起火葬，等于烧毁经典，那也不行。还有的人把经被折一折，放到骨灰盒里，这也是不如法的方式，因为骨灰是不净物，就像我们不应把经典放在垃圾桶上一样，无论把它直接放在骨灰盒里，或者用来包骨灰盒，对亡者来说，都有很大的过失。虽然都是别人做的，但因是为了利益亡者而做，所以亡者也要承担这些过失的业。

"半偈舍身著在明典"，这是《涅槃经》中所记载的公案，佛陀因地时，为了向野干求**半**句**偈**，宁**舍身**命。这说明菩萨对经典是非常珍重的，甚至用生命求取都在所不惜。

"两字除惑，亦列正经"，**"两字"**指的是"常住"二字。《涅槃经》中说，一个人若能听闻"常住"二字，生生世世不堕三恶道。这就是**"两字除惑"**。当然，所谓听，不是耳朵听进去就算了，而是指闻持，听闻并受持，能够把实相常住不生不灭之理，受持在心中的话，就可以生生世世不堕三恶道。这个道理，我们在前面《宗体篇》中，讲到归依功德的时候，也曾提到。佛菩萨对经典都是宁舍生命地求取，我们若把经典受持在心中的话，就会有很大的加持力，甚至能让我们生生世世不堕恶道，所以经典是非常尊贵的。

"何得焚除，失事在福也"，这是说明不能焚烧经典的第三个理由：**失事在福**。"事在福在"，这是一个概念。什么意思呢？譬如我们今天布施了一座桥，就有福报。这个福报不是钱捐出去就停止了，只要桥还在，不断有人因为这座桥得到便利，我们的福报就不断地累积，直到哪天桥毁损了，福报才停止增加。但只是停止增加，不是没有，它在我们阿赖耶识中种下了种子，不会坏。甚至我们往生了，只要桥还在，那这个福报还会不断不断地累积，这叫事在福在。

再比如说，我们今天发心印一本经典，只要这本经典存世一天，我们的福报就相续一天，所以印经要尽量用好的材质来印，让它可以长久保存，自己的福报就能一直相续，这叫事在福在。

反过来说，别人发心印的经，本来可以存续很久，却无缘无故被我们焚毁了，这就使印经的人失去了这种**福**报的相续，这就叫“失事在福”。

上面的说法，与印光大师的说法，是否有冲突呢？其实两种说法是一致的，同样是烧破经典，道宣律祖呵斥的是“我今火净，可以得福”这样的想法。印光大师也强调说：我们在烧经典的时候，动机不应该是为了得到福报，而是为了护持佛法，避免别人看到残破的经典后，产生轻慢、亵渎的心，所以才把它火化掉了。火净是因为这种要护持经典的心，而不是为了求福报的心，这样的动机才可以。所以同样是处理残破的经典，动机不一样，结果也完全不同。

“余之三相，可以准前。”

其**余三相**，就是属法物、供法物和献法物，**可以**比照**前**面的属佛物、供佛物、献佛物来理解。

属佛物，就是钱、宝、人畜、田园等等。属法物也是一样，这类物品可以转贸为其他物品，再来供法。比如可以把钱宝等，拿去买成供养具，再来供养法宝。但只能供养法宝，不能供养其他，否则犯盗。甚至若是专门用于印经典的钱，严格来说，印论都不行。因为经是佛说的，论是菩萨造的，还是有区别。或者指定要印《阿弥陀经》的钱，拿去印《地藏经》，也不行。所以我们发心印经时，如果到专门刊印经典的地方，可以说明“随缘助印”，就是印什么经都可以，这样比较活用，而不至于犯盗；如果指定印某部经，那这钱就只能印这部经了，若印了其他经典，就是犯盗戒了。

第三个供法物，就是香花、灯烛、幢幡这类物品。我们的佛堂中，供了佛像，也可以再供养一本大乘经典，例如《法华经》、《涅槃经》、《华严经》等等，用庄严的包经布把它包起来，并用高级精致的供具来供养。如用精致的水晶莲花、供水杯、香炉、好香等等，在自己能力所及范围内，尽量用高级的供具来供养。

一般我们的佛堂中，既有佛像，又有经典等法宝时，这些供具就都广泛属于供养三宝，不会分得太清楚。但如果是特别供养某一部经，比如在藏经楼中，专门供养一部经，则特别供养它的香花、灯烛、幢幡等，就都是属于这部经的，不能够再拿去供佛或供其他。同样，如果供这部经的花太多，可以拿去卖掉，换其他供物来供养这部经。如果是幢、幡、宝盖等太多的话，可以转变，比如把幢改做成幡，或者幡改做成宝盖等等。这类供具可以转变，但是不能转卖。这和供佛的供养物一样。

第四个献法物，就是供养经典等法宝的饮食、水果等等，和献佛物一样，“开缘侍卫者用之”，如果是家中供养的经典，那自己就是侍卫者，可以自己支配使用。这是属于法物的四种，跟属于佛物的四种是一样的。

关于昨天讲的佛物和今天讲的法物，有什么问题可以提出来讨论。

问：很多盖经布是丝绸的，丝绸是牺牲动物的生命而形成的，请问这样的盖经布合适吗?

答：其实好的材质不一定是丝绸的，好的布料也是不错的。而丝绸由杀生而来，还是尽量避免吧！

问：我在外面租房子，就一个卧室，有一幅写《心经》的字画挂在墙壁上，这样可以吗?

答：其实佛像也好，经典也好，如果说是一个人独住，没有其他房间，有两个办法：一个办法是在中间做个帘子，平常的时候把它拉起来，等于是一个房间隔成两半，一个小佛堂，一个是属于生活起居间，用个布帘分开来，尤其是我们换衣服的时候，把它拉起来，不要在《心经》前面换衣服。

再一个办法是给《般若心经》特别做个帘子，需要时，尤其是在换衣服的时候盖起来。

问：某位法师讲的《阿弥陀经》，是居士记录下来的讲记，我当时也没有看清楚就把它打印出来了，打印了一本书，但是现在边听边看的时候，发现里面有些问题，字又很小看不清楚，我不知道这本书该怎么处理。我自己看不清楚，如果给别人的话，因为里面有些错误，排版列表也移位了，别人肯定看不懂，该怎么处理呢？

答：如果不是很严重的话，可以跟人家结缘，如果很严重，那也只能把它火化掉了，因为给人家看到的时候产生误解也不好。正如刚刚我们讲，为护持这个法，出于对法的尊重，我们不希望法以这种错误的，或者不庄严的形式显现出来，所以为了护持法的心态，那就只有把它火化掉了。

问：我好多年前把《楞严咒》打印在A4纸上，然后又在A4纸上写了佛名，纸张一直放在我的背包的一个小兜里，现在纸都已经坏了，一直背在身上和损坏了，是否有过失呢？

答：背在身上没有过失，但是没有保护好有过失。我们把佛像或者经典放在包包里的时候，最好用塑胶套把它包好，再放在你包包里头去，以防磨损。

问：曾经有一些师父给我们结缘了一些经，那个经很小，像挂坠一样大小。当时向师父请教过像《地藏经》、《药师经》这些怎么保存。师父说这些经随身携带，对自己非常好的，放在哪里都可以，甚至放在身上、放在包里都行，这样是不是也不够庄重，或者有过失?

答：这种挂坠不要当手机挂坠，因为手机有时放在裤袋，或带进不洁净的地方。所以经典也好，佛像也好，做成挂坠挂在房间或挂在车上还可以，不要挂在手机上面。

至于挂在身上，如果是整部经典，那就不太合适。除非是外面包裹得很严实，不会被身上的汗渍等染污，同时到浴厕时，最好放在外面。

一般没有信佛的人，把经典挂在包包外面，很容易出现亵渎的情况，比如到厕所就直接带进去了。而信佛的人如果身上带了佛珠或佛经，一定会请一个人在外面帮忙拿着，不可能带到厕所里头去。而那些没有信佛的人，他可能做不到，但最起码要他把佛经或佛珠带进厕所时，放到包包里面去，这是最底限了。

问：电动的转经轮，可否放在客厅或卧室里?

答：虽然可以，但要注意，它是法宝。不能对它有丝毫不恭敬的行为，脚不要伸向它，最好不要放在正对着脚的地方。换衣服等时候，最好用布把它遮起来。

问：电脑、手机等电子设备中的佛经、佛像，是否也不能删除?

答：这倒不至于。因为文字和图像，在电子设备中，都是经过程序的转换而呈现出来的。它在设备中，并不是文字和图像本身，只是程序的形式，所以可以删除。

戊三、僧物

三宝物当中，最复杂的就是僧物。出家众的东西该怎么处理，很多微细处必须由专业的律师来判定，在这里只介绍个梗概，让各位有个初步的概念。

“僧物有四。一常住常住物，亦名四方僧物。二十方常住物，亦名现前常住物。三现前现前物，亦名当分现前物。四十方现前物。”

分四类：第一，“常住常住物”，是属于**常住**的**常住物**；第二，是属于**十方**的**常住物**；第三，是属于**现前**大众的**现前物**；第四，是属于**十方**大众的**现前物**。

四类僧物的名称，没接触过的会觉得很生涩，我们可以看到，一跟二的后面都是常住物，三跟四的后面都是现前物，在此先定义基本概念。

所谓“常住物”就是它的归属已经确定了，属于某个佛寺的东西，比如说属于净律寺的，莲因寺的……属于这个寺院的，叫做“常住物”，所以一跟二都属于常住物。

至于同样的常住物中，它的分配使用方法，谁可以来分呢?

第一，“常住常住物”是常住的人可以来分。

第二，“十方常住物”是十方的僧众打板进来之后，都可以分的常住物。

这样看这个标题就会有点概念了，所谓常住物都是属于某个佛寺的东西，跟别的佛寺并没有互通的。虽然说僧众六和合，但是每个佛寺的财物还是独立的，并不相通，这个叫做“常住物”。一跟二都是属于常住物，只是第一种常住常住物，是住在这里面常住的人才可以用，第二种十方常住物，是打板进来的十方僧众都可以分的。

三跟四都称为现前物，现前物都是属于即施的东西，就是说分给眼前的人。

第三，“现前现前物”，是分给眼前的僧众，称为现前现前物。

第四，“十方现前物”，是打板了进来之后的十方僧众，都可以分的现前物。我们先这样分别，就比较容易理解了。

我们接着来介绍四类僧物的差别。

▲**《戒疏》云“就僧物中则有四别**。

常住常住物
- 出物体—如堂宇田园人畜米面。
- 示名义—属处已定，不可分割。必欲惠给余寺，羯磨和与，若直送者是名盗损。
- 明结犯—或有主掌自盗，不望十方不满，随取计五便与极重。

一、常住常住物：如堂宇田园人畜米面。**属处以定，不可分割**。**必欲惠给余寺，羯磨和与，若直送者是名盗损**。”

“堂宇”，佛寺里面的殿堂，称为堂宇。当然佛殿不算在内，因为佛殿是属于佛物。佛寺里面的一切堂宇，就是所有的殿堂，包括寮房、斋房等，一切的建筑物；**“田园”**，传统的佛寺可能都会有自己的田，有的佛寺是僧众自己种，比较如法的佛寺找净人来种；**“人”**，这个“人”指的不是僧众，指的是为佛寺干活的人，因为古代有奴婢，有的人可能把奴婢送给寺院，供寺院的僧人来使用，帮僧人做点事情，这个称为“人”。**“畜”**是属于僧团的牛、马这些帮忙劳役的畜牲。**“米面”**，库房里的米面等东西。这些都是属于常住的常住物。谁可以用呢？“常住”，这个佛寺里面的人可以用，所以叫**“常住常住物”**。

第二段：**“属处已定，不可分割”**，已经有明确归属，不可以分割。**“惠**

给余寺”，要把它送给其他的佛寺，比如我们佛寺库房里面的面太多了，要送给其他佛寺，那必须要**“羯磨和与”**，要在僧众当中公告一下，就是大众集合的时候公告一下，说我们这个库房里的米、面太多了，要送给某某寺，大家可以去看一下，有意见的提出来，如果没有意见的话，我们就送给某某寺了。在大众公告的这种羯磨，是用于比较简单的东西。

如果是钱，或者其他比较复杂的东西，那要另外作羯磨法，这个是属于出家众的事情。所以僧物虽然在三宝物当中最复杂，但是好在跟在家众的关系都不是很大，所以说各位只知道大概就好了，不需要知道太细。只要知道常住物，也就是佛寺的任何东西，包括桌子、椅子、米、面等，不要随便送给人家。

比如说在佛寺大寮做义工，库房里面的米面等所有的食物，如果太多了，要送给其他寺院，必须由出家众作羯磨法，才能送出。义工直接送给其他寺院，就犯盗戒了，而且盗僧物的罪还特别重。虽说做义工是发了好心，也不是将这些东西占为己有，但是有可能犯重罪，所以这个要很注意。如果各位有机会到佛寺做大寮工作的话，最好问一下里面的僧众，不要随便送给其他居士或信徒，否则就犯盗戒。

即使是负责典座、库头的僧人，也不能随便把库房的东西送给居士。因此如果有出家众从佛寺的库房拿东西给你，你能推就推，不能推的话，拿的时候心中要想：我是跟佛寺买的，然后要补贴佛寺，不然的话你们两个人就都犯偷盗，而且还是盗僧物，罪很重。

过去有个居士看到佛寺的碗筷太旧了，都没有跟常住讲，就把它们丢掉，然后再买新的补贴进来，最好别这样做。要丢掉或处理，都必须要告诉佛寺的执事僧，不能够自己随便乱处理，因为有的东西处理，僧众要作羯磨法，如果是学戒的佛寺，他们自己会去做。所以“直送者”，直接送出去，不管送给其他寺院、送给慈善机构、送给护法居士，还是自己带回家，都是叫做盗损常住物，这个要很注意。

第三段：**“或有主掌自盗，不望十方不满，随取计五便与极重。”**

“主掌自盗”是指寺院的典座，拿厨房或库房的东西来送给人家；或者库头把所管理寺院里面的衣服、棉被等物资拿去送人。或者寺院当家、知客拿佛寺的东西送人；叫“主掌自盗”。**“随取计五便与极重”**，只要他取的东西价值五钱，大概相当于美金二十块左右，那就是判重罪。

“不望十方不满”，所谓“十方不满”，指的是后面将讲到的“十方常住物”。十方常住物属于十方僧众的，比如偷一块饼，这块饼的主权属于十方僧众，每个人都有权利，打板的时候进来吃这个饼。如果这个饼值十元，那么除以无量无边的十方僧众，绝对不会满五钱，此即“望十方不满”之义。但是此处不这么判，因为主掌自盗的话，主要约着常住这个主体来判罪，而不是约着十方僧众来判罪的，因此就是取满五钱就判重罪。

所以古人说：“爱惜常住物，如护眼中珠”，要好好守护。如果在佛寺做义工，不小心损坏了常住物，比如洗碗时不小心打破了碗，那要赔。莫要说：“我发心做义工，还叫我赔？”还是依着戒律而行吧！才不会到佛寺本为培福，反而折本了。因为它属于常住常住物，不小心把它毁损了，就要照价值来赔偿。但如果是起烦恼而故意毁损，那就不止是赔一倍，要赔好几倍了。

十方常住物
- 列物体——如饭饼等现熟之食。
- 示别名——本拟十方闻声同饭。
- 明犯结——有盗此食，望护结重。望僧结轻，以僧分业无满五故。
- “问：声钟告集，是僧皆饭。未知他寺奴畜得否？
- 答：
  - 判定——不合也。
  - 释所以——僧具六和，随处皆是。人畜别属，义非通使，使既是局，食亦如之。”

“二、十方常住物如饭饼等现熟之食。本拟十方闻声同饭。有盗此食，望护结重。望僧结轻，以僧分业无满五故。”

“十方常住物”本来是属于常住物，但是经过打板拿出来，就是十方常住物了。为什么吃饭前要打板？就是为了集合十方僧众，这是出家众的规定，六和合中利和同均。所以我们吃饭的时候要打板，打板的时候，如果有刚好路过的出家众，听到板声都可以进来吃饭。如果不打板就吃，那就犯偷盗戒，因为这个东西本来应该利和同均的，自己私下吃就犯盗。除非这个东西是自己花钱买的，那没关系。所以古人说“一钵千家饭，孤僧万里游”。古代丛林制度也都是这样子，到任何丛林去，听到打板，就可以进去吃饭。

从厨房拿出来的食物就叫做**“饭饼等现熟之食”**，煮好的饭、饼、菜，就是我们早午斋过堂，拿出来的现熟之食。它的用途是什么？**“本拟十方闻声同饭”**，这个煮好拿出来的东西，本来打算路过的十方僧众“闻声同饭”，听到声音都可以进来吃饭，所以称为“十方”的常住物。

“有盗此食”有两种情况：第一个，**“望护结重”**；第二个，**“望僧结轻”**。所谓“望护结重”是指典座以外的其他人偷这个饮食，“望僧结轻”是指主掌的典座自己偷盗。

“望护结重”是说，如果跟典座没关系的其他人偷打板拿出来的十方常住物，是要约着典座来结罪。典座只有一个人，如果满五钱，就要判重罪。

“望僧结轻”，如果是典座他自己犯偷盗，就是说打板拿出来的东西，典座自己偷盗的话，这个时候典座要约着十方僧众来结罪，那一定不可能满五钱。因为拿出来的东西，不管价值一百块，一千块，一万块还是一千万，对着十方僧来结罪，等于说这么多东西，所有权归属于十方僧，所以这么多钱要除以无量无边的十方僧，等于他对每一个僧众所欠的这个钱都是极微量的，因此这个叫“望僧结轻”，对着十方僧来结罪的话，那这个时候就只会结中品的，因为不满五钱，只会结中品的罪。为什么呢？**“以僧分业”**，因为十方**僧**来**分**担这个**业**，所以绝对不会**满五**钱。

有人可能会产生疑问：既然打板拿出来了，十方僧众都可以吃，那怎么会有偷盗的情况呢？看下面的问答：

“问：声钟告集，是僧皆饭。未知他寺奴畜得否？”

“声钟告集”，就是打板、敲钟，集合十方僧来吃饭。**“是僧皆饭”**，如果是出家众：沙弥、沙弥尼、式叉摩那、比丘、比丘尼，出家五众都有权利来吃。如果这个佛寺不给他吃，佛寺反倒犯偷盗了，这就是“是僧皆饭”的意思。

下面问题是说**“未知他寺奴畜得否”**，就是**其他**寺院的**奴**婢，或者负责驮运的牛马等**畜**生可不可以吃呢？打板后，十方僧众都可以来吃饭，但是呢，如果出家人来吃饭的时候，带着的居士（例如各位与出家僧众，一起到其他佛寺办事等），或者骑**着**的牛马，是不是也有权利可以一起吃这个饭，而且不用补贴呢？

“答：不合也。
僧具六和，随处皆是。人畜别属，义非通使，使既是局，食亦如之。”

结论是**“不合”**，就是不可以。如果居士跟着出家僧众去其他佛寺吃饭，居士要补贴。如果居士不补贴，出家僧也不补贴，僧众和居士都要犯盗戒了。所以居士来到佛寺，在佛寺吃饭、用水等任何的消耗，都要补贴佛寺。

除非居士帮佛寺服劳役，比如吃完饭帮忙去洗碗，就可以不用补贴。不过最好还是补贴一下，因为不知道洗碗的工资够不够抵扣吃的那顿饭。如果洗自己的一个小碗，就叫做布施佛寺，有点太牵强了。

或者来参加共修，来参加共修就称为同法人，也可以不用补贴。不过最好还是补贴一下，保险一点，不然搞不清楚该不该算同法人，而且一时也找不到人问，那就有犯盗的危险，满五钱，就结上品罪，就破了偷盗戒了。

回答“不合”，就是说居士跟出家众师长，到别的佛寺吃饭的时候，师长可以免费，但是居士不能免费。即使是为了寺院之间的公事，也一样不能免费。如果是师长让居士吃，居士也不补贴的话，居士满五钱就结上品的罪，师长如果是为了公事而带居士去吃饭要结下品罪；如果师长是为了私事（*看朋友、参观等*）带居士去佛寺吃饭，居士又不补贴的话，师长要结中品的罪。所以一定要注意跟师长到别的佛寺去吃饭的时候，不管公事私事，不能够不补贴饭费，除非有帮佛寺服劳役等等的，才可以不补贴。

底下解释理由——**“僧具六合，随处皆是”**，为什么你的师长不用补贴呢？因为僧众具六和合，所以“随处皆是”，一钵千家饭，孤僧万里游，任何一个地方打板，僧人都有权利去吃，这是“随处皆是”。

为什么净人或者畜生不行呢？**“人畜别属，义非通使”**，“人畜别属”就是说，寺院里面净人，或者寺院里面牛马这些畜生等等的，是属于第一类的常住常住物。前面讲过某甲寺院跟某乙寺院的常住常住物，彼此不能够随便互通，必须作羯磨法才能够互通。既然净人和牛马等畜生本来就不能互通，那么这个常住常住物跑到别的佛寺来吃东西，怎么可以不用付费呢？所以“人畜别属，义非通使”，就义理来说，不是可以共通使用的。**“使既是局”**，在**使**用上判定**既**然**是**有**局**限，这个寺院，那个寺院的，**“食亦如之”**，饮食也是一样，还是要分清楚的。这是第二个，十方常住物。

“三、现前现前物。如今诸俗以供养僧，无问医药房具，并同现前僧。”

“现前物”谁可以用呢？目前在佛寺里面的人可以用。有的在家人供养僧时说，我供养净律寺的现前僧，就只能分给净律寺的现前僧，也就是里面的常住僧众。净律寺目前住多少人，就大家平均分担下去；但就只能分给净律寺的现前僧，不能分给其他寺院的出家众。

比如说今天居士供养一百块给这个寺院的现前僧，钱还没有分下去，可是第二天又来了一个出家人，第二天来的出家人不能分这一百块，因为当初居士发心的时候，只有眼前这些人，即使钱还没分下去，也不能给第二天来的这个人。

或者有居士供养结夏僧，只发心供养这个佛寺里面，有结夏安居的大众僧。假设有僧人没有参加结夏安居，中间进来佛寺的话，这个居士的供养物，就不能给这个僧人。这样有限制的，叫现前物。

或者像常住的消耗品，常住的库房里面的消耗品：卫生纸、牙刷、牙膏等，也属于现前现前物，在目前佛寺中，僧众里面正常使用都可以。

“四、十方现前物。如僧得施及五众亡物。”

所谓**“僧得施”**就是**僧**众**得**到**施**主即施之物（现场马上要分之物），只要打板之后进来的人都可以分。那为什么叫“现前物”？因为它是即施物，不属于常住物。

比如说居士来到净律寺办斋僧大会，他的目的不只是净律寺的大众，而是所有当天打板后，进来的僧众都可以用，这叫**十方现前物**。

或者“五众亡物”，五众指的是比丘、比丘尼、式叉摩那、沙弥、沙弥尼那这五众，“五众亡物”是指出家人死了之后留下的东西，要分给大家。就细分来讲，比较有价值的，比如车子、房子，要充公，全部归佛寺，要归他往生的这个佛寺，不是其他佛寺，要转成常住常住物。他留下的一些轻物，比如衣服、钵、书架、录音机、电脑这些小东西，就打板集僧，只要打板后进入佛寺界内的僧众，就按照戒腊，戒腊高的先拿，最后到没有为止。这个叫十方现前物。

作为在家众要知道，如果师长或者是认识的出家众往生了，他的东西你不要随便拿，除非是经典、佛像等。经典属于法物，佛像是属于佛物，他往生之后，在家众取了没有关系。但如果是法宝、佛宝以外的这些东西，都是要按照出家众的仪式，变成十方现前物，打板集合僧众来分，或者有价值的东西要归常住的，所以不要随便拿。除非他往生前，将个人衣物等送给你作为纪念，而你也补贴往生者，则不犯盗。

◀《事钞》云
- 推过重——然盗通三宝，僧物最重。
- 示重相——随损一毫，则望十方凡圣一一结罪。
- 引文示——故诸部五分中。多有人施佛物者。佛并答言，可以施僧，我在僧数，施僧得大果报。
- 引经文——又方等经云。五逆四重我亦能救，盗僧物者我所不救。
- 指略——余如日藏分僧护传等经广陈。

▲《事钞》云：“然盗通三宝，僧物最重。

随损一毫，则望十方凡圣一一结罪。”

以上**通**于**三宝**物的偷**盗**中，虽说约着制教来说同样犯盗，但约着业道罪来说，盗**僧物最重**，因为佛、法、僧三宝当中，法宝是涅槃，无形无相。佛跟僧来说，佛是圣人，就数量来看，绝对不会比十方僧众的数量还多，所以僧物最重。

也就是说僧物是属于十方僧，因此若盗僧物，即使只是一毫之物，往往也要**望**着**十方**的**凡**夫及**圣**僧，**一一结罪**。这就是他业道罪重的原因，它的所有权属于无量无边的出家众。

“故诸部五分中。多有人施佛物者。佛并答言，可以施僧，我在僧数，施僧得大果报。”

在**诸部**律或者《**五分**律》当**中**，都有这样的例子，**有人**要**供**佛，**佛**的回**答**是，你**可以**供养**僧**，**我在僧数**当中。在佛陀还在世的时候，供僧的东西就可以分给佛一份，因为佛也是属于僧众的一员，虽然佛很尊贵，但就义理的本质来说，他是属于僧的一部分。佛灭度之后，佛像、佛塔这些属佛物就独立出来了，因为僧众多，供养僧的时候心量广大，那么功德也大。所以，佛陀说**施僧得大果报**。

所以为什么会有盂兰盆法会？不是因为这一天鬼门开，以前我小时候也相信是鬼门开，所以每年到七月的时候就特别害怕，其实这是民间的说法。这个“盂兰盆”是梵文，翻译成汉文就是“解倒悬”，倒悬是描述饿鬼道众生的苦：饮食外障、内障、自体为障，能够得到脓血或者屎尿，就算上品的饮食了，而大部分还得都得不到，连看都看不到，所以称之为倒悬——倒悬之苦。

例如目犍连尊者，他母亲就是因为悭贪堕入饿鬼道当中。后来，目犍连用神通力来饿鬼道，拿东西给他母亲吃。饿鬼道的众生得不到食物，很多饿鬼道的众生连食物、水的名字，都好久没听到过了。目犍连给他母亲饮食的时候，他母亲好不容易才得到饮食，自然而然悭贪的习气又跑出来了，因为起悭贪，口里马上喷出浓火，把这个饮食烧掉。目犍连以他的神通力都无法救他的母亲，就请佛陀救拔。佛陀告诉他结夏安居三个月当中，大众僧出家众专精地用功，有大的功德。所以如果在农历七月十五，大众僧结夏安居圆满自恣日，供养僧众这些大福田的功德特别大，用这功德来超度你饿鬼道的母亲，一定可以把她成功超度。而且佛陀时代那些僧众都是阿罗汉，供养这些结夏安居的阿罗汉，那功德更是不可思议。因为目犍连在七月十五僧自恣日时，供养结夏大众，他母亲因此超脱饿鬼道之苦。所以佛门为了慈悲，就在农历七月十五举办盂兰盆法会，通过财、法二施，布施给饿鬼道的众生。

而在结夏三个月安居当中，大家特别地用功，有的佛寺甚至门关起来，不让进不让出，特别专心地用功，这时候功德特别殊胜，最后七月十五做超度法会，来解倒悬，这个力量特别大。

因此，这就是"施僧得大果报"的原因，僧众有大威德力，因此果报就大。施僧的果报大，当然相对的，毁损了僧物过失也最重。接着看下面经文的证明。

"又《方等经》云。五逆四重我亦能救，盗僧物者我所不救。餘如日藏分僧护传等经广陈。"

《方等经》里面佛陀说，你犯了**五逆四重**（五逆：杀父、杀母、杀和尚、出佛身血、破羯磨转法轮僧。四重：杀、盗、淫、妄的重罪），佛陀说我也**能**够**救**你，但是如果盗僧物的话，**"我所不救"**，不是佛陀不想救，是因为罪恶太重了，佛陀说无法救。但是盗僧物确实很容易犯，比五逆四重容易犯，像各位如果在佛寺发心，随便把出家众的东西送给人家，就是盗僧物了，很快很容易。其他就像在**日藏分**，《大方等日藏经》里面的卷二《日藏分》，或者**僧护传**，也就是《僧护经》里面都**广陈**，广泛地说明。出家众因为盗僧物堕落饿鬼道或堕地狱道受苦的故事很多，也非常可怕的。

丁二、别人物

所谓“别人物”就是说它不是三宝物，是属于个人的物品，称之为别人物。这当中分为三段：

- 戊一、掌主损失
- 戊二、明被贼
- 戊三、明盗相

戊一、掌主损失

◀《戒疏》云
- 指广——“初中，妙同钞引。
- 引善见——《善见论》中。若守护财物，谨慎不懈，而有盗者私窃而取，或强逼取，皆望本主结者，以非护主能禁之限故也。
- 明慢藏——若反此者，守物须偿，以本盗人欺守护故，是须还他。若不还犯。”

《戒疏》云：“初中，妙同钞引。

《善见论》中。若守护财物，谨慎不懈，而有盗者私窃而取，或强逼取，皆望本主结者，以非护主能禁之限故也。”

“初”就是掌主损失，初的内容同于《事钞》所引，意思说这个道理在《事钞》里面有讲过。就是第二段**“引善见”**，引《**善见论**》的说法。《善见论》里面说，**“守护财物，谨慎不懈”**，如果一个单位的库房掌主，帮公家看**守财物**，而且是**谨慎不懈**，是很小心地在守护财物，该上锁、该注意的地方都有做到了。

“而有盗者私窃而取，或强逼取”，这个所谓的盗有两个，**“私窃而**

取”，偷拿是一种情况。**“强逼取”**，强盗也算偷盗的一种。两种情况**“皆望本主结者”**，这个时候这个贼人是向谁来结罪呢？就是**望着**这个**本主**，就是守护人的老板来结罪。也就是说守护人他不需要承担责任。为什么呢？**“以非护主能禁之限故”**，因为守护人已经谨慎守护了，别人偷偷来窃取，或者拿刀枪来抢，这个不是守护人能制止的。这个时候，偷盗的人要向所有人来结罪，重点就是说守护的人不需要赔。

相反，如果本主向守护的人要，要求他赔偿的话，这个时候反而是本主犯了偷盗。事实上有没有谨慎守护就看这个掌主自己的心了。如果没有谨慎守护，却说自己谨慎守护，就又犯盗，又犯妄语。

“若反此者，守物须偿，以本盗人欺守护故，是须还他。若不还犯。”

所谓**“慢藏”**就是说他收藏不谨慎，没有好好守护，所以被他人所偷，就叫“慢藏”。相**反**，帮人家守护财物，没有好好守护，比如说把一个钻石随便往抽屉一放，没有把它收藏在保险柜里锁好，结果被偷走了，这个是守护人的错误，所以守护的人必**须要偿**还。为什么呢？**“以本盗人欺守护故”**，因为这个偷盗的人趁虚而入，这个虚是守护人造成的，所以呢**“是须还他”**，这个“他”指的是本主，守护的人必须要照价赔偿。**“若不还犯”**，守护的人如果不还不赔偿的话，就犯盗了。

所以在帮人家看守东西的时候，东西不见了或被强盗抢走了，要不要赔偿，主要是看当初有没有很谨慎地守护，有很谨慎地守护，就律上来讲，可以不用赔，不犯偷盗，但道义上可能多少要赔偿一点，这是另外一回事。但如果没有谨慎守护，而是慢藏，到处乱丢，结果被偷被抢，这个时候就必须要照价赔偿，如果不赔偿的话，就要犯偷盗的罪。

佛寺的东西也是一样，看守佛寺的东西，比如说功德箱，谨慎守护了，结果小偷把功德箱抱走了，或把里面的钱给偷走了，这不是守护人能够控制的，不用赔偿；假设功德箱放那个地方也没人看守，锁也不锁好，甚至不上锁，里面的钱被人家偷走了，守护人就要赔偿。所以关键看守护人有没有好好守护，这是掌主损失的情况，分这两类。

戊二、明被贼

就是东西被偷或是被抢了之后，物主可不可以把它给夺回来的判定的方法。

- ◀《戒疏》云
  - 总举：二被贼夺者。如钞所引，义张二位，谓现不现。结罪时，当随二主心绝已否。
  - 别列（今以四句可约判之。）
    - 若财主已绝，贼主得定，此不可夺，如律贼复夺贼。
    - 二财主虽定，贼主不定，此则可夺，以缘不具故。
    - 三财主迟疑，贼主已定，此不得夺，以缘成故，何问本主。
    - 四俱不定，此则收得，由心不定，业非通畅故也。

▲《戒疏》云：**“二被贼夺者**。**如钞所引，义张二位，谓现不现**。**结罪时，当随二主心绝已否**。”

“被贼夺”，被强盗、小偷所夺取。**“如钞”**，钞就是《行事钞》（道宣律祖的另外一部著作），像《行事钞》里面**所引**的，依着律文来说，被贼夺义理上可以分成两位，**“义张二位”**，就是被贼夺可以分成两种，即**“谓现不现”**，现前偷跟不现前偷。现前偷，一般称为抢劫；不现前偷，一般称为偷盗。抢劫也好，偷盗也好，都称为“被贼夺”，都是属于偷盗，盗戒的范围。所以盗戒并不一定是偷偷地，公开抢劫也算。

结罪的**时**候，**“当随二主心绝已否”**，什么叫结罪呢?就是说东西被人家抢走或者偷走，物主可不可以把它抢回来？如果就义理上还可以夺回来，这个时候就不结罪。所谓的结罪，就是依律物主不应该把它抢回来，却硬抢回来，这个时候反而物主要结罪。

结罪判断的方式就随“二主”，二主就是物主，还有贼主。物主，就是被偷、被抢的人；贼主，就是强盗、小偷。**当随二主**他的**心**是**否已绝**而定，是不是已经生起决定的想法而定。这是个总说，具体来看下面的四种情况：

“若财主已绝，贼主得定，此不可夺，如律贼复夺贼。”

财主已绝，就是说**财主**东西被偷走之后，**已**经生起“这东西已经被偷走，不属于我的了”这种**绝**断想法。然后**“贼主得定”**，贼主就是小偷或者强盗，他得到的**心**已经决**定**了。

比如说某乙偷某甲的东西，偷了之后呢，某甲心想：“啊，这东西已经不属于我了，已经被偷走了”。这个叫已绝。某乙偷到东西之后，想：“这东西已经属于我的了”。这叫“得”，得心已经绝对了，这个时候不可再夺回来了，财主即使后来又看到了，东西不能再夺回来。为什么呢？因为这东西已经属于小偷了（虽说小偷还是要背因果）。

就像**律**上所**说**的**“贼复夺贼”**，比丘的东西被偷走了，他心中已经生起绝断或者舍心，想这个东西已经不是我的了，而偷他东西的人已经生起“东西是我的”的想法了，如果比丘有一天突然看到被偷的东西，如果把它抢回来，佛陀说比丘犯了盗戒。

为什么叫“贼复夺贼”，第一个“贼”指的是被偷的这个比丘，第二个“贼”指的是小偷。当主人已经生舍心，而小偷已经认为是他的东西了，虽然道义上、因果上来说，小偷在造恶业，但他造恶业之后，所得到的东西就是他的了，他也已经生决定想，就是他的了，如果比丘再把它抢回来，反而就变成贼了。

或者从律上说，纵然被偷走或被抢了，财主的心还没有作舍心，还没有认为说“这个东西已经不属于我的了”，但是小偷心里已经生起决定想的时候，财主再去把它抢回来，这个时候也是“贼复夺贼”，也是不行的。

但是只要物主的心中还没有作舍心，请官府帮忙从小偷那里夺回来，是可以的，而不可以自己去夺回来。

“二财主虽定，贼主不定，此则可夺，以缘不具故。”

“财主虽定”就是说财主的心已经想“我这东西失去了，已经不属于我了”，已经生起决定想了，但是**“贼主不定”**，小偷偷了之后还不敢肯定这个是属于他的，因为他怕警察随时来找，所以心中还没有认为“这个是我的”想法，这个时候就**可**以把它**夺**回来。为什么？因为**“缘不具**故”，这个偷业的因缘还不具足。主要是这个小偷的心还未决定，这个是重点。

“三财主迟疑，贼主已定，此不得夺，以缘成故，何问本主。”

在第一种情况中已经讲过，财主如果已舍，不能夺。在此，**财主迟疑**不定也是一样，只要小偷、强盗的心**已**经决**定**想的时候，就**不**可以把它**夺**回来。当然一样，可以找官府，报警，请求警察帮助夺回来，但是不能自己动手去夺回来，不然就变成“贼复夺贼”的情形。

“四俱不定，此则收得，由心不定，业非通畅故也。”

财主没有完全作已舍的想法(不舍或者犹豫)，小偷也没有完全作已得的想法，这个时候财主可以把它夺回来。尤其是当面抢劫的情况，财主当然不太可能马上就作舍心，而小偷正在逃跑的时候，一定是内心还在犹豫，还没有作已得想，这个时候财主亲自把它给夺回来，是可以的，因为**由心不定**，这个心主要是小偷的心。

简单来说，如果小偷的心已经定了，就不能夺回，财主如果还没有生舍心，都可以找警察夺回，但不能自己夺；如果小偷的心还没有定，那财主就可以夺回。这个大判就是这样子。为什么？因为**“业非通畅”**，**“通畅”**就是成就，偷盗的业还没有成就。我们讲“偷盗具五缘成就”，第五个缘就是举离本处，举离本处还包括小偷的心态，已经作已得想。他还没有作已得想的时候，这个业还没有完全成就。

“今以四句可约判之。”

在律上，偷盗的业很复杂，要是搞不清楚到底可不可以去把它夺回来，可以向懂得戒律的人请教，但最主要的是小偷的心到底有没有决定得的想法。不过，不管有没有决定得，通过警察夺回来都是可以的，如果自己去抢，就得弄清楚小偷有没有作决定想。他如果没有作决定想的就可以夺回来；如果他已经决定想了，那就得找警察来。

戊三、明盗相

“明盗相”就是所盗物品的形状、相貌，盗戒的范围很广，下面说明属于偷盗所收摄的情况，在日常生活当中是很容易犯盗的：

▲《戒疏》云：“三就所盗。略举通收，情非情道，并摄尽矣。”

就所盗的境界来说，**“略举通收”**，总体来说，分为有情和无情这两种境界。

“如《明了论》解云。盗义极多。且约六根起非法行，若偷六大亦犯重罪。”

- 六根
  - 眼盗色——“如诸仙人是胸行师，有人蛇螫，作仙人书见者皆愈，然须价直。比丘被害偷看，不问损与不损，看时即犯。以此例诸秘方要术不许人传，偷见违恼，何啻在五。所谓眼盗。下根例之。
  - 耳盗声——如诵咒治病，欲学须直，比丘密听计直犯重。
  - 略指三尘——偷嗅尝触亦例此知。
  - 意盗法——若要方术病缘即差，得直方与得直听写，比丘受学心缘得差不与价直，故犯重也。
- 六大
  - 略指前三——“次约六界。前地水火可知。
  - 引释后三
    - 盗风——如律中有咒扇药涂，比丘偷摇不与价直，是谓盗风。
    - 盗空——若起阁斜临，妨他起造，是名盗空。
    - 盗识——智者识界也，人有伎俩不空度他得直方与，比丘方便就他学得不与价直，即盗识也。识不可盗，以无形故，但可从缘盗其智用耳。”

像律藏的《二十二明了论》所说，构成盗的内涵是很广泛的，叫**“盗义极多”**。首先**约着六根起非法行**，或者**偷六大**，都**犯重罪**。所以下面分别解释什么叫“约六根、盗六大”的意思。首先就约着六根来解释。

“眼盗色：如诸仙人是胸行师，有人蛇螫，作仙人书见者皆愈，然须价直。比丘被害偷看，不问损与不损，看时即犯。”

例如有修仙的**仙人**，他**是胸行师**，“胸行”就是蛇，因为蛇都是腹胸贴着地而走，所以叫胸行，被蛇咬了之后，专门治蛇毒的仙人叫胸行师。**有人**被毒**蛇咬**了一口，看他所写加持过的**书**，毒就能去掉，**“然须价直”**，但要付钱，不是免费看的。**“比丘被害偷看”**，比丘被毒**蛇**咬了，**偷看**仙人书来治被毒蛇咬的伤口，**“不问损与不损”**，**不**管对书有没有耗**损**，比丘**“看时即犯”**，**看**一眼就**犯**了盗戒。看仙人书要付钱的，如果看了不付钱，就犯偷盗。就像我们现在讲的知识产权，例如进电影院去要付钱，偷偷溜进去看，看的时候，影片不会损失，但是你看了之后就犯偷盗了，这叫“眼盗色”。

“以此例诸秘方要术不许人传，偷见违恼，何啻在五。所谓眼盗。下根例之。”

“以此例诸”，**“例诸”**，同样道理，一些**秘方要术**，这些都有知识产权，**“不许人传”**，不许人家流通的。**“偷见违恼”**，被偷看了，会引发主人的烦恼。**“何啻在五”**，那判定的方法，就不在于破坏它后，满五钱结重了，因为虽然不会破坏它，但是引发了主人的损失（因为他本应有的收入，因为偷盗者而减少了）与烦恼，那这个就算偷盗了。这是**“眼盗色”**的情况。**“下根”**，耳、鼻、舌、身、意。**“例之”**，一样的道理。

耳盗声：“如诵咒治病，欲学须直，比丘密听计直犯重。”

“诵咒治病”，比如仙人通过持咒可以治病，要**学**这个咒语，**“须直”**，须要钱。但是**比丘“密听”**，偷偷地听人家传诵这个咒语，**“计直犯重”**，“计直”就是计这个咒语的价值。比如说咒语听一次要二十块美金，那么偷听的话就满五钱，就犯重罪了。

“略指三尘：偷嗅尝触亦例此知。”

鼻子**嗅**，舌头**尝**，身体接**触**等等，都是一样的，可以按上面例子来推列判定。

意盗法：“若要方术病缘即差，得直方与得直听写，比丘受学心缘得差不与价直，故犯重也。”

“要方术病缘即差”，要学方术或现在的一些治病的技术，**“得直方与”**，必须要钱。**“得直听写”**，要给钱才可以听写记录，**“比丘受学心缘得差不与价直”**，比丘学了这个方术却不给钱，这个时候就犯重了，以上是约着六根判盗。

接着看“六大”，首先“略指前三”。

六大：“次约六界。前地水火可知。”

“六大”是地、水、火、风、空、识，**“地水火可知”**，前三个地、水、火比较简单，道宣律祖就不解释了。我们再稍微解释一下，所谓盗地大，就是偷人家的土地。比如说土地跟土地之间有界标，把界标稍微挪一挪，往对方那边推过去一点，这叫偷对方的地；偷水，像灌溉用水、饮用水、自来水，如果接过来要钱，但却把它给偷偷接出去自己用，不付钱，这是偷水；偷火，这个火包括能量，像现在偷接电线、天然气等，也可以属于偷火所收摄的。

盗风：“如律中有咒扇药涂，比丘偷摇不与价直，是谓盗风。”

这个也是很特殊的，在**律中**举了个例子，**“咒扇”**，**扇**子上面**涂**了**药**，还加持**咒**语，摇一摇可以治病，如果**比丘**拿着这个扇子**偷**偷**摇**来治病，**“不与价直”**，不付钱，这叫**盗风**。

盗空：“若起阁斜临，妨他起造，是名盗空。”

起建造楼**阁**，**“斜临”**，**“临”**指靠近，什么叫**“起阁斜临”**呢？比如说甲家的地跟乙家的地紧挨着，甲在自己地界上盖个房子，往上盖没问题，但如果甲又搭个篷子斜到乙家地面的上空，**“妨他起造”**，**妨**碍乙家的人向上盖房子，这个叫**“盗空”**，**盗**他人的**空**间。

盗识：“智者识界也，人有伎俩不空度他得直方与，比丘方便就他学得不与价直，即盗识也。识不可盗，以无形故，但可从缘盗其智用耳。”

这个就是知识产权，**“智者识界也”**，他人的**智**慧，就是**识界**，什么意思呢？**“人有技术”**，比如说木工、铁工、操作电脑，这些技术，**“不空度他”**，并不是打算免费结缘，**“度”**就是传授，并不打算白白地传授给他人的，必须**“得直方与”**，要付钱才能够学这个技术。**“比丘方便”**，种种方便，**“就他学得”**，跟他学，**“不与价直”**，不付钱，那这等于是盗用智慧财产了，而**“盗识也”**。**“识不可盗”**，双方的心识不可以盗，因为心是无形的，不可以盗，**“但可从缘”**，从偷别人的知识所创造出来的智慧，这个就是“从缘”，它的外在的因缘来说，**“盗其智用耳”**。这是盗六根、六大的情况。

前面三宝物和别人物介绍完了，下面是非畜物。

丁三、非畜物

非畜物是指非人或畜生的东西。

▲《戒疏》云："三明非畜物者。如上立义已明。可寻钞中罪轻重也。"

非畜物，"如上立义已明"，在《在家备览》原文中有提到，我们讲义没有引。不过没关系，**"可寻钞中罪轻重"**，在《行事钞》当中有说明犯盗非畜物罪的重轻。简单地讲，如果物主是非人，盗非人的东西结中品罪，盗畜生的东西结下品罪。

什么叫盗非人？非人就是鬼神，像城隍庙、土地公庙，这属于鬼神，有时候庙里面有金牌或者其他宝物，如果这个是没有人看守的庙，偷盗的话要望着鬼神来结罪，犯中品。但如果这个神庙有主掌的话，是按主掌的庙主结罪。庙主是个人，向庙主结罪的话，就是满五钱犯上品罪。

盗畜生怎么盗呢？比如有人把狗身上的金牌偷走，这个时候有两个情况：第一种，这个狗有主人，这时要望着它的主人来结罪，满五结重。第二种，如果这是只流浪狗，没有主人，它不知从哪里叼来一个金牌，抢、偷金牌是望着这只狗畜生来结罪，那么就是结下品罪。这叫非畜物。

问：我前几年为寺庙做义工在庙里住了八九个月，我的生活费是自己付的，但别人供养师父的水果之类的，每次吃的时候都分给我们，这是供僧的东西，我们吃了是不是属于盗了？

答：如果是供养法师个人的食物，法师慈悲送给义工吃，是可以直接吃的，不需要打板。但如果是供养佛寺的食物，在佛寺发心做义工，在打板之后拿出来的东西，大家才可以吃。

问：不做义工后又去了庙里一趟，供养了一些钱，有个师父送了我们一些年糕，它们是常住的库房里的，应该属于常住常住物吧？我当时拿了以后就忘记在功德箱里放钱了，这个是不是属于盗？

答：你知道或怀疑这个是常住的东西，但是后来没有补贴，那这个就犯盗了。

问：那我以后过去的时候，再在功德箱里放钱可以吗？

答：要补贴，同时也要忏悔盗业，因为已经犯偷盗，已经结罪了，跟你后面有没有还钱没有关系。还钱的话至少说你没有欠三宝这个债，但是就犯戒这件事情来说还是要忏悔，一个是犯戒罪，一个是业道罪，这是两码子事。就像如果我今天偷他的钱，后来还了，还了只是我不欠他，但是我偷他的钱这个事情，本来就犯戒的，那就是要忏悔。

问：在家人会有一个现象，他们会把水龙头拧到最小的那个位置，让水往下滴，这样水表不转，就不用交水费，这种现象是很普遍的，弟子想要问的是，这种结什么罪？还债是怎么还？

答:水费是属于公家的钱，主人当然就是属于全国老百姓了，像偷税，这个税当然是属于全国老百姓的，不要有这个习惯。若过去犯了，现在只有忏悔。至于欠全国老百姓的钱，无法直接还，只有投注于公众事务等，或可弥补一二吧！

丙二、有主想

我们接着介绍丙二的有主想。

盗戒具缘成犯，第一个缘是有主物，上面我们都介绍过了，接着介绍具缘成犯的第二个缘，有主想。我们看下文：

◀《事钞》云
- 标成犯缘 —“二明有主想。
- 简缺缘
  - 本迷 — 若作无主想，始终不转，无罪。
  - 转想 — 前后互转，互得轻重。”

先说**明**什么是**有主想**，然后再**简缺缘**，就是缺这个有主想的情况。

第一个是本迷，本迷就是说，始终认为这个是没有主的，**“若作无主想”**，从方便时、根本时乃至成已时，三时都是认为这个东西是无主的，但事实上这个东西可能有主人。**“始终不转，无罪”**，好比今天到郊外去，看到树上长的水果，以为是野生的水果，去把它摘下来，但事实上这是个果园，是有主人的，这样并不犯偷盗的罪业，因为主要是认为它是无主物，心中没有想要偷盗的意识，这是最重要的。

不过要知道，佛寺里面所有的花草树木都是属于佛寺的，如果佛寺的范围是整片山，那这个山上的东西就都属于佛寺的，不会是无主物。所以我们到佛寺，看到花很漂亮，不要去摘来供佛。供佛是好，但是随便摘就犯盗戒（可以心想是为佛寺摘取，然后交给佛寺供佛等，不过最好还是先经过寺里执事同意。如果是摘回家去供佛，那就直接犯盗了）。或者看到树上长着水果，就摘下来吃，都是佛寺里面的东西，都是有主物的，都是属于僧物。

但如果是始终不转，没有盗心的话，那就无罪。每一条戒都是一样，如果始终都没有想要犯戒的心，只是一时的迷误而犯的话，基本上来说都是无罪的，这个是本迷。

第二个是转想。**“前后互转，互得轻重”**，“前”是方便时，“后”是根本时，方便时跟根本时互转，就互得轻重。

什么意思呢？在前面方便时的时候，认为它是有主物，到正式偷的根本时的时候，却转想认为它是无主物。比如说，看到地上掉了一个东西，在拿之前，想这个应该是有主物，但是当把这个东西拿起来，根本时的时候，看一看东西，就改变想法，认为应该不会是有主物吧！转想，心念转变了，如果这是有主物，就犯中品罪，不犯上品，结中品的罪。为什么呢？关键是在根本时的时候，在偷的那个时候，是无主物的这种想法，以无主物的想法而拿，所以根本时的时候不结罪；结中品罪是方便时，认为是有主物，而动手想要去偷，所以结方便时的中品罪。

反过来，在方便时的时候认为是无主物，根本时要偷的时候作有主物想，而这个东西确实也是有主物的话，就犯上罪。比如说，看到地上掉了个东西，第一个念头想这个应该是没有人要的，可能失主已经掉了很久不想要了。但是当捡起来的时候，看到上面有写名字，知道这个应该不是无主物，这个是有主物。当你知道之后呢，你还是把它取走了，这个时候变成方便时作无主物想，根本时作有主物想，所以依根本时来说，就结重罪，满五钱就结重罪。

总结上述内容，可列为下表（根据过五之物判罪）

本为无主物			本为有主物		
方便时想法	成已时想法	**判罪**	方便时想法	成已时想法	**判罪**
有主	有主	中品罪	有主	有主	上品罪
有主	无主	下品罪	有主	无主	中品罪
无主	有主	中品罪	无主	有主	上品罪
无主	无主	不犯	无主	无主	不犯

（糅合《南山律在家备览 持犯篇 境想分别章》）

因此律上还是要谈心，只是说它不是谈善念、恶念，而是问在犯戒的时候，是什么样的心态，来判断到底有没有犯戒，去请教专门研究戒律的律师时，他也会问：当初在偷东西的时候是什么想法，有主想呢，还是无主想？还是前面有主想，后面无主想等等，问清楚后，根据当时的心态来判罪。所以戒律不全是机械式的，当然有些是规定死不能变的，但是还有很多需要具体灵活运用律文，去分析判断。

所以做一个律师很困难，为什么呢？第一个，律师要有大智慧。像生活上很多相关问题，随着不同的时空、心态，判法都不一样，真的要有大智慧，不然有的问题很难如法回答，因为很多现实的情况，律文上没有明文规定，所以要自己根据已有的律文去推论，这需要有大智慧的。第二个更难的是，要说到做到，轻重等持。不只是在家的五戒、八关斋戒，主要是出家众，比丘的两百五十条戒，要轻重等持，能够说得到做得到，才有资格做律师。我们很惭愧啊！没有办法轻重等持比丘两百五十条戒。

除此之外，能为大众所公认、尊重的律师，除了智慧和轻重等持外，更重要的就是道德，才真的能感化他人，像弘一大师一样。各位看弘一大师的传记就知道，大师是个持戒严谨的人，自律非常非常严谨。虽然自律很严，但是他跟别人在一起的时候，大家都感觉如沐春风，感受到他的慈悲，这种人格魅力，使人感受到一个持戒之人身心的清净，以及清净心所散发出来的慈悲，这样他在弘扬戒律的时候，别人自然会相信，持戒真的可以成就清净心、柔软心、慈悲心，就能接受戒法。

相反，有在家居士，他也认真持戒，但是他持戒之后，反而让人毁谤戒律，为什么呢？因为很重视自己的持戒，而在别人障碍他持戒时，就起瞋恨心，而生这样的念头：你们这些人业障深重，障碍我持戒，你们要下地狱！跟众生对立，本身又起瞋恨心，这样的持戒岂可谓清净？可以想见众生看到受了戒的人变得更冷酷、变得更不慈悲，他怎么会相信持戒是好的呢？我相信大家都很愿意持戒清净，那就要多看、多体会弘一大师的传记，学习弘一大师“律己宜带秋气，处世须带春风”的风范，让人家感觉到佛法调伏了你的身心，这个时候别人自然会相信佛法，并相信持戒真的是好的。

丙三、有盗心

盗心是有偷盗、占为己有的心，“盗”的基本定义就是占为己有，非礼而取。展开来说，有十种不同的方式或者心态，也就是有十种贼心。

《事钞》又云：“《四分》（十种贼心）一黑暗心。二邪心。三曲戾心。四恐怯心。五常有盗他物心。六者决定取。七寄物取。八恐怯取。九见便取。十倚托取。”

这**十种贼心**当中，前面一到五，是五种心态，六到十是五种夺取的方式，大判成这两大类。

第一个**“黑暗心”**。是因为愚痴，没有好好学戒，所以犯了偷盗。就像前面讲过的三宝物不能互用，如果护持佛寺的时候，把佛物拿去给大众僧用；或者大众僧的东西，拿去给经典法宝来用。虽然也是好心，但是由于没有学戒，内心黑暗，所以犯偷盗，这个叫做因为黑暗心而犯盗。所以受戒之后先要学戒，如果不打算学；或者还没有要学的心态，那就不要急着受戒，不能把受戒当儿戏；或者是为求取一个好名声：“我是老修行”，那没什么意义啊！

第二个**“邪心”**。邪心就是邪念，用种种虚伪的、狡诈的方法来得到名闻利养。就像《梵网经》说的，为了得到世间人的名闻利养，而占相男女，解梦吉凶、算命、看风水，这些都是属于“邪心”；或者希望得到大家的恭敬利养而为众生说法，也叫做“邪心”。在《四分律》里面说，“以谄心取财，是盗心。”以谄媚的心来得到众生的财物供养，这是种偷盗的心。

第三个**“曲戾心”**。**“曲”**是指不正直，像蛇一样弯来弯去。**“戾”**是乖戾、狠戾，就是很凶暴的样子。“曲戾心”是现瞋怒的相状，就像世间人拿刀恐吓：钱拿给我，不然我就要一刀捅进去；或者是说你要答应什么事情，不然我怎么怎么的。对别人种种威胁，叫做“曲戾心”。曲戾心的重点是以瞋心的方式，现瞋相来吓对方，然后来夺取对方的财物，也就是世间所谓的恐吓。

第四个**“恐怯心”**。恐怯心是指使别人产生恐惧的情绪而骗财骗色。与曲戾心不同，说话人本身并没有现瞋怒相，甚至有时还现悲天悯人的相，前面曲戾心的戾是一种愤怒、乖戾的相状，恐怯心不一定，讲话的时候可能很平淡，但是会产生一种让你恐怖的效果。就像说我认识什么大官，你要不答应我的话，我就怎么怎么的；或者说一大堆堕胎之后，婴灵会怎么样在母亲旁边怎么样恼害她、吸她的精气之类的话，都是自己瞎编一套理论出来，让那些堕过胎的妇女内心感到恐惧，这是一种恐怯心。

或者像有算命的，故意说某某人，我看你这处气色不好，可能最近有什么灾难要发生了，看到你很紧张，就接着告诉你怎样化解。很多算命的都是用类似的方法让对方恐惧，以骗取钱财；或者故意说你的身上冤亲债主很多，你要想办法拿钱来，花钱消灾，令人恐怯，接着骗财骗色。

第五个**“常有盗他物心”**。是指想要偷盗他物的心恒常不断，只要逮到机会就要偷。就像有人说，让水一滴一滴滴下来，可以节省水费。天天滴，天天滴，这是常有盗他心，天天都有偷盗的心，这个业就不好，会一直累积。

我们来分别一下，这五种心，总的来说就是贪、瞋、痴。第五个常有盗他心，是属于贪烦恼相应。第三个曲戾心，现愤怒相吓人，这是属于瞋心相应。第一个黑暗心，第二个邪心，第四个恐怯心，这是痴烦恼相应。前面是五种的盗心，在偷的时候，内心贪、瞋、痴的烦恼状态。六到十是夺取方式的不同。

第六个**“决定取”**。是指计划要去偷盗这个东西已经很久，常常观察。计划很久了，所以偷的时候心中是毫不犹豫的，拿到就是自己的，这个叫决定取。

第七个**“寄物取”**。别人寄存的东西，没有写保管文件，不予归还；或者只归还一部分，也犯偷盗。例如没有写保管文件，等别人跟我们要的时候，我们就说："咦，你有放我这里吗？"而抵赖。或者他放一万块在你这里，你还他五千块，说："你当初就只是放五千块在我这里而已啊，哪有一万？"

另外，别人寄放车子，请你代为保管，你没有保护好，而是幔藏，你在路边随便一停，结果车灯被打坏、玻璃被打坏了，那就要赔偿，不然的话就犯偷盗了。除非说有保护得很好，如前所说，护主谨慎护持，结果还是被打坏了，那这个当然不用赔偿。

所以不要随便接受他人寄托东西，如果接受寄托，就要好好保护，已经好好保护了，结果还是有不可抗拒的天灾人祸损害，才不用赔，这也算寄物取而盗的一种。

第八个**"恐怯取"**。就是现种种恐怖的相状，如前所说，用曲戾心、恐怯心，让对方恐惧而取，叫恐怯取。

第九个**"见便取"**。见到机会就取，比如要抢别人的钱，观察这个人什么时候去银行取钱，然后等到取完钱后，就把人打昏抢他的钱。或者律上所说"因利求利"，就是以自己得到的利养，打动人心。比如有的在家居士，他的个性就是喜欢攀比，掌握了他这个心态，就跟他说：某某人啊，昨天某某供养了一千块钱。喜欢攀比的人想：喔!那这样我就要供养两千块。若我们因此得利益，这就是见便取，利用种种现有的机会来夺取。

第十个**"倚托取"**。"倚托取"可以从身业和口业这两方面来说。从身业来说，比如我认识什么达官显贵，他是我亲戚什么的，你要听我的，不然的话我就要他找你麻烦，就是倚托强大的威力，这是身业。口业的话，就是说种种妄语，来做诈骗的事情。就像台湾以前有"金光党"，一个人装的像白痴一样，然后另外一个人骗老太太说：这个人是傻瓜，你跟他骗钱很好骗什么等等，目的就是要骗老太太的钱。或者像现在很流行的电信诈骗，以通知中奖等手段骗钱，或骗取银行卡密码，这都是属于依托取。

这是十种贼心的相状，接着我们看到丙四，重物。

丙四、重物

丁一、明物体

▲《事钞》云："萨婆多。问曰：盗五钱成重，是何等之钱？"

我们前面讲过，盗五钱就判上品罪，那这个五钱怎么判定的？古代的五钱相当于现在的多少呢？有三种解释。

"答：有三解。初云。依彼王舍国法，用何等钱，准彼钱为限。"

这是《十诵律》里面的说法，因为佛陀在制这条"满五钱成重"的戒律是在王舍城，所以要依王舍城当初那个时候，五钱作为标准。但是这个物价会随时波动，不要说王舍城那个时候的五钱相当于现在多少钱已经不可考，就是在佛陀那个时代，王舍城的五钱价值，相信也是随时在不断波动当中，所以这个说法后来的律师就不采取了。

"二云。随有佛法处，用何等钱，即以为限。"

按照有佛法的地方用的货币价值为标准。这是《四分律》里面的说法，也是我们《南山律》主要采用的说法。有佛法处，用何等钱，到底是多少呢？在几十年前，有南传佛教国家的比丘们开会讨论，根据各种律文去推论，五钱相当于美金二十元左右，那就结重罪。

"三又云。佛依王舍国盗五钱得死罪，依而结戒。今随有佛法处，依国盗几物断死，即以为限。"

第三个说法是佛陀那个时候，为什么说盗五钱结上品罪呢？因为在佛陀制戒的王舍城，盗满五钱就要判死罪，因此就以五钱作为判上品的标准。既然满五钱犯上罪的标准是这样来的，就推论在有佛法的地方，这个国家判定盗多少钱以上判死罪，就应当以这个金额作为上罪的标准。

“虽有三释，论师以后义应是。”

这是得出的结论，虽有三种解释，“论师”指的是有部的《萨婆多论》，研究《南山律》就知道，律部有三宗：实法宗(有部)、假名宗(经部)、圆教宗(大乘)。《萨婆多论》就是有部所依据的论典，它是采用第三个判法，但是我们南山律宗是用第二个判法，因为第三个判法有义理不周遍的问题。

这种解释在义理上比较不周遍，古代的刑罚比较严格，所以会有因偷盗而判死刑的规定，随着人类文明的进步和物质生活的丰富，基本上没有因偷盗就判死刑的。因此虽然说义理上来推，是符合佛陀那个时代的情况，但是适用于现代世界就不周遍了，这样来做判罪的标准就不合适了。

比如说我们下雨天出门都要撑伞，这个义理是正确的，但不周遍。有人下雨天出门不撑伞的，因为他忘了带伞，或者出门到一半突然下雨，没有伞可以撑。所以说下雨天会撑伞，这个义理上是对的，但是并不能适用于一切的情况，这叫不周遍。

同样的道理，这第三个判法，因为王舍城当初以盗五钱判死罪，义理上来说是对的，但是不周遍。因为现在很多国家，他们犯偷盗是不犯死罪的，所以我们《南山律》中，不是采用这个说法，所以我们还是以第二个的判法为准。

丙五、举离处

具缘成犯的第五个缘，举离本处。举离本处有不同的方式，并不一定就非得把所盗物拿起来，才称为举离本处，依律文来说，有十种方法。

▲《事钞》云：**“一文书成辨离处。二言教成立。三移标相。四堕筹。五异色。六转齿。七离处明不离处。八不离处明离处。九无离处辨离处。十杂明离处。”**

第一个**“文书成辨”**。所谓“文书成辨”，比如两人在争一块地，我们写一份宣判书，说明这个地该属于谁，如果因为和其中一方沾亲带故，所以写的时候有所偏袒，文字写完的时候，就称为举离本处。地本身是不可能拿起来的，但是用文字把地界从哪里到哪里写下来，全部写完的时候，满五钱，就犯重罪了。如果地界写得不清楚，只写了一半，写了东边到哪里，没写西边到哪里，这个时候结方便罪，中罪。这是文书写的方法来成辨举离本处。

第二个**“言教成立”**。比如甲乙在争一块地，甲明明知道这是乙的地，然后故意跟对方说这是我的地，强词夺理，让乙对地的归属产生疑惑，或者被甲欺骗信以为真，然后甲就把这个地夺过来。还不等地夺过来，只要乙真的相信甲讲的话，就构成了**“言教成立”**。

第三个**“移标相”**。作为地界的地标，以树或者一个旗杆为地标。甲故意把旗杆或竹子往乙的土地上移一移，让乙不太察觉，但只要移一点点，就像一个麦子的长度那么小的距离，都要结重罪，这**叫移标相**。

以前我们在莲因寺的时候，有个邻居他也是想侵占佛寺的地，因为有些在家人觉得出家人应该与世无争，特别容易欺负，所以他就移界标来侵损莲因寺的地。我师父跟他说，你这样不可以啊！这样做以后会很不好。他说你们出家人还讲这种话来恐吓我，误以为我师父要找人来对付他，当然我师父只是跟他说侵损三宝物，因果很不好。结果过了几年，听说他们家儿子爬到树上去掉下来，被竹子插死了。正如我们前面讲的盗僧物，这个罪特别的重。现在内地也是一样，很多僧团的地都被在家人夺去，这个因果都是很重。他们在夺的时候就很高兴，但是未来果报现前的时候，都是很痛苦的。很多的众生，不了解因果的人，都会说我一生又没做什么坏事，怎么会这样子？事实上他是做坏事时，不知道自己正在造恶业。所以“众生畏果，菩萨畏因”，众生都是果报现前的时候很痛苦，然后怨天尤人，却不懂得不去种恶因，才能避免苦果现前。

第四个**“堕筹”**。**“筹”**就是筷子。出家众在分东西的时候，会先用筹来算人数的。“堕筹”的堕就是破坏，或者把它给藏起来，为什么要藏呢？因为说分东西的时候，算一下有几根筷子，就可以知道分给几个人。比如本来要分给十个人，藏起了两根就变成八个人，每个人就可以分得多一点。这样不用等分到东西，把这个筹拿起来的时候，就直接犯盗了，这是“堕筹”。

第五个**“异色”**。是指向别人借的东西，衣服、车子、房子等等，结果没有好好保护，让东西有所破坏，虽然东西还是还给主人，但是异色，颜色跟原来已经不同了，本质已经受损了，让出借人受损。如果受损的程度超过五钱以上，这个时候就要结重罪。所以要注意，如果借人家的房子住，或者借人家的车子开什么的，要是有毁损一定要赔。

像有的人借佛寺的车去开，然后超速也不去缴罚单，佛寺还要出钱缴罚款，这也相等于异色，开罚单满五钱，就结重罪了。所以借佛寺的车子来开的时候，一定要负责到底，中间有被擦撞到的，一定要修补赔偿，中间要是有开罚单的，也一定要自己去缴，该扣分扣你的分，不能扣佛寺的分。借佛寺的车子或者房子，或者借一般人的车子、房子或者衣服等等，都是要完璧归赵，没有损毁。如果多少有点损毁，比如衣服被玷污了，那你就要赔偿。除非对方不要赔偿，当然就算了，但是就戒律来说，我们都要赔偿。所以说，一个人要是能够好好学佛、持戒的话，他绝对是一个合格的好公民。

第六个**“转齿”**。**“转齿”**是指掷骰子的时候，故意在骰子上做手脚，满足自己的需求。

第七个**“离处明不离处”**。是指实际上是离处，但是判定的时候仍然不判举离本处。比如说像《僧祇律》里面举的例子，偷人家的牛或者马，已经离处了。所谓离处就是这个牛跟马四个脚已经离开本处了，但是未作得想，就是心中还没有做已得的想法，心还犹豫不定。因为心还犹豫不定，所以举离本处，还没有构成成立。

又像前面讲的贼主的心尚未定，这个时候这个缘还没有成就，所以还可以把它抢回来。如果心还没有决定作得的时候，这个叫“离处明不离处”。这个说法出自于《僧祇律》，不是出于《四分律》，但是因为道宣律祖觉得这个说法符合《四分律》的宗旨，所以也把它取进来。

第八个**“不离处明离处”**。表面上不离处，但事实上已经构成了举离本处的因缘了。我们讲举离本处，要全部拿起来，才叫举离本处，但如果在很偏僻的地方拿，觉得这个地方绝对不会有人，所以不用全部拿起来，稍微一动，这就叫举离本处了。这个是道宣律祖采取的《善见律》的说法。他打个比方，比如说拿根木杖往天空上丢，它一定会掉下来，除非发生奇蹟，不然不会不落下来的。如果心已经生起这么决定的想法，即使稍微动了一下，就算没有全部取走，也叫做不离处判定作举离本处了。

所以举离本处这件事情，事实上还跟偷盗人的心到底有没有决定相关联，前面他的心如果不决定，纵然已经举离本处了，反而判不离处。相反，虽然没有离本处，比如说牛、马四脚还没有完全离开，但是心已经决定了，这个时候可以判作盗业成就，已经举离本处了。

第九个**“无离处辨离处”**。**“无离处”**就是说这个东西，本来就没有办法移动的，但是也可构成举离本处，比如破坏他人的房子。房子当然不能被搬离，但是破坏他人的房子，这个时候使他人有损，就称之为举离本处，只要对方损失满五钱就犯重。

第十个**“杂明离处”**。就是除以上九种以外，其他各式各样的事相，比如偷人家的水，偷人家的电等等，这个都叫杂明离处。

在《四分律》中，盗戒的文特别的广，有三卷之多。各部律里面讲盗戒，也都非常多，不过好在讲的大部分都是僧物的部分，僧物怎么处理，跟各位居士的关系还没那么大，但是如果在佛寺发心，要处理僧物的话，很多情况我们还是要请教专门研究戒律的法师才好。

甲三、不犯

◀《事钞》云
- 引五想——三明不犯中。四分云。与想取，己有想，粪扫想，暂取想，亲厚意者。皆无犯。
- 别释第五——第五律中。具七法名亲厚。一难作能作。二难与能与。三难忍能忍。四密事相告。五互相覆藏。六遭苦不舍。七贫贱不轻。
- 结显——如是七法，人能行者，是善亲友。准此量之。

▲《事钞》云：“引五想：三明不犯中。四分云。与想取，己有想，粪扫想，暂取想，亲厚意者。皆无犯。”

根据《四分律》的说法，有五种情况不犯偷盗：

第一个**“与想取”**。就是认为这是物主给自己的，这个不犯。比如说甲事实上只是借给乙用，但是乙确实听错了，或者会错意了，以为甲就是要送给自己，事后甲说不是给，只是借。如果乙知道后还给了甲，那就不犯。

第二个**“己有想”**。以为是自己的。比如说外面鞋子一大堆，大家赶着去上课，赶着去排班，看到有一双鞋子跟自己的一模一样的，或者非常像的，拿了就穿，以为是自己的鞋子，这个时候就叫己有想，这种错误的情况，不犯。

第三个**“粪扫想”**。“粪扫”就是无主物。比如说在地上捡到一个东西，看这个东西好像掉了很久，上面很多的泥巴，认为主人应该已经不要了，就把它捡起来。事实上主人可能还想要，他并没有作舍心，这种情况不犯。

第四个**“暂取想”**。暂取是指暂时跟物主借用，但借用之后物主没有任何的损失。如果跟物主借支笔来用，用了几天，墨水已经耗损一些了，最后再归还他，已经有损了，也没有赔偿，就不叫暂取想。暂取想就是说物主没有损失，比如跟隔壁借水果刀来切水果，水果刀当然还不至于切水果，切到刀子坏掉，用完再还给主人，即使没有跟他说，这个时候也不犯盗。

第五个**“亲厚意想”**。就是说彼此非常亲厚要好，所以我用他的东西或者他用我的东西，大家都很高兴，他的就是我的，我的就是他的。我的东西能够给他用我就很高兴，或者他的东西能够给我用，他也会很高兴，这个叫亲厚。但是亲厚想必须是彼此的，不是说我用他的东西我很高兴，但他不高兴，应该是双方面都很高兴的，叫亲厚想。满足以下七种定义才叫做亲厚想。

“第五律中。具七法名亲厚。一难作能作。二难与能与。三难忍能忍。四密事相告。五互相覆藏。六遭苦不舍。七贫贱不轻。”

第五，就是亲厚义，亲厚义在律文当中要具足七法，才能称之为亲厚。

第一个**“难作能作”**，是指他遇到很困难的事情，我愿意帮他做；我的事情很困难，他也愿意帮我做，不是单方面的愿意，而是双方面都愿意，才构成“难作能作”。以下六点也都是具备双方面互相的意愿，才算是亲厚。

第二个**“难与能与”**，这个东西很有价值、很珍贵，一般人很难舍得，但是他却愿意舍给我，或者我也愿意舍给他，**叫难与能与**。

第三个**“难忍能忍”**，就是类似讲话没分寸，而彼此触恼时，一般人可能会很生气，但是我们两个缘太好了，彼此都能够了解对方，所以完全不会有这种生气的情绪，叫**“难忍能忍”**。

第四个**"密事相告"**，彼此心中有不会告诉别人的秘密，他可以告诉我，我可以告诉他，这叫**"密事相告"**。

第五个**"互相覆藏"**，**"覆藏"**就是隐恶扬善，我能够帮他隐藏一些不光彩的事情，不告诉别人，他对我也是这样。

第六个**"遭苦不舍"**，患难见真情，在患难当中彼此互相不弃舍。

第七个**"贫贱不轻"**，不管谁特别贫贱，即使贫富相差悬殊，也不会有任何轻慢的心。

具足这七种称之为亲厚想。从古到今都是很难的，像古代管仲跟鲍叔牙，大概就是像这样子的，就是太罕见了，因此会千古传颂。所以我们不要随便用亲厚想来开缘。有时候自己觉得别人应该会同意的，事实上不见得。

在此举一个公案，出自《法苑珠林》：在唐朝有个姓韦的小官，叫韦庆植，他有个女儿十几二十岁的时候就死掉了，夫妻两个很悲痛。有一天韦庆植的妻子晚上睡觉的时候做了一个梦，梦到她女儿托梦，跟她说：妈妈，我过去因为偷拿了你们一点钱，想自己父母的钱嘛没什么关系，就拿来用了，却没有告诉你们。现在我必须要还欠你们的债，我现在是一头羊，拴在厨房，明天就要被宰杀了，希望你们能够救我，不要杀我。韦庆植妻子醒了后马上到厨房去找，果然看到一头羊，这头羊身上的颜色，跟她梦中的女儿穿的衣服很像，她女儿身上穿青色的衣衫白裙，头上有玉钗。那头羊身上也是一样，身青色，头上两个白点，很像她梦中的女儿衣着。所以她赶紧告诉厨师说：这头羊不要杀，等到宴会结束后我要把它放生。厨师因此就没杀羊。等到客人都要来了，韦庆植没看到羊肉，就到厨房去问。厨师跟他说，女主人交待，这头羊今天不能杀。韦庆植听了之后很恼火，他说怎么不能杀，就是要杀，然后叫厨子立即把这头羊杀了做成菜来宴客。

结果等羊肉上来的时候，所有的人都没吃这羊肉。韦庆植问为什么你们都不吃羊肉？客人说，我们刚到你家门口的时候，看到一个美丽端庄的女孩子，在你们家门口被吊着，看起来像你女儿的样子，所以我们不敢吃这个羊肉。后来他夫人就把这个事情告诉韦庆植，韦庆植听之后就一病不起，最后一命呜呼了。

所以即使是偷了自己父母的东西，下辈子都要还。父母已经最接近亲厚了，但还不是完全的亲厚，偷父母的钱还是要做羊，然后被杀来还这个债，更何况其他不是父母的朋友或亲属，所以不要随便作亲厚想，因为具足这七个条件不容易。总之，拿别人的东西也好，或借别人的东西也好，不要认为跟他很要好，就不还或者就随便使用、毁损，这样很容易犯盗。

有时候中国人都很重视人情，有它的好处，但也有它的缺点。好处是说至少人与人之间不会那么冷漠，是小群体之内。缺点就是说有时候大家变得没有分寸，人与人之间没有互相尊重，很多反目成仇的，都原本是好朋友，就是因为一些事情，大家不懂得互相尊重，结果到最后变成生死冤家。

所以人和人之间还是要互相尊重，不要因为是好朋友，所以说什么话做什么事借东西毁损了也不赔。我们往往是站在自己的角度去思考别人，有时候别人只是不好意思讲而已，不见得像你想的那样子无所谓。或者换位来说，假设别人把你的东西给借走了，毁损了，你也不见得会无所谓，但是我们总是站在自己的角度去想，认为我跟他借了不还，或者借了毁损，他应该不会有意见的，于是到最后都犯盗戒。所以我们以后跟别人借东西也好，或者拿别人东西也好，要很谨慎，不要随意作亲厚想，一方面戒律不会违犯，一方面友谊长存。像弘一大师说："君子之交，其淡如水。"不要搞得像浑浊的水，浑水到最后就会臭掉了。

"如是七法，人能行者，是善亲友。准此量之。"

以上所说的七法，彼此能够互相这么做的话，可以称之为善亲友，可以用"作亲厚想"来取。这样的情况很难啊！父母亲对子女都不见得能够做到，何况是其余的人。

以下是问答：

问：如果卖的是假货，应该也属于不与取吧？

答：对，你让别人有损失，就算不与取。

问：这个物品我就只是暂时用一下，可是我用了以后忘记还了，甚至我连这个物品都忘了，这种是犯盗吗？

答：它不犯盗，因为你没有盗取它的心，没有想要侵占它的心。但是欠他的因果，就像无心杀生不犯戒，但是仍然欠他一条命一样，因为没有偷盗他人的心，所以是不犯盗，但因果还是要还的。

问：刚才说的几个"明"处，就是一个明，一个离，把明理解为我们心是明了，对吗？

答：不是明了，这个明指在律上的定义。比如第七个"离处明不离处"，翻译成白话文为：虽然已经离处，但是在律上我们定义它不离处。这个"明"是指律上的定义。

问：您在讲"不离处明离处"时举例，是在一个没有人的地方偷东西，比如说旷野，旷野没有方位，没有界定一个地方，即使我只是拿起来，可能还没有离开本处，这样稍稍拿起来也属于犯盗是吗？

答：为什么叫"不离处明离处"，主要不是因为在旷野，不是因为旷野没有方向，这个不是重点。重点是已得想，因为四下无人，在拿的时候想一定不会被发现，所以一举起来，从根本时到方便时，都认为这个绝对不会有人知道，这样稍微动一下的时候，就已经作已得想了。所以虽然没有完全拿起来，比如牛、马，没有完全牵走，没有完全离处。从律上来定义、来判别的话，属于离处了。

问：“见辨取”，您举的例子是因利得利，像我们现在遇到很多人，也有在家人，可能没有太多的成就，但是他会表现出来说我已经有了什么样的神通和能力，以此得到别人的供养。这种是不是属于“见辨取”？

答：如果是如你所说，事实是为了诈骗，就属于“见辨取”。

问：如果急用钱的时候，就从他人的钱包取钱出来用，事后忘了，最后又还不回去，这种情况算不算偷盗？

答：如果是忘记还，但在拿的时候没有偷盗的心，只是暂借想，也不犯偷盗，不过你欠他的钱，以后因缘会遇时，还是要还的。

问：我们平时比较随意，看到桌上有吃的东西就吃掉了，物主因东西没有了而生气，和物主无所谓、忘记了，哪种情况犯盗？

答：跟对方有没有在乎没关系，重点是拿的时候是什么样的心态。你拿的时候是打算不跟他讲，这样就犯偷盗。拿的时候打算以后再跟他讲，这个时候就不算偷盗。物主是不是无所谓的心态不容易判断，我们众生很容易为自己找理由解释，实际上是自己想贪，用合理化包装一下，结果还是算犯偷盗。

问：我们做视频或是拍一些记录片，在片中很多时候会用到别人的图像、影像、歌曲等等，就好比我们在微电影里面用了某位著名歌星演唱的《心经》，我们当时把这个合理化了，认为我们是做公益的，她也是为公益唱的，就用了，没有在影片中有任何的注明，觉得用于公益应该不涉及侵权，从戒律上说会不会有问题？

答：从戒律上来说这叫善心犯盗，以善良的心来犯偷盗，动机当然是好的，而不是和烦恼心相应，但是从本质上来说是犯偷盗，权利人随时有权利来追讨她应得的利益，这是根据法律来判定本主有没有这种舍心。最圆满的做法，要透过什么渠道去问本人，不见得每个人都愿意随意让他人使用的。只要她对这个事情不随喜，不愿意，那就犯偷盗了。

问：现在微信、微博经常转发别人的文章和歌曲，法律上好像也没有明确的禁止性规定，转载也不会造成别人损失，这个会不会犯偷盗？

答：如果有版权保护的歌曲、文章，偷盗罪肯定有的，因为对方没有舍心。如果本主自己很乐意，那就不犯偷盗。至于本主的想法怎么样，还是得问问本主会好一些。以后遇到这个情况还是多一道程序去问一下，反正总会有渠道问到本来的作者，作者也许很高兴作为公益性质，这样至少就没有这种疑虑。因为只要他人心中没有存着想流通、免费布施心的话，那就犯偷盗了，这跟法律有没有保护，就没有直接关系了。

问：夫妻之间也是不要有亲厚想的吧？我的丈夫是比较节约、勤俭的，所以我每次用大笔的钱去供养三宝，就瞒着他，不跟他说，这是不是属于偷盗？

答：只要他不同意，就是偷盗，这是善心犯盗。你供养三宝有供养三宝的功德，但偷盗有偷盗的业，井水不犯河水，这两个是分开算的。所以经文说：有为功德多诸过患，会有很多流弊，所以说尽量避免，免得到时影响自己的业也不好。像上述女儿和羊的公案，他女儿跟她父母拿钱，她父母不会在乎的，就算知道也不会在乎，顶多是生气，可是女儿还是要变成羊，还父母的钱。所以以后尽量善巧方便地向家人说，或者回向对方以后也能接受，这样比较圆满。

问：像安世高祖师当年失手杀死一个人，后来他也还命给那个人，那个人也是失手杀死他的，这是一种情况；还有一种情况，像故意杀死一个人。但这是两种因果，一种不涉及心性上的因果；另一种涉及心性上的因果，是不是这样？

答：事实上一切造作都不离心性，不管有意、无意杀人，能杀所杀，都不离心性。因此不是只有贪、瞋、痴造业，才涉及心性上的因果，一切唯心所现，包括无记杀人，也是不离心性上的因果。

结 示

关于律部，从古到今一直有不同的说法，从佛陀灭度一百年后，律就分派，藏传根据《有部律》，跟我们依止的《四分律》就不一样。从佛陀灭度以来，律部就不可能有两家完全相同，否则律部就不会分派了。

但是各宗派别之主，基本上都是阿罗汉，阿罗汉跟阿罗汉之间，只要不是佛，每个人看法就会不一样。所以要依止哪一部律，就要老实依着这部律去走，不能因为这家律对我来说有利我就遵守，那家律我同意，就照着它的方法去做，不可以的，除非像道宣律祖这样大智慧的律师，他可以《四分律》为主，然后汇集各部律的精华，采取《十诵》、《五分》等律的精华，又不违背本宗。这些都是我们具有大智慧传承祖师们，经历一生学戒、持戒之后，有证量后，才能做出这样的抉择，不是什么人都可以随便采集的。

所以在学习的时候要注意传承，不管是藏传、汉传、南传，要有律文的根据，这是重点，这并不牵涉到对个人道德浅深的评判，因为各部律的论主，很多都是阿罗汉，都是圣人，但是每部律的判法就是不一样，这有时候不是这么简单和绝对的对与错。同样的事情，律文判的会不一样，因为不同的时空，情况不一样，所以佛陀针对不同根机的人，会讲不同的法。例如同样偷盗，佛陀在不同时、处，判法就不一样，而后代的阿罗汉，根据所理解，因此撷取出的义理、文字就不会一样。

所以我们在受持的时候，要根据律文，或者南山律的传承来受持，不能说我是大乘，而随意开缘，这是很危险的事情。因为大乘开缘是要真的发菩提心。杀、盗、淫、妄的重戒要开缘，最起码要大乘资粮位、加行位，甚至严格地说，是大乘的初地以上才能开缘。总之，不是我们，这是一个重要的观念。

而各部律说法会有不同，这很正常，像受八关斋戒，我们所依止的成实宗允许八关斋戒一次受好几天，而南传或者是藏传，依据的《有部律》，一次只能受一天，各有各的律文依据，大家互相尊重即可，但是重点是都要有律文的根据。

现在很多人都说“这戒法是我上师讲的”，这样很危险，因为“经通五人，律唯佛制”，律典只有佛才能够制定。所以我们一定要看到律文的根据，只是我个人说的不算，上师说的不算，老和尚说的不算，只有佛说的才算，因为等觉菩萨都不能讲戒。弥勒菩萨实际上是古佛再来，所以他可以讲《瑜伽菩萨戒》，因为他本来就是佛的示现。一般等觉菩萨也都不能够制戒的，所以要讲戒，第一个一定要有律文和原文的根据，不能说是哪个大德讲的，这个都不能作为依据。

第二个不要混染，也就是说要有律文根据。假设完全要根据《有部律》也可以，就依止《有部律》的律师，请他根据律文来告诉你怎么做。像我们根据《四分律》，我们就根据道宣律祖从《四分律》中引的律文作为行持上的标准，依止一个宗派和律师的见解。不仅戒学是这个道理，修行任何的法门都一样，只有佛是圆满的，任何一个菩萨或者阿罗汉的智慧都不圆满，多少会带点主观性，主观性没有关系，但是就是不能混杂。不能说这个地方我觉得这部律好，那个地方我觉得那部律好。如果说我们这个传承，道宣律祖没有这么说，我们这么做的时候就不适合了。

再就是讲最后汇通大乘的问题，说大乘可以开缘，理论上是没有错，但事实上，佛讲大乘开缘是对谁讲的？不是对我们讲的，所以我们现在刚开始受戒、学戒的时候先学呆板一点，不要一开始就学“大乘”做派，“圆融无碍”，到最后都没有谱了。一开始的时候就要做担板汉，我师父描述什么是担板汉，他担着扁担经过一个狭窄的城门，这个扁担太长了，事实上扁担稍微侧一侧就可以过去了，但是这个人比较鲁钝，他就硬挤挤过去，这叫担板汉。蕅益大师：“彻悟亦然担板汉”，大彻大悟的人一样也是老老实实地持戒、修行，做担板汉，那更何况我们还没有开悟之前，就更是要学担板汉，先学老实，根据哪一部律，就要根据律文。

曾经有人问我：你为什么可以为居士授八关斋戒，一次受好几天？或者甚至可以下午再授？我说：这不是我发明的，《在家备览》里面，道宣律祖有律文的依据。你可以说我是根据《有部律》，不认同，那没有关系，戒律各派从古到今从来就没有统一过，但是重点是只要你有律文的根据，因果就不会差。

所以初学的时候，先别随便汇通各部律，或者说是上师的说法。论修行时，以上师说法为准，这是对的，但对于戒律的判定，就要以佛说的话为准。所以现在学《四分律》，先把过去所学的暂时放下，不急着汇通，先了解道宣律祖到底在说些什么，不然在汇通的时候，往往就会把道宣律祖的原意给忽略或者错解了，甚至是忽视他的判法，认为应该可以怎么怎么开缘，或者别部律不是这个说法等等。这样的话，就会两边都学不好，因大道以岐路亡羊故。

第四课 不邪淫戒

如果是五戒就指夫妻以外的邪淫，若是八关斋戒，就连夫妻间的正淫也禁绝了。

◎ 不邪淫戒总科判表：

- 甲一、犯境
- 甲二、犯相
  - 乙一、列示犯缘
  - 乙二、料简杂相
- 甲三、不犯

首先看五戒当中的不邪淫戒，分为三段：**甲一、犯境；甲二、犯相；甲三、不犯**。

甲一、犯境

所谓犯境，是指构成邪淫过失的境界。

◀《事钞》云

- 列境相——四分中，犯境
  - 谓人、非人、天子鬼神等畜生三趣。
  - 据报则男女二形。
  - 据处则女人三道谓大小便道及口，男子二道。
- 定犯分齐——此等淫处。若觉，睡眠。若死未坏，少坏。但使入淫处如毛头，皆上罪。
- 不开疑想——律云。牛马猪狗雁鸡之属。莫问心怀想疑，但是正道皆重。

▲《事钞》云："四分中。犯境，谓人、非人、畜生三趣。据报则男女二形。据处则女人三道谓大小便道，及口，男子二道。"

首先列境相，犯境的相状。**"四分中"**，就是根据《**四分**律》里面的说法，**犯境**有三个要点：

第一，六道众生都是犯境，包括**人**、**非人**、**畜生三趣**。其中非人包括阿修罗、地狱、鬼道、天人。

第二，是**据**果**报**体来说，为**男**女二形，就是男众或者**女**众两种身**形**。

第三，约犯戒的**处**所来说，**女**三处和男二处，**女**三处是**大便**道、**小便道**(实则为女根，亦即产道)、**口**道，**男**二处是大便道、口**道**两处，这也是我们众生颠倒的习气，所爱的都是大小便道，这种污秽的地方。

第二段，定犯分齐：

"此等淫处。若觉，睡眠。若死未坏，少坏。但使入淫处如毛头，皆上罪。"

这是定犯分齐，判定是否犯戒的要点。这些**淫处**，六道当中的男女，男二处女三处都是淫处。不论对方是在**觉**醒中，或者**睡眠**中。或者"**死**而**未坏**"，就是刚刚**死**掉，还没烂**坏**的；还有"**少坏**"，只要身体腐烂还没超过一半的叫做少坏。只要**入淫处如毛头**许，像毛发的发端，或者身体的体毛毛端这么一点点，可能只有一毫米，两毫米，甚至更少的深度，都结**上罪**。

第三段，不开疑想，疑心、想心不开缘，淫戒治得最重，我们看下文。

"律云，牛马猪狗雁鸡之属，莫问心怀想疑，但是正道皆重。"

不只是人，包括**牛马猪狗雁鸡**这些畜生道，所有的六道众生，只要入男二处，女三处，不管内**心**的想法，是入道**想**还是入道**疑**，只要当初有想要入道的心，后来也真的入**道**了，全部都结**重**罪。

入道想：心中的想法是确定已经入道，入道疑：心中怀疑有入道？没有入道？淫戒，想心跟疑心是不开缘的。

比如说杀人，要杀张三，杀错了，杀成了李四。按律判断杀李四不结罪，因为误杀，只结杀了张三的方便罪。但如果本来想对张三行淫，错把李四当成张三而行淫，都是结上品罪。因为这是众生无始劫以来的习气，所以这条戒治得特别重。

甲二、犯相

犯相分为两段：

乙一、列示犯缘

乙二、料简杂相

◀《事钞》云
- 自造："次成犯相有二缘：一、自有淫心向前境，纵有裹隔互障，但入如毛头，结成大重。
  具四缘成。一、是正境（男则二道 女则三处） 二、兴染心（谓非余睡眠等） 三、起方便。四、与境合。便犯。"
- 怨逼
  - 示相："二者若为怨逼，或将至前境或就其身，佛开身会，制令不染。"
    亦具四缘。一、是正境（不问自他） 二、为怨逼，三、与境合，四、受乐。便犯。"
  - 护心法：善见云。淫不受乐者。如以男根纳毒蛇口中及以火中，是不染之相。

列示犯缘，就是具缘成犯的情况，分为自造和怨逼。“自造”是自己主动去做邪淫的事情。“怨逼”是被强迫的，用现在的话说，就是性侵害。

▲**《事钞》云：“次成犯相有二缘。一、自有淫心向前境，纵有裹隔互障，但入如毛头，结成大重。”**

自造的犯相有两个缘，第一，**“自有淫心向前境”**，这个是关键。自造，是自己**有淫**欲**心**，而趋**向**眼**前**男女的**境**界。**“纵有裹隔互障”**，男根进入男二处，女三处的时候，**纵**然与男二处，女三处之间互相有隔障，一样犯戒，只要入如毛头许，都**结重**罪。再下一段：

“具四缘成。一是正境；二兴染心。三起方便。四与境合。便犯。”

第一个是**正境**，指男二处，女三处。

第二**兴染心**，有淫心，这是最关键的。“谓非余睡眠等”，不是在睡眠当中不觉知的情况，也不是在狂乱坏心的情况下造作的。所谓的狂乱坏心，就是神经错乱，无辨识能力，见火而抓，如金无异，见到粪便而抓，如栴檀一样。类似这种情况不犯。

第三**起方便**，起身口的方便，这样的造作。

第四**与境合**，所谓的与境合就是说男根入于男二处，女三处，入如毛头许，便犯重罪。这是自造的情况。

再接着看第二段，逼淫的情况。

先看第一段示相：

“二者若为怨逼，或将至前境或就其身，佛开身会，制令不染。”

先解释什么叫做他逼：**“怨逼”**，为**怨**家所**逼**，是被强迫的，**“或将至前境”**，就是被强迫到他人的男二处，女三处，去做行淫的事情。**“或就其身”**，指他人入于自己的男二处，女三处。这时候**“佛开身会”**，佛开缘身体纵然有交合却不犯。但先决条件是**“制令不染”**，在被逼淫，男女交合时，没有染污心。

“亦具四缘。一是正境，二为怨逼，三与境合，四受乐，便犯。”

他逼分为四种缘，第一，正境，不问自他，不管是自己身上的正境，或他人身上的正境，也就是说不管是被将至前境，或是他人赴就自身，都属入于正境。

第二，**为怨逼：**为怨家所逼，这个是重点，不是自愿的。

第三，**与境合，**乃至入毛头许。

第四，**受乐便犯**，是指与境合的时候，内心没有保护好正念，因此感觉到乐受，这时候便犯。如果被逼淫时，若保护好自己内心的正念，不起染心，这就不犯。

在第四点中，自淫就没有受乐便犯的缘，自淫不管有没有受乐都一样，入毛头许就犯根本。

第二段，护心法，被逼淫是否构成破戒，关键就在第四点，是否受乐，被逼的时候，内心必须保持正念，不能有乐受，这样的话才不构成破戒。接着告诉我们怎么保护自己内心的正念。

《善见》云：“淫不受乐者，如以男根纳毒蛇口中及以火中，是不

染之之相。”

在《**善见**律》里面介绍了被逼**淫不受乐**的观想方法。就男众来说，被逼淫时，观想**以男根纳**于**毒蛇口中**，毒蛇口指的是女三处，入的时候就像入于毒蛇口中，或者入于**火**当**中**，这**是不染**污的**相**状，表明内心是极为厌恶的。就女众来说，被逼淫时，就观想如热铁入于身一样，内心只有痛苦，并没有快乐的感受，这就是被逼淫时护心的方法。

自淫具四缘成犯，与这四缘相对应，有四种缺缘的情况，看《戒本疏》说明四种，在自淫当中缺缘的情况。

▲《戒疏》云：“一缺初缘。非道，道想及疑，得二中罪。”

自淫第一个缘为正境，就是面对的是男二处女三处，假设入的不是男二处女三处，这就**“缺初缘”**，叫做**非道**。入于非道，像身体的疾病所发生的疮孔，不是男二处女三处，这是非道。但是如果做**道想**或道**疑**，这时候**得**到两个**中罪**，如果做道想的话是一个中罪，如果做道疑的话也是一个中品罪，这两个只有一种。这是缺正境的缘，主要是在方便时有淫欲心，想要入正境。在根本时没有成就入正境，所以这个时候，就只结方便时的中品罪。

“缺第二缘。无染心者，则无有犯，谓入无记及明观故。”

第二缘是兴**染心**，这是构成自淫的关键，到底**有**没有**犯**戒的根本判断标准，如果完全没有染污心的话，就没有犯。比如说，**入无记**，昏沉，睡眠，这时候就变成被逼淫了。被逼淫，无记心中也就不受乐，故而不犯。**“及明观故”**，明观就是生起前面的护心法，观想如以男根入毒蛇口，或者女众观想如热铁入身，种种痛苦的感受，这叫明观，就是佛法的正观。这两种情况都是被逼淫的，本身没有染污心，所以就开缘不犯。

“缺第三缘。未起方便，威仪不破，但犯下罪。若动身口，则有次近二方便耳。”

第三缘，是起方便，身口造作的方便，**“未起方便，威仪不破。”**是指只起染污心，有想做邪淫事情的念头，但是只打妄想，身口未起方便，还没去造作，这叫**威仪不破**，就是身口的威仪不破，只是在打妄想而已。这时候**“犯下罪”**，犯的是远方便罪。**“若动身相，则有次近二方便耳。”**如果身相造作，这时候就结次方便、乃至于近方便，这两种中品的罪。所谓的次方便和近方便，我们看缺第四个缘的解释。

“缺第四缘，未与境合，有二中罪，从破容仪去至对境，犯轻中罪。从境交对，毛分未侵，便止心者，得重中罪。”

这个就是次方便和近方便的差别。**“缺第四缘”**就是说**与境合**，男根入於男二处女三处这个缘。如果没有与境合的时候，**有**两种**中罪**，不是说同时有两品的中罪，是说有两种中罪的可能。**“从破容仪去至对境”**，破容仪就是开始发动身口的造作，已趋向境界的时候，此时若停止，则犯轻的中罪。比如从甲地到乙地去做这个邪淫的事情，动念了，并从甲地走到乙地，在没有和对方接触之前，就停下来，后悔或起对治心，这时候只结方便时的中罪，属于轻的中罪，也就是上面说的次方便，次一等的方便罪。

“从境交对，毛分未侵，便止心者，得重中罪。” **“从境交对”**，就是说已经到了乙地，而且和对方已经有身体的接触，但是**“毛分未侵”**，男根没入男二处女三处，**“便止心者”**，或者控制住，或者对方不愿意，或者其他原因，产生了种种的障碍因缘，所以没有完成他当时的意愿，就停下来。因为有身体的接触，所以结近方便罪。虽说次、近两种，都是属于中品罪，可是近方便的中品罪是比轻重的，所以称为“重中罪”。

乙二、料简杂相

“邪淫者，俱舍有四，一他妻，二自妻非道，三非处，四非时。”

邪淫在《俱舍论》中**有四**种更广的定义。

“一他妻”，他人的妻子。关于不是自己妻子的女朋友关系算不算邪淫，我认为只要不是自己的妻子，没有正式的名分，都应该算邪淫，毕竟如果不是夫妻关系就没有那么强的归属和责任。

自己的妻子跟男女朋友确定关系，我想还是不一样。如果已经是夫妻了，他们就有很强烈的系属和责任。男女朋友说确定关系，彼此没有那么强烈的责任在里头，所以我还是觉得不一样，这纯粹是我个人的分别。

就律上制定的戒法，有的我们能够理解，有的我们不能完全理解，但是有一个窍门，就是我们先去实践，久了自然了解佛陀制戒的目的，你做了才知道，确实不一样。就像持午，如果是刚刚学佛的人，没有受八关斋戒的经验，就无法想像受八关斋戒的利益，这要自己感受后才知道。所以刚开始的时候，不要太过“聪明”，说我要汇通汇通，应该可以开缘的。因为假设你要是想错了，那怎么办？这时就要结罪，自己害自己。

就像有人认为佛陀制定不非时食戒的缘起之一，就只是因为迦留陀夷晚上出来托钵吓到人；而我吃晚饭也不会吓到人，所以晚上吃饭可以的，就这么推论。但是这个推论，本身是错误的，因为佛陀只是假借迦留陀夷这件事情借题发挥，来制定这个戒法的，重点并不在晚上吃饭吓到人。刚开始的时候我们智慧不够，不要以偏盖全，往往小聪明，结果就耽误了自己。

所以说他人的妻子，也包括所有不是自己的妻子的女朋友，我想都应该算在内。当然别的法师不见得同意我这个说法，但是我的说法就算错，遵守也没有损失；而我这个说法如果是对的话，不遵守的损失就很大了。保险一些，还是都不要犯，而且如果在犯戒的时候无惭无愧，认为是应该的，那业就更严重了。

“二自妻非道”，即使是自己的妻子，但有后面二、三、四这三种情况也都犯邪淫，只是不见得犯上品。自妻的非道，就是大便道、口道。这是犯中品的邪淫。

“三非处”，非房室中，行夫妻间的正淫，这判属于下品的邪淫。

“四非时”，第一，在妻子怀胎的时候，夫妻间行淫，这也判属于邪淫，我看《印光大师文钞》也有提到这一点，认为这个时候母子俱损。

第二，乳子，就是妻子在给孩子哺乳的时候，夫妻间行淫，则判为下品邪淫。

第三，妻子在受八关斋戒的时候行淫，是破她梵行，这个更是邪淫，以上是广义的邪淫。纵然是自己的妻子，也要注意。

甲三、不犯

◀《事钞》云
- 无记——若睡眠无所觉知 谓开怨来逼己身份
- 对治——不受乐 谓开怨家将造他境
- 非意——一切无有淫意 无爱染污心故

（以上）并不犯

《事钞》云："三明不犯中，若睡眠无所觉知、谓开怨来逼己身分不受乐、谓开怨家将造他境一切无有淫意。无爱染污心故并不犯。"

第一个是无记，睡眠、昏迷或不醒人事的状态，**"谓开怨来逼己身份"**。这是开缘，被逼怨是开缘的，就是怨家来逼，"身份"是男二处女三处，怨家来到眼前逼迫做邪淫的事情。

第二个是对治，在逼淫的情况当中，入于对治观，这时候不受乐，也不犯。

第三个非意，**"一切无有淫意"**，完全没有爱染心，这时候不犯。对于邪淫戒，大乘菩萨要能够开缘的话，恐怕只有法身大士，才能够真正观这一切如梦幻泡影，完全没有淫意，所以邪淫比其他戒更不容易开缘。

关于邪淫这条戒的对治。古德开示说："淫欲不断，万劫沉沦，念头方动，天怒地瞋。"印光大师说："圣贤之学，未有不在起心动念处究竟者。"紫柏尊者说："奇男子，须割爱。爱不割则堕软暖魔网矣。"古德说："鱼吞饵，蚕作茧，蛆逐粪，蛾扑火。行人断欲，须具智勇。"就这些开示，可以找一些看后特别有感触的，把它写在小纸片上，天天看，甚至把它背下来，常常去体会，然后去对治自己的欲心。看古德的开示，再多看经典里面描述十善业、十恶业的果报，从因果上面去体会。

再一个很重要的，就是要防微杜渐，不要对自己太有自信。以前我们在佛学院的时候，师长跟我们说，通常开车会出大车祸的都是老司机，要是刚考到驾照的司机，一般都会战战兢兢，开得慢慢的，顶多技术不好，跟别人稍微擦撞而已，还不至于出大车祸。会出大车祸的都是非常自信，甚至睡眠不足，喝酒，一边开车，一边在吃东西，或者超速开快车，像这种一出事都是大事情。

我们修行人也是一样，刚刚受戒的人反而战战兢兢地持戒，生怕不留心就犯戒，通常犯重罪的都是受戒比较久的，小处不注意，不能够防微杜渐，觉得没什么，等到有什么的时候，往往就来不及了。

四十多年前我师父在台湾办斋戒会的时候，男众和女众一起，没有分开。有一次带大家去日月潭放生时，大家从寺院里出来，心情就比较放松，日月潭的风景也好。放生时就有男众对女众戏笑说："我把你也给放生下去"，我师父敏感地意识到这种男女的说笑是众生的淫欲心，无始劫来的习气，男众女众在一起办斋戒会，总还是会有这个习气在，不如像纯男众、纯女众那么清净。后来我师父就毅然决然地把男女众的斋戒分开办，这样才能防微杜渐。

再举个例子，我刚出家的时候，有一次在莲因寺中午过堂吃饭时，那天刚好是礼拜天，有很多信徒上来参观礼拜，结果我们在过堂时，有位朝山的女居士，还不是一般的游客，趴在窗外面看我们过堂，她可能只是好奇，没见过这样的过堂。我师父突然对窗外的女居士大喝一声说："我们男众出家众在这边吃饭，你看什么看！"接着叫我们把窗帘拉起来。那时候我刚出家不懂得其中的利害，心里嘀咕，有这么严重吗？她看她的，我吃我的饭，这也没有影响。但师父说这些人你现在允许她们在门外面看，以后就会允许她进来里面，接着又会允许她到我们的生活空间，甚至寮房，各式各样染污的因缘，就这样出来了。所以很多事情，我们必须得防患于未然，一开始的时候，就要去注意制止不如法的小动作，不要等后来发展到不可收拾的时候，再修什么对治观法、看祖师开示，都没有用了，所以一开始的时候就要防微杜渐。

再就是修不净观，修不净观大致分两种：一、白骨观。二、九想观。根据经论的说法，如果欲心比较淡，还不严重，修白骨观就可以了；如果欲心比较重，要修九想观，可以配合照片观修。

但是初修不净观时，要先观想自己的不净，不要观外在的男女不净，因为这种淫欲的习气，是我们无始劫来累积的习气，如果先观想外在男女不净，就怕还没观想不净，欲心先出来了，所以要先观自身的不净。而且观自身的不净，也可以帮助对治自己的身见。我们总是爱自己的身体，希望自己的色身庄严，修不净观，也可以破这种身见。

看古德的开示來防微杜渐，修观对治，观察业果道理（十善业、十恶业果报差别道理），要坚持修行，就像得了重病要长期吃药一样。不是说我今天修行多久了，或者念佛有功夫了，就怎么怎么的，这些都不牢靠。像以前有些喇嘛、仁波切到西方国家之后，有的就还俗结婚去了。所以转世的尚且如此，何况我们凡夫众生！

就像有人对密勒日巴大师说：“你怎么不学你师父结婚生子，行菩萨道一样可以利益众生。”密勒日巴大师说：“狮子能够跳过去的大坑，兔子跟着学跳会摔死的。”意思就是说，我的师长有这个大威德力，他没问题，我们不行的。大修行人尚且如此谨慎，何况我们凡夫众生，怎可动不动就说，我发大乘菩提心，我以慈悲心，我一切自在……等到地狱、饿鬼、畜生的果报现前时，后悔已来不及了。

淫戒就大致介绍到此。

第五课 不妄语戒

◎不妄语戒总科判表：

- 甲一、明大妄
  - 乙一、犯相
    - 丙一、列缘
    - 丙二、随释
  - 乙二、不犯
- 甲二、示四过
  - 乙一、小妄语
  - 乙二、恶口
  - 乙三、两舌
  - 乙四、绮语

甲一、明大妄

甲二、示四过

（四过就是小妄语、妄语恶口、两舌、绮语这四种过失。）

只有犯大妄语才构成破戒，平常说谎是小妄语，不是大妄语，最多是犯中品罪。甲一明大妄语当中，乙一明犯相，丙一列缘，丙二随释。

丙一、列缘

▲《事钞》云："具九缘：一、对境是人；二、人想；三、境虚；四、自知境虚；五、有诳他心；六、说过人法；七、自言已证；八、言章了；九、前人解。"

犯大妄语有九个缘，我们来一一介绍。

一、**对境是人**，听到妄语的必须是人，通常来说，只有人才能了解人类的语言，所以如果对境是人，犯重。

二、**人想**，说妄语的人确实知道听他讲话的是人。

三、**境虚**，就是所说的事情是虚妄的，比如说自己是阿罗汉，这跟事实是相违背的，这叫境虚。

四、自知境虚，在讲的时候，讲的人很清楚这是和事实相违背的，而不是讲错了。这与错误的认知不一样，像增上慢，经典里面记载：比丘已证四禅，他以为他已证了四果，所以他和人家说他证了四果。佛陀说他并没有打大妄语，这叫增上慢，因为他在讲的时候，不知道境虚，所以必须自知境虚。

五、有诳他心，有欺骗他人的心态，不是说错了，是真的知道境虚，又有欺骗他人之心。

六、说过人法，就是说超过凡人的法，律上过人法是指证得声闻法当中的五停心观以上。一般没有禅定功夫的人，是证不到的。

七、自言已证，不是说别的祖师大德证得，而是说自己证得。

八、言章了，说得清楚明白，咬字清晰，陈述很清楚。

九、前人解，"前人"就是听你讲话那个人，他完全了解你在讲什么，不管他认同不认同你所说。

这九个缘同时具足的话，就构成大妄语。我们再把这九个缘作个分别，如下表：

所对的境界	一、对境是人；九、前人解	
能犯的人	妄心	二、人想；五、有诳他心
	妄法	(其余)

丙二、随释

进一步来解释这九缘的内容。

◀《事钞》云
- 引犯相 — “四分十诵多论云，从得不净观已上至四果来，若云我得皆犯重。
- 简互造 — 若现身相，前人不疑同重，疑则中罪。”
- “又四分云，天龙鬼神来供养我等，亦同犯重。”
- “又云。欲向此说乃向彼说，一切皆重。”
- “摩得伽云，自称是佛，天人师等，中罪。”

▲《事钞》云：“四分十诵多论云，从得不净观已上至四果来，若云我得皆犯重。”

第一段是犯相，大妄语的犯相就是说过人法，在《**四分**律》、《**十诵**律》和《萨婆**多论**》里面都有说明过人法的标准，是从证得不净观以上，就声闻法来说是证得资粮位，即证得五停心观阶位。

五停心观包括多贪众生不净观，多瞋众生慈悲观，愚痴众生因缘观，散乱众生数息观，乃至多障众生念佛观。以证得不净观为例，修白骨观的时候如果于定中，看到遍大地白骨现前，所有的人变成白骨相了，这叫做证得不净观。

或者观察身体三十六种不净物这种不净观，刚开始只是用纯粹的观想，等到观成就的时候就可以用，第六意识心见身中三十六种不净物，就像肚子打开，眼睛亲眼看到那样地清楚，这也叫做证得不净观。**从证得不净观以上**，到声闻**四果**的功德，都称之为过人法。

“若云我得皆犯重。”这是引犯相，犯戒的相状。事实上，如果就大小乘相通来说，没有禅定说自己有禅定，而且也不是增上慢，而是自己明知道没有得到禅定、没有神通，却欺骗别人说有禅定、有神通，这个都是说过人法。

第二段简互造，所谓互造就是个人身口互造。**“若现身相，前人不疑同重，疑则中罪。”**就是说，过人法不见得用嘴巴讲，可以用行动表示，一样可以打大妄语。

比如说，别人问我，你是不是圣人转世，我点点头，那就犯大妄语。或者有人问，你证到声闻法哪个阶位，我竖个指头表示初果，而且心中想要欺骗他人，让他认为我证初果，这也犯大妄语。只要前人不疑，这种现身相，一样犯重罪。

还有默然的情况。律典上记载：有个比丘跟居士说：“现在跟你们讲话的人是阿罗汉。”那个居士说；“啊！法师你刚说的是什么意思？”这比丘默然，让对方生疑心，认为自己是阿罗汉，这时候他虽然默然不讲话，但是当对方领会比丘所说的话，就犯大妄语了。

所以用身口的种种造作，让对方领会我们所说之义，不管有没有欺骗成功，这样就犯大妄语了。

“疑则中罪”，如果对方不领会，或者对方疑惑，这个时候就结中品罪，这是第二段身口互造。

“又四分云，天龙鬼神来供养我等，亦同犯重。”

这个也通于大、小乘，除非是打坐的时候打妄想，错觉有天龙鬼神来供养。如果跟人说打坐的时候天人来献供、龙神来礼拜，事实上本人很清楚没这回事，这时候犯重罪。

还有另外一种情况，就是有的人会养鬼，说好听的是修护法，说不好听的就是养鬼。鬼神都有一点神通，有的能够知道过去未来七世的事情，有的鬼神有天眼通或者天耳通，利用神通来知道居士的想法，然后跟居士说，居士就认为这个法师是已证到圣位的圣人，种种恭敬利养就随之而来了。

在末法时代，这种事情太多太多了。另一方面也是现在的居士们，比较没有佛法的正见，很容易被这样的人所误导，只要能略显神通，就说他是圣人，他讲的话就是圣言量了，就跟佛讲的话一样，甚至比佛讲的话还要重要。那事实上很多是犯大妄语，多是修护法。

修护法的时候，如果你心正还好，如果心不正，自然会感应到一些邪神的护法互相合作，做了很多欺骗他人的事情，就像《楞严经》所说的，到最后恶贯满盈，福报享尽的时候，鬼神也好，修护法的人也好，全部堕落地狱。这当中要是有谤法行为的话，两个全部堕无间地狱，这是最要不得，也是最愚痴的，人的寿命如此短暂，为了这么短时间的享受，却用无量劫的无间地狱的果报来交换，怎么想都划不来。

所以各位不要因为这个人有神通，就说他是圣人，他讲的话是圣言量。举一个经典里的公案，正法时代，有一个在家五戒优婆塞，有一次他在修行用功当中，突然看到佛现前放光现瑞，他很欢喜，顶礼佛陀，请佛陀为他开示。佛陀开示到一半时，这个优婆塞突然指着他说："你不是佛，你是魔。"魔王显出原形，原来是魔王变化成释佛的样子，想要误导这个优婆塞，魔王不禁赞叹释迦牟尼佛的法，真是了不起，连他座下的五戒优婆塞，都知道我是魔不是佛，因为他有正见。

正法、像法时代的众生有这个能力，末法时代的众生就可怜了，连自己在做什么都不知道，被邪师引导了都不知道，就算引经据典跟他讲也没有用。以前台湾有个邪师，他说："你们去查《楞严经》看我是五十种阴魔中哪一种阴魔。"说实在的，真正懂《楞严经》的没多少人，就算看懂《楞严经》，能够依经典来判断他是不是魔的人，更是凤毛麟角。

现在众生都是障深慧浅，福报很浅。所以我们要发心、回向，愿求得善知识，常教导我们解脱之道，乃至大乘佛法，这个很重要。因为末法时代，邪知邪见太多了，一般人无从判断是非，只有在善知识的引导下，慢慢地成长，才有办法判断邪正。

也有的修行人亦邪亦正，为了名利，跟鬼神或者仙家合作，但他也夹杂着利益众生的心，往往这样的人思想就会偏差了，说的法也就是亦邪亦正，一般初学者也是很难判断的。

所以，最好的办法，就是听闻正法，并发愿求善知识的护持，因为虽也听闻正法，但是如果没有善知识的引导，也有可能被邪师所误导。在台湾有个邪师，他讲的每一句话都引经据典，还办了学报，讨论经典的内容，通过经典的语言文字来发表他的邪见，只有教理很通达的人，才能看得出他的错误，一般人看不出来，相信他的人很多。

另外我们要多拜忏，忏悔业障，绝对不吃亏。比如每天拜八十八佛好像很累，但是拜久习惯了，就不会觉得累，乃至会有法喜。再一方面你多拜忏，忏悔业障，三业清净，也比较不会碰到邪师，再配合回向，求善知识的引导，就能够感应真正好的师长。

同时，一个重要的原则，不要因为某人有神通和感应而去亲近。当初我亲近家师忏公上人的时候，还是个大学生，虽说听了很多他老人家的感应神通事迹，却不是冲着他的神通而去的，因为一个人起烦恼，造恶业了，甚至想还俗了，善知识就算有感应、有神通，也救不了他，别说善知识，佛都救不了。

就像舍利弗尊者，他有个弟子要还俗了，有人说："你不是智慧第一的尊者吗，怎么弟子也会还俗呢？”舍利弗尊者就说：“众生嘛，就这样，很正常。”所以众生业力现前的话，神通也使不上力。舍利弗尊者智慧第一，当然是有大神通，甚至超过目犍连，也一样使不上力。

你真的想修行时，会发现在修行过程当中，真的引导我们的就是戒、定、慧。我师父有种种不可思议的神通，会增加我们对他的信心。但最主要的不是来自于神通，因为若是无法调伏烦恼，即使是现神通，在眼前放光现瑞也没用，想还俗下山还是下山。

一方面也会感应到神鬼通的人，内心有所求的心往往也非常强，或者想要很快速地得到加持，很快得到自己想要得到的，也就是说他自己的心是邪的，他的动机，不是为了求证悟，求解脱，而是希望很快速地获得感应，这正是鬼神引诱众生的诱饵。所以希望快，鬼神就给他快；要感应，鬼神就给他感应，然后到最后一拍即合，再也脱离不了鬼神的掌控了。

“欲向此说，乃向彼说，一切皆重。”

这段的意思是，本来想**向**某甲**说**大妄语，但是说错了，却**向**乙**说**了，比如黑暗中看错了等等原因。这时候某乙理解了，一样犯**重**罪。不管是甲还是乙，只要理解，不管他认同不认同你所说，说话的人都一样犯重罪。

摩得伽云：“自称是佛、天人师等中罪。”

摩得伽就是《摩得勒伽论》说：**“自称佛、天人师**的话，犯**中**品**罪**。”为什么呢？因为这个是根据声闻法，世间只有一尊佛出世，释迦牟尼佛之后为弥勒佛。因此在声闻法中，自称是佛，不会有人相信的，所以这时候结中品罪。

但是，如果从大乘角度来说，自称是佛、天人师，大家会相信的，因为大乘有十方佛的概念，这个时候一样结上品的罪，所以这个要知道。

乙二、不犯

▲《事钞》云："不犯中，律云：若戏笑，若疾疾说，屏处独说，欲说此而错说彼等，皆不犯重，而犯下罪，以非言说之仪轨故也。"

开缘不犯，所谓不犯，不是说完全不犯戒，可能结下品罪。下面具体说明几种情况：

第一个，**"戏笑说"**，跟人家开玩笑说，我是佛，这时候大家都知道你在开玩笑，横看竖看都不像佛。

第二个，**"疾疾说"**，说太快了，让人家听不清楚。

第三个，**"屏处独说"**，旁边没有人听到，自己在那里自言自语。

第四个，**"欲说此而错说彼等"**，"此"是指凡夫，"彼"是指圣人。本来想要说，我在修五停心观，结果讲话太快，变成我已经证了五停心观。本身没有想要说大妄语的心，这是重点。

其中戏笑说、疾疾说、屏处独说，前三种都要结**下**品**罪**，因为**"非言说仪轨"**，讲话不应该这样说，类似于绮语。

而第四个，"欲说此而错说彼等，" 灵芝律师解释：这个时候"无所犯故"，应当是开缘不犯的。

另外还有一种情况，**《戒本》云："除增上慢"**。"增上"指的是无漏正道，解脱道，在增上法当中生起骄慢心。如前所说，四禅比丘以为证得四果，这叫增上慢。有的人，实际上没有得到禅定，却认为得到禅定，就跟人家说了，这叫增上慢。或者有的人，打坐的时候可能在昏沉当中梦到佛菩萨、天龙鬼神来了，以为有真的天龙鬼神或者佛菩萨来了，这也属于增上慢的一种。或者有的人因为修行的时候上火，见到莲花，或者各式各样的幻相，他却以为得到禅定，或者以为往生净土的净业成就了，就跟人家说，这个只是因为他认识不足，又没有善知识的印证，搞错了，这叫增上慢，这些都不犯大妄语戒，但是说这些话并不如法。

问：即使已经证得，但不可以随便对外宣说，正如《楞严经》的四种清净明诲，说这样的话会扰乱众生修行，比如一位法师，他事实上是圣者，再来人，但是佛有戒律，不能够说自己的果证，就是因为不想打乱众生的因缘。

答：佛陀在律上有明文规定，不能示现神通，也不能宣说自己的证量，除非是要入灭了。所以一般真正有修有证的大德，是绝对不会宣说、显现神通的，除非有很特殊的因缘。像莲花生大士，刚到西藏的时候，那时西藏的人，或者鬼神的个性都是刚强难化，他必须要用神通调伏。可是当后来藏人都信佛了，大德们就不再多现神通了。菩萨度化众生，可以偶尔开缘；如果不是很特殊的因缘，就不随便显现神通了。

以前有位藏族仁切波跟我说，有的人说宁玛派的大成者神通特别大，噶举派神通没那么大，其实不是这样的。宁玛派是最早入藏的，那时候的藏人个性非常刚强难化，所以必须要多现神通，等到密勒日巴大师的弟子建嘎举派的时候，西藏佛法已经非常兴盛，就不需要显神通才能传播了。

汉地的祖师也是一样，在佛法刚刚进入中国时，如安士高、佛图澄、鸠摩罗什等尊者为了度化众生，往往也显现神通。可是等后来佛法普及了，就不需要这么常现神通了。所以有人说汉地的祖师，没有藏地的祖师神通大，其实不是的，汉地很多祖师也是文殊菩萨、普贤菩萨等四大菩萨的化身，有大神通。但是一方面汉族的人不喜欢现神通的人，如《论语》所说：“子不语怪力乱神。”现神通，别人可能会觉得很奇特，反而不见得会尊重你。另一方面，神通也只是为了折伏刚强众生，当众生已经调伏了，何必再现神通？毕竟为众生说正法，这才是佛法的要义。

问：我们学佛有时候会有些感应出来，如果是为了初学人增加学佛的信心，而讲些感应的话，会不会犯戒?

答：最好不要讲，不要讲自己的感应，可以讲别人的感应，像高僧大德的感应，或者古代人的感应。为什么呢？讲自己的感应的时候，往往你修行的功德就破了。比如说打坐的时候，有些感应，感觉很好，讲完以后就破了，好的感应就不会再来了。只讲古德的感应，就不会有这个问题，同时也不会因为增上慢，为他人说而有过失。

问：有一居士说他在打坐当中，能到别人家里去给别人看病，看病要很多钱的，这样算不算打妄语?

答：其实是鬼神通，他如果说他自己修来的神通，就是大妄语。要不要钱不是重点，重点是他没有真正亲自证得神通，是靠鬼神的力量来加持他，却说他自己修来的，这个叫大妄语。要证得神通，是要先证到初禅以上，再修神通，才能发起的。而证得初禅以上，都是要长时间住在山林中修，像广钦老和尚、密勒日巴大师一样，才有办法得到初禅的禅定。如果是法身大士再来，本来就有神通，不用特别的修；如果不是再来人，要修禅定的路是很漫长，不容易的。尤其在滚滚红尘中，也没有这种修禅定的环境，但他却说他得到神通，十之八九都是修护法来的，是鬼神通。

而且得到神通的人，通常也不会张扬。就像广钦老和尚，绝对不会说他有神通。有人问广钦老和尚：“师父，听说您有神通。”广钦老和尚说：“我有吃就有通。”若是去问忏公上人有没有神通，他一定说他没有神通，虽然他有神通。

甲二、示四过

妄语戒分为两大类：第一个是大妄语，第二个是小妄语。大妄语已经介绍过了，接着我们来介绍小妄语的部分。要是依着我们南山律宗，所依《成实论》的说法，小妄语总摄起来，包括妄言、绮语、两舌、恶口，所以各位要是受了不妄语戒，事实上就包括口四过都在内了。如果是根据多宗《萨婆多论》的说法，那它们就只有制不妄语这件事情，不包括绮语、两舌、恶口这三戒。

乙一、小妄语

▲《资持》云："小者对大为言。但离圣法已外，一切皆归此摄。大局小通，寻之可解。"

所谓小妄语的**"小"**是相对于大妄语的**"大"**来说的。"小"是说妄语的内容，关于说过人法以外的内容。**"大局小通"**，**大**妄语**局**限于说过人法，**小**妄语**通**一切，所谓心口相违，都称为小妄语。**"寻之可解"**，我们寻求这个义理，就**可**以知小妄语的意思。

所以小妄语的基本定义，就是心口相违，见言不见，不见言见，乃至闻说不闻，不闻说闻。总而言之，见闻觉**之**，却说没有见闻觉**之**，乃至于反过来，没有见闻觉**之**，却说有见闻觉**之**，就是小妄语，就是我们平常所说，一般性的谎言。不管是善意的谎言，还是恶意的谎言，都是小妄语。

有时候大家会觉得，我是为了别人好，说善意的谎言，应该不犯戒。但是我们人都会有我执，习惯于保护自己，所以善意的谎言说久了，往往恶意的谎言都会出来了，因为讲妄语成习惯了。现在这个社会环境，就是习惯性的妄语满天飞，很难找到真实语了。

佛法说："直心是道场"。这个道场指的是修道的地方，当然最主要是指我们的心。心必须要诚实、正直，然后能真正地跟中道的直心相应。满足诚实、正直的要求，最起码不要打妄语。真的打妄语，必须要忏悔，因为如果妄语打成习惯的话，心就常常谄曲，像蛇一样。你看蛇走路都弯弯曲曲的，谄曲的心怎么能够入道呢？所以这种世俗的习气不要沾上，要特别注意。

小妄语具足六缘成犯：

第一个是人，对境的是人；

第二个起人想，知道听讲的是人；

第三个违想说，见言不见，不见言见等，就是心中所想的，跟口中所说是违背的；

第四个知违想说，知道自己说的，违背了自己的想法；

第五个言了了，讲得清楚分明；

第六个前人解，听讲话的那个人，他理解所听到的话。

具这六缘的话就构成了犯戒的因缘。

以前有人问：我之前在佛前发愿要诵一百部《地藏经》，但是后来没有完成，这算不算妄语？

这不算妄语，因为当时在佛前发愿诵一百部《地藏经》的时候，心中确实是真的想诵一百部，没有违想说，没有违背心中的想法而说，所以那不犯妄语。但是以后我们在佛前发愿要谨慎。因为发愿会构成一个缘起，发愿之后做不到，这个缘起非常不好，跟这个法门就结恶缘，以后再修这个法会有障碍，所以发愿的时候要谨慎，不要一下子说要受持《地藏经》太多，可以先发心受持较少再说，以免到时候做不到。当然佛菩萨是不会怪你的，但是这跟法结恶缘，对自己的修行来说，是个障道的因缘。

▲《事钞》云："四分，不犯中，但称想说故不犯。文如注戒本中。"

开缘的情况，根据《**四分律**》里面的说法，**称想说不犯**。知道就说知道，不知道就说不知道，不要打妄语。但有时候我们为了保护众生，有的话不能直说，为了不打妄语，必须要有善巧方便，尽量去回避。

就像律上举的公案，有一个比丘在山上打坐，突然看到一只鹿从前面跑过去，过一阵子，后面一群猎人追过来，猎人问修行人：你有没有看到那头鹿？修行人要是说看到的话，然后说它往哪跑，就会导致这头鹿被追上杀掉，这个时候就犯杀戒，因为是他的指引，所以这只鹿死掉了。要是说没看到，就是打妄语。这个时候可以选择默然，都不讲话。律上说你也可以选择告诉猎人，你自己看脚印啊。意思就是说，你自己看脚印，寻着脚印去追就好了，不要问我。这样的话，既善巧地维护了这头鹿，又不犯杀生，也不犯妄语。

所以什么事情都是要有心的话，它就能够做得好。就像世间人为了赚钱，他就想办法，削尖了脑袋想办法钻研，想办法、去赚钱。只要用这个心思，拿来护戒，我看也不会差距太大了。如果认为持戒很重要，那就会想办法护持清净的戒体，而且真的有这个心，自然就会感应到三宝龙天的护持。

乙二、恶口

“律云。佛言。凡有所说，当说善语，不应恶语便自热恼。乃至畜生闻毁惭愧，况于人也。”

恶口就是粗恶的语言。**佛**陀说：**凡**是要用语言表达的话，要**说善语**，就是尽量用慈悲语、柔软语，**不要说**一些伤人的话、很粗恶的话。因为粗恶的话就像刀剑一样，能伤害甚至杀害他人，所以应当要说善语，**不应**该说粗**恶**的**语**言。

“便自热恼”，说恶语的话，不但伤害对方，令他人内心很难以平复，实际上也伤害自己。为什么呢？因为恶口是有果报的，它是性罪，不管有受戒没受戒，都会感召果报。恶口的正式的果报是堕入三恶道：地狱、饿鬼、畜生，余报可以从等流果和增上果来说。

等流果，就是相随顺的果。等流果有两个：

第一，“常闻恶声”。一个常常恶口的人，自然而然也会常常听到别人对他起恶口。一方面众生也是习性相吸，物以类聚，人以群分。讲话很粗俗的人，他的朋友大概跟他也差不多；再一方面也是因果，什么样的人就会感应到什么样的业，常常对人家恶口，自己就会遇到很多恶口。所以有时候在我们工作的岗位，或者是家庭的环境当中，要是常常遇到恶口，不要急着回骂，要多忏悔自己恶口的业。

以前我们净律寺有个出家众，他刚出家的时候口舌是非特别多，随便讲一句话别人都会误会。他也很懊恼：我也不是这个意思，怎么大家都往这个地方想？不过他很有善根，就很精进地拜佛，一天拜十部八十八佛，连续拜，拜了十几二十年，现在还在拜。他就是我们讲担板汉的那种行力、个性，他说反正没有关系，我就是忍耐，他也不会说：我在这个地方老是跟人家处不好，我干脆走。而且刚开始拜佛的时候，全身的汗都是黄色的汗垢，味道很难闻，这是业障的相状。但是这一直拜，后来过几年之后，这个业就慢慢转了，就很少有这种恶口的业了。

相比之下，世间人的解决办法是什么呢？他骂我一句，我回他三句，以眼还眼，以牙还牙。这样的做法只会恶上加恶，雪上加霜。所以世间的人没有智慧，过去的恶业感召今生的苦果，为了要止住这苦果，怎么办呢——继续造恶业。就像贫穷的人，他这个苦果，结果怎么办呢？因为贫穷，所以他就用偷盗、欺骗。那有的人常常遭遇到恶口，怎么办呢？保护自己，全身装满了刀枪剑戟，那么别人骂他一句，可以回他十句。这样子的话只会恶性循环，让未来的果报越来越痛苦而已。

第二个，“言多诤讼”。自然而然口舌是非特别多。所以如果周围口舌是非特别多，就去学净律寺那位法师，好好忏悔要紧。不要把力气用在辩解上，再怎么辩解也没有用，有时候越描越黑，越辩越复杂。就像弘一大师说“云何自息谤？谓之无辩。”要是越辩解，信的还是信，不信还是不信，只是徒增苦恼，何必浪费这个心思、起烦恼心辩解呢？不如好好地自己用功多拜忏，忏悔过去恶口的业。

另外，世间的人，有时候是一种对立的状态，有时候怕被欺负，所以表现得很凶，甚至有时候必须故意现恶口，但实际这是懦弱的表现。

泰国有一位比丘阿迦曼尊者，有一天，到一处名为沙里卡洞禅修。那个地方的村民说，山上有个山洞，但是最好不要去，因为凡是去过的人，要么被吓得连夜逃下山，要么被吓得精神错乱。之前有几个法师自称法力高强，什么都不怕，想去降伏里面的魔王，结果有去无回。但尊者还是去，他讲没有关系，我只是修行，我也不招谁惹谁，不会有事的。

因为没有人敢去，所以那个地方特别地寂静。他刚开始感觉非常好，和禅修很相应，入于禅悦法喜中，身心很安乐，可是过几天慢慢觉得身体不舒服，越来越不舒服，过去的宿疾——胃病，复发了，到最后严重到上吐下泻。他想：我是应该下山去找医生治疗呢，还是继续禅修呢？最后他决定还是继续禅修。他认为既然很可能是宿业所感，那么医生也治疗不好，所以他就在山上继续禅修。慢慢地通过禅修的力量，他的病就缓和了。在身体恢复的过程中，打坐时前面突然出现一个非常高大的黑人，拿一个棒子,那个棒子粗得像那个黑人的腿。他拿着棒子指着尊者说，这是我的山洞，是我的地盘，你马上离开，不然我就把你打成粉末，我这个棒子打下去，即使一头大象也会被打死。

尊者对他说，我只是佛陀座下一个修行的比丘，来到这个地方，我也不想侵犯谁，我只是修行解脱之道，你没有道理对一个修行的比丘这样子做。接着尊者用佛法的道理对他开示，这个黑人本来是很粗暴、很高大的样子，随着尊者的开示，身体越来越小，最后变成一个正常人的高度，棒子也收起来了，看着就像一个绅士，最后他归依了尊者。

然后就跟尊者坦白说，他是那里鬼神界的老大，所以他平常必须装成很凶恶的样子，如果是慈眉善目的话，他怕那些小弟不服，会爬到他头上来。但是他感觉非常厌倦，因为他在这当中，造了很多的恶业，但是他不得不保持这个形象，恶业和烦恼的累积，让他觉得非常非常疲倦，今天听到尊者的开示，他终于得到解脱了，所以也把附近那些山神土地鬼神，全部叫来听尊者开示。

这个公案意思是说，世间的人很多是色厉内荏的，表面上好像很了不起，谁也不怕，甚至有时候出恶口、诈现威仪，事实上就像那个大鬼一样，他的心是很累的，为了不被欺负硬撑着。我看有些中年出家的人就是这个习气，是从社会上带来的。世俗的人不知道怎么用佛法来化解恶因缘，只会用恶口或恶行来保护自己，事实上这都不是好方法。当然，有的是因为保护自己而现这个相，但也有人根本就是这个习气，稍微怎么样不满意，就现恶口，这些是要用佛法的方式调整。

以上讲恶口的余报，是“常闻恶声”、“言多诤讼”，这个是等流果。另外还有增上果，就是未来所感召到的外在环境。恶口的增上果会感召到一个长满了很多的荆棘、都是枯树的地方，地面充满了瓦砾，就像沙漠地区。所以中东人的个性，都是特别的粗犷，甚至有的是粗暴，确实跟他的环境很相称，真的像经里讲的增上果。

以上只是余报而已，那正报就是三恶道。在《法苑珠林》中，引《护口经》里面的公案：在迦叶佛灭度之后，有个名字叫黄头比丘的三藏法师，很有学问，能够为大众僧讲经说法，所以僧团就允许他不用服劳役，不用出坡，专门为大众讲经说法。黄头比丘内心因此产生了骄慢，因此面对出家众上课的时候，也都是一种很骄慢的态度。比如说他叫一个人过来，说：“喂，那个象头过来！”“那个马头过来！”“那个狗头过来！”“那个驴头过来！”……什么象、马、骡、驴、狗、猪……，反正他想到的动物全叫了，给每个出家众都取个绰号。

结果他死了之后堕地狱，因为他面对僧众出恶口的业，又比对一般人的恶口严重很多，所以无量劫当中受这种地狱烧煮的痛苦。受完地狱的果报后，余报来到人间做一头大鱼，这个鱼身上有好几百个头：象头、马头、牛头、猪头……身体非常庞大，所有海中的动物看到这头鱼，全部吓得跑光光，不敢跟它在一起。

所以恶口这个习惯一定要改，不要觉得反正大家都不说好听的，我也恶口，才能保护自己；不要觉得恶口是自己的性格使然，改不了。以前我师父跟我们讲，很认真学习解门也好，或者很精进修行行门也好，但如果性格不改，这个修行就是不行。所以累积什么知识、加行，是方便，不是根本。根本是舍，是通过那些方便，把个人不好的习气给舍掉。要是有恶口习惯的人，就应该想办法用所有解行的功夫，去调整这个习气，不然的话将“便自热恼”，未来是三恶道的果报，和人间的余报，都是热恼、痛苦的。

“乃至畜生闻毁惭愧，况于人也”，接着举例子，**乃至畜生闻**恶口，也会**惭愧**的例子，古代有一头牛，它头上只有一个角，它主人对它很好，有一天它跟主人说，主人啊，你对我这么好，我要有所报答。我力气很大，你带我去找人家的牛来比力气，我一定能够赢过它，让你打赌可以赚钱。主人就相信了，就带独角牛去跟人家比试。

结果第一次比试独角牛竟然输掉了。主人很丧气，独角牛也很丧气，两个走在路上开始对谈，因为那个时候是劫初，动物都能讲话。主人就抱怨它说：“你说打赌要帮我赢钱，结果到最后输掉了，怎么会这样子？”独角牛说：“主人，你不能怪我，当初在开始比赛之前，你就说我这头牛只有一个角，这是我一生当中最羞耻的事情，被你这么一说，就刚好刺中我的要害，我的自信心全部受到很大的打击，所以我比赛就输掉了。”它说：“主人下次再跟人家比赛的时候，不要提到这个独角的事情，就赞叹我的优点就好了，这样我一定能帮你赢钱回来。”

再一次比赛的时候，这个主人就赞叹这只牛的优点：肥壮、多力，不再提独角的事情。果然这只牛大为振奋，比赛就赢了。所以“畜生闻毁惭愧”，畜生这种愚痴的状态，听到这种毁谤的恶口尚且惭愧，何况是人，人是有思想的，听到这种恶口更是要起烦恼，而且果报会反弹到我们身上来。所以如果自己不希望听到恶口的话，首先自己别去造恶口，这是个关键。当然常遇到恶口，就多忏悔吧！接着看下一段“开缘”。

▲《事钞》云：“不犯中。相利故说，为法故说，为律故说，为教授故说，为亲友故说。上皆内无嫌恨，慈济故示恶语。或因语次失口，或误说等。皆不犯。”

接着说明五种不犯的情况。

第一个，**“相利故说”**。是以慈悲心来教授同参道友，这叫“相利故说”，这是开缘的。虽然有时候说的话不见得很好听，比如说某某啊，你哪条戒没有持好，你该好好持，但是如果真的是怀着慈悲心讲出来，别人还是会受到影响的。

如果别人听了起烦恼，有两个可能：第一，其实说话的人并不是真的慈悲心，而是个人的虚妄分别心。什么叫虚妄分别心呢？就是阿修罗。阿修罗看到社会上有什么不顺眼，看到这个同参道友有什么不对，马上就说出来。一般道场里面有很多老菩萨，就是这种阿修罗的个性，一到道场就找那些初学莲友的麻烦，走路威仪不对，海青不对，拜佛的姿势不对，规矩不对……，讲得莲友全身都是毛病和习气，事实上他的内心是跟阿修罗相应，不是真的慈悲心。当然也不能说完全没有利益众生的心，但更多的是内心对立之心。不是慈悲心讲出来的话，众生就很难接受。

就像弘一大师，他对人都是相当的慈悲，所以跟弘一大师在一起，不会因为他是律师，而感觉有压力。跟大师在一起，不管在家众、出家众，都感到如沐春风的感觉。虽然大师是有点严肃，还带点孤僻的个性，但是跟他接触，都会觉得老人家很慈悲。所以真的有慈悲心的人，他所散发出的磁场是柔和的，就像上面讲的阿迦曼尊者的故事，那个鬼王也说，阿迦曼尊者禅修时，他就看到尊者身上散发出一种慈悲的光明。因为有禅定的人他的内心是柔软的，是慈悲的，就会向外界散发出相应的慈悲光明。

所以讲人家的缺点，别人不能接受，不要说这个人有业障才不听我的，而是惭愧忏悔，这是我慈悲心、道德不够，因此就少开尊口，管好自己要紧。尤其是我们初学的人，不要急着去教别人，当别人的老师。因为如果真的依着经典实修，一个人静下来观察自己的内心，就会发现这个心像魔术师一样，变种种的形象骗你，来把烦恼合理化。要认清自己、看到自己的烦恼已不容易，不被它骗更不容易，哪还有多余的心思去管人家。所以我们讲了别人不能接受，第一就是我们道德、慈悲心不够；第二或许有慈悲心，但是善巧方便不够，讲得太直白了。《格言别录》说："处事须留余地，责善切戒尽言。"劝谏别人切忌把话说得太满、太多、太白，要借助种种善巧方便达到目的。那些善巧方便，可以参看一些儒学的教授。所以"相利故说"就是在慈悲心、利他心的基础上，利用善巧劝谏同参道友，否则那还是别说了，免得彼此结恶缘。

总而言之，如律文所说举罪五德："知时不以非时，如实不以虚妄，利益不以损减，柔软不以粗犷，慈心不以瞋恚"，很值得我们去留心、学习。

第二个，**"为法故说"**。就是为了说佛法的原因，而相似说恶口。比如说为了说明恶口的种种形相而举的例子，并不是真的在说恶口。

再举另外一个例子：古代有位很有修为、很有智慧的禅师，有一天一个信佛的大将军来问禅师说："《普门品》里面讲'飘堕罗刹鬼国'，这句话怎么解释啊？”禅师看了他一眼就说：“像你这样的人，配问这个问题吗？”大将军听了火大了：“我是个统领万军的大将军，我很尊重地来请法，你居然对我这么说。拿起刀就要动手了，结果禅师就笑一笑，跟大将军说：“这就是‘飘堕罗刹鬼国’，你的心已经到罗刹鬼国去了。”大将军因此彻底明白了。这就是“为法故说”，是为了让他有直觉的感受，不然跟他讲很多道理，或许也说不明白，干脆让他直接去感受一下，就清楚了。这是大智慧的善巧方便，所以不犯恶口。

第三个，**“为律故说”**。律就是调伏，为调伏弟子而来说。像佛陀制戒的时候，每次都会集合大众，先诃责犯戒的比丘，用种种很严厉的话进行诃责。我们相信佛陀的心绝对是慈悲，绝对是没有任何的“我”、“法”二执的。他的诃责也是为了教育弟子，属于“为律故说”。

第四个，**“为教授故说”**。师长为了教授弟子而说。比如说师长诃责弟子，告诉弟子这个不该做、那个不该做，这时候讲的话可能很难听，但他的内心是慈悲的。我记得有一次，我师父把我叫到户外去骂，骂得狗血淋头，中间一个新来的居士从旁边走过去，我师父马上转过去，很慈悲和蔼地跟他打招呼，之后继续骂。因为他的内心真是慈悲的，不管骂也好，还是合掌微笑也好，都是慈悲，即使骂人也不是真的动怒。所以要教授他人，自己心中要保持不动，这才有可能随顺慈悲心。要是心已经动了，还是保持默然好了，免得造恶口的业。

第五个，**“为亲友故说”**。很要好的亲友、同学之间，为了利益对方，跟他讲这个该做、不该做的，虽然有时候讲得比较直白，让对方听了不舒服，一是彼此有善缘，二是真的有慈悲心，这样可以开缘。

前面五点，都是因为内在有慈悲心，所以不犯。后面两点是因为说错了，所以不犯。

第六个，**“或因语次失口”** **“语次”**的“次”就是顺序，说话的顺序，

"失口"，就是口误，本来不想说恶口，由于讲得太快，说成恶口了。"语次失口"，口误是一个情况；

第七个，**"或误说等。皆不犯。"**误妄而**说**，就是属于开缘，不犯。

乙三、两舌

▲《资持》云："两即所说之境，舌乃成言之具。疏云。此本翻译颇是质陋，现翻为离间语斯为得矣。"

两，**即说**话所对的**境**界，也就是两人、两方。

舌，即是**成**就口过的工**具**。

《戒本**疏**》说：**此本**(两舌)的**翻译**太过**质**直、粗**陋**。**现**在(玄奘大师以后)**翻**译**为离间语**。虽说意义相同，但是翻成离间语较为恰当。

▲《事钞》云："律云。两舌者彼此斗乱令他破也。"

所谓**两舌**就是挑拨双方关系，来**破**坏两方面的和合，跟甲说乙讲你的坏话，跟乙说甲讲你的坏话，使甲乙双方产生误解。在社会上也是很多，为了自己的利益，有意或者无意就会造这样的业。

造这样的业，果报是什么呢？正报当然也是三恶道，这是决定不失的。从三恶道出来，第一个余报是"眷属乖离"，这个是等流果，有的人总是跟他的恩爱眷属聚少离多，或者甚至妻离子散，这些是自己过去造这种离间语的罪业感召的果报，因为在因地里面离间他人，果地上相应的眷属就分离，法尔如是，因果相应。

第二个余报是"亲族弊恶"，就是说即使眷属没有乖离，但是跟他在一起的亲朋好友都很弊恶，在一起就常常会有争执、吵架什么的，还不如不在一起，这都是离间语的果报。

再看开缘的部分：

▲《事钞》云：**“律不犯者，破恶知识，恶伴党等。”**

律中讲两舌的开缘**不犯**，有几种情况：第一个**“破恶知识”**，恶知识就是邪师，如果有亲朋好友去亲近邪师说法，你真的有法的依据，或请教了善知识、师长后，可以确定他的知见确实有问题，不带个人情绪、好恶，劝亲友不要去亲近，这样不犯的。

恶知识很多，如果有缘就劝谏，如果没有缘也别劝了。我记得有一次我们师兄弟回莲因寺，我师父就突然跟我们讲，师徒的缘份不是一生一世的，往往是多生多世的因缘。就像《广论》说：“于长夜漂泊轮回，寻觅我者；于长夜中为痴所覆，从睡眠中醒觉我者……”。善知识会在轮回的大海中，不断地寻找我们、救护我们，所以有时候师徒的缘份，往往不是一生一世。

同样，恶伴党师徒的缘份，往往也都不是一生一世的，邪见的人容易感召到邪见的人。避免邪知邪见的方法最主要的是端正自己的心，自己的动机、求法心有问题，想求快、求感应，就容易遇到恶知识。当然如果说这个人还可以转变，跟他讲，那就不犯两舌。

第二个破**“恶伴党”**，指在一起做坏事，或做不如法事情的一伙人，把他们破坏掉也不犯，比如说这群人在一起，专门就是要破坏三宝、破坏出家人的，把这些人离间分开，不但没有过失还是有功德的。

乙四、绮语

先看第一段文的定义：

▲《资持》云："言绮语者。古德释云。如世锦绮交错成文。或云绮侧语，言乖道理故名绮侧。亦名无义语。"

绮语，按**古德**解**释**，就像**世**间的**锦绮**，就是织得很庄严的丝织品。"锦"就是丝织品。"锦绮**交错成文**"，文就是纹路的意思。用锦绮来比喻讲**的**很好听、很巧妙，但却没有实际意义的语言，这种语言就叫绮语。

"绮"是华丽，**"侧"**是不正的意思，绮侧语就是华丽而不正的话。

其实世间人就是这个样子，就像我记得以前有人送我们日本糕饼，包装得很漂亮，而且一层一层的，要慢慢打开，慢慢拆到最后，里面居然就是我们台湾的麻糬，一样的东西，我们就只是用一个大的塑料袋，包起来卖，而他们用纸盒包装得很漂亮，但是打开一看，里面只有一块麻糬。

绮语也是一样的道理，内外不相符。世间人总喜欢讲一些谄媚的、好听的话，让大家听了高兴， 但内在的是和烦恼相应，不是跟慈悲心相应。如果跟慈悲心相应，那就不叫绮语，而叫做善巧。比如赞叹别人，是希望能对别人有所帮助，这个是善巧。如果是希望得到他人的帮助、名利等等而赞叹，就叫绮语。

"言乖道理故名绮侧"，**言**辞**乖**违**道**理，因此称为**绮侧**。**"亦名无义语"**，没有意义的话。

绮语的果报，正报都是三恶道，这个是决定不变的，余报中的等流果，就是"言无人受，语不明了"。所谓"言无人受"就是：讲话没有人听，要是我们出家法师讲话没人听，果报就很严重了。假设我在这里讲了一节课，大家不是看手机就是打瞌睡，那就达不到弘法利生的效果了。所以弘扬佛法的人会特别的注重自己的口业，尽量不去讲绮语的话。

像各位在你的工作岗位中，或者是团体中，如果讲的话有威信，别人就能够信服。相反的，如果讲话没人听，世间的事业也不可能成功的。

第二个是“语不明了”，说话时表达不清楚，言语上有障碍，这也是过去绮语的果报。

▲《事钞》云：“成论。语虽是实语、以非时故、即名绮语。”

这里讲的是广义的绮语，不只是讲开玩笑的话，在《成实论》里面，列举了三个例子：

第一个**虽是真实语**言，但是在不合适的**时**间说，也是**绮语**。比如说在家众和出家众请法，我们要看此时适不适合和他说，虽然我们的心都是慈悲的，但也要看所说的这个法，对他们到底有没有意义。

最近四年间，我比较常接触外面的居士，刚开始没有经验，比如有人在网上问我问题，我都很热心地回答，后来发现唯一的好处是我的打字速度变快了，除此没有其他任何利益。因为他实际上不是来寻求问题的解答，而是想说服你同意他的说法。即使我引经据典解释的时候，他也没有心听，只是想从我的话中，找出漏洞来反驳。他的心门是关闭的，说什么他都听不进去，两个人讲话就像是平行线一样，永远不会有交集，这就不适合对他讲法了，因为非时的对谈是没有用的。

另外，对方如果不是虔诚恭敬地来请法，就不能和他说。比如说他在台阶上，你在台阶下。别人走在前面，我们走在后面。或者是向你请法的人手上握刀，都是不能和他说法的。因为他没有恭敬心，和他说法也得不到利益。佛经上阿难尊者和舍利弗尊者等阿罗汉，向世尊请法时，都是长跪合掌的。阿罗汉圣人请法尚且如此，何况我们凡夫众生呢！想要向善知识请法，就要保持恭敬的态度，因为尊重法，就必须尊重传法的善知识。没有显现出恭敬的相状时，是不可以和他说法的。

《六祖坛经》里面也有这样的例子，法达法师向六祖大师顶礼的时候头不点地，弯个腰晃一下就上来了，六祖大师说你头不点地，心没有折伏，心门没有打开，善知识说法是听不进的。六祖大师又说："仁者心中必有一物"，才会这样做的。法达法师也是一个大修行的人，知道自己错了，因此致歉，说："而今而后，当谦恭一切。"像这种情况六祖大师就不会给他说法，而是先折伏他。当然，也因为法达法师是有善根的人，所以善知识也是要求有善根的人，要是没有善根，六祖大师就合掌令欢喜了。

别人来请但相状不恭敬，或者别人请的时候没有怀恭敬心，甚至是来责难的，我们不回答没有关系，回答反而变成绮语了。

第二个，**"或虽是时，以随衰恼，无利益故。""是时"**就是说没有非时的情况，但是**"随衰恼"**，随顺于让双方不快乐的语言。比如说，别人跟他举罪的时候说，某某人啊，你有什么过失。这个人明明知道在跟他说话，却就故意要气对方，就说："你在跟谁说话呀？说什么事情？"跟他再重讲一遍的时候还在问："你在说谁啊？什么事啊？"就这样故意调皮捣蛋，让对方起烦恼。**"无利益"**，虽然是时，但是随顺于衰恼那也不行，这样子讲的话也叫做绮语。

第三个，**"虽复利益，以言无本，义理不次，皆名绮语。"虽**然有**利益**众生的心，但是言语**无本**，**"本"就是依据**。讲的话没有师长教授的传承，也没有经典的依据，完全是个人的体会，叫做"无本之学"，也是绮语。那这样看起来，现在的佛教徒绮语还真的是不少。我感觉网络上的那些讲法，按这个定义来说都是绮语，都是自己想出来的一种很有创意的说法，但是跟经典所说不相应，这是无本。

或者**"义理不次"**，没有按照应有的次序、常轨，在教授众生的时候，没有按照众生能够接受的次第，就直接教授。比如说这个人根本不是能接受圆顿法门的根性，你没有辨别根基就跟他讲圆顿法门，这叫绮语。

古代的高僧大德乃至印光大师都是真正的慈悲，绝对不会对众生说一些没有意义的绮语，来显示自己的智慧。例如阿底峡尊者，是从印度到西藏的一位大成就者。他到西藏后最常跟人讲的就是归依和业果，所以当时的藏人都称他为“归依喇嘛”或“业果喇嘛”，后来他弟子跟尊者说，师父啊，人家都在后面讥笑你，说你是“业果喇嘛”或者“归依喇嘛”，就是说你只会讲归依、业果。阿底峡尊者听了很高兴：对对对，归依跟业果，是佛法当中很重要的一个法，很基本的，需要常常教授，大家会这么称呼我，是很好的。

真的有慈悲心的大德，他传法要看受众的根机，如果受众的根机不够，只能跟他们讲业果、讲归依，因为他们连基本的业果和归依都搞不清楚，跟他讲圆顿法门，那纯粹就是戏论了，也就是绮语。所以不要看到有的师长不常讲空性、实相，就觉得师长水平不够高。像弘一大师对《华严经》有深入研究，印光大师阅藏三十年，不是他们不懂空性，而是那个时代，不契大多数众生的机。

我刚学佛的时候看《印光大师文钞》，只觉得一些事相上讲得很不错，因为老人家常讲“敦伦尽分，闲邪存诚。诸恶莫作，众善奉行”。初学的时候印象最深的就是这个话，其他的也看不太懂，没什么印象。但是等到我出家越久、学的教理越多、实修经验越多的时候，再看《印光大师文钞》才觉得大师的智慧不可思议。同样的经论，我们看了之后，没有那么深刻的体验。印祖都是画龙点睛指出重点，不做太复杂的分析，但是他画龙点睛的一点，就是我们学了几十年也没有办法达到的高度。而且大师还都能往净土、心性上面会，这必须是教量、证量达到相当程度，才办得到的。

听说有一次我师父他老人家圈点《印光大师文钞精华录》，不自觉的彻夜不眠，等到圈点完天已经亮了。所以说修行越久，或者说修行越深入的人，看《印光大师文钞》领悟的更加地深刻、越发的赞叹。初学的所理解的就只是事相的内涵，也是一样受益。不谈玄说妙不是代表不懂玄妙，真的懂得深理的大德，看了《文钞》都会赞叹，印祖不露痕迹地画龙点睛，那知见是很高超的。所以不要认为喜欢谈玄说妙的人修行一定很好，而不喜欢谈玄说妙的人水平一定不高，其实往往只是自己还没达到能领悟的水平罢了。

再看广钦老和尚的开示，他也不谈玄说妙，也都是讲些很基础的，但是却是听了很是教化人心的一些重要开示。所以我们在判断是否是善知识的时候，是看他能否因材施教，而不在玄妙。

另一方面我们为众生说法的时候也是一样，不要总是喜欢谈玄说妙，要针对众生根机，说对他真正有利益的法，不然就变成绮语了。所以“义理不次”，不依照次序来讲，这个叫做绮语。

▲《事钞》云：“不犯者，若小语错误等一切不犯。”

“小语”就是自己窃窃私语，没人听就算了。**“错误”**是讲错话了，并不是有心要犯绮语。这个**“等”**包括有人用恶心来请法，不跟他说不犯。或者对方故意装不明白反问说的什么、跟谁说话，默然不说，不回答，不犯。或者没听清楚重新问，问你在说什么？你在跟谁讲话？这也是不犯。

问：有时候我们在家众会议论出家众的过失，甚至说一些僧众的破戒，在不清楚的情况下人云亦云，这种算不算妄语？

答：所谓的妄语就是心口相违背，明知道他没破戒但说破戒就是妄语，你听说他破戒，你也认为他破戒，这个不算妄语，但是这属于恶口所摄，同时说僧众是非有很重的因果，在佛经里面说：一个在家众说一个出家众破戒，是地狱的果报。对外宣布某位僧众破戒，按律上来说，必须是由僧团来裁定的。如果未经僧团裁决，公开说某某僧人破戒，即使说出家过失的人，自己也是要犯戒的，更何况是在家居士。

问：假如原来这个人没有想去说妄语，是在别人的唆使下说了妄语，教唆的人犯什么罪，是不是因唆使他人而罪加一等？

答：如果从制教罪的角度来说，两人同犯妄语，罪是一样的。

但如果从业果角度来说，是不一样的，因为教唆的人，障碍了他人的清净心，这样除了妄语外，还有一个障碍人家的业在里面，所以教唆的人业会更重。

问:我们知道破和僧团，是无间地狱的果报，讲离间语破坏寺院僧众的关系，或者破坏两位大德的关系，果报也很重吧？

答：对，破羯磨转法轮僧是五逆之一，是要下无间地狱的，业是很重的。

问： 师父之间有不和，弟子之间人云亦云，这个犯离间吗？

答：所谓离间语，是必须要有离间彼此的念头。如果只是人云亦云，并没有挑拨的心态，并不属于离间，但可判为恶口，恶心说他人过故。

问：如果佛弟子看到佛像局部不完整，戏说也算是恶口，而且果报严重，是吗？

答：是的，戏说则是恶口的果报。就像我们讲的阿底峡尊者的例子，他的弟子说文殊菩萨像不好，但是尊者只说文殊菩萨像手工不好，但是只要是文殊菩萨的法相都是好的。我们可以评论他的手工和残缺，但不是恶心评说，而是评论应该怎么改善，否则就造严重的恶口业了。

问：绮语可以理解为谈关于法以外的事情都是属于绮语吗？

答：那倒不至于，例如世间办事中，只要以正常方式讨论，就不是绮语。

但如果是受了八关斋戒后，就严格多了，只要不是为了修道，纯粹是为了聊天，就是绮语了。

第六课 增上戒法

◎增上戒法总科判表：

- 甲一、饮酒
  - 乙一、犯相
    - 丙一、列缘
    - 丙二、随释
  - 乙二、不犯
- 甲二、过中食
  - 乙一、犯相
    - 丙一、列缘
    - 丙二、随释
  - 乙二、不犯
- 甲三、高大床
- 甲四、严身
- 甲五、歌舞

前面四课讲的是制戒当中性罪的部分，性罪就是不管有没有受戒，犯了这些过失，自性都是违背世间的因果。第六课属于增上戒法，是属于制教戒当中的遮罪。制戒就像城墙里面的国王，遮戒就像护城河，护城河是保护城墙里面的国王，如果城墙有护城河的话，敌人要攻进来没那么容易。

我们举个例子：比如遮戒当中的不喝酒，如果不喝酒，头脑保持清醒，就比较不会犯杀、盗、淫、妄等犯戒事情。以前我师父在斋戒会的时候说，在酒楼中，往往有人因为酒喝多了，头脑不清醒，一言不和就发生凶杀案。你有听到在素食馆发生凶杀案吗？没有啊！素食馆大家都吃素，不会有那种喝酒头脑不清醒的情形。遮戒的目的就是保护我们的性罪，对我们持戒有一种增上、帮助的力量，所以称之为增上戒法。

增上戒法包括甲一的饮酒、甲二的过中食、甲三的高大床、甲四的严身、甲五的歌舞，有五条戒。我们讲八关斋戒，实际上就是这五条戒，加上前面的四条重戒，等于是九条戒。有时把过午不食从中分出，或把歌舞跟严身合成一条戒，所以还是八条戒，每部经论的开合不太一样。

我们现在看第一个：

甲一、饮酒

先看第一段制意，佛陀为什么制这条戒。

乙一、犯相

▲《事钞》云："律云。若以我为师者。乃至不得以草木内酒中，滴口。因说酒有十过。"

从**律**上讲，佛陀说**若**是**以我为师**，甚至**不可以**把**草木**伸到**酒**瓶里面去沾酒，**"滴口"**，乃至一滴都不可以沾的意思。因为有可能沾了一滴，觉得味道不错，接着再喝第二滴，味道不错，干脆不要滴了，直接拿起来大口喝了。所以必须要"防微杜渐"。如果一开始不遮止，以后就控制不住了。

当初佛陀制这条戒，就是因为有位降龙阿罗汉娑伽陀，酒后失仪。这个阿罗汉降龙之后，当地的村民很高兴，就请他喝酒，那个时候佛陀还没有制这条酒戒，请他喝酒他也就喝了。喝得醉醺醺，往精舍走时就倒在路上起不来了，还呕吐，引来苍蝇在他身上到处飞。这时佛陀带阿难尊者走过来，佛陀明知故问："这个人怎么回事，怎么躺在这里呢？"有人回答说："这是降龙的阿罗汉，喝醉酒倒在路上了。"佛陀说："你看，他现在连身边的苍蝇都降伏不住了，所以说喝酒非常不好。"于是就集合大众，说喝酒有十种过失。

▲《四分律》："饮酒有十过失。一者颜色恶。二者少力。三者眼视不明。四者现瞋恚相。五者坏业资生。六者增疾病。七者益斗讼。八者无名称。九者智慧少。十者命终堕三恶道。"

饮酒十种**过失**的第一个**"颜色恶"**，酒喝多了伤肝，伤肝的话，脸色就不好看。

第二个**"少力"**，内脏受损了，气血不足，力气减少。

第三个**"眼视不明"**，肝开窍于目，肝不好通常眼睛也不好，所以伤到肝，眼睛视线也会受影响。

第四个**"现瞋恚相"**，肝不好的时候容易焦虑不安，反过来，焦虑不安久了肝就不好，互相影响。不过我们不要认为因为肝不好而焦虑不安是理所当然的，还是要去调伏自己的烦恼。

第五个**"坏业资生"**，就是说会损失资财。喝酒喝多了头脑不清醒，没有心思去经营世间的事业，很难获得世间事业成功。

第六个**"增疾病"**，五脏六腑相生相克，喝酒刚开始伤肝，久而久之其他的脏腑都会受影响。

第七个**"益斗讼"**，因为常常起瞋心，心会焦虑不安，就会增加人与人之间的斗争。或者是喝醉酒了头脑不清醒，增加斗讼。

第八个**"无名称"**，我们听说某个喜欢酗酒、常常因为喝酒误事，甚至杀、盗、淫、妄都干得出来的人，都是会保持距离的。

第九**"智慧少"**，喝酒的人，今生也好，下辈子也好，智慧都会衰退。今生智慧会衰退是因为酒精的作用，下辈子智慧的衰退是因为习气的使然，因为常常喝酒，常常保持在这种痴的状态，这种习气不断地熏习，下辈子就继续愚痴，这是一种等流习气，领纳等流。据科学家研究认为，喜欢酗酒的人，生出来的小孩子智慧也会受影响。

第十个**"命终堕三恶道"**，有这么多的坏毛病，造了这么多的业，死了当然是堕地狱。

因为酒有十过，因此我们不喝酒。有的人说我在生意场上，为了工作不能不喝，但是建议你还是考虑一下得失吧！当然或许内地环境是这样，要是不跟客户喝酒，到时候这生意会谈不成，但是慢慢会改变的。因为过去台湾也是这样子，但是随着学佛的人越来越多，大家慢慢都知道学佛的人不喝酒，渐渐地也能尊重学佛不喝酒，不会非得喝酒才能够谈生意，或者去做杀、盗、淫、妄的事情才能够谈生意。反倒知道你是信佛的，能够坚持不喝酒，就会对你产生更大信心。

所以有时候要看到长远的影响，刚开始或许会影响到你一部分工作，但是你虽然喝酒这个部分，没有办法满大家的愿，而其他部分表现得更好，比如说对人更加慈悲亲切，工作更加地努力，当坚持久了，大家反而能够更肯定你是个有信仰、可靠的人，更能够肯定你。所以从长远来看，对自己的业来说也好，甚至对自己的工作来说也是有帮助的。当然在推辞喝酒的时候，可以善巧一点。

乙二、不犯

丙一、列缘

▲《戒疏》云："三缘一是酒。二无重病缘。三饮咽便犯。"

三个**缘**都具足就犯。第一个是**酒**。所谓是酒指含有酒精成分，叫做酒，在下一段会仔细地分别。

第二个没有**重病**的因**缘**，重病的因缘，是因为重病，必须以酒当药引，不是说这个病一定要喝酒才会好，没有什么病要喝酒才会好的，是说把这个酒当作药引来喝。

第三个**饮咽便犯**，喝下去之后便犯，“咽”就是吞下去，下面是弘一大师小注的部分：

（饮咽犯须论咽咽者，随一咽结一罪，多咽结多罪。）

就是说吞一口，结一品喝酒的罪，不是说喝一罐才算一品。

丙二、随释

我们先来详细讨论酒的种种差别相：

◀《事钞》云
- 示物体 “四分中：但使是酒乃至草木作者无酒色香味，若非酒而有酒色香味，并不合饮。若酒煮和合食饮一切犯。若甜醋酒，食曲，酒糟亦犯。”
- 明疑想 “四分：若酒，作酒想若疑，若无酒想。皆犯。莫非取境犯。谓前有方便。”

▲《事钞》云：示物体：“四分中：但使是酒乃至草木作者无酒色香味，若非酒而有酒色香味，并不合饮。若酒煮和合食饮一切犯。若甜醋酒，食曲，酒糟亦犯。”

第一段示物体，说明什么叫做酒。《**四分**律》当中指出几种情况：第一个就是说只要含**酒**精，不管它是什么做的，是**草**、**木**、葡萄、苹果、麦、米等等酿成的，都不能饮用。乃至**“无酒色香味”**，有的酒是没有颜色，有的酒没有酒的香气。但只要是酒，有酒精的成分在里面，不管纯度百分之几，都**不**该**饮**用。

酒色、酒香、酒味三个都具足的话，犯中品。三者缺一个或缺两个的话，结方便罪。这是第一个，只要是酒的话，不管是什么做的，都不能喝。

第二个**“若非酒，而有酒色香味，并不合饮”**，**“非酒”**就是说它不是**酒**，但**有酒**的**色香味**，比如说有的东西放久了，像梅子或者醋会发酵，有点酒的味道，甚至有酒精成分。或者它原本是酒，但是经过煮沸，已经没有酒精的成分了，甚至连酒的色香味都没有了，这也不应该饮。这个时候就**不**适**合**去喝。

“若酒煮和合食饮，一切皆犯”，**“酒煮”**，例如有的人煮菜会加一点酒进去，煮到酒精也都挥发掉了，《五戒相经笺要》里面说这样不犯。但不犯是不犯饮酒的根本罪，还是要结小罪。所以煮菜能够不加就别加，调味的方法很多，不是一定非得要加酒才一定是好的味道。**“食饮”**，直接或食或饮，都是犯酒戒。当中要是有酒精成分的话，犯中品。要是已经把酒精成分去掉了，还有一点点酒的色香味，这个时候就犯小罪。

“若甜醋酒，食曲，酒糟亦犯”，**甜**味或者**醋**味的**酒**，这种酒精成分很淡的。**“食曲”**，吃曲，“曲”就是让酒发酵的酵母。**“酒糟”**就是酿酒之后的沉淀物。吃这些东西也是**要**犯酒戒。等于凡是酒、酿酒的酵母、制酒后的残余物酒糟，或者就是说拿酒来煮东西，只要可能含有酒精成分的东西，都尽量避免。

“四分。若酒，作酒想若疑，若无酒想。皆犯。莫非取境犯。谓前有方便。”

如果是**酒**，喝的人也确实做**酒想**，犯戒。如果怀**疑**是酒，比如桌上有一杯饮料，喝起来可能酒的味道很淡，但是又像是酒，心中感到怀疑。如果它确实是酒的话，那就**犯**。**"若无酒想"**，无酒想，看到桌上一有瓶饮料，以为是酒，这时以想喝酒的心态而去喝这个饮料，喝的时候觉得味道很淡，就以为它这个不是酒，但事实上它确实是酒，这叫无酒想，无酒的转想，这个时候也**犯**。

"莫非取境犯。谓前有方便"，于根本时或做酒疑，或做无酒想，却都结罪的原因，不是**取**根本时，想疑之**境**，而制定有**犯**的。而是在**方便**时**有**喝酒的心，约此而结罪的。

所以这酒戒就跟淫戒一样，只要在方便时有想喝酒的心，到了根本时喝到酒后，生有酒想、有酒疑，或者无酒想，都是犯。

▲《事钞》云："律不犯者。若病，余药治不差，以酒为药。若用身外涂创。一切无犯。"

这里说明饮酒戒开缘的情况。**"律不犯"**，**律**中**不犯**的情况有两种：第一个**"若病"**，生病了，而且这个病不是小病。**"余药治不差"**，用其他的药治疗之后没有办法痊愈，必须**以酒为药**。关于这一点，我们待会儿再仔细地说明。这是第一个，生重病时候的开缘。

第二个**"若用身外涂创"**，我们涂碘酒，外用含有酒精的药是可以的，不是喝进去，是用来涂创，**不犯**。

▲《戒疏》云："余药不治，酒为药者。非谓有病即得饮也。故须遍以余药治之不差，方始服之。"

所谓**“余药不治”**，必须要用**酒为药**，不是**有病**就能喝，比如不是因为身体太寒了而喝点酒！必须是比较重的病，用其他的**药治**疗之后都**不**能好，这个时候才能够配酒来喝。

但是根据《五百部论》所说，必须和药来服，不得空服。这个酒是做药引的，不是拿酒来治病，所以必须将酒和着药一起来喝，不得空服；同时根据《善见论》，如果用酒来煮药的话，还必须把酒的酒色、酒香、酒味给去掉，才能饮，如果还保有酒色、酒香、酒味的话，那就结下罪。

假设真的有重大的因缘必须喝酒，比如被毒蛇咬了，要打抗毒的血清，有的要配合酒喝下去，像这种很紧急的状况，是开缘的。

但是如果必须喝酒，这个人必须住在僧团的外围，因为喝酒一定会有酒味，酒味大而进入大众或者进大殿，不合适。而且喝酒的人要住在下风的地方，比如吹东风时，他要住在西边，不能住在上风东边处，因为怕酒的臭味往下风传，影响其他僧众，有此忌讳。

总之现在医学发达，需要一定得配合酒喝下去的药也不多了。而药酒我们肯定是不能喝的，药酒里面虽然含有中药，但是也有酒精的成分在里面，那是不能喝的。其实最好的强身办法就是多拜佛，药酒要是一定能强身的话，喝药酒的人每个都很健康了。

甲二、过中食

我们知道持午，持午就是不能过中食。先来看具足什么样的情况构成犯相。

乙一、犯相

丙一、列缘

▲《事钞》云："四缘。一是非时。二非时想。三时食。四咽咽犯。"

具备**四**个条件，构成犯戒的因**缘**。

第一个**"非时"**。太阳过了中天再偏一点点，就是非时。随着季节的差异、地区的不同，太阳过中天的时间也不太一样，不一定是十二点。

当然地理位置越往西边，太阳过中天的时间会越晚，比如说在上海这个地方，中午十二点的时候是日中，在新疆、西藏太阳过中天的时间，可能可以推到一点多到两点。但是如果是冬天，有时候太阳会提早过中，所以最保险的话，最好别超过十一點四十五分左右。以北京时间来说，大部分来说十一點四十五分之前太阳都不会过中天。现在有软件可以计算"太阳过中天"的时间，更方便准确了。

第二个**"非时想"**。也知道这个时候是非时，而不是类似手表停了，搞错时间等原因，确实知道是非时。

第三个**"时食"**。所谓"时食"简单来讲就是这些东西吃了可以让人饱足的，都是属于时食。

第四个**"咽咽犯"**。就是吞一口结一个非时食的中品罪。

丙二、随释

下面解释这四个缘的内容。

▲《事钞》云："律云。时者，明相出乃至日中。非时者，从日中乃至明相未出。"

这段说明了“时”与“非时”定义。所谓“时”指明相出到日中，所谓明相就是说，在晴天的清晨，到户外没有灯光的地方，可以看到手掌上的粗纹（不是细纹）的时候称之为**“明相出”**。

如果阴雨天怎么算呢？比如说昨天是晴天，早上五点明相出；今天下雨，五点的时候还是乌云密布，到外面看不到掌纹，因为昨天跟今天距离时间很短，按昨天五点明相出来算，今天五点也可以算明相出。因此所谓“明相出”的判断标准是在晴天的时候判断，而不是阴雨天。

“乃至日中”，刚刚讲到日中不是十二点，严格地来说就是太阳过中天，中天是太阳从东到西正中央的时候。不同地方、不同季节，日中的时间都会不一样。保险一点就是十一点四十五分之前吃完，就差不多没问题了。所谓“非时”就是刚好相对的，**从**太阳过**中**天到第二天**明相未出**来之前，都称之为非时。

《僧祇》：“日正中时，明时非时，若食亦犯。时过如一瞬一发，食者正犯。”

《僧祇律》讲得很严格，在**日正中**，就是太阳刚好到中天的那一刹那，称为**时**跟**非时**交接的时候，这个时候如果吃的话，也是**犯**。根据《僧祇律》，在时跟非时交接的时候，等于就是跨在边界，这个时候并没有犯到中品，只是结下品罪。比如说知道今天十一点四十五分三十秒，刚好太阳过中天，那刚好在十一点四十五分三十秒吞下最后一口，也是食非时，结下罪。当然最好不要掐得那么准，吃饭搞太紧张也是不好，就早点吃饭就好了。

但是**“时过如一瞬、一发”**，所谓“一发”就是古代没有时钟，都用日轨，看日轨太阳的阴影，就知道有没有过中天。太阳阴影过一毫发的距离，食者就是正式地犯中品的罪。

刚开始持戒的时候呆板一点，不要讲这个时没有真实性、一切都是幻化不实，不要讲这么高的境界，就是尽量准时一点。时乃至一切法虽没有真实性，但是因果不虚，应知！

（前列缘中，云时食者，如疏钞所谓，豆谷奶酪饼果饭菜，及米汁粉汁等，从明相出至于日中，圣教所许，故名时食。非时，不许妄服。）

这段是弘一大师所写的小注。讨论犯戒列四缘当中，第三个时食的标准，**“如疏钞”**，“疏”是《戒本疏》，“钞”是《行事钞》，这两本是道宣律祖的著作，所做的注解。

所谓的时食不仅有**豆**类、五**谷**、**奶酪**、**饼**干、水**果**、**饭**、**菜**这些固态的东西，还有**米汁**、**粉汁**这些液态的东西。所谓米汁，就是把米煮了之后的汁。米汁有两种，一种是米煮后皮没有破掉，汤还是很澄清的，这个汤可以作非时浆。另一种情况是米煮到皮破掉了，汤已经浑浊了，这个就属于时食。粉汁是所有五谷杂粮打成粉，也是属于时食。可以说五谷杂粮不管是颗粒的态，还是打成粉泡水，都是属于时食从**明相出到日中**之前的这段时间可以吃。

“若清澄之果汁，及蜜等，并一切咸苦辛甘，不任为食之药，如胡椒黄耆（即黄芪）等，以上三类，不名时食，若有病者，以水和合，非时开服。”

非时的时候可以用的，包括非时浆、蜜和尽形寿药。清澄的果汁属于非时浆，水果打成汁之后，用很细密的网，将那些悬浮的颗粒都滤掉，也就是纯粹、没有残渣的汁，称为**清澄**的**果汁**。像外面卖的那种浓缩的水果汁，无固体颗粒，这属于非时浆。

还有蜂**蜜**，蜂蜜有时候属于七日药，这个也是过午可以喝的，因为它没有残渣。

还有**一切咸苦辛甘，不任为食之药**，包括中药、西药，都可以吃。因为像**胡椒、黄耆等**中药的本质，就是咸苦辛甘，一点都不好吃，不会有人把它当点心来吃的。西药当然也是一样，这些都是过午可以吃的。酸梅也可以，也是属于药，可以把它用咬的吃进去。还有茶叶也可以喝，因为茶叶是苦的，这些都是属于尽形寿药。

出家众会分得比较清楚，非时浆、七日药、尽形寿药，需要依律文个别不同的做法，才可以饮用。但是此律文并不适用在家居士，所以居士过午喝非时浆等，不需要特别作法；也不需要出家众作法后，居士才能服饮，因为此服用非时浆之对首法，只摄出家众。

“以上三类”，三类就是果汁的非时浆、蜂蜜的七日药、一切咸苦甘辛的尽形寿药，**“不名时食”**，这个不是属于五种正食。如果**有病**，**“以水和合”**，用水来泡果汁、蜂蜜乃至中西药来吃，**“非时开服”**，**非时**允许**服**用的。当然是必须真的有病缘才能够用，不是纯粹为了满足口腹之欲。

不过律上所谓的病缘是很广的，天气太热，我喝果汁解除身体燥热，燥热也算是个病缘；或者口渴，也算是病缘。就是并非因为放逸而去喝。

▲《事钞》云：“五百问云。食已，用杨枝，或灰漱口。”

吃完饭之后，古代嚼**杨枝**或者**灰漱口**，相当于我们现在刷牙的意思，开缘不犯。就是说吃完饭过了中午，嚼杨枝**或**者用灰漱口，是可以的，但是不能够吞进去，就是纯粹漱口用的，所以我们过午可以用牙膏刷牙，但是要把口中的牙膏冲洗干净。

乙二、不犯

下面讲开缘不犯的情况。

▲《事钞》云：“律不犯者，若作黑石蜜，和米作。”

律中说明开缘**不犯**的情况，第一个，**作黑石蜜**，“黑石蜜”就是冰糖。冰糖是用蔗糖和糯米加在一起煎煮而成，虽然说这个过程当中有加糯米的成分，但是当它做成冰糖的时候，糯米的成分就化解掉了。冰糖性寒凉，不能够当饮料喝，属于七日药，过中午吃是开缘，为了治病的原因吃冰糖是可以的。

“有病者，煮麦令皮不破，漉汁饮。”

如果身体比较虚弱或有其他**病缘**，**煮麦子**茶来喝。煮的时候**皮不要破**掉，茶只有麦的营养，没有悬浮粒在里头。**“漉汁”**，漉就是过滤，把煮好的汤用细密的网稍微过滤一下然后再喝，也是开缘的。

“若喉中哯出，还咽不犯。”

“喉中哯出”，就是说有时候吃太饱了，食物从胃里面呕出来，你又吞回去，不犯。但是这个所谓还咽不犯还有差别，看下一句：

“善见，出喉还咽，犯。”

吃太多从胃里呕出来的东西，就是没有离开咽喉就吞回去，不犯。如果已经到咽喉甚至到嘴巴了再吞回去，那就犯。所以如果已经到了口中了，不要吞回去，吐出来不犯；如果没有到口中，只是在咽喉当中，吞进去，不犯。

▲《事钞》云：“僧祇，一切豆谷麦，煮之头不卓破者之汁。”

根据《**僧祇**律》，**一切豆**类、**谷**类、**麦**类，**“煮之头不卓破”**，不卓破，就是不要破开，没有把它煮烂掉，汤还是澄清的，这种汁是可以喝的。

底下这个小字是弘一大师的注解：

（准此，非时开饮，不唯麦汁，兼及豆谷。煮之须皮不破，漉汁清澄，病者开饮。若皮微破，汁稍浓浊，即属时食。慎之。）

由此可知，**非时开饮**，**不**仅是**麦汁**，包括**豆**类和**谷**类的汁都一样，**煮**的时候**不要破皮**，保持汤的**清澄**，煮完之后还要拿细密的棉纱把它过滤一下，让汤完全清澄，供病人**开**缘**饮**用。如果**皮**稍**微破**掉，**汁稍**微**浓浊**，就**属**于时食，这个是必须我们要知道的，时食跟非时的差别在这里。

甲三、高大床

不能坐卧高广大床，这是高大床的部分。

◀《事钞》云
- 引律示量——“律云。高如来八指。多论，高大悉犯，俗人八戒亦同。
- 定尺数——八指者，一指二寸。姬周尺一尺六寸，唐尺一尺三寸强。”

▲《事钞》云："律云。高如来八指。多论，高大悉犯，俗人八戒亦同。"

律上不让我们睡高广大床的原因，是为防止增长贪心和骄慢的心。睡了之后，第一个感到骄慢：这个是我的床啊！这么高级，会产生骄慢的心；第二个产生贪染心，非常宽阔、精致的床，躺下去就不想起来了。所以寺院的床都不会太华贵、宽广，都只是普通的单人床，因为高广大床长贪、长慢，对修行都不是好事情。

"引律示量"，引律文来说明高广大床的量。**"律云。高如来八指"**，是以如来的手指头为标准，八指的话我们待会再说明具体的高度。

"多论，高大悉犯"，《萨婆**多论**》里面说，**高**广**大**床的话，高和广都**犯**，太高不行，或太广也不行，像双人床或太高的床都不行。

"俗人八戒亦同"，在家居士的八关斋戒中，高广大床的定义也是一样的。另外，根据律文，所谓的高广大床不只是尺寸，讲得严格点，包括床的本身的材质，由金、银、象牙，或者七宝所成，纵然它的尺寸合乎规定的尺寸，也是属于高广大床。所以家中的床如果是非常昂贵的，也叫做高广大床。

附带说一下，佛、师长、父母的床，对我们小辈来说也是高广大床，小辈的也不适合去睡。

"八指者，一指二寸。姬周尺一尺六寸，唐尺一尺三寸强。"

佛的**一指**长度大概相当于周尺的**两寸**，佛陀现世时中国是周朝，所以相当于周尺的两寸。

"姬周尺一尺六寸，唐尺一尺三寸强"，佛**八指**相当于**周尺**的**一尺六寸**，一尺六寸相当于**唐尺一尺三寸强**，一尺三寸多，会用唐尺注明，是因为道宣律师是唐朝人。唐尺跟我们现在的一尺又不一样，我们现在一尺是三十厘米，所以这样算起来，佛八指差不多就是三十厘米到三十七厘米这么高。

接着看下面弘一大师小字附录的部分。

（床者，凡坐卧诸床皆属之。床足用佛指量，佛指者，每一指计周尺二寸。后段钞文，开揞脚木，用人指量，人指者，每一指计周尺一寸。周尺体量，如附录中，周尺考委明。）

坐卧用的家具如**床**、沙发，都是“床”。高广大床的定义包括材质，有的人家里的沙发比床还贵，所以虽然沙发比床窄，但依所用的材料来判，一样属于高广大床，也不算如法的。蕅益大师说：如果家里没有卑小床座，暂时坐卧无妨，就是说如果家里面真的没有很合乎标准尺寸床座的话，八关斋戒时暂时坐卧，那不犯。如果守八关斋戒，条件允许就找个小床铺，简单一点的；如果家里面实在是没办法，也只好一个人睡双人床，但是可以隔开中间，勉强算是单人床了。

“后段钞文，开揞脚木，用人指量，人指者，每一指计周尺一寸。”佛指较长，每指相当于周尺二寸，而人指相当于周尺一寸，所以佛八指相当于周尺一尺六寸，三十到三十七厘米。而人八指相当于八寸，大约十五到十八厘米，后面开缘中所提到的**揞脚木**，是**用人**的**指量**去量的。

“周尺体量，如附录中周尺考委明。”《在家备览》正文的后面有周寸考，弘一大师很认真地把唐尺和周尺的长度都考据之后画出来。

▲《行宗》云：“律云除入梐孔上，谓入孔枸头不在数也。”

这个梐就是枸头，就说所谓的高如来八指，它从哪边算起呢？椅子座位的面，跟四支脚之间，古代是不用钉子的，而是用接枸的方法相接。这个接枸的地方，称为**“梐孔”**。这个接枸不算，从接枸以下算，高如来八指。差不多三十到三十七厘米左右，是如法的高度。

▲《事钞》云：**“僧祇，若下湿处，用八指木搘脚得。”**

潮**湿**的地方可以**用**高**八指**的**木**头**搘脚**，把床给垫高。此处是指凡人的八指，相当于周尺的八寸，差不多十五到十八厘米。潮湿的地方太低的话睡觉会生病，所以律上允许垫高十五到十八公分，加原来的三十到三十七公分，一共四、五十厘米，差不多就是标准床座的高度了。

（礼佛世多处床者，今称为拜凳也。）

这小字是弘一大师的批注，顺便讲到拜凳，汉地有处于支床上礼佛的习惯，就是怕地上太湿。此支床今日称为高拜凳。

甲四、严身

不能以香花幔庄严其身，这是严身的部分。

▲《资持》云：**“西土以华结鬘贯首及用香油涂身，以为美饰。此方须除带佩华璎脂粉涂面等。”**

将**华结**华**鬘**放在头上，或者**用香油涂身**，这个是印度的习俗。**“此方须除带”**，这个除是安置的意思，安置**佩**戴**花**、**璎**珞还有**脂粉涂面**。简单讲就是所有的装饰品、化妆品都不行。

为什么不能用这些东西呢？以前我师父举过一个例子帮助我们了解。他说像我们凡夫众生，有戴花跟没戴花感觉差不了太多，但是你看印光大师的照片，非常肃穆庄严，如果印光大师的法照上，胸口戴一朵胸花，感觉这个实在不成样子，就不庄严。或者印光大师跟弘一大师见面的时候，印光大师问弘一大师："现在几点了？"弘一大师把手上的金表拿起来看："哦，现在下午两点多。"这个时候感觉弘一大师就不庄严了，所以这样不适合。因为印光大师、弘一大师和忏公上人法相很清净，他们身上带个手表或胸花就很不适合。所以 我师父说有时候不知道这样做合适不合适，就去想想古代高僧大德去做合适不合适，差不多就会知道了。

甲五、歌舞

不能唱歌、跳舞、看相声小品、杂技、看电影、电视等表演。

▲《业疏》云："作倡伎乐者。倡谓俳优，以人为戏弄也。乐为金石八音之所奏也。伎通男女，即奏乐者。"

歌舞倡伎，这个**"倡"**是俳优，**"俳优"**就是古代演滑稽戏剧的艺人，就称为俳优，**"以人为戏弄"**，供人取乐，这里包括所有的一切电视、电影或者是现场表演。

"乐为金石八音所演奏"的声音，就是金、石、丝、竹、匏、土、革、木做的乐器，奏出的声音都属于乐。

"伎通男女"，不管男女演奏音乐，或者唱歌跳舞都称之为伎。不管参观或者自己做，这时候都不合适，会增加我们放逸的心。如上所述弘一大师、印光大师唱歌庄不庄严？一定不庄严！非常不合适！

以上将八关斋戒中的遮戒，介绍至此。

第七课 广斥愚教

广斥愚教就是纠正有些人对于戒律的错误认识，例如有人认为学习大乘可以不学戒，道宣律祖用大乘经来破除这样的邪知邪见，告诉我们，学习大乘也要学习戒律。

(一) 倚滥毁伤

▲《事钞》云："今时不知教者，多自毁伤。云此戒律所禁止，是声闻之法。于我大乘弃同粪土。犹如黄叶木牛木马，诳止小儿。此戒法亦复如是，诳汝声闻子也。"

倚滥毁伤，**依**靠对大乘教法的错误、浮**滥**的认识，而来**毁伤**戒律。

"今时不知教者"，不是说这些人不懂佛法的道理，而是他们执理废事，或者执大谤小，简单来讲他们不了解佛陀遗教，**不知**道声闻的教法和菩萨的**教法**是一样的，都是一佛乘的教法。他们只是懂得片面大乘义理，对大乘了解不是很正确，所以**多自毁伤**，毁伤就是说毁弃戒律。

"云此戒律所禁止，是声闻之法"，说这个戒律所禁止的一切轨则，只**是**小乘教**法**。

"于我大乘弃同粪土"，如《永嘉证道歌》所说："直截根源佛所印，摘叶寻枝我不能”，很多人也是学着念此文，但是永嘉大师的证道歌里面也说“吾早曾经多劫修”，他们就不提了，所以只是片面取自己喜欢，可以对自己懈怠做合理解释的文字罢了！

“犹如黄叶木牛木马，诳止小儿”，这个是《涅槃经》里面的一段譬喻，说小孩子啼哭，大人拿树上金**黄**色的树**叶**，对小孩子说这是黄金。或者拿**木牛木马**，对小孩子说这个是真正的牛马，所以说只是为了欺骗**小**孩子。

“此戒法亦復如是，诳汝声闻子也”，是说声闻的人他像小孩子一样智慧有限，所以把声闻**戒**当作木牛木马，来哄骗**声闻**人，暂时安定他们的心。

但是在大乘的《涅槃经》中，实际上不是这个意思。《涅槃经》同时说“受持是经而毁戒者，则是众生恶知识也，非我弟子，是魔眷属。”就是说要是受持《大般涅槃》法门，但却毁谤戒律，这样子就是众生的恶知识——魔，而且佛陀也不允许这种人听大般涅槃不生不灭、圆顿的教法。

(二)、约理正破

- 教逐机分
  - 叙教本融 — 原夫大小二乘，理无分隔。
  - 因机故异 — 对机设药，除病为先。
  - 引证 — 故鹿野初唱，本为声闻，八万诸天，便发大道。双林告灭，终显佛性，而有听众果成罗汉。
  - 准经显意 — 以此推之。悟解在心，不唯教旨。

第二段引经据典来破除这些人的邪知邪见。

▲《事钞》续云：“原夫大小二乘，理无分隔。对机设药，除病为先。”

佛陀所说教法，都是根据众生的根机而来施设的，事实上皆不离开一佛乘，一样引领大家到五百由旬的宝所。但是有些人到达一百由旬，有些人两百由旬，三百由旬，不管是一百由旬还是两百、三百由旬，都是在通往五百由旬的这条道路上。

你说这个不究竟你就不走，不走你就到不了。固然不究竟，但是不究竟并不代表不需要经过这条路，你不能说这是中间站，不是目标就不走，这是不合理的。

同理，佛陀告诉我们种种方便法门，如同中间站，固然不要停留，路过就好，但并非就不经过，所以黄叶、木牛、木马等譬喻，也是这个道理，声闻教法是中间站，你不要停留，并不代表你不要去学。

大小乘也是一样的，**大乘**和**小乘**在**理**上不是间**隔**的。

“对机设药，除病为先”，有的众生的根机属于小根，所以刚开始无法修大乘，适合修行声闻的教法，但是当他证得阿罗汉时，佛陀会告诉他，已证得的不是宝所，宝所还在前面，要继续修才行。

第三段引证：**“故鹿野初唱，本为声闻，八万诸天便发大道。”**佛陀讲经说法，这些法本来是没有高下的，只在于人的根机不同，所悟得也不同。

在此举两个例子，例如佛陀在**鹿野**苑为五比丘初转法轮，五比**丘**是**声闻**人，但是同时听法的有**八万的天**人是有大乘善根的，他们听佛陀说四圣谛、八圣道的时候，**发**起广**大**的菩提心，甚至能悟入无生法。就像《楞严经》里面有个尊者，从观呼吸中悟入圆通，优波离尊者从持戒中悟入圆通。所以不是在法门高下，而要看根机高低。

“双林告灭，终显佛性，而有听众果成罗汉”，**“双林”**就是佛陀涅槃的地方，那时佛陀说《涅槃经》。**“终显佛性”**，最后为大众开显佛性中道之理。但是有些听众听了之后，证到阿罗汉的果位，这是说大乘法证小果；就像《楞严经》里面，佛陀说首楞严大定的法门，结果摩登伽女就只证得三果，所以这是根性的问题，有时候不在法的差别。

结论：**“以此推之。悟解在心，不唯教旨也。”**觉悟与否在于智慧的深浅。**不**只是在于**教**法的**旨**趣。佛陀在鹿野苑讲的教法是声闻法，但是根机够的八万天人便悟入大乘，《楞严经》的旨趣在讲圆顿法门，但摩登伽女悟入小乘证得三果。现代人往往一样，喜欢说最圆顿的法门，对于方便法兴趣不大。不管汉地的首楞严大定，还是藏传的大圆满大手印，如果本身没有相应的根性和基础，修到最后也是修定，得些微人天福报而已。

上面讲的重点是证悟程度，在于根机的高低，也就是般若智慧的浅深，不在于法的差别，从这点来说毁谤戒律，是没道理的。

我们再以道宣律祖为例，有人认为道宣律祖只懂得持戒，本身证量不高，所以才会一再强调事相的戒法。其实完全不是这样的，宣祖他的悟境也是非常的高，大家有机会可以看道宣律祖所著的《释门归敬仪》，这里面所教导禅修的方法，实际上就是圆顿法门，同于《楞严经》所示之自性定法门，所以真正悟入圆顿法门的人，事相上怎么修都不离圆顿。

又比如有人说念佛是着相，必须把念佛去掉。持戒是着相，必须把持戒去掉，才不会着相，这样子的话他所悟入的理不遍于念佛、不遍于持戒中，所以必须把念佛、持戒去掉，才能见到真如理。这样悟入的理，就不是周遍法界的真如理了。真正的真如理遍一切处，挑水劈柴都不离实相，何况持戒、念佛。执理废事的人，非要把相上的事情去掉，然后去凸显一个“实相”、一个“圆顿”光景，事实只是一个大我的境界罢了，因为理事是不相妨碍的。你说波浪不好，我要找水，去掉波浪你也找不到水。所以念佛也好、持戒也好，它的体就是理。

而且佛的法身岂离戒定慧，佛所成清净的五分法身中，其一就是戒法身。如果要成就戒法身，因地上却要把戒律踢掉，说明这个人对于实相的道理并没有真懂，只是错认消息罢了。

下面从戒定慧三学的角度来说明，三学必须次第的生起，首先“推戒功”，说明戒律对修行的功德、重要性。

- 三学次第
  - 推戒功
    - “故世尊处世，深达物机。凡所施为，必以威仪为主。
    - 但以身口所发事在戒防，三毒勃兴要由心使。今先以戒捉，次以定缚，后以慧杀，理次然乎。
  - 斥诳妄
    - 今有不肖之人，不知己身位地。妄自安托云是大乘，轻弄真经，自重我教。
    - 即《胜鬘经》说。毗尼者即大乘学。《智论》云，八十部者即尸波罗蜜。
    - 如此经论，不入其耳，岂不为悲？”

“故世尊处世，深达物机。凡所施为，必以威仪为主。”世尊来到这个**世间**度众生，因为洞悉众生的根**机**，所以教化**必**须**以**戒学、**威仪为主**，对戒学特别的尊崇。佛陀出世时是现在家相，跟大家都一样，没有现出家相。但是如果戒律都不重要，佛陀为什么要示现出家，持守声闻戒？故佛陀是推崇戒律的，因为戒律是一切修行的根本、地基。就像一个房子，盖得很漂亮，但没有地基，这种房子有人敢住吗？如果房子盖得很漂亮，而且地基很深，我们才敢去住。戒律就是地基，如果没有戒律地基的话，定、慧外相修得再好，也只是邪定邪慧，所以必须以戒学为主，作为基础次第。

“但以身口所发事在戒防”，就这个地方说明三学次第中，**戒**主要是**防**止**身口**造作的恶行，也就是杀、盗、淫、妄的事情。

“三毒勃兴要由心使”，这个勃就是突然，突然的**生**起，**三毒**的**生**起**要由心**来调伏。因为心是比较微细的，事相上是比较明白，容易觉察到的，所以事相上先以戒防，去除事相上的干扰，接着才能防心。

就像先前所说的防微杜渐，如果整天去唱歌跳舞，或者去娱乐场所，是没有办法调伏内在的贪瞋痴的烦恼。我们不是维摩诘居士，不是法身大士，我们是凡夫，所以要先把外围的护城河给建筑好，先把我们的身口意三业保护好，不要让它太过于躁动，就像受八关斋戒，先把我们所躁动的因缘停下来，心先安定下来，接着才有办法学习定慧的法门，这个是必然的次第。

“今先以戒捉，次以定缚，后以慧杀”，先**以戒捉**贼，一般的人，贼进来也不知道，如果不学戒、不持戒，平常做很多错误的事情都不知道，甚至会把它合理化，“我是修大乘、我是利益众生的”，或者“这个事情是没有关系的”等等理由，把我们的烦恼合理化。所以学戒之后，能够先认识什么是贼，再借助**定**的力量把贼**伏**住，然后用**智**慧来**杀**贼，这是必然的程序。

所谓修行，就是修正自己烦恼习气的行为，如果不学戒，连贼在哪里都不知道，如何修正自己的烦恼习气，定慧的力量又怎么生起呢？

“今有不肖之人，不知己身位地，妄自安託云是大乘。轻弄真经，自重我教。”不肖意思就是不像，学佛但是学得不像，把法身大士、证道之人讲的话安在自己头上，**妄自**说自己就**是大乘**修行人，就是那种境界了。其实所谓的大乘是不容易的，大乘的核心是菩提心，面对众生能够任运生起菩提心，真正希望自己因缘不管浅深，皆能离苦得乐。真正生起这样的心量，是很难的。我们可以观想一下，冤家在眼前，愿意替他受苦、给他安乐容易吗？一般对冤家不伤害、不报复已经很不容易了，还要代替他受苦谈何容易。但是做不到时，又怎么能说自己是大乘呢！对众生的分别心这么强，心还是很狭隘，怎么能说是大乘呢？

“真经”指的是律藏，**“我教”**就是他所学的大乘教法。意思是说认为自己是修大乘的，所以对律藏很轻慢。

“即《胜鬘经》说，毗尼者即大乘学。《智论》云，八十部者即尸波罗密。”，《**胜鬘经**》中**说**，戒学与**大乘**定慧是**不二**的。前面我们讲《法华经》化城的譬喻中，中间的过程都是通往五百由旬路上的过程，不能省略；又从另外一个角度来看，持戒和佛的戒法身，是相随顺的因，从这些佛所说经典中，皆可引证戒、定、慧三学不二之理。

另外，《**大智论**》中，八十部就是《**八十部**诵律》，是最根本的律典。**“即尸波罗密”**，菩萨所行六度中，尸波罗密有三种：摄律仪戒、摄善法戒、摄众生戒，称为三聚净戒。而声闻戒是属于菩萨戒中，摄律仪戒所收摄，所以行菩萨道之人都要受持。如果只修摄善法戒和摄众生戒，不修摄律仪戒，三缺一就不叫三聚净戒，菩萨戒就不圆满了。

“如此经论，不入其耳，岂不为悲？”，所以**如**果这些**经论**的开示都不知道，或者虽知仍执着己见，都是**不入其耳**，是很**可悲**的事情。

相非灭法
- 引经：“故《百喻经》云。昔有一师，畜二弟子，各当一脚随时按摩。其大弟子，嫌彼小者，便打折其所当之脚。彼又嫌之，又折大者所当之脚。
- 法合：譬今方等学者非于小乘，小乘学者又非方等。故使大圣法典，二途兼亡。
- 显验：以此证知，今自目睹。”

我们看下一段“相非灭法”，就是说如果大、小乘相互攻击的话，会加速法的灭亡。

“故《百喻经》云：昔有一师，畜二弟子，各当一脚随时按摩。其大弟子，嫌彼小者，便打折其所当之脚。彼又嫌之，又折大者所当之脚。”《百喻经》的譬喻是说：有个师长他有两个徒弟，一个按摩师父的左脚，一个按摩师父的右脚，但是这两个弟子不和，结果大弟子嫌弃小的师弟，就把师弟所按摩的师父的那只脚给折断，希望他再不能帮师父按摩了。然后小弟子也同样地把师父的另一只也给折断了，这时候最受伤害的是师父啊！这里的师父代表佛陀，大小二弟子代表大乘小乘，互相攻击最后伤害的是佛法，所以不应当互相攻击，应当互相尊重。

接下来第二段**“法合”**，将譬喻与法相对照。

“今方等学者非于小乘，小乘学者又非方等。故使大圣法典，二途兼亡。”方等就是大乘，大乘的学者批评小乘不重要，小乘又说大乘非佛说，从古印度时大、小乘就不断地起争执，所以加速了佛法在印度衰亡。

第三段**“显验”**，现实历史上的验证。**“以此证知，今自目覩”**，我们从历史中可以看到，大、小乘相互攻击的结果，最后只会令佛法衰亡，对彼此都没好处。

最后一段**“示意结劝”**，说明要说这些开示的原因，并结劝受持戒法。**“恐后无知初学，为彼尘蒙。故曲引张。犹恐同染，悲夫！”**道宣律祖引经据典，说这些开示的目的，就是怕后来**无知**的**初学**，被这些执理废事的不肖之徒所误导，所以在此详细地引经据典，彰显戒定慧三学都是重要的。

法无高下，悟解在人。就像先前所说，持戒和佛陀的五分法身，是相随顺的因果；还有菩萨的三聚净戒中，声闻戒属于摄律仪戒等等。有太多的大乘经论证明，真的修学大乘的人，是不能弃学声闻戒。其实大乘和小乘的差别在哪里呢？主要是在发心，而不在于智慧。当然大乘的人因为发心大，他所悟的智慧也就更高，但是智慧浅深终究不是大、小乘的差别。比如我们今天在佛前拜佛，你说我是大乘还是小乘？这要看发心，发心拜佛是为了自己求解脱，入涅槃，那就是小乘；拜佛的目的是为了使一切有情众生都能得到解脱，毕竟成佛，那就是大乘，持戒念佛也是一样的道理。

总之我们要重视持犯篇，要尽量发心随学，刚开始做得不好没关系，但是态度要认真，并能够天天忏悔，忏悔的时候，同时要发愿，祈愿三宝加被，未来能够做得更好。现在做得不好，或许是因为福德因缘不具足，所以持戒的环境还不是很好；或者因为智慧不够，所以无法保护好戒体。不管什么原因，都不要放弃，因为放弃的结果就是更加随顺自己的习气，然后是堕入三恶道。我们想一想三恶道的境界，连梦中都不愿见，何况说要去那些地方呢？

因此我们要重视戒法，要认真学习并多复习，光听过一遍是不够的。同时要把常犯的戒条找出来，尽量去改善。

持戒必须要有智慧和善巧，如果智慧不够，就要请问师长，或者同参道友之间聚在一起研究，五浊恶世中，我们怎么样才能把这个戒持得好呢？尽量不影响到家庭、工作，又能善巧方便地回护戒体。

凡事只要有心，就能做得好。

接着回答同学们关于戒律的问题：

问：师父您是怎样持戒的？

答：你们可以看看弘一大师怎么割舍情爱，出家持戒的。或者请问台湾[上]果[下]清律师等持戒大德，如何持戒的态度，这比较实际一点。我个人持戒没什么好说的，我只是熟悉基本的戒法，并不是专门弘扬戒律的律师，更谈不上轻重等持，所以也只是以惭愧心，尽量随学戒法而已。各位多看高僧大德行谊，或者亲近现代持戒的律师，会加强自己持戒信心的。

问：我想问一下，我们这次来参加八关斋戒，其实也是想得到短期出家的生活体验。想问一下师父，我们这种斋戒会的生活，和真实出家的生活有什么差别，差别是不是很大的？

答：短时间过这种出家生活是一种体验，长时间出家是一种考验。斋戒会的时候佛寺对大家都是客人一样，彼此客客气气。出家僧团就像家人，大众来自五湖四海，脾气秉性差别很大，甚至有的习气比较重，长时间过这种生活，就要慢慢去适应。就像我学校毕业就出家，没有出社会，身上就是读书人的习气，自然和有社会经历的人，在思想、习性上有差距。如果发生了摩擦，该如何继续走下去？主要就只有依靠我们初出家的道心了。

同时，就像我师父在我出家之前，对我常常是慈悲、和蔼，一路摄受，非常照顾。可是出家之后虽然也是很照顾，但同时就很严肃，很少看到他笑。一样的慈悲，但方法不会一样的。因为出家前是客人，而出家后就以出世道人的标准来要求了。

附 录

◎**内容大纲：**

【一】将心望境辨犯

在前面《第一课 持犯总义》中，讨论了制教跟化教的相同点和不同点，以及造罪时内心三性（善性、恶性、无记性）不同，结罪也不同。于此将更复杂的综合心、境来讨论，境界不同，结罪也不一样，所以称为“将心望境辨犯”，以心在面对境界的时候，造罪的心和境界的轻重，来判断结罪的不同。

- 引论通示
  - 准文通示 — “如《母论》云。犯必托境，关心成业。心有增微，境有优劣故也。
  - 历句别简
    - 或心境俱重，人作人想杀。
    - 或境重心轻，人作非人想。
    - 或境轻心重，非人人想。
  - 点上语通 — 论通一切，不局一戒。”

“引论通示”这是总说，所谓**“通示”**，是说以下判罪的方式，通于一切的戒。**“准文”**是指依着《毗尼**母论**》的文来通示（总说）。

▲《**事钞**》**云**：“**如**《**母论**》云。**犯必托境，关心成业**。**心有增微，境有优劣故也**”。

如《毗尼**母论**》所说，构成**犯**罪，必须要有相应的因缘和合，第一个是“**犯必托境**”，犯戒的成立必须要依托外境，或是无情的外境，或是有情众生的外境，这是第一个条件。

第二个犯戒的主因就是心，“**观心成业**”，心是业主，是造作罪业的根源，所以叫做“观心成业”。心跟境的和合，才能构成犯罪的成立，所以称为“犯必托境，关心成业”，所以我们在判罪时，这两个都必须要考虑。

“**心有增微，境有优劣故也**。”“**增微**”就是强弱，在造罪时的心有强弱，例如心态是以对“人”的想法来造罪，而且没有怀疑，结罪就重，所以结罪不一样。同时，“**境有优劣**”，造罪所面对的境界有轻重之别，比如杀生，若杀的是人，就比较重，称为“优”，若杀的是畜生，就比较轻，称为“劣”，这都是必须综合的讨论。所以以下就结合心跟境的重轻，来判断结罪重轻的情况。

“**历句别简**”是就着以下这三句，来个别料简分析。

“**心境俱重**”是指造罪的**心**，和所面对的**境**界都很**重**，比如“**人作人想杀**”，这是以杀业为例。第一个“**人**”，是指所面对的境界是人，这是重的境界。

“**作人想**”是指造杀业时的这念心，不是作畜生想、不是作木头想，而是很明确地知道对方是人。我们知道，一个正常人，杀人时的心情，跟杀畜生的心情，是不会一样的。杀人的时候，贪、瞋、痴的心会非常猛烈，而杀畜生时，就不会那么强，所以“作人想”这个心是重的。心、境都重的话，结的就是重罪。

第二种“**境重心轻**”，比如说“**人作非人想**”，还是以杀生为例，杀生时所面对的境界是**人**，这是**“境重”**，但他在杀的时候，并不认为对方是个人，“作非人想”，比如他在黑暗中，以为自己所杀的是只狗；或者他本来要杀的是狗，一刀挥过去时，狗躲开了，却把旁人给杀死了，这叫“境重心轻”，他的心是想杀狗，但杀到的境界却是人，以杀狗的心来杀人，心比较轻，所以结罪就比“人作人想杀”要轻。

第三句**“或境轻心重，非人人想”**，例如他要杀的是人，却杀错了，杀了一只狗，这就是**“境轻”**，因为狗这个境界相对比较轻。但是**“心重”**，他是以杀人的心来杀这只狗的，**非人人想**杀，这就比第二句要重了，但还是比第一句轻，因为境轻。

所以判罪很复杂，要判断到底结什么罪，从制教上，主要看他的动机。例如杀戒中，他怀的是杀人的心，还是杀狗的心，或是杀其他众生的心。同时，还要看所杀境界的轻重，所以这就比较复杂。以上是第二段“历句别简”。

“点上语通”这里**点**出结论，以**上**的判断**语**，**通**于一切的戒。也就是说，前面“历句别简”中的道理，**通**于**一切**的戒，并**不**仅限于一条**戒**。我们在判断造罪的轻重时，一方面要看造罪的心是轻还是重，如前面所说，是以面对人的想法来造罪，还是以面对畜生的想法来造罪？所结的罪是不一样的。第二个要看造罪所面对的境界，是人、非人、畜生还是无情？境界不同、想法不同，判罪都是不一样的。这个道理通于一切的戒法，并不只侷限于一条杀戒。

对戒别明
- 淫　“淫中自有轻重。畜生及人。人中有在家出家。在家中持戒破戒，出家五众持戒破戒。乃至圣人。”
- 盗　“第二盗重者。天及人。乃至圣人。三宝差别，僧物最重。”
- 杀　“第三杀戒。成论云。如六足毗昙中说。杀邪见人，轻杀虫蚁。此人污染世间，多损减故。”
- 妄　“第四妄戒。向家人说重，向出家人说轻。”

“对戒别明”是针对所犯的境界来讨论，也就是以前面所叙述的原则，讨论在烦恼心轻重相同，而且都是没有错误情况下，就着境界的不同，分别对杀、盗、淫、妄这四条戒，来讨论结罪经重。先看淫戒。

- 淫（约制罪言，同犯重罪。约业道言，各有优劣，皆前优后劣可知。）
  - 简趣
    - 人
    - 非人
    - 畜
  - 人中简道俗
    - 出家
    - 在家
  - 道俗中各简持破
    - 出家
      - 比丘比丘尼
        - 持戒
        - 破戒
      - 式叉摩那
        - 持戒
        - 破戒
      - 沙弥沙弥尼
        - 持戒
        - 破戒
    - 在家
      - 有戒
        - 八戒
          - 持戒
          - 破戒
        - 五戒
          - 持戒
          - 破戒
      - 无戒
  - 持中简凡圣
    - 无学人
    - 三位果人
    - 内凡
    - 外凡
    - 薄地

淫：约制罪言，同犯重罪。约业道言，各有优劣，皆前优后劣可知。

“约制罪言，同犯重罪”，在佛陀所有的戒法中，淫戒制的最严格。其他的戒，比如杀戒，杀人、杀鬼神、杀畜生的罪，就有上中下品的不同，但是淫戒就制教罪来说，不管你用什么样的心态、不管你面对的境界是人或畜生，只要构成淫罪的事实，全部都结重罪，是最严格的。

但是就化教的业道罪来说，**“各有优劣，皆前优后劣可知”**，**“优”**是结罪比较重，**“劣”**是结罪比较轻，后面这几句都是次第的前面重、后面轻，所以叫**前优后劣**。

在**“简趣”**中，人、非人、畜生，就制教罪来说都是一样重；就化教的业道罪来说还是有差别的。对人行淫的业，超过对非人和畜牲，为什么呢？因为人在六道当中是最好修行的道器（法器），你若伤害了这个道器，就等于障碍了他的解脱，伤害也就最大。所以就业道罪来说，若以同样的心态（内心贪、瞋、痴的烦恼一样），来面对人、非人、畜生造邪淫的话，对人造邪淫，结罪最重。

从另一方面说，对人行邪淫，和对畜生行邪淫，那个心态是不会一样的，对人的烦恼心一定比较粗重，所以就业道罪来说，对人邪淫比较重。但是就律藏中，佛陀的制教来说，不管对人或对畜牲都是一样，只要入道（入于男二处、女三处），就结上品不可悔罪。

第二个情况是**“人中简道俗”**，同样是对人，还要简别在家跟出家的不同。对出家人行淫欲的过失，远远超过对在家人，甚至若想出家的话，将会构成遮难，而不能出家。也就是若有“污比丘、比丘尼”，对方不同意，而以强迫的方法，对比丘、比丘尼行淫欲，今生就不能出家了，这非常严重。所以就出家、在家来说，对出家人行淫的罪更重。

第三个情况是**“道俗中各简持破”**，对于出家人、在家人，各怀着不同的戒体，又各有各的差别。就出家人而言，对比丘、比丘尼行淫，比对式叉摩那、沙弥、沙弥尼行淫的罪还要重，为什么呢？因为比丘、比丘尼的戒体超过式叉摩那等的戒体，他的发心大、所持戒法的量也多，所以他的戒体比沙弥、沙弥尼的殊胜，面对这类戒体殊胜的众生行淫欲，罪是很重的，这是一层。

再往深一层看，在比丘、比丘尼中，对持戒的人行淫，重于对破戒的人；对破戒的比丘、比丘尼行淫，又重于对式叉摩那行淫，为什么呢？我们在前面的《宗体篇》中曾说过，比丘、比丘尼即使破戒，也绝对不可能全部的戒都破，例如比丘两百五十条戒，不可能全部都破，顶多只是破其中的几条戒而已，但他没有破的两百多条戒的戒体，还是清净宛然的，因为这些戒的戒体还在，所以对他行淫欲的过失，还是超过对只有十戒、六法的式叉摩那行淫欲，这是出家众的情况。

再细化，从在家的持戒，跟沙弥、沙弥尼的破戒来比较，对破戒的沙弥、沙弥尼行淫，罪又重于对八戒的持戒者。由此可见出家戒法的殊胜。因为出家人纵然破戒，也并不是所有戒全破，他剩余戒的戒体还是存在的，所以对他行淫欲的过失，远远超过对一位在家持守清净八关斋戒的人行淫。所以对三宝的境界，不管修善或是造罪，果报都特别重，这是对出家众的情况。

对于在家人也是一样，对有戒的在家人行淫，罪过超过对无戒的。有戒当中，八关斋戒的戒体又胜过五戒的戒体，所以对受持八关斋戒的人行淫，又超过对受五戒的。

“持中简凡圣”，不管在家或出家，持戒的人当中又要简别凡圣，对无学的阿罗汉行淫罪最重，下来依次是三果学人、内凡的四加行位、外凡的五停心位、薄地凡夫的修行人。也就是修行人断惑证真的阶位愈高，对他行淫欲的果报，就业道罪来说，就愈重。以上是对淫戒的介绍。

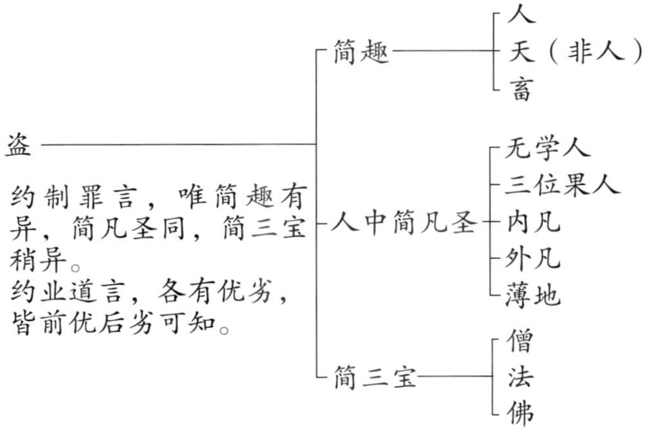

盗：约制罪言，唯简趣有异，简凡圣同，简三宝稍异。约业道言，各有优劣，皆前优后劣可知。

接着谈到盗戒的情况。其中的“简趣”和“人中简凡圣”部分，都和前面差不多，这里就不繁述了。我们看第三个**“简三宝”**，偷盗三宝物。就制教罪来说，受戒的人偷佛、法、僧三宝物的罪，都是一样重，但就化教的业道罪来说，还是有差别的：首先，偷僧物罪最重。在《大集经》里佛陀说：“五逆四重，我亦能救，盗僧物者，我所不救。”偷僧物，在偷盗三宝物当中，罪是最重的。

为什么呢？因为在佛陀入灭后，整个佛法的弘传和三宝的住持，主要就是靠僧团，你若盗损出家人的财物（资具），就会影响到他们弘扬佛法，也就会影响到三宝的住世，所以这个业是最重的。其次是盗法物，第三是盗佛物，因为法是三世诸佛之母，所以盗法物的罪，超过盗佛物的罪。但是从整体来说，盗三宝物的罪，比盗其他所有者的罪要重。

杀
- 钞文唯简邪正。
- 准义亦合约趣道俗持破凡圣简之，如淫中所列。

约制罪言，唯简趣有异余皆同。
约业道言，各有优势，皆前优后劣可知。

杀戒没有特别需要说明之处，我们就不再别列了，各位可以参考淫戒的内容。

- 妄　与杀同
  - 简趣
    - 人
    - 天（非人）
    - 畜
  - 人中简道俗
    - 在家
    - 出家
  - 道中简五众
    - 沙弥沙弥尼
    - 式叉摩那
    - 比丘比丘尼
  - 简凡圣
    - 薄地
    - 外凡
    - 内凡
    - 三位果人
    - 无学人

妄语戒**“与杀同”**，就是约制教罪、业道罪来说，妄语跟杀是相同的判法。相同的部分就不赘述了，我们只讨论一下**“简凡圣”**这个部分。就制教来说，只要打妄语所面对的是人，无论对方是凡夫还是圣人，都结一样的罪，小妄语结中品罪、大妄语结上品罪。

但是就化教来说，就有前重后轻的区别：对薄地凡夫打妄语的罪，超过对外凡五停心位的人打妄语；对外凡五停心位的人打妄语的罪，又超过对内凡四加行位的人；对内凡四加行位的人打妄语的罪，又超过对三位果人（初果、二果、三果）；对三位果人打妄语的罪，又超过对无学的阿罗汉打妄语，这跟杀戒刚好相反。

为什么呢？因为圣人的修行境界越高，越有智慧，甚至有神通，所以越不容易受欺骗。若对阿罗汉说妄语，他马上就知道这是妄语，所以对他打妄语，可以说是构不成伤害的（只有对自己的伤害）。但是若对凡夫打妄语，他会信以为真，所以对凡夫打妄语的伤害是最大的，罪也是最重的。这是“简凡圣”的情况。

▲《资持》云：**“上四但出境之优劣。心随境故，重轻可知。若约互论，如前作句，无不通晓。”**

上面杀、盗、淫、妄这**四**条戒的别论，只是显现**出境**界的**优劣**，也就是只谈到因为境界的差别，来定业道罪的轻重，心的差别并没有特别的开出来。

而心呢？**“心随境故，重轻可知”**，为什么境界有优劣，结罪就会有重轻呢？因为**心**是**随境**而生起的，就像前面举的例子，杀人的罪比杀蚂蚁重，因为杀人的心态，绝对不会和杀蚂蚁的心态一样，所以结罪的**重轻可知**，这对于其他的戒都是一样。

“若约互论，如前作句，无不通晓”，前面没有约心的轻重详细讨论，如果更进一步把心开出来，探讨心境**互论**的话，**“如前作句”**，在前面“歷句别简”部分，我们谈到“境重心轻”和“境轻心重”的情况，前面这几条戒，也同样适用这两种情况。比如境界重烦恼轻、境界轻而烦恼重，结罪都有轻重的不同，所以“如前作句，**无不通晓”**，只要依着前面所说的标准去思惟，就可以通晓了。

【二】方便趣果

这是关于判罪的另外一个观念。在第一、二课，我们主要讨论“根本时”的情况，也就是在造罪成就时，他内心，及所面对境界的状态。这里要更进一步，往造罪前、后看，再综合讨论结罪轻重。综合判断业道、制教罪轻重时，除了考虑造罪时，心、境的轻重外，更进一步的，还要往前，看他造罪的前“方便时”；再往后，看他造罪后的“成已时”，这三时的心态。

◀《事钞》云
- “然造修前境，必有三时。
- 是以大圣随时而制，意令智士剋志不为。”

“然造修前境”，**然**而，对于眼**前**的**境**界来造罪，**“必有三时”**，**必**然**有**三个阶段：准备阶段的“方便时”、造罪阶段的“根本时”，以及造罪后的“成已时”。

例如偷盗，之前计划就是方便时；正式动手把东西拿走了，就进入根本时；东西拿走之后的心态，有没有生惭愧心，就称为成已时。所以面对一个境界造罪的时候，可以把它再细分为方便时、根本时、成已时这**三时**，这是第一段，说明有三时的状态。

接着再说明为什么在律上要分得那么细，是有道理的，**“是以大圣随时而制，意令智士剋志不为”**，因此**大圣**的佛陀**随**这三**时**的差别来**制**戒，目的是希望**令**有**智**慧的人**“剋志不为”**，**“剋”**是约束，**“志”**是心念，约束自己的心念，在三时当中，都**不**要造作恶法。

我们凡夫的心都是很粗重的，若不讲三时，我们往往只有造了罪，才知道自己的过失。如果知道造罪之前还有方便时，方便时有方便时的业、根本时有根本时的业、成已时有成已时的业，那我们在起心动念想要造罪的时候，就会知道，虽然还没有正式去做杀、盗、淫、妄的事情，但已经进入方便时，这时已经开始结罪了，所以有智慧的人，在这时就能够停下来。如果烦恼太粗重了，必须要进入到根本时，才知道在造罪了。

这个根本时只是一刹那，造完罪后，马上入于成已时，在成已时中，有智慧的人就知道，造了罪，但此业并还没有完全结束，如果造了罪之后还念念随喜，认为自己做得好，回想起来很快乐，对先前造的罪念念随喜的话，那这个罪还在不断不断地累积，就像银行的利息一样，钱存得愈久，利息就愈多。造罪后，如果没有惭愧心，而念念随喜，就会不断地结罪。

正因为业的成就有三时，结罪要依三时来看，所以一个有智慧的人，就会在这三时当中，克制自己的念头。知道即使后来没有真正行动，只要开始计划，就已经入了方便时而结罪。根本时纵然造了罪业，但在根本时与后面的成已时，也能生起惭愧心，而不让罪业扩展开来。这就是佛陀让众生了解三时，各别结罪的原因。

甲一、前方便

▲《资持》云："通三方便，望后根本，俱名为前。"

前方便有三种：远方便、似方便、近方便（后面会详述），只要还没有进入根本时，都称为方便。之所以这三种都称为**方便**，是**望**着第二个**根本**时来说的，所以**俱名为前**。

◀《戒疏》云
- "言方便者，乃是趣果之都名。
- 业未成前，诸缘差脱，故令此罪壅住方便。"

所谓**方便**罪，**"乃是趣果之都名"**，**"都名"**就是总名，在**趣**向根本时，**果**报成就的过程中，如果中途停止所结的罪，就称之为方便罪。这是解释它的名称。

"业未成前"，是说他造的罪业，还没有成就到根本时，因为**"诸缘差脱"**，**"差"**就是参差，**"脱"**就是遗漏，因为有种种外缘的障碍，使得业要成就，有参差不足的情况，**"故令此罪壅住方便"**，所以让他在方便时就停住了，无法入于根本时。

◀《事钞》云
- "今约淫戒以明
- 如内心淫意，身口未现，名远方便。此犯下罪。
  二动身口，未到前境，名次方便。犯中罪。
  三者临至境所，身分相交，未至犯处以来，名近方便。是重中罪。"
- "已下虽轻重多少不同，大相可准。"

这里就淫戒来举例说明结方便罪的情况。第一个是讲到“远方便”：**“如内心淫意，身口未现，名远方便”**，**内心**发动**淫意**，想要行淫欲的事，但是**“身口未现”**，还没有动身业去造作，或者口业还没有讲出行淫欲的话，在这个时候就停住，称为**“远方便”**罪，此时是结下罪。

比如今天内心起了烦恼，计划要做邪淫的事情，但后来又想到自己是个佛弟子、是个持戒的人，不应该起这样的念头，就把行淫欲的心给断掉了，所以没有去做。但虽然没有做，就着前面思惟想要行淫欲的心，就要结远方便的下罪。

就《四分律》来说，如果你面对一个女众或男众，第一个念头只是起淫欲心还不结罪，必须第二个念头再次攀缘第一个念头，更进一步地起淫欲的计划、想法，才开始结罪。如果只是一个念头打妄想，然后赶快摄心转回来，这对于在家或出家戒来说还是不结罪的，要等到第二个念头再次的攀缘才结罪。但菩萨戒就比较严格了，菩萨戒只要一个念头瞥尔生起就结罪了。这是第一个”远方便。

第二个是“次方便”，**动身口**，但是没有**到**达**前境**，**“前境”**就是男女众的境界。比如他起了淫欲心，也因为这淫欲心的推动，发动身业走到了女众或男众面前，或者动口业讲了一些粗恶的话，但还没有与对方的身体相接触，这称为“次方便”罪，结中品罪。

第三个是“近方便”，**“临至境所，身分相交，未至犯处以来，名近方便”**，**“临至境所”**就是到了男女众的面前，**“身分相交”身**体的任何一个部**分**与对方**相**接触，乃至只是接触到头发或指甲，**“未至犯处以来”**只是还没有入道，（自己、对方的）男根还没有入到男二处、女三处之前，这时停下来不造作，是近方便罪，结重中罪。以上是讲到三种方便的情况。

结论：**“已下虽轻重多少不同，大相可准”**，以下杀、盗、淫、妄种种的戒，乃至八关斋戒等所有的戒都是一样的，**“多少不同”**是指方便罪判法或者多少有点不同，但**“大相可准”**，**大**致上**可**以依着这个**准**则来判断。也就是说杀、盗、淫、妄这四条重戒，都有远方便、次方便、近方便这三种方便。而饮酒戒等轻戒，就只有远方便和近方便两种方便罪，因为饮酒戒纵然具足犯了，也只是结中品罪，所以就不再结三种方便罪，只结两种方便罪。

比如今天想喝酒，在思惟的时候，就起惭愧心停下来了，这时结远方便的下罪。如果想要喝酒，也到酒柜去拿酒瓶，拿起来时想想不行，我是一个受了酒戒的人，不应该喝，又把它放回去，这时已经到了境界眼前，而且也已经跟境界相接触了，但是还没有喝进去，甚至虽然喝了，但还没有吞下去，这时都还只是近方便、重的下品罪。等到真的一口吞下去时，才结根本、结中罪。这是讲到前方便的情况。

甲二、中根本

◀《事钞》云：
“本相如何？
谓入如毛头名淫，举离本处名盗，断其命根名杀，言章了知名妄。”

“本相如何？”《行事钞》里面问，所谓入于根本时的相貌是怎样的呢？以杀、盗、淫、妄这四条戒来说，**“谓入如毛头名淫”**，就是男根入于男二处、女三处（男众的口道、大便道，女众的口道、大便道、小便道），进入的深度即使只有像头发直径这么小的距离，都入于邪淫的根本罪。

“举离本处名盗。”只要把想偷盗的东西举起来，让它离开了本处，就入于偷盗罪的根本时。

“断其命根名杀”，杀害对方，在其性命断掉的那一刹那，就入于杀生的根本时。

“言章了知名妄”，讲妄语时，讲得很清楚、对方也听得很清楚，理解没有错误，就入于妄语的根本时。以上讲到杀、盗、淫、妄根本时的情况。

甲三、后方便

▲《事钞》云**“何者后方便。谓所造事畅决称怀，发喜前心，未思悔改。复结其罪，通得下罪。”**

什么叫后方便呢？《行事钞》解释**“谓所造事畅决称怀”**，对于自己**所造**作的**事**情**畅**快、**决**断、**称**其本**怀**，**畅快**是指他非常高兴，例如他偷了人家的东西，非常快乐，念念的快乐，想到这件事情就很畅快；“决”是指他做这件事情，内心非常的决断，毫不犹豫、毫无惭愧。因为“畅决”所以**“称怀”**，很称合他内心的想法，甚至**“发喜前心”**，**发**欢**喜**心，对于他**前**面在方便时、根本时依着烦恼心造罪一事，念念的发起随喜心。例如他偷了人家的东西不但没有惭愧，还念念不断的去思惟起欢喜心，**“未思悔改”**，没有想过要去忏悔它。

这时**“复结其罪，通得下罪”**。比如杀生后，这个业并没有完全结束，还不断的随喜，想到之前所做杀生的事情，愈想愈快乐；或者偷盗、邪淫、妄语，想到过去所造的罪，愈想愈快乐，这时就在念念随喜的当下，也就念念地结下品罪。所谓**“通得下罪”**，是说不论原本的罪是重是轻，都是一样结下品罪，这是随喜恶业的罪。所以我们对于自己过去所造的罪业，必须诃责忏悔。这是谈到后方便时。

【三】缺缘不成

上述我们说明了一个人在造罪的时候，可以从三个时段来讨论它，包括前面的方便时、中间的根本时、造后的成已时。所以一个完整造罪的情况应该有三时，这是一般的情况。

因为根据制教的忏悔方法，犯上品、中品、下品罪，各有不同的忏悔方法。如果我们造了罪，却不明白到底犯了上品、中品还是下品，而随便找一品罪来忏悔的话，那是不能构成忏悔的。不但这个罪业还在，而且还要另外结下一品，不如法忏悔之罪。这样的忏悔就不仅是白忙一场，甚至增加过失了。

从另一个角度来说，在现实生活中，常常有这样的情况：在造罪的过程中出现了障碍，使得造罪无法进入根本时。如果没有学过戒法，我们就可能会认为，因为造罪没有进入根本时，所以自己或许并没有过失，而事实上还是结罪的。

所以本段“缺缘不成”，就是广泛地讨论比较微细的判罪情况，让一个受戒的佛弟子，在持戒的过程当中，能够更微细地注意自己的起心动念，将戒持得更清净。

本段一共举出七种缺缘不成的情况，如下表：

- 甲一、缺缘
- 甲二、境强
- 甲三、缘差
- 甲四、境差
- 甲五、想差
- 甲六、疑心
- 甲七、善心息

甲一、缺缘

这是指缺戒体的缘，也就是说他在方便时还有戒体，但是到根本时的时候，因为一些特殊的原因，使戒体失去了。没有戒体当然也就不构成所谓犯戒了，这是甲一缺缘的情况。

◀《戒疏》云——“凡是犯戒，体是婆塞，
若造罪未果。或自命终，舍戒，邪见，二形生等。或病狂痴。
但有二缘不名犯戒，俱为造因，未成至果，故名缺婆塞缘。”

《戒本疏》中谈到，凡是构成犯戒，最根本的一个条件就是**“体是婆塞”**，要探讨一个人有没有犯戒，前提是他到底有没有得到优婆塞或优婆夷的戒体？如果没有戒体，那后面判罪就不必再讨论了，因为没有戒体，何来“犯戒”之说？

怎样判别有没有戒体呢？在《宗体篇》中说过，我们在登坛受三归依（或者菩萨戒的三羯磨，比丘戒的白四羯磨）时，一定要发起广大的菩提心，因为这菩提心的力量，会在我们的阿赖耶识中，熏成一个善法的种子，这就是戒体。

如果一个优婆塞或优婆夷，当初受戒纳受戒体的阶段时，他的心中是一片空白，或者在打妄想等等，没有如法观想、发心的话，纵然他经历了这个仪式，也是没有得到戒体的。所以他之后一切杀盗淫妄的行为，事实上都不构成“犯戒”，只是结性罪而已，也就是一般的业道罪。所以讨论犯戒，首先要确认他的阿赖耶识中，到底有没有戒体的善法种子存在，这是首先要确认的事情。

甲一缺缘所讨论的，就是他在根本时的时候，戒体已经失去了。**“若造罪未果”**，**“果”**就是没有到达根本时的时候，就出现下面说的两种情况，而失去戒体，此时因为没有戒体，所以也构不成犯戒了。

第一种情况称为“四舍”，也就是“**命终，舍戒，邪见，二形生等**”，有这四种情况，就自动舍去戒体了。第一个“命终”，比如一个人造杀生的罪业，进入根本时的时候，他自己的命却先断了，这就构不成杀生的上品罪。例如甲乙二人互相杀害，甲是受了五戒的佛弟子，结果两人同归于尽。就在乙命断的同时，甲也命断了，这样当乙死掉时，本来甲要结上品罪，可是此时甲也死掉了，当然他的戒体也就自动失去了，所以甲这时就构不成上品杀生的罪，只是结中品的方便罪而已，这是命终的情况。

第二个是**“舍戒”**，就是找一位懂他话的人，跟他说自己要舍戒，同时内心也真的想要舍戒，这个戒就自动舍掉了。

第三个是**“邪见”**，他本来是相信因果、相信三宝的；但是由于某些因缘，例如听到一些邪知邪见的说法之后，使他不再相信因果、不再归依三宝了。当他这种邪见的念头、而且是种决定的念头生起来的时候，因为与他当初受三归依时的誓愿“我某甲尽形寿归依佛、法、僧”相违背，因此就自动舍去戒体了。

第四个是**“二形生”**，这是一种很特殊的情况，就是他因为业力的原因，而同时在男根当中生出女根，或者在女根当中生出男根，一个人同时具足男根、女根两种，这称为二形生，佛陀说这样的人，心志羸弱，不堪成就出家的道器，所以就自动的舍弃出家戒的戒体了。但是在家五戒、八关斋戒、菩萨戒等，仍旧不舍戒体。以上是“四舍”的情况。

第二大类是**“病狂痴”**，就是得了严重的精神病，比如看到火就像看到黄金一样，很兴奋地去抓；或者看到大便就像看到旃檀香一样，欢喜地抓来吃，严重到这种程度的精神病，在这样的状况下，因为他的戒体暂时失去力量，所以他造杀、盗、淫、妄的事情，构不成犯罪，就构不成犯戒。就像世间的法律，患了严重精神病而杀人，是不会判定他有罪的，律上也是一样。

但是“四舍”和“病狂痴”这两种失去戒体，又有差别：四舍是永远地失去戒体，不会再恢复了，除非他重新受戒；“病狂痴”只是当他精神病发作时，戒体会暂时停止作用，暂时的失去戒体，但是当他恢复正常后，他的戒体还会恢复作用。所以如果他精神恢复正常后，再做杀盗淫妄的事情，仍然要结罪。

后面总结：**“但有二缘不名犯戒”**，**“二缘”**就是四舍和病狂痴，这两种情况只要出现一种，就不构成犯戒，但这里是指构不成犯根本戒，也就是没有犯到上品不可悔的情况，因为它们**“俱为造因，未成至果”**，方便时就着根本时来说是因，它们都只有在方便时造因**“未成至果”**，**“果”**就是根本时，到根本时时，他们已经没有戒体了，**“故名缺婆塞缘”**因为在根本时缺优婆塞(夷)这个戒体的缘，所以就结中品罪，这是缺缘的情况。

甲二、境强

一个人本来要造罪，但是境界太强大了，障碍了他造罪，无法进入根本时，这就称为“境强”。

▲《戒疏》云“二境强者。如欲行杀，前境反强，倒欲害我。差此进趣，壅住在因，故约方便。”

所谓境强，譬**如**甲想要**杀**乙，**“前境反强”**，乙的势力反而更强，可能乙更高大魁梧，结果**“倒欲害我”**，乙反**倒**要杀**害**甲，这时甲杀乙不成，无法入于杀生的根本时，所以就只结方便时的罪而已。

“差此进趣，壅住在因，故约方便”，**“差此”**就是因为这个原因，而不能**够进趣**到根本时，也就是**“壅住在因”**，他造业的过程被壅塞、截断**在因**地的方便时，所以只**约方便**时结罪，也就是结中品罪，这是境强的情况。

甲三、缘差

因为因缘有种种的不具足和差脱，导致无法进入根本时，这叫“缘差”。

◀《戒疏》云
- 列相——“三者缘差方便。如欲杀盗。往逢异人，或恐有事，或刀杖毁坏，或要期未遂。
- 结名——总号缘差。就义通名，七缘皆是。随相取别，唯此第三。”

文中举了个例子来说明：**“缘差方便”**好比说**“如欲杀盗”**，比**如**一个人想要**杀**生或者偷**盗**的行为，但是出现了以下四种因缘，称为缘差。

第一个是**“往逢异人”**，遇到了意料之外的人，因此造罪不成。比如说甲本来要去杀乙，但是他到了乙住的地方时，刚好乙不在而丙在，这就使得他杀乙的行为，在方便时就停住了。

第二个是**“或恐有事”**，害怕有事情。害怕有什么事情呢？比如第一种情况，他杀生时，突然想到现世就要受到法律的制裁，严重的话可能也会被判死刑，想想划不来，所以就放弃了，这叫“或恐有事”；或者他想到，今天若犯杀生，未来三恶道果报的可怕，尤其以强烈的瞋恨心来杀生，未来是决定要堕地狱的，想到被地狱猛火烧煮的痛苦，今天为了逞一时之快，未来的痛苦却是无穷无尽的，这时心生畏惧，就打消了杀生的念头，这叫“或恐有事”，他怕有这些果报。

第三个是**“或刀杖毁坏”**，比如他要用于杀生的刀杖突然坏掉了，所以他就停住了没有杀。

第四个是**“要期未遂”**，这是总说一切要期的因缘没有办法成就，预期的因缘不具足，使他的造罪无法成就。比如某人要杀生或偷盗，结果找不到对方或找不到他要偷的东西，这就是要期未遂。

以上四种情况，都是约着方便时结中品的罪，这是“缘差”的情况。

“总号缘差。就义通名，七缘皆是。”，“阙缘不成”的这七种情况，都是因为因缘不具足，而无法进入到根本时，所以就义理上通途的来说，都可以总称为“缘差”。但是**“随相取别，唯此第三”，随**其各别的**相**貌而**取别**名，就**唯**有这**第三**种情况被称为“缘差”，也就是说只要是另外六个缘所不收摄的情况，都可以把它归类到此处的缘差中。总之，因为因缘不具足，使他没有办法入于根本时，所以都可以称为缘差。

甲四、境差

◀《戒疏》云
- “四境差者。随戒并有。
- 且据大杀，四境来差。谓人、非人、畜生、杌木。”

“四境差者。随戒并有”，是说一切的戒，都会有境差的情况，包括在家的五戒、八关斋戒、比丘的两百五十条戒等，都有境差的情况。所以境差是每一条戒都会有的，**故随戒并有**。

比如就**“大杀”**，也就是杀人的戒来说，**“大杀”**戒就是杀人的戒，杀人戒有**四**种**境**界**来差**，所以会产生境差的情况。所**“谓人、非人、畜生、杌木”**，就是说他本来想杀人，但是有四种情况出现，可能导致误差。第一个是人，也就是杀错了人，第二是非人，第三是畜生，第四是枯木（无情物），以下就来详细说明。

◀《戒疏》云
- 明差相 — “如欲杀人，心在张，王人异境而代张处。
- 结犯
  - 异境 — 缘王张解，望人不殊，究竟成重
  - 本境 — 由异境来，张人不死，杀意又息，壅住方便，故曰境差。”

先说明境差的相貌，**“如欲杀人，剋心在张”**，比如某甲本来要杀姓张的，他决定要杀的人姓张，经过了方便时种种的准备，但是要进入根本时的时候，**“王人异境而代张处”**，**异境**就是不同的境界，姓张的是本境，姓王的是异境，因为他不是某甲所要期的境界，所以称为“异境”。就是说他本来要杀姓张的，结果由于种种原因，比如黑暗中看不清楚，看到姓王的，以为是姓张的，就把姓王的误杀了，这就是境差，境界跟他当初要期的不一样。

那这种情况要怎么来判罪呢?

这就要从两方面来结罪，首先就着**“异境”**，也就是被误杀的这个姓王的人，杀人者在方便时并没想杀姓王的，他一直准备着杀姓张的，但是到根本时却产生了境差，误杀了姓王的，虽然**“缘王张解”**，**“解”**就是认知，他把姓王的错认成姓张的，但是**“望人不殊”**，**“殊”**是差别，他想要杀人的心，是没有差别的。也就是说他在杀人的时候，他很明确地知道对方是个人，他是以杀人的心态来杀对方的，所以被杀的是谁不重要，只要是杀人就**“究竟成重”**，终究要结上品不可悔罪，这是就着“异境”来判。

那么就着**“本境”**来看，是指他本来就要杀的这个姓张的。他想要杀姓张的这件事情，要怎么结罪呢? **“由异境来，张人不死”**，由于姓王的出现，所以姓**张**的这个**人**得以**不死**，同时因为某甲以为已经把姓张的杀死了，所以**“杀意又息”**，他想**杀**姓张的心**意**就停**息**了，因此**“壅住方便”**，杀姓张的事，就**壅住**于**方便**时，在方便时就停住了。这时对于杀姓张的这件事情，就称之为**境差**，要结中品可悔罪。因为他只在方便时有造作，没有入于根本时，所以只结中品的可悔罪。

所以这种情况就比较复杂，某甲在造这个杀业的时候，要同时结两个罪，因此忏悔的时候要忏两个罪：第一个是杀姓王的罪，这是结上品不可悔罪；第二条是杀姓张的罪，结的是中品的方便可悔罪。谈到这是境差为人的判罪情况。

▲《戒疏》云**“余有非人畜机来做异境。通望本境不死，中罪。若望异境无心，无罪。”**

如果他原本想要杀人，却因为黑暗看不清等种种原因，误杀了一只动物，他以为这是个人。他以杀人的心，杀死了这只动物，这是以畜生作为异境。或是错杀了**非人**（也就是鬼神）、**机木**（就是枯木头），而以为是人而杀错了，这就叫做**“非人畜机来做异境”**。

这种情况又分两个部分来讨论，一方面是**“通望本境不死，中罪”**，对于**“本境”**来说，也就是他想杀的姓张来说，因为没有死，所以只有在方便时有造罪，但在根本时对方没有死，所以只结中品的罪。

另一方面**“若望异境无心，无罪”**，对于**“异境”**也就是被他杀的非人、畜生、木头等等来说，他无罪，因为当初他只是想杀人，并不想杀畜生、非人、木头等等，所以非人或畜生死了，他是不结罪的。这跟前面不太一样，前面是不管是杀姓张、姓王的，只要他是想杀人，也确实把一个“人”杀死了，“杀人、人想”，心跟境界是相应的，就要结上品罪。而这里是说他心里是想杀人，却杀死了畜生、非人等，这跟他的心意并不相同，所以畜生、非人死了并不结罪。

根据《在家备览》，境差结合境强、疑心，可总结如下表：

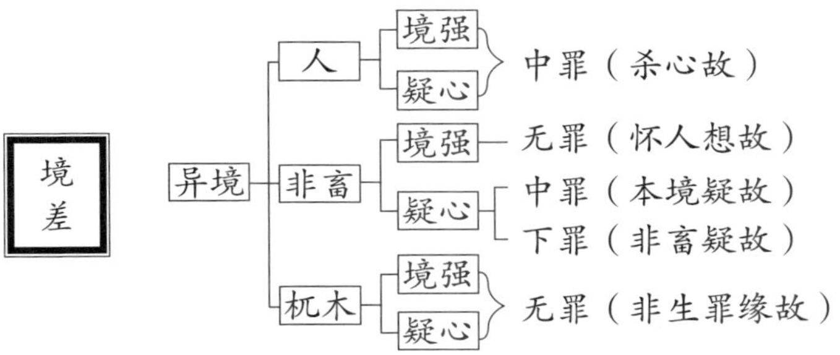

(此处“非畜”之“疑心”中，所谓“本境疑”，根本时做“人”的怀疑，因此较重。而“非畜疑”，根本时做“非畜”的怀疑，因此较轻。)

甲五、想差

▲《戒疏云》
- “初、心差境，方便。如律，人非人想等。
- 二、心差境，究竟。如律，淫酒戒，若怀非道非酒想疑，但是正境，皆结究竟。
- 三、心境俱差，成方便。
- 四、即此互差，成究竟。以事思取。”

想差有四种情况。

初、心差境，方便。如律，人非人想等。

是说面对境界产生一种想差的情况，这要结**方便**罪。**如律**上讲**人**作**非人想**的情况。比如某甲在黑暗当中看到一个黑影，以为是鬼神（非人），把它杀了，事实上对方是个人，这叫人作非人想。这时他因为想差，是以杀非人的心来杀人，所以就不结上品罪，只结方便罪。

二、心差境，究竟。如律，淫酒戒，若怀非道非酒想疑，但是正境，皆结究竟。

这跟前面一样，也是心对境界产生一种错误的认识，叫**“心差境”**，但是前面只结方便罪，这里要结**究竟**罪，为什么呢？就像**律**上讲，**邪**淫和饮**酒**戒，

“若怀非道非酒想疑，但是正境，皆结究竟”，在方便时想要行邪淫或饮酒，到根本时的时候，就邪淫来说，他也确实入道了，入了男二处、女三处，但是他以为自己没有入道；就饮酒来说，他喝的确实是酒，但他以为自己喝的是其他饮料不是酒，就是在根本时的时候，作非酒想，这个时候只要是正境，一样要结究竟的罪，所以淫戒跟酒戒比较严。

三、心境俱差，成方便。

这是说内心有想差，境界也有误差，心跟境界都有错谬的情况。比如某甲要杀姓张的，结果姓王的在黑暗当中出现了，这就是境差；然后他在杀这姓王的时候，他以为是在杀畜生，因为在黑暗当中看不清楚，他以为是只狗，他就以这种杀狗的心把姓王的杀了，这时就构成想差，这时一方面想差，一方面境差，就结方便罪，不结根本罪。

四、即此互差，成究竟。以事思取。

“即此”就是前面心境互差的情况，但是这里要结究竟罪，**“以事思取”**，是说自己类推可知，怎么类推呢？比如今天某甲要杀姓张的，结果在黑暗当中姓王的出现了，这叫境差，但是他心中以为是姓李的，就把他杀了，这叫想差。因为他有杀人的心，所以这时还是要结究竟罪（上品不可悔罪），这叫**“即此互差，成究竟”**。

根据《在家备览》，想差结合境差，可总结如下表：

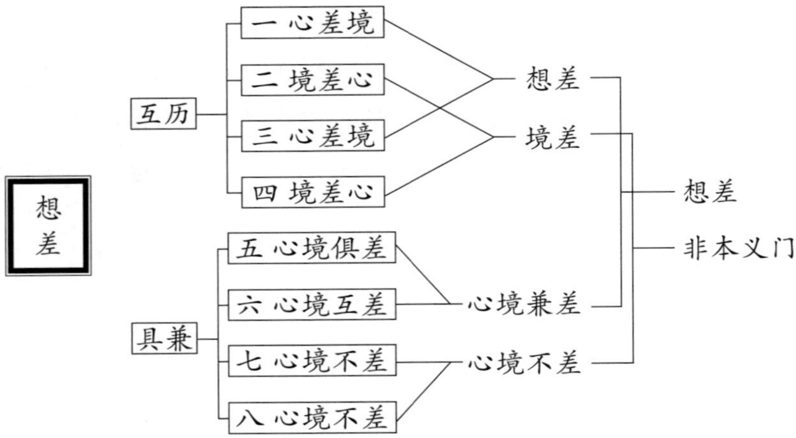

甲六、疑心

前面的“想差”，是说他在根本时面对境界，产生一种错误的想法。“疑心”是说在根本时，面对境界产生一种疑惑而不决定的心。疑心的内容分为四种不同的情况。

◀《戒疏》云——
我疑他，方便。人非人疑也。
他疑我，方便。身现妄语相，前疑不了是。
他疑我，究竟 ┐
我疑他，究竟 ┘ 如口造语业，但使言章了了，不问自他疑也。”

我疑他，方便。人非人疑也。

第一种情况，是在根本时的时候**“我疑他”**，比如**人**作**非人疑**，这时要结**方便**罪。例如某甲要杀人，但是他在黑暗中入于根本时的时候，看不清对方，怀疑对方是非人，但他还是把对方给杀死了，这时要结方便罪。因为对方纵然真的是人，但是他作非人的怀疑，而不是作“人想”，所以就只结方便罪。

他疑我，方便。身现妄语相，前疑不了是。

第二种情况，是在入于根本时的时候，对方怀疑我，因此结方便罪的情况。**“身现妄语相”**，比如有人问我有没有证果？我心中希望他以为我证果了，但我不说话，因为我知道，说的话就犯大妄语了，于是我通过表情动作让他去猜，暗示他我证果了，这叫**“身现妄语相”**，有想要打大妄语的心，但是嘴巴没有讲。则**“前疑不了是”**，令面前这人产生怀疑心而不明了。大妄语本身是结上品，但因为这种情况下，对方并不是很确定，还有怀疑，所以只是结中品的可悔罪。

他疑我，究竟。我疑他，究竟。如口造语业，但使言章了了，不问自他疑也。

比如我们打大妄语的时候，对方相信了我的妄语，但是他怀疑我究竟姓张还是姓王；或者是我怀疑他（例如本想对姓张的打妄语，结果到根本时不确定对方是姓张的还是姓王的），这时都要结究竟罪，因为姓张或姓王并不重要，重要的是我们面对他打妄语，而他确实相信了所说的妄语，所以要结究竟罪。所以**“如口造语业，但使言章了了，不问自他疑也”**，不论是自己疑惑或者是对方疑惑，都一样要结罪。甲五、甲六都是在根本时的时候出了“想差”或者“疑心”的问题。

甲七、善心息

▲《戒疏》云“第七善心息方便者。如欲造罪，身口虽发，未邻究竟，忽起善心便止前业，缠碍不畅，但居方便。”

“善心息”是说因为**善心**突然发起，所以止**息**了造罪，在根本时停住了，这时要结方便罪。

“如欲造罪，身口虽发，未邻究竟”，比如他想杀生，**虽**然已经**发**动了**身**业和**口**业，但是没有到达**究竟**，没有到达根本时的时候，**忽**然**起**了一念的**善**念，比如有人劝他不能造罪，或者是他自己内心突然起了一念善念，或者起惭愧**心**等等，**“便止前业”**，于是**便**停**止**再继续造作这个罪**业**，因为**“缠碍不畅，但居方便”**，这个造业的过程被堵**碍**住了，没有**畅**达根本时，只是**居**于**方便**时，这就称为“善心息”，此时就结中品的方便罪。

◀《戒疏》云 ┬ 境差，境强，缘差，据前境论。
　　　　　　└ 缺婆塞缘，想、疑、心息、据自心辨。

这段是把前面的七种情况做个总结，可以分为境界上的缘不具足，和内心的缘不具足。其中“境差，境强，缘差，据前境论”，都是境界上的因缘不具足；而缺优婆塞的缘（他失去了戒体）、想差、疑心、善心息，都是内心的转想有了误差等，内心的缘不具足，所以到根本时的时候，就出现障碍。

以下根据《在家备览》原文，制成附表，标列七种阙缘不成大意:

<table>
<tr><th colspan="2">缺缘方便</th><th>举例</th><th>结罪</th></tr>
<tr><td colspan="2">缺　缘</td><td>缺“婆塞”缘</td><td>方便</td></tr>
<tr><td colspan="2">境　强</td><td>如欲行杀，前境反强，倒欲害我。</td><td>方便</td></tr>
<tr><td colspan="2">缘　差</td><td>如欲杀盗。往逢异人，或恐有事，或刀杖毁坏，
或要期未遂。</td><td>方便</td></tr>
<tr><td colspan="2">境　差</td><td>如大杀，四境来差。谓人、非人、畜生、杌木。</td><td>人一—究竟
非人(*)–方便</td></tr>
<tr><td rowspan="8">想差</td><td>心差境</td><td>人非人想。</td><td>方便</td></tr>
<tr><td>境差心</td><td>非人人想。</td><td>方便</td></tr>
<tr><td>心差境</td><td>淫酒戒，若怀非道非酒想疑，但是正境。</td><td>究竟</td></tr>
<tr><td>境差心</td><td>欲杀诳张人 张去王来
缘王张解 若诳若杀。</td><td>究竟</td></tr>
<tr><td>心境俱差</td><td>欲杀张人 王人替换
心谓非人 若杀。</td><td>方便</td></tr>
<tr><td>心境互差</td><td>欲杀张人 王人替换
心谓是李 若杀。</td><td>究竟</td></tr>
<tr><td>心境不差</td><td>“境强”“缘差”之类</td><td>方便</td></tr>
<tr><td>心境不差</td><td>诸戒并是。</td><td>究竟</td></tr>
<tr><td rowspan="9">疑心</td><td>我疑他</td><td>人非人疑也。</td><td>方便</td></tr>
<tr><td>他疑我</td><td>身现妄语相，前疑不了是。</td><td>方便</td></tr>
<tr><td>他疑我</td><td rowspan="2">口造语业，但使言章了了，不问自他疑也。</td><td rowspan="2">究竟</td></tr>
<tr><td>我疑他</td></tr>
<tr><td>自他俱疑</td><td>身口互造也。</td><td>方便</td></tr>
<tr><td>自他俱疑</td><td>妄语言了也。</td><td>究竟</td></tr>
<tr><td>自他俱不疑</td><td>出血在佛也。</td><td>方便</td></tr>
<tr><td>自他俱不疑</td><td>一切戒是也。</td><td>究竟</td></tr>
<tr><td colspan="2">善心息</td><td>如欲造罪，身口虽发，未邻究竟，
忽起善心便止前业，壅碍不畅</td><td>方便</td></tr>
</table>

<缺缘不成判罪流程>

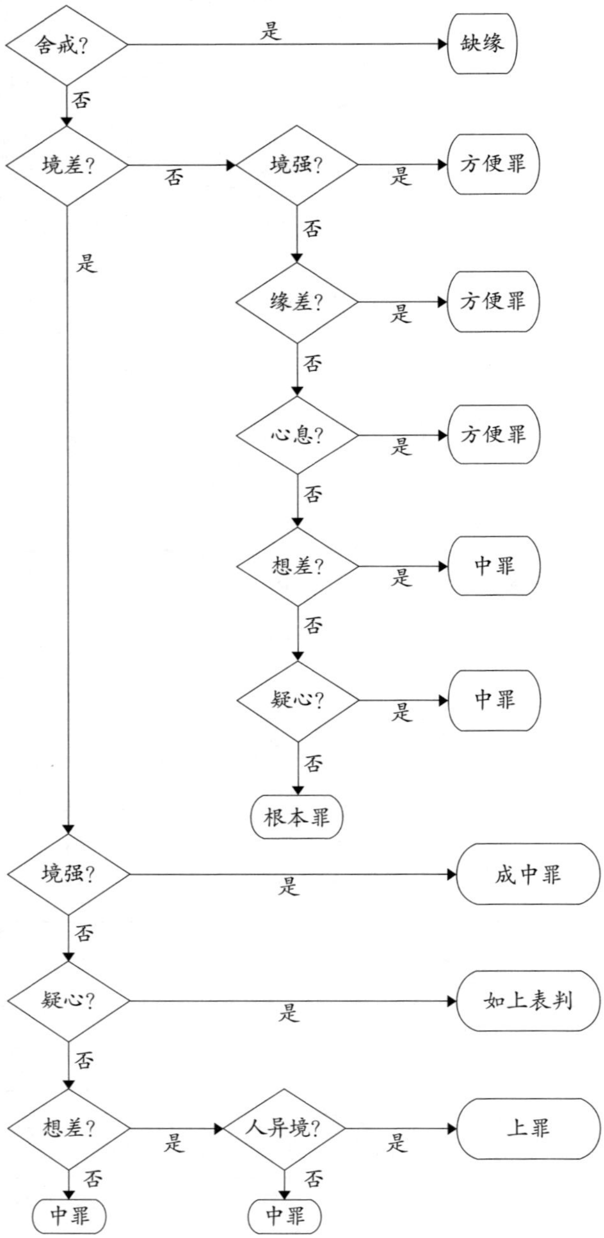
舍戒?
是
缺缘
否
境差?
否
境强?
是
方便罪
否
缘差?
是
方便罪
否
心息?
是
方便罪
否
想差?
是
中罪
否
疑心?
是
中罪
否
根本罪
是
境强?
是
成中罪
否
疑心?
是
如上表判
否
想差?
是
人异境?
是
上罪
否
中罪
否
中罪

这部分学习时，会感到比较繁琐复杂，但若以后有机会接触更多戒律的典籍，就会明白道宣律祖这样的分别是非常必要的。因为在律文原典当中，并没有解释、归纳得这么清楚分明。而当我们把律文原典对照《持犯总义》的内容时，就能明白当初佛陀制戒时，判罪的道理和原因。此时我们就会发现，这样的分别确实是非常必要，而且极其殊胜的。

例如律典中只告诉我们各种情况，具体如何结罪，比如杀人有时结上品罪，有时结中品，有时候又说结下品，但律文中并没有解释这是因为想差、疑心或是境差等等原因，我们也不清楚这样判的原因，因此感到无迹可寻，甚至容易判断错误。在道宣律祖之前，都没有人将律文的内容做这样一个圆满的整理。

直到道宣律祖，才以其深广而不可思议的智慧，将律典中所有判罪的条例，作了归纳整理，让我们学戒时，在面对那些复杂，判罪千变万化的律文原典时，能够明白原来是因为想差，或是境差等等原因，所以才分别结上、中、下品罪。这对于我们深入学习律藏乃至行持，都是非常重要的，所以我们要很感恩道宣律祖的慈悲和智慧，为我们作了这样的整理。

道宣律祖在《律相感通传》中记载，有次他在静坐的时候，有一位天人来与他谈论佛法，这位天人曾在佛陀在世时，亲自听佛说法，并告诉律祖，从佛陀灭度以来，直到道宣律祖所处的唐朝，虽然历代弘扬戒律的人很多，但不管是印度还是中国的祖师，都没有一个人对于律藏的诠释，能像道宣律祖这样圆满。宣祖是第一位能将戒律的内容，诠释得这么淋漓尽致、能完全开显佛陀真实义。

例如宣祖能根据律文，整理出七种不同的缺缘情况；而且又能用《法华》、《涅槃》的思想，来开显佛陀制戒是为了通向成佛的本怀；

并用《解深密经》中阿赖耶识种子的观念，来诠释戒体……。这都是从过去印度，到中国的祖师，都未能开显出来的，这是非常殊胜的!

以上是《在家备览》中，持犯总义的要义。各位如果想要再深入，可以参考《南山律在家备览》全文的内容，会有更详细的介绍。

[南山律在家备览

——忏悔篇]

弘一大师 遗著

良因法师 导读

书上清凉

第一课 忏悔法门

忏悔，对佛教徒都不陌生，学佛的人也很熟悉拜八十八佛、梁皇忏、水忏等种种忏悔的方法。但是为什么我们要忏悔？如何忏悔呢？很多佛弟子未必真正了解忏悔。而只有了解忏悔的原理与方法，再修这个法门，才会相应。反之，恐怕就事倍功半，效果就很有限了。

有不学佛的人，甚至是刚学佛的人，会认为“佛教徒老是说要忏悔，但我好像也没做什么坏事情啊”。甚至有学佛的人，在烦恼或者业障现前时，也会认为“我没有做什么坏事情啊！我吃素、放生，一向善良，我怎么会恶业现前呢？不应该的。”

其实除佛之外，所有九法界的众生都要修忏悔法门。不仅是我们业障深重的凡夫要忏悔，各位看普贤菩萨十大愿王，第四个大愿也是说“忏悔业障”。而这十大愿王是为谁说的呢？是为了华严海会那些初地至十地、等觉菩萨、法身大士们所说，迅速成佛的方法。所以忏悔法门，下至地狱凡夫，上至等觉菩萨，都是必须要修习的。

本课大纲分四段：

- 甲一、释名
- 甲二、制意
- 甲三、功过
- 甲四、行法

甲一、释名

先来解释忏悔的意思。

▲《资持》云“梵云忏摩，此翻悔往。有言忏悔，梵华双举。准业疏云，取其义意谓不造新，忏谓止断未来非，悔谓耻心于往犯。有将忏字训首训鉴，义虽通得，华梵须分。”

忏悔梵语发音是“忏摩”，翻译成汉文的意思是“悔往”，追悔过往的一些过失。

“有言忏悔”，我们现在习惯说忏悔法门，实际上是**“梵华双举”**：梵语发音为“忏摩”；中文意思为“悔往”。忏摩加悔往，我们中国人喜欢省略，就把它合称为“忏悔”。这个是“忏悔”这两个字的由来。

“准业疏云，取其义意谓不造新”

根据道宣律祖所著的《业疏》，忏悔的意思是不造新的罪业。

进一步细分，**“忏谓止断未来非，悔谓耻心于往犯。”**“忏”，是指发愿未来不再犯。也就是说我们修忏悔的时候，不止是忏除过去的罪业，同时也要在佛前发愿：“从今开始，我不再造同样的罪业。”不然就像一件洗干净的衣服，如果又把它丢到泥土堆里去踩一踩，那就白洗了。所以这个“忏”就是说对于**未来**的过失要发心**止断**，我们要发愿以后不再造作，不让这种恶业再相续下去。

悔呢，**“谓耻心于往犯。”**是追悔过去所造的罪业，然后把它给灭除。

所以就过去的过犯，必须追悔；未来的过犯，必须忏除，这是忏悔的意思，约着未来和过去。

“有将忏字训首训鉴，义虽通得，华梵须分。”“训”也就是解释，有人将忏解释成“首”，就是说它是修行之首。像我刚开始在莲因寺出家，不可以随便打坐，我师父都要求我们多拜佛，多忏悔业障。就像杯子如果没有洗干净的话，装上干净的水也会把水弄脏，所以一定要先把杯子洗干净。要装干净的法水，也一定要先清洁身心。我们受戒的时候也是一样，正式纳受戒体之前，首先要念忏悔文，就是这个意思。

也有人把忏字解释成“**鉴**”。鉴是警戒的意思。是指对过去所造的罪业忏悔不再犯，称之为借鉴。

这两种解释从字**义**上来看有相**通**的地方，但是**“华梵须分”**，你要知道梵文的原意，忏悔的原意是“悔往”的意思，而不是“首”和“鉴”。

甲二、制意

为什么我们要忏悔的原理。

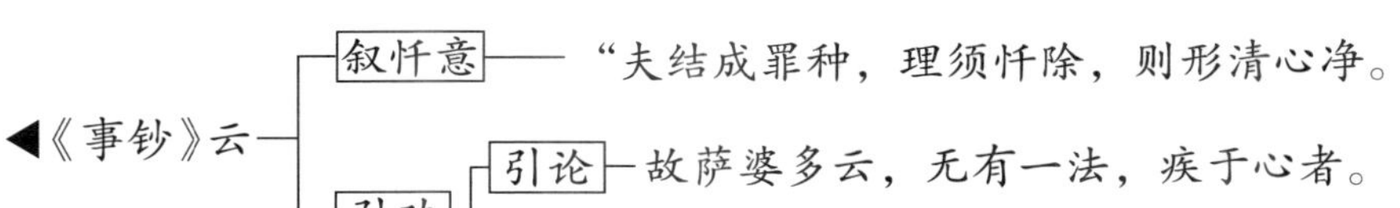

《事钞》云：“夫结成罪种，理须忏除，则形清心净。”

“结成罪种”，我们过去生，乃至今生，甚至现在学佛之后，身口意三业在不断结罪。就像空气当中的尘埃，越来越多；我们心中的尘埃也是一样，越来越多，所结成的罪业也越来越重。所以必须要忏除，把罪业忏悔清净。刚才提到，一些初学佛或者没有学佛的人，会有这种错误的看法："我很善良，我也没有杀人，我也没有骗人，为什么还需要忏悔呢？"。各位可以参考《附录一、十不善业果报》，了解不善业及其果报后，再对照自己的行为，就知道忏悔的必要了。

"结成罪种，理须忏除，则形清心净"，忏除了罪业后，"形"指的是身体，"心净"是内心很清净。没有忏悔之前，你会觉得身心不安，或者身体上有很多的病，或者头脑不清醒，各式各样闷重的情形。心也是一样不安定，听经或做功课时，总是觉得心就是静不下来，或者昏昏沉沉，但不断地忏悔之后，身越来越安定，闷重的感觉慢慢就没有了，内心也越来越清净。昏沉和混乱慢慢就没有了。这就是为什么要忏悔。

"故萨婆多云，无有一法，疾于心者。不可以暂恶，便永弃之。故须忏悔。"

《**萨婆多**论》里面说，没**有一个法**比心造业还快。"疾于心者"就是说心为业主，心的造业力是最快、最强的。一念起，马上就在心中结下一个业种，非常地快。

"不可以暂恶，便永弃之"，不可以因为起了小小的罪业就自暴自弃了。虽然心造业快，使我们结很多的罪业，但是只要好好忏悔，这个业总能够转的。

甲三、功过

说明拜忏的功德，与不忏悔的过失。

◀《事钞》云
- 示罪报——“涅槃云：犯四重者，生报即受。
- 明犯心
  - 约护法说破为不破——若披法服，犹未舍远。常怀惭愧，恐怖自责。其心改悔，生护法心，建立正法，为人分别。我说是人不为破戒。
  - 约坏法说为犯——若犯四重，心无怖畏惭愧发露。于彼正法，永无护惜建立之心。毁訾轻贱，言多过咎。若复说言，无佛法僧。并名趣向一阐提道。
- 示悔法
  - 标问——云何是业能得现报，不未来受？
  - 答释
    - 忏者现报即受——谓忏悔发露，供养三宝，常自呵责。以是善业，今世头目等痛、横罹死殃、鞭打、饥饿。
    - 不忏者生报方受——若不修身戒心慧，反上诸法，增长地狱。”

▲《事钞》云：“涅槃云：犯四重者，生报即受。”

先看第一段，**“示罪报”**，举出重罪之果报。道宣律祖在《行事钞》引用南本的《**涅槃**经》“一切大众所问品”第十七的说法，如果“犯四重罪”，破杀盗淫妄四重罪，**“生报即受”**，所谓生报就是来生的果报，绝对要受来生的果报。这个叫“生报即受”。

再看第二段，**“明犯心”**，就是说犯罪了之后，心态不同，那个结果也不会一样。透过事后的忏悔，可以把未来堕入三恶道的重罪灭除掉。

第一个，**“约护法说破为不破。”**护法就是说怀着护法的心。即使偶然犯了重罪，但是能够以护法的心来忏悔，“说破为不破”，通过忏悔是可以弥补的。

“说破为不破”有几种条件：

第一、**“若披法服，犹未舍远”**。这是佛陀为我们印证，**“若披法服，犹未舍远。”**一个出家比丘或比丘尼，假设破戒了，但是**“犹未舍远”**，他仍然不想离开三宝。比丘破了戒本来应该要强迫还俗的，但是他内心有极大的惭愧忏悔心，不想舍戒，不想还俗。**披法服**，仍然披着袈裟，不忍舍去。未舍远，因为内心不想弃舍三宝，不想弃舍出家法，心中还有三宝的存在。在家居士也是一样，破了戒，但是心中对三宝还是很有信心，忆念着三宝。

第二、**“常怀惭愧，恐怖自责，其心改悔”**。**常**常**怀**着**惭愧**心，依着惭愧、自责的心。**“恐怖自责”**，恐怖什么呢？恐怖心是害怕因果的心，修忏悔的时候要相信因果。拜忏的时候，如果心态是“师父叫我拜，我不得不拜，不然对师父不好交代”，拜忏将不会得力的。

因为如果没有去思惟因果的道理，将生不起惭愧、恐怖之心。就像上述附表，所说十恶业的果报，如果多去体会体会这个道理，就会感到害怕，因此恐怖自责。

然后**“其心改悔”**，就是说要修忏悔法门，不管是律上所说，制教的忏悔法门，还是经论里面所说，化教的忏悔法门，都配合着修。

所谓改悔，不仅要将过去所造的罪业彻底地忏悔清净，同时也发愿“从现在开始，再也不造作同样的罪业”，忏和悔都要具足。忏悔一个月两个月，一年两年，甚至一生，罪障终究会渐消的，这是第二点。

第三、**“生护法心”**，乃至能够**生**起**护**持**佛**法的**心**，这是一种菩提心。第三点跟下面第四点，都是属于菩提心所收摄。为什么发菩提心可以帮助忏悔呢？首先，佛陀说：“发菩提心破诸魔障”，因为发菩提心以后，更能跟三宝感应，从而得到三宝更大的加持，因为三宝的体即是菩提心。所以我们拜八十八佛时，会念："我今发心，不为自求人天福报、声闻、缘觉，乃至权乘诸位菩萨……"，我们在拜八十八佛之前，会先发菩提心。当菩提心发起时，心就会像大海、像虚空一样的广大，这个时候就能够跟遍法界三宝相应，而得到广大的加持力。

另外，发菩提心可以帮助破除我执。《六祖坛经》说："有我罪即生"，我们众生的罪都来自于"我"——我执；相反，发菩提心时，心中只有众生的离苦得乐，没有我个人的快乐，我个人的财色名食睡的快乐，或者我个人用功的快乐，没有那么狭隘的心态。今天在佛前用功拜佛，都是为了众生的离苦得乐而修行的。这样的菩提心跟我执是相违背的。把对自我的贪爱，转成对众生无穷的慈悲，这个时候可以破除我执。因为一切的罪业都来自我执，因为我们执着有"我"的存在，要让"我"快乐，所以我们会去做杀盗淫妄的事情。而发菩提心降伏我执之后，罪业的根本——我执——就动摇，由此所生的罪业也就动摇了。这就是为什么发菩提心，可以帮助我们忏悔业障的原理。

所以第三个生护法心，生起护持佛法的心。就是说发心：我今天忏悔清净，也是为了护持佛法，希望以后能够以清净之身心，来护持佛法。

第四、**"建立正法，为人分别。"**我们心中先建立正法，然后更进一步的，将心中的正法，为别人分别演说，这两个是与菩提心相应的。

以上四种心态，一、忆念三宝，对三宝不舍；二、如法忏悔；三、四、发菩提心，能如此而行。佛陀说：**"我说是人不为破戒。"**所谓不为破戒就是说，原本虽已破戒，但是通过忆念三宝，发菩提心、忏悔业障之后，他的戒体能够恢复清净的。此时未来三恶道的罪业，就能够灭除，或者是重报轻受。这是约着护法的心，也就是约着护念内心正法之心而行，即使杀盗淫妄重罪也都能灭除。

相反，第二段，**"若犯四重，心无怖畏惭愧发露。于彼正法，永无护惜建**

立之心。毁訾轻贱，言多过咎。若复说言，无佛法僧。并名趣向一阐提道。”

相反，后面这样就不可救药了：**犯**了**四重**罪，内**心**没有害怕、**惭愧**之心，又不能**发露**所造之罪而覆藏；也没有发起菩提**心**想要**护**持、**建立**正法。甚至罪业重的人，还对佛法**毁訾**或者**轻贱**，说佛法很**多过失**。

什么意思呢？就像有的人，甚至是佛教徒，依着烦恼造恶业。造业之后，当然业障现前、痛苦现前。此时他因此退失信心，而毁谤三宝，说："三宝都不灵的，我这么信佛，这么护持佛法，还每天念佛，怎么我还有业障现前呢？"不仅没有好好的忏悔，甚至产生毁谤的言辞。**"若复说言，无佛法僧"**，更严重的就是说："根本就没有三宝"，这样就**趣向一阐提**，也就是成了断善根，无可救药。所以这样的心态不可以有。

我们犯了过失，或者是障碍现前的时候，要以菩提心、虔诚心来忏悔。有时候忏悔不是马上就能够清净的，可能要忏悔很久。为什么呢？因为过去造业的时候，烦恼心太重了。就像现在很多人，造业的时候勇猛不畏，什么都不怕；后来或者来世忏悔时，一定是很困难的，要忏很久。所以当忏了很久不见效果，也不要失去对佛法的信心，而要更进一步的多发起惭愧心、菩提心来忏悔，这样才能够真正的忏悔清净。

再来学习**"示悔法"**，就是大略地显示忏悔的方法，和忏悔之后的功效。

"云何是业能得现报，不未来受？"一个人造重业之后，如何是重报轻受，仅得些许现报，只承受今生微小的痛苦，未来不再去三恶道，受更大的痛苦？

底下回答：**"谓忏悔发露，供养三宝，常自呵责。以是善业，今世头目等痛、横罹死殃、鞭打、饥饿。"**

第一个，修**忏悔**。这个是必须的；第二个，**发露**。发露就是在修忏之前，要在佛前先发露自己的过失，然后彻底的忏悔；第三个，**供养三宝**。为什么供养三宝跟修忏有关系呢？这里的供养三宝，并不只是为了求福报，而是希望透过供养三宝，生起我们对三宝归依之心，而得到三宝的加持。

在此举《盲龙经》的例子来说明。经典记载，佛陀某个因缘中，看见一条眼睛瞎掉的龙，在热水里面被烧煮，同时热水里面又有很多的虫子咬它的肉，非常非常地痛苦。佛陀就明知故问："某某人，你为什么受到这么大的痛苦呢？"

这条龙说："过去生当中，我曾经是一个比丘，破了重戒，又接受居士很多的恭敬供养。由于这个原因，所以现在在畜生道，然后被热水烧煮。"那为什么会有这么多小虫在它身上钻进钻出，吃它的肉呢？"我过去生当中不仅破戒，看见持戒比丘，我还经常障碍他们。因为他们的持戒，更显现出我的不清净，所以看到持戒比丘就障碍。那些持戒比丘因此心生怨恨，发愿说：'以后我要吃你肉'，结果现在因缘会遇时，就变成小虫来吃我的肉。"

佛陀很怜悯它，就说："好，现在我来解救你的痛苦。你拿清净的水来洗佛的脚。"以此供养佛的原因，能够灭罪。龙就拿水来洗佛的脚，但是因为它所造恶业的原因，拿水洗佛脚的时候，水马上就变成猛火烧身，无法拿给佛洗脚。

盲龙很痛苦，问佛怎么办？佛陀就跟它说："你要发起广大的誓愿，发起殷重的菩提心，然后再来供佛，这时才能成就。"盲龙就发广大的菩提心，然后再用水来洗佛足。经过几次供养，洗佛足之后，就脱离盲龙的果报。佛陀还为它授记，未来迦叶佛出世时，它能够出家做比丘，乃至证得阿罗汉。

这就是供养三宝，得到加持的例子。但供养三宝的动机，不仅是为了求福报，因为福报往往不抵业力。就像这个盲龙一样，供养三宝，是希望得到三宝的护佑与加持。同时，要发起广大的菩提心，发菩提心再供养三宝，就可以得到三宝的加持，帮助我们灭罪。

接着看到第四个，**呵责**，不仅是呵责过去所造的罪业，而且是呵责眼前的一切习气。就是说我们在佛前拜忏的时候，或者平常，都要有惭愧心、忏悔心，这个非常重要。

就像稻穗长得越饱满，它的头就越低；修行人也是一样，从他的气质上可以表现出他的功夫是否上路。如果是很高傲的心态：我很努力地修行，我修得不错；我忏悔很精进……有这样想法的时候，纵然在事相上精进忏悔，但是很难真正清净。因为罪业都来自于我执，这样高姿态的用功，只是加持我执罢了！

所以我们在修忏同时，必须是低姿态，而且是真正与惭愧心、忏悔心相应，而非故作低姿态。就像弘一大师，或者台湾的广钦老和尚，都是修行修得很好的人，所以他们表现在外，都是很调柔、很谦卑的。因为他们内心常常怀有惭愧心、忏悔心，知道自己还有很多不足的缘故。

所以忏悔要得到清净，这是很重要的：**常自呵责**。呵责自己的罪业、习气，不要往外看，"我很用功地忏悔，很精进地忏悔，而你们都是罪业众生……"，这样的话，不可能忏悔清净。只有很认真地看自己的问题，才能跟忏悔心相应。平常要注意自己的心态，时时观察自己是不是与惭愧心、忏悔心和谦卑心相应？因为这些心态都跟"无我"相应，跟罪业的根本——我执相违背的。

"以是善业"，因为这样的忏悔善业，**"今世头目等痛"**，结果还会有今生的头痛、眼睛痛；或者身体的疾病；或者甚至**横罹死殃**，就是遭遇意想不到的灾祸，乃至于丧失性命，或者受到**鞭打**和**饥饿**的痛苦。

这时候我们必须要有信心，知道这是重报轻受。也就是说，只要能够如法忏悔、发露、供养三宝、常自呵责，结果反而会有些障碍现前，这个时候不要想"唉，我是不是业障太重了"，或者"是不是三宝不灵"，要明白，这是重报轻受。本来是要到地狱的罪业，经过虔诚恭敬地忏悔之后，就把地狱的罪业，转成今生的一点点痛苦而结束掉。

各位要是了解地狱的痛苦，再想想：透过忏悔，能够重报轻受，就觉得有价值了。所以并不是修行之后一定不会生病、一定不会发生意外。但是如果真的很认真地修行，却发生这些灾祸时，往往就是重报轻受了，对此要有信心，莫生邪见。

古往今来有很多修行修得很好的人，他们到后来也会生病，甚至也有发生灾祸的。但是心都还是保持在正念中，因为他们知道这只是重报轻受，所以心都是很淡定，不会因此起烦恼。

“若不修身戒心慧，反上诸法，增长地狱”。相反，如果**不修身**和**戒**定**慧**，**心**就是不定。什么是修身呢？就是观身无常，破除我们对色身的执着。不修身，然后修戒定慧忏悔的话，而**反上诸法**，结果**只会增长**地狱的果报。

以上是介绍忏悔的重要性。知道重要性之后就是如何实践了。

甲四、行法。

行法当中分为三段：**乙一、化制通局**、制教忏法和化教忏法之间，有什么相通，哪些只是局限于个别的？

所谓化教忏法，就是根据经论里面的内容来修忏，比如说拜大悲忏、梁皇忏都属于化教忏法。制教忏法就是根据律藏明文，所规定的各种忏悔方法。

乙一、化制通局

┌ 化教—二忏通大小乘—通被二众—具兼两忏—所犯罪通悔三世—总牒十业
└ 制教 — 局小宗 ——— 局道众 —— 局事行 —— 局现犯———— 局名体

化教跟**制教**它们各有通——通于什么样的境界，局——局限于某个部分，化教，根据经论，化教**二忏**，就是事忏跟理忏。事忏跟理忏分别**通于大小乘**，如果在拜忏的时候，还有人我对待，比如拜佛时观想“我，某甲，在虔诚恭敬地礼拜八十八佛”。就有我、有八十八佛，没有与二空智慧相应的话，就只是一种虔诚恭敬的心，这叫做事忏。如果拜佛、修忏的时候，跟我空、法空的智慧相应，这个叫理忏。

事忏跟理忏都是通于大小乘。大乘的事忏就是八十八佛、大悲忏等；小乘的事忏，如《阿含经》里面记载，如果一个比丘犯了淫戒，就观想女根像毒蛇口一样，因此产生厌离心。或者律藏中说，比丘要是犯了戒，除了忏悔之外，再来就是扫厕所。透过扫大众僧的厕所，有大功德，可以帮助灭罪。因为扫厕所、扫地除尘，不仅是除外在的尘，也是除内在的尘。所以我们在僧团里面扫厕所，这个功德是很大的，这是小乘的事忏。

理忏就是观我空法空，在大乘观我空法空，小乘只观我空。

所以二忏通大小乘。**制教局小宗**，所谓小宗指的是小乘的戒法，也就是依律文忏悔的方法，这是属于制教的部分。

化教、制教加被众生上，**化教通被二众，制教局道众**。二众就是道俗二众，在家人、出家人都包括在内，这是化教的忏悔方法所收摄的。而制教的忏悔方法**局道众**，就是局限于出家众。比丘戒有讲到比丘犯了重罪、轻罪的忏悔方法，这个只有受比丘戒的人，才会用这个方法来忏悔。在家居士也有制教方法，但这个是出家戒忏悔方法的引申。

接着看事理差别：化教**具兼两忏**，化教根据经论，有事忏、理忏这两种忏悔的方法；制教的忏悔方法**局事行**，只有事相上根据律文的仪轨来忏悔，就是事行，这个是事理的差别。

接着就所忏罪业的差别，化教它**所犯罪通悔三世**，制教**局限犯**。就是说化教，过去现在未来所有的罪业都忏悔；制教根据仪轨来忏悔，**局现犯**。比如现在杀蚊虫，犯了杀戒，就针对现在杀蚊虫这个事情，依着律文来忏悔。不讲过去世，不讲未来世，叫**局现犯**。

再来就体上来说，化教**总牒十业，制教局名体**。就是说化教忏悔，涵盖了身三、口四、意三，十业的内容，广泛的忏悔；而制教**局名体**，所谓局名体就是约着某一条罪来忏悔，并不广泛的忏悔十恶业。

化教跟制教的差别大致是这样。

乙二、制教忏法

根据律文的忏悔方法称为制教。

◀《事钞》云
- 标局 —“若论律忏，唯局道众。
- 释局所以 — 由犯托受生，污本须净。
- 示立忏之法 — 还依初受，次第治之。”

《事钞》云：“若论律忏，唯局道众”。

这里先说明制教的忏悔方法，它所加被的众生的根机是哪一类呢？根据**律**文来**忏**罪的话，原本主要**局**限于**道众**，也就是出家五众：沙弥、沙弥尼、式叉摩尼、比丘、比丘尼这五众。

“由犯托受生，污本须净。”

释局所以，就是解释为什么律忏只局限于道众。

因为**“犯托受生”**，道众所以会犯戒，是因为违反了所受的戒体，也就是说因为纳受了出家戒体，所以才会构成所谓的“犯戒”。比如杀盗淫妄的罪业，如果没有受戒的话，顶多就只是一种世间的恶法，不构成所谓的犯戒。

所以说实际上大多数的人，虽然名目上受了五戒，可是因为受五戒的时候糊里糊涂的，实际上恐怕并没有得到戒体；没有得到戒体，杀盗淫妄的造作，顶多就是世间的恶法而已，谈不上犯戒。

但是如果如法地受戒，有了戒体，再做杀盗淫妄等等事情，就构成所谓的犯戒。因此说犯戒的前提是要先得到戒体，才有所谓犯戒的事情。所以犯托受生。

“污本须净”，染**污**了**本**来的戒体，所以必**须**通过忏悔使它恢复清**净**。

示立忏之法：“还依初受，次第治之”，在此显**示忏**悔**之法**，**“还依初受”**，接着依最初所受的戒法，**“次第治之”**，要先判断是属于上品、中品、下品的罪，然后再来如法的忏悔。

也就是**还依**着当**初**所纳**受**的戒法，**次第**地对**治**，也就是按照所犯戒之上中下品次第，如法的忏悔对治。

关于如何依着律文“次第治之”，可以参考《附录二、依制教忏悔法》，弘一大师根据《根本说一切有部律》的解说。

乙三、化教忏法

化教忏悔的方法。

- ◀《事钞》云
  - “若据通忏，理事二别。”
  - 理忏
    - 标根性 —“理据智利。
    - 示观行
      - 所观境 — 观彼罪性。
      - 能观智
        - 由妄覆心，便结妄业。还须识妄，本性无生。
        - 念念分心，业随迷遣。”
  - 事忏
    - 标机宜 —“若论事忏，属彼愚钝。
    - 示忏法
      - 不堪理观 — 由未见理，我倒常行，妄业翳心，随境缠附，动必起行，行缠三有。为说真观，心昏智迷。
      - 正明事忏
        - 止得严净道场，称叹虔仰，或因礼拜、或假诵持、旋绕竭诚，心缘胜境。
        - 则业有轻重，定不定别。
        - 或有转报，或有轻受。
        - 并如《佛名》《方等》诸经所明。”

《事钞》云：“若据通忏，理事二别。”

通忏指所有忏悔的方法，如大悲忏、梁皇忏、水忏、无生忏……忏法很多，但归纳起来有**理**忏和**事**忏两种。

我们知道，受戒的人犯戒有两种罪：第一就是制教罪，第二是业道罪。制教罪是违背当初受戒时的誓言，要依着前面所说的仪轨，请清净的出家众来做对首法忏悔。

第二业道罪是说，纵然没有受戒的人，做了这件事情，本身也是有罪的。比如说杀生，就算不受戒也是违背因果，一样要结罪的，要根据化教的方法来忏悔。

总之，不管是受了五戒、菩萨戒还是八关斋戒等等，受戒之后犯戒，必须进行两种忏悔：第一，依着律文，忏悔制教罪；第二，依着经论，拜八十八佛等等的方法，来忏悔业道罪。但如果是一个没有受戒的人，就没有制教罪，可以完全的按照化教的方法来忏悔。

首先来介绍化教忏法的**理忏**。

理忏中第一段**“标根性”**，**“理据智利”**。般若无生**智**慧比较锐**利**的人，就是说曾经在般若无生的空理中闻思过；这不是世间的聪明，而是必须在善知识的指导下，学习般若法门，并经过长时间的闻思功夫，对于实相之理，已经生起没有疑惑的理解，这才可以称为“智利”，也才有资格修理忏。

第二段，**“示观行”**，所谓观行就是以能观智，来观察所观境。

所观境是什么呢？就是**罪性**，观察这个罪是怎么生起的。为什么要观察罪性呢？因为我们修理观就是要破除对罪性认为有真实性的执着。若能破此执着，则能灭罪。比如忏悔杀生这个业，这个杀罪的真实性，就是我们要破的，因此所造的罪业，是我们修理观的所观境。

接着是能观的智慧，**“由妄覆心，便结妄业。”由**于颠倒**妄**想**覆**盖我们的真**心**，所以我们会**结妄业**。就像《六祖坛经》所说：“有我罪即生”，因为有我执的颠倒，覆盖我们的真心，所以才会造恶。对治的方法就是**“还须识妄，本性无生。”还**从根本上看，罪业的本质就是这念**妄**心。观察这念妄心是虚妄不实的，因此由这念妄心所造的罪业，也是虚妄不实的。因缘果报中，因是虚妄不实的幻境，所以果报也必然是虚妄不实的幻境，就是理忏的原理。

说“我”在观察，“我”在造罪，那“我”在哪里？可以这样思维，过去心有我吗？没有，因为过去心一刹那就消失，踪迹不可得。所以过去心当中，是没有一个真实的我存在。现在这个刹那的心中有我吗？也没有！因为现在这颗心，一刹那就变成了过去，所以说现在心中也没有我。未来心当中有我吗？未来心只是一个概念，还没有真正的生起，所以这当中没有我的存在。

所谓“我”这个主体，必须具足“常、一、主宰”的特性，也就是

“常”——恒常住；“一”——不变异；“主宰”——不假借任何因缘，自己就能够独立显现，叫做“我”。我们总会认为，在我的心中有一个坚定的主体叫做我，比如我在这里讲话，虽然知道听讲话的这颗心刹那刹那生灭，但在这中间，有一个不生不灭的主体叫做我，这是凡夫众生的惯性思惟。

但是我们刚才观察，过去心、现在心、未来心，都没有一个真实的我存在。或者是从自生、他生、共生、无因缘生的观察，或者是内、外、中间等等观察，这个“我”实际就只是一个虚幻而错误的概念罢了！

例如我们晚上在树林当中走，看到远处的枯木，张牙舞爪像鬼一样，但是走近一看，只是一棵枯木。树的形象是假有的，但是由树所生起，这个鬼的概念是没有的，就像龟毛、兔角一样，是自己想出来的。所以说我在思惟，我在听，我在吃饭，我在睡觉，这个“我”就像从枯木所变化出鬼的形象一样，它只是自己幻想出来的概念，没有真实性可得。

在大乘经典中，用不同的方式来告诉我们这个道理。当我们知道“我”不可得，由“我”所造的这个罪，更是没有依托。因为有“我”，才有“我”所造的罪，以及由“我”来承担的苦果，如果“我”都不可得了，由“我”所造的罪，哪还有真实性？这是观察能造罪的这念心究竟无生，而灭罪方法。

另外一个方法是观察罪业本身是无生的，比如说我今天拿着刀杀这只鸡，所以我造了杀罪。来看杀鸡这个罪的构成：我有杀心、有手、手上的刀，还有鸡，乃至杀鸡的行为，这一些和合在一起，才构成了“杀鸡”这个罪业。

但是分别观察，杀鸡这个罪业是从哪里生起的呢？是从我这颗心生起的吗？当然不是，没有刀没有鸡，就构不成杀业。由我的手生起吗？不是。由刀生起吗？不是。由鸡生起吗？也不是。只有由我的心、我的手、刀还有鸡、杀鸡的行为，这些法和合在一起，才构成了所谓杀生的这个罪业。所以它是由四个法，因缘假合而成，这四个法当中的每一个法，都不能单独构成杀罪。这是从罪业上来观察，杀罪的真实性不可得，这是第二个方法。

观察造罪的这念心不可得，或者直接观察罪也不可得，都是能观的智慧。

“念念分心，业随迷遣。”“念念分心”，分辨这念心，也就是念念观照能造罪的这念心不可得，则“业随迷遣”，业是妄业。随着这念虚妄心的破除，虚妄的罪业也就慢慢地被破除，这就是理忏。

要修理忏，必须有经典的理论依据，还有善知识的引导，这两个和合之下，对般若空性的理论比较熟悉了，才可以修理忏。如果没有善知识的引导，也没有般若经论的学习，而去修理忏，基本上就是在打妄想。但如果条件具足而修理忏的话，灭罪的功德确实是很强大的。

蕅益大师把理忏比喻成“如翻大地，草木皆枯”，事忏虽然是把草木拔起来，但根还在，春风吹又生。理忏就是把大地整个翻起来，使草根露出来，杂草就自然地枯竭。

理忏和事忏的差别，事忏中有能所的对待，有能拜忏的我，有所忏悔的罪业，这样虽然也能灭罪，但它灭罪的力量有限，只是把恶业的种子中，未来能感召到三恶道果报的势力消减掉，但罪业种子并没有完全净除。而理忏是把恶业的种子连根拔起，从本质上破坏掉，这就是事忏跟理忏的区别。

理忏要观察空性，我不可得，法不可得，所以罪也不可得。不过在修理忏的时候，要注意观一切法不可得时，不是没有法，这是一个很重要的观念。罪不可得，不等于没有罪。

比如晚上做梦，梦见被老虎追杀，梦醒之后，梦中的我和梦中的老虎都不可得。但并不是说，梦中老虎还有我的作用，是不存在的，这个作用是存在的。又比如我们在梦境中，与所爱的人悲欢离合，我们心中因此会产生种种痛苦，虽然这种痛苦是如梦如幻，但如梦如幻的痛苦，并不代表它没有作用。所以说罪不可得，是说它的真实性不可得，但它的作用还是有的，有罪业就会感召到三恶道，痛苦果报的作用。

所以本身般若智慧如果不够，又没有善知识的引导，把这个不可得变成没有，甚至对罪业没有恐惧心、惭愧心，那这时就会出大错了。

因为从缘起中见到空性，空性与缘起本就不二。所以能见到空性，也必然见到缘起，更能深信因果缘起不虚。就像初果须陀洹，因为见到了空性，所以同时也成就了“四不坏信”，对三宝以及戒法的信心至死不渝。

所以说你如果修理观时发现，自己的忏悔心和惭愧心越来越薄弱，那就代表你的理观绝对是错误的，还是先终止修理忏吧！像一些狂禅，或者是理观错误的人，越修理观越觉得造罪无所谓，就胡搞瞎搞，反正罪不可得，地狱也不可得，不用担心。有这种心态，就说明理观错误，千万别再修了。凡是大彻大悟的古德们，他们的忏悔心、殷重心，都远远地超过我们。因为他们能够见到空性，也就见到了缘起，知道性空缘起，这是绝对不虚的。

我们有时会心存侥幸，觉得有的人造罪业，好像也没有报应，有意无意地会存着此心。但古德他们见到了性空缘起，所以深信因果丝毫不爽，心里不存在一丝一毫的侥幸，对于忏悔的事情也殷重得多。所以说理忏，需要“理据智利”。智慧是勇猛有力的，这个事情是不能妄自承担的。如果我们没有这猛力的智慧，可以先从事忏下手。接下来介绍事忏。

第一段**“标机宜”**。**“若论事忏，属彼愚钝”**，事忏是愚钝者修的，愚钝不一定是很笨的人，而是对空性的道理，还没有办法完全掌握，这个时候称之为愚钝。我们大多数的人都属于愚钝，愚钝没关系，就怕自作聪明，觉着自己了不起。修行要老老实实，这个是最重要的。

第二段**“示忏法”**。**“由未见理，我倒常行，妄业翳心，随境缠附，动必起行，行缠三有。为说真观，心昏智迷。”**像一般**未见理**的人，因此**我倒常行**，常常造作我执颠倒。因为颠倒，所以会造妄业，而覆盖我们的真心。使得这颗心更随境缠缚。其实不是境界来纠缠我们，而是我们的心攀缘境界，而称为**缠缚**。

因为内心缠缚，所以**“动必起行”**，起心**动**念**必**然造作三业染污之**行**，**“行缠三有”**，依此种染污之行，决定造作三界的业，在三界中不断沉沦。

“为说真观”，**为**他**说**空性这样甚深微细的理**观**，则 **“心昏智迷”**，内**心**暗钝，无法理解，所以还是应该先修事忏要紧。

再看第二段 **“正明事忏”**。**“止得严净道场，称叹虔仰，或因礼拜，或假诵持，旋绕竭诚，心缘胜境。”**这是说修事忏的方法，在清净道场，三宝像前，称叹、并发起虔诚仰望之心。或者拜佛、诵经、持咒、旋绕，皆依虔诚恭敬心而行，同时心中缘想着三宝殊胜的境界。

关于修事忏的方法，此处说的比较略，各位可以参考《附录三、明“事忏”方法》，在此以道宣律祖《随机羯磨疏》中的开示，来详细说明修事忏的方法。

接着看**正明事忏**的下一段。**“则业有轻重，定不定别。或有转报，或有轻受。并如《佛名》《方等》诸经所明。”**这是说明事忏利益，**业**力**有轻**有**重**，有**定**业和**不定**业的差**别**，通过事忏之后，会有转变。**“或有转报，或有轻受”**，**转报**，就是把罪转掉，不受了；**轻受**，就是说虽然没有把恶业完全转掉，但结果却是重罪轻报，本来是地狱的罪业，通过今生受些灾难和痛苦，把它转掉。

- “时”“报”俱定（三时俱有心，并俱重心）——不可不受，则转重令轻。
- “时”定（三时俱有心）“报”不定（虽俱有心，容有重轻）——忏悔可转，则有相除。
- “时”不定（非三时俱有心）“报”定（有心者俱重心）┐
- “时”“报”俱不定（非三时俱有心，有心者非俱重心）┘——此造业轻，易忏伏也。

上面这个表，是说明转报和轻受的各种情况。第一个 **“‘时’‘报’俱定”**，这时**不可不受**，但可以透过忏悔后，**转重令轻**。时是三时俱有心，而且都是重心，这叫**俱重心**。三时就是在造业的方便时、根本时和成已时这三时，都有粗重的烦恼。

比如说今天要杀一只鸡来吃，在杀它之前，想象鸡的味道有多么地好，就很想杀（方便时）。在杀它的时候想到它的肉是多么地鲜美，迫不急待地想杀它，杀的时候很快乐（根本时）。把它杀了吃掉以后，还不断地回味那个肉是多么地鲜美、多么地嫩，不断地快乐回味（成已时）。这就是三时都有烦恼心，而且都是重心，这样就构成了定业，也就决定受报。但是通过事忏之后，能够转重为轻。就是说可以把这种原本地狱道的罪业，转成人道中，透过生病、车祸等小小的痛苦，把它转掉，这是时报俱定的情况。

我们难免都有烦恼造业的时候，但是在造业时要注意心态，不要三时俱重，否则以后忏悔就困难了。例如有人拜了一个礼拜八十八佛就有感应，感觉灭罪了；有人拜了一年，也都没有感应。除了拜的心态、方法是否正确外，那就是当初在造业的时，因为三时俱重，所以不容易忏悔清净。

就像佛陀有个弟子叫指鬘尊者，他在没有归依佛陀以前，被魔王所迷惑，杀了九百九十九个人。最后接受佛陀的度化而出家，也证了阿罗汉，有阿罗汉的道力，所以他未来地狱的果报，可以免除掉，但是他每天在寮房里都要受地狱般火烧的痛苦，这就是重报轻受的情况。

第二个，**“‘时’定‘报’不定，忏悔可转，则有相除。”**时定就是说**“三时俱有心”**，但**“虽俱有心，容有重轻”**，虽然三时有烦恼心而造罪，但是不像第一个，三时都有殷重的烦恼心。

所以结果**“报不定”**，就是说不一定会受报，通过忏悔，可以改变。那是怎么改变呢？**“相除”**，就是唯识学所说的“递夺”，把原本三恶道的罪业全部转化掉。虽然事忏后罪业种子还在，但是会把种子中，驱使我们投生三恶道的力量全部消灭掉，甚至也不用重罪轻报了。所以有时忏悔某种罪业，很快地感受到身心安乐，也没有障碍出现，可能是因为当初在造业时，虽然三时都有心，但并不是重心，后来要忏悔就比较容易。

第三个，**“时不定报定”**。**“时不定”**，是**非三时俱有心**，比如方便时没有心，根本时临时起意，或者方便时、根本时都有心，但成已时、后悔类似的情况叫三**时不定**。

“报定”，是因为**“有心者俱重心”**，就是虽然不是三时都有心，但是只要有心，都是很重的烦恼心。**“此造业轻，易忏伏也。”**虽然说是报定，但还是可以通过忏悔的力量给忏除掉，因为并不是三时都是重心的。

第四个，**“‘时’‘报’俱不定，非三时俱有心，有心者非俱重心”**，这个是最轻的情况，因为并非三时俱有烦恼心，同时也并非俱是重心，所以还不构成定业，忏悔起来也就比较容易。所以我们在忏悔的时候，为什么有时候会重罪轻报，有时候不会，就是因为造罪时的心态不一样。人都有烦恼，因烦恼而造罪的时候，注意不要三时都有心，同时要怀着惭愧心、忏悔心，即使造罪业也比较容易忏悔清净。

最后再讨论一下事忏跟理忏怎么配合。基本原则是，如果对空性的道理还不是很了解，那还是先以事忏为主。等到掌握空性的道理之后，就可以配合理忏。

另外根据《杂心论》：“若乐罪时须修事忏，若乐福时须修理忏。”这是什么意思呢？若欢喜造罪的人，也就是烦恼、习气特别粗重，好乐造罪的人，若要修理忏根本谈不上，因为要是有空性的智慧，就不会欢喜造罪了。所以这种人就得专修事忏。

相对来说，若乐福时，欢喜修福，喜欢佛法、并能积极地积资忏净，因此烦恼相对轻得多，空性的智慧能够在他的心中显现者可以配合修理忏。

因此我们基本上都是先修事忏，等烦恼、业障渐渐淡薄，并且有般若空慧的基础后，再画龙点睛，学习理忏。在点睛之前必须先画龙，画龙就是修事忏。所以说事忏是基础，有这个基础再修理忏。

同时在修事忏的时候，要有殷重的惭愧心、忏悔心。在修理忏时，惭愧心、忏悔心将更加殷重，这是修忏的基础要素。关于事忏与理忏的配合，各位可以参考《附录四、明忏悔时“目足相资”义》，有更深入的说明。

忏悔篇就大致介绍至此，这是修行的基本功夫。乃至普贤菩萨为华严海会法身大士们，开示迅速成佛之十大愿王，也有忏悔业障之法门，何况我们生死凡夫呢！所以这是修行成功与否的关键。

附录一　十不善业果报

【一】花报：

《了凡四训》："然人之过恶深重者，亦有效验：或心神昏塞，转头即忘；或无事而常烦恼；或见君子而赧然消沮；或闻正论而不乐；或施惠而人反怨；或夜梦颠倒，甚则妄言失志；皆作孽之相也。"

【二】正报：

《大方广佛华严经》："十不善业道：上者地狱因，中者畜生因，下者饿鬼因。"

【三】余报：（若生人中）

就是说我们如果犯了身业的杀、盗、淫，口业的妄言、绮语、两舌、恶口，意业的贪、瞋、痴，这个十不善业的话，会有什么样的果报呢?

果报有三个，第一个是花报，第二个正报，第三个余报。

罪相	等流果（恭录《大方广佛华严经》）	增上果（恭录《阿毗达磨顺正理论》）
杀生	短命、多病	外所有诸资生具光泽鲜少
偷盗	贫穷、共财不得自在	多遭霜雹，稼穑微薄果实希小
邪淫	妻不贞良、不得随意眷属	多诸尘埃
妄语	多被诽谤、为他所诳	多诸臭秽
两舌	眷属乖离、亲族弊恶	所居险曲
恶口	常闻恶声、言多诤讼	多诸恶触，田丰荆棘硗确咸卤。
绮语	言无人受、语不明了	时候变改
贪欲	心不知足、多欲无厌	果少
瞋恚	常被他人求其长短、 恒被于他之所恼害	果辣
邪见	生邪见家、其心谄曲	果少或无

所谓**“花报”**就是说，十不善业的正报都是三恶道，而在没有进入三恶道之前，它会有征兆。就像快下雨之前，空气都会潮湿潮湿的，这个就是下雨前的征兆。花报就是征兆，就像结果之前要先开花，称为“花报”。

我们根据《了凡四训》里面的解说，来了解十不善业的花报。**“然人之过恶深重者，亦有效验”**：一个人内心有业障，是有征兆的。**“或心神昏塞，转头即忘”**：头脑不清楚、迟钝，好像血管堵塞了，血流不过去。我们平常看电影、吃喝玩等放逸的时候，好像头脑很清醒；但是一遇到经典，一听经闻法，一念佛，一拜佛，就觉得头痛，或者头脑不清醒，很想睡觉，这是“心神昏塞”。甚至“转头即忘”，因为气血不通，烦恼多、业障重，所以记忆力退失，转头即忘。

“或无事而常烦恼”：有的人没事干坐在那地方也会起烦恼。有的人没有生活目标，整天打妄想、起烦恼。天气晴朗，“天气太好了，好热”，起烦恼；快下雨了，“天看起来好阴，令人不舒服”，起烦恼。这也是一种障重的征兆。

“或见君子而赧然消沮”：看到行善业的君子，内心很沮丧不仅不随喜，甚至感到厌烦，内心是一种排斥的心态，这个也是业障。

“或闻正论而不乐”：听到别人讲世间的正道言论，或者佛法正论，内心不快乐、排斥。

“或施惠而人反怨”：自己帮助别人，但是反而被别人伤害，这个不能完全怪别人，有时候是自己的业障。

“或夜梦颠倒”：晚上睡觉的睡眠品质非常不好，总是做恶梦，或者做一些颠颠倒倒的梦，这也是业重的征兆。

“甚则妄言失志”：讲话的时候语无伦次，想要说东却讲到西，想要说是，却不自觉讲不是等等，内心已经混乱的表现。

“皆作孽之相也”：这些都是作孽所显的现相。

我们现在看到很多人有这样的事相，或者颠颠倒倒，或者转头即忘，或者晚上睡觉夜梦颠倒，原因是现在的人因为社会、科技的进步，所以越来越方便造业。由于内心没有因果的观念，也不怕做坏事的果报，熏习多了果报也就越快现前。

上面是比较粗显的征兆。有的人说我没有以上征兆，我身体很好，心很清明，都没问题，是不是不需要忏悔了？不是的。我们刚刚讲，等觉菩萨都要修忏悔，何况我们。就算我们没有这么粗重的问题，但是我们都会有烦恼和习气，有烦恼习气就要忏悔。

或许有的人会说，我没甚么烦恼、习气的。但是要知道，如果一个修行人，看不到自己的烦恼习气，这是很失败的。贪爱眷属、声名、地位、财富等等的贪；喜欢跟人家比较，看到别人总是喜欢批判的瞋；对因果的道理半信半疑的痴，即使是佛教徒，甚至修行人也都会有的。这些烦恼障跟业障，除了用般若智慧来调伏烦恼之外，再就是要忏悔。因为就算明白很多道理了，但是往往心中还是做不了主，就必须要修忏。

就像在天台宗修行的方法，主要是静坐修禅，修圆顿止观。但是如果修了很久很久都无法相应，这个时候怎么办呢？就要修忏、拜忏。

这是第一个**花报**，我们或多或少都会有的，是业障的征兆。所以我们学佛的人要多拜忏，这个很重要的。而且不是说刚学佛才拜忏，而是一路都要拜忏。我看反倒是老和尚比年轻人还要用功，有九十几岁的老和尚，每天凌晨两点多就起来开始拜佛，都很精进的。

第二个**正报**，就是未来正式的果报，堕入三恶道。

“十不善业道：上者地狱因，中者畜生因，下者饿鬼因。”随着造业时的心有轻重不同，所以未来感召果报有浅深的差别。如果造业时烦恼心重，即感召上品，也就是地狱的果报，余二类推可知。

三恶道的果报都很长远，而且很难以出来。为什么呢？因为待越久痴心越严重。想一想我们如果得了重感冒，头昏脑胀时，佛号还念得出来？正念还能生起？所以进了三恶道很难以出来，就是这个原因。

思惟此理，于因果怎可不谨慎，同时怎会不积极忏悔呢？

第三个**余报**，从三恶道出来之后剩余的果报。这当中包括等流果和增上果。等流果就是指我们正报的等流(相续)果报，也就是属于正报中的余报；增上果主要指的是依报中的余报。

如同上表，比如一个人他短命、多病，为什么呢？很有可能就是过去生杀生的余报，这个时候就是要多忏悔杀业。不能只是放生，放生只是助缘而已；

还要忏悔，修习忏悔法门。

所以有时候我们要求世间的福德，但是诵经持咒，求很久求不到。这并不是法门的问题，而是没有配合忏悔。比如世间人求子、求婚姻、求事业，有时修很久都求不到。为什么呢？就是因为过去，或者过去生当中，曾经做过相应的罪业，所以在未忏悔清净前，会妨碍这些福业的现前。例如欢喜吃鱼卵，不忏悔而求子；障碍他人婚姻，不忏悔而求婚姻等等。倘若所造业重，在这些罪业没有忏除之前，将会障碍福报显现的，必须要配合拜忏，这个很重要。

在此举《了凡四训》的例子，袁了凡想要求子，云谷禅师就问他："汝自揣应得科第否？应生子否？"意思就是说你反省自己的习气，像是该有功名、孩子吗？袁了凡想了很久，检讨自己的性格当中，刻薄等种种不良习气，不像是有福德之相。

所以云谷禅师就教他"汝今扩充德性，力行善事，多积阴德"，也就是从以治习气为主，配合持准提咒、培福等助缘以转业。所以并非如一般人所想，《了凡四训》主要是教人填写功过格等。如果习气不除，修再多福报也难以显现。袁了凡深知此理，因此才改名为"了凡"，以铭自己修正习气、积功累德的决心。所以忏悔、改正习气，才是真正求福之道。

我们可从上表，十恶业的余报中去自我检讨，就可以知道自己习气何种偏重，而能努力忏悔、对治相应的习气，才有转凡成圣之期。

附录二　依制教忏悔法

若犯上品不可悔罪，依小乘法则永弃佛海，名为边罪，不许忏悔。不得更受五戒，亦不得受八戒、沙弥戒、苾刍戒、菩萨戒，惟依大乘法修取相忏，见好相已，方许受菩萨戒，亦许重受五戒等。（若杀生身父母、阿罗汉圣人，即成逆罪。准梵网经，现身不得戒。）

若犯中品、下品者应忏悔。犯中品者，向清净大小乘僧众三人前说罪；犯下品者，向一人前说罪。或无三人，止向二人、一人亦得灭罪。倘无清净大小乘僧众堪向说罪者，但殷重自誓终不复犯，罪亦得灭。若有人可向说罪者，必不得自誓灭也。

说罪之文，依《有部律》，酌定如下：

先作礼敬已，蹲踞合掌，作如是说：“大德存念，我邬波索迦某甲，有故杀蚊虫 随其所犯称之 ，犯下品可悔恶作罪，及此方便恶作罪。此所犯罪，如是三说 我今于大德前，从清净来，并皆发露，不作覆藏。由发露已，便得安乐。”

所对苾刍问言：“汝见罪不？”　答言：“我见。”

又问：“将来诸戒能善护否？”　答言：“能护。”

所对苾刍言：“奥箪迦。”　答言：“娑度。”

案僧众犯罪已，不即说罪者，应得覆藏罪。于说罪时，一并说悔。若在家二众，律中虽无明文，然犯罪已，不应覆藏，当即说罪。若因故不得已，覆

藏多日乃说罪者，应心生大惧，痛自呵责。否则即是轻慢圣教，宁谓无过，慎之！慎之！

——恭录自弘公《新集受三归五戒八戒法式》

“若犯上品不可悔罪，依小乘法则永弃佛海，名为边罪，不许忏悔。不得更受五戒，亦不得受八戒、沙弥戒、苾刍戒、菩萨戒。”

所谓上品不可悔罪就是破戒。

比如说杀戒，杀人了，对方也死掉了，这就破杀戒的戒体；

偷盗，偷别人东西满五钱以上，就破偷盗戒的戒体；

邪淫，在家的邪淫，就是男根只要进入男二处女三处，男二处指男众的口道和大便道，女三处就是女众的口道、大便道和产道，进入就像毛发这么样的一点点距离，就破了邪淫戒的戒体；

妄语破戒，讲大妄语：没有证得神通说自己证得神通，没有证得禅定说自己证得禅定等，而且还不是错觉，是真正的想说谎，破妄语戒。如果只是一般的欺骗，看到说没看到，有说没有，只是犯中品的罪，不构成破妄语戒的戒体，这些在《持犯篇》已经详细介绍过了。

总之所谓破戒，犯上品不可悔罪，是很严重的情况。不要像有的人认为踩死一只蚂蚁也是破戒，没那么严重。

犯杀盗淫妄的上品，是不可悔罪。依着小乘的戒法来说，无法忏悔**“永弃佛海名为边罪”**，佛法像大海一样，大海是不会停留死尸的。有的人在大海中间，遇到海难死掉了，尸体被海水推呀推呀，最后会推到岸边停下来，在大海中间是不会停留死尸的。死尸是指破戒的人，所以破戒的人，就小乘的教法来说，被永远地抛弃在佛法大海之外，所以称为边罪。就是说这样的人，他是没有救了，边罪是无法忏悔的。

所以过去破了戒之后，就声闻法来说，不能再受五戒了。就像南传佛教，一个人破了戒之后，就不能够受五戒，也不能受八关斋戒，不能受沙弥戒、比丘戒、比丘尼戒。也就是说，不能受更上品的戒。这是按着小乘教法来说，一切法(包括戒体)皆是实法生灭，因此会有此判，戒体破坏就不能再恢复了。

“惟依大乘法修取相忏，见好相已，方许受菩萨戒，亦许重受五戒等”，所谓取相忏，就是我们后面讲的大乘事忏部分。大乘事忏为什么又叫取相忏?就是说通过事忏的方法，可以见到瑞相，则表示所犯的罪业已忏悔清净，以取得、见到好相为止，方为灭罪，就叫取相忏。比如八十八佛、大悲忏，透过不断拜忏后，或者于梦中，或者定中见到好相，见佛、见光、见花，就代表罪业清净了，可以再受菩萨戒，或者重受五戒，乃至可以出家受戒。

可是若依律文来说，如果破戒，是没有办法用律中之作法忏来忏悔的。所以我们下面所说，依着制教的作法忏，主要是忏悔中品和下品的罪业。如果受了五戒，然后犯了杀盗淫妄的重戒，也就是破戒的话，只能够依化教来忏悔。

“（若杀生身父母、阿罗汉圣人，即成逆罪。准梵网经，现身不得戒）”，这是弘一大师的小注。就是说如果犯了五逆罪，这个罪业很重。依《梵网经》来说，这个时候就算是受菩萨戒，也是不能够得戒的。以上是属于犯上品部分。

“若犯中品、下品者应忏悔。犯中品者，向清净大小乘僧众三人前说罪”，在忏悔之前，要先确定到底犯的是上品，还是中品、下品。不能认为犯了下品依着中品来忏，感觉忏悔能够更清净。其实不对。如果犯的是下品的罪，但是却依着中品来忏，这样不但罪不能灭，反而因为忏悔不如法而结罪。

如果不确定犯了哪一品，就要去请教学习戒律的出家法师，不要随便去问不熟悉戒律的出家众或者居士。因为对方或许也是好心，就说：“你这个没什么啦！”或者判罪错误。这样忏悔之后，不仅没办法灭罪，更增一品小罪。所以要先确认到底犯的是上中下哪一品。

向清净的大小乘僧众三人前说罪，就理论上来说，要找三位清净的大乘或者小乘的出家人，在他前面忏悔。

关于“清净”有不同的说法。按照道宣律祖的标准，这个“清净”就是说所有的戒都要清净。比丘二百五十条戒全部清净，或者沙弥十戒全部清净这标准是很高的，末法时代恐怕难以找到。

第二种标准就是其他戒不清净没关系，只要跟他忏悔的这条戒是清净就可以了。比如说今天要忏悔杀生的这条罪，但这个比丘其他戒都不是特别清净，当然还没达到破戒的程度，但是他杀生这条戒特别清净，就可以找这个比丘来忏悔杀生罪。这是汉地其余古德的标准。

第三种标准，依据南传佛教现行的做法，不管对方出家众清不清净，只要没有破戒，都可以在他的面前，透过底下的仪轨来忏悔。南传的比丘，根据他们的律藏，是这样子的做法。

所以要像道宣律祖所说，二百五十条戒全部清净，才能跟他忏悔的话，现在末法时代，恐怕在台湾乃至全世界，也就只有几位律师，及其少数学法的眷属而已。能够轻重等持，二百五十条戒都不犯，犯了之后当天即能忏悔——那是稀有难得的。所以可以退而求其次，找所要忏悔的这条戒清净的出家众忏悔也行。

“犯下品者，向一人前说罪”，犯下品，比如说杀蚊虫，**“向一人前说罪”**，找一个出家人来说罪就可以了。

“或无三人，止向二人、一人亦得灭罪”，犯中品罪的话，本来要在三人前说罪；但如果一时找不到，只向两个出家人前说罪也可以；甚至两个出家人也找不到，只在一个出家人面前说罪，也可以。

“倘无清净大小乘僧众堪向说罪者，但殷重自誓终不复犯，罪亦得灭。若有人可向说罪者，必不得自誓灭也”。这是一个更广的开缘，如果找不到清净的大、小乘出家众，比如住在边地，有时候连出家人都找不到的，更不要说清净的大、小乘僧众，这个时候可以在佛前彻底地发露，然后以殷重心在佛前发誓：“我从今开始，再也不造作同样的罪业。”弘一大师说这样也是可以开缘，罪也是可以灭除的。但是，**“若有人可向说罪者”**，如果可以找到清净的出家众，还是尽量在清净的出家众前说罪，不可以自誓说来灭罪。

底下这**说罪之文**，是依律文忏悔的方法。

“说罪之文，依《有部律》，酌定如下”：弘一大师接着说明忏悔的方法。《**有部律**》是指《根本说一切有部律》，这是诸多律部中一个派别，由唐朝义净三藏法师从印度带回中土的。在道宣律祖著作的时代，因为此律尚未传入中国，所以宣祖所著之《南山三大部》中，没有引此部律之文，于是弘一大师在此引本律作为补充。

所谓**说罪**，就是依着制教来忏罪。**酌定**，原本这个文是给出家众用的，弘一大师把文改成优婆塞优婆夷。就是类比，文意的大结构不变，只是文辞稍微改变一下。

“先作礼敬已，蹲踞合掌，作如是说”：**“先作礼”**，先跟忏悔主顶礼，所谓忏悔主就是帮助你忏罪，一到三位清净的出家众。先在他面前顶礼，接着心念、口言：“弟子某甲，至诚顶礼忏悔主”。然后**“蹲踞合掌”**，蹲踞就是长跪。古印度是跪坐的姿势了，也称为胡跪，而我们汉地习惯是长跪合掌。

接着是具体说的内容：**“大德存念，我邬波索迦某甲，有故杀蚊虫**(随其所犯称之)**，犯下品可悔恶作罪，及此方便恶作罪。”**

“大德存念”或者“大德一心念”，就是希望大德您能够专心地听我说。

“我邬波索迦”，邬波索迦就是优婆塞，只是翻译的名字不同而已。男众自称优婆塞，女众就自称优婆夷。**“某甲”**，接着自己的法名或者大名。

“有故杀蚊虫”，杀蚊虫只是个例子，**“随其所犯称之”**，可以同时念，比如说“有故杀蚊虫，有故小妄语”等等，随其所犯称罪名。

全部罪相都念完之后，总结：**“犯下品可悔恶作罪”**。恶作罪就是突吉罗罪，就是身口意中一种微细的恶行，不好的造作。因为这不是破戒无法忏悔，因此称为**“可悔”**。

“及此方便恶作罪。”什么是方便恶作罪呢？例如犯戒后应当实时发露，如果蓄意覆藏而不发露，就要结一品小罪。同时每覆藏一天，就要多结一品小罪。这些都是属于“方便恶作罪”。

“此所犯罪，我今于大德前，从清净来，并皆发露，不作覆藏。由发露已，便得安乐。如是三说。”我所发露的罪业在大德前，**“从清净来”**，就是从纳受清净戒体那时到现在。所造的这些罪业，全部**发露，不作覆藏。**

“由发露已，便得安乐”，希望透过这样的发露忏悔，使罪业的种子不再蔓延，搅扰得身心不宁，而得到真正的安乐。

“所对苾刍问言，”忏悔主之比丘问：**“汝见罪不？”**你真正的见到所造的罪业么？**“答言：我见。”**我真正见到所造的罪业了。**“又问：将来诸戒能善护否？答言：能护。”**既然见到过去的罪业，忏悔之后未来是否能够善加护持戒体呢？答言：未来能护持。

正如前面讲的，忏悔，除了要忏除过去的罪业，还要发愿从今以后不再造作新业，未来还要护持这个戒体，这样子才是真正的忏悔。

“所对苾刍言：奥箄迦。答言：娑度。”**“奥箄迦”**就是“善”，**“娑度”**就是“尔”。“善”就是“好”的意思，忏悔主比丘就说：“好，我为你忆念，允许你的忏悔”。回答“娑度”这是欢喜、善哉的意思。

如果确认犯的是中品或者下品的罪，可以请一位出家众，在他面前按照这个文来念，同时生起虔诚忏悔之心，就可以忏悔制教罪了。当然，如果是犯了杀盗淫妄，其中业道罪的部分，则要另外以下述化教忏法，来如法灭除。

下面是关于覆藏的部分：

“案僧众犯罪已，不即说罪者，应得覆藏罪。于说罪时，一并说悔。”出家**众**如果**犯**了**罪**，没有马上**发**露忏悔，这时就**得**一品**覆藏**小**罪**，就是刚才所说的“方便罪”。比如今天杀了蚊虫，就算不能马上忏悔，至少要找一个人（出家、在家皆可）发露，说我犯了杀蚊虫的罪业；发露之后若是因缘不许可，无法接着以上述之作法忏来忏悔，但是至少这个罪业种子，就不会一天一天地像生利息一样辗转增加。

相反，如果没有马上说罪发露，随着每一天过去，就会多增加一品覆藏罪，两天就是两品，一年就是三百六十五品覆藏罪……“于说罪时，一并说悔”，在说罪的时候要一并说悔，就是依律文所念的：“及此方便恶作罪”，要再加上此句。如果没有覆藏，今日犯戒了，在第二天明相出来以前，就说罪忏悔，则“及此方便恶作罪”这句就不用念了，因为没有覆藏的方便罪。

“若在家二众，律中虽无明文，然犯罪已，不应覆藏，当即说罪。”在家众**虽**然没有**律**上的**明文**，说覆藏后跟出家众一样，要随日增加，结一品的小罪。但是就义理上来说，阿赖耶识的种子会增长广大，覆藏应当也有结一品小罪之义，所以在**犯罪**之后，也**不**要**覆藏**，以免增加罪业，要**即**刻向人**发**露、忏**罪**。

“若因故不得已，覆藏多日乃说罪者，应心生大惧，痛自呵责。否则即是轻慢圣教，宁谓无过，慎之！慎之！”犯戒之后由于某些原因，无法马上找人来说罪忏悔，也就是说不得已而覆藏。此时候心态就很重要了，不要认为“无所谓，反正大家都这样子嘛，大家受了戒之后，都没有好好持戒，也谈不上忏悔，所以我也无所谓……”犯同样的戒，成已时若以无所谓、无惭无愧的心态来面对，虽然制教罪来说都一样，但是所结的业道罪将更重。

相反，如果因为烦恼习气控制不住造罪后，内心**“心生大惧”**，也就是深深畏惧因果；同时**“痛自呵责”**，对自己犯戒的行为，心中给予严厉的痛斥。这样纵然没有马上说罪，但是业道罪相对来说，也会轻很多。

以上是依着制教，也就是律文忏悔的方法。

附录三　明“事忏”方法

（一）　叙忏意：

叙境心——如世常行：或依堂塔，或依缮造，佛名经教、礼诵诸业，皆缘事起。依此运心，随所兴起，计功分课。
称情爱恋，违意憎嫌，此不净心，未足除罪。要先折伏人我贪竞，衔悲自咎，曲身退迹，推举于他。
以事抑故，由我惑壮，不解思微，屈苦低抑，犹不可伏。何况特忏，用以为功？

明事业——所以大圣布此良规，正治我等粗重人也。万五千佛，日须一遍。阿弥陀佛，日十万遍，如是读诵营事诸业，并定头数，计功自励。

示过诫劝——若有不至，此即懈怠，何名畏罪？即地狱人！如是鞭心，如是立志，虽名粗业，世中罕有。纵或行者，多着名利。谄诳自高，复是软贼、罗刹妻也。

第一段“**叙忏意**”，**叙**述我们修事**忏**的**意**义。首先是“**叙境心**”，就是具体说明在面对修忏的**境**界时，应该怎么用**心**。

“**如世常行：或依堂塔，或依缮造，佛名经教、礼诵诸业，皆缘事起。依此运心，随所兴起，计功分课。**”首先讲到依止，“**或依堂塔，或依缮造**”，就是说要修事忏，必须有个**依**止。**堂塔**指殿堂或者塔庙，**缮造**指经典，比如修大悲忏、八十八佛，都要依据经论。塔庙、经典这是依止处。**于**所修的**佛名**

号，或者**经教**的仪轨中。或是**礼**拜，或是读**诵**，这些**业**行，**皆缘事**相而**起**。就是说修行事忏，必须要有三宝的境界，作为我们内心的依托。使修忏者心有所依，方能感应三宝的加持，而能灭罪。

在此附带一说，理忏一定不缘事相吗？并不是的。比如我们拜八十八佛时，如果能同时观察能礼的我不可得，所礼的佛也不可得，却仍然虔诚恭敬地礼拜。能这样的礼拜，实际就是理忏了。所以说理忏，并不是一定把经本丢掉，把佛号放掉才叫做理忏。就算缘着事相，持咒念佛拜佛，只要内心的智慧跟二空真如理相应，那就是理忏了。这里说事忏缘着事相而生起，但不要误解，缘着事相的仪轨而修，就一定叫事忏，把仪轨舍掉就叫理忏。所谓的理，一切时一切处，穿衣吃饭都离不开这个理。要懂得这个理，拜佛也是理忏，持咒也是理忏。

“依此运心，随所兴起，计功分课”，依着这个仪轨虔诚恭敬，随文入观，然后要**“计功分课”**，每天要做定课，比如发愿拜十万拜。如果没有固定的功课，心的力量没办法集中，今天想拜就多拜，不想拜就少拜，总是随心所欲，这样懒散的心，跟虔诚恭敬的心是不相应的，而且也不是专注的。

但如果规定每天五百拜或一千拜，直到拜到十万为止，有这样决心的时候，就会很专注。就像在太阳底下拿个放大镜来聚光，火就会烧起来。专注，才能感召三宝的加被，才会有力量。

事忏功德的生起，其实不是因为很努力地拜而生起，是因为努力的拜忏，感召到三宝的加持，所以能够灭罪。事忏的关键是他力的加持，三宝的加持力。因此要感应三宝的加持，必须得专注，专心地拜八十八佛，专心的拜大悲忏，或者专心地持百字明。专注到这个点上的时候，滴水穿石，就会有力量，就会感应到三宝的加持力。自己的专注就像放大镜，三宝的力量就像太阳，两者相互作用，火就着起来了。

“称情爱恋，违意憎嫌，此不净心，未足除罪。”这是说明在修忏的时候，有一些错误的心态，会使拜忏失败。**“称情爱恋”**，在拜忏的时候，还是以前的那种习气，喜欢的境界就贪恋不舍，比如看到这尊佛像非常庄严，心生贪恋；别人对自己饮食衣服等护持得很好，就起贪恋；他人的恭敬，也起贪恋……这叫称情爱恋。**“违意憎嫌”**，拜忏的时候，别人护持得很差，佛堂也很差，住的地方也很差，甚至他人的批评等等，内心就憎恶讥嫌。

“此不净心，未足除罪。”这种不清净的心是不能除罪的，为什么呢？因为还是随顺于我执，而我执是一切罪业的根本。一方面努力的拜忏，一方面却随顺于我执，就像一边装水，一边有个洞在漏水，一边装一边漏，水要装到什么时候才会满呢？所以这样不清净的心态，是不能灭罪的。

所以应该有什么样的心态呢？**“要先折伏人我贪竞，衔悲自咎，曲身退迹，推举于他。”****“人我贪竞”**，也就是人我的对待，比如两个人同时修忏，就开始比较，你一天两百拜，那我一天五百拜，动机不是为了忏罪，而是为了攀比，我就是不想输给你。当然人与人之间适当的竞争，这不是坏事，但是如果整个拜忏的动机，就只是为了跟别人比较，比看谁定课多，见到瑞相多，瑞相比较殊胜……就全是颠倒妄想了。

所以有的人拜忏很用功，但始终没有征兆，为什么呢？就是因为人我贪竞，互相攀比，互相竞争，没有意义。所以要时常提醒自己，我为什么要拜忏？我不是跟别人比，是要折伏自己的罪业，这个最要紧。

“衔悲自咎”，衔就是含着，所谓的衔悲自咎，就是说内心对所造的罪业非常恐惧和悲哀。想想我们得到暇满人身，乃至学佛，甚至能够出家，却造作这种种的罪业，内心感到非常的悲痛。因为有这悲痛的心，所以一定要好好地忏悔。

这样的心态，表现在外的就是**“曲身退迹”**，在大众当中真正地低调而不张扬，不会在大众当中显示，我是用功的修行人，表现得很高调。

不过要知道，曲身退迹是真正地与无我相应，而不是世俗的老二哲学：因为枪打出头鸟，为了不做这个出头鸟，为了保护自己而做老二。也不是以退为进，透过退让的态度博得好名声，而得到自己想要的利益。这些都是世间的权谋，终究如空花水月，什么也带不走，除了一身的恶业，佛弟子不耍这些心机。

所以真正的曲身退迹，是怀着惭愧心、忏悔心，觉得自己真的没有什么了不起，就算现在读了很多的经论，能够讲经说法，做了许多的加行……但毕竟还是有一大堆的烦恼，也还只是个生死凡夫，没有什么好炫耀的，这才是 “曲身退迹”。

乃至于**“推举于他”**。自己尽量低调，尽量跟大众配合，就像我师父他老人家说：“对大家怎么好，就怎么做。”不要认为自己有修行，就得出头，就得做老大，大家就得恭敬我，这都是颠倒妄想。而且这样的心态，跟拜忏的心是不相应的。有这样的心态，如果不去调整的话，做很多的功课或加行，结果只是人天福报而已。而且福报越大，往往我执越重，甚至造业力更强、对自己的解脱不但没有帮助，甚至是束缚。

“以事抑故，由我惑壮，不解思微，屈苦低抑，犹不可伏。何况特忏，用以为功？”因为这是事忏，所以称为**“事抑”**。也就是透过三宝的加持，仅是伏住我们的烦恼与罪业。

但是**“由我惑壮”**，因为我的烦恼很强大，所以事忏中**“不解思微”**，并没有依止实相的智慧而修，所以仅只是伏烦恼而已。而我执的烦恼是很强大的，即使我们**“屈苦低抑”**，屈苦就是辛辛苦苦的放下自我去拜忏，但毕竟没有无我的智慧，**“犹不可伏”**，要把罪业伏住，尚且很困难。**“何况特忏，用以为功？”**何况有些修行人，只是事相的拜佛修忏，内心还是人我对立，认为这就是功德，用这样的心态，很难忏悔清净。

我们在修这忏法的时候，心一定要与惭愧心、忏悔心、调柔心相应。而且要常常观察我这念心，是和这些善念相应呢，还是和觉得自己了不起的烦恼心相应呢？要常常检查自己，因为我们很容易被自己的我执所欺骗，这样的忏悔，就很难达到清净罪业的目的。

善导大师在《往生礼赞偈》中說：“忏悔有三品，上中下。上品忏悔者，身毛孔中血流，眼中血出者，名上品忏悔。中品忏悔者，遍身热汗从毛孔出，眼中血流者，名中品忏悔。下品忏悔者，遍身彻热，眼中泪出者，名下品忏悔。”如果说这些都没有，至少能真正生起惭愧心 、忏悔心，也能灭罪。所以即使很用功，也不要骄慢。因为不管怎么用功，如果连惭愧心、忏悔心都生不起来，那就没有修忏的功德，也就谈不上罪业的灭除。即使做很多功课，也只是增加福报而已，对于习气的对治有限，这样子的话，有什么值得夸耀骄傲呢?

下面一段，**“明事业”**。**“所以大圣布此良规，正治我等粗重人也。万五千佛，日须一遍。阿弥陀佛，日十万遍，如是读诵营事诸业，并定头数，计功自励。”**

“大圣布此良规”，佛陀开示了许多事忏的方法。**“正治我等粗重人也”**，就是为了对治我们这些内心粗重的人。**“万五千佛，日须一遍。阿弥陀佛，日十万遍”**，一万五千佛名号，一天念一次。或者是阿弥陀佛名号，一天念十万遍。

“如是读诵营事诸业，并定头数，计功自励”，这些读诵、礼拜等功课，必须要订明确的数目，以自我策励。就是修忏必须有定课，不要说我很随缘、很自在，想做就做、不执着，这样不行。

不要说我们，就是开悟的古德，每天都还有功课。往往越是大修行人功课越多。像彻悟禅师，他整天都在用功念佛，每天会客的时间就只有一炷香，时间过了，谁也不见。另外以前曾经参访过一位格鲁派的大仁波切，他每天要花几个小时背诵过去背过的经典，所以跟我们讲话要计算时间，没时间跟我们闲聊，讲完赶紧回佛堂做他的功课去了。所以往往越是大修行人，对功课抓得越紧，这说明定课的重要。

下一段，**“示过诫劝”**，这是劝勉。“**若有不至，此即懈怠，何名畏罪？即地狱人。**”**若有不至**，可以从心态和事相两方面来说：就心态来说，前面讲过的，有人我的对立、贪瞋痴等心态都是不该有的，都叫做“不至”；就事相来说，没有定课、散散漫漫的也叫做不至。心态和事相这两个都不至，就是**懈怠**。会懈怠的话，怎么可以称之为**畏罪**，害怕罪业呢！不知道畏罪，于是继续造罪，就是**“地狱人”**——现在虽然是人道众生，但早晚要到地狱受报的。

“如是鞭心，如是立志，虽名粗业，世中罕有。纵或行者，多着名利。谄诳自高，复是软贼、罗刹妻也”。**如**此的**鞭**策自己，**如是立**下**志**向，**虽**然说是事忏的**粗业**，粗业是相对于理忏来说，没有二空之理在内，因此叫做粗业。但还是**世中罕有**的。罕有是**因为**第一，能够坚持定课，这个已经很难得了。第二，还能够保持惭愧心、忏悔心，对三宝至诚归依，通身靠倒，这更是难得，世中罕有。

所以为什么忏悔有时不相应？第一个原因是没有定课，或者是定课不够。一天二十四个小时，只做了半个小时的功课，其他二十三个半小时，都在打妄想，还怎么能期望三宝加持呢？有人问我：“师父，我做这么多功课，为什么佛菩萨没有感应呢？”我们应该想想，一天做了多少功课？相对的，打了多少妄想呢？没有真正的付出，就不要抱怨没有成果。

第二个原因是没有虔诚恭敬的心。在做功课时，只想着：“佛菩萨啊！您该加持我”，如果不加持就抱怨。想想古德的虔诚恭敬心与精进力，我们用功时相应多少？只有更加努力，而不是抱怨或者退失信心了。虽说具足这样条件，是世中罕有的，但是希望大家能了解这个道理，作为未来实践的标准。

“纵或行者，多着名利”，有的人每天也做了很多功课，但是动机不对，就像蕅益大师所说：“本发心，原非为菩提大道，旷劫远猷，故一受戒，兢兢钵杖表相。一听讲，孜孜消文为事。一参禅，念念机锋是务。至应期禁足、闭关等，皆百年活计。”这些特殊的加行与用功，实际就只是为了名利，希望得到别人的恭敬、赞叹和供养，这都是三恶道的业。

或者 **“谄诳自高”**，**谄**，谄媚，在人前很用功，人后一滩泥。**诳**，欺骗，表现很精进的样子，欺骗世人。**自高**，总觉着自己很了不起，而起骄慢心。

“复是软贼、罗刹妻也。”，因为动机不对，我们却很容易地以为，这样就是在用功了，就在趋向解脱了，实际却是遇到软贼，我们的烦恼换另一种方式来哄骗你，让我们真以为自己在用功，却完全不是那么回事。“罗刹妻”，罗刹的妻子迷惑丈夫后，接着会将丈夫吃掉。这些烦恼迷惑我们，最后将吞蚀我们的功德，于此不可不知！

（二）明正修：

- 总举——若欲行时，须具五缘。
- 别释
  - 一、请十方佛菩萨等，为明证人：以我心微，假强缘故。如诸佛等，常在目前。但罪垢故，如盲不见。动心缘事，佛已先知，何况净眼，对面行罪，深可惭也。故诸行人，若微起恶，常思佛前，则愧息也。
  - 二、诵经咒：为妙药也。随经能治；但不至心，若不专缘，情则驰散。故制束心，在于口也。
  - 三、说己罪名：如涅槃说，为恶不善等。
  - 四、立誓言：从今已往，福始罪终，乃至成佛，忏悔本宗，斯为要也。故虽行忏，后出忏场，还寻故恶者，由本结心不牢固耳。所以诸习还相围绕，可不见耶？
  - 五、如教明证：当缘尘境，或梦或觉。非是妄心之所变耶？又非魔鬼之所惑耶？若是魔者，我之所行，未出魔境，魔何由来？将非我业之妄现耶？令我心着，重起倒耶？若知唯心，境不灭者，将是我心之所妄耶？如是覆疏，本即非本，何由静妄？知妄非真，即此非真，还传妄耳，如斯反识，分了妄因。又识此了，还知从妄。
    不尔，欣庆，随妄不返。深须早练，不容自诳。
    俗中识者，年至五十，知四十九非，何况学道而怀习着，则不可也。

下一段，**“明正修”**。**“若欲行时，须具五缘。”**五个缘具足，修忏才能真正地相应。第一个**“请十方佛菩萨等，为明证人”**就是说在修事忏的时候，要祈请十方三宝来加持我们。如前所述，事忏能灭罪的关键在于三宝的加持。我师父说，拜忏的时候，忏悔心、求加持心二者是关键。首先在佛菩萨前彻底发露，起惭愧、忏悔心。接着转念生起归依之心。在生起归依心时，要祈请十方三宝来到坛城加持我们，就像礼佛之前，观想阿弥陀佛金身八尺放金光等等，这就是祈请三宝降临来加持我们。

“以我心微，假强缘故。如诸佛等，常在目前。但罪垢故，如盲不见。”**“以我心微”**，**我**们的**心**力是很**微**弱的，要靠自己的力量、靠理观破烦恼，我们做不到，所以必须**假**借**强**大的外**缘**，要靠三宝的强大的助缘。所以我们每天拜五百拜，念佛念一万声，主要是靠这种精进的方式，来感动三宝的加持，最后能灭罪。三宝的加持是灭罪的主因，这个观念一定要有。

怎样生起惭愧心呢?要常常这样想：我自己什么也不是，我所有的功德都来自于上师、三宝的加持。如果认为通过拜佛、念佛、持咒，靠自己的力量灭除罪业，那是痴心妄想。拜佛、念佛、持咒的目的，是为了感应三宝的加持，通过三宝的加持灭罪。所以我们应该想办法使自己生起虔诚心、专注心，不断地感应三宝加持。

“如诸佛等，常在目前”，**如**同**诸佛常在**眼**前**，佛的法身是遍一切处，**“但罪垢故，如盲不见”**，就像瞎了眼的人看不见天上的太阳，这不是太阳的过失，是瞎眼的过失。

“动心缘事，佛已先知，何况净眼，对面行罪，深可惭也。故诸行人，若微起恶，常思佛前，则愧息也。”刚才讲“如诸佛等，常在目前”，我们在拜佛时面对的佛像，如果你认为它只是一个画像而已，这样就感应不到佛真身的加持。应知佛的法身遍满，因此眼前的佛像，也是佛法身的显现，既然是佛的法身显现，它就不只是木雕或者纸画外相，它就是佛的真身，在我们眼前显现。

所以**“动心缘事，佛已先知”**，既然永远都在佛前，因此所有的起心动念，佛都能够知道。那么**“对面行罪，深可惭也”**，在佛前拜忏却不恭敬，这叫行罪。在佛前修法，却以为佛在西天，在十万亿佛土之外，因此种种不敬，甚至做一些不如法的行为，就应该感到深深的忏悔。

在佛堂是这个道理，出佛堂也是这个道理。我们在日常生活中，与在佛堂一样，略微起个恶念，要是常常想佛就在我的眼前，而生起惭愧心，恶念自然就能灭除。恭请十方三宝来坛城加持我们，要想是真正的现前，而不只是观想而已，这是第一点。

第二点，**“诵经咒：为妙药也。随经能治；但不至心，若不专缘，情则驰散。故制束心，在于口也”**。读**诵经**典或者持**咒**是**妙药**，**能**够**治**病。**“但不至心，若不专缘”**。**至心**，是在做功课的时候要至诚恳切，若不至诚恳切，那功德利益就大打折扣了。**专缘**，是功课不要太杂，拜忏就专修一个法门，例如专修大悲忏、百字明或者八十八佛其中之一即可。如果拜大悲忏又怕力量不够，再加上一个百字明来补一补，这样对观音菩萨的大悲咒信心不够，只有一半；对金刚萨埵的百字明信心也是只有一半，这样的功德将会极少，还不足一半。专缘就是要专修，不要夹杂，要相信佛菩萨的法身无二无别，所以功德也是无二无别，专修一法就好。

若心散乱，**“故制束心，在于口也”**。要以**口**来帮助约**束心**，也就是以出声诵念，来帮助我们摄心。就像我过去修百字明，上师要求持咒时一定得出声，后来发现念出声的时候，咒语在心里会很清晰，不会含糊不清，尤其妄想很重的时候出声念诵，更容易帮助摄心。

第三点，**“说己罪名：如涅槃说，为恶不善等。”**在佛前彻底地发露自己的罪名，就是要忏悔得有明确的目标。例如拜八十八佛之前，要在佛前发露为什么要拜八十八佛，可以挑习气最重的两点、三点来忏悔。如果只是悠悠泛泛地说，我就是要对治我的贪瞋痴，目标太浮泛了，力量也就太分散。所以在佛前要说罪，要说为何而忏，说出自己的罪业。

怎么说呢？**“如涅槃说”**，《**涅槃**经》第十六品中说：“发露诸恶，从生死际，所做诸恶，悉皆发露，至无至处”。无至处就是成佛了。比如要忏悔杀业，就在佛前发露忏悔：“我弟子某甲从无始劫来乃至今生，所造杀业于此全部忏悔。”因此忏悔杀业，不仅要忏悔此生的杀业，同时无量劫来所累积的杀业都要忏悔。因为今生会造杀业的原因是习气，而习气是从过去生累积而来的，所以不仅要忏悔今生的杀业，也要将过去生的习气和罪业忏悔掉。

甚至在忏悔的时候，不仅要忏悔自己的罪业，同时也要忏悔与法界众生，无始劫来所造罪业，也就是代法界众生忏悔无始劫来所造罪业。如：“我弟子良因与法界众生，无始劫来所造杀业，同时忏悔。”为什么要代法界众生同时忏呢？因为发菩提心，破除魔障。同样的忏悔，一个是为了自利而忏悔，另一个则是依止菩提心而忏悔，二者功德是千差万别的。

有人担心：我代无量众生来忏悔，他们的罪都扛到我身上，我恐怕扛不住。实际不必多虑，因为这只是一种观想，就像“地狱不空，誓不成佛”的地藏王菩萨，已经成佛了，但地狱还是没空啊！所以这只是一种愿心，通过这个愿心，来开展我们的心量。不会因为发心为他人受罪，就真的为他人受罪。

如果罪能替代的话，大慈大悲的佛菩萨就帮我们受罪，不用我们修了。但佛菩萨不能帮我们受罪，还得叫我们自己忏，个人因果个人了，所以发心为无量无边的众生忏罪，只会增加拜忏的功德，不用担心。有的人说帮他人忏悔，或者回向时会生病，这或者因为你跟他有共业，或者只是巧合，总之不要去胡思乱想。

第四点，**“立誓言：“从今已往，福始罪终，乃至成佛，忏悔本宗，斯为要也。”立誓**言就是发起殷重的誓言，**“从今已往，福始罪终”**，**罪终**是过去的罪业忏悔干净。**福始**就是从现在开始不再造同样的罪业，这是福始，福德从现在开始相续不断。所以立誓就是不但忏除过去的罪业，同时也发愿从现在开始，直至成佛，不再造作同样的罪业。

当然我们都不是圣人，以后很有可能还会造同样的业。虽然如此，我们在佛前还是应该殷重发愿，以后不再造。如果在佛前发愿，只是以后尽量不做，这个愿力就很微弱了。愿力微弱感动三宝的力量就很有限，未来不再造罪的决心也很薄弱，将来必定还会再造，这样的忏悔意义就很有限了。所以就只管当下，勇敢地在佛前发露，立下誓愿，从现在开始我不再造作同样的罪业。

“忏悔本宗，斯为要也”，**忏悔**的**宗**旨，不但是忏除过去的罪业，还要发起誓愿未来不再造作同样的罪业，这个很**重要**。因为当发愿不再造的时候，将会慢慢地折损罪业的势力，渐渐地就真能不再造；如果没有立下这个誓愿，纵然忏悔过去的业，但未来可能还要造，这样忏悔的利益不是太大。

“故虽行忏，后出忏场，还寻故恶者，由本结心不牢固耳。所以诸习还相围绕，可不见耶？”有的人**虽**然在坛场修**忏**，但**出**了坛**场**以后仍然继续造**恶**，都是因为在坛场当中，没有立下殷重的誓愿。因为**本结心**，就是誓愿**不**是很**牢固**，**所以**未来**诸**多**习**气**还**是**相围绕**着，宣祖说：这种情况很常**见**的。

下一段，**如教明证**：忏悔之后，有许多的证明。**“当缘尘境，或梦或觉。非是妄心之所变耶？又非魔鬼之所惑耶？”**在忏悔时或许会有一些境界现前，这时不要马上认为这是因为自己修得不错，所以三宝来感应；因为很有可能是恶业显现，或者是鬼神干扰，所以要以智慧简择：**“非是妄心之所变耶？”**这是否为业力所显现？或者是说四大不调的表现。

比如有时梦见在空中飞，如果不是因为忏悔的功德所引生，有可能只是因为身体火大过盛，因而有此梦境。或者在打坐时，有的人因为闭眼打坐，结果上火了，光啊影啊都跑出来，这不是修行的功德力，只是上火而已，这都是妄心所显现出来的。

“又非魔鬼之所惑耶？”就是我们修忏的时候，内心不正，或者是鬼神主动来干扰，这个时候也会有种种的幻觉显出来。各位可以观察，越到末法时代，所谓的“瑞相”越殊胜，这是一个大问题啊。末法众生烦恼越来越重，但是修行念佛之后，感应却越来越殊胜，其实很多都是鬼神来作弄。

“若是魔者，我之所行，未出魔境，魔何由来？”若是魔来干扰，我修行功夫，还没能出三界，也就是魔的境界，那这魔扰是从哪里来的呢？还没有出三界，那这个魔扰就绝对不会是天魔，还只是一般的鬼神魔，即过去生的冤亲债主在鬼神道，有点神通，所以现此幻相来愚弄修行人。

“将非我业之妄现耶？令我心着，重起倒耶？”前面说四大不调可以出现幻境，同样，过去的业力，也可以出现种种的幻境。在加行用功的时候，过去的恶业显现，不一定是恐怖的境界，有时反而是可爱的境界来迷惑修行人，当然只能依靠自己的师长，为你抉择是与非，看看现在的境界，和当前的修行法门相应不相应。如果不相应，那就放下吧！**“令我心着，重起倒耶”**，令我们心起贪着，而重新起颠倒妄想。

“若知唯心，境不灭者，将是我心之所妄耶？如是覆疏，本即非本，何由静妄？”若知道境界是**唯心**所现，但是幻**境**仍然没有**灭**除时，我们就去观察，**“将是我心之所妄耶”**，**是**不**是我**的**心**还在执着境界，与虚**妄**颠倒相应，因此幻境始终不退。

“如是覆疏，本即非本，何由静妄？”如是覆疏，就是反反复复检查，这个境界是业力显现前呢，还是魔的干扰呢，还是妄心所显呢，还是四大不调呢？

“本即非本，何由静妄”，最后要知道，不管境界的好坏，这一切皆**非本**心，都只是心所显的幻境，若是执着此境，则与自性清净心不相应。既然它们是颠倒妄想所变现，与我们灭罪、解脱有何关系呢？反倒是我们若一直执着这些幻境，这如何能**静妄**，安定我们这念妄想心，破除过去的妄业呢？修忏时要有这个正念，知道修忏的目的是为了灭罪，不在这些外相。就像《楞严经》所说："不作圣心，名善境界；若作圣解，即受群邪。"修忏时要谨记此宗旨！

"知妄非真，即此非真，还传妄耳，如斯反识，分了妄因。又识此了，还知从妄。"知道这些境界都是虚妄不真实的，**即此非真，还传妄耳，**即使境界是虚妄这件事情，也不要执着，如同《楞严经》所说："言妄显诸真，妄真同二妄"；不管是真也好、妄也好，都是我们真如所显。就拿做梦来说吧，不管梦境千变万化，都是我们这念做梦的心所显现，梦境(妄)、梦心(真)岂有二别?因此倘若执着离开真心，有个"妄法"可舍，反又成一个新的妄法。所以不执着妄，也不执着真，却仍然不取着妄法，因为那会引发如幻之苦果。

如斯反识，分了妄因。一层层地反复剖析，使我们对幻相的执着彻底放下。**又识此了，还知从妄，**如《楞严经》所说："犹非真非真，云何见所见"，乃至于到最后，连能分别、了知幻境的这念心，本身也是真如自性所显现的幻相而已。于能取、所取皆不执着，内心彻底清净，方能与忏法相应。

"不尔，欣庆，随妄不返。深须早练，不容自诳。"相反，如果不这样反反复复的观察，知道凡所有相皆是虚妄，即使是真正的佛菩萨感应，也是一样随着妄念而流转，修忏反增妄想、妄业了！因此当所谓的瑞相出现，要认清楚它的本质，静下心来不跟着它跑；相反，认不清瑞相的本质，如果是鬼神现前，就会被它控制；如果是业力显现，业力的作用就会越来越强，终究被鬼神力，或者业力所转。

所以**"深须早练，不容自诳。"**虽然说是事忏，也要配合读诵《金刚经》、《般若经》等，学习空性的道理，知道一切有为法如梦幻泡影。总之，在修行或者修忏过程中，真妄交攻时就会有种种境界现前，这时要掌握一个原则，就是"凡所有相，皆是虚妄"、"佛来佛斩，魔来魔斩"。所谓的斩不是把它排斥掉，而是只要知道它正在现前，知道它正在消失，没有什么好不好，高兴不高兴，因为它就只是种种业力、因缘所显现的幻境罢了！甚至于佛菩萨的加持下，所化现的境界也是幻境。我们真正需要的是什么呢？就是透过忏悔之后身心的清净，这才是重点。

所以《了凡四训》忏悔篇中说，当我们忏悔清净之后，有种种的瑞相，但这些只能作为参考。真正的瑞相是什么呢？是你的烦恼的习气越来越淡。譬如说忏悔杀生这个业，透过忏悔之后，杀生的习气越来越淡，这才是真正的瑞相。否则执着那些幻相，到最后很多人都被鬼神所迷惑了，因为鬼神也会给我们种种幻相。甚至还有人因此起骄慢心，认为就是因为我修得好，所以才有加持力、有感应。结果原本的烦恼、罪业没有消除，又增加一个骄慢的烦恼，罪业更加严重了。

所以说修行，要有善知识的引导，确实是很重要的。善知识在遇到这些境界的时候，会告诉我们什么是真、什么是妄，我们才能知道怎么取舍。如果没有善知识，在打坐、拜佛、念佛时见花、见佛，或者是听到什么声音、闻到什么香味，往往就迷惑了。尤其是一些学密的人最喜欢这些东西，往往很执着这些相，在修密时往往有所得的心非常地强，希望得到感应，希望得到加持。单单这念心，就很容易和鬼神感应，因为心是染污的，这样染污的心，能感应到的就只有鬼神，不会是佛菩萨。要与佛菩萨感应，就得把有所得的心放下，用虔诚心、恭敬心、惭愧心、忏悔心来修，才能与佛菩萨感应。

附录四　明忏悔时“目足相资”义

◎ 原文

以要言之：一切罪相，无非实相。十恶、五逆、四重、八邪，皆理毒之法门，悉性染之本用。以此为能忏，即此为所观。惑智本如，理事一际。能障所障皆泯；能忏所忏俱忘。终日加功，终日无作。是名无罪相忏悔；亦名大庄严忏悔；亦名最上第一忏悔。

以此无生理观为忏悔主，方用有作事仪为忏悔缘。其事仪者：即五体投地，如泰山颓；克责己心，语泪俱下；挫情折意，首罪心哀。如此事行既勤，理观弥进。

如洗涤之法，虽净在清水。若不加之灰皂，垢腻难除。故正助合行，如目足相假。岂独灭罪？即能证真，故六根忏悔若成，六根清净可获。若不以圆观为主，则不名大乘忏法。纵能灭罪，止免三涂；纵能生善，不出三界。先知此意，然诵其文，俾在兼行取成大益也。

——四明尊者《修忏要旨》

◎ 脉络分析

- 以要言之：一切罪相，无非实相。
- 十恶、五逆、四重、八邪——皆理毒之法门／悉性染之本用
- 以此为能忏，即此为所观。惑智本如，理事一际。——能障所障皆泯／能忏所忏俱忘
- ——终日加功，终日无作。——是名无罪相忏悔／亦名大庄严忏悔／亦名最上第一忏悔
- 以此无生理观为忏悔主，方用有作事仪为忏悔缘。
- 其事仪者：即——五体投地，如泰山颓／克责己心，语泪俱下／挫情折意，首罪心哀
- ——如此事行既勤，理观弥进。
- 如洗涤之法，虽净在清水。若不加之灰皂，垢腻难除。故正助合行，如目足相假。岂独灭罪？
- 即能证真，故六根忏悔若成，六根清净可获。若不以圆观为主，则不名大乘忏法。纵能灭罪，止免三涂；纵能生善，不出三界。
- 先知此意，然诵其文，俾在兼行，取成大益也。

◎ 解释

前面我们分别介绍事忏和理忏，以及事忏、理忏相互帮助之理，但那只是梗概说明。在此我们引用法智大师的开示，来详细介绍事忏和理忏相互资助的道理。

以要言之：一切罪相，无非实相。十恶、五逆、四重、八邪，皆理毒之法门，悉性染之本用。

这是先说明理忏。在理忏时，它的目的是要破除罪业的真实性，方能彻底将罪业拔除。

一切罪相的本质，**"无非实相"**。譬如我们梦到自己偷了一个东西，事实上，能够偷盗的"我"，和"我所偷"的这个东西，其本质都只是我们这一念能做梦的第六意识心所变现的幻相而已，它本身没有真实性可得。同样的道理，在现实生活中所造之罪，也是如此。比如我们在现实生活中，偷了一个东西，造了罪。但事实上，这个能偷盗的"我"、"我所偷"的这个东西，乃至由"偷盗"这件事，所引发的罪业，这一切的本质，都是由我们的自性所显现的，没有真实性可得，而它的本质**无非实相**。

根据《法华经》的理论，众生的自性，本来就具足十法界（地狱、饿鬼、畜生、人、天、阿修罗之六凡，以及声闻、缘觉、菩萨、佛之四圣）。那为什么我们现在是人，而不是其他道的众生呢？因为我们在投胎的那一刹那，内心的爱取，与人法界相应，所以我们自性中本具的其他九法界之法隐没，而人法界之法显现，于是我们就感召到了人法界的依正二报。

这就像做梦，我们这念能够做梦的心，本来具足梦到十法界一切法的能力，有这个潜能。但是"日有所思，夜有所梦"，我们白天如果和别人吵架了，梦中可能就梦到继续和他吵架。那是因为白天的那个影像影响我们的梦心，使我们能够梦到其他事的能力隐没不现，而显现吵架这件事。但是"隐没"并不代表"没有"，它只是暂时不显现而已，以后因缘会遇时，它还是可能显现的，就只是"显"和"隐"的区别。

类似做梦的道理，我们的自性也是如此。我们现在做人；或者以前堕入三恶道；或者以后成佛，这一切一切的显现，都是我们自性当中本来就具足的法，只是随着因缘的不同，随缘显现而已。我们用"梦"的譬喻来类比，就容易了解了。

所以"一切罪相，无非实相。"能够造罪的"我"、所造的"罪"，都是由佛性实相所显。因为自性具足十法界，当然也就包括三恶道法界。三恶道法界的因因果果，都不离开我们这念自性。因为“罪相”是三恶道的因，当然也就不离我们的自性。

所以**十恶**罪（身三、口四、意三）、**五逆**罪（杀父、杀母、杀阿罗汉、破羯磨转法轮僧、出佛身血）、**四重**（杀盗淫妄）、**八邪**（相对于八正道），**皆理毒之法门**。

理毒是说，这些罪业从作用上来说是**“毒”**，会使我们今生、来世受苦。但是就它的体性来说，都不离开我们这一念真如本性。

从用上来说，**悉性染之本用**。**“性染”**就是性恶，我们自性中本来就具足三恶道法界的法，所以当我们起颠倒心，会堕入三恶道。三恶道的境界不是从外来的，而是我们自性本具。当我们一念迷，三恶道的果报就显现，这叫“性染”，或者称为性恶，自性本来就具足这种染污的作用。所以表面上看，我们透过修行，把罪灭掉了。实际上，“罪恶”这个法，是我们自性本具的，它的体就是我们清净本然、周遍法界的真如本性。所谓的“灭罪”，就是让我们真如本性当中所显现的“罪”这个法隐没不现，让清净的法显现出来。这就是灭罪的原理。

因此造罪、受苦，虽说皆如幻且不离自性，但并不代表如幻就不受苦，仍然要受如幻之苦，凡夫众生是无法超越的，这是就“用”来说。但是相对的，虽说造罪受苦无量，但是罪与苦皆无自性，只是我们真如本性上所显现的幻用而已，这是就“体”来说。我们对于实相之理，不可以执事昧理，更不可以执理废事，要从体、用两个角度去理解，才不至于因理观不善巧，而产生邪见，在介绍下文时，先要有此认识。

以此为能忏，即此为所观。惑智本如，理事一际。能障所障皆泯；能忏所忏俱忘。终日加功，终日无作。

具体怎样灭罪呢？就是**以此为能忏，以此**实相的智慧——观察一切法无非实相，罪也好、戒定慧也好，都不离我们的自性本具，这样的实相智慧，作为**能忏**的智慧。**即此为所观，此**也是实相，“能观”的是实相的智慧，“所观”的也是实相的境界。这里“所观”当然就是罪业，观察罪业本身就是实相。以实相的智慧，来照了这个自性本具的罪业。

则**惑智本如**，烦恼的**惑**也好；破迷起悟之后，从颠倒中恢复的**智**慧也好，**本如**，都不离开我们的自性。我们可从梦的譬喻去体会，在梦境当中，颠颠倒倒造恶业；在梦境当中梦到佛菩萨为我们说法，一个境界与惑相应；一个境界与智相应，但是都不离开我们这念能做梦的心。所以说惑、智“本如”，都是我们的真如自性所显的。

理事一际，“理”就是我们的真如本性，自性具足十法界；“事”就是由真如本性，随缘显现十法界的差别相。理和事是不二的，称为一际。就像水被风吹，会变成波，波停下来，又变成水，波和水能够拆开来吗？不能。虽然说明的时候，分开水与波，但是实际上就只是体用关系之同体。我们的真如本性也是一样，遇到无明妄想之风，就会造作种种善恶业。但实际上，犹如波和水不二，理、事也是不二的，这就是“理事一际”。

能障所障皆泯，能障的是烦恼，**所障**的是智慧。既然“惑智本如”，所以烦恼和智慧之间的差别相，没有真实性可得，叫**皆泯**。烦恼和智慧看起来好像是对立的两个法，实际上，就像梦中的烦恼和梦中的智慧，其本体都是我们能做梦的心，没有真正的对立相。

以上是说明修理忏的理论，接着说明实修时操作的方法。**能忏所忏俱忘，能忏**的是智慧，**所忏**的是罪业，**俱忘**，就是不执着他们有真实性。因为能忏的智慧，是依止实相起观照般若，而所忏的罪业则是依止实相所显的境界般若，二者是不二的。所以**终日加功**，每天加功用行，诵经拜忏；**终日无作**，这个“无作”不是什么都不做，而是三轮体空，知道一切法无自性，心中完全没有任何的执着，而精进的诵经拜忏，称为无作。就像古德说的："终日吃饭，不吃一粒米；终日穿衣，不着一缕纱。"这不是说不穿衣、不吃饭，而是说，在一切时一切处，都用实相的智慧观照，一切境界都不离我们的自性所显，所以不再执着。

是名无罪相忏悔；亦名大庄严忏悔；亦名最上第一忏悔。

以这样的智慧来修忏悔法门，就叫做**"无罪相忏悔"**，即同时观照罪相本空，而精进忏悔；也称为**"大庄严忏悔"**，因为我们的自性具足无量无边的庄严，下至地狱，上至佛果，一切法虽然外相上有染净的差别，但其本质都是清净本然，周遍法界的大庄严；也称为**"最上第一忏悔"**，因为依止圆顿智慧来修忏悔，如四明尊者《修忏要旨》所说："灭障如翻大地，草木皆枯。显德如照澄江，森罗尽现。以此理观导于事仪，则一礼、一旋罪消尘劫，一灯、一水福等虚空。"因此是最上第一忏悔。

以上是理忏的内容，这部分比较深，要真正的理解不容易。但一历耳根，永为道种。此圆顿之般若种子，在我们心中熏习，都会有大光明，大加持力的。

下面我们进入事忏部分。**以此无生理观为忏悔主，方用有作事仪为忏悔缘**。这是说明圆顿法门，理忏和事忏的生起次第。用**无生**的**理观为忏悔主**，也就是内心带着无生理观，而来行事忏之法。接着才用**有造作**、**有**为的**事仪**，也就是种种事相上的仪式，如大悲忏等事仪，作为忏悔缘。这个"缘"是因缘，也就是理观的所缘境。因此真正的理观，并非要废弃事相，才能称为理观。相反的，如果必得离开事相，而去求"理观"，那就是缘木求鱼了。

其事仪者：即五体投地，如泰山颓；克责己心，语泪俱下；挫情折意，首

罪求哀。

接着介绍理观下的事忏，具体必须具备什么样的事仪呢？从身口意三方面来说，身业：**五体投地**，就像**泰山颓**倒一样，头和四肢整个身体彻底地趴下来顶礼。也就是说面对三宝的殷重境界，如同山崩一般，彻底放下自我，匍匐在地的虔诚礼拜，祈求三宝加持灭罪；口业：**克责已心**，在佛前彻底的发露，说出自己的罪业，不能有所隐藏。甚至语泪俱下，真因为有强大的惭愧心、忏悔心，所以在佛前发露之时，同时流下惭愧忏悔之泪；意业：挫情折意，把我们凡夫众生的情执、知见全部放下，然后首罪求哀，在佛前彻底地发露自首我们的罪，内心悲哀自责。这是在事忏中，身口意三业要做的事情。

如此事行既勤，理观弥进。

我们如果能够精勤修事忏，理观就能够更加地深入，因为理跟事本来就是互相帮助的。通过事相上的忏悔，得到三宝加持，这时，理观也能更加地通达。所以我们在修理忏的时候，同时也要求三宝加被的，不只是观察空性实相而已。就像密宗修大圆满、大手印等等无上密的时候，一样都要祈求上师和本尊的加持。甚至以密法的观点，修行大手印、大圆满如果能够成就，也完全来自于上师和本尊的加持。所以，即使是修理忏，同时求三宝的加持也是非常地重要。若仅靠我们自己的智慧、心力，来观察无生，就想开悟证果，那是不可能的。下面说明“事理相资”。

如洗涤之法，虽净在清水。若不加之灰皂，垢腻难除。

就像**洗**东西的时候，**虽**然使手干**净**来自于**清水**的洗涤，但**若不加**肥**皂**，尤其是**垢腻**的东西，就很**难**洗干净。**清水**指理忏，**灰皂**指事忏，事和理要互相帮助的。

故正助合行，如目足相假。岂独灭罪?

“**正**”是理忏，“**助**”是事忏。所以要把二者配合着修行，“**如目足相假**”，理忏是“**目**”，我们看到了无生的理，然后带动“**足**”去行，“**足**”就是事忏。依着无生的智慧，再来修事忏，这时就是有目有足，就很圆满了。如果刚开始，我们对于实相的理，还不能了解，至少先要有事忏，把粗重的罪业洗刷掉，然后再来观察无生之理，就容易相应了。当我们与无生的理相应时，就像眼目打开了，那时同样是拜八十八佛、拜大悲忏，就真的是“目足相应”，直趋解脱之门了。所以**如**果能够**目足相假**，如果有**目**（理忏）、有**足**（事忏）二者，能够相互帮助的话，那么**岂独灭罪?** 岂只是能够**灭罪**而已，甚至能够证果。因为有足，有事相上的修法，得到三宝的加持；有目，有理观——无生观，内外合和之下，般若之力强大时，甚至可以断惑证果。

即能证真，故六根忏悔若成，六根清净可获。若不以圆观为主，则不名大乘忏法。纵能灭罪，止免三涂；纵能生善，不出三界。

事理相助时，岂只**能**够灭罪而已，甚至就能够**证**得**真**如本性，那么**六根忏悔若成，六根清净**就**可**以**获**得。依止《法华三昧忏》来忏六根之业，如果能够清净，这个“清净”，不只是忏粗重的罪业而已，包括我法二执也忏清净。那么就可以获得“**六根清净**”的这个阶位。在此阶位时，已经断见思，出三界，也就是圆教的十信位。

相反，**若不是以圆观为主，则不名大乘忏法**。这个标准是比较高的，也就是说，若要真正修大乘圆顿忏法，它的体必须是圆顿观法。如果不是这个体，只是纯粹的事忏，纵然能够灭罪，也只是灭掉三涂的罪。因为事忏主要的功能，就只是灭掉业种中，能够牵引三途的力量，但罪业的种子并没有彻底全灭，所以**“止免三涂”**。如果不是以圆顿观法为体，**纵**然透过诵经、拜忏等**能**够**生**起**善**法，也**不出三界**，因为修法时有能有所，仍然是三界之业。

先知此意，然诵其文，俾在兼行，取成大益也。

我们知道了这个道理，**然**后再来读**诵**这些大乘的忏悔文，**俾在兼行**，目的是**在**于事和理都能够**兼行**。例如天台的忏法中，《大悲忏》、《净土忏》等等，它们所根据的原理都是五悔法门。而五悔法门此事相的体，皆根据圆顿之理。所以修忏法时，有事有理，目足相资，不仅能灭除三恶道的罪业，甚至可以断惑证果，能**取**得**大**的利**益**。

以上介绍理、事二忏相互帮助之理，我们应当尽量学习与实践。

南山律在家备览

——别行篇

弘一大师 遗著
良因法师 导读

悲欣交集

第一课 敬佛仪相（1）

别行篇主要介绍佛弟子的身、口、意三业，应该具足怎样如法的威仪。

甲一、先示敬仪

先说明恭敬的仪相。为什么要恭敬三宝呢？我们知道，佛菩萨和师长是不需要我们恭敬的，特别是佛菩萨已经证得了无我，在无我的境界中，众生对他恭敬也好，毁谤也好，佛菩萨的心都是不动摇的，但是我们做弟子的，必须对佛菩萨恭敬，这是我们的本分。

而且恭敬佛菩萨、三宝，可以为我们培福。就像道宣律祖说的：三宝是大福田，也是蒺藜园。蒺藜就是荆棘，意思是说，如果我们能够如理如法恭敬三宝的话，在三宝门中，可以获得很大的福报，因为三宝是很重大的境界。

也正因为如此，如果我们在面对这个境界时不如法的话，就像入了荆棘园一样，造作的恶业，也会比对一般世俗境界的不恭敬重得多。所以要恭敬三宝，才能为我们培福，作为将来成佛的福德资粮。

第二个原因是，当我们恭敬三宝和师长时，自然而然也能够在恭敬心中依教奉行；如果只把师长看成是一个很普通的人，总是看他的习气，对他没有恭敬心的话，纵然师长为我们说微妙的佛法，对我们来说，也没有什么加持力。对师长是这个道理，对三宝更是这个道理。当我们很虔诚恭敬地礼拜、赞叹、供养佛菩萨时，对佛菩萨所开示的法义，自然就会产生极大的信心。所以恭敬三宝，对修行是很重要的。故恭敬佛的仪像，一方面是为自己培福，另一方面也是作为我们解脱的因缘。

受用功胜。《事钞》云：**“若塔庙支提受用之物，乃至拟造堂殿床座材石等，已经佛像受用者**。**纵使风吹雨破，当奉敬之，如形像无异**。

受用：指佛受用物，佛受用物有很殊**胜**的**功**德。在《持犯篇》当中，盗戒的部分，我们提到佛受用物共有四种：佛受用物、属佛物、献佛物、供佛物。佛受用物，就是造佛像用的木头、铜、石头等等，还有供佛像的佛塔和佛殿的材料。佛受用物代表的是佛的法身，所以是最尊贵、无价的。因此供佛的**佛塔**、**庙**、**支提**（就是庙、佛寺），包括佛寺里面的柱子、天花板、地面等等，这一切都属于佛**受用物**，**乃至**计划要用于做佛**堂**、佛**殿**、佛桌椅、**床**、**座**等的金银铜铁、木头、**石头**等等材料，凡是曾经属于佛像受用过的东西，纵然被风吹雨破，淋得残破了，也要像对佛像一样恭**敬**地对待。

比如有些古寺年代久远，佛殿、佛像已经残破了，但我们面对这些残破的像或者殿堂的时候，也要非常恭敬，就像面对佛的真身一样。因为它的本质都是代表着佛的法身，所以我们要一视同仁地恭敬，这样才能为自己带来福报。

承事感报
- 增一云。告诉比丘。礼佛承事有五功德
  - 一者端正：以见佛像，发欢喜心。
  - 二者好声：由见形像，口自称号南无如来、无所著、至真、等正觉。
  - 三多财报：由以华香供施故。
  - 四生长者家：由见形已，心无染著，志心礼故。
  - 五命终生天。

增一云。告诸比丘。礼佛承事有五功德：一者端正：以见佛像，发欢喜心。

增一就是《增一阿含》，在《增一阿含经》中，佛陀告诉比丘们，礼拜佛陀、以身口意三业承事佛陀，可以具足五种的功德：第一是**端正**，就是感召到相貌端正。无论我们**见**到真佛还是**佛像**，只要**发**起**欢喜心**，就能感召到庄严的相貌。

在《贤愚因缘经》中记载了一则公案：波斯匿王和末利夫人生了一个女儿，名叫金刚女，相貌非常丑陋，据说有十八丑：头发像马尾粗糙、皮肤像骆驼皮等等。这个女孩渐渐长大，到了该出嫁的年龄，国王就犯愁了，长这么丑谁要啊！只好去落魄贵族中，找了个年轻人来，跟他说："我有个女儿，长得非常丑，如果你愿意娶她，我可以给你爵位，给你富贵，你愿不愿意？"年轻人说："大王啊，就算你给我一条狗，我都要以欢喜心接受，何况是大王自己的女儿，我当然愿意接受。"于是波斯匿王就把女儿嫁给了他，并赏赐给他很多财宝。但是波斯匿王有个条件：不能让任何人见到这个丑陋的女儿，怕丢了面子。

年轻人富贵后，经常参加王公大臣们组织的宴会，但从来不带自己的妻子。于是大家都猜测，公主要么就是长得太漂亮，不想让人家看；要么就是长得太丑陋了，不敢让人家看。大家逼着他把公主带来，他就是不肯。于是大家想了个办法，在一次宴会中，故意把他灌醉，从他身上偷了钥匙，派五个人到他家偷偷去看，公主到底长的什么样子。

而公主这时正在家中自责惭愧，想到都是因为自己长得太丑陋，所以每次宴会都不能参加，内心特别痛苦。这时想到佛陀有大威德，希望佛陀能够救拔自己，于是就向佛陀精舍的方向至诚顶礼，希望得到佛的加持。因为她的心非常虔诚，果然感应到了佛陀的到来。当她顶礼起来的时候，就看到佛陀从地面上，慢慢地浮起来。当她看到佛陀绀青色的头发时，自己的头发也变成了绀青色，非常柔软、庄严；当看到佛陀庄严的面貌显现时，公主生起大欢喜心，原本骆驼皮一样丑陋的相貌，也变得像天人一样非常庄严；随着佛陀的身体慢慢地浮现，金刚女看到佛的身相这么庄严，内心非常的欢喜，她的身体也不断不断地变化，从上到下都变得像天女一样，非常庄严。这时佛陀又为她说法，她以欢喜心听法，当下证得初果须陀洹。

这时，那五个派来偷看的人，打开门一看，哇！公主像天人一样美，难怪不让我们见。后来驸马回到家，看到公主这么漂亮，问她是谁，怎么来到我家里呢？公主回答说，我就是公主，如是如是的因缘，所以我的相貌改变了。驸马非常高兴，把这事告诉了波斯匿王，波斯匿王看到女儿变得像天人一样，非常惊讶，于是高兴地带着女儿来到精舍，向佛陀请问因缘。

佛陀说公主过去世，曾是个大臣的女儿，大臣每天都要供养一位辟支佛。这位辟支佛长得非常丑陋，大臣有时不在家，就让他女儿来供养，这个女儿看到辟支佛长相丑陋，就口出恶言，讥嫌他的长相。后来辟支佛入灭时，显现了十八种变化，上天下地种种神通，这个女众看到后，生起大惭愧心、怖畏心，并向辟支佛殷重地忏悔。因为她曾诽谤辟支佛的相貌，所以她生生世世都非常丑陋；但又因为她曾经供养过辟支佛，所以她生生世世富贵。

金刚女看到佛的相好，生起欢喜心、赞叹心，相貌当下就转。我们虽然没有金刚女这么大的福报，但如果我们常常看佛像，比如看着佛像念佛、拜佛，赞叹久了，得到佛力加持，慢慢地，我们的相貌也会变得庄严。所以看到佛像，发欢喜心，就能得到端正。

二者好声：由见形像，口自称号南无如来、无所著、至真、等正觉。

常常念佛，声音也会变得好听。例如很多寺院中的维那，声音都很好听，就是因为常常赞叹佛，而且常常领众赞叹佛，所以声音越来越庄严。有的人在家时声音没有那么好听，但是因为出家后常常赞颂、念佛，每天唱诵，声音也就越来越好听。所以我常建议大家早晚课要出声唱诵，不需要很大声，只要竭诚恭敬，唱诵的时候就等于是在赞叹三宝，赞叹三宝不但会有大福报，而且声音会变得好听。有的人说，我声音不好，所以我不想唱。其实不对，正因为声音不好，所以更需要唱诵，不断地诵经、持咒、念赞佛偈等等诵，这都是在赞叹三宝，都能让声音越来越好听。

所以见到佛的形像，口中称佛名号，**“南无”**是皈敬、礼拜、度我的意思，比如我们念“南无阿弥陀佛”，意思就是我归依礼拜阿弥陀佛。我们在念佛的时候，会先念六字，是为了在念六字当中，培养自己归依的心。当归依的心生起，心比较定了，然后再转念四字。因为四字比较简单，有助于我们修定。

“如来”就是乘如实道而来，佛的化身依止不生不灭的法身理体，随众生的因缘随处显现，这是乘如实道而来。

“无所著”，这是赞叹佛超脱一切烦恼束缚的功德。

“至真”，真指的是实相，能亲证实相，称为至真。

“等正觉”，是相等于十方正觉如来，佛与佛的功德都是平等无二的，叫做等正觉。不断地这样念佛、赞叹佛，声音就会越来越好听。

三多财报：由以华香供施故。

若以香花灯烛供奉佛菩萨，可以得到福报。在《佛说施灯功德经》等经典中，特别赞叹供灯的功德，不但能开智慧，还能增长很多福德。供灯有很大的福报，供养香花也是一样的道理，所以在供佛的时候要尽量竭尽所能地供养。

《菩提道次第广论》中说，若有能力供养佛陀好的东西，但是由于悭吝，就只供养简单的东西，差的香，或者很差的供具，然后自欺欺人地观想，这些很差的供具都是黄金七宝所成，请佛来受用；比如把几块钱的下等香，观想成旃檀香。有能力供养，但是用这种自欺欺人的方法来欺骗佛陀；这就好像是一个瞎眼的人，想欺骗一个明眼的人一样可笑。所以我们应当尽量用好的用具供养。当然也不必很勉强，但应在财力所及的范围内，供养最好的。

各位想，世间的人买一件衣服花一千两千，眉头都不皱一下，买供佛的东西花一百两百，就很心疼，这样的佛教徒怎么会有福报呢？我们今生的福报或许就是过去生供养三宝而来的，今生想得到福报，却不供养三宝，这是不应该的。佛陀是我们的导师，对自己的导师都舍不得供养，再说什么布施给一切众生，那也是无稽之谈。所以自家佛堂香花灯烛等供具，要竭尽所能用最好的，这样可以感召到多财的果报。纵然我们不是为了多财报，但是供佛所获得的福德资粮，可以作为我们修道的资粮，这也是很重要的。

四生长者家：由见形已，心无染著，志心礼故。

恭敬承事佛菩萨，能获得生在长者尊贵家的果报，因为见到佛的形像，心无染着，并且以恭敬心，虔诚恭敬地礼拜佛陀，这种谦卑的心，感召的就是生尊贵家。相反，若今生骄慢，下辈子感召的将是卑贱的种性，这就是因果。

在释迦牟尼佛成佛的时候，整个三千大千世界的花草树木，都向着释迦牟尼佛成佛的金刚塔这个方向弯腰礼敬，为什么呢？就因为释迦牟尼佛因地的时候与无我相应，常常谦卑恭敬一切众生，自然感召如此之功德。如《法华经》中记载的常不轻菩萨，就是释迦牟尼佛的因地，他看到每个众生都礼拜，并恭敬地说：“我不敢轻慢汝等，汝等未来皆当做佛。”别人说他是疯子，用石头丢他，他就跑到远远的地方，再顶礼说：“我不敢轻慢汝等，汝等皆当做佛。”真正地以虔诚恭敬的心来面对一切众生，所以他成佛的时候，感召到三千大千世界的花草树木，同时向他礼敬。

所以我们拜佛会有很多很多功德：修归依、培福、忏悔业障、开智慧等等，当我们至诚恭敬地礼拜佛陀，就能感召如是尊贵身、有威德之身，众人看到你，自然而然就能感受到你的威德力，这个不是装出来的，不是诈现威仪。

五命终生天。

第五个功德，就是死了之后能够感召到生天的果报。经典里面记载，帝释天临终时，知道自己将要堕入三恶道，他赶快到佛前受三归依，礼敬佛陀，结果他死了之后，又回到天上去了。

以上五种都属于福德资粮。我们修行虽不为生天，但是具足福德资粮的话，可以破除很多修道上的障碍，才不至于在平常造业的时候一切顺遂；等到修行的时候，不是身体障碍、家人障碍，就是自己内心起烦恼，就不会有这样的事情了。这是承事感报。

- 对境用心—《智论》云
  - 总标—若闻诸佛功德心敬，尊重恭敬赞叹。
  - 牒释—知一切众生中，德无过上，故言“尊”也。敬畏之心，过于父母师长君王。利益重故，故云“重”也。谦逊畏难，故云“恭”。推其智德，故云“敬”。美其功德，为“赞”。赞之不足，又称扬之，为“叹”。
  - 又云
    - 举喻—植佛福田者，植谓专心坚著也。
    - 法合—随以一善，礼诵香华等，至佛无尽。由智胜故。

对境用心：面对境界，也就是佛像时，应当怎么用心呢？

《智论》云：若闻诸佛功德心敬，尊重恭敬赞叹。

这是个总标，我们听闻到佛陀的功德时，内心恭敬，要做到：**尊、重、恭、敬、赞、叹**。下面详细地解释：

知一切众生中，德无过上，故言“尊”也。

什么叫“尊”呢？就是知道佛陀的功德，在十法界中是最高的，没有比佛更高的，称之为“尊”，最尊第一，知道佛陀是最尊贵的。

敬畏之心，过于父母师长君王。利益重故，故云“重”也。

“重”是什么意思呢？恩重，恩重如山。“尊”是说佛陀的功德很高超，“重”是说佛陀对我们的恩德深重。对佛陀敬畏的心，要超过对父母师长和天下君王的敬畏心，为什么呢？因为**“利益重故”**，佛陀对我们的利益非常非常大，对我们众生的恩德非常殊胜，就像《法华经》所说，三千大千世界没有一块土地，乃至芥子许（如小菜籽那么小的土地），不是释迦牟尼佛过去行菩萨道时，为了度化众生，而舍身的地方。也就是说，三千大千世界，我们脚下所踩的每一寸土地，都曾经是释迦牟尼佛为了度化众生，而舍身的处所。

这还只是就舍身而说的，至于他为了度化众生而无量劫的精进，那更是不可思议，而他所做的一切，都是为了利益我们，我们和释迦牟尼佛有甚深的因缘，所以才会出生在这个地方，受释迦牟尼佛的教化，过去释迦牟尼佛为了度化我们，曾经处处舍头目脑髓，这种恩德是非常殷重的，所以称之为重。

谦逊畏难，故云“恭”。

我们面对佛陀恭敬，称为谦逊，因为极度恭敬，所以感到非常谨慎惶恐敬畏称为畏难。就像世间的人，看到国家元首时的心态，就是谦逊畏难，战战兢兢的样子。这主要来自于对佛的恭敬。

推其智德，故云“敬”。

我们为什么会对佛陀恭敬呢？因为我们思维观察佛陀智慧的功德，佛陀“权实”二智的殊胜，所以内心十分敬重。

美其功德，为“赞”。

赞美佛陀的功德，为赞。

赞之不足，又称扬之，为“叹”。

对佛陀的功德，仅仅赞美还觉得不足，于是不断不断地称赞，就称之为叹。“尊、重、恭、敬、赞、叹”就是我们佛弟子，面对佛的境界时，所应该具有的心态和行为，简单来讲，意业念恩生敬，忆念佛陀的恩，生起对佛陀极大恭敬尊重的心；口业赞叹、身业礼拜或者环绕，这是我们面对佛像的时候应当做的事情。

又云—举喻—植佛福田者，植谓专心坚著也。
　　　—法合—随以一善，礼诵香华等，至佛无尽。由智胜故。

植佛福田者，植谓专心坚著也。

植佛福田，是说佛陀像个大福田，我们在大福田当中栽培种植，可以得到很大的福报。那么面对佛的福田，该怎样种植呢？就是专心坚著，也就是专心不散乱。“坚著”是指不断不断地在这当中去种福田，不退却。“专”就是不分散，目标很专。这是举福田的譬喻，下面是合法：

随以一善，礼诵香华等，至佛无尽。由智胜故。

前面所说的“尊重恭敬赞叹”为善，**随以一善：**或者礼拜，或者诵念佛陀名号，或者香花供养等等，**“至佛无尽”**，修这些善法的功德，到我们成佛为止，都无穷无尽，因为这些功德的种子，种在我们阿赖耶识中，会生生世世随逐着我们。就算是福报现前，在享受完人天福报之后，果报的势力仍然没有结束，这个种子还会继续引导、牵引我们趋向涅槃。

这和世间所栽培的福报不一样，世间培福的人，布施财物、帮助他人，栽培的福报享受完，也就没有了；但是在佛的福田中，曾经栽培过乃至一举手、一投足、一合掌、一赞叹等福报，不仅未来能感召殊胜的人天果报，而且这金刚种子，会一直引导我们趋向解脱，乃至到成佛为止。所以任何在释迦牟尼佛时代，种下善根的佛弟子，未来都会如此，这叫**“至佛无尽”**，到成佛的时候，功德都无穷无尽。

“由智胜故”，由于这是修行人透过智慧的观察，知道供佛、恭敬礼拜佛陀等等，会得到广大的福德资粮，乃至能帮助我们得到解脱，所以我们对三宝的恭敬心，不是一时的感性，而是透过智慧的抉择，这就称之为**智胜**。

若只是一时看到佛像很庄严，所以心生恭敬；或者念佛念得一时很感动，觉得佛陀太伟大、太慈悲了；或帮别人助念时，一时深感无常，“早晚会轮到我”，……接触多了，往往也都麻木了。所以，要生起虔诚恭敬的心，不能只靠一时的加持、一时的感觉，因为感觉是生灭法，它是不持久的，会退失的。

那么我们对佛的恭敬心，怎样才能恒常不断地相续呢？除了每天不断地用功，与佛陀感应之外，再来就是要常常思维观察佛陀的功德。也就是必须透过用功，与智慧的抉择之后，在心中生起真实的觉受，那才是不退的。

《往生论》说修净土法门的人，要修五念法门，即“礼拜、赞叹、作愿、观察、回向”这五门。为什么在礼拜、赞叹、作愿时，能够不断地忆念阿弥陀佛呢？这不是靠勉强自己，用力去想阿弥陀佛，而是透过第四：观察门，常常观察阿弥陀佛的功德，若是观察久了，平常只要忆念一下，就能够生起恭敬佛陀的心。当然，这要不断不断地观察，配合修止观，对佛的功德才能生起觉受（真正的感受）。比如过去对阿弥陀佛没什么感觉，但是通过不断地观察四十八愿，或是《往生论》里的偈颂，内心对净土的依正二报，生起强烈归依、恭敬的心，这就是觉受。有了觉受之后，面对任何境界时，只要稍微作意一下，对佛无比恭敬的心，这种觉受就能生起来。

所以我们判断自己的修行上不上路，可以从很多方面观察，其中之一，就是看我们对佛菩萨、经典这些三宝的境界，是恭敬还是随便。如果一个人真正从三宝的境界中得到实益，他对三宝一定是极为恭敬的，就像祖师大德对佛菩萨都是极为恭敬一样。所以即使恭敬心不是我们众生的习惯，在面对三宝境界时，也要如理作意，从内心生起恭敬心，这是对境用心的部分。

下面说到入塔要注意的事项：

毗尼母：不得着革屣入塔绕塔。富罗不得入塔者，彼土诸人着者，皆起慢心，故不听着。寒雪多处听着靴、富罗。

毗尼母就是《毗尼母论》，是律典中的一部论，里面说我们**不可着革屣**

（就是皮靴、皮鞋）**入塔、绕塔**，这个“塔”，也包括所有的佛殿。一般进佛殿都要脱鞋，代表一种恭敬的意思。**富罗不得入塔者**，富罗是一种短筒的靴，为什么靴子不能穿进佛塔或是佛殿呢？因为**“彼土诸人着者，皆起慢心”**，按印度的习俗，若进入佛塔不脱鞋，则有一种骄慢的意思在里面，因此在印度礼佛或者绕佛的时候都要脱鞋，不可以穿鞋子进入佛塔里面。

寒雪多处听着靴、富罗，这是开缘的情况：在比较寒冷，或常常下雪的地方，进入佛殿若脱鞋，怕会受凉，所以可以开缘，穿着鞋子进入佛殿。但穿鞋进入佛堂之前，要把泥土、秽物蹭掉。或者有的佛堂里面都有垫子，在这样的佛殿拜佛或绕佛，鞋子就可以直接脱下来，这是种恭敬的礼。

《三千》云：绕塔法：一、低头视佛，二、不得蹈虫，三、不左右视，四、不唾地，五、不与人语。

《三千》就是《三千威仪》，也是一部律典，在《三千威仪》里面说**绕塔**（就是环绕佛塔）时，有五点要注意：第一是**低头视佛**，不要像是和佛平起平坐，抬眼高高地看着佛。面对佛要有卑下的态度，看佛也不要直直地仰头看，要低头视佛，到大殿里面也是一样。这是约着绕佛塔时的威仪，既然是环绕，那代表一种对佛陀的恋慕之心，那就必须要有谦卑的态度；当然，如果是进入佛殿，以虔诚恭敬心来瞻仰佛陀的仪容，那应当是可以的。

第二是**不得蹈虫**，绕塔的时候，要注意地上，不要东张西望，注意看地上，一方面帮助摄心，另一方面就是注意不要踩到地上的小虫，培养慈悲心。

第三是**不左右视**，这是为了摄心，我们绕塔时同时配合念佛、持咒、诵经等，所以要专心。同时如上所说，绕佛是表达对佛陀爱恋不舍之心，因此不左右视也是一种恭敬的态度。

第四是**不唾地**，绕佛的时候，不要随地吐痰、吐口水，这不仅对佛陀极度不尊重，同时果报也很不好，所以在佛塔内外，或是在佛殿内外，都不可以随便吐痰、吐口水、丢垃圾。

第五是**不与人语**。绕佛塔的时候你要专心用功，也代表对佛陀的虔诚忆念，所以别人过来时可以不用和他打招呼。同样，我们看到别人在绕佛、绕塔的时候，也不要和他讲话，除非有很重要的事情，不然不要打扰他，以上是身业的部分。

下面讲意业。

又当念佛恩大难报，念佛智慧，念佛经戒，念佛功德，念佛精进乃至泥洹。

这里讲绕塔时，内心应当修六**念**。

第一，感**念佛**的**恩**德是很大的，我们**难**以**报**答。释迦牟尼佛来娑婆世界已经八千返，娑婆世界的每一寸土地，都曾是释迦牟尼佛为度化众生，而舍头目脑髓的地方。这种深恩厚德，我们难以报答。所以我们在环绕的时候，比如主修是持咒，我们就还是持咒，但偶尔配合稍微忆念一下佛恩，使自己生起恭敬之心。

第二，**念佛智慧**，就是忆念佛陀权实二智的功德。

第三，**念佛经戒**，这是忆念佛陀所说的经律论三藏，能够引导我们了生脱死。

第四，**念佛功德**，就是忆念佛陀身口意三业的功德。

第五，**念佛精进**，忆念佛陀来到娑婆世界广度众生的精进。

第六，**乃至泥洹**，就是忆念佛八相成道的功德，从降兜率、入胎、出生、出家、降魔、成道、转法轮、乃至入涅槃，这八相成道的功德。

总之，绕塔时要配合忆念佛的恩德和功德，在专心的基础上，还要以这种知恩、念恩、忆念功德的虔诚心来绕塔。

明用心
- 又念僧恩、师恩、父母恩、同学恩。
- 又念一切人，皆使解脱离苦。
- 又念学慧，除其三毒，求出要道。
- 见塔上草，念手去之。有不净，即分除之。
- 若天雨，当脱履塔下，乃上礼佛。

又念僧恩、师恩、父母恩、同学恩。

在绕塔的时候，也可以配合着念大众僧的恩德。因为僧众是大福田，所以我们供养僧，可以为自己培福，这是僧恩。师恩就是师长的恩德，因为师长的教授，我们才能得到解脱。父母恩是父母的养育之恩。同学恩是同学之间在道业上互相切磋、互相扶持的恩德。我们在环绕当中，要偶尔忆念一下这些恩德，让自己以一种报恩的心态来修法，忆念上至三宝，下至四恩三有一切众生的恩德。

又念一切人，皆使解脱离苦。

这是忆念菩提心，我们绕塔不应只是为自己得到利益，而应当与菩提心相应，为了使一切众生都能离苦得乐而来绕塔。

又念学慧，除其三毒，求出要道。

这是加行。**又念学慧**，就是忆念所学过的智慧，般若波罗蜜的法门，一边环绕，配合有时忆念佛法的般若智慧，使我们能够破除内心贪瞋痴的三毒，**求出要道**，这都属于心态。

见塔上草，念手去之。有不净，即分除之。

看到**塔上**有杂**草**或是**不净**物，我们应当把它**去除**掉，这是为自己培福，同时也是表达对师长恭敬的心，因为佛陀是我们的大导师。

若天雨，当脱履塔下，乃上礼佛。

下雨天要**脱**了鞋，才能进入佛塔、佛堂。因为下雨天，泥巴会粘到鞋子上，如果带到佛堂中，对佛菩萨不恭敬，也损自己的福报，所以要脱了鞋才可以进去。如果脱鞋进去不方便，至少要把鞋子在鞋垫上稍微蹭一蹭，弄干净再进去。这些都是细行，注意这些细行，一方面能为自己培福，另一方面，也能让心变得更加寂静微细，这也是修禅定的基础。因戒生定，因定发慧，如果在二六时中，常常去注意戒律、威仪，种种小细节都去注意，就能养成一种习惯，照破自己的念头，这个时候修定才会有基础。有的人一进佛堂就劈哩啪啦的声音很大，或者散心杂话，身心相当粗重，这么粗重的心，就是没有看自己念头的习惯，这样要修定很难。

下面是环绕法：

- 环绕法
  - 息嫌疑—《五百问》云：比丘绕塔，女众随者，不得。有优婆塞，不犯。
  - 示绕法—大论：如法供养法，必应右绕。
  - 明礼辞—善见云：辞佛法，绕佛三匝，四方作礼而去。合十指爪掌，叉手于顶上，却行。绝不见如来。更复作礼，回前而去。

息嫌疑：《五百问》云：比丘绕塔，女众随者，不得。有优婆塞，不犯。

《**五百问**》就是《五百问论》，这是属于律藏的一部论典。里面说**比丘**在**绕塔**的时候，后面有女居士跟着绕，是不如法的。除非有优婆塞，也就是有男居士跟着，那可以开缘不犯。为什么呢？避免讥嫌。比丘在前面绕塔，后面紧跟着一个或几个女居士，会让世间人生起种种不好的猜测和讥嫌。所以绕塔的时候，不要有女众跟着，若有其他男居士跟着，才开缘不犯。所以各位女居士，若看到比丘在绕塔，或在佛堂用功，不要想着跟着师父一起用功多好，并且马上紧跟上去，这样若引起他人讥嫌，对自己、对出家众、对讥嫌的人都不好。

示绕法：大论：如法供养法，必应右绕。

我们绕塔或绕佛，必须要顺时针旋绕，也就是**右绕**，才是如法的，左绕是外道的做法，在印度，左绕代表一个人的轻慢心。

《善见》云：辞佛法，绕佛三匝，四方作礼而去。**合十指爪掌，叉手于顶上，却行**。**绝不见如来**。**更复作礼，回前而去**。

这讲的是印度的礼俗，在《善见律》里面，讲到拜**辞佛**陀的方**法**，首先要**绕佛三匝**。经典里面记载，菩萨或者阿罗汉见到佛时，都是绕佛三匝，绕佛代表对佛陀依恋的意思。用世俗的话说，此时我们的心中，满满装的都是佛。所以条件许可的话，我们进佛堂可以先拜佛，然后绕佛，顺绕三圈，走的时候再绕佛三圈，然后**四方作礼而去**，顶礼四方，代表顶礼四方诸佛。

合十指爪掌，十指手掌合在一起代表一心，或有古德解释为真俗不二之意。然后**叉手于顶上**，这是印度的习俗，藏传佛法、泰国也是一样。然后**却行**，倒退着出去，不要背对着佛出去，代表心不背着佛。所以我们离开佛堂，到门口的时候，要对着佛像一问讯再出去；不要大摇大摆的、背对着佛像就走出去了，好像眼中没有佛陀一样。虽然我们不见得需要像泰国或西藏一样，手掌顶在头顶上作礼；但至少在出佛堂的时候，要在门口一问讯，再退出去。要把佛像当作佛陀真实法身的显现，这样就能得到佛力加持。

甚至**绝不见如来，更复作礼**，在看不见佛的时候，再深深拜一拜，以表达对佛的这种深深依恋的心，最后再回转身离开，这是古代的礼仪。我们尽量去学习，至少在出佛堂门口的时候，先问讯一下再离开。

甲二、正明敬相

乙一、总斥非法

先说明一切非法的情况，这都是大家常常会犯的，第一段是**通斥**，总的斥责非法的情况。

- 斥非致毁
  - 叙合敬——佛像经教住持灵仪，并是我等所尊敬，则至真齐观。
  - 正斥
    - 今多不奉佛法。
    - 并愚教网，内无正信，见不高远，致亏大节。
    - 或在形像之前，更相戏弄，出非法语；举目攘臂，偏指圣仪；或端坐倨傲，情无畏惮；虽见经像，不起奉迎。
    - 致令俗人轻笑，损灭正法。

佛像经教住持灵仪，并是我等所尊敬，则至真齐观。

这是**通斥**的第一段，**斥非致毁**。在前面的宗体篇我们讲过，**佛像**、**经**典都属于住持三宝，住持三宝就是佛陀灭度之后，世间所显现的三宝形像。住持佛宝就是佛的雕像或画像；住持法宝就是一切的经典；住持僧宝就是一切的出家众，不管他是圣人还是凡夫，只要他现僧相，就是住持僧宝。所以佛像和经典是**住持灵仪**，应当为我们所尊敬，因为它代表的就是真实的三宝，代表着理体三宝。所以应当**至真齐观**，与至真的佛陀相同的看待。

《广论》中讲了一个例子，有个弟子问阿底峡尊者：一尊文殊菩萨像好不好。尊者回答说：文殊菩萨像都是好的，只是工人在塑造这尊像时，工巧技术相对差一些。说完就把那尊像擎在头上顶礼了一下。所以，无论工艺好不好，我们的心态，应该是看到佛像就等同见到真佛一样的恭敬，因为它代表着佛法身的显现，这就是至真齐观。

今多不奉佛法。并愚教网，内无正信，见不高远，致亏大节。

如今的人，大多不能恭敬三宝，为什么呢？**并愚教网**，因为他没有好好学习经论，所以对三宝很难产生真正恭敬的心。如果只是一时感动而生的恭敬，这种生灭心是很容易退失的。真正对佛恭敬心的生起，来自于熏习经典中，对佛功德的描述，并常常思维观察，因此生起觉受。

相反，并愚教网，没有去看经典，**内无正信**，对佛、对三宝没有真正的信心，**见地不高远**，对于佛不可思议的功德，如果不学习经典，只凭着自己的经验，所能理解的狭隘视野，是无法真正理解的，这就是见不高远。**致亏大节**，大节就是关系很重大之事。因为见地很有限，所以在面对三宝的时候，就不能够恭敬，致使自己亏了大节。下面举出实际的例子：

或在形像之前，更相戏弄，出非法语；举目攘臂，偏指圣仪；或端坐倨傲，情无畏惮；虽见经像，不起奉迎。

或是在经像之前**“更相戏弄”**，开玩笑或者打闹，把佛像当虚空一样视而不见。要知道虽然佛像是纸画、木雕的，但是佛堂是佛的真身所在之处，要把它当作佛的真身一样看待。试想如果是真正的佛陀在此，我们怎么可能会开玩笑、打闹呢?

第二个**“出非法语”**，就是在佛堂里聊世间法，或是接手机、讲世间法的语言等等，这些都是非法语。就算是执事要谈公事，除非属于大殿内部的事情，否则都不应当在佛堂中谈，要到佛堂外面去说，就像佛陀亲自在眼前一样。

第三个**“举目攘臂，偏指圣仪”**，就像世间人看艺术品一样，抬眼直视佛像，一点恭敬心都没有。我们面对佛像，应当是垂目恭敬的，就像藏传佛法中，仁波切来的时候，大家都恭敬低头，没有人会去跟他对视，除非是不信佛的人，因为大家认为仁波切就是佛的现身。所以我们对佛陀更应该如此，谦卑恭敬。**“攘臂”**就是伸着手臂把袖子整个儿都卷起来，这在面对三宝时，也是很不恭敬的。同时如果穿的是短袖也就罢了，如果穿的是长袖的衣服，就不要在佛堂里把袖子卷起来。试想如果来了上级领导或者贵客，我们不可能在他面前把袖子卷起来，表现出这样不恭敬的态度。在世俗贵人、领导面前不会做的事情，在佛陀面前怎么会那么做呢?

“偏指圣仪”是说用手指头直直指向佛像。我们在为人介绍佛像时，不能用手指直接指指点点，而应当用手掌示意。就像我们为人介绍长辈、领导、或自己的父母时，也不会用手指直接指指点点一样。

第四个**“端坐倨傲，情无畏惮”**，这里的**“端坐”**，不是指盘腿坐，而是坐在椅子上，脚放下来这样坐。后面会讲到，在佛前只有阿罗汉可以将脚放下来坐。除了阿罗汉之外还有外道，因为外道不信佛，所以也就算了，除此之外，只要是佛弟子，在佛前都只能盘腿坐，不可以将脚放下来坐。除非是年纪大了，腿僵硬盘不起来了，或者生病等原因可以开缘。

第五个**“虽见经像，不起奉迎”**，**奉迎**就是迎接、供奉。我们看到世间的长官到来，都会赶快站起来迎接，三宝是三界至尊，见到经像到来，我们怎么可以坐着不动呢？如果有人递送经像给我们，我们应当要站起来迎接，因为这都是住持的佛宝和法宝。

面对住持的僧宝也是一样，当看到师长进来，或者居士看到僧人进来时，要站起来迎接。这都是修我们自己的福报，并不是佛菩萨或者三宝需要我们这么做，因为我们对三宝有一分恭敬，就能得到一分的利益。不要认为只要心中有佛就好了，不要执着外相。我们看《高僧传》就会知道，真正开悟或证果的圣人们，对于三宝的恭敬，是远远超过我们的。正因为他们已经开悟证果了，所以他们对三宝的信心，远远超过我们，自然而然恭敬的态度，也就远远超过我们，绝对不会是无所谓的态度。

致令俗人轻笑，损灭正法。

佛弟子若对三宝态度轻慢，就会导**致俗人**也对三宝**轻**慢嘲**笑**。因为作为三宝弟子，对自己应当尊重的境界都这么轻慢，又怎么能让世俗人对三宝生信恭敬呢？结果就会**损灭正法**。相反，如果佛弟子对三宝恭敬尊重，自然能引发别人的恭敬之心。所以对三宝的恭敬，不仅关乎自利，更关乎利他。因此，一切不如法、不恭敬的行为，我们都要避免。

- 引教申诫
  - 引文—故僧祇中：“礼人不得对于佛、法。乃至悬施幡盖，不得蹈像，别施梯凳。”以此文证，明敬处别。
  - 申诫
    - 勉慎—既知多过，弥须大慎。
    - 示法—至堂殿塔庙，如履冰临深，睹形像经教，必慑然加敬。
    - 彰益—此道俗通知奉法，贤圣达其信心。
    - 举况—且如对王臣令长，事亦可会。
    - 劝依—凡情难任，圣法宜遵。

故《僧衹》中：“礼人不得对于佛、法。乃至悬施幡盖，不得蹈像，别施梯凳。”以此文证，明敬处别。

这是**通斥**的二段，**引教申诫**。**首先是第一段“引文”**。

所以《**僧衹**律》中说，**不得**在**佛**宝或**法**宝前**礼**拜他**人**，包括不得礼拜师长、僧众，只能向佛礼拜。因为即使僧众也是佛弟子。就如同师长在旁边时，不敢接受别人的礼拜。因为在师长面前，自己永远是弟子，要契合弟子相，所以不能在师长前接受弟子的礼拜。因此当我们在经像前礼拜出家人时，他们会说：“礼佛一拜！”此时我们就面向佛像、经典礼拜。

乃至若要在佛像的上面**悬**挂幢**幡**宝**盖**，也**不得**把脚踏在佛像上面，甚至踏在佛的肩膀上来悬挂这个幡盖，是绝对不可以的，佛桌也不能踩，只能借助**梯**子**凳子**等。**“以此文证，明敬处别”**，**别**，是特别，《僧衹律》以这些文字来证明，三宝是我们应当特**别**恭**敬**尊重之**处**。

以上是一段**引文**，接着看第二段的**申诫**：

既知多过，弥须大慎。
至堂殿塔庙，如履冰临深，睹形像经教，必慑然加敬。

既然**知**道前面这些轻慢的行为，有很**多过**失，不仅损自己的福报，而且这种轻慢三宝的种子种下去，未来将生生世世遇不到三宝，也会因为我们使世人失去信心，而影响佛法的住持，因此过失及多。既然如此，就要特别谨**慎**，所以到**堂殿塔庙**中时，要**如履**薄**冰**，如**临深**渊，战战兢兢，因为这是大福田，也可能是个棘藜园，就看我们怎么用心了。看到佛**形像**或是**经**典法宝的时候，必须**慑然加敬**，**慑**是威伏、害怕恐惧的态度，因为恭敬之极而生敬畏之心，要有这样的态度。

此则道俗通知奉法，贤圣达其信心。

我们如果能够这么做的话，就利他来说，能影响让一切**道俗**都知道去敬**奉佛法**。现在很多的世俗人不恭敬三宝，原因之一就是很多佛教徒本身就不恭敬三宝。来到佛堂就像逛大观园一样，随意聊天、嗑瓜子，行种种非法之行。即使是在世俗的高级聚会，或正式场合中，这些都是不允许的，何况是庄重的三宝之地。所以当世俗人看到佛教徒在三宝地都随随便便、毫无尊重三宝之心，他们如何生起对三宝恭敬之心呢？因此必然认为佛教就只是迷信而已。

所以若佛教徒本身就不重视恭敬三宝，会构成灭法的因缘。在《四分律》中有长者问佛陀，怎样能令佛法久住？怎样会使佛法很快衰亡？佛陀说如果比丘不敬重佛法僧和戒定慧，佛法就会灭了。比丘是这样，居士也是一样，如果本身不恭敬三宝的话，也会影响到别人对三宝的信心。相反，如果我们对三宝能够发自内在的恭敬，观功念恩，表现出恭敬的仪表，自然能感化周围的人。

因此就自利来说，**“贤圣达其信心”**，贤圣指的是佛菩萨，佛是圣，菩萨是贤。因为这样的恭敬心，一分恭敬，一分利益就能感召三宝的加持，由此可以生起我们修行人的信心。关于这一点，《高僧传》中有很多记载，我们应当多学习古德们恭敬三宝的态度。

且如对王臣令长，事亦可会，凡情难任，圣法宜遵。

就像世间人面对国王、国家元首，或者大臣、省长、县长这一类的领导时，都会非常恭敬，用这个道理来面对三宝，我们就知道该怎么做了。如果不知道如何恭敬三宝，就想象如果现在面对的是长者、领导时，你会怎么做？或者你不会做什么？大致就可以知道此时该如何做了。所以“凡情难任，圣法宜遵”，凡情，就是世俗人面对三宝时，无所谓的态度，认为反正都是木雕、纸画的佛像，都不是真的，我心中有佛就好了，这都是世俗卑劣之凡情。任就是信，不要随着世俗的想法去做。**“圣法宜遵”**，我们要遵守佛陀在律上的教诫，或是古德的开示，以此作为行为之标准。

以上是**通斥**，说的是总原则。接着看下一段**别斥居床设礼**，特别讨论在矮床上礼佛之事。

- 别斥居床设礼
  - 指非——比世中，多有在下床上礼佛者。
  - 正斥——此全无楷模。敬人尚自被责；敬佛自心在慢，有心存道者，必不行之。
  - 引亲传以验——余亲问天竺诸僧，诸国无有此法，来此方见。

比世中，多有在下床上礼佛者。此全无楷模。敬人尚自被责；敬佛自心在慢，有心存道者，必不行之。

就像有人在低矮的**床上礼佛**，这事**全无楷模**，是不如法的。我们怎么能在床上礼佛呢？除非是重病在床，那另当别论，否则，有心修道的人，必然不会这样做。

余亲问天竺诸僧，诸国无有此法，来此方见。

道宣律祖说，他曾经**亲**自**问**了很多西域来的出家人，在西域**诸国**，都没有在下床上礼佛这种做法。下床礼佛包括站在床上礼佛，也包括在高拜垫上礼佛。在高拜垫上礼佛，是一种开缘的情况，佛陀允许只有在比较潮湿的地方，可以用高拜垫礼佛。正常的礼佛，都应当是五体投地的，身体、两手两脚贴在地上，把身体彻底的放下，如大山崩，这才是礼佛真正的恭敬威仪。所以在家众就不用高拜垫，应当五体投地地拜。

第二课 敬佛仪相（2）

乙二、坐立差异

◀《事钞》云–《智论》云
- 外道是他法，故轻佛，来至佛所，自坐。
- 白衣如客，故命坐。
- 一切出家五众，身心属佛，故立。
- 若得道罗汉，如舍利弗等，皆坐。三道已下，并不听坐，以所作未办，结贼未破故。

《事钞》云：《智论》云：外道是他法，故轻佛，至佛所，自坐。白衣如客，故命坐。

这是讨论敬佛威仪中，在佛前是否能坐。由于**外道是他法**，外道本来就不信佛法，自然不会尊重佛陀，所以他来**至佛所**，比如进入佛殿，他自己就坐下了，我们也管不了他。**白衣如客，故命坐**。这里所说的白衣，指没有受过三皈的在家人，他不一定很信佛，只是对佛法有好感，来到佛寺，此时就把他当客人，让他坐下来。

一切出家五众，身心属佛，故立。

一切的**出家五众**：比丘、比丘尼、式叉摩那、沙弥、沙弥尼这五众，他们的身和心都是系属于佛的，这是标准的佛弟子，所以在佛前，就只能站立。就像我们在自己的师父面前，只能站着，而对于并不怎么信佛的客人，师父就会请他坐，是一样的道理。所以真正的佛弟子，在佛前都只能站立，不能随便坐。

若得道罗汉，如舍利弗等，皆坐。三道以下，并不听坐，以所作未办，结贼未破故。

如果是**得道**的**罗汉**，也就是四果的阿罗汉，像**舍利弗**等，都可以坐下来，因为他与佛同入法性。如果是**三道以下**，也就是三果及三果以下的所有佛弟子，不经允许，是不能在佛前随意坐的，因为他们**所作未办**，还没证到阿罗汉，烦恼结贼还没有破。所以在佛前，只有四果的阿罗汉可以坐下来，四果以下的佛弟子，都不可以随意在佛前坐。

《归敬仪》云：今有安坐像前，情无敬让，可谓无事受罪，枉坏身心。

因为佛像就是佛的代表，是佛真身的显现，见到佛像，就等同于见到真佛一样，也不可以随便坐。但现在有些佛教徒，却**安**然的**坐**在佛**像前**，这里所说的坐，不是用功的盘腿坐，而是随便地在佛前坐下来，垂脚而坐，**情无敬让**，心中都没有恭**敬**、谦**让**，这样的话，**可谓无事受罪，枉坏身心**。三宝地本是培福的境界，却以轻慢心面对，因种种不敬的行为，而无来由地要遭受罪报，白白地伤害了此**身心**之道器。这不是很冤**枉**吗?

如上三果尚立，况下凡乎？像立而坐，弥是不敬。比今君父，可以例诸。

如前面所说的，即使是三果的圣人，在佛前尚且要站立，不能随便坐下，何况是下位的凡夫？尤其像立而坐，比如西方三圣像，很多都是站立的，佛像是站立的，我们却在佛前随意的坐，弥失不敬，这特别地不恭敬。这就好比如今我们在世间的君王、父亲这些长辈面前，他们没有叫我们坐，我们是不可以随便坐的，可以例诸，可以以此为例。

此言易矣，临机难哉。**常志在心，努力制抑，方可改革**。**不尔，虽读，不救常习**。**思之！惟之！**

这些道理很简单，然而**临机难哉**。真的面对三宝境界的时候，却很难做到。为什么？习气，习惯了放任自己，习惯了对三宝不恭敬，难就难在习性难改。所以要**常志在心**，我们应当常常记**在心**中，**努力抑制**自己的习气，**改革**自己的习气，不管别人怎么做，我们自己要做好。**不**然的话，**虽**然**读**了这些道理，却没有办法挽**救**自己的**习**气，等于白学，知道了道理，而不去做，比不懂这些道理的人罪业更深。所以要常常去**思**维这些道理！

《事钞》云：十诵：得对佛加趺坐。

那我们凡夫什么时候在佛前可以坐呢？听经、坐禅、用功时，可以在佛前结跏趺坐，也就是盘腿坐，单盘、双盘、散盘都可以。为了用功，在佛前盘腿坐，是允许的，诸佛也是欢喜的。如果在佛前不是用功，就不能随便坐。

关于如何敬佛，就介绍到这里。面对三宝的境界，同样的轻慢心业更重，所以不可不慎。

第三课 入寺法式（1）

甲一、入寺法
甲二、出寺法

甲一、入寺法
乙一、清信士法
乙二、清信女法

甲一、入寺法

入寺法式，是对僧众的恭敬仪轨。包括两个部分：甲一、入寺法；甲二、出寺法。为什么到寺院时，必须要对僧众恭敬呢？因为僧众是大福田，这样做能为自己培福。例如目犍连尊者，为了救拔他堕落到饿鬼道的母亲，在佛的指引下，就在农历七月十五日盂兰盆节那一天，为他母亲供养大众僧。因为这一天是佛制结夏安居结束的日子，经过三个月的结夏安居，僧众特别精进修行后有了大功德，所以此时供养僧众，功德特别殊胜。因此目犍连尊者期望通过大众僧威德力的加持，救拔他的母亲，离开饿鬼道。所以僧众是大福田，我们应当在这个境界中，为自己培福。

另一方面，来到寺院中，我们注意规矩，也是护念僧众的心。如果在寺院中随意喧嚣、做不如法的事情，影响他人的道念，这个业就非常重了。而且，如果我们来到寺院，对僧众恭敬，也能使没有信佛的人，因此对佛法产生信心。所以这也关系到对众生的教化，这就是入寺法式的重要性。

乙一、清信士法

甲一的入寺法中分为两段：乙一、清信士法；乙二、清信女法。清信士就是所有的在家居士，包括女居士，特别要注意的地方。

乙一、清信士法又分为三段，分别为："礼敬舍恶等法"、"想念慎护等法"、"有缘暂宿等法"。

- 礼敬舍恶等法
  - 入寺门二拜，总礼三宝——"今依祇洹旧法出。中国士民，凡至寺门外整服一拜，入门复礼一拜。安详直进，不左右顾眄。
  - 礼佛——先至佛所，礼三拜竟，围绕三匝，呗赞三契。
    若未见佛供养，设见众僧不先与语。
  - 礼僧——礼佛已。方至僧房户外，礼一拜。然后入见上座，次第至下，各礼一拜。"

入寺门二拜，总礼三宝：《事钞》云：今依祇桓旧法出。中国士民，凡至寺门外整服一拜，入门复礼一拜。安详直进，不左右顾眄。

今依祇桓旧法出，依照古代印度的习俗，人们到寺院中，要先总礼三宝。祇桓就是祇桓精舍，**依**着**祇桓**精舍**旧**有的法规、规矩来说，**中国士民，凡至寺门外整服一拜**。入门复礼一**拜**。这里说的"中国"是指印度，印度的佛教徒，**凡**是来**至寺**院，在寺门外都要**整**理衣冠，然后对着寺院三宝的境界总礼一**拜**，进**入**寺院山**门**后，再**礼一拜**，然后**安详**、摄心地**进**入。**不要左顾右盼**。寺院不是让人观光的，寺院是修道的地方，为了自己，也为了护持他人，不要在寺院中喧哗、左顾右盼，或者做一些扰动他人的事情。

礼佛：先至佛所，礼三拜竟，围绕三匝，呗赞三契。

先到寺院大殿的**佛**前拜**三拜**，然后**绕**佛三圈。再到佛前以梵**呗**来**赞**叹佛，例如念诵“阿弥陀佛身金色”，或者“天上天下无如佛”等赞佛偈。**呗赞三契**，一契就是一段，也就是念三段的偈颂，以梵呗来赞叹佛陀，这是先礼佛赞佛。

汉地现在没有在佛寺外先总礼三宝的习惯。如果条件许可，我们能在寺门外先总礼三宝，也是很好的。进入寺院后，先到大殿中礼佛三拜，这个礼节汉地目前也还保留。但是礼佛后，绕佛三匝，这就不一定了。最好拜三拜之后再绕佛三圈更好，但至少要拜三拜。然后“呗赞三契”，以赞颂来赞叹佛陀。

过去有一位藏传佛教的大仁波切，到我们学佛院参观，他每到一个殿堂，比如释迦牟尼佛前，就先献哈达，然后赞颂一段；到观音菩萨像前，又献哈达，再赞颂一段……对佛陀、菩萨、罗汉，他都献哈达，并且各有各的赞颂，来赞叹佛菩萨和阿罗汉的功德。他诵念这些赞文时，可以感受到那种至为恭敬之心，这令我们很感动。真正的大修行人，对三宝的恭敬，必是无以复加，远远超过我们的。

若未见佛供养，设见众僧不先与语。

如果我们到了佛寺，但还没有到大殿礼佛**供养**，即使先**见**到了**僧众**，也**先不与**他们谈话，但此时可以先跟迎面而来的僧众问讯、打招呼。

拜佛之后是礼僧。

礼僧：礼佛已。方至僧房户外，礼一拜。然后入见上座，次第至下，

各礼一拜。

礼佛之后，来到**僧房户外**，总**礼一拜**，这是印度的规矩。汉地虽然现在没有这个习俗，但我们还是依着原文介绍，至于大家要做到什么程度，就量力而为。

在僧寮房外总礼一拜，**然后入见上座**，戒腊最高的为上座，从戒腊最高的上座，以戒腊高低为序，**次第往下**，**各礼一拜**。这是对于人少的佛寺。如果这个佛寺僧众很多，当然不可能次第拜了，那就是在僧寮外面总礼三拜之后，主要是向上座，比如说佛寺的大和尚，或者当家师、管事僧，或者戒腊最高的上座顶礼，一般是向一位或两位代表顶礼。有时候，佛寺的住持不见得是戒腊最高，但依目前的习惯，还是先向住持顶礼，如果有戒腊特别高的一位或两位上座，再向他们顶礼。至少要向佛寺的住持，或者当家顶礼，这是佛教徒最基本的礼节。当然，还要看对方是否方便，如果他太忙或不方便，或者对方坚持不受礼，我们也不能勉强。这是礼僧。

诫守慎
- 叙戒——若见是非之事，不得讥诃。若发言嫌责者，自失善利，非入寺之行。僧中亦不可识，事似俗阙，检意则殊。今以俗情检道，意诚非易。若以见僧之过，则不信心生，生便障道，终无出期。
- 且初入寺，背僧取异，云何得作出家因缘？
- 引证——经云：夫入寺者，弃舍刀仗杂物，然后乃入。

示行法——顺佛而行，不得逆行。设缘碍左绕，恒想佛在我右。入出之时，悉转面向佛。

若见是非之事，不得讥诃。若发言嫌责者，自失善利，非入寺之行。

若见到僧团中有**是非**的**事**情，**不得讥诃**。谁跟谁好、谁跟谁不好，或者谁的行为不如法等等，这都不是居士们该谈论的。因为僧众就算真的不如法，自有他不如法的因果；而作为一个在家居士，随便批评一个出家众，说僧众的过失，也会造下罪业，结三恶道的果报，这与对方好坏无关，所以不得讥诃。

若发言嫌责，如果我们讥**嫌**乃至诃**责**僧众，会有什么过失呢？第一个，**自失善利**，自己失去佛法的善利。因为僧众是大福田，我们来到寺院，就是为了培福的。如果讲僧众的人我是非，那培的福，还不如漏掉的多呢。因为培福的心，往往是散乱的，而说别人是非的时候，心却是很专注的。而且面对的是僧众，这种特殊的境界，讲僧众的是非，损失自然比得到的福报要多得多。所以，第二个，**非入寺之行**，不是我们**入寺**该做的**行**为，更不用说对出家众恶口了。若对出家众讲粗恶的话，果报更严重，而且这种果报，有时候很难救拔。

在《出曜经》中有个公案：有一位阿罗汉，见到一个饿鬼道众生，他的手和嘴巴里都长满了脓疮，流着脓血，有很多蛆虫在他嘴里钻进钻出。有时候嘴巴还会喷出高十几丈的火，全身的骨节也都摩擦生热，放出火花来，非常非常地痛苦。这个饿鬼道的众生说，他这样的痛苦已经持续了几百万年之久，而且这个果报结束后，还要到地狱受更大的痛苦。这位阿罗汉就问他，为什么会有这样的果报呢？他说自己过去生曾经是个比丘，自己很放逸，看到那些持戒清净的比丘就嫉妒，因此出恶口来伤害、讽刺他们，所以感召到这样痛苦的果报。(见于《出曜经》卷10〈学品8〉， CBETA, T04, no. 212, p. 663, a3)

各位想一想，他本身是个出家人，出家人对出家人以恶口相向，果报都这么严重，何况是在家居士对出家众恶口，果报更是不可思议。所以我们到寺院时，不要看僧众的是非，那不是我们该管的。同时别去听、更别去传。

僧中亦不可识，事似俗阙，检意则殊。今以俗情检道，意诚非易。若以见僧之过，则不信心生，生便障道，终无出期。

另一个重点就是，**僧中亦不可识**，很多出家人的行为，往往不是凡夫的虚妄分别心所能够理解的。这样的例子很多，比如之前在解释偷盗戒时提到，寺院的东西不可以随便拿，若在寺院吃饭，要补贴等等。如果没有学习过戒律和因果，一位出家人提醒我们，吃了寺院的东西要补贴。我们可能就会认为出家人不慈悲，吃一顿饭还要钱，好像比世俗人还要计较。但事实正好相反，他正是因为慈悲，才不让我们造盗十方僧物的重大恶业。所以如果用世俗的眼光来看，认为他是斤斤计较，那就错了。

所以**事似俗阙**，有些**事**从世**俗**的角度看来，像**似**有过失；但**检意则殊**，**意**就是动机，检视其行为的动机，**则**与世间人所理解的不同。所以不能完全以在家人的眼光，去判断出家人的是非。有时出家人的行为看似不近人情，但他可能是为了护持戒律，也为了不让我们造恶业；或者有的修行人是以其独特的方式教导弟子，那就更不是我们以凡俗知见所能妄加揣度的了。

例如古代禅宗的德山棒、临济喝。他们怎么教导弟子呢？用棒打，或者是大喝一声；俱胝和尚为了让弟子开悟，甚至把弟子的手指头都斩断了。若在世俗人看来，这可是严重的人身伤害啊！还犯法呢。再如密勒日巴尊者的上师马尔巴，用盖房子来考验他，让他反反复复盖了又拆，拆了又盖，就是为了帮他消除种种恶业，使他能够身心清净，而迅速入道；中国古代有名的寒山、拾得、道济禅师……这些都是不可思议的境界，不是我们凡夫众生所能够理解的。

在五台山，也有很多文殊菩萨应化的事迹，菩萨有时会示现成一个行为很不好的出家人，或是妇人，来考验众生。很多人就因为自己的虚妄分别心，而当面错过了。圣人游戏人间，都不是我们可以理解的。

在《法苑珠林》中记载，晋朝有个信佛的大官名叫何冲，他常常斋僧。因为根据经典记载，凡是办斋僧大会的时候，圣僧宾头卢尊者都会来参加应供，作人世间的福田。所以他斋僧时，就特别庄严供养一个法座，希望圣僧能来接受供养。有一次斋僧时，来了一位出家人，穿得破破烂烂的，相貌丑陋，威仪也非常差，居然大摇大摆地坐到庄严的法座上去了。对位列三公的何冲，也只是拱手打个招呼而已，然后就直接在法座上接受供养。何冲当时心里很不高兴，但毕竟他还是有点修养，所以也没有说什么。

当斋僧结束后，这位穿得破破烂烂的和尚，就提着钵往外走。出门的时候回头对何冲说："你这样精进的供僧，恐怕是徒劳一场啊。"就是说他虽然这样精进的供僧，但是分别心还是那么强，不能平等布施，功德就大打折扣了。说完之后，把钵往天上一丢，然后整个人发起神通，飞到空中，化作万丈光芒而去。这时候何冲才知道，原来他就是圣僧的应化，但后悔也来不及了。因为内心的虚妄分别心，使他和圣僧失之交臂。

所以**今以俗情检道，意诚非易**。我们想要**以**凡**俗**的**情**见，来**检**视修**道**人的行为，那实在不是容**易**的事情。不要说大菩萨、阿罗汉种种游戏神通，不可思议的境界；即使是出家戒律的做法差异，也不是在家居士所能了解的。

以见僧之过，则不信心生，生便障道，终无出期。我们因为**见**到**僧**众的**过**失，信以为真，结果对三宝**不信**任的**心生**起。甚至想，以后都不要再亲近三宝了。如果这一念心生起，就在阿赖耶识里，种下了远离三宝的种子，那可能未来生生世世都遇不到三宝了。这样**便障**碍了自己修出世之道，生起造恶业的因缘，**终无出期**，始终无法出离轮回。

所以当我们看到种种不如法的事情，不论真假，先不要马上下定论，认为它一定不如法。当然我们心中要有一把尺，以戒律为尺。对于不如法的人，我们可以回避，可以离开，但是不要随便讥嫌，更不要到处宣传，否则罪业都很重。何况我们看到、所理解，不一定是真的，那罪就更重了，所以我们到寺院，要守护自己的六根，不要看别人的是非。

相反，如《佛说因缘僧护经》所说：

世尊复告僧护："我今语汝，是诸罪人，于过去世时，出家破戒，虽不精

进。四辈檀越，见诸比丘，威仪似僧，恭敬僧宝，四事供养，犹故能令得大果报，无量无边，不可思议。”

因此，即使对方是个破戒僧，也不精进，居士供养都能得到大福报，不可思议；何况面对的不是破戒僧，功德岂非更大。因此莫因个人的虚妄分别心，而失去了培福的大好因缘。

且初入寺，背僧取异，云何得作出家因缘？

而且刚到寺院，就**背僧**，对僧团失去信心，而**取异**，取着他们种种过失的形象，那怎么能**作出家**的**因缘**呢？要知道我们排斥的僧众，他所现的形象，可是与三世诸佛一样，剃发着袈裟，这种清净的幢相。心中若对这种清净的幢相，生起排斥之心，很有可能未来就会障碍自己出家的因缘，或者今生，或者来世，出家就有障碍。出家遇到障碍，有可能就是过去生曾经对僧众起过种种不好的心态，所以今生想要现僧相时，就有障碍。

经云：夫入寺者，弃舍刀仗杂物，然后乃入。

《涅槃经》中说，进入寺院之前，要**弃舍刀仗**等**杂物**，**刀杖**与争斗打杀有关，不是好东西；**杂物**，例如荤腥、世间的报章杂志等，和修道无关，甚至有障碍的东西。不要把寺院当作观光景点，搞得乌烟瘴气的，什么都带进去，凡是并非用来供养三宝的，都不要带进寺院。先弃舍杂物之后，再进入寺院。

顺佛而行，不得逆行。设缘碍左绕，恒想佛在我右。入出之时，悉转面向佛。

进入大殿，礼佛三拜之后，要**顺佛而行**，也就是顺时针右绕三圈，**不**可以**逆**绕。假设有缘碍无法右绕，必须要左绕的时候（这种情况非常少），要观**想佛**一直**在我**的右边，我是在顺绕。同时，进入、离开大殿的时候，都**转面向佛**。进来的时候，面向佛问讯；出去的时候，拜三拜，退出去时也面向佛问讯，再离开。这代表我们的身心归属于佛，而不背向佛的意思，假借这个事相，来表达我们的心。我们不要忽略事相，借着这个事相，同时也在帮助忆念归依之心，理、事是同体的。

- 想念慎护等法
  - 念三宝——礼拜佛法僧者，常念体唯是一。何者？觉法满足，自觉觉他名“佛”。所觉之道名“法”。学佛道者名“僧”。则一体无别矣。
    始学时名僧，终满足名佛。僧时未免诸过，佛时一切恶尽一切善满也。今我未出家学道，名俗人。回俗即是道器。如此深思，我亦有道分，云何轻侮？宜志心归依，自作出家因缘者，是名围绕念佛法僧之大意矣。
  - 离诸过——低头看地，不得高视。见地有虫，勿误伤杀。不唾僧地。
  - 修净福——当歌呗赞叹。若见草土，自手除之。

礼拜佛法僧者，常念体唯是一。何者？觉法满足，自觉觉他名“佛”。所觉之道名“法”。学佛道者名“僧”。则一体无别矣。

我们现在都是**礼拜**住持三宝：住持**佛**宝，就是大殿的佛像；住持**法**宝，就是经典；住持**僧**宝，就是所见的一切出家众。但是我们要常常想，三宝的体是一的，不要起虚妄分别心。

为什么呢？因为**觉法满足**，一切**觉**悟之**法**，圆**满**具足，彻证证得。不仅能够**自觉**，而且能够**觉**他的，称之为**佛**宝。佛宝**所觉**悟之道，也就是实相之理，称之为法宝。**学佛道者名**为**僧宝**。所以，佛宝与僧宝的体是相随顺的。就像国王和王子一样，王子可能什么功德都没有，但他毕竟是王种，所以国王和王子是同体，相随顺的。

佛宝和僧宝也是相随顺的，虽然眼前的住持僧宝，看起来像是一个凡夫僧，但也只能说是可能，圣人的本来面目，我们是不会知道的。就算是一个凡夫僧，但他是佛种。从外相来说，他所现的，是和佛一样出家、清净的幢相，相上是一样的；就体上来说，他所纳受的戒体，是出家的戒体，跟佛陀心中所纳受的出家戒体，也都是一样的。而且修行人内心所缘，与圣人一样，都是法宝、实相的境界，所以一体无别。因此我们心中不要虚妄分别其高与下。要看清楚自己都很不容易了，真修行人哪有这个闲心，去管他人家是非呢！

始学时名僧，终满足名佛。僧时未免诸过，佛时一切恶尽一切善满也。

佛宝和住持的僧宝，实际上就只是因果相随顺的关系。一切功德圆满的果就是佛宝，因地的出家修行人，就称之为僧宝。既然是因地的修行人，难免会有过失，但因为与佛宝是因果的相互关系，我们既然尊重果上的佛宝，也应当尊重因地的僧宝。就像世间人尊重国王，他也应当尊重王子一样，因为他是王种。

今我未出家学道，名俗人。回俗即是道器。如此深思，我亦有道分，云何轻侮？宜志心归依，自作出家因缘者，是名围绕念佛法僧之大意矣。

从另一个角度来说，**我**们还没有**出家学道**，所以**名**为**俗人**；如果有一天，**回**心转意离**俗**出家，就称为僧人，就**是道器**，就是修道的法器。这样**深思**，俗人跟出家人的差别，实际上就在一念间而已，一念回转，俗人就有可能变成道人。所以我们尊重自己，也应该去尊重出家的道人，因为**我**们也**有道分**，我们和出家人之间，只是一念的差距而已，都是一样修行人的本质。同时当我们**至心归依**僧团，也可以为我们自己作出家的因缘，作未来出家的种子。这就**是围绕**三宝的时候，**念佛法僧的大意**。

总之，面对三宝时，心中不要虚妄分别，提醒自己：三宝是一体的。当然，要尊重佛宝和法宝是很容易的，但面对僧宝的时候，就算看到僧宝有过失，也要想，他和佛宝现同样的相，彼此是因果关系、相随顺的。既然是佛宝的因，我们就要一样尊重。

同时我们未来一旦回心转意，也可能成为一个出家众，我们和出家众的距离并不是很远。所以尊重自己，也应该尊重僧宝。如果今天总是喜欢去找出家众的过失，未来(今生或者来世)自己出家时，别人一样也会很欢喜找我们的过失，因为我们都不是圣人，都会有过失可以挑剔的。就算不出家，别人也很喜欢找我们的过失，因果法尔如是。就像有的人是非特别多，就因为他自己心中装的往往不是正念，而是人我是非，自然就会感召到很多人我是非，这就是因果法尔如是。所以不要怪别人，要就怪自己，为什么不保持正念。

低头看地，不得高视。见地有虫，勿误伤杀。不唾僧地。

在佛寺时，走路不要东张西望，要低头看着地面，前面七尺的地方，也就是大约一公尺的地方。为什么呢？首先是为了护生，以免误伤地上的小虫子。因为佛寺一般都在山上，走路时注意看地面，才不会踩到地上的小虫。另一方面也是为了摄心，这是**见地有虫，勿误伤杀**。

不唾僧地，在寺院不可以随便吐痰、吐口水，这是非常严重的过失。《高僧传》中记载，有个出家众在佛寺里坐禅，习惯性地往地面吐了口痰，这时看到护法神马上用手来捧他吐的痰。为什么？因为这是三宝地，供的是佛法僧三宝啊，护法神看着也心中不忍。所以在寺院里不可以随便吐痰。当然也不可以随便丢垃圾，自己制造的垃圾自己带回家。这也是为自己培福，寺院是个清净的地方，我们要留下虔诚心和福报，不要留下垃圾。

当歌呗赞叹。若见草土，自手除之。

修清净的**福**报，要常常**歌**咏**赞叹**三宝，**若见**到寺院里面有杂**草**，或泥**土**灰尘等秽物，要**自手除之**，主动为寺院除草清理。不过做之前，要先问一下执事法师，以免把别人种的花草之类的，当杂草除掉了。

- 有缘暂宿等法
  - 护毁损——“若有因缘寺中宿者，不得卧僧床席，当以己物藉之。亦勿卧沙门被中。应自设供供养于僧。岂损他供，自害善器。
  - 除调戏——并调戏言笑，说非法事。
  - 不先卧——沙门未眠，不得先寝。为除骄慢故。
  - 敬僧坐处
    - 举况——又勿坐僧床席，轻侮僧故。俗中贵士之座，犹不许贱人升之。况出世高僧，辄便相拟。
    - 引证——是以经中，共僧同床，半身枯也。如是因缘，如别广说。
  - 不后起——若至明晨，先沙门起。修恭敬之行。”

若有因缘寺中宿者，不得卧僧床席，当以己物藉之。亦勿卧沙门被中。

若有因缘在**寺中**住**宿**，要注意哪些事呢？**不得卧僧床席**，不可以躺在僧众的床席上。如果真的不得已，佛寺没有专门为居士准备的床铺，而必须住在僧众的床铺上，也要用自己的垫子垫在上面，以免染污了僧众的床被，而损自己的福报。在寺院最好住在为居士准备的寮房，不要住在出家人的寮房，因为里面的东西都属于僧物，在家居士没有这个福报去受用的。乃至万一把这些东西染污、弄坏了，更是不好。**亦勿卧沙门被中**，世间人对自己所尊敬的师长，一定不会随便躺到他的床铺里面，那是对师长的尊重。在家居士都是三宝弟子，弟子到师长的地方，当然要守规矩，不可以随便躺在专门为出家人准备的卧铺中。

底下小注接着说：

应自设供供养于僧。**岂损他供，自害善器**。

在家居士尚且**应**当**自**己陈**设供**品**供养僧**众，**岂**可**损**坏其**他**施主的**供**僧之物呢？这些都是其他施主专门用来供养僧众的，在家居士没有这个福报受用；如果硬要受用，那对自己来说是大损福报的，因为**损他供**。

而**自害善器**，善器是指我们自己，人道众生是适合修法的法器，不要因为不当的行为，而伤害自己。所以到寺院，要住专门给居士准备的房间，卧具等不要和出家众混用，不得已的时候，最好自己带着被子之类的去垫一下。

并调戏言笑，说非法事。

在寺院中，不要说说笑笑，或者和出家众谈论世俗可笑的事情，或者说些非法之事，如社会新闻、歌舞娼妓等，这些都是绮语，让出家人起心动念，障碍他人修行，这样很损自己福报的。来到寺院，就应该谈论正法。

沙门未眠，不得先寝。**为除骄慢故**。

在大多数出家人还没有睡觉之前，我们不可以先睡。寺院都有安板，比如有的寺院晚上九点安板，那时大多数的出家人都睡了，我们才可以睡。当然，只是说大部分，因为有的出家众很用功，我们不一定能比他晚睡、早起。

为什么呢？**为除骄慢**心的缘故。既然在家居士称为三宝弟子，哪有弟子比师父还早睡的道理呢？我们出家众伺奉师长的时候，师长没有睡，我们也是不可能睡觉的。弟子一定比师长要晚睡、要早起，就是为了去除内心的骄慢。

既然身为三宝弟子，如果面对三宝的境界，都不能够折服内心的骄慢，那还有谁能够折服我们的骄慢，还怎么解脱生死呢？所以不先卧。尤其佛寺晚上叩钟，没有叩完时不能睡觉，否则以后会堕蟒蛇身。所以一定要叩钟完，安板之后才能睡。

又勿坐僧床席，轻侮僧故。**俗中贵士之座，犹不许贱人升之**。**况出世高僧，辄便相拟**。

我们不要随便坐僧众的床席、座椅，例如一些特别属于僧众的地方，尤其是在僧寮中僧众的床铺、坐位等等，不要随便坐。就好像世俗中的贵士之座，德高望重者的座位，**犹不许贱人升之**，**贱人**指地位低下的人，比如企业里老总的座位，普通员工不能随便坐一样。三宝弟子面对三宝也是一样，不要随便坐专属于僧众的位子。

顺带一说，在大殿里面，有的人习惯在正中央拜垫上拜佛，不知道正中央是方丈和尚的位置，一般僧众都不能随便在那里拜佛，何况是在家居士呢，这也是极损自己的福报。

况出世高僧，辄便相拟。何况如果面对的是**出世高僧**，怎么可以随便与自己相提并论呢？随便相拟是指我们妄自尊大，认为大家都是修行人，所以和出家人是平等的。或者有的居士说，我们一样都是某某大和尚的弟子，所以我们都是法兄弟。要知道，虽然是同一位长老的弟子，依然有出家在家之分，在家众无论怎样，都是三宝弟子。只有摆正了自己的心态，来到佛门，才能够真正培福。

或许有人会认为，自己和某位出家人很熟，在一起的时候就无所谓，这样才不会拘束。这样的想法是不对的。有的出家众虽然很随和，但并不代表我们就能够随便。或者有时他随和是不如法，本身没注意到，但我们注意到了，还是要善巧地避免。当然也不要直接和出家人说："诶，你这样不如法啊。"就是善巧地规避就好了。

是以经中，共僧同床，半身枯也。**如是因缘，如别广说**。

所**以**《宝梁经》中说：和**僧**众**共同**躺在一张僧**床**上，则**半身枯也**。半身枯是说，虽然现在还是人，但已经有一半地狱果报成就了，也就是说这已结下了地狱的果报。**如是因缘，如别广说**，在其他经典中，如《文殊问经》等等，都**广**泛地**说**明了这样的**因缘**果报。

现在末法时代，有的出家众随和过度了，尤其是女众，在一起就像好姐妹一样，白天聊不够，晚上还睡在一起。表面上看起来好像是出家众很慈悲，实际上对居士来说很不好。因为那是僧众的卧具，一方面居士没有这个福报去受用；同时这也是违背戒律的威仪，因此就像《宝梁经》中说的"半身枯"，结下罪业的种子啊，很不好。

若至明晨，先沙门起。**修恭敬之行**。

早**晨**我们要比大多数的出家众早**起**，这是为了**修恭敬之行**。就像我们要比师长早起一样。即使不能比寺院的香灯师早起（因为香灯师一般都很早起来），但至少要比大多数的出家众早起。最起码，打板了就要起来，和僧众同时起床。不要等打板完，还躺在床上听叩钟，这也是很不好的。

以上是有缘到寺院中暂住的方法。不过各位学习后，也不用觉得压力很大，以后都不敢住寺院了。其实我们只要掌握了大原则，注意寺院里出家众的东西不要随便用；常常到寺院中培养福慧，还是非常好的，不必因小失大。

▲《事钞》云
- 示入寺本意——“凡入寺之行，与俗人作入道之缘。建立寺者，开净土之因。供养僧者，为出离之轶也。”
- 明非法之相
  - 叙无知——今末法中，善根浅薄，不感圣人示导，仅知有寺而已，不体法意。都无敬重佛法超生因缘，供养福田，而来入寺也。如此者多，非谓全无敬信者。
  - 出非法
    - 叙无智造业
      - 多有人情来往，非法聚会。
      - 又在寺止宿，坐卧床褥，随意食噉。乞索取借，如俗去还，遂意则喜，违心必瞋。系缀胸抱，望当图剥，犹失牛羊之抵突，恣顽痴之鄙情。
      - 或用力势逼掠，打扑抄夺。
      - 具造恶业，必死何疑。一旦横骸，神何可灭？随业受苦，永无救护，可共悲哉！非三宝不能救，由此人不可拔。
    - 明有智获益——若有智之人，终不行此。敬重寺法，准而行之。护惜三宝，咨请法训，自招大益。
    - 引经合证——故经云：“众僧良福田，亦是蒺藜园。斯言实矣！当知衰利由心，非前境咎。”

《事钞》云：凡入寺之行，与俗人作入道之缘。建立寺者，开净土之因。供养僧者，为出离之轶也。

我们为什么要到寺院呢？有三个原因：首先，入寺是为了使**俗人作入道**学佛的因**缘**，就像我们参加寺院中举办的各种共修法会。固然我们在家自己用功也可以，但是在家修，与来到寺院亲近三宝的修行，力量当然是不一样的。一方面在出家法师领导下，大众共修的气氛不同；另一方面，在现场听法师讲课，与自己在家听录音的感受，绝对不会一样。因此来到寺院亲近三宝，亲近大众，这都是作为我们入道学佛的因缘，让我们能够深入佛法大海。所以入寺修行，作为我们入道的因缘，这很重要。

其次，**建立寺者**，是**开**未来**净土之因**。为什么建立寺院？因为现世在这个秽土，**建立**象征净土的**寺**院，是作为未来成就佛国**净土**的一个**因**缘，这是从建寺的角度来说。

第三，**供养大众僧者，为出离之轶也**。**轶**，是车辙，车轨。**供养大众僧，**是帮助我们成就**出离**的轨则。因为透过供养大众僧，一方面能为自己培福；同时，僧众会为我们说法，也为我们栽培出世的智慧善根，所以这是我们修出世的轨则，这也是来到佛寺的主要目的。为了要契入佛道，栽培出世的善根，或者培福，或者修慧，这是来到佛寺唯一的目的。

明非法之相，是说因为动机不纯正，而造作种种非法的行为。

今末法中，善根浅薄，不感圣人示导，仅知有寺而已，不体法意。**都无敬重佛法超生因缘，供养福田，而来入寺也**。

现今**末法**时代，众生的**善根**都很**浅薄**，所以**不**能**感**召**圣**僧来开**示**指**导**。比如说，如果现在印光大师还在苏州灵岩山寺教化我们，这种**圣人示导**，那我们自然能够亲近印光大师，自然能栽培出世的善根。然而现在的人善根浅薄，所以很难遇到圣人的出世。没有圣人的教导，仅**仅知**道**有寺**院的外相**而已**，而**不**能够**体**会**法意**——我们为什么要去寺院？也就是前面讲到的三点：

1、与俗人做入道因缘；

2、建立寺者，开净土之因；

3、供养僧者，为出离之轶。

不知道为什么要建寺，也不知道为什么来到寺院，这就是**“不体法意”**，因为不体法意，当然就没有敬重之心。来到寺院，就只是找僧众聊聊天、喝喝茶，甚至做一些非法之事，这是末法时代众生薄福之相！

都无敬重佛法的超生因缘，我们来到寺院，是为了栽培出世的善根，做**超**脱**生**死轮回的**因缘**，这是修慧，然而我们并没有把此事放在心中。同时，也没有供养三宝之大福田，也就是没有修福。来到寺院，既没有修慧，也没有修福，这就是无知。因为没有人教导，自己也不学习，所以无知。

下面接着说明种种非法的情况：

多有人情来往，非法聚会。

没有智慧的人，来到寺院做非法之事，把寺院当成联谊中心，搞世间人情的往来。来到寺院，不是来请法，不是来共修，而是来此聊天、泡茶、谈论世间的文学艺术，或者谈论世间法，这叫**非法聚会**，把寺院当作联谊的地方。甚至来到寺院还抽烟、喝酒、玩牌、赌博……什么都来，把寺院当作村里的联谊中心了，真是惨不忍睹啊！

又在寺止宿，坐卧床褥，随意食噉。**乞索取借，如俗去还，遂意则喜，违心必瞋**。**系缀胸抱，望当图剥，犹牛羊之抵突，恣顽痴之鄙情**。

又在寺院止宿，止宿不是问题，但是止宿的时候就像前面提到的，**坐卧**僧众的**床褥**。然后**随意食噉**，随便吃寺院的食物。到寺院就像到自己家一样，想吃什么就到库房去拿。我们前面讲过偷盗戒，到寺院随便拿东西吃，也不补贴佛寺，这就直接犯偷盗了，而且僧物的罪还特别重。佛陀说："五逆四重吾亦能救，盗僧物者吾所不救。"不救，就是说这个罪很重，所以很难救。因为僧物的主人，是十方一切出家众，盗僧物等于是向十方的出家众一一结罪，这个罪当然重了，甚至超过五逆、四重的罪了。所以在寺院使用任何消耗品，心中都要有要补贴的想法。

乞索取借，随便向出家人要东西。比如说："法师这东西不错，我想请回去"；或者"树上的果子不错，我想摘回家吃……"一般的出家众因为知道居士不懂戒律，有时也不太好拒绝，只能勉强答应，结果两个人都结罪；居士结罪，出家众也结罪，而且结的都是地狱的罪业。

取借，随便借常住的东西，而且办的不是常住的公务。比如借常住的车子、房子、饮食、钱物等等，去做自己的私事。有时甚至名义上是借，事实上都不补贴。比如有的人办放生，就跟熟悉的佛寺借车子，他认为反正是善事嘛，所以车子送回来，也不补贴油钱与损耗。放生固然有功德，但是却远远比不过他侵损常住的罪业。现在这类情况太多了，这种所谓借取，往往都是侵损常住的情况。有时候是忘记了，或者是有意无意间地随便拿，这个业都很重啊！

如俗去还，就像俗人的往还一样。**遂意则喜**，**遂**其心**意**，他就**欢喜**。认为某某法师太好、太慈悲了，我要什么他就能满我的愿；**违心必瞋**，若**违**背他的**心**意，他就生气，甚至想整治一下。这都是甚深的罪业啊！

甚至**系缀胸抱**，**胸抱**就是内心，**系缀**就是念念不舍，心中怀恨不舍，或者常常想要贪图僧众的东西，念念不舍。**望当图剥**，常常想着要侵损常住的东西。就像牛羊之抵突，这是描述他的个性，就像牛羊用角互相抵触时，那种非常强横的样子。

恣顽痴之鄙情，这实在是放纵他们固执、粗**鄙**的想法。所以，如果我们曾经做过这样的事情，就要好好忏悔。如果认识的朋友这么做，也要劝阻他们，并要他们赔偿，并且好好忏悔。

或用力势逼掠，打扑抄夺，这是更严重的，用暴力了。他有强大的**势力**，用暴力来夺取，甚至打扑，打伤出家人，来夺取出家人的东西，公开用抢的，这更严重。

具造恶业，必死何疑。一旦横骸，神何可灭？随业受苦，永无救护，可共悲哉！

这样**具**足**造恶业**的行为，第一，**必死**，很可能就因此短命。类似的例子很多，例如有的人强行拆除寺院，结果不但他个人横死，甚至影响到家人也跟着横死。**必死何疑**，这必死的果报是不用怀疑的。

记得以前我们佛寺隔壁有个村民，把地界偷偷地移过来，侵占佛寺的地。恩师忏云老和尚提醒他，这样做很不好，因果很重。但他不信佛，反而认为是老和尚恐吓他。后来听说，那人的孩子有一天爬到树上去，不小心摔下来，正好就被下面的竹子插死了。所以众生在造业的时候都很任性，想着出家人都很慈悲、很能忍辱，所以不会把我怎么样。但却忘记了，还有护法神以及因果啊！虽然出家人不会怎么样，但护法神、因果会有意见的。

第二，**一旦横骸**，一旦死亡的时候，**神何可灭**？此处的**神**，是指众生的灵明之性，是不会**灭**的，要不断地显现轮回。这时就必定要**随业受苦**，那都是地狱的果报，**永**远没有办法**救护**，可共悲哉！

非三宝不能救，由此人不可拔。

在《历史感应统记》中，记载了后周世宗柴荣的一个公案。柴荣其实也是一个明君，但是他做错了一件很严重的事情。什么事情呢？因为那时是五代十国，天下大乱，常常有征战，所以全国缺铜。周世宗就打寺院的主意，因为寺院里有许多铜佛像。他就下令把这些铜佛像融化掉，做成铜币来流通。他这么做也是为了国家生计，并不是为了个人私欲。

有信佛的大臣劝他不可以这么做，但是他说：佛陀告诉我们要行善，我这样做是为了老百姓，这就是在行善，那和供佛是一样的。同时，佛像是假的嘛，把佛像化作铜钱有什么关系呢？他也是读过佛经，就说：佛陀过去为了度化众生，舍无量头目脑髓。我现在把这铜佛像融化掉，为了众生，不是一样的道理吗？他这样不但造恶业，而且还产生邪见，就下令把天下铜佛像都融掉，结果有三千六百多座佛寺的铜佛，都被融掉了。

其中在郑州有尊大悲观音像特别感验，所以没人敢去动。结果周世宗亲自动手，用大斧头和大铁锤，把那尊观音像的脸和胸口打破。他还说：你看，我做了也没事。结果他今生的花报，就是后来在北伐的时候，胸口上有个过去的脓疮复发而暴死，三十几岁就死掉了。但这还没完，这还只是花报。

后来有人到地狱游历，看到周世宗在地狱中受苦，被狱卒用大斧头刨开胸口，把烧热的铜汁灌进去，这才是他真正的果报。他就问周世宗：这个果报什么时候才能结束？周世宗回答说，要等到天下的后周铜钱全部消失，这地狱的果报才能够结束。那是铜钱啊，如果要让它自然的消失掉，要到什么时候！

后来周世宗就请那位游历地狱的人，告诉他过去的老部下——宋太祖赵匡胤，把这事情告诉他，向他求救。所以赵匡胤就下令，把天下的后周的铜钱全部收集起来，改铸成铜佛像，为周世宗赎罪。后来柴荣有没有从地狱出来，就不知道了。他这还是为公为众啊，但业造得太重了，没办法救。所以没有智慧的人，就是这样。

若有智之人，终不行此。敬重寺法，准而行之。护惜三宝，咨请法

训，自招大益。

有智慧的人，绝对不会做这种非法的事情。来到寺院，我们要重视戒律，同时也要注意自己的心态，**敬重入寺**的轨则，而且依着这些轨则去做，依着戒律来护惜三宝物，一切都能如理如法。同时供养三宝，为自己培福。并**咨请法训**，向僧众请法，以栽培智慧善根。以这样的大智慧来到寺院，就能福慧双修，而获得很大的利益。

故经云：众僧良福田，亦是蒺藜园。**斯言实矣！当知衰利由心，非前境咎**。

所以经典中说：**僧**团是殊胜的**福田**，我们如果能在这里好好耕耘，它就是殊胜的福田。相对的，也可能是**蒺藜园**，充满荆棘的园子，我们如果在这境界造罪业，果报也是特别重，来得特别快，就像在种植荆棘一样。

斯言实矣！道宣律祖感叹，这句话真的是没有错啊！我们**当知**，或者是衰损的蒺藜园，或者是良福田的**利**益，都是由我们这念心，如法不如法，有没有保持正念。**非前境咎**：这不是僧团的过失。

第四课 入寺法式（2）

乙二、清信女法

前面的“清信士法”是通于男女众，都必须要注意的事情；这一部分是特别说明女众到寺院时，应当注意的事情。因为女众往往情执比较重，所以容易感情用事。甚至有的贪染心也比较重，所以律中会有对女众特别的戒法。

▲《事钞》云
- 指同——“清信女人入寺，仪式同前。
- 彰异
  - 指过——唯不得在男子上坐，形相语笑，脂粉涂面，画眉假饰，非法调戏。共相排荡，持手撑人。
  - 示法——必须摄心整容，随人教令，依次持香，一心供养。忏悔自责，生女人中，常成碍绝。于此妙法，修奉无因。不得自专，由他而办，一何苦哉！应深生鄙悼。若见沙弥，礼如大僧，勿以位小而不加敬。此于大僧为小，于俗为尊。出家受具，便入僧数。不得以小儿意轻而持接。设有说法，当谨听受，勿复唤名而走使。

《事钞》云：清信女人入寺，仪式同前。

到佛寺时基本的规矩，如先在门口拜，到里面再拜，对佛像三拜，右绕三匝，然后再去顶礼僧众……这个基本大结构都一样。下面说到不同之处：

唯不得在男子上坐，形相语笑，脂粉涂面，画眉假饰，非法调戏。共相排荡，持手撑人。

这里指出几点要注意的。第一，**不得在男子上坐**。在寺院排班或者排座位，女众要排在男众后面。佛门中很重视规矩，例如出家众坐前面，在家居士坐后面；出家众中，戒腊高的坐前面，戒腊低的坐后面。目的就是要破除众生的我执。因为众生总是喜欢出头，显示自己与众不同。所以通过这种排班的方式，来破除众生的我执。就像在一个家庭中，如果有上下尊卑的伦理，这个家庭就容易安定；佛门当中也是如此。所以女众不可坐在男众的前面。

有人认为这是佛教对女性的歧视，首先应当知道，这是大慈悲、大智慧的佛陀所定的戒法。而佛陀对众生是无分别的，岂有男女相！自然因为众生有不同的习气，所以佛陀只是因材施教罢了，佛弟子当如是思维。同时，如果对自己修行有利益的事情，就应当去实践的！

第二，不得**形相语笑**。**形**指表现，表现得互**相**谈**笑**。到佛寺就要肃穆端严，不要说说笑笑，否则不但自己坏了道念；如果到男众道场，说说笑笑，让出家人起心动念，那就更不好了。

过去有一位法师，毕业后在关房用功，他每天拜3000拜，内心非常地清净。有一天，一群居士来拜访住在隔壁的老法师，有位女居士走过去时，这位法师听到有人讲话的声音，回头一看，结果他说他看到的那个影像，一直挥之不去，一整天影像都非常地清楚，这是我们众生异性相吸的习气。居士因为在世俗的环境心很粗重，可能看千百遍也没什么印象。但是在用功加行的时候，心特别寂静，这时异性的特殊形象一落入眼中，她的影像就会非常清晰，一整天影像都很清楚。所以如果女众在寺院里说说笑笑，让人家动念，障了他人的道，这对自己来说，可不是好事，因为因果法尔如是，未来就会有人障自己的道。

第三，不得**脂粉涂面，画眉假饰**。到佛寺就要卸下一切的化妆和装**饰**品，这一方面是因为到佛寺的目的就是求道，所以要把世俗贪染心放下。女众因为有贪染的习气，才会需要化妆，所以到寺院不可以化妆。另一方面就是不要动了道人的念，有的人到寺院时打扮得花枝招展，甚至衣着暴露，这都是很不好的。

第四，不得**非法调戏**。比如**共相排荡**，就是你推我一把，我推你一把，那样的嬉戏；或者**持手撑人**，**撑**是接触，就是互相推挤打闹。一方面，这样会动人家道念；另一方面，要知道，佛寺是法王殿啊！身为一个佛弟子，来到师长面前，怎么能做这种非法调戏的事呢？

必须摄心整容，随人教令，依次持香，一心供养。忏悔自责，生女人中，常成碍绝。于此妙法，修奉无因。不得自专，由他而办，一何苦哉！应深生鄙悼。

这是说明正确的做法。首先**必须摄心**专注，端**整**自己的仪**容**，不要穿得花枝招展，要穿着朴素、整齐干净。

第二要**随**顺他**人**的**教令**，比如说来到寺院，就要随顺寺院执事的安排，大家**依次**上**香**，一心来供养三宝。来到寺院，就是为了要供养三宝、来修行的，没有其他的目的。

第三要**忏悔自责**，生起惭愧**忏悔**的心来诃责自己。因为**生**长在**女人中，常成碍绝**。**碍绝**是说女众要出门常常不方便，因为女众往往系属于他人。当然现代还好一些，若在古代，那是绝对的。就像《超日月三昧经》中说的，女众小的时候系属于父母，嫁出去以后系属于丈夫，老了之后系属于儿子。佛陀说：末法时代，女众精进，男众懈怠。有的女众也是很有善根，特别的用功，她们也愿意到佛寺去亲近三宝、参加法会，但往往就是家人不同意，**常成碍绝**，会有很多的障碍。

于此妙法，修奉无因，不容易去亲近善知识、亲近大众僧，来修行佛法，就是因为**“不得自专”**，因为系属于他人，也无法自己决定，**由他而办**，自己的一切行为，必须由他人来主宰。尤其在古代，女众不出去工作，完全是靠丈夫的收入，来支持她生活，所以完全是**“由他而办”**。**一何苦哉！**这样子要学法，却有很多的障碍，那是多么辛苦啊！所以**应**当**深生鄙悼，鄙**就是厌恶，**悼**就是后悔。对于自己的女众之身，要感到厌恶、后悔。在投胎的时候，就是因为一念的贪心变成女众。所以不要觉得女众的身多么好，有人爱、有人疼，其实不是的。有如是相，就会有如是体。这在修行上，身心就会有种种的障碍。

若见沙弥，礼如大僧，勿以位小而不加敬。

若看到**沙弥**，即使是孩童年龄的小沙弥，也一样要礼敬，甚至礼拜，**如**同礼敬**大**比丘**僧**。不要因为沙弥在僧团中的阶**位**比较**小**，而不**加**以恭**敬**。

此于大僧为小，于俗为尊。**出家受具，便入僧数**。**不得以小儿意轻而持接**。**设有说法，当谨听受，勿复唤名而走使**。

相对**于**比丘来说，沙弥的阶位是比较低的，因为他刚出家。但是相对于**俗**人来说，他是**尊**贵的，因为毕竟他现的是清净的出家相。同时，他现在虽然是沙弥，但是他只要满二十岁，就可以受比丘大戒，**便入僧数**，他就属于比丘僧。所以不可以因为他是小沙弥而轻慢他，对他的态度就随便。或者有的女众特别喜欢小孩子，看到僧团当中有小孩子出家，特别可爱，就想摸一摸、抱一抱，这样都不行的，毕竟他是出家众。

所以**“设有说法，当谨听受”**，沙弥为居士说法，居士也是要以恭敬心来听受。世尊过去在行菩萨道的时候，一个野干，也就是狐狸，为他说法。世尊都愿意为了半句偈，而舍出生命，来供养这个野干，何况是沙弥为我们说法？所以**有说法**，要恭敬地**听受**。

“勿复唤名而走使”，不要直接叫他的法名，即使他是沙弥也是如此。直呼其名，是同辈之间、或者长辈叫晚辈的称呼。按照汉地的习惯，可以称“某某师父”，或者“某某法师”。不管他是沙弥，还是比丘、比丘尼，不论他是不是自己的指导法师，都可以称某某师父。不可以随便**使唤**，比如叫：“某某师，把椅子搬过来。”不可以这样。我们要么自己去做，如果有需要请僧团的执事帮忙，要向当家或知客法师等执事法师讲，由僧团的执事来指派。我们不能自己直接指派，否则损自己的福报。因为不管他是否有修行、有没有受戒，他现的都是三宝的形象，三宝弟子都不应该随便使唤的。

在佛世时，有一位宾头卢尊者，他在家时是优填王的臣子。他出家后，住的地方离王城有20里，但优填王仍然常常很殷勤地去恭敬礼拜这位尊者。有些不信佛的大臣看到后很不高兴，就对国王说：“他过去是你的臣子，你现在顶礼他，他居然坐在法座上让你拜，动都不动，毫不谦让，太不应该了！”刚开始优填王不以为意，但听得多了，心中就生起忿恨，越想越生气。结果有一天，他就拿着刀剑到寺院里，想把宾头卢尊者杀了。

但当他到寺院时，尊者居然从法座上下来，走了七步来迎接他。优填王就问：“你平时都高高在上不下座的，怎么今天突然下座来迎接我呢？”宾头卢尊者说：“过去你怀着善心而来，所以我接受你的礼拜，可以为你培福；但今天你怀着恶心要来杀我，杀阿罗汉是无间地狱的罪业，为了不让你造这种罪业，我才下座来迎接你，化解你的恶念。但是因为你让阿罗汉下座，走了七步来迎接你，折损了你的福报，所以七日之后你会亡国。”果然，七日之后，邻国攻入王城，俘虏了优填王。敌人用锁链锁住他的手脚，把他关在地牢中，长达十二年之久。

宾头卢尊者是大福报大威德的境界，让他下座走七步来迎接，损的福报非常大。一般的出家众，虽然不至于让居士损那么大的福报，但使唤出家众，或对出家众种种不敬，也是很损自己福报的。到寺院来，不但没能培福，反而消耗了自身的福报，那就太可惜了。

甲二、出寺法

▲《事钞》云

- 结前——“如此等，在寺中竭力而行。
- 正示
  - 教礼辞——所为事讫。辞出寺门，（佛前三拜，至门一拜，门外又一拜。若僧少时，次第各礼一拜，多者总礼三拜。）如法作礼。
  - 令舍施——凡以秽俗之身入寺，践金刚净刹法地，自多乖于仪式。若去时，须自赎其过。随施多少，示有不空。（若布绢香油澡豆华水，下至扫地除粪。）”

《事钞》云：如此等，在寺中竭力而行。

所为事讫。辞出寺门，如法作礼。

佛前三拜，至门一拜，门外又一拜。若僧少时，次第各礼一拜，多者总礼三拜。

前面所说恭敬的方法，我们**在寺**院**中**时，必须**竭**尽全**力**去做。

下面说明出寺的方法。**所为事讫**，我们在寺院中供佛、供养三宝，或听闻佛法之后，要**辞**别**出寺门**时，也要**如法**的**作礼**。所谓**如法**，就是先在**佛前**拜**三拜**，接着要礼拜大众僧。如果人少就按戒腊高低一个个拜，人多的话，就在僧寮外总体一拜。最后**至**寺**门**口**一拜**，然后出了**门外**再**一拜**。这是印度居士入寺的规矩。我们最起码离开佛寺时要拜三拜，然后向当家师或住持顶礼，这样子礼辞。

凡以秽俗之身入寺，践金刚净刹法地，自多乖于仪式。若去时，须自赎其过。随施多少，示有不空。

凡是**以**凡夫这种不净**秽俗之身入寺**，这里的“秽俗之身”，指的不只是身，也包括心，以凡夫不清净的身心，入于佛寺中，践踏佛寺的**金刚净刹法地**。佛法之地是非常清净、像金刚一样不坏的。来到这种清净的三宝之地，自然会有一些违背戒法和疏漏的地方，因此要离开的时候，必须要**自**己**赎**自己的过失。**“随施多少”**，因为我们来到佛寺，或多或少会损耗常住的东西，即使洗个手，也要用水。所以我们离开佛寺，多少要补贴佛寺。**“示有不空”**，显**示**“入宝山而不空手而回”。我们补贴佛寺，甚至供养佛寺，是为自己培福，因为僧众是大福田，所以入寺院能供养，就不会入宝山而空手回了。

若布绢香油澡豆华水，下至扫地除粪。

我们可以布施**绢**布、**布**料、**香**、**油**，**澡豆**就是古代洗手用的东西，类似于现在的肥皂，或者**花**，或者**水**。要是没有钱供养也没关系，乃**至**帮僧团扫**扫地**，补偿一下，**除粪**，就是清扫环境，也都好。总之，我们到佛寺，多少都会有些损耗常住的地方，要补偿，才不会侵损常住。

以上就是关于入寺要注意的事项。总之一个原则：到寺院时，除了要注意不要侵损常住之外，还有就是要注意，不要看僧众的是非，更不能传僧众的是非。不看不传，这是消极的；更积极的，就是要恭敬一切的出家众。不管他看起来有没有修行，只要他现的是僧相，我们就恭敬礼拜。当然，是否向他学法，或者他开示的佛法，我们接不接受，这都另当别论，但是我们应当恭敬他现的这种三世诸佛清净的幢相。

在《大悲经》里面有一段经文：

“阿难！于我法中，但使性是沙门、污沙门行，自称沙门、形似沙门，当有被着袈裟衣者。于此贤劫弥勒为首，乃至最后卢遮如来，彼诸沙门如是佛所，于无余涅槃界，次第当得入般涅槃，无有遗余。”

这段话是说，佛陀告诉阿难尊者：在释迦牟尼佛的佛法当中，只要这个人曾经受了戒、他本性是沙门，但却不持戒，行为不端，“污沙门行”，这是一类；或者“自称沙门”，就像现在有些人，自己去买件袈裟，手上拿个钵，自称是出家人，到处向人家要钱，这就叫“自称沙门”；或者“形似沙门”，他的穿着外相就像沙门一样。释迦牟尼佛说，只要他曾披着袈裟，就必然将在贤劫千佛中，某一尊佛的佛法当中得到灭度，证悟般涅槃（至少是阿罗汉的果报），有这样殊胜的功德。

所以他今天纵然是受了戒但不持戒，或者甚至他只是一个伪装的沙门，他未来都会因此得到解脱的大利益。何况我们一般遇到的，都是真的出家众，或许只是他的威仪戒行不足。但我们要想到，他未来在贤劫千佛中，就会因为曾经披了这件袈裟，而得到解脱。想到这里，我们就不敢轻慢他。因为他今天披这件袈裟，就有很大的功德，何况只是一般世俗的人，没有他这种披袈裟的功德，怎可随便生轻慢心呢！

有时世俗的人，对出家众的要求都是很高的，但是我们要想，一个人能够出家就很不容易了。就像我们大学的时候参加莲因寺的斋戒会，大家都很高兴，甚至很多人在走的时候很难过、流眼泪。但是老和尚在斋戒会结束之后问，有没有人想留下来多住两天呢？大家都低头，没人敢看老和尚，怕被点名留下来。大家心都已经动了，想回世俗的环境了。所以寺院生活虽好，但要过一辈子，那就是另一回事了。

一个人要能够发心出家，过出家人的生活，就很不容易了；发心之后，能够有福德因缘真的出家，也不容易；出家之后能够不还俗，更不容易。所以不管他后来怎么变化，他行为好不好，今天能现出家身，就是不容易的。所以我们不能要求太高，用高僧大德的标准来要求一个出家人，那是不合理的。如果说这出家人放逸，但若让在家居士易地而处，每天过佛寺规律的生活，恐怕很多人都受不了的。很多在家居士到佛寺住两天都不愿意，甚至留他吃顿斋饭，也都不愿意，而是急着回家，过世俗的生活。所以我们不要对他人要求太高，多要求自己更实际。

第五课　瞻视病人(1)

佛陀制定戒律，规定在寺院中，如果有出家众生病，出家人之间要互相看护；如果在家居士、同参道友生病，就情谊上来说，也应当互相关怀，甚至照顾。虽然在家居士有其家人可以照顾，但是同参道友之间也需要互相关怀。这一课就说明，我们应当怎样去如法地关怀病人，要避免因感情用事，使病人反而失去正念。

甲一、制意

▲《事钞》云
- 叙意
  - 叙病患：“制意者，夫有待之形，多诸婴累。四大互反，六府成病。
  - 明瞻视：若不假相提接，薄命则无所托。
  - 示凡情：然则世情流变，始终难一。健壮则亲昵，病弱则捐舍。鄙俗恒情，未能忘此。
  - 彰圣引导：故如来深鉴人物，知善未崇，恶必相遵，故亲看病。
- 引证
  - 引缘：故律中，佛言：‘汝曹不相看视，谁当应为？’乃至世尊为病人洗除大小便已，扫治卧处，极令清净，敷衣卧之。
  - 立制：便立制云：自今已去，应看病比丘，应作瞻病人。若有欲供养我者，应供养病人。
  - 结劝：佛为极地之人，犹励诸比丘，亲自下接；况同法义重，如何相弃。”

《事钞》云：制意者，夫有待之形，多诸婴累。四大互反，六府成病。

佛陀**制**定这样的戒法，其用**意**何在呢？**“夫有待之形”**，一切的众生，都是**有待之形**，待就是假借、依托，我们的色身，必须有所依托，才能够存活。饮食、水、空气等等的因缘，都是我们的依托，我们本身是无法独立存活的。既然是“有待之形”，必然**“多诸婴累”**。**婴**就是缠绕，**累**就是负担。我们一定会生病。在日常的吃穿住行中，稍有不慎，就会导致身不调或心不调，自然就会生病。于是**“四大互反”**，地水火风四大不调，甚至引发**“六府成病”**，六腑包括胃、小肠、大肠、胆、膀胱还有上中下三焦，总之就是五脏六腑生病，这就是病患生起的原因。

若不假相提接，薄命则无所托。

生病时，如果不能假借同参道友之间的互相提携、互相救助，**薄命则无所托**，我们这单**薄**脆弱的色身和生**命**，就没有了依**托**。生了病若看护不当，或者没有人看护，就会提早死亡，成为横死的因缘。

然则世情流变，始终难一。健壮则亲昵，病弱则捐舍。鄙俗恒情，未能忘此。

然而，**世**间人**情**迁流变化，**始终难**以恒常不变。俗话说：久病床前无孝子。看护病人久了，谁都会起烦恼。所以在僧团里，我们要轮流去看护病人，就是因为要长时间看护病人很难。除非有的人慈悲心特别强，或者跟病人特别有缘。世间人，对健壮的人就亲昵。身体健壮的时候，大家都来亲近，哥俩好啊，亲厚无间；**病弱则捐舍**，生病久了，大家就弃之不顾，避之唯恐不及。**鄙**

俗恒情，未能忘此。鄙陋世俗的常情，都是这样的习气，不能够舍弃。正因为凡夫的心，都是这样的。所以佛陀要制戒，规定佛弟子，尤其 是出家佛弟子，必须要看护病人。

故如来深鉴人物，知善未崇，恶必相遵，故亲看病。

所以**如来深**知凡夫众生内心的善变，**知**道相互关怀照顾，这种慈悲心的善法，如果不能得以推崇发扬，那么**恶必相遵**，众生自私自利的**恶**习**必**然**随**之生起，理所当然的把病人丢在一边不管。现在媒体常常报导，父母老人生病没人管，几个孩子不但没有惭愧心，甚至还因为到底要谁照顾而打官司，这就是“恶必相遵”。**“故亲看病”**，所以佛陀亲自来看护病人，作为一种现身教育，一种表法。

故律中，佛言：“汝曹不相看视，谁当应为？”乃至世尊为病人洗除大小便已，扫治卧处，极令清净，敷衣卧之。

便立制云：自今已去，应看病比丘，应作瞻病人。**若有欲供养我者，应供养病人**。

这是**引**证律中记载的因**缘**。在戒律中，佛陀说：你们若**不互相看视**病人，那么**谁应当**来做这件事呢？佛陀之所以会这样说，是因为有一次，居士请僧团的大众僧去应供,佛陀刻意留下来没有去。他一间间巡视大众僧的寮房，看看里面是否如法等等。当他走到一间僧寮门口时，听到里面有人在呻吟叫唤。于是佛陀走进房间，看到一位比丘生病了，躺在床上动弹不得，也没人管他，身上都是大小便，很痛苦。佛陀就故意问他：某某比丘，为什么你躺在病床上，没人照顾你呢？比丘回答说：因为过去我自私自利，只管自己，不管别人。所以当我自己生病的时候，大家也都不管我。佛陀说：那好吧，我来照顾你。于是**世**尊亲自**为**这个**病人洗**掉身上的**大小便**，把他躺的地方整理打扫得非常清净整洁，给他换上干净的衣服、床铺。等大众僧回来，佛陀就集合大众，诃责大众说：你们都是出家人，已经舍弃了世俗的家，没有了世俗的眷属，如果你们彼此还不互相看护照顾的话，那谁来看护病人呢？大家应当像兄弟姐妹一样互相照顾才对。

于是佛陀**制**定戒律：从**今**以后，比丘们**应**当看护**病比丘**，要按照戒腊来排班，轮流看护病人。佛陀还说：如果**有**人想要**供养我**，就**应**当要**供养病人**。

这个病比丘看到尊贵的佛陀，居然亲自为他洗大小便、扫洒住处，非常感动。于是发起种种誓愿。佛陀又借此因缘，为他深入开示佛法的道理，于是他当下就证得了四果阿罗汉，这就是佛陀看病比丘的因缘。

佛为极地之人，犹励诸比丘，亲自下接；况同法义重，如何相弃。

这是道宣律祖的结劝。**佛**陀身为最极尊贵、果德圆满之人，为了鼓**励诸比丘**，尚且**亲自**照顾病人，何**况**我们出家众之间，同法义重，大家受持**同**样的戒法，彼此之间的情义是很深**重**的，怎么能互**相弃**舍呢？在家居士，同参道友之间也是一样，大家一起学习，也是同法义重，也是不可互相弃舍的。

- 释疑
  - “问：供养病者等佛何耶？
  - 答
    - 约心行同佛——谓悲心看病，拔苦与乐，慈行同佛故也。
    - 约随顺法制——又论云。随顺我语，名供养佛。”

问：供养病者等佛何耶?

佛陀说“若有欲供养我者，应供养病人。”供养病人，等于供佛，这是什么道理呢?

答：约心行同佛：谓悲心看病，拔苦与乐，慈行同佛故也。约随顺法制：又论云。随顺我语，名供养佛。

这是从两个方面来回答。首先**约**着发心与行为和**佛**相同来说：以慈**悲心看**护**病**人，使众生能够离苦，得到安乐，这种慈悲的行为与佛的慈悲之心相同，因此诸佛欢喜。

其次，**约随顺法制**来看，佛陀说：“诸供养中，法供养最。”什么是法供养？根据《大方广佛华严经入不思议解脱境界普贤行愿品》所说：

善男子！诸供养中，法供养最。所谓：如说修行供养、利益众生供养、摄受众生供养、代众生苦供养、勤修善根供养、不舍菩萨业供养、不离菩提心供养。

因此能够依着佛陀的教诲，慈悲照顾一切众生，就是佛陀孝顺的弟子，这就是法供养，是最好的供养。所以在《成实论》中说，**随顺我语，名供养佛**。能够随顺佛陀的教导，才称为真正的供养佛，因为这是法供养，是最殊胜的供养。

在《摩诃僧祇律》中有个公案，有两位比丘发心一起从远地去见佛。走到半路，其中一位比丘生了重病，卧床不起，另一位比丘只好停下来照顾他。照顾了几天，这位比丘就有点等不及了，于是他对病比丘说：“我想见佛陀的心非常急切，你好好养病，我先去见佛陀了。”生病的比丘怎么也劝不住他，只好请他帮自己找一位居士，来帮忙看护。结果他找来的居士也劝他说："你还是等你的同伴病好了，一起去见佛陀吧。你这样去见，恐怕佛陀还是会要求你回来照顾病比丘的。"但是他见佛之心很迫切，还是执意要一个人先去见佛。

当他见到佛后，佛陀明知故问说：某某人，你是一个人来吗？你有没有同伴呢？比丘回答说：有，同伴半路生病了，所以自己就先来了。佛陀就诃责他说：你这是恶行，是很不好的行为，你应该去照顾病比丘才对。你这样不随顺我的教法，没有慈悲心，纵然见了我，也是没有意义的。

后来佛陀制定了看护病人的戒律后，有另一位比丘，也是想从异地去见佛。当他走到一个村庄附近时，听说这个村里有位生病的比丘。于是他想：佛陀制定了戒律，必须照顾生病的比丘。但现在我急着想去见佛陀，若进了村不去照顾，就违背了戒律。怎么办呢？于是他就绕道走。当他见到佛陀后，佛陀也是明知故问：某某人呀，你从哪里来？走的哪条路？为什么要绕路……然后佛陀也是诃责他说：你这是恶行，没有慈悲心，见到我也没有用。所以佛说"欲供养我者，应供养病人。"佛陀是慈悲心，我们也要像佛陀一样的慈悲，才是真正的供佛。

甲二、安置住处

《事钞》云：三安置处所：若依中国本传云，祇洹西北角日光没处为无常院，若有病者安置其中。

生病的比丘，尤其是重病比丘，要安置在什么地方呢？**依中国本传**，这里的"中国"是指印度。在印度古代的传记中记载，在**祇洹**精舍的**西北角，日光没处为无常院**，西北角是太阳下山的方向，日没就代表无常。同时，日没之处，也代表西方极乐世界，有阿弥陀佛会来接引。所以在西北角日没处，安立

无常院。如果有重病之人，就把他安置在这个无常院中养病。

堂号无常，来者极多，还反一二。即事而求，专心念法。

为什么把这个命名为无**常院**呢？因为**来者极多**，来这里养病的人很多，但是**还反**一二，真正能够痊愈出去的人很少，可能只有十分之一二而已，所以称为无常院。起这个名字或许让重病者感到压力很大，但就是为了**“即事而求，专心念法”**。这个**“事”**就是境界，进到无常院，就要警策自己：进来不是来养身的，是准备要无常的。提起无常，就能**专心**忆**念**正**法**。

此外，有时候出家人在寮房住久了，就会贪染寮房的事物。这是我的床，这是我的佛堂，这是我的衣，这是我的钵等等。有贪着，就会障碍临终的正念，因此重病者搬到无常院，也能帮助放下，而利益有病的出家人。

律上有个公案：有位比丘很贪爱他的钵，但他死后，根据出家众的戒律规定，要按照羯磨法来分亡人物。当分到他的钵时，突然出现一个很大很丑陋的饿鬼道众生，其他比丘全都吓跑了，只有长老知道，这个饿鬼就是这位死亡比丘的化现。因为悭贪，还舍不得这个钵，于是堕落饿鬼道。于是长老就对他开示说：某某人啊，你应该放下，不应该再执着了。种种开示之后，这个饿鬼才依依不舍地走了，但走之前还是很不舍，就用舌头又舔了舔那个钵。但是饿鬼道众生很臭，他舔了这个钵后，这个钵也变得非常臭，即使把这个钵融化了，再做成其他东西还是很臭。他本来是一位比丘，就因为贪恋钵，结果堕落到如此境地。

所以把病比丘迁到无常院，也是为了帮助他放下对过去房舍钵具的贪着。放下才能够提起，提起对佛法的正念，提起信愿行，然后才能破釜沉舟往前冲。

有的佛寺把无常院的名字改为安养院或延寿院等等，想让病人到那里，看到“延寿院”，可能心情会好一点。若让他到“无常院”，感觉就像到地府一样，压力很大。其实这与当初设无常院的本意相违背了。因为到那里去，是为了要加功用行求往生，要有破釜沉舟的决心，这时必须要告诉他，让他要彻底放下，所以称为“无常院”还是比较如法的。下面讲到布置的方法，首先讲怎样安置佛像：

其堂中置一立像，金薄涂之。面向西方。其像右手举，左手中系一五彩幡，脚垂曳地。

在无常院**中**安**置**一尊金色的阿弥陀佛**立像**，因为阿弥陀佛有临终接引的愿。以**金薄涂之**，佛像要贴金薄。**面向西方**，这是指我们要面向西方的阿弥陀佛，所以阿弥陀佛是背向西方。佛像的右手举起来，就像站立时结上品上生印的姿势，同时佛像的左手呈接引的手势，手**中**牵一条**五彩**的**幡**带，幡带的**脚垂**到**地**上。这是安置佛像的方法。怎样安置病人呢？

当安病者在像之后，左手执幡脚，作从佛往净刹之意。

所谓**“之后”**，约着西方而言，佛在前背向西方，病人在后面向西方，应**当**让**病**人面对佛像。让病人的**左手持**着**幡脚**，也就是佛手中牵着的五彩幡的另一端。这是种表法，就像佛来接引我们，我们随着佛往西方，透过这种表法，帮助病人加强忆佛、念佛，随佛往西方的观想，所以同时要**作“从佛往净刹”**的观想。

瞻病者烧香散华，庄严病者。

这是要清除晦气。有时病人身上会有一些排泄物，大小便，或者身上会散发出一些不好的气味。尤其当人断气前后，会有种种身体败坏、死亡的气味。所以在病人房间里**烧香**，或者**散花**，来**庄严病者**，让他的身心安定下来。不然房间臭晦不堪，他的心情也会非常不好。同时，如果保持房间整齐干净，甚至燃香，把臭秽之气驱散掉，病人也会感觉比较有尊严，这时他身心安定下来，才能够专心的用功。

乃至若有屎尿吐唾，随有除之，亦无有罪。

乃至病人可能会**有屎尿**、呕**吐**物或者**唾**口痰等等，**随有除之**，只要有，马上就把它清除掉。**亦无有罪**，这是说，正常情况下，在佛像前是不能大小便的，罪过很大。但因为这是特殊情况，病人已经动弹不得了，所以可以放个便壶之类的，随时有大小便，马上清除，没有关系，不必忌讳。也不见得一定要把佛像遮起来，因为这是特殊情况。

传云：原佛垂忍土，为接群生，意在拔除烦恼，不唯粪除为恶。

为什么此时可以不避讳呢？首先，因为佛的慈悲。“**垂**”指佛陀降世；“**忍土**”指这个娑婆世界。娑婆又名堪忍，因为这里虽然很苦，但还是可以勉强忍受，堪可修行，不像三恶道那么苦，所以称为堪忍、忍土。**佛**陀降临此娑婆世界，就是**为**了要慈悲**接**引众**生**，**拔除**众生的**烦恼**。所以佛陀非常慈悲的，不会因为众生的**粪除**（*屎尿涕唾*）而感到厌**恶**。就像母亲照顾生病的小孩子时，小孩子如果拉屎拉尿，母亲甚至会亲手帮小孩清除屎尿，没有任何嫌恶的想法。这完全是种母爱，是种慈悲，而佛陀更是大慈大悲，远超过世间的母爱。

所以可以告诉病人，不要挂碍说一定要把佛像遮起来，或者一定要下床去上厕所之类的。因为这样种种挂碍，就会牵动身体，对重病的人来说，身一动，心也会动得很厉害，使他的正念不能够相续，反而得不偿失。所以要告诉病人，佛陀是大慈大悲的，就像母亲在看护小孩一样，这时不要挂碍，就专心念佛，提起正念就是了，没关系的。

这里的**“传”**是指《天人感通传》，这是道宣律祖在入定中，天人来为其说法。所说的法，都是这些天人过去亲耳听释迦牟尼佛说的法，他们来为道宣律祖转述。后来道宣律祖就写了这部《天人感通传》，记录这些天人所转述，释迦牟尼佛所开示的佛法。

既然有此依据，所以重病人于佛前清除秽物，是没有关系的。当然，如果没有病到那么严重，只是因为懒惰，而在佛前上厕所，那是不行的。

第六课 瞻视病人（2）

前面是从佛慈悲的角度来解释，下面再从佛陀智慧的角度来看：

如诸天见人间臭秽，犹人之见屏厕，臭气难言。尚不以为恶，恒来卫护。何况佛德而有爱憎?

天人看**人间**之**臭秽**，就好像在**厕**所一样，**臭气难言**。而且还不是像现在的厕所，而是像过去那种茅坑旱厕一样臭秽。《感通传》中说，人间的臭气，上冲到天上四十万里之遥，如此地严重。而诸天**尚不以为恶，恒来卫护**，诸天都是非常清净的，他们本来都不愿来到人间。但一方面为了来听佛说法；另一方面，佛曾嘱咐这些天人，在佛灭度后，必须要来卫护人间的修行人。所以他们**尚**且**不以**人间臭秽**为恶**，而**恒**常地**来**到人间，**卫护**世间的修行人。

何况佛德而有爱憎? 何况佛的功德圆满、智慧圆满，他怎么会有爱憎的分别心呢？佛是无分别住的，所以在佛的眼中，清净也好，秽恶也好，都不离这念清净的自性，其本质与佛的清净法身无二无别。

但有归投者，无不拔济。乃至为病者随机说法。命终恒在佛所，不得移之。

只要**有归**依**投**靠的众生，没有不蒙佛拔济的。所以临终的人，在无常院的佛像前，清洗大小便溺等等，是没有关系的，不必忌讳。对极重的病人来说，如果无法下床，在床前放尊佛像，让他天天瞻仰，这是很好的。

乃至为病者随机说法，病人安置好后，就要随着机宜，以及病人的根机，来为他说法。让病人到**命终**为止，**恒**常地**在佛**前，**不得移**开，让他随时都可以看到佛像。我们还要鼓励他去观想，这是真正的佛现前，不只是一幅画像、一尊雕像而已。

鼓励他忆念阿弥陀佛，放下身心世界，随时可以跟阿弥陀佛离开这个五浊恶世。关于临终要注意的细节，可以参看印光大师所写的《饬终须知》，关于临终的摆设、要注意的事情等等。

甲三、说法敛念

乙一、余人劝导

乙二、瞻病劝导

乙一、余人劝导

“说法敛念”是关于如何为病人说法，使他能够收摄正念的方式。其中包括**“余人劝导”**，即一般人探病时的劝导方式；和**“瞻病劝导”**，就是专门照顾病人的侍者，如何常常提醒病人正念的劝导方式。

◀《事钞》云“四说法劝善者
- 十诵：应随时到病者所。为说深法，是道非道，发其智慧。先所习学，或阿练若、诵经、持律、法师、阿毗昙、佐助众事。随其解行而赞叹之。
- 传云：中国临终者，不问道俗亲缘，在边看守，及其根识未坏，便为唱读一生已来所修善行。意令病者内心欢喜，不忧前途。便得正念不乱，故生好处。”

余人劝导的重点，在于赞叹病人的功德。为什么要赞叹他的功德呢？因为在临终时，内心的爱取跟哪一个法界相应，会决定他来世投生何处，所以是很重要的。

在古印度有位迦腻色迦王，他一生护持佛法，修了很多的功德。但在他临终的时候，仆人拿着扇子帮他驱赶苍蝇，不小心把扇子拍到他脸上。国王的个性都是很骄慢的，他于是生起大的瞋恨心，结果堕成了千头鱼。当然，他护持三宝的功德并没有失去，只是恶业先起现行，因为过去的杀业，使他堕入了千头鱼这种痛苦的果报。

另一个相反的例子，在《涅槃经》中记载，有一位母亲抱着小孩过河时，不小心被水溺死了。但因为她在被溺死之前，心中一直忆念着她的小孩，想保护她的小孩。虽然她在世时，恶业恶习都很重，但是因为临终时这一念慈悲心，结果她死后，就升到天上去了，所以临终的这一念非常重要。

我们在劝导临终的病人时，可以首先为他忆念，这一生所修的善业、功德。让他心中没有忧恼，甚至欢喜。因为有时候临终的人，会有些障碍。想到今生这个事情做得不对，或者对不起那个人等等的，内心会忧恼。同时人在身体很差的时候，正念往往也很衰弱，越想越对自己没自信，甚至会想：我这么差，还能往生极乐世界吗？会起这种颠倒的想法。这个时候，我们就要赞叹他一生所修的功德，当他内心生欢喜心，对自己有了信心，再为他说极乐世界功德，就容易提起往生的正念了，这是“余人劝导”的重点。

《事钞》云：四说法劝善者，十诵：应随时到病者所。为说深法，是道非道，发其智慧。

为病人**说法**，**劝**他生起善念的方法。根据《**十诵**律》所说，**应随时到病者所**，**随时**就是常常。其实临终关怀很重要，不能等他断气了，或快断气了，才到旁边去为他开示，那就晚了。他那时已经进入乱心位，如果没有先前的基础，往往旁人说什么，都很难入他的心了。一定要在他平常神识还清楚的时候，就为他说法。在临终时只是稍微再提醒他一下：某某人，之前跟你说过什么法，你这时候要提起来哦，要注意哦，这样子。所以临终关怀，应该是在他神志还清楚的时候，就要常常去探望他。为他做种种的开示，一方面常常鼓励他，另一方面劝他放下妄想执着，提起正念。

为说深法，是道非道，**深法**就是佛法，佛法甚深，所以称为深法。为他说佛法，指示什么是道，什么是非道。**道**就是出世解脱之法，这是真实的。**非道**就是世间的五欲六尘、妻子眷属、财富等等，这些是非道。**发**起他的**智慧**，发起他的正念。告诉他，信愿行三资粮，才是解脱道，一定要提起；而世间的功名利禄、妻子眷属、财富，这些都是生不带来、死不带去的，都不是我们生命的归宿处，这些都是非道，不是解脱之道，一定要放下。这样为他说法，来发起他的智慧，让他生起正念。

先所习学，或阿练若、诵经、持律、法师、阿毗昙、佐助众事。随其解行而赞叹之。

他过去所**学习**过的法门：**或阿练若：**即十二头陀，修头陀行的；**诵经：**比如他曾经长时间读诵某些经典，功夫下得很深；**持律：**专门持戒的修行人；**法师：**专门为人讲经说法；**阿毗昙：**阿毗达摩是论，这里指的是专门造论的论师；或者**佐助众事：**就是僧团里的执事，当家、知客、住持等等，或是佛教团体的执事。**随其解行，随**着他平常的**解行**，在哪方面功夫下得最深，来赞叹他。这是对于修行人来说。

如果对于一般的世间善人，或一般的俗人，他纵然一生造作的善业不是很多，总会有值得提醒的善业，或者善根，可为他宣说。在临终前常常提醒他，让他发起欢喜心。比如说他曾经做的慈善事业，帮助人家；或者说人家都赞叹他性格特别好，是世间的好人等等。赞叹他的优点，让他生起欢喜心。最起码，世间人对他的子女，都是非常慈悲呵护，这也可以算是一种善业。当然，如果他是佛法的修行人，佛法功德更大，赞叹他佛法的修行，他更能够有欢喜心。这种劝导的善巧，都是我们要学习的。关于劝导的善巧，各位可以参考《附录一、明余人劝导法》的详细说明。

传云：中国临终者，不问道俗亲缘，在边看守，及其根识未坏，便为唱读一生已来所修善行。意令病者内心欢喜，不忧前途。便得正念不乱，故生好处。

在印度的本**传**中说：**中国临终者**，这个**"中国"**指的是印度。在印度，面对**临终**的人，不论是在家人，或出家人的法俗眷属，在旁边守候的时候，只要是亡者**根识未坏**，他的六**根**六**识**还没有分离、解散之前，还听得到别人讲话，当然最好是在他第六识还清醒时，就常常为他鼓励；到他临终时，甚至已经断了气，只要六识还没有散坏之前，内心还是清醒时，都可以这么做：**为他唱读**他**一生**以**来所修**的**善行**，让他**内心欢喜**而**不忧前途**，不再害怕死亡，或不再担心会到三恶道。**便得正念不乱，故生好处**。这就是余人劝导的方法。

第七课 瞻视病人（3）

乙二、瞻病劝导

余人劝导的重点，在于赞叹病者的善根，让他生起欢喜心。欢喜心提起来后，要再引发他的正念，就有基础了。所以接着在瞻病人的劝导中，就要进一步引发他的正念，引导他来生的去处，这两段有这样渐次的差别。

- 明说法
  - 明量机——"其瞻病者，随其前人病有强弱，心有利钝，业有粗细，情有去取，当依志愿随后述之。
  - 明说法
    - 令缘佛——或缘西方无量寿佛，或兜率弥勒佛，或灵鹫释迦本师。
    - 示心观——或身本无人，妄自立我。或外相似有，实自空无，如至焰处则无水相。或为说唯识无境，唯情妄见。
    - 示随缘——各随机辩而诱导之。"

量机：《事钞》云：其瞻病者，随其前人病有强弱，心有利钝，业有粗细，情有去取，当依志愿随后述之。

说法要**量机**，要根据众生根机不同来说法。看护病人的人，首先要判断

“病有强弱”，病人此时的身体状况好不好、病痛是否剧烈。如果他身体状况不好，就只能简单说法、鼓励。如果病痛剧烈，就要告诉他一些缓解痛苦的方法。

例如台湾有一位圆因老法师得了癌症，据说他得病后，曾经有段时间承受很大的病苦。但是他每次刺痛一下，就念一句“阿弥陀佛”，以这样的方式，来缓解身体的痛苦。所以到临终前几日，身体的病苦皆消失，故得以临终安详往生。

其次**“心有利钝”**。临终的人，有的神识还很清楚，有的神识已经不太清楚了。对不太清楚的人，尽量提醒他，要集中精神念佛；对于神识清楚的，还可以为他多说法。

第三**“业有粗细”**，临终的人过去所造的业，有粗有细。例如培福，就属于粗的业；禅修、诵经等等，就属于细的业。同样都是修功德，也有粗细的差别。然后**“情有去取”**，“情”指他内心的好乐，尤其指他对法门的取舍。如果他没有特别好乐的法门，我们就劝他念“阿弥陀佛”求生西方。但有的人，就是不想求生西方，他愿意再来娑婆世界；或者有的人，他就喜欢观音菩萨，他也不一定要求生西方。这时候，我们就要根据他内心好乐的法门，尤其他有特别的好乐，要按照他所欢喜的方式来引导他。不能把他不相应的法门，强加在他身上，这很重要。因为这时候，他的心比较脆弱，如果我们再强加他不欢喜的法门，反而让他起烦恼。

所以此时不是我们弘扬佛法的时候，这时候重点在发起慈悲、善巧之心，引导、启发他的善根。所以在律典《毗尼母论》中说：“病人不用看人语，看病人违病者意，并吉罗。”假设病人是一个比丘，当别人为他劝导开示的时候，他不听，执意要活在自己的妄想、执着当中，那要结突吉罗的小罪；相对的，看望、照顾病人的人，若坚持要把自己的想法，强加于病人，也要结突吉罗。

其实对于临终的病人，不用给他太多的建议。尤其有时在家人会很好心，告诉他：你一定要吃某某药、某某食物等等。其实这个时候，他需要的不是这些，往往需要的就只是身心的安宁。如果我们以世间爱执之心劝诫他：你一定要吃什么药，不吃不行啊！一直说一直说，会让他很烦，反而对他身心的稳定有障碍。所以我们要本着慈悲与善巧的智慧，来判断怎样对病人好，就怎么做；而不只是单方面，自己想要怎么做。

所谓慈悲，就是无论我们赞叹他的善根，或者为他说法，都是出于一种希望他能够离苦得乐的慈悲心。而不是以讲法者的姿态，在这里滔滔不绝的说法，不是这种心态。而是真正地对他的苦感同身受，希望帮助他离苦得乐的慈悲心。

所谓智慧，就是要善巧方便地引导。劝导临终者有两大重点：第一要放下；第二要提起。用种种开示，劝他放下对娑婆世界的执着。如果他内心有特别放不下的事情，就要多开导他，或帮他处理好，让他没有后顾之忧。比如他还有些财务，没有处理好，就要赶快帮他处理好。或者他有什么心愿未了，赶快帮他解决。如果实在无法解决的，就要为他开示，引导他放下。

再者，就是要提起——提起他的正念。一方面列举他今生所修的善业，让他心生欢喜，对自己有信心。这个信心很重要，当他对自己有信心时，再念佛求生西方，就容易相应。另一方面，就是为他说法，引导他的去处。当然，主要是往生极乐世界。如果他有特别欢喜修的法门，这时候就要引导到他相应的法门。比如说他是修藏密的，那我们若在旁边念“阿弥陀佛”助念，他如果不契机，这就不相应了。或者他本身喜欢念“观音菩萨”，我们若硬要他念“阿弥陀佛”，他也会因为不相应，反而起烦恼。若让病人因此起烦恼，有时候反而会依着恶念，堕落三恶道，那就不好了。而且他这个烦恼心，还是缘着三宝的境界而起，那更不好。

所以这时候，不管对他开示也好，用药也好，或者给他吃什么东西也好，都要以善巧智慧来判断。不是说我们认为好的，就一定给他，要看他的接受的程度。关于劝导放下和提起的运用必须灵活，没有固定的格式，只有透过一次次的实际操作，以培养经验。如果找到相应的切入点，让他生起欢喜心。这时再帮助他放下对娑婆世界的执着，就容易多了。

或者有的人，对未来非常迷茫，我们就先告诉他极乐世界依正二报的庄严，让他提起好乐心了，再劝他放下身心世界，他就容易放下。还有的人，特别执着某些事情，我们就要先破他的执着，让他先放下之后，再帮他回忆这一生所修的善业，或者再为他讲未来的去处，他才听得下去。这些都要试试看，我们在跟他讲的时候，要观察他的反应，所以临终关怀最好在往生前几个月就开始，就是这个道理。当然还要观察他的神识清不清楚，如果神识都不清楚了，那讲再多也没有用。所以重点就是为他讲相应的开示，以提起他的正念。到病人临终时，他已经断气，或快断气了，我们此时就是稍微提醒一下，之前跟他所说的法就好。

我过去认识一位男居士，他在临终前半个月遇见我，那时他还没有决定临终时，到底是念“阿弥陀佛”，还是要念“地藏王菩萨”。我就对他引经据典，说了种种理由，告诉他临终时应当念“阿弥陀佛”，而他最终也接受了。后来他临终断气后，我赶到他身旁，首先提醒他之前讲的观念，提醒他要信愿具足，求生西方，念“阿弥陀佛”等等。稍作提醒，后就直接念佛了。这时不用说一大堆理论，稍微为他唤醒一下过去所栽培的正念即可，重点就在念“阿弥陀佛”了。

除非助念很久，好几个小时之后，病人的脸还是一脸的阴暗、忧郁、不开展，那时有经验的人，就会再为他重点开示一下，劝他放下，提起等等。否则就一路念“阿弥陀佛”，让他的心跟信愿行相应，自然感应阿弥陀佛来接引，不要多事。

现在的人送往生，发明的方法越来越多。这往往容易干扰亡者，对他很不好的。并且临终关怀重点在前期教育，前方便的引导，而不只是临终开示。开示的重点就在于：放下、提起，这两个重点。

从另一方面说，我们自己也不要对临终关怀太过于依赖。求人不如求己，我们自己平常就要练习放下、提起。如果平常自己就放不下、提不起，想要临终时突然能够放下，能够提起，那是天方夜谭，恐怕很困难的，所以平常就要训练自己的心。

说法：令缘佛：或缘西方无量寿佛，或兜率弥勒佛，或灵鹫释迦本师。

说法，就是为了提起他的正念而说法。引导他忆佛念佛。不仅是持佛名号，还要忆念佛陀。大部分的人，我们都可以劝他求生极乐世界，所以请一尊阿弥陀佛的接引像，让他常常看到，因此能放下身心世界，恒常忆念阿弥陀佛，忆念极乐世界的功德。在他临终的时候，就能看着这尊佛像往生，而帮助忆念的功夫，这是**缘**着阿弥陀佛。

如果他就要往生**弥勒**菩萨的**兜率**内院，也要随他的意，不要说“你一定要往生净土啊”，也不必。他真的很想去内院，我们就帮他念弥勒菩萨的圣号，帮他往生内院；有的人希望下辈子继续来娑婆世界，在这五浊恶世修行菩萨道。我们劝他求生净土，但他就是不能接受，那就让他忆念**本师释迦**牟尼佛，求释迦佛的加持，下辈子能够得到增上生。

如《地藏菩萨本愿经》所说：

临命终时，父母眷属宜为设福，以资前路。或悬幡盖，及燃油灯，或转读尊经，或供养佛像及诸圣像。乃至念佛菩萨及辟支佛名字，一名一号，历临终人耳根，或闻在本识。是诸众生所造恶业，计其感果，必堕恶趣，缘是眷属为临终人修此圣因，如是众罪，悉皆销灭。若能更为身死之后，七七日内，广造

众善，能使是诸众生，永离恶趣，得生人天，受胜妙乐，现在眷属，利益无量。

因此在临终时，能够听闻一佛名、一菩萨名，就算没能往生净土，也决定不堕三恶道。最起码，他就不会堕落三恶道。临终时能靠的就只有佛菩萨，所以缘佛很重要，无论缘哪一尊佛都好，但要专缘一佛。而且缘着佛号也比较容易相续，道理讲太多，他听久了也会累。只有念佛，可以一直念下去不会累。所以，最主要就是要让他缘佛号。

示心观：或身本无人，妄自立我。或外相似有，实自空无，如至焰处则无水相。或为说唯识无境，唯情妄见。

这是以道宣律祖所安立的三种空观（即南山三观），即性空观、相空观和唯识观，来破临终之人内心的执着。我们后面会详细解释这三种观法，这里先大致做个介绍。

首先观**“身本无人，妄立自我”**。这是性空观，从无常的角度切入。这个**“人”**，指一个有主宰性的、真实的**“我”**相。我们的身心，实际上就只是由色、受、想、行、识五蕴和合而成的。身，由地水火风四大组成；心，色受想行识，刹那刹那的生灭，这当中都没有一个恒常住、不变异，而且不需要假借任何外在因缘的依托，就能独立存在的“我”或“人”的存在。所以“身本无人”，身心都是无常的，只是我们虚妄地安立了一个“我”的概念，这是性空观。

第二个相空观：**“外相似有，实自空无”**。这比无常更进一步——即使无常也是幻化。无常观是看到有真实的法，在生生灭灭，就像空中的闪电，而它的生灭是真实的。而相空观则“当相即空”，表面上有个法在生灭，事实上这个生与灭都只是幻相。**实自空无**，它本身就只是个幻境而已。**如至焰处则无水**

相，这是以阳**焰**来作譬喻，阳焰就是海市蜃楼，在炎炎夏日的公路上，常常会看到前方好像有一滩水，到面前却根本没有**水相**，这就是阳焰。它的生灭相，只是太阳、虚空、尘埃这三个法和合之下，显现的幻影而已。如幻的生，如幻的灭，这就是相空观。

第三个唯识观：**“或为说唯识无境，唯情妄见”**。一切境界都不离开我们的心识，这个心识，也可以说是阿赖耶，也可以说是真如，都可以。**唯识无境**，一切境都不离我们自心所显。唯情妄见，只是因为我们凡夫虚**妄**的**情见**，所以认为有个真实的“我”存在。就像眼前的桌子，触摸起来是坚硬的、冰凉的，感觉就是这么实在，我们会觉得见闻觉知的一切境界都很真实。而实际上，“唯情妄见”，就只是我们无始劫来的坚固妄想，把这地水火风四大的影像，认为是真实的。而这些影像，实际上都只是我们这念心识所变现的。这是更深入的，建立心性、中道的思想。

前面的相空观只是如幻空；而唯识观法，就更进一步，看到这个如幻空的体，有真如或者阿赖耶的存在。当然，也不说真如、阿赖耶是实法，这在后面会详细说明。也就是透过无常、如幻，或者唯心所现，这三种不同浅深的方式，随着对方能接受的深度，来为他说法。

大部分的人，比较能接受无常的观念。身是无常，心也是无常，所以，不要执着这个身心的感受。比如身体很痛苦，就要想，这个身是假的。我们会觉得它痛，觉得难受，除了业力所显现的痛觉之外，另外其实还加上我们的色身的执着，认为这是“我的”身体，“我的”身体变坏，“我的”身体在痛，所引发的忧愁、烦恼，使我们觉得更加痛楚。但是若我们观察这个身，事实上只是一个无常败坏之法，是我们暂时假借的一个东西。借来的东西，又不是我的，有什么放不下的呢？不断这样去观察，对色身的执着就能放淡，甚至放下。

各随机辩而诱导之。

各别地、**随**着众生的机宜，和我们自己的**辩**才，而**诱导**他。前面说了很多方法，就像有很多药，但具体该给某个人吃什么药，药量多少，这要我们自己去配。其实，要真正能够为众生配药，除了自己要常常去做临终关怀、积累经验之外，更重要的就是自己要有实修的经验。因为我们要看清楚众生的心之前，首先要能看清楚自己的心。所以我们学了佛法，不要急着为人演说，而要赶快拿来实修。当我们能看清楚自己的心，甚至能掌控、能超越它的时候，我们才有能力去掌控、超越他人的心。所以重点还是在自己，要在实修上努力。

- 示经像
  - 说　法——“应以经卷手执，示其名号。又将佛像对眼观瞩。恒与善语，勿传世事。
  - 引华严为证——华严偈云：又放光明名见佛，彼光觉悟命终者，念佛三昧必见佛，命终之后生佛前。见彼临终劝念佛，又示尊像令瞻敬，又复劝令归依佛，因是得成明净光。”

应以经卷手执，示其名号。又将佛像对眼观瞩。恒与善语，勿传世事。

应当用**手执**持着**经卷**，**示其名号**，拿给病人看，告诉他这是《法华经》、《华严经》等等的名号，这里是指经典的名号。尤其若是病人一生专修这个法门，就把这部经典拿到他眼前，称念经题，提醒他依着这部经典的开示，提起正念。就像智者大师在临终前，就是“口诵经题”，诵《法华经》等等大乘经典的经题，来提起正念。或者将佛像对眼观瞩，将佛像拿到病人眼前让他看。常常这样做，提醒他去忆念正法、忆念诸佛。**恒与善语，勿传世事**。一直以佛法的正念来开导他，不要跟他讲世间法。要引导他放下世间，提起正念。

华严偈云：又放光明名见佛，彼光觉悟命终者，念佛三昧必见佛，命终之后生佛前。

在《**华严**经》中的**偈**颂说：**又放光明名见佛**，能够见到光明，就是见到佛。阿弥陀佛就是无量光、无量寿，他为了接引众生，放出无量无边的光明，遍满整个法界。而这光明的本质，就是阿弥陀佛的清净法身。所以当我们念佛时，以佛号为媒介，我们就能接触到佛的法身。当念佛念到相应时，事实上，佛的光明就在不断地照耀着我们的身心。念佛的时候，不管我们有没有眼见到光明，佛都不断地放光照耀着我们，这时就可以称为见到佛。因此所谓见佛，并不一定是眼睛看到佛放光，我们在念佛的当下，就是佛光来照。这**光**明能够使**命终**的人**觉悟**，所以修**念佛三昧**，必定能够**见佛**，且**命终之后**能**生**在**佛前**。如果今生修念佛三昧成就了，那今生就能够见到佛，临终就必定可以往生。

见彼临终劝念佛，又示尊像令瞻敬，又复劝令归依佛，因是得成明净光。

所以我们看到**临终**的人，就要**劝**他**念佛**。同时，要把佛**像**放到他眼前，让他以恭敬心来**瞻**仰。**又复劝令归依佛**，不只是让他看，还要劝他生起对**佛**陀**归依**的心、想随佛而去的心，因此临终的人最后就能够**成**就**明净光**，像佛一样的清净光明。就像古德说的："我今犹为龙钟叟，明日则为光明身。"以上跟各位介绍瞻视病人的方法，大致介绍完毕。各位以后如果有机会为病人看护，或者做临终关怀，就可以参看此内容，作为实践的准则。

第八课　出家宗致（1）

“出家宗致”，就是讨论出家的宗旨，为什么要出家？“致”是指最后的去向、果报，出家之后有什么殊胜的果报与功德？这课很实用，常常有佛教徒，或者想发心出家的人，会问出家需具足什么样的条件？在这课当中，将会详细地说明。

问：今辑在家备览，何以最后列出家宗致门耶？

答：凡俗士尚未出家，而欲出家者。须先了知出家之后，如何发心，如何苦行。自量己力，以定可否？若其力有未能，应即知难而退，不须率尔出家，免致将来忧悔。

这段小字的说明，是弘一大师的自问自答。

问：今辑在家备览，何以最后列出家宗致门耶？

弘一大师编辑在家备览，主要就是将律藏中适合在家人的部分摘录出来，作为在家众持戒的轨范，为什么最后还要列出出家宗致呢？

答：凡俗士尚未出家，而欲出家者。须先了知出家之后，如何发心，如何苦行。自量己力，以定可否？若其力有未能，应即知难而退，不须率尔出家，免致将来忧悔。以是之故，出家宗致，为在家者所应预知。因以此门，殿于卷末焉。

因为一些在家居士学了佛之后，会有想出家的念头。想出家固然是好，但是必须要先知道，什么是真出家？出家如何发心？如何修行？

为什么要了解这些呢？首先先谈谈出家如何发心。有些人觉得出家之后，好像悠游自得，蛮清闲的。实际上，出家之后有可能很忙，至少刚出家前几年，必定要多培福。就像我以前大学时代参加斋戒会，觉得这样的生活实在太好了。就觉得出家之后，应该也像斋戒会一样，整天解门、行门规律的用功。却没想到出家之后，非常忙，后来体会，这是善知识为了调我们的心、帮助我们培福，作为未来修道资粮所施设的方便，所以不是为了清闲、悠游自在而出家。

或者有的人觉得在家很苦恼，家庭不和、孩子不听话、事业失败、感情受挫，所以想要出家，这也不行！如果只是因为在世间受到一时的挫折，对佛法并没有真正的欢喜好乐之心，出家之后还是痛苦，甚至更痛苦。

就像以前有居士问我：法师，你是不是因为感情受挫才出家？我说：感情受挫，不要说出家，来佛寺住一天都住不下去。各位如果有机会到实修的道场住几天，应该就会知道，过几天出家修道的生活，倘若内心不清净，如感情受挫等，本身佛法的善根又不够，在这样清净的地方住，又用不上功，内心将会更加烦躁不安，简直度日如年，更何况一辈子过这样的修道生活呢！

就像世俗人说：水清池无鱼。清净修行的僧团，就像清水一样，内心浑浊的人很难待下去的，甚至有的人连留下来吃一餐素斋都不行。所以，因为在世俗受到挫折才来出家，或者只是感到世间很痛苦想出家，而本身佛法解、行的善根不够，都是不行的。

感觉到世间的苦恼，只是具足出家的一半因缘，并不代表就能够喜欢寺院的生活。尤其刚出家都是做护持佛寺的净人，净人阶段的目标就是为了尽快忏悔业障、积累福、慧两种资粮，因此常常要做种种劳役之事以炼心。一天花很多时间工作、出坡，还要听训。甚至净人之间因为彼此烦恼还很粗重，还要接受彼此习气的相互碰撞，互相磨练变得更成熟稳定。同时刚出家时，师长必须调教弟子，弟子则必须要老老实实地接受。不同世俗人，大家可以坐下来讨论讨论，怎样民主、合理，如何才人性化…… 这些都是为了使修道人更加成熟稳健，具足资粮，作为未来修道的基础。

所以刚出家就要把自我放下，又能够吃苦，这就必须具备对佛法的善根，以及对佛法相当的信心。如果只是觉得世间苦，并不是真的发起求解脱之心而来修行，结果将从一个苦恼的环境跳出去，又跳到另外一个苦恼的境界。到了寺院，一样觉得很苦，甚至更苦。所以为什么要出家，该如何发心、修行，要先弄清楚，才不至于到时退悔，甚至因此对佛寺产生不好的想法。

再谈出家后如何苦行？出家之后，必须有种种的苦行。不要认为出家后，就像参加佛寺的居士法会一样，整天打板后听课、用功、过堂吃饭，规律而轻松的生活。因为佛寺的居士法会，往往只是为了让居士浅尝出家之后的法乐，而栽培出世的善根；但是凡事都必须是有付出，才能有所收获。要受用长时间修行后，所得到的真正法乐之前，必须多培福，未来的修行才能够深入，也才能得到殊胜的法乐。因此出家后苦行，一方面是为了培福，另一方面也是为了训练堪能性——承受力。因为静坐修止观，或者修持任何法门要成就，都要具足强大的堪能性，也就是强大的身心承担力。如果身心堪能性不够，连专注都很困难，何况深入实修呢！所以刚出家身心适应后，就应当通过种种苦行来积资忏净，以培福、培养堪能性。待出家行苦行几年之后，再深入解行二门，甚至做种种加行，有堪能性的支持，才能成就法器，身心也才能契入微妙不可思议、法性之大海。

同时在善知识的引导下，透过苦行也是一种迅速消除业障的方法。如《佛说观普贤菩萨行法经》所说："一切业障海，皆从妄想生"，凡夫的我法二执，是构成一切业障的根本。因此透过种种合理、甚至非理的苦行，迫使我们必须放下我执，方能超越困境。当我执松动时，自然业障也就慢慢地消除了。若能业消智朗，智慧自然也就渐渐地开启了。

最后，苦行还有一个目的，是为了培养我们的宗教情操。宗教情操包括一个人的道心、戒行。在苦行当中，必须以法来安顿自己的心，才能超越种种苦行，也因此道心在不知不觉中培养出来。有了道心方能成就僧格的基础。具足了僧格，未来纵然遇到种种顺缘的诱惑，或者逆缘的障碍，才不会随波逐流或者退转，也才能坚持当初出家的初衷。

所以不是为了苦行而苦行，或仅将苦行当作解脱之因；也不是为了标新立异而苦行；更不是因为佛寺缺人，舍不得花钱雇人而苦行，苦行纯粹是一种淬炼身心的过程。就像我们以前刚出家的时候，我师父赐予我们那些苦行，实在是一种珍贵的教育。为了培养我们的僧格，锻炼我们的堪能性，为我们培福，消我们的业障，老人家用心良苦，现在回想起来，实在是感恩戴德。

所以必须要知道为什么苦行，然后**“自量其力”**，自己量度、估量自己的能力、身心的状态、现在善根栽培够不够，**“以定可否”**，来决定自己是否可以出家。

下一段，**“若其力有未能，应即知难而退，不须率尔出家，免致将来忧悔。”**发现现在能力还不足够，就应当知道出家的困难而退。所谓知难而退不是说一定就放弃出家，而是知道现在还没有能力出家，所以要积极栽培善根，储存资粮。我师父说，发心出家的人要经常到寺院，来来去去的住一住，渐渐适应，也更了解自己缺乏什么，这样才好。等准备好了，再去寺院长住。

“不须率尔出家”，不要轻率的出家，**“免致将来忧悔”**，以免将来忧愁、后悔，甚至有的人出了家，因为修道的环境不好，或者自己本身善根不够，内心起了大烦恼，甚至以后对寺院都起排斥的心，再也不想去寺院了。这种排斥三宝的种子种下去的话，有可能会影响到下辈子，连三宝都遇不到了。

结论：**“以是之故，出家宗致，为在家者所应预知。因以此门，殿于卷末焉”**。因为以上原因，在家人也应当预先知道出家宗致，所以把本段放在《在家备览》的最后。

如果有人本来就不想出家，或者年纪大了，或者根本就没有出家的因缘，还需要学这课吗？还是有需要的。因为学了出家宗致之后，第一，可以知道出家的功德，不会再只看出家人的习气、缺点，而能真正地对出家人生起恭敬之心。

就像在泰国、缅甸等南传佛教国家，一般老百姓都有短期出家的习惯，短期到寺院受沙弥戒、比丘戒，过清净的出家生活，一段时间之后再舍戒回家。因为曾经出过家，了解出家人的戒律威仪，所以更懂得出家持戒、修行的不容易。还俗回到社会之后，他们更能恭敬、护持出家人。因此我们学出家宗致之后，可以了解出家的功德，尔后面对出家众就会更加恭敬，则能为自己培福，与栽培出世的善根。

虽然有的出家人有习气，但只要他当初不是为了名利，而能够真正发好心出家，都是不容易的。虽然后来因为环境等原因改变了，而导致种种习气现前，但那是后来的因缘，至少当初他的那念心就很难得。就像学人当初受三坛大戒的时候，戒兄弟们来自台湾南北的各个道场。因为大家都是刚出家的，又是刚受了大戒，因此学戒的心特别强，也非常珍惜这新得来的戒体。虽说出了戒场，回到了各自的常住，或许会慢慢的松散，但当初他们每一个人的发心，都是很真诚，真正不是为了名利，而发心出家修行的，所以当体念这初发心之不易，更别说出家后必须面对之种种不易。

第二，有四种出家：一、身心都出家。像古来高僧大德，或者现在真正发心的出家人，身心都出家，跟出家法相应。二、身出家心不出家。虽然剃度了，但是心还在世俗。三、心出家而身不出家。心已经超脱世俗，但是身因为有些障碍，暂时不能出家。四、身心都不出家，这就是纯粹的俗人。所以学习出家宗致之后，倘若尚无出家因缘，也可以试着学习出家法，尝试做第三种心出家而身不出家之人吧。

◎ 大纲

- 甲一、出俗本意
  - 乙一、出家元缘
  - 乙二、劝出有益
  - 乙三、障出有损
  - 乙四、明出家已行凡罪行
  - 乙五、明出家已行凡福行
  - 乙六、明出家已行圣道行
- 甲二、应知五德

甲一、出俗本意

- 叙本示滥
  - 示位——沙弥建位，出俗之始。
  - 明本志——创染玄藉，标心处远。
  - 示律可依——自可行教，正用承修。
  - 斥世无训——滥迹相济，世涉多有。

这一段说明出家应当如何发心、如何修行。首先是第一科**“叙本示滥”**，叙述出俗的本意，同时显示有些不如法的人，违背佛陀的本意，而有所浮滥的情况。

《事钞》云：**“沙弥建位，出俗之始。”**佛陀**建**立**沙弥**的本**位**，是为了使众生修**出**离世**俗**之道的开**始**，就是说出家是为了要出离三界，而此阶段的开始，就是先出家受沙弥戒。

沙弥是梵文，翻译成汉文的意思就是“勤策”或者“勤息”。勤策指精勤策励，勤息指精勤策励后，息灭贪瞋痴，所以沙弥的阶位，是离开三界的一个起始点。

“创染玄藉，标心处远。”“创”是刚开始，**“染”**就是接触，**“玄藉”**指的是佛法。因为佛法的典籍，最后的汇归处，是玄妙而不可思议的实相之理，所以称为玄藉。刚刚接触佛法，就要标心处远，“处远”就是说成佛度众生。刚开始接触佛法，所立下来的志向，就是要成佛度众生。为了这个目标而来出家，这是出家之人，尤其是大乘出家人的动机。

“自可行教，正用承修。”出了家之后自然有律典可作为依止，**“行教”**是说依着律典所制定的制教，可用来作为持戒修行的方法。也就是说发为成佛的心而出了家，一开始就要依着律典持戒，先做好出家人的本分，修行才有个依止、基础。

第四段，**斥世无训**，呵斥世间的人，往往不守轨则：**“滥迹相济，世涉多有。”**

“滥迹”就是轻率的行为，**“相济”**是说彼此互相帮助。所谓**“滥迹相济”**就是说行为浮滥的人在一起，彼此觉得特别投契，就在一起造恶业。**“世涉多有”**，**“涉”**就是经历，道宣律祖说他经历的出家人多了，很多都是这样的情况。大家在一起结党营私，做一些非法的事情。

- 明信智二门
  - 叙二法之要——“然信为道原功德之母，智是出世解脱之因。夫出家者，必先此二。
  - 叙不明之失
    - 明形心混俗——如未晓此，徒自剃著，内心无道，外仪无法，纵放愚情，还同秽俗。
    - 显愚法所以——所以入法，至于皓首，触事面墙者。良由自无奉信，圣智无因而生。但务养身，宁知出要胜业。”

“叙本示滥”之后，接着**“明信智二门”**。既然知道出家的本意是为了成佛度众生，怎样才能够达到这个目标呢？重点就在于信智二门，也就是信心和智慧这两门，这是出家之后必须要栽培的善根。第一段先从正面来说：

然信为道原功德之母，智是出世解脱之因。夫出家者，必先此二。

信心，是入**道**的根源，是一切**功德**生起的源头。因为对佛法有信心，才会去实修，实修之后才能生起功德，所以**"信为道原功德母"**。《大智度论》说"佛法大海信为能入，智为能渡。"因此首先要有信心。但是光有信心还不够，还必须要有智慧，因为智慧是出世解脱之因，要超越生死大海，必须要有智慧来破除烦恼。所以**"夫出家者，必先此二"**，一开始出家，就要栽培这两种善根，而且缺一不可。

在此接着详细说明这个道理。首先，信心就是对佛法的信心。佛法八万四千法门，总摄起来不离开苦集灭道四谛。其中苦集二谛是世间因果，灭道二谛是出世间因果。因此必须先"知苦"，才会想要"断集"，接着因为"慕灭"，而积极地"修道"。所以四谛包含了世间、出世间的因果。懂得这两重因果，才能生起修道之心，也才能得到解脱。真正了解四谛，也才真正了解佛法；所以四谛是佛法的总纲。

首先观察苦谛，要真正相信世间是苦，必须透过智慧的观察，才能对此有深刻的理解与感受，也才会生起修道之心。因此诸佛以八苦为八师，了解世间是苦有此价值。

相反，如果我们发心修行，却对世间之苦仍不相信，或者还是半信半疑，自然而然就会随顺世俗习气造恶。在家争名夺利，出家一样争名夺利，就是因为并不真正认为世间是苦，因此觉得可以通过钻营、攀缘去获得现世的快乐。这与修道的心，是完全违背的。所以相信世间是苦很重要，能建立道心。

以前我师父告诉我们，刚学佛的时候，要多阅读高僧大德的开示、传记。

高僧大德的开示、传记里，有很多相当恳切的开示，警策我们世间是苦，要我们好好修行。所以刚开始出家，或者刚开始学佛，不要急着只是研究《华严经》、《中观论》、《大智度论》等大经大论，要先积极栽培道心，道心很要紧。

如《寒笳集》、《竹窗随笔》、《僧训日记》等，栽培出世道心的开示与传记，对于修行中，道心与知见的建立，非常的重要。因为这些古德都是过来人，甚至大成就者。透过他们深入实修实证后的开示，所散发出来的强大摄受力，使我们能够深刻地感受世间的苦、空、无常、无我，因此推动我们凡夫之心，慢慢地放下，而趋向修行。当不断不断熏习这样的开示，我们的道心与知见，也就能够渐渐地与法相应，这奠定了未来修道的重要基础。所以相信世间是苦，这是修道的基本。

接着观察集谛，集是苦因，也就是烦恼，与烦恼所推动的善恶业。真正地认知我们都是活在颠倒妄想中，这是很重要的。因为看到烦恼，是未来断除它的起点。如果不认识集谛，往往活在妄想当中，而自以为仍在修道，那就很可惜了。

苦集二谛是世间的因果，为了要真正相信这个道理，要多阅读高僧大德的传记和开示。即使一天看一点，看个十五分钟也好。能够虔诚恭敬，反复地熏习，熏习久了，慢慢就会将它们变成我们思想的一部分。过去的思想都是世间染污的思想，现在透过不断的熏习高僧开示，以及透过阅读他们的传记后得到的启示，就能使我们的心，渐渐从染污的思想中超脱出来，真正趋向修道。

同时在看开示时，要观想高僧大德就在眼前，亲自为我们说法，我师父说这就是“坐地参方”，把高僧大德请到眼前来，跟他们参学。以如对佛天、虔诚恭敬的心来阅读，字里行间便可得到古德的加持。初学佛的前几年一定要多看这一类开示，这会帮助我们形成修道的格局。否则即使学了很多的经论，但往往却因为眼高手低，虽然知道很多高深的理论，但是却看不到自己的贪染心，因此习气不断，这样的话也只是多了些佛学的知识，但是心却还是在世俗中，与解脱不相应的。

在观察苦集二谛，世间因果之后，接着观察灭谛，涅槃不生不灭的境界，了知这才是真正的大安乐处，是我们的究竟归宿处。再观察道谛，相信只有透过佛法，才能够使我们得到真正的解脱，而非外道种种虚妄之行。灭道二谛，这是出世间的因果，决定不虚！以上对四谛的观察，与之生起的信心，这是“信”的内涵。

接着观察出家后必须具备之“信智二门”中，“智”的内涵。智慧是什么呢？智慧就是观察佛法的缘起论，包括善恶因果的业感缘起，以及空性、实相的缘起。有了缘起的智慧，才能真正破除烦恼执着，也才能真正超越生死，因此**“智是出世解脱之因”**。

信、智二门缺一不可，如果只有信心而没有智慧，对佛法也只是纯粹的信仰，这样粗糙的信心，往往是经不起考验的。就像义和团，他们对自己的法门也很有信心，认为自己真的刀枪不入，但是当洋人刀枪打过来时，还是会受伤、死亡的。这种义和团式的信心，是不可取的。

很多人刚学佛的时候，会很积极地放生，护持三宝，拜佛、念佛、诵经，在行门上很勇猛精进，但是对教理的学习相对疏忽，也没有善知识在旁引导。过了两年三年，或者没什么感应，也没太多法喜，慢慢就懈怠了。因此“学佛三年，佛在西天”，处处可见。

因为真正的信心，是通过智慧的抉择，才产生出来的。抉择这个世间是苦、抉择因果的道理、抉择空性的道理。然后才真正能够看破放下，得到法喜，这时的信心才是真实的。所以只有信心而没有智慧，那种粗糙的信心，毕竟只是一种生灭心，往往面对世俗柴米油盐酱醋茶这些事情，很快就会被破坏的。

另外有的修行人，虽然对佛法充满了信心，在修行中确实也得到法喜。但是如果没有栽培智慧的善根，也没有善知识的印证，往往很容易错认消息，而成了外道。

例如在定境中，内心不动摇时，会错解自己的心此时不为境界所动就是安住在自性了。实际上这是种错觉，就像蕅益大师于《楞严经文句》中开示：“听佛法音，不能直下反观自性；却于法音之上，变成一段昭昭灵灵光景现在目前，唤作见性”，他只是在心中建立一个大光明，不为外境所动的境界，认为这就是“实相”、“自性”，实际上这仍然不离内在的虚妄分别心，而且与印度的神我思想是相应的。

因为众生习惯于执着，所以佛陀说有，他就执着有；说空，他就执着空。当思维空性之理，如果只是透过对佛法的信心，稍微懂一点空性的道理，并不深入了解，也没有善知识的引导，自己依着信心去修行。随着实修后定力的深入，烦恼的减少，他会渐渐地感觉那念昭昭灵灵、内心不分别外境，照了外境清楚分明的心，就是真如的妙用显现。其实这就只是纯粹的定，外道的定也是一样，昭昭灵灵的，观察内心、外境清楚分明。因为定的功德，本来就包括明了分的照了分明，和寂静分的如如不动，所以很多修行人到最后错认消息，以为自己的心不动，就是安住于自性中，实际上却是安住在大我中。而且随着定力的增强，我执也就不断地增强。修到最后，从佛教徒修成外道，所以只有信心没有智慧，就有这些过失。

有智慧没有信心，一样有过失。例如读了很多的经典，或者常听法师说法，很欢喜解门的学习；但是却没有去实践，透过禅修、拜忏等实修，来亲自体验佛法。对佛法的理解，往往只是停留在语言文字上而已。因为听经闻法时也很欢喜，所以很多人就会产生错觉，以为自己对佛法是具足信心的。其实并非如此，真正的信心，是建立在听闻佛法之后，能够依教奉行，并能调伏烦恼，得到了真正的法喜之后，才能生起的。如果仅只是听法师开示，或者学习经论后很欢喜，这种信心是很浅薄，无法接受考验的。只要烦恼、业障现前，这种欢喜心就消失得无影无踪。比如说可能生个病，想听经的心情一点都没有了，这种信心也是完全建立在生灭心上，是不牢靠的。所以如果只有解，智慧上的栽培，但是没有深入的行持，这样的信心也是不行的。

甚至往往一向只是解，而没有实修，解偏重太多了，反而容易产生邪见。只在语言文字上分别，并不了解语言文字所诠释的真实义，也就是说把标月指当成月亮了，到最后不仅看不见月亮，连标月指都会看错，而产生错解，甚至偏执的邪见。所以，有智慧没有信心也是不行，信智二门都要栽培的。

所以真实信心的栽培，除了刚才所说，多看高僧大德的开示、传记等，再来就是要靠智慧的引导下，所生起的实修。在实修当中破除我法二执，因此生起对佛法真实的信心，这是智慧帮助生起信心。

而真实智慧的培养，就像《楞严经》所说："从闻思修，入三摩地"，在经论与师长的正确引导下，深入闻思与禅修的实践。当功夫相应时，烦恼去除一分，众生本具的智慧就开显一分，这是信心帮助智慧。因此信、智二门不仅缺一不可，而且是相互帮助的。

"出家必先此二"，在家、出家学佛都是一样，此二缺一不可。观察自己信心和智慧哪一门不足，就要加强这部分，以上是从正面来说的二法之要。

接着从反面来说，**"不明之失"**。**"形心混俗"**。**形**，外在的身形，身形和内**心**跟俗人一样。

如未晓此，徒自剃著，内心无道，外仪无法，纵放愚情，还同秽俗。

如果不了解信智二门的重要性，就只是白白地**剃**发、着袈裟，而**"内心无道"**，道，就是佛法的般若波罗蜜；内心没有佛法般若智慧。**"外仪无法"**，外在威仪也没有依止戒法而去行持。"纵放愚情"，放纵自己的愚昧之心，**"还同秽俗"**，反而行迹还同污秽的世俗之人一样，这是**"形心混俗"**的相貌。

虽说理论上能够出家，即使出家后不如法，就长远的生命来说，也好过在家。但是既然发心出家，就要好好地调整自己的心态。不然出家之后，还跟俗人一样，沉溺于世间的欲乐，或者忙着到处攀缘，东去西去，甚至造作种种的恶业，这样子出家就没意义了。

“愚法所以”，为什么会在法上如此愚昧呢？

所以入法，至于皓首，触事面墙者。**良由自无奉信，圣智无因而生**。**但务养身，宁知出要胜业**。

从年轻出家以来，到老来头发变白，面对一切境界依旧是**“面墙”**，犹如面对墙壁一样，一无所知、一无所见，完全是世俗习气的条件反射。为什么会这样呢？

第一，**“良由自无奉信”**，对于佛法没有真正的奉持和信仰，就是我们刚才说的没有信心。信心的善根不够还没关系，主要是没有去栽培信心的力量。

第二，**“圣智无因而生”**，就是没有智慧，智慧的基础还是信心，没有信心，所以纵然听经闻法，真实的智慧也没有生起的因缘。刚出家可能还会有目标，有伟大的志向；但如果没有信心、没有智慧，修行无法深入，又不想就这么还俗，就只好在僧团里混着，**“但务养身”**，只是注意调养身体，关注吃喝，做些放逸的事情。**“宁知出要胜业”**，岂知什么才是出家的胜业呢！

从上面的开示中，我们可以看到出家修行最关键处，还是要有善知识的引导。有善知识的教授引导，出家宗致后面所说的一切法门，自然能够慢慢建立，所以善知识是最重要的。如果没有办法遇到一位特别相应的善知识，至少选择一个清净如法的僧团。有善知识或者清净的僧团护持，就算自身善根较差，出家之后也不至于差距太大。

以上行事钞的开示，属于前言的部分。

乙一、出家元缘

- ◀业疏云：如华严偈
  - 为不识故立法示之
    - 不识之过——若有不识出家法，乐著生死不求脱。
    - 立法之相——是故菩萨舍国财，为之出家求寂静。
  - 为著欲故方便引之
    - 示著欲——五欲所缚不离家。
    - 明方便——欲令众生解脱故。

元是第一的意思，缘是缘起的意思。这段是说明娑婆世界，第一个出家之法出现的缘起。

释迦牟尼佛当初还没有成佛之前，称为**菩萨**，在娑婆世界第一个示现出家的缘起。

如华严偈：若有不识出家法，乐著生死不求脱。**是故菩萨舍国财，为之出家求寂静**。

若众生不认识出家的功德，因此乐着生死而不求解脱。释迦菩萨就示现做太子，在家五欲自在，却能舍弃国家、王位、一切的财宝 **“为之出家”**。之，指的是一切乐着生死，不求脱的众生。也就是说菩萨示现出家，是因为众生耽着生死，而不求解脱；所以就示现出家，寻求寂静解脱。

第二段，**为著欲故方便引之**，为着世间五欲的人,以种种方便来接引。

五欲所缚不离家。欲令众生解脱故。

一般的众生都被五欲所系缚，不愿舍离对家的牵绊而出家修道。此处离家指的是出家，包括身、心的出家。所以《华严经》的下一句接着说“示现不乐处爱欲，是故出家求解脱。”因此释迦菩萨便示现：我是太子之身，五欲自在，都能放下了，你们的五欲快乐无法相比，还有什么放不下呢？是故示现不乐五欲，而出家寻求解脱。

就像释迦牟尼佛传记中所描述的，太子游四门，分别看到老、病、死种种苦恼的境界，因此内心不乐，而去深入思维人生的意义到底何在？当最后看到沙门清净庄严的相状，于是在此寻得出路，出家求解脱。这是娑婆世界，最早有菩萨示现出家的因缘。

关于在家、出家之间的鲜明对比，诸位可以参考本书最后面《附录二、在家过患》的详细说明。

第九课 出家宗致（2）

乙二、劝出有益

◀业疏云
- 叹德——“如出家功德经：若能放人出家受戒，功德无边。
- 引喻
  - 供圣喻
    - 引经——譬如四天下满中罗汉，百年供养。不如有人为涅槃故，于一日夜出家受戒。
    - 示意——谓犹前施虽多有竭，是欲界系。为法出家，非三界业，故说过前。
  - 宝塔喻
    - 引经——又云：纵起宝塔至忉利天，亦劣出家功德者。
    - 示意——一时欣出，虽未可数，然其积微，是高胜本。”

业疏云：如出家功德经：若能放人出家受戒，功德无边。

不仅自己出家功德很殊胜，劝人出家也有很大的功德。**如《出家功德经》**所说，如果**能**够**放**别**人出家受戒**，比如对于自己的眷属，或者古代的奴婢，如果能放他出家受戒，则**功德**是很殊胜的。这是**叹德**。

接着引用两个譬喻，来说明出家的功德。首先是供圣喻，供养阿罗汉、圣人的譬喻。

譬如四天下满中罗汉，百年供养。不如有人为涅槃故，于一日夜出家受戒。

譬如四天下聚**满**了阿**罗汉**，**我们**用一**百年**的时间，来**供养**他们，当然这功德是相当殊胜了。但还比不上如果有人，**为**了成就佛果的**涅槃**，**发**广大心，乃至仅仅一日**一夜出家受戒**的功德。也就是说，如果有人发心，为了成就涅槃而出家，乃至他出家只是一日一夜，其功德就远远胜过百年的供养四天下的阿罗汉。当然，这是佛陀的圣言量证明，不然我们很难相信出家一日一夜，功德就这么大。所以一个人如果真正发心出家，即使是短时间的，功德都是很殊胜的，这是引经典来证明。

我们也可以从出家受戒的方式，来间接理解为什么出家功德这么殊胜。在受出家戒时，内心要缘着十法界一切有情、无情的境界，发起愿断一切恶、愿修一切善、誓度一切众生的誓愿。因为这是缘着十法界一切的有情、无情而发菩提心，所以这种功德，当然就非常殊胜广大了。

谓犹前施虽多有竭，是欲界系。为法出家，非三界业，故说过前。

这是解释所引经典的意思。**谓由前施虽多有竭，是欲界系**，**前**面布**施**阿罗汉的功德再多，也**有竭**尽的时候，毕竟是有漏的功德，是修世间的福报，而且只是属于欲界的业所系缚，还不是与二界(色界、无色界)业相应，更遑论与无漏业相应了。因为在修这个法的时候，本身并不是与定善（禅定的善）相应，所以这种福报再大，也就只是欲界的善业相应。顶多死后升天，或者做天王，这是欲界的福报。而**为**了求佛**法出家**，就**非三界业**了，虽然还不像修空观，直接属于出世无漏之业，但这已经与出世间的业相随顺了。

为求涅槃而出家，则是随顺于涅槃的业。这样的业，直到成佛为止，永无止境。即使出家修行的福报后来现前、感果了，但这种子依然不坏，它会继续引导我们直至成佛，因为这是成佛的种子。所以就种子的本位来说，出家是属于无漏业相应，所以是非常殊胜的。即使撇开有漏、无漏业不说，单就二者所修的福报大小来说，出家的福报也远远胜过供养的福报。

我们在《宗体篇》时，曾详细对比过，乃至一日一夜持五戒的功德，就远远超过供养满四天下阿罗汉的功德，更何况是出家受戒，其福报不但大，而且随顺于无漏业，更加的殊胜。

引经：又云：纵起宝塔至忉利天，亦劣出家功德者。

这是第二个譬喻。忉利天在须弥山顶，高八万四千由旬。纵然盖一座如忉利天这么高的宝塔来供佛，其福报也比不上出家的功德。为什么呢？

一时欣出，虽未可数，然其积微，是高胜本。

因为**一时**以欢喜心**出**家，**虽未可数**，虽然刚开始看不出有多大的功德。**然其积微，是高胜本**，然而积沙成塔，经过不断的累积，这都是未来成佛的根本，所以出家功德远胜世间供养的功德。

出家的功德如此之大，所以我们如果能够成就、帮助别人出家，也是有大功德的。不过话虽如此，劝人出家，也要因人而异，要他适合出家才好。同时，由此经文可知，即使出家后又还俗，功德也是殊胜的。并非像世俗所言，是一件不吉祥的事情。

乙三、障出有损

业疏云：如出家经：为出家者，而作留碍抑制，此人断佛种故，诸恶集身，犹如大海。现得癞病，死在闇狱，无有出期。

在《**出家**功德经》中说：如果对一个想**出家**的人，**而作留碍抑制，留碍：**如亲朋好友、父母、师长，不允许他出家，做种种的障碍，比如威胁说："你若出家，我就去死！"之类的；或者**抑制**：如立法规定不准出家等等。总之，只要是障碍他人出家，结果都会造成**断佛种**，因为佛法赖僧弘传，有人出家修行，佛法才能延续。若没有了僧，渐渐三宝就会消失于世间，佛法的种子就因此断灭了，所以此人是断佛种。这种罪业实在太大了，因此诸恶集身，所有的恶业都会累积到他身上，而且还是地狱的罪业。就像大海，所有的水都会流到大海。所以他的果报，首先，现得癞病，今生会得麻风病，这只是花报。然后，死在闇狱，死后就在黑暗地狱，且无有出期。所以我们不要障碍他人出家，这个业太重了。

很多人发心出家，自己的父母亲人，都是最大的障碍，他们会找种种方法来阻止。但要想办法超越，用种种善巧，让他们能够渐渐接受。同时要告诉自己，不能被他们障碍。因为如果真的让他们障碍成功，固然他们一时会很高兴，但是所结下的罪业却非常大。尤其身为人子，若真的要孝顺父母，就不能让他们障碍成功；当然也不能够硬来，如果因此出事，也是很严重的，一般修行人也是偿还不了，所以要善巧地回护。

但主要还是自己，自己如果道心坚固，别人是障碍不了你的。很多人认为是别人在障碍他出家，其实往往是自己决心不够。自己犹豫，想东想西，考虑太多，甚至还给自己留个退路，如果出家不成，就如何如何……

记得刚出家的时候，我师父就跟我说："你要知道，你已经没有退路了。”用这样的心态来出家，才有可能成功。为什么往往中年出家会比较困难？除了本身世间法的牵缠外，往往就是因为还有退路。像我们那时候学校刚毕业，哪有什么退路，出家就出家了，再想回去，没有那么多退路。而中年出家，如果觉得不行了，可能他自己还有房子、积蓄，甚至还有家庭在等着他。这时要是在僧团中受了压抑，或者起烦恼，可能就回去了，因为他还有退路。所以做什么事情，往往是置之死地而后生。当然前提是我们觉得自己适合出家。如果觉得自己适合出家的话，就不要给自己留这么多退路。所谓退路，到最后往往是一条死路，会让我们失败的一条路。所以实际上，一个人出家的最大障碍，往往是自己，外在的因缘往往是内心的一个投影。

乙四、明出家已行凡罪行

◀业疏云
- 正示——“据论罪本，皆由事缚。不思厌背，师心妄造。
- 引示
  - 如大宝积经：出家二缚，谓诸见、利养也。
  - 如律缘制。由名利故，便生有漏。因制诸戒，为防罪业，障三涂也。”

都是讲出家的功德，下面是讲出家之后，会有三种不同的行为方式：凡罪行、凡福行、圣道行。凡罪行、凡福行都是不如法的，只有行圣道行，才是出家所应该做的。我们先介绍最差的：凡罪行。

据论罪本，皆由事缚。不思厌背，师心妄造。

据论罪本，皆由事缚。一个人出家后，为什么还会造种种的罪业呢？他造

罪的根**本**，就是被外在境界所束**缚**。道宣律祖说，出家人的烦恼分为四类，其中两类比较粗，两类比较淡薄。烦恼比较粗重的人，执着于财、色两关，他对钱财或男女色比较放不下；另一类出家人，烦恼相对比较淡薄，对钱财、男女色看的比较淡，不容易被这所束缚，但往往又容易着于名与见。名就是名声，执着虚名。或者着见，个人的知见、个人的想法。财、色、名、见，这都属于**事缚**，境界上的系缚。被这些所束缚，**而不思厌背**，不思厌弃背离三界。为什么？因为他只看到眼前的财、色、名、见，而没有看到三界的苦，于是**师心妄造**，自以为是，无惭无愧，造作种种恶业。这就是造罪的根本：被境界所束缚了。

如《大宝积经》：出家二缚，谓诸见、利养也。

如《大宝积经》中说：有两种比较坚固的束**缚**，会捆绑出家修行人：第一个是**诸见**，即见烦恼。也就是我执和法执。我师父忏公长老曾说：“修行人都有我执和法执。自己做得不对，别人说我们，我们不高兴，这就是我执；自己做得对，别人说我们，我们更不高兴，这就是法执。”这样描述我执和法执，非常地深刻。**见**，就是我法二执。有的出家人或许对财、色不容易执着，但对他所执着的见解，往往很难放下。出家人，基本上都很有个性，很有个人见解。许多出家人都是在所有人都反对下，还是坚持要出家，所以个性、知见往往比较强，不管是好的坏的。

所以要带领出家众修行，要破除他的人我执、法我执，确实不容易，必须要有大威德的大德才能做到。所以诸见，是一种系缚，这只有靠善知识来调伏，当然自己也要有弟子相，能够接受善知识的调伏。

出家人是这样子，在家居士更是如此，我、法二执更强。古代的高僧大德，每一个大成就的人，都有师承，任何传承都一样。而现在末法时代，大家的福报不够，很难遇到真正的善知识；并且网络发达，都很容易在网络上看到种种信息，真真假假的什么都有。所以很多人就从网络上、书本上，自己去看、去理解体会。久了种种奇怪而又坚固的“见”就出来了。

我遇到过一些这样的居士，他们往往以佛法的只言片语为依据，其他都是自己联想出来，都是似是而非的。然而他们的思想却都很坚固，有的表面上是来求法，实际上只是想考验师长，只想从问答中找出破绽，想办法破你的思想。这样知见、个性很强的人，即使佛陀出世，也没办法度化。就像佛陀在世时，有的外道见到佛陀，就直呼“瞿昙”。瞿昙是佛在俗家时的姓，就像我们叫“小陈、小王”一样，这样称呼佛陀，可见其高慢心有多强。所以，“见”是一种很坚牢的束缚。其实这也是一个人的福德因缘。若在刚开始没有建立知见之前，就能遇到善知识的调教，那是最幸福的事情了。

第二个是利养，贪着财物的供养，也是种束缚，这是相对于烦恼比较粗重的人来说。刚出家的人都知道，出家不应该为了名、为了利，但是环境使然，久而久之就会受环境的影响而改变。但蕅益大师说：与其说是中途变节，倒不如说是因地发心就不正。如蕅益大师说：

法门有七坏相，何谓七坏相?

一、惧命夭，知命孤，以家贫故，令出家，

二、避难无聊，激气求安乐故，自出家，

三、求清高故自出家，

四、以好名故受戒，

五、好名故听经，

六、藏拙故参禅，

七、好名故参禅。

七种虽高低不等，优劣判然，同为因地不真，坏法门一也。

——《灵峰宗论》

这类人出家修行，并不是全为了求解脱，至少潜意识中就有夹杂，只是自己没看到，或者看到了却不放心上。这种夹杂谁看得出来呢？也只有善知识。如果福报够，遇到善知识，就能帮他净除这样的想法。

一般人出家，不敢说自己发心百分之百就是为了了生死，完全没有夹带着世俗想法、习气，贪求名闻、利养、舒适等等，有时自己也不知道。但善知识是明眼人、过来人，他就用种种方法，来破我们心中的利养缚。有时经过善知识调教之后，事后回想才知道，当初心中确实有夹杂，不老实。所以利养是很大的束缚。

刚出家时没什么福报，所以也谈不上利养，但往往到后来出家久了，利养就跟着来了，内心也就慢慢腐蚀了，开始为了名利而奔波，这就是利养缚。真正能够看得破，完全放得下，那不简单。

过去我们佛学院有位达公长老，对利养就看得非常淡。有一次他到某处去弘法，那里的大和尚想要供养他，老法师拒绝不收。后来他把老法师送上火车，等火车要开动时，他赶快把钱放在火车的窗户上。他想这样，老人家要拒绝也来不及了。没想到老法师非常有个性，一下子把钱撒了出去，飞得满站台都是。所以真修行人，对利养都是能够看破放下的，这也是我们后学的模范。

在经典中记载了一个公案，有位阿罗汉，一生持金钱戒，持得非常清净，完全不碰金钱宝物。他往生之后，有位国王经过他的舍利塔时，拿黄金宝物来放在塔前供养，结果这些黄金宝物，一下子全都飞出去了。说明那个阿罗汉持戒非常清净啊，即使死后，也不接受供养。

所以诸见缚、利养缚，是障碍修行人的两大束缚。

如律缘制。**由名利故，便生有漏**。**因制诸戒，为防罪业，障三涂也**。

如律缘制，佛陀时代，正因为出家佛弟子，出现染污的因缘，所以佛陀才制定戒律。这件事是这样的，有一天舍利弗尊者在树林里打坐入定，他用神通力观察释迦牟尼佛以前六佛中的毗婆尸佛、尸弃佛、拘留孙佛、迦叶佛，这四尊佛的佛法都得以久住，而另外随叶佛、拘那含牟尼佛的佛法都未能久住。为什么会这样呢？他很不解，就去请问佛陀。

佛陀告诉他，这是因为随叶佛、拘那含牟尼佛，没有广泛地为弟子宣说种种戒定慧法门的缘故。他们只说了略教诫，如“诸恶莫作，众善奉行”这种简单的教诫，而没有为弟子们制定，像比丘二百五十条戒这种广律。因为没有广律，所以当佛陀灭度后，佛法就像一朵朵花，没有用绳子串起来，风一吹就散掉了。而相对的，毗婆尸佛等四尊佛，正是因为制定了广律，为弟子们详细规定了什么能做、什么不能做。所以，他们的佛法就像用线穿起来的花鬘，不会被风吹散，能够长久住世。这就是有没有广律的差别。

于是舍利弗尊者说：“既然这样，就请佛陀您老人家慈悲，为我们制定广律吧，让佛法也能够久住。”佛陀说：“止、止，莫须说。这个时候不适合。”为什么呢？因为众生都还没有犯错，你就制定戒律，规定这个不能做，那个不能做。这样大家反而会觉得怀疑奇怪。所以这个时候还不能制戒。

但是佛陀说，**由名利故，便生有漏**。佛陀刚成立僧团时，威望还不高，所以名利还不多。慢慢地，佛陀的僧团威望越来越高，来出家的人也越来越多、越来越复杂。这时，当名利现前的时候，**便生有漏**，烦恼、造罪的境界就会出现，那时佛陀就会开始制定广律了。

所以后来，从第一个须提那子犯了淫欲开始，佛陀就渐次地开始制定广律。由此可见，所有的制戒缘起，都是因为有名利的供养，使比丘出现种种恶行，所以佛陀制定种种的戒，为防止他们造罪业而堕落三途。

所以《十诵律》中说：**“正法灭、像法时，白衣生天，或有出家者，堕恶道中。”**这是说在末法时代，很多出家人死了之后堕到地狱，反而是在家居士死了之后升天。为什么呢？因为有的出家人受了戒，又破了戒，还接受信徒的供养，当然最后死堕地狱。而在家人，没有出家戒法在身，顶多受过五戒、八关斋戒，没有那么多戒法的约束，而又能够供养三宝，反而因此升天。所以这段文就是要告诉我们：在末法时代若要发心出家修行，要很注意。

不过，我们不要因此就觉得出家人没什么了不起，还不如在家人。要知道佛陀说法都是应机的。前面也提到，乃至出家一日一夜，功德都超过供养满四天下的阿罗汉，那样的赞叹出家。而这部《十诵律》是佛陀专门针对出家人的教诫，站在出家人的角度，警策他们不要破戒，再虚妄接受信施，是种策励的意思。

不过，客观地说，即使出家一日一夜，都好过在家。佛陀也说："宁可出家破戒，也不要在家而不受戒。宁可受戒破戒，也不要不受戒而升天。"这又是什么道理呢？因为受戒后，最坏的情况就是破戒。纵然破戒，但不可能把所有戒全破光。比如破了杀戒，但其他戒的戒体，都还是清净的，依然是有功德的，而且这些戒体的势力，未来还能够引导破戒之人，从地狱中出来。因为曾经在三宝门中受戒，所以能再遇到三宝而发心修行，终究因此得到解脱。但如果不受戒，只是修福报升天，天福享尽了，还是会堕落。而堕落之后，因为过去不曾跟三宝结缘，所以未必还能遇到三宝，未来如果再堕落，就很难出来了。

所以有时候佛陀赞叹出家，有时候告诉我们出家破戒的严重，要看是站在什么角度来讲。但是总的来说，出家固然有大功德，但如果出家之后行凡罪行，那果报也是非常严重的，这我们都要知道。

乙五、明出家已行凡福行

- 业疏云
  - 持戒
    - 叙持戒昧道——“今有行者，但知持戒，无心在道。道在虚通，达累为本。此而不思，但持戒善，自余讲解修习观务，悉为非道。内多瞋忿，久污净心。”
    - 结示行果——“此戒取结，谓为最胜。又是见取。体是欲界，增生下业。”
  - 修禅——“若修世禅，缘色缘心。虽经上界，终还生死，未有出期。”
  - 多闻——“若修多闻，讲诵经典，不为解脱。并增欲有，未成无漏。”
  - 营事
    - 明行果——“若营世事，供养三宝塔寺等相。心无欣道，最是我所。或沦下趣。”
    - 推心因——“由造善时，自爱憎他，行谄行诳，杂惑成树，故受鬼趣相似果报。以心非实，生在恶道；以福事成，故受胜处。”

业疏云：今有行者，但知持戒，无心在道。道在虚通，达累为本。此而不思，但持戒善，自余讲解修习观务，悉为非道。内多瞋忿，久污净心。

凡罪行会感召三恶道的业，而凡福行感召的是人天有漏业。虽然比凡罪行好多了，但这毕竟还不算是出家的正业。那么哪些行为属于**凡福行**呢？

持戒昧道。持戒本身没有错，错在他的戒禁取见，认为持戒就是修行的全部了，结果反而昧道，对于什么是真正的修解脱道，反而无知了。

但知持戒，无心在道：他只知道执持戒相，而无心修出世之道，以为只要持戒，修种种苦行，就是解脱了，甚至因此生起骄慢心。然而**道在虚通，达累为本**。**虚通**是道的体，**达累**是道的用。**“道”**可以解释成般若，虚通的**“虚”**就是实相，**通**向实相，道的体是与实相相应的。**达累**的**“累”**指十法界的差别。在作用上，可以依着实相的体，而随缘起十法界的妙用，就是达累。也就是说，所谓修道，就是要契入实相的理体，并且在实相的理体中，也能像佛菩萨一样，随缘显现，度化众生。从体起用，用还归体，这才是真正的道。持戒只是为了成就这个道的一个方便而已。

结果，**此而不思**，对这个道理，**不**去思惟，**但持戒善**，戒相本身，只是世间的善法，只知道**持**守**戒**相，这种世间的善法，而不把它汇归到修行解脱道。**自余讲解修习观务，悉为非道**。甚至认为其余的听法师**讲解**经典，或者修习止观，都是不需要的，只要持戒，或者行头陀行，就是在调伏烦恼、在修解脱道了。于是没有止观和经论的摄持，内心的烦恼实际上无法调伏，只是表面上的压抑。戒相做得虽好，内心却完全不是这么回事。毕竟烦恼只是靠压抑，于是**内多瞋忿，内**心的**瞋**心还是很强，久**久**地染**污**着清**净心**。

比如有的人很认真持戒，但只要有人影响他持戒，就会很生气。认为我是一个持戒清净的人，你怎么可以这样不护持我呢？你罪障深重！他就没有想到，如果因为别人影响我们持戒，而生起瞋恨心，那这样的持戒，反而变成了瞋恨心的根本，那不是头上安头吗？所以**久污净心**，如果只重视戒相，持戒的结果往往就是这样，瞋心特别的强。所以一般泛泛的修行人，大概分两类：一类贪心比较重，贪着世间的名闻利养。相对的，他的瞋心就比较淡一点；另一类贪心不是很强，很精进地持戒，但是相对的，他的瞋心就多一点。所以要超越烦恼，确实不容易。

此戒取结，谓为最胜。**又是见取**。**体是欲界，增生下业**。

“结”就是烦恼，**戒取结**，就是戒禁取的烦恼。即使是专门弘扬戒律的道宣律祖，也批评这种只重戒相、认为持戒就是解脱正因、是**最**殊**胜**的，其他法门都不需要的观念，实际上只是种戒禁取的烦恼而已。

同时，这种观念**又是见取**，**又是**见惑当中的**见取**见，因为他认为自己的见解最好，只要把戒持好就好了，其他学修都不需要。听经、修止观等等，都没什么意义。这就是**见取见**。所以，**体是欲界**，他这样持戒的体，就只是跟欲界相应的人天福报而已，连色界、无色界天都达不到。所以**增生下业**，只是**增**加、累积很多三界当中欲界的业而已，所以称之为下业。

藕益大师说：**“不解念处慧，徒诵木叉篇”**。若不了解四念处的智慧，则“徒诵木叉篇”，白白地执着戒相，那很可惜。所以持戒要能与四念处的智慧相应。四念处，就是观身、受、心、法，是不净、苦、无常、无我的。我们持戒的目的，要往这上面会，也就是说，透过持戒，来安住我们的身心，有助于观身不净、观受是苦、观心无常、观法无我。因为持戒是修习定慧的基础，在持戒的基础上，心很清净了，四念处的智慧才能开展出来。同时，也正因为观四念处，所以帮助我们放下染污心，持戒能够更加清净，二者是互相帮助的。

同时，持戒使心清净了，进一步就要修行定慧。就像我们办在家居士的斋戒会时，首先要为大家授八关斋戒。在这基础之上，再带大家五堂功课共修、学习经论才能真正的相应。所以成就定慧的功德，才是我们持戒最主要的目的。如果只是停留在戒的阶段，认为持戒、行十二头陀行，就是最殊胜的，其他如禅修、听法，都不重要；这样的话，本质上只是跟人天的善业相应而已，那就很可惜了。所以持戒要往四念处的智慧上去会；持戒，要能够加强我们四念处的智慧，才是对的。

若修世禅，缘色缘心。虽经上界，终还生死，未有出期。

若修**世**间的四**禅**八定，如色界的禅定、无色界的禅定，修行的方法或是缘色，或者缘心。**缘色**就是观呼吸，或者观佛像、观光明相等。或者耳朵听声音，专注在声音上，这是声尘，也是属于色法的一部分。所以缘色就包括缘着色声香味触这外在的五尘，为我们的所观境。**缘心**就是看好自己的念头，这是制心止。修世间的四禅八定，或者缘色，或者缘心。**虽**然只要得到禅定，死后就可以经历上二界，可以投生到色界或者无色界，寿命很长远，但是**终还生死，未有出期**，没出三界，**终**究还是要回来流转**生死**，没**有出期**，究竟白忙一场。

所以有的人修禅，往往就只是修世间的禅定，随着他的定功加深，很容易就耽着在这上面。就像经典中说的：为三昧酒所醉。他沉溺在三昧的快乐当中，就像一个人喝醉了酒一样，不想出来了。就像有的念佛人，越念心越安定，很安详快乐，但他的第六意识却越来越懒惰。虽然念佛还是很精进，但是他的第六意识越来越不想动，不想多思惟佛法，起正念观照，就只想一直念下去，这时完全就只是在修定。不要说出世的智慧，有时候甚至连对阿弥陀佛、极乐世界信愿都不具足了。

蕅益大师说：**"若无信愿，纵使将此名号作个语头，持至风吹不入，雨打不湿，如银墙铁壁一般，亦万无一得生净土之理。"**不能了生死啊！所以禅修时要注意，既要修止，也要修观。不要因为平常的生活纷纷扰扰，心很忙乱、很累，一坐下来，可以彻底的休息。这时，第六意识就不想动了，就只是修定，或者观呼吸，或者制心止，看着这念心，然后就以为我这时就是与自性相应了，实际上就只是个制心止。这样长时间下去，虽然定力会增加，但死后升天，即使寿命再久，终究还是堕落，没有出期。所以这也是修行中的陷阱，我们修念佛的人，也要注意。

因此蕅益大师说：**"信愿为慧行，持名为行行。得生不得生全由信愿之有无，品位高下全由持名之深浅。故慧行为前导，行行为正修，如目足并运也。"**慧行，必须要透过智慧的观察抉择，才能够生起。例如观修极乐世界的功德、观修娑婆世界的苦等等。就算不能观修，最起码也要透过诵经，读诵净土的经典。在诵经的过程中，不只是念文，还要不断地随文入观，这样也多少可以取代观修。长时间的熏习，慢慢地才能止观双修，才是真正的修禅。

而这里所说的修禅，只是纯粹修定，很多人却很喜欢这样的修定。甚至有的人在修定当中，更期盼能够发起感应、神通，这样的发心就更下劣了。最后**终还生死，未有出期**。这通常是重视行门用功的人，容易误入的陷阱，修禅到最后只是修凡福行。

多闻：若修多闻，讲诵经典，不为解脱。并增欲有，未成无漏。

有的人喜欢听法师讲经，一听就是一上午、一下午，听得很欢喜；或者有的人喜欢读诵经典。但是，**不为解脱**。可能他们自己会说："我就是为了解脱而听经啊。"其实不见得。因为听法师讲经时，可能内心烦恼暂时没有了，但就只是喜欢这种感觉而已。听完就过了，也没有如理思惟观察，调伏内心的烦恼，那这就只是喜欢听经而已，不是真正地为了解脱而听经。

若真为解脱而听经，就不会满足于上课时短暂的欢喜，而会在课后，不断地去思惟观察那些道理。闻思之后，更进一步地去实践，这才是真正为了解脱而听经。

但是能够这样做的人，非常非常的少。一般的佛教徒，只是把听经当成排遣，可有可无。若愿意按照次第的深入学习，就已经很难得了。若能够将所学的法，深入思惟观察，甚至实践，那更是难中之难，如凤毛麟角了。所以，真正为了解脱而听经、诵经，是很重要的。

有的人会说：别人懂很多，我初学还什么都不懂，我要赶快多听一点，不然别人懂的我都不懂。这是什么心态？这就是攀比心啊。这样的心，很容易跟名利相应的。或者有的人会说，我学佛晚，所以要赶快多听经，才不会跟不上别人。事实上，很有可能被自己的心所欺骗，他的心还是要和别人比较。就是为了名而来听经、诵经，都不是为了解脱而行的。

并增欲有，这只是增加欲界的业、欲界的福报。不可否认，听经闻法、诵经都有大福报，但是**未成无漏**，这样的动机，不能成就无漏的业。

就像佛的弟子提婆达多，虽然非常聪明，记忆力又超强，能够“日诵万偈”，每天能背诵几万个偈颂。但是他懂那么多经典，最后造的却是五逆罪：几次试图杀佛，又把莲花色比丘尼打死，杀阿罗汉。所以如果多闻的目的不是为了解脱的话，往往会加持我们的习气。然后把多闻的内容，变成长养习气的工具，为了名、为了利，这样对自己、对众生都不是好事。

所以我们要认真审视自己的心态，若真为了解脱而听闻，听了之后就要思、修。很多人听法之后，连思都没有，就只是听，在心中都不曾驻足停留。有的人听经，就只是感觉法师讲的很有道理，讲得很好。至于法师讲什么？事后全忘记了。这样不要说修，连思惟都没有。所以我们闻了之后要思惟，思惟之后要实践，去实修。这样才是真正为了解脱而听经。

因此一方面，我们听法每次不要学太多课程。因为欲界众生，定力有限，智慧有限，学太多课程，听了之后，内心摄不住法义，结果全部漏掉了，那很可惜啊。

还有一点过患是，如果听了很多道理，都没有深入的思维修习，听到最后会感觉都差不多。听说台湾有位老居士，讲经几十年了，他底下有些听众也跟着听经，听了几十年。听到最后变成老油条，老居士在上面讲法，他讲上一句，下面的就能接下一句，而且还因此自得其乐。这样的听经，久了之后，不仅没有利益，甚至是有害的。

或者有人听经听久了，就像水上浮萍一样没有根。听来听去，感觉经典讲的都差不多，都是告诉我们要断恶修善，或者就是讲一切法如梦幻泡影，都是不真实的，就这样而已。听来听去，他所懂的道理，都只是个非常表层的东西。到最后，他就觉得就那么回事，听不听经都无所谓了。对经典、对听经闻法，产生一种极为轻慢的心态。而且对般若的闻思，也没有办法再深入了。这是因为他一直停留在表层，永远保持一种似懂非懂的状态。因为已经习惯这种方式，所以未来想深入也没办法。这样的过患，不仅只是修人天福报而已，甚至变成障碍他跟般若之间的缘分，反而与般若之间，结下了轻慢的缘。所以我们在听闻佛法的时候要注意，缘起很重要。听闻就是为了要思惟，思惟就是为了要实践。从闻思修，入三摩地。

- 营事
  - 明行果——“若营世事，供养三宝塔寺等相。心无欣道，最是我所。或沦下趣。
  - 推心因——由造善时，自爱憎他，行谄行诳，杂惑成树，故受鬼趣相似果报。以心非实，生在恶道；以福事成，故受胜处。”

若营世事，供养三宝塔寺等相。**心无欣道，最是我所**。**或沦下趣**。

若营世事，或者**经营世事**，例如常常组织放生，常常组织护持佛寺，来**供养三宝**、**塔寺等**种种行**相**，这本身不是错，这是好事情。但错在哪里呢？**心无欣道**，没有欢喜求**道**的**心**，没有求解脱道的心。若要叫他做义工，他很高兴，不落人后；但若叫他听经，或者让他去打个佛七，专心用功，或者在家自己专心用功，他做不到。为什么？动惯了、攀缘惯了。没学佛前，是动、是攀缘；学了佛后，还是动、还是攀缘，只是换个境界，改成护持佛寺、放生这些境界。但是本质上还是动、还是攀缘。这习惯养成之后，就很难改了。就像《六祖坛经》所说：**“东方人造罪，念佛求生西方。西方人造罪，念佛求生何国？”**当初没学佛时，心很躁动，所以来到佛门学佛。但是如果学了佛后还是躁动，那又何去何从呢？

所以我们修行，必须要有渐次。初学佛时，都从护持三宝开始，这是需要的。因为三宝也需要有人护持；而我们也需要透过护持三宝来培福。所以我们刚开始欢喜到佛寺做义工，这也是很好的。但是慢慢地，我们要提升自己。当然不是说就不做义工，而是在做义工的同时，也要追求解脱道，自己在解行上的用功也要加强。不能只是一直忙，忙到最后，大家赞叹：你是菩萨发心！我们自己也觉得我就是菩萨发心，而事实上夹杂着很多过患。

不但**心无欣道**，而且**最是我所**，执着我、我所。比如说，这个殿堂是我管的，你们谁都不要来碰。进来之后，我就是老大，你们都要听我的。只要没有在法上安住，就会形成这个习惯。发心当中夹杂，夹杂到最后，全体变成染污，那就很可惜了。甚至有可能在这种染污心中，造作罪业。因为对自己越来越有自信，而这时又没有学习经论，没有学习戒律，也没有善知识引导，到最后就开始造罪了。所以**最是**执着**我所**。

或者将沉**沦下趣**，连人天福报都没有，可能堕落到三恶道了。为什么？因为在三宝门中，若没有学习经论，也没有学习戒律，很有可能在有意无意间，就盗用了三宝物，果报当然就是三恶道了，这样子很可惜。在佛寺有很多这样的在家人，在佛寺发心久了，变成老油条。再久一些，就开始造恶业，到最后甚至连居士都谈不上了。

所以我们在佛寺发心是很好，这能为自己的修道培福，所以是非常必要的。但同时要知道，培福只是一种方便，是为了修行戒定慧打基础，不要把方法当成目标，当成一生的事业，而变得执着，甚至造恶业，结果**沦**落**下趣**、三恶道，这很可惜啊，可惜了当初他护持三宝的这念发心。

这样的结果，有时连欲界的善业都得不到。当然，因果还是分开算的。护持三宝的功德，绝对不失，但是在这当中夹杂太多恶业的时候，有可能恶业会先起现行。因为面对三宝的境界造的恶业特别重，所以有可能会先起现行，而沉**沦下趣**三恶道。

心因：由造善时，自爱憎他，行谄行诳，杂惑成树，故受鬼趣相似果报。

因为他在造善业的时候，如护持佛寺、放生、助念的时候，**自爱憎他**。贪**爱自**己，我爱执很强，而**憎**恨嫉妒**他**人的功德。佛陀在经典中诃责，这就像狗法。狗的习气就是咬到骨头之后，若有其它狗想接近，它就很紧张地发出威胁的声音，这就是狗法。有的人在寺院做执事久了之后，权利心、欲望越来越强，看到别人接近他的权力，就开始紧张而排斥，这就是狗法。

所以修善业会得到福报，会得到名利。如果没有配合戒定慧的修学，很自然的就会执着这些有漏福报，贪爱这种名利的境界，自然就会跟别人攀比。这种动机纯粹就是佛陀讲的“狗法”。

行谄行诳，谄媚世人，希望博得名利。**行诳**，就是欺骗。尤其做执事要特别注意，因为做执事有时候为了达成目的，难免要打妄语。刚开始打妄语时，还会起惭愧心，久了之后，就像吃饭一样，不打妄语还不行了。结果**杂惑成树**，各式各样贪瞋痴的烦恼，随着修福的过程中，不断不断地生起，像树叶一样密密麻麻。因为一直修福，没有内观的功夫，就是这样的。**故受鬼趣相似果报**，鬼趣的特点就是谄媚，因为修福中同时造谄媚的业，会堕落到和**鬼**道**相似**的三恶道的**果报**。

以心非实，生在恶道；以福事成，故受胜处。

从总报来说，**以心非实，生在恶道**。因为内心的动机与贪瞋痴的烦恼相应，并**非真实**与为解脱相应。可能刚开始还是为求解脱的心，但因夹杂着烦恼，一直都没有内观，结果到后来全体都是烦恼相应了。就像过去有位老法师说：“刚开始是牛奶里，加了几滴水；到后来变成在水里面加几滴牛奶。”心越来越变质了，自己也不知道，就算知道了，也不想改，所以感召到三**恶道**的总报。

从别报来说，**以福事成，故受胜处**。毕竟他供养三宝还是有福报的，**故受胜处**，在三恶道中做王，如蛇王、龙王、鬼王，或者畜生道的王。但即使做王，还是在三恶道，这毕竟不是好的处所。所以我们平常组织放生、助念、护持三宝等等，或做义工时，要常常提醒自己，每天都提醒自己：我是为了自己的解脱、众生的解脱而来做的，要有这样的如理作意。当然同时，还要有自己的功课，不要整天昏天暗地的就只是忙杂事，忙到最后，浑身的业力。

忏云老和尚曾说，出家修行人分三等：第三等就是做僧团的执事；第二等是讲经说法的法师；第一等是修行人。什么意思呢？我们刚出家时，要积资忏净，多做僧团的执事，如典座、库头、香灯等等，来积资忏净。然后慢慢的，假借这种福慧双修，般若智慧提升了，就开始试着为他人说法。虽说同样是积资忏净，但是做执事的重点在培福，讲经说法的重点在栽培智慧的善根。这样福慧双修之后，最后最上等的，就是做修行人、深入实修。以之前福慧的资粮，来作为未来深入禅修的基础，所以最上等就是实修的修行人。当然，如果成就一个修行人，彻底净化自心之后，再回过来讲经、做执事，也就不是问题，因为本质就已经是一个修行人了。

出家人是这个道理，在家居士也是这个道理。刚开始先护持三宝，做执事；第二等，为人说法，居士可能比较没有登台说法的因缘，但就是要配合读诵、听闻，来增加自己的般若智慧，并随缘为他人解说佛法；最后都应该要成为一个真正的修行人。成为修行人之后，再回过来护持三宝，那这时就全部都是功德了，不会加加减减、七扣八扣，到最后不知到底是赚还是赔了。

以上就是介绍“出家已行凡福行”。持戒、修禅、多闻、营事，也就是解门、行门和事务门，这些都是出家修行人的本分事。这三门，是为了培养我们解门的能力、行门的能力、在事务门当中，一方面培福，一方面则是调整我们的性格，在做事当中调整性格。所以，持戒乃至营事都是很需要的。但是，都是要为了解脱而做。同时要将持戒乃至营福，会归到实修、解脱道上去。不过，最重要还是要有善知识的引导，不然很容易就走偏了。因为不论持戒乃至营福，都会让我们有福报，让我们产生快乐。在福报当中，除非自己很有智慧，否则就要有善知识的引导。所以我们要发愿求善知识、求善护助，来引导我们，这是很重要的。

乙六、明出家已行圣道行

叙难行所以—“但出世道，无始未经。皆由著世，惯习难断。

劝厉力须修—今既拔俗，智鉴明利。若不行者，禽兽无别。”

业疏云：但出世道，无始未经。皆由著世，惯习难断。

无论对于出家人，或者身不出家而心出家的在家人，行圣道行，才是我们所该做的事情。

但出世道，无始未经：出世解脱之**道**，**无始**以来，都**未**曾**经**历。我们若真正经历过，走上解脱道的话，就不会再来轮回了，除非是乘愿再来，所以**无始未经**。

为什么呢？**皆由著世，惯习难断**。因为我们无量劫来，都贪**着**于**世**间的快乐，这种习气就很**难断**除。所以行圣道行很难，先要避开凡罪行，诸见、利养的束缚，这就很难跳脱了。好一点的人，又要面对第二关：凡福行，这又是一大陷阱。要越过凡罪行、凡福行，真正行圣道行，那都是需要有大智慧、大福德和大的意志力，才能做到的。为什么呢？因为无始以来的惯习，太难断了。要不就掉入凡罪行，要不就掉入凡福行，能够真正走上圣道行的，如凤毛麟角。

今既拔俗，智鉴明利。若不行者，禽兽无别。

我们今天**既**然发心出家，要超越世**俗**，超越轮回的束缚。且**智鉴明利**，**智慧鉴**察的能力，又非常的**明利**，非常的清晰分明。**若不行者，禽兽无别**，又有足够的智慧，又有这样的发心，**若不行**出世道的话，那和**禽兽**有什么差**别**呢？禽兽跟痴心所相应，它整个生命的目的，就只是为了寻找食物。如果我们学佛的动机，也只是为了追求今生的快乐（凡罪行、凡福行都只是为了求今生的快乐，只是动机稍异），那跟禽兽有什么不一样呢？

然圣道行，经说乃多，并随机缘，故药无准。要而言之，不过三种。

所谓**圣道**之**行**，主要就是依般若波罗蜜的智慧来修行。而经典中开示的般若波罗蜜的法门无量无边，都是**随**着众生的**机缘**不同。**故药无准**，众生根机有利钝，发心有广狭的不同，所以用来治众生病的**药**也没有定**准**。但这无量无边的药，总摄起来，可以分为三**种**：性空观、相空观和唯识观，后世称为南山三观。道宣律祖对教理，真是非常的通达！他老人家以大智慧，将一代时教中，观法部分分为这三观。这个判法跟天台的判法其实差不多：性空观相当于天台的藏教，相空观相当于天台的通教，唯识观相当于天台的别教和圆教。其实大乘各个宗派的判法，都差不了太多。

- 性空
  - 标位——一者小乘人行。
  - 示行——观事生灭
  - 见理——知无我人善恶等性。

性空：一者小乘人行。观事生灭，知无我人善恶等性。

第一**性空**观，是**小乘人行**。当然，也包括一些智慧比较浅薄的小菩萨。也就是天台藏教的三乘：声闻、缘觉、菩萨所修的法。它重点是观事生灭，从生灭、无常这个角度切入。**事**，就是指一切法。观察色心一切法，都是在无常生灭中，刹那生、刹那灭。譬如观察我们的心，它刹那刹那的生灭，所以这个心无我；再看我们的身，身是由四大所成的，而四大又是由五尘（色、声、香、味、触）所构成的，五尘构成四大，四大构成身，所以这个身中，也是无常生灭的，没有一个真实的“我”存在。

无论大小乘的般若法门，都是要破这个“我”，包括人我、法我。而“我”的基本定义就是，这个法要有“常、一、主宰”的特性。“常”就是它要恒常住，不随因缘生灭。“一”就是不变异，即使外在因缘变化，它本身也不会变化。“主宰”是说，它不假借外缘、不须众缘和合，它就能独立生起。就像世间人讲的上帝，上帝能够生起万物，但是上帝怎么来的，这就不用讨论了，因为上帝是先于宇宙，本来就有的，这就是主宰。

性空观、相空观、唯识观，所有的法门都是要破这个“我”，人我执或法我执。当然性空观主要破的是人我执，和极少数的法我执。所以透过无常的观察，观察一切法都是在五蕴生灭中存在，而五蕴本身是实法。认知这道理后，知道没有我、人的真实性可得，这是破我执。同时，没有善与恶的真实性可得，这是破一部分的法执。后面《**附录三、南山三观**》中，会详细地说明。这里的重点就是要知道，性空观就是从无常的角度来切入。

相空
- 位 — 二者小菩萨行。
- 行 — 观事是空
- 理 — 知无我人善恶等相。

二者小菩萨行。观事是空，知无我人善恶等相。

这是第二相空观。观察如幻空，当相即空，乃至无常也是如幻。就像梦境是无常变化，但是梦境的本质，也就是这念能做梦的心，是不生灭的。这是更高的智慧，相当于天台的通教。

- 唯识
  - 标位—三者大菩萨行。
  - 明理—观事是心
  - 示行—意言分别
  - 引证—故摄论云：从愿乐位至究竟位，名观中，缘意言分别为境。

三者大菩萨行。观事是心，意言分别，故摄论云：从愿乐位至究竟位，名观中，缘意言分别为境。

这是第三唯识观。**大菩萨行**，就是以大智慧，**观事是心**，**观**察万**事**万物都是唯心所现。前面两种观，只看到境界上是空、是如幻；而唯识观则进一步找到了如幻空的体：心，但也不说此心有实法，也是在不断地幻生幻灭中。这个“心”，就别教来说，可以说是阿赖耶（阿赖耶只是别教中的一种说法），一切法是阿赖耶所生；就圆教来说，就是性具十法界的真如。所以它通于天台宗的别教和圆教。

一切法都是**意言分别**，都是我们心中的虚妄**分别**所生。例如佛像、桌子，我们认为它是真实法，而实际上，它只是在我们心所显现的影像上，被我们领纳后，安立个名相叫佛像、叫桌子，它只是心所显现的一个幻境而已，这些名言上，并没有一个真实的法存在。

所以《摄大乘论》中说，**从愿乐位**（菩萨的十信位），**至究竟位**（佛果），都是观察中道。观事是心就是观察中道。中道是超越空有、真俗二谛之上之中谛，是二谛之体。此更高的智慧，**名观中**道。**缘意言分别为境**，观察一切我、人、一切的法，都是安立在内心的名言之上，也就是说，一切境界都只是假借名言安立(桌子、椅子、人、动物……)，没有真实性可得。关于其详细的理论分析，可以参看《**附录三、南山三观**》。

资持云：上之三科，总论十界之因，故并名行。凡罪即三途行，凡福即修罗、人天行，圣道即三乘佛果行。历示心行，令识因果。舍罪修福，革凡成圣，厌小慕大，趣一佛乘。

凡罪行、凡福行、圣道行这**三科**，其内容**总论十**法**界之因：凡罪**行是三**途**、三恶道的因；**凡福**行是**修罗**、**人**、**天**的因；**圣道**行是声闻、缘觉、菩萨这三**乘**，以及**佛果**，这四种圣人法界的因，总共就是十法界的因。故并名为行，“行”就是造作，因为这样的造作，所以会感召到未来相应的果报，所以称之为行。

如果像前面说到的，一个人修行的动机，是为了与别人竞争高下，而不是为调伏自己的烦恼，那就是与阿修罗道相应的行为。所以蕅益大师在《灵峰宗论》中说：

人我山高，胜负情重，毕生勤苦，止成修罗法界，去菩萨道远矣。

所以在修行时要注意，不要有这样的心态，否则越修行，阿修罗的果报越坚固。以为自己是在行菩萨道，结果却离菩萨道越来越远。所以我们在修行时，如果发现有这样的念头存在，要马上诃责自己，把它放下。

历示心行，令识因果。道宣律祖慈悲地，将各种不同的内**心**造作，历**历**分明地显示给我们看，就是为了**令**我们认**识**不同行为的**因果**。同样是诵经、持戒、修福，它可能是趣向三恶道的因，也可能是趣向涅槃的因，就看我们怎样掌握这念心。如蕅益大师在《灵峰宗论》中开示：

先须专求己过，无责人非，见贤思齐，见恶内省，法法消归自心，时时警策自心，将定盘星认得清楚明白，然后看经可，坐禅可，营福可。

所以要**舍罪修福，革凡成圣，舍**弃种种的**罪**业习气，舍弃凡罪行，以**修**凡**福**行之基础；乃至进一步变**革凡**福行的心态，不舍凡福行之积极培福，进一步修圣道行。然后“**厌小慕大**”，**厌**弃**小**乘的性空观，而修学大乘的相空观、唯识观；乃至更进一步“**趣一佛乘**”，修行唯识观法，趣向于一佛乘。此时，配合修性空观、相空观也好，专修唯识观也好，皆是一佛乘了。

是故业疏专指大乘为出家学本，即戒本云：“若有自为身，欲求于佛道”是也。

所以在《羯磨疏》中，特别**指**出**大乘**是**出家学**习的根**本**。我们出家的目的，就是为了要学习大乘佛法。这也就是在比丘戒的**戒本**，序言中所说的：“**若有自为身，欲求于佛道**”。我们今天持戒，乃至出家的目的，只是为了**求佛道**，为了要成佛，所以大乘是出家修学的根本。

甲二、应知五德

羯磨注云
“如请僧福田经。沙弥应知五德”

- 一者、发心出家，怀佩道故。
- 二者、毁其形好，应法服故。
- 三者、永割亲爱，无适莫故。
- 四者、委弃身命，遵崇道故。
- 五者、志求大乘，为度人故。

了解了圣道行的三种般若法门后，就要依着这样的般若智慧，精进地持戒、修行，这就是沙弥五德。

羯磨注云：如请僧福田经。沙弥应知五德：一者、发心出家，怀佩道故。

首先讲五德中的根本，就是发勇猛心——为成佛度众生的动机来出家。心中常常怀佩着出离之道，也就是戒定慧三学，这是出家人总的安心处。心中唯道是亲，不管是自己内心，还是与同参道友之间，都要在道上见。任何时候，内心都不离戒定慧这解脱道。这是第一，心的依止。接着讲到外相：

二者、毁其形好，应法服故。

发心出家之后，就要有相应的行为。有人说："我有心就好了，事相上不用执着。"这不对的。有这个心，自然会有相应的行为，体用必定是一致的。所以发起勇猛的出家心后，自然就会毁其形好，也就是剃发染衣，剃除须发，穿上袈裟。世俗人都喜欢在头发上做功夫，换种种发型，佩戴种种装饰品。头一剃，三千烦恼丝一断，这些虚妄分别心都没有了，这样才好专心用功。

同样，世俗人都喜欢穿美丽、细软、高贵的衣服，这时全部换成统一的僧袍，穿袈裟这种割截衣，没有所谓的好不好、美不美。为什么呢？**应法服故**，为了相**应**于**正**法之**服**，也就是相应于解脱道之**法服**。**毁其形好**的目的，就是剃发染衣，换上了相应于解脱道的法服。

古来高僧大德们都是这样做的，甚至他们穿的比我们还差。如高峰妙禅师，春夏秋冬就穿一件衣服，因为他有禅定，冬天不用多穿，夏天也不用换洗，就穿一件百衲衣。他住石洞，那石洞上面滴水，下面也会积水，上下都是水。下雨天时，外面下雨里面也在下雨，但他老人家在里面用功很自在。吃饭时就用一个瓮的底部做锅，来煮东西。有时候入定了就几天不吃。平常住在一个悬崖上的“死关”中，必须要爬楼梯上去，但是他上去之后，就叫人把楼梯撤掉。他下不去，别人也上不来。就这样在上面专心用功，以死为期，如果不成就，就不下去，所以称为“死关”。这样精进的修行，可谓真正的“应法服”了。

除了外相，更重要的就是眷属。有的人对外相不执着，却很执着眷属。所以第三点：

三者、永割亲爱，无适莫故。

永远割舍对亲眷的染爱之心。所谓**“割舍”**不是对他们冷漠无情，而是把对他们的贪染执着，转成大慈大悲，做真正对他们有利益的事情。在《释门真孝录》这本书中，讲的就是出家人孝顺父母的公案。从地藏菩萨到很多古德，他们对父母亲的孝顺，远远超过世间人。所以出家并不是不孝父母、不爱兄弟姐妹，而是把过去那种执着的小爱，转换成慈悲的大爱：不只对父母慈悲，对所有众生都慈悲，这就是**“永割亲爱，无适莫故”**。

“莫”就是远，**“适”**就是近，没有远近亲疏的差别。出家之后，要把对世俗眷属的贪恋全部放下。在家有不同的姓，出家后都姓“释”，出家后不再有姓氏的差别。就像《善见律》中说的：**“瓦钵贯肩，以四海为家居，知谁可爱憎也”**。如古谚云：“一钵千家饭，孤僧万里游”，到哪里都随处而安。出家人见了面，大家都是法兄弟，没有亲疏之别。把所有对眷属爱憎取舍的心全部放下。一定要放下这个小我，才能够成就大我，菩提心现前，而成就大功德。

对眷属要放下，这个固然更是困难。但是更难的，是放下对自己色身的贪爱。所以第四点：

四者、委弃身命，遵崇道故。

放下对身心的执着，将所有的一切托付给三宝，托付给护法龙天。不去担心出家后做种种苦行，会不会被累死，好像没听说有人出家被累死的。很多在家人就是因为起太多烦恼，最后因此病死，这情况倒是很多。就像《维摩诘经》中说：**“何谓病本？谓有攀缘，从有攀缘，则为病本**。**”**因为有攀缘心，才会有种种的病。若真心诚意地将身心托付给三宝，好好在法门上用功、护持三宝，三宝是绝对不会辜负我们的，护法龙天也会护我们的法。我们要以古德为师，古德都是真正的苦干实干，放下对身心的执着，这样才能够成功。

所以**委弃身命，遵崇道故**。“道”就是戒定慧三学，放下对色身的执着，也包括放下身见。有的人虽然很精进，但精进是为了求色身的强健，这也不行。我们精进是为了自己，和一切众生的离苦得乐，所以，同时要放下身见，为了尊崇戒定慧三学这解脱道，而**“委弃身命”**。

五者、志求大乘，为度人故。

前面的毁其形好、放下眷属、放下身心，都是“破”——破执着。这第五个则是破之后，接着方能“立”，立下大乘的志向。我们一切精进的目的，纯粹是为了追求大乘的佛果、为了度化众生，不是为了人天的快乐，也不是为了小乘的小果。我们要不断地忆念这个动机，包括观修菩提心，也包括每做一件事之前，比如拜佛之前，应当忆念：我今发心，不为自求人天福报等等，当忆念大乘。

比如出坡之前先忆念：我为什么要出坡？不是因为这是被分配的工作，不得不做，目标不要那么狭隘。而是因为我要护持大众、护持三宝，所以来出坡。比如为什么我要听经？因为我要成就大乘、广度众生，所以要听经先调伏自身的烦恼，以后才能调伏众生的烦恼，这是最后要安立大乘的志向。

所以这虽然是沙弥五德，实际上是通前通后的。不只是初发心的沙弥要这么学，出家再久，也不离开这五德。甚至不只出家众要依此五德，在家众也是一样。真的想修出世道、解脱道的话，都要怀着这五德。所以要把这五德背下来，常常去忆念，常常检讨自己的行为与这五德是否相应。这样才能让我们的修行，真正与解脱道相应。这时再配合前面所说的戒律、威仪等，有戒的功德，有定慧的功德，自然美德光显，让所有接触到我们的人，都对佛法的功德生起信心。这时就不但能够自利，也能利他了。

《在家备览》的《别行篇》，就介绍到此。它主要就是告诉我们，一个修行人应有的威仪。我们要常常用它检点自己的身心。同时，整部《在家备览》，从《宗体篇》、《持犯篇》、《忏悔篇》到《别行篇》，我们都要反复的学习和复习。佛法就是要不断的熏习，才会有力量，也才能真正变成我们心中的一部分。

附录一 明余人劝导法

兰若人：若阿练若者，当软语泛话讫，告云："大德，今者病笃如此，唯当善念，不畏恶道。何者？自病已前，行头陀大行。佛弟子中，唯有迦叶，世尊在众，常赞叹之。乃至舍座舍衣，佛亲为也。以行胜行，圣人共遵。大德行绍圣踪，必生善处。何忧死至！但恐失念，妄缘俗有。此是幻法，更勿思之。"

诵经人：若诵经者，告云："大德常诵某经，以为正业。实为胜行，凡圣同钦。鹦鹉闻四谛，尚七反生天，后得道迹；大品有经耳品；涅槃。'常住'二字，尚闻不生恶道。况复依教广诵，无谬滥过，何能坠陷，必生善处"等。

持律人：若持律者，云："大德护持禁戒，顺佛正言。能于像末，兴隆三宝。正法久住，由大德一人。今者疾患绵久，恐将后世。人谁不死？但恐无善。大德以善法自持，兼摄他人。诸佛自赞，岂唯言议！但当专志佛法，余无妄缘。"

法师：若法师者，云："由大德说法教化，令诸众生，识知三宝、四谛。开其盲眼，破其心病，光显佛法。使道俗生信，能令作佛。又使正法久流，实大德之力。"

禅师：若禅师者，云："佛法贵如说行，不贵多说、多诵。"又云："不以口之所言，而得清净。如说行者，乃是佛法。大德顺佛正教，依教而修。内破我倒，外遣执着。此则成圣正因，勿先此业。"如是等随其学处，于后誉之。

佐助众事：若佐助众事者，告云："大德经营僧事，与圣同俦。故沓婆王种，舍罗汉身，为僧知事。求坚固法；乃至迦叶蹋泥，造五精舍；祇夜破薪，供僧受用；身子扫地；目连然灯。并大罗汉，岂有恶业？但示僧为福聚。凡愚不知，各舍自业，佐助众事。然僧田福大，不同佛法。如成论中，诸人以衣奉佛。佛令施僧。我在僧中。由僧随我语，名供养佛；为解脱故，名供养法；众僧受用，名供养僧。供养僧者，具足三归。故知僧德大也。大德既顺佛正命，料理僧徒。佛所叹尚，是第一行，何人加之！经云：'忆所修福念于净命'"等。

——《四分律删繁补阙行事钞》

这一部分是讲，我们如果有因缘去看护、探望病人的话，应当如何劝导他，以安顿病人的心？事实上，一个人得了重病的时候，更需要我们去帮助他，而不是等到他快要断气了，再去对他开示："某某，你要放下，娑婆世界多么的苦，极乐世界多么地好。"因为往往到那个时候再开示，已经有点太晚了。所以平时我们有机会，就应当常常去陪他、劝导他、照顾他、为他开示，甚至陪着他一起用功，走过人生的最后阶段。练习往生的事情，这就是余人的劝导方法。

为什么病人身边，需要有人不断地提醒、劝导呢？《大智度论》中说：

"从生作善，临终恶念，便生恶道，从生造恶，临终善念，而生天上。"

可见临终的这一念非常关键。“从生作善，临终恶念，便生恶道。”一个人一辈子修很多的善业，但若临终时起了恶念，因为临终这一恶念的加持力，就会使他堕入到三恶道中去受苦。当然，他今生修善所结下的种子，都保存在阿赖耶识中，并没有失去，但是这些种子，在他的下辈子很难受报，因为他临终时起了颠倒和恶念，阿赖耶识里面过去生的烦恼、罪业种子就会先起现行，使他先堕到三恶道中，等到三恶道的苦报受完了，才能再到人天当中，享受福报，所以临终的这一念很重要。

古印度时有位迦腻色加王，他非常护持佛法，而且很欢喜艺术，所以塑了许多佛像，还四处派遣僧人到世界各地去弘扬佛法。以这些善行，他临终时本当能往生善处的。但就在他快要断气的时候，一只虫子飞到他的脸上，旁边一个侍者看到，就用扇子去扇，一不小心打到了国王的脸。我们知道，临终时的刺激，有时会感受非常强烈。迦腻色加王就因此生起了强烈的瞋恨心，结果就因为临终这一念，堕入到畜生道。由于他未学佛前常常征伐他国，造了很多的杀业，所以就变成一条千头鱼。由于业力的原因，会有刀轮从空中不断地飞下来斩断他的头，接着在原处又会生出一个头来。砍掉又生，砍掉又生，可想而知，那是多么大的痛苦啊！

迦腻色加王之所以会得这样的果报，是因为他在过去没有信佛时所造的杀业没有忏悔清净，所以临终时的恶念，先引发恶业起现行，就感召到千头鱼的果报。后来他听到寺院中出家人撞钟的声音，身心的苦恼渐渐平息，乃至最后得到了解脱。

“从生造恶，临终善念，而生天上。”这是从相反的角度来说，一个人一辈子造了很多的恶业，但若他临终时起了善念，就会有希望生到天上。《涅槃经》中举了一个例子：有一个女人，个性非常暴躁，常常恶口伤人，习气非常粗重。一天，她带着儿子过河，河水湍急，一不小心母子俩都失足跌入了水中，女人因为非常爱她的孩子，于是不顾自身安危，努力挣扎来救她的孩子，虽然最后母子两人还是被河水淹死了，但因为这个女人在临终时，心中念念都是对儿子强烈的慈悲善念，由于这个善念力的加持，引发了她阿赖耶识中过去福报的种子起现行，结果她来世就生到天道去了。

有人会说："我业障很重，怎么可能往生呢？"事实上，如果我们了解了这个道理，就会明白，业障再重，只要能好好用功，临终保持正念，还是能够往生的。但是，临终的正念，取决于平常的正念，因为这是一种习性。我们不能奢望像那个母亲一样，平常造很多恶业，临终却能生起善念，得生善道，乃至往生净土，不能有这种投机的心理。因为临终的念头，是平常念头的一种相续和显现，平时常常串习善念，临终产生善念的机会就大。相反，平时常常放纵自己贪、瞋、痴的烦恼，临终要生起善念就不容易了。

所以对于重病的人，在旁边不断地劝导，使他心中产生欢喜心，生起佛法的光明，是非常非常重要的。

《事钞》云：四说法劝善者，十诵：应随时到病者所。为说深法，是道非道，发其智慧。先所习学，或阿练若、诵经、持律、法师、阿毗昙、佐助众事。随其解行而赞叹之。

《十诵律》中讲到，"余人劝导"的方法：**"应随时到病者所"**，"随时"就是常常，因为临终是人生命中最脆弱的阶段，要常常地带着病人练习，包括练习躺下来念佛、放下一切念佛，准备求往生，以及怎样转自己的念头，把世间的一切恩怨全部放下，将心念转到佛法上，这些都是必须要练习的。因为此时病人内心的正念非常薄弱，你跟他说什么，他就相信什么，所以旁边要有善知识，常常地来到病人的面前来提醒引导他。

怎么为他开示呢？首先要**"为说深法，是道非道"**。"深法"指一切的佛法，为病人说他能相应的佛法，"是道"指出世间法。"道"是指通往解脱的路，就像我们从甲地到乙地，要经由道路，它是通往另一个地方所要遵循的轨则。所谓“是道”是指这样的行为，是真正随顺解脱的途径，也就是出世间的佛法。它是真实不虚、有真实功德的，所以这时要多给病人讲佛法的内容、多说佛法的功德，多劝他念佛、念法、念僧。

“非道”指的是世间法。世间法是虚妄的，我们凡夫众生的心，总是安住在五欲的境界，认为自己很有钱，有很多的眷属，有很大的声名，有很崇高的地位……我生命当中就有安全感了，事实上这些都是虚妄的。因为一切境界都是无常、败坏、不安之法，我们却认为它是可靠的，所以这些叫“非道”，它不是引导我们到达解脱的路。凡夫众生的心，就像渴鹿追求阳焰一样。有钱人永远不会觉得钱多；有地位的人永远不会满足现前的位置，总是想要不断去追求，到死都追求不完。我们过去认为五欲的境界，是我们解脱和安乐的依止处，事实上这是妄想，这是“非道”。

要为病人做“是道非道”的开示，让他放下这些世间上没有意义的事情：财富、眷属、声名、地位……这一切一切。只有当他能够认知并放下，对于佛法，尤其对于净土法门的信愿，就能够提起。所以要发起病人的智慧，首先要为他开示佛法。

第二个要**“赞叹”**，赞叹病人在过去生和今生，曾经修学的善业。例如**“阿练若”**，指十二头陀行，病人是专门修苦行的；或者**“诵经”**，比如他一辈子专门诵一部经，如《法华经》、《金刚经》等；或者**“持律”**，他欢喜持戒；或者**“法师”**，他常常为他人说佛法；或者**“阿毗昙”**，论师，他很有智慧，能造种种论来抉择佛法的道理；或者**“佐助众事”**，一生常常修福报、做执事，在僧团或念佛会中，乃至世间行善的团体中作执事，或者不是执事但也常常帮助他人。**“随其解行而赞叹之”**，随着他平常解行的内容，而来赞叹他。这样使他心中产生欢喜心。

据经典记载，天人死后大部分堕入到三恶道，为什么呢？因为他有神通，也就坏就坏在他的神通，使他看到来世不能再做天人了，可能要做人道的众生。而天人跟人道众生的快乐境界差距太大了，所以他心中忧愁苦恼。临终就因这一念忧愁苦恼心的加持，使他堕入三恶道。本来还不会堕落的，就只因为这一执念的加持，反而让他堕下去了。同样的道理，如果对一个临终的人，赞叹他一生所修的善业，并对他讲修习善业的种种功德，他的内心就会产生极大的欢喜心，在这种欢喜心的加持下，他纵然没有往生净土，也能够因为忆念自己曾经所修的善业，下辈子得以往生人天善道。所以对临终的人最好的帮助，就是赞叹他一生所修的功德，佛法的功德，或者世间法的功德，不断地去赞叹他，使他内心欢喜，不担忧去处。

具体应当怎样开示、赞叹呢？古人说“不诚无物”，要真正地帮助病人，最主要就是以至诚心来对待他。如何发起至诚心？来自于我们的慈悲心。

首先要以慈悲心来观察，他这个时候最需要的是什么？要真正地、设身处地为他着想。如果他心情烦乱时，就不要长篇大论地讲道理，他需要我们为他解说佛法时，再为他解说；还有就是观察他的因缘，他现在最需要的是什么？什么样的法对他最为契机，能有真正的帮助？然后再以至诚心来为他说法，鼓励和赞叹他，所以这一念的诚心是最要紧的。

索甲仁波切在《西藏生死书》中，有过这样一段描述：一位临终病人对探望者说：“不要读东西给我听了，我只想知道你脑子里想些什么，你心中的感受是什么。”由此可见病人临终时，心中真正需要的是什么。他要的不是我们去向他弘扬佛法，这不是弘扬佛法的时候，他要的是我们以真正的慈悲心，诚恳地面对他，给他真正需要的东西。所以当我们以最真诚的慈悲心去做的时候，种种善巧的方法才会有意义和功效，否则无论我们做什么，对他都是无关痛痒的。

若阿练若者，当软语泛话讫，告云：大德，今者病笃如此，唯当善念，不畏恶道。何者？自病已前，行头陀大行。

“若阿练若者”，**“阿练若”**指十二头陀行。对比丘而言是指三衣一钵、树下一宿、日中一食等等十二头陀行；从广义上来说，不论僧俗，平常能够真正的少欲知足，行头陀行，在法上安住用功，就可称之为“阿练若者”。

若临终的是一位“阿练若者”，应当先“软语泛话”，以柔软语、诚恳心、慈悲心来面对他。先和他“泛话”，就是话话家常，问问他的身心状况，是否有什么不适等，在精神上给予他安慰。透过这样的方式，散发出慈悲心，让他能够感受到我们是真的想给予帮助，这时就容易建立与他之间的沟通桥梁，也才能进一步与他讲佛法。

如何生起慈悲心呢？这时最直接的方法，就是在面对病人之前，先观想他是我们的父母亲，或是与我们特别有缘的人、我们最爱的人。做这样的观想后，再去与他交流，这时彼此就容易产生亲切的感受。

先唠唠家常、问问病情，然后说：**“大德，今者病笃如此”**，你现在病得这么沉重；“笃”，是沉重的意思；**“唯当善念”**，这时应当生起善念，忆念你今生所修的种种的功德；“不畏恶道”，不要担忧死后是否会堕入恶道中。因为凡夫众生的业都是杂染的，每个人一生当中都会造很多的恶业，也会造很多的善业。这时要告诉他，不要老是想“我业障很重，佛菩萨会不会原谅我啊？”不要想这些问题，要多忆念今生所修的善业，才能从内心生起欢喜。

怎样才能生起善念呢？以经典为依据，让他安住在忆持以往善念的欢喜中。**“何者？自病已前，行头陀大行”**，比如对这位头陀行人，就提醒他：某某人啊！你在生重病以前，能够常常行种种殊胜的头陀大行，并能少欲知足，在法上安住，这是非常难得的。为什么呢？

佛弟子中，唯有迦叶，世尊在众，常赞叹之，乃至舍座舍衣，佛亲为也；以行胜行，圣人共遵。

接着开始引证：佛陀的众多弟子，仅常随众就有两千五百名比丘。在这众多的弟子当中，佛陀特别赞叹大迦叶尊者。作为法门第一代祖师，他传承了佛陀的心法，一生欢喜修头陀苦行，并严守律仪，在众弟子中以少欲知足、常修苦行而知名，被佛陀赞为“头陀第一”。佛陀说：行头陀行，能得到两种利益：从自利来说，行头陀行的人少欲知足，内心就得到解脱自在，能够真正地安乐、安住；从利他来说，大迦叶尊者修头陀行的善行，作为其他比丘的表率和引导，为当代乃至后世修行人，树立了崇高神圣的风范，因此对佛法住世有着极大的功德。

大迦叶尊者年老时，佛陀不忍他在衰老之年，还餐风露宿，就劝他不需要这样修苦行了。但大迦叶尊者说：“佛陀！头陀苦行在我并不以为苦，反而感到很快乐，我不为衣愁，不为食忧，没有人间的得失，我只感到清净解脱的自由。”于是世尊赞叹道：“了不起！证得阿罗汉果，到年老还修苦行，了不起啊！”因为大迦叶尊者能够真正地少欲知足，一心行道，所以他才能够成为传承佛法的第一代祖师。

修头陀行的人，因为非常的少欲知足，整天念兹在兹就是在法上，哪有闲功夫剃头发、胡须。所以在舍卫国祇树给孤独园的一次法会上，大迦叶尊者来顶礼世尊时穿着百衲衣，须发长得很长，一些新出家的比丘不认识他，看到他仪容不整的形象，都投以轻视的眼光，讥嫌他不知道出家人应有的威仪，甚至有人还想阻止他走近佛陀。

但是佛陀为了教育这些新学比丘，也为后世作典范，特地请大迦叶尊者到他跟前，在大众中**“舍座舍衣”**。“舍座”是指佛陀把自己的座位，分一半给迦叶尊者坐。虽然尊者一再推辞，佛陀仍然坚持。当尊者安坐后，佛陀向大众赞叹道：“我曾经入于初禅，观察大迦叶的心，他也能够入于初禅，我入于二禅、三禅、四禅、乃至四空定，并次第地观察大迦叶，他也能够入于初禅、二禅、三禅、四禅、乃至四空定，他有这样甚深禅定的功德。我在禅定当中，现种种的神变，然后我观察大迦叶的心，他也能够在禅定当中现种种的神变，所以大迦叶是具有真实功德的比丘，大家应该学习他这样的头陀行，少欲知足。”大家听后非常地感动，从此比丘们就精进地办道，佛陀“舍半座”的深意就是机会教育。

“舍衣”是说佛陀舍下他身上所穿的贵重袈裟，来换大迦叶尊者所穿的粪扫衣，“粪扫衣”就是身上满是补丁的百衲衣。佛陀与尊者对调了衣服后，赞叹说：“能行头陀行的人，穿这样的衣服，才是真正的尊贵。”尊贵的服饰，并不在于华丽，而在于内心能够行头陀行。

佛陀亲自对大迦叶尊者“舍座舍衣”，是因为尊者行头陀的胜行，是诸佛共同遵守的轨则，也就是说诸佛修行，都经历了头陀行这样的过程。世尊在无量劫的生命当中，舍无量的头目脑髓，这就是头陀行。所以三世诸佛要成佛，一定要少欲知足、一心行道，才能够成就。今天大迦叶尊者所做的，事实上就是三世诸佛共同的头陀行，所以世尊不断地赞叹。

大德行绍圣踪。必生善处。何忧死至。但恐失念，妄缘俗有，此是幻法，更勿思之。

最后我们要劝这类病重的头陀人说：大德，你**“行绍圣踪”**，“绍”就是继承和延续。你能够少欲知足、一心行道，就是延续了圣人的踪迹，过去诸佛这么做，乃至佛陀的圣弟子、阿罗汉、大菩萨们都这么做，你今天遵循佛菩萨、大阿罗汉的清净轨则，能够少欲知足、一心行道，功德是很殊胜的，必定能生于善处。你看对大迦叶尊者，佛陀都这样的赞叹他，我们相信，你少欲知足的行为，一定也是三世诸佛所赞叹、共许的。所谓“善处”，指的是人天或者净土的果报。

“何忧死至”，何必担忧死亡将至呢？不要整天想过去造了多少恶业，只想你的头陀胜行，功德的殊胜，是三世诸佛所赞叹的，所以不必担心死亡的来临。就这样告诉他，转他的念头，让病人面对死亡的时候，不仅没有恐惧、忧愁、烦恼，还能生起欢喜心。

就像古德所说，面对死亡时有三种根性的人：上等根性的人是欢喜心，中等人不欢喜也不忧愁，下等人则是忧愁。上等根性的人，为什么会起欢喜心呢？因为他知道自己今生所修的功德很殊胜，不管头陀人、诵经人，乃至持律人……这些功德都是极为殊胜的，所以他面临将要离开这苦恼的世界，往生善处，人天、净土时，内心是欢喜的。不仅不畏惧死亡，甚至欢喜这样的来临。当然他也不会故意去自杀，但是真的因缘到时，他是欢喜的，何必担忧死亡来临呢？

“但恐失念”，就怕在临终的时候失去正念，也就是**“妄缘俗有”**，虚妄地攀缘世俗的境界，“有”指三有——有为法的境界，世俗的境界都是虚幻不实之法，对于这些幻法，就不要再去思维了。就像我们梦到赚了一百万，一个精神正常的人，醒来时不会因此沾沾自喜：“好啊！我有一百万了！”不会这样高兴，因为知道那是梦、是幻。世间法也是一样，知道它是幻，就不要再去思维、系念它了，因为没有意义。要彻底地放下，不断忆念自己今生所修的善业，决定可以往生善处。对头陀人，可以这样劝导他。

若诵经者，告云：“大德常诵某经，以为正业。实为胜行，凡圣同钦。鹦鹉闻四谛，尚七反生天，后得道迹；大品有经耳品；涅槃‘常住’二字，尚闻不生恶道。况复依教广诵，无谬滥过，何能坠陷，必生善处”等。

若临终的是一位欢喜诵经的人，则**“告云：大德常诵某经，以为正业，实为胜行，凡圣同钦”**。大德，你常常诵某一部经，像有的人喜欢诵《法华经》、《金刚经》、《大般涅槃经》等等，他一生常常诵持这一部经典。**“以为正业”**，把这作为定课。这实在是很殊胜，必定为凡夫乃至圣人所钦佩、钦仰。为什么呢？下面引经据典来证明：

“鹦鹉闻四谛，尚七反生天，后得道迹。”鹦鹉听闻四谛法，尚且能够七世生于天道，后来得到“道迹”证果。

这个公案出自《贤愚经》：舍卫国的给孤独长者是一位非常虔诚的佛教徒，他常常请比丘众到家里接受供养，并为他开示佛法。他家里养了一对鹦鹉，很有善根，每次比丘来时，鹦鹉都会很欢喜，赶紧飞到里面去通知主人，主人就会为比丘准备一些供养具，欢欢喜喜迎接僧众。

一次，阿难尊者来到给孤独长者家，见到这两只聪慧的鸟，心中非常欢喜，便对鹦鹉说：“知苦、断集、慕灭、修道”，为他们传授四谛法。两只鹦鹉听后很欢喜，不停诵念着：“知苦、断集、慕灭、修道”，飞上飞下，连续往返了七次。然而那天晚上它们栖息树上时，却被一只野狸吃掉了。阿难尊者知道后，心生怜悯，想到这两只鹦鹉这么有善根，又善解人意，怎么就这样死了呢？就去请问佛陀，它们转生到哪儿去了？佛陀说：“这两只鹦鹉，因为听闻佛法，欢喜受持的原因，命终后上生到四天王天，在那里命终后，再上生到忉利天，乃至这样辗转不断，一直转生到他化自在天。在六欲天次第地往上转生后，又从他化自在天下生化乐天，再下生乃至四天王天，这样上下往返循环七次。在六欲天上享受种种快乐，极尽天人之寿。最后他化自在天的果报结束后，它们将会转生到人世间，因过去听闻、念诵四谛，自然心开意解，证得辟支佛果，得以解脱。

当诵念“知苦、断集、慕灭、修道”，鹦鹉肯定不知道这句话的意思，但它们仅因听闻，就有生天乃至解脱的功德，而一个诵经人，当然不至于像鹦鹉一样，一定会随文入观。所以我们今天诵读大乘经典，福报、功德力是不可思议的。

“大品有经耳品”，《大品般若经》的《经耳品》，说的是今生能够听闻般若波罗蜜的法门，都是因为过去生曾经亲近过无量诸佛。在这个过程中，不断地修种种功德，有这样的大善根，今生才能够听闻《大品般若经》般若波罗蜜的法门。

所以我们千万不要轻视了自己的善根，能有机会见到乃至听闻《金刚经》、《维摩诘经》、《法华经》等大乘经典，都是因为我们过去生曾经亲近过无量诸佛，栽培过大善根，才能够在今生听到大乘经典，所以对自己的善根要有信心。

尤其是临终的人，不要老是想着自己的业障很重。我们要告诉他：今生能够受持这些经典，都是过去生种了大善根的，同时今生也栽培无量功德。只要不断地忆念这个善业，将过去所栽培的善根福德资粮种子开发出来，就能往生善处，这是《大品般若经》的例子。

“涅槃常住二字，尚闻不生恶道。”这不是说听到“常住”这两个字，就能够解脱，而是指听闻到经典里面，佛陀所说众生本具常住佛性的道理后，心中生起胜解力，并依此修行，常常正念真如，这样的人生生世世不堕恶道。当然严格来说，至少要到圆教的五品观行位，像智者大师那样的境界，才真的能够理解“常住”二字，依此修行，并能常常地安住在正念中。一个凡夫纵然没有修到这么高的境界，但是因为听闻、受持“常住”二字之理，功德一样极为殊胜的。可见诵经是有很大福德和殊胜功德的，这是举经典的例子。

最后劝他说：**“况复依教广诵，无谬滥过。何能坠陷？必生善处等。”**何况你又能够依大乘经典，广泛地诵读。像前面的例子中，听到“常住”二字、鹦鹉诵读四谛法门，都能有这样殊胜的功德；何况大德一生中，能够广泛地读诵大乘经典。而且读诵的时候**“无谬滥过”**，“谬”就是差失，诵读时很清楚没有错误。“滥”指轻率。以虔诚恭敬的心持诵经文，又没有错谬，并且广诵大乘经典，这样的功德是不可思议的，怎么会堕落三恶道呢？只要临终不贪恋娑婆，忆念今生诵持大乘经典的功德，你来世一定能转生到人天、净土的善处。

我们也可以引用经典中流通分的部分，赞叹诵持此经的开示。比如他欢喜诵《法华经》，就引用经中的《法师功德品》，或者流通分中有关赞叹诵持

《法华经》功德的经文；或者他欢喜诵《楞严经》，就可引用经文流通分讲到诵持《楞严经》功德的部分，让他心中生起大欢喜心。依靠这种欢喜心和正念，他就能转生善处。这是说明诵经人。

若持律者，云："大德护持禁戒，顺佛正言。能于像末，兴隆三宝。正法久住，由大德一人。今者疾患绵久，恐将后世。人谁不死？但恐无善。大德以善法自持，兼摄他人。诸佛自赞，岂唯言议！但当专志佛法，余无妄缘。"

如果临终的是一位欢喜持律的人，就对他说：**"大德护持禁戒，顺佛正言，能于像末，兴隆三宝，正法久住，由大德一人。"**大德，你能够护持佛陀的戒律，或者在家的五戒、八关斋戒，乃至出家戒法，这就是随顺佛陀的圣言量。因为佛陀告诉我们：只要身为佛弟子，就应当持戒。能够随顺佛陀圣言量的人，有兴隆三宝、住持三宝的功德。也就是说佛陀的正法能够久住于世，实在是有助于大德的力量啊！

如《善见律毘婆沙》卷16〈舍利弗品〉说：

"以律师持律故，佛法住世五千岁。"

佛法为什么能够住世？因为佛弟子能够亲证佛法的缘故，此时佛法不再只是理论，而是有可证性，因此佛法能够住世。而亲证佛法的第一步，就是要从持戒开始。现在很多人在学佛，许多道理也都了解；但作为一个佛弟子，纵然懂了很多道理，如果连持戒这第一步都做不到，佛教的本质还是要衰败，甚至要灭亡的。因为佛弟子的心中没有根，佛法的兴隆相就只是虚妄，昙花一现罢了。

《善见律》告诉我们：一个持戒的律师，能够持守戒律，就是众生的标杆，让众生知道这个世间还有持律的人，知道持戒该怎么做。看到持戒人的清净庄严，大家自然会欢喜地去持戒。因此，佛弟子能够持戒，佛法就能够住世五千年。律师是这样，在家居士也要这样。受五戒、八关斋戒、菩萨戒等等，只要能够持戒清净，不一定要跟他人说很多大道理，就已是在住持佛法了，佛法也会因为我们的持戒，能够久住于世间，这是《善见律》的文字。

同样《摩诃僧祇律》里也说：

“若善男子，欲建立佛法者，当尽受持此律。欲令正法久住者，当尽受持此律。”

善男子、善女人，如果发菩提心，想要护持、弘扬佛法的话，不光嘴上说说，而是要踏出第一步：尽受持出家戒律、在家戒律。所谓“尽受”就是轻重等持。在受持戒法时，不要有所拣择，这条戒要持，那条戒不必持。纵然自己一时做不到，也要有惭愧心；不要像邪见人那样，做不到还找一大堆理由，例如现在这个世间不需要此戒等等。你要能够完完全全地受持佛陀的戒法，就是在真正地弘扬佛法，正法也就能久住于世。一个修道人，不论在家或出家，能够发心护持佛法，使正法久住于人世间，甚至也创造这样的行为，使佛法住世于世间，这功德是多么不可思议和殊胜啊，所以正法久住由大德一人。

“今者疾患绵久，恐将后世，人谁不死，但恐无善。大德以善法自持兼摄他人。诸佛自赞岂唯言议。但当专志佛法，余无妄缘。”应该怎么劝勉病人呢？**“今者疾患绵久”**，大德，你已经病了很长时间了，恐怕在世的日子不多了。**“后世”**指死亡。如果他是一个佛教徒，能够接受死亡的事实，就可以如实地告知他病情，不用再讲什么“你要好好调身，不会有事”等等虚妄之言。如果医生已经告知死讯，我们要很善巧地把实际的病情告诉他，让他有心理准备，告诉他：“大德，你的病况已经很严重了，世间的医药是没有办法治疗了，你将要面临死亡的威胁，但是人谁能不死呢？就佛法来说，死亡只是无常的一个过程。”

无常有粗分和细分两种相貌，细分无常就在念念生灭间，就像我们讲话时，念头、动作等等不断地在变化，这就是无常。而粗分无常则是一期生命的结束。不管是细分还是面临死亡时的粗分无常，所展现的都是佛陀所说的无常，大家一样都面临着。

死亡本身就是一个无常的自然现象，重要的是临终时如果没有善法可以作为资粮，就像一个人远行，半路才发现没有带足粮食，这是很糟糕的。如果一个人到死亡时才发现，今生没有积聚足够的资粮，这才是真正应该害怕和担心的问题。所以在此劝勉临终之人：大德你以善法自持，持戒严谨，并兼摄他人、利益他人。

所谓利益他人，不一定要劝人家持戒，只要自身持戒清净，让别人感受到持戒人所表现出来的清净、慈悲，觉得跟持戒的人相处，是一件很愉悦的事情，因此让人感到信赖和欢喜时，这就是在弘扬佛法、利益众生了。

所以今生能够以持戒来自利、利他，住持佛法，**“诸佛自赞岂唯言议”**，**“自赞”**是指佛陀亲自赞叹，**“岂唯言议”**岂只是说说而已。你持戒的功德，十方诸佛将发自内心共同赞叹，功德之大不是随便说说而已，是真的有大功德。所以你不必担心和恐惧，要生起欢喜心，如此大功德力，会接引你往生善处的。

“但当专志佛法，余无妄缘”，眼下最要紧的是你要专志于佛法之上，**“志”**就是牢记，一心牢记佛法，心中一方面忆念持戒的功德，一方面能够不断地念佛，不舍佛号，这就是专志佛法。**“余无妄缘”**，其他的世间法要放下，不要存虚妄之心去攀缘它。对持律的人，我们可以这样劝慰他。

若法师者，云：“由大德说法教化，令诸众生，识知三宝、四谛。开其盲眼，破其心病，光显佛法。使道俗生信，能令作佛。又使正法久流，实大德之力。”

如果临终者是一位说法的法师，应当这样劝勉他：大德，你能够说法来教化众生，使一切众生知道什么是三宝、什么是四谛。四谛就是苦集灭道，是众生世间的因果(苦、集)，与出世间的因果(灭、道)。

众生都是颠倒的，总是把五欲的境界，当作生命的归宿处、依止处，觉得这样有安全感，实际上这是世间流转的因果(苦、集)。世间一切的烦恼，生老病死，都逃不掉“苦谛”。而造成此苦谛的因是什么呢？也就是“集谛”，一切烦恼与所造之善恶业。整个生命的轮回，就是苦、集二谛的不断轮转。

那应该怎么办呢？修出世的因——道谛。最终达到灭谛，我们的毕竟归宿处，也是修行人在修行过程中的唯一依止。《楞严经》中说：“以不生灭心为本修因”，就是说依止灭谛来修道谛。

“识知三宝”，这个三宝就是道、灭二谛，佛、法、僧三宝，知道佛、法、僧的功德、相貌，作为我们修行的一个引导、一个方向。

所以法师的功德，就是让众生知道什么是真实的、什么是虚妄的，以**“开其盲眼”**，为众生树立正知正见。“盲”为颠倒意，“盲眼”，指众生的心是颠倒的。要开发他的正见，就要**“破其心病”**，破除他们内心的妄想、烦恼之病，告诉众生怎样依着正知见修行的方法。

一个法师能够这样做，就能够**“光显佛法”**，“光显”即彰显，佛、法、僧三宝的功德要由法师来开显，如果没有法师的开显，众生就无法建立修学的正知见。因此，法师为众生演说佛法，是有极大功德力的。由于你弘扬佛法，让道俗对于佛法生起了信心，使他们能够依教修行，最终能够成佛，这是第一个功德。

第二个功德，是使正法久住世间。古人说：“人能弘道，非道弘人。”佛法的住世要靠法师来弘扬，否则，纵然有经典在，众生也不能够领悟经典的真实意；必须要有法师的讲解和引导，让大家深刻地体悟和深信佛法。因此正法久住世间，是法师的力量。所以我们可以劝勉他，应当忆念今生身为法师所修的功德，而生起欢喜心，再来忆念佛号，求生净土，就有信心了。

还有一种劝勉方式，就是引用《妙法莲华经》卷6〈随喜功德品18〉中所说：若能听闻《法华经》之后，又辗转教化他人，由第一个人教第二个人、第二个人教第三个人，乃至辗转教到第五十个人，此人的功德如何呢?

“是人以一切乐具，施于四百万亿阿僧祇世界六趣众生，又令得阿罗汉果，所得功德，不如是第五十人，闻法华经一偈随喜功德，百分、千分、百千万亿分、不及其一，乃至算数譬喻所不能知。”

辗转传至第五十人，功德尚且如此不可思议、殊胜的，那最初传讲妙法法师的功德，如本经所说:

“如是第五十人展转闻法华经随喜功德，尚无量无边阿僧祇，何况最初于会中闻而随喜者，其福复胜，无量无边阿僧祇，不可得比。”

更是不可思议，这是赞叹法师的功德。

若禅师者，云：“佛法贵如说行，不贵多说、多诵。”又云：“不以口之所言，而得清净。如说行者，乃是佛法。大德顺佛正教，依教而修。内破我倒，外遣执着。此则成圣正因，勿先此业。”如是等随其学处，于后誉之。

“禅”，译成中文是“静虑”的意思。静是止，虑是观。修习止观，一心行道、用功的禅修者称为禅师。对于念佛人，念佛时是修止，同时能够观察弥陀本愿的功德、名号功德，或者娑婆世界的苦，这是修观，这样的念佛人也可称为禅师。

无论是念佛的人，或是修禅的人，我们都可以这样劝导他:

“佛法贵如说行，不贵多说多诵。又云：不以口之所言而得清净，如说行者乃是佛法。”佛法中最可贵的，就是依着佛陀的教导行持、修行，而不贵于多多的演说或者多读诵。大家可能会奇怪，怎么跟前面讲的不一样? 前面说为人演说多好啊! 其实不论是演说、读诵，或是实修，这些修行方法都很好、都很重要。但这时主要是看病人的根性，他一生修什么善业多，我们就随顺他的善业去劝勉。

“不以口之所言，而得清净。”不是说能讲很多佛法的理论，当下身心就得到清净。因为语言文字与我们内心的境界是有差距的，纵然我们能够讲很多清净的佛法，但是当我们回光返照时，会看到内心的烦恼、不净其实还是层出不穷的，此时内心就只有惭愧。所以佛法不仅仅是用来研究、为人宣说，还是日常生活中点点滴滴的实践。

那么怎样才能够让内心得到清净呢？**“如说行者”**，也就是要言行一致。所说的与所行的要一致，这才是真正可贵的佛法。

阿姜曼尊者曾举个譬喻说：汤匙在汤里怎么搅拌，也不会知道它的味道。怎样才能知道汤的味道呢？一定要用舌头去尝。同理，如果我们只是一味地学很多教理，而不将所学用于行动，不用佛法的道理来调伏我们的内心，修习止观或者念佛来调心的话，就像只是用汤匙在搅拌，纵然懂了三藏十二部经论，结果还只是一个生死凡夫，利益很有限的。所以真正的学佛就是要去实践，去亲尝佛法，将佛陀所说的道理反观自照，看我们的内心。不断地反观自照内心，进一步调伏自己的烦恼，这才是佛法真正的可贵处。

“大德顺佛正教，依教而修，内破我倒，外遣执着，此则成圣正因，勿先此业。如是等随其学处，于后誉之。”大德你能够随顺佛陀的正教，并按照圣言量来修持，对内能够破除我执的颠倒，对外能够破除外境的执着，这就是**成**就**圣**道的**正因**。因为众生内心有我执，为了让“我”快乐，就会攀缘五欲六尘。因此，破除内在的我执颠倒，对外境的执着也就跟着放下。**“勿先此业”**，“先”前导，重要之意，没有比依循佛陀的教诲，而放下我执，更为重要的了。

“如是等随其学处，于后誉之”，以上这种种开示，都是随顺临终人的所学之处，来赞叹他。赞叹禅师他今生因为实修，所以能调伏烦恼，得到佛法的真实利益，又何必担心临终的去处呢？只要专心忆念今生所修善业，心生欢喜，因此好好念佛，有此善业力的加持，将会帮助亡者往生善处，所以不仅不需害怕和恐惧，反而应当生起欢喜心，能够如理修行，乃是佛陀的真子。

若佐助众事者，告云："大德经营僧事，与圣同俦。故沓婆王种，舍罗汉身，为僧知事。求坚固法；乃至迦叶蹋泥，造五精舍；祇夜破薪，供僧受用；身子扫地；目连然灯。并大罗汉，岂有恶业？但示僧为福聚。凡愚不知，各舍自业，佐助众事。然僧田福大，不同佛法。如成论中，诸人以衣奉佛。佛令施僧。我在僧中。由僧随我语，名供养佛；为解脱故，名供养法；众僧受用，名供养僧。供养僧者，具足三归。故知僧德大也。大德既顺佛正命，料理僧徒。佛所叹尚，是第一行，何人加之！"

"佐助众事"，就是发心护持大众、修福报，来佐助众事的人。若临终者是欢喜佐助众事的人，就对他说：大德，你能够**"经营僧事"**，这个"经营"是指安排、处理大众的事务。例如出家人做当家、知客等僧职事，或者在家人常常护持三宝，也算是经营僧事。

这种发心和护持的行为，**"与圣同俦"**，"同俦"就是同类，与圣人所做是同一类的。圣人指的是阿罗汉、大菩萨，他们也做这些事，不是只凡夫才做。我们举几个例子：

第一个：**"故沓婆王种，舍罗汉身，为僧知事。求坚固法"**。《善见律》中记载：沓婆摩罗子是王子出家，年仅七岁就出家，当下证得阿罗汉果，凡是声闻乘所学皆已通达，但还是觉得不究竟。他在静坐时就想："我如何为僧众服务呢？"于是他发心来做僧职事，舍罗汉身，回小向大，来护持大众，求成佛的坚固法。

第二个：**"迦叶踏泥，造五精舍"**。头陀第一的迦叶尊者，虽行种种苦行，仍然不忘利益大众，而踏泥为大众僧盖房子，共建了五个精舍，这就是迦叶尊者踏泥造五精舍的故事。

第三个：**"祇夜破薪，供僧受用"**。印度传承佛法第二十代祖师，有大威德名称的祇夜多尊者，不因自己修行证果、威德广传而自尊自大，反而安于刻苦的修行生活，放下身段供养和服务其他修行者。“破薪”就是砍柴，砍柴烧火来供僧众受用，让他们安心修行，这都是身教胜于言教。

第四个：**“身子扫地”**。“身子”指智慧第一的舍利弗。如《根本说一切有部毗奈耶杂事》中记载：

“世尊经行见地不净，(中略) 尔时世尊意欲令彼乐福众生，于胜田中植净业故，即自执篲欲扫林中。时舍利子、大目犍连、大迦摄波、阿难陀等诸大声闻见是事已，悉皆执篲共扫园林。

此即舍利弗等尊者，对于佛陀的教法信受奉行，为大众僧扫地、修福。

第五个：**“目连燃灯”**。如《贤愚经》卷3〈贫女难陀品20〉所说：“是时目连，次当日直，察天已晓，收灯摒挡”，也就是说目连尊者也曾担任僧执事，负责轮值燃灯供佛之事。

这些大阿罗汉们**“岂有恶业”**？佛陀说比丘犯戒后，除了依律如法忏悔之外，还要为大众服劳役。这不是处罚，而是透过这个方法来帮助他多修福报，可以帮助忏罪。但是这些大阿罗汉们不是为了忏罪才培福的，**“但示僧为福聚”**，他们是为了示现大众僧是福田。凡夫众生不知道这个道理，所以这些大阿罗汉乃至大菩萨们，**“各舍自业”**，暂时放下自己的修行时间来服务大众。让凡夫众生心想，连大阿罗汉们都要发心来供养、护持僧众，其他的凡夫及在家众，更要学习他们来供养大众僧，为自己培福。

在佛、法、僧三宝中，为什么要特别强调供养大众僧呢？

“然僧田福大，不同佛法，如成论中，诸人以衣奉佛，佛令施僧，我在僧中，由僧随我语，名供养佛；为解脱故，名供养法；众僧受用，名供养僧。供养僧者，具足三归，故知僧德大也”。

“僧田福大，不同佛法”，供养佛、供养法，功德固然殊胜，但是供养僧的功德更大。如《成实论》中有一个典故，一次佛陀的继母大爱道，要供养佛陀袈裟，但佛陀告诉她："乔达弥，将它供养给僧团。当你供养僧团时，即是供养了我及僧团。"因为**"我在僧中"**，佛陀在世时，佛陀也是僧宝的一部分，所以这件袈裟供养大众僧，佛陀也可以受用，这样的话，对于供养者来说，因为供养心量的拓宽，所以就有了加倍殊胜的功德。

"由僧随我语，名供养佛"，讲到职事僧，在僧团里面的出家众，能够遵循佛陀的教导，这样的话就称为供养佛。在诸供养中，法供养第一，而佛陀又告诉我们要护持、供养大众僧；所以我们供养大众僧，就是随顺佛陀的教诲，就等同于是供养佛了。

"为解脱故，名供养法"。供养大众僧的目的是为了求解脱，为了成就涅槃(法宝)而积集资粮，因此也就是供养法。

"众僧受用，名供养僧"。所以供养大众僧时，就已具足了三种供养，"随顺佛语"就是供养佛；"为解脱故"而供养，就是供养法；当下"众僧受用"，就是供养僧。因此，供养僧田，就具足了供养三宝、具足三归依，所以供养僧的福德最大、最殊胜。这是赞叹护持三宝，尤其是护持僧宝的功德。

"大德既顺佛正命，料理僧徒，佛所叹尚，是第一行，何人加之？"大德，你既然能够遵循佛陀的教诲，来协助办理僧团大众的事务，或做僧职事、或供养出家人，则是诸佛所赞叹，这是第一等的高尚行为，**"何人加之"**？一生供养护持僧人，功德殊胜；同时供养出家人等于供养三宝，而供养三宝的福报是不可思议的，还有什么人能够超过你的善行呢？

经云："忆所修福念于净命"等。这是出自《维摩诘经》，以此作为整段附表的总结。它的意思，如鸠摩罗什大师在《注维摩诘经》中所说：

"自念从生至今常行正命，必之善趣，吾将何畏也！"

也就是忆念自己今生所修的福业，不论是头陀，乃至佐助众事，这些都是"正命"，皆有大功德，因此内心欢喜无忧，相信自己必定能往生善趣的。

传云：中国临终者，不问道俗亲缘，在边看守，及其根识未坏，便为唱读一生已来所修善行。意令病者内心欢喜，不忧前途。便得正念不乱，故生好处。

根据传中记载，对于临终者，如果他不是佛教徒，可以在他身边让他忆念今生所修的善业，一个人再怎么样，总会做过一些善业。赞叹他今生修行善的功德，让他内心充满欢喜，不再担忧自己的前途、来世，这时便得正念不乱，能够得生善处。

所以我们面对不同根性的临终者时，要善巧引导、鼓励赞叹他的善根和功德，让他面对死亡时，能够生起欢喜心，最终得以往生善道，以上是根据道宣律祖的开示，关于临终劝导的善巧。

附录二 在家之过患

苦谛——居家如画彩色，为但现好，疾就磨灭。居家如幻所化，无有我，而好往来聚会。居家譬如须曼华，适起随坏，多所求故。居家为如朝露，日出则堕，但有死忧。居家为如父母，乐少忧多。

集谛——居家为如罗网，常忧色声香味细滑法。居家如铁嘴鸟，但忧不善之想。居家为如毒蛇，忧说诸事。居家如火烧身，用意乱故。居家常畏怨敌，谓五贼冤家恶子故。居家为少安隐，不得度脱，用无等故。如是长者。居家菩萨当别知在家为秽。

——郁迦罗越问菩萨行经（卷一）秽居品第四

居家迫迮犹如牢狱，一切烦恼由之而生；出家宽旷犹如虚空，一切善法因之增长。若在家居，不得尽寿净修梵行。我今应当剃除须发，出家学道。

——大般涅槃经（卷十一）现病品第六

本文是以各种譬喻，来显示在家的过患。那么，如果沉溺于在家的五欲境界，会有什么过患呢?

首先引用《郁迦罗越问菩萨行经》，分为两科来说明。第一科描述在家苦恼的境界，也就是苦谛；第二科描述此苦恼的根源，也就是集谛。

第一科，苦谛。苦谛有四种不同的行相："无常、苦、空、无我"，下面我们就以种种譬喻，通过这四种行相，来深刻地分析苦谛的内涵。

第一个譬喻，是说明苦谛中"无常"的相貌：**"居家如画彩色，为但现**

好，疾就磨灭”。居家的快乐，就好像画彩的颜色一样，此处“画彩”指的是五彩的丝织品。虽然很炫丽、很漂亮，但是**“为但现好，疾就磨灭”**，只是**为**了暂时显**现**美好的颜色，很快就磨灭了。就像大殿上的幢和幡，这些五彩的丝织品，就是画彩。它们崭新的时候都是灿烂夺目、很庄严的，但是时间长了，三年、五年、十年之后，它就慢慢地褪色，到最后就变得破旧不堪了。世间财、色、名、食、睡这五欲的快乐也是一样，很快就会磨灭的，它们只是满足我们内心一时的虚妄攀缘心而已，快乐的感受其实非常短暂。比如别人称赞我们时，那种快乐是一刹那的，可能只有几秒钟；但是为了追求这样的快乐，世间人往往要付出很多的代价，甚至是一生的付出，到老死都还不后悔。而这种快乐本身却只是一瞬即逝的，这就是“无常”的相貌。

在经典里有个公案：

昔佛在罗阅祇竹园中，与诸弟子入城受请，说法毕讫，晡时出城。道逢一人驱大群牛放还入城，肥饱跳腾转相抵触。于是世尊即说偈言：

譬人操杖。行牧食牛。老死犹然。亦养命去。

千百非一。族姓男女。贮聚财产。无不衰丧。

生则日夜。命自攻削。寿之消尽。如荥穽水。

佛到竹园洗足却坐，阿难即前稽首问言：“世尊！向者道中说此三偈，不审其义？愿蒙开化。”

佛告阿难：“汝见有人驱放群牛不？”“唯然见之。”

佛语阿难：“此屠家群牛，本有千头，屠儿日日遣人出城，求好水草养令肥长，择取肥者日牵杀之。杀之死者过半，而余者不觉，方相抵，跳腾鸣吼，伤其无智故说偈耳。”

佛语阿难：“何但此牛？世人亦尔。计于吾我不知非常，饕餮五欲养育其身，快心极意更相残贼，无常宿对卒至无期，曚曚不觉，何异于此也？”

时坐中有贪养比丘二百人，闻法自励，逮六神通，得阿罗汉。众坐悲喜，为佛作礼。

——《法句譬喻经》卷1〈无常品1〉

这公案的大意是说：有一天早上，佛陀与弟子们从竹园精舍，到城里去托钵、乞食，并为居士们说法。黄昏回来的路上，遇到一群牛。牧牛人早上赶着它们到城外吃草，下午再赶回城里去，选择肥美者而杀之。此时牛群因为非常拥挤，所以彼此用角相抵触、打斗。于是世尊就对阿难尊者开示说：这些牛每天被赶到城外放牧，等养到肥美时就被杀来吃。虽然也看到同伴一个个减少，但是它们依旧只贪图眼前的利益，到城外享受美好的水草，回城时则拥挤打斗。世间人不也像这群牛一样吗？虽然也看到了无常，但仍然特别健忘，或者选择避而不见。依旧贪图五欲的快乐，而且彼此争斗不断。这不是很愚痴吗？以上就是观察苦谛中“无常”的相貌。

第二个譬喻，是观察苦谛中“无我”的相貌：**“居家如幻所化，无有我而好往来聚会。”**

居家五欲的快乐，就像**幻化**的境界一样，没**有**真实的自**我**，**而**众生却喜欢在这境界中**往来聚会**，在五欲的境界中徘徊不舍。比如我们觉得美好的食物，天人就觉得臭气熏天，但是因为业力的原因，我们还是觉得很好吃。很多人都有这样的经验，没吃素之前，可能会觉得肉特别好吃；但是吃素久了，再闻肉的味道，就会觉得非常臭秽，受不了。以前喜欢肉味，那只是业力的作用。当通过修行或者吃素久了之后，业转变了，再闻到肉味就不觉得香了，甚至就会觉得很受不了了。再说男女的色欲，人看到人会起色欲，狗看到狗起色欲，猪看到猪起色欲，不会有互相交错的情况，这也是业力的缘故，完全没有真实性可得。

而众生在这幻境中，虚妄的分别好、不好，而生爱、恨种种的烦恼。受到业力、习气的控制，内心不自在而苦恼，这就是因为不了解诸法“无我”相而生苦。

第三个譬喻，仍是观察苦谛中“无常”的相貌：**“居家譬如须曼华，适起随坏，多所求故**。”在家的快乐，就像须曼陀花，花期非常短，没多久就凋谢了。**“适起随坏”**，刚刚生起，马上就会败坏。世间五欲也是一样，它是无常败坏的，任何快乐的境界都不会持久。但世间人却不认识它的无常性，所以**“多所求故”**，不断不断地去追求这些刹那的快乐，所以会有爱别离苦、求不得苦、五阴炽盛苦、怨憎会苦等等，这就是因为不了解诸法的“无常相”而生苦。

第四个譬喻，是观察苦谛中“苦”的相貌：**“居家为如朝露，日出则堕，但有死忧**。”居家的快乐，就像晨间的朝露一样，日出则堕。“堕”就是消失，清晨五、六点的朝露，光彩夺目，然而太阳一出来，它即刻就挥发掉，再也找不到了，所以晶莹剔透的朝露只是转瞬即逝的。

同样的道理，我们的生命就像朝露一样，纵然能够活到一百岁，也是非常短暂的，何况大部分的人都活不到一百岁。每个人一生下来，就注定要面对死亡，这不是一件很苦恼的事情吗？没有修行的人，面对死亡时，内心是恐怖不安的，因为不知道未来的去处；而相信因果轮回的人，如果看到今生所造的业，知道来世将去不好的地方，也会很忧愁。这就是一般人面对死亡时忧愁、恐怖的原因。生命的本质本来就是苦，而世间人不能看破这如朝露般的生命，不断不断地追求虚妄的、带不走的一切财富、声名等外在境界，由此带给自己更多、不必要的痛苦。这就是苦谛中“苦”的相貌。

上文以无常、无我、苦，来描述苦谛的行相，以下则是苦谛的结论：**“居家为如父母，乐少忧多**。”通过对苦谛的观察，不论无常、无我、苦、还是空，都会发现，在家的快乐，就像父母面对小孩一样**“乐少忧多”**。孩子带给父母快乐的时间少，为他们增添担忧的时间多。养一个小孩很不容易，常常担心他的身体健康、学业、交友，长大了还要担心他的事业、家庭，甚至是他的子女……父母亲对于子女的爱与执着，使得快乐的时间少，忧愁、担心的时间多。

五欲的快乐也是一样。得到五欲的快乐，往往是短暂的，只有几分钟、甚至几秒钟，但是我们要付出的代价、痛苦却是巨大而长久的。纵然一时得到，还是不会满足，仍旧想要不断地追求，又平添种种苦恼，这就是**“乐少忧多”**。

佛陀在《四十二章经》中，把世间的五欲，譬喻成刀刃上的蜜糖，“不足一餐之饱，小儿舐之，则有割舌之患”。刀刃上的蜜糖，根本不能让人饱餐一顿；但小孩子若不知危险，去舔刀口，舌头就会有被割伤的过患。世间的五欲带给我们的快乐，不也是这样乐少忧多吗！

我们在思惟苦谛的时候，可以先以理论来观察苦谛的四种行相，再以种种实际的经验来观察。最后配合画彩、须曼华、朝露、父母等譬喻，来加强我们内心对“苦”的觉受。内心真正感受到三界苦的本质，就不会把眼前本质是苦的境界，当做快乐的境界，而苦中作乐了。

第二段**集谛**，集谛是痛苦生起的根源，也就是烦恼与业力。

第一个譬喻，是观察集谛中“贪烦恼”的相貌：**“居家为如罗网，常忧色声香味细滑法。”**

居家的快乐，就像飞鸟堕入罗网一样，无法自主。凡夫众生常在色、声、香、味、细滑（触）之法中，为烦恼所束缚，都是作茧自缚，明明知道这是罗网，却都心甘情愿投进去，“明知山有虎，偏往虎山行”；明明知道贪染的果报是苦的，但还是一样往里面钻、往里面跳，深陷其中，不可自拔。

第二个譬喻，是观察集谛中“瞋烦恼”的相貌：**“居家如铁嘴鸟，但忧不善之想。”**在家人工作、生活的环境中，人与人之间往往是我相、人相种种对待，因此不仅无法帮助自己生起善念，还很容易受他们的影响，而增加烦恼。

就像地狱的铁嘴鸟一样，心中唯一所想的，就是用铁嘴来吃众生的肉。在家人因为环境的逼迫，所以心中常怀瞋恨的念头，就像铁嘴鸟一样，怀着种种瞋烦恼。乃至从瞋到忿，从忿引发怀恨在心之恨，再从恨引发极度热恼，然后就开始思惟如何伤害对方。当因缘会遇时，就会通过身口的行为，去恼害对方了。从忿、恨、恼到害，这样一路下去，都起源于心中常怀不善的想法。

第三个譬喻，是观察因瞋烦恼，所引发的口业：**“居家为如毒蛇，忧说诸事。”**心中怀着瞋烦恼，相应的，口业自然就像毒蛇一样，出口伤人。**“忧说诸事”**，怀着忧愁烦恼，而发出恶口、两舌、绮语等恶业。因为没有出家修道的环境，所以很容易把瞋习释放为口业，而造下恶口等恶业。

第四个譬喻，是观察集谛中，种种烦恼的相貌：**“居家如火烧身，用意乱故。”**在家就像**火烧身**一样，**“用意乱故”**，因为起心动念，往往都在胡思乱想，没有好好摄护念头，将心安住在法上。所以各式各样的贪烦恼、瞋烦恼不断的生起，翻转不安，如火烧身。

然而，努力经营求取后，得到五欲之乐时，又如何呢？**“居家常畏怨敌，谓五贼冤家、恶子故。”**得到快乐之后，又开始害怕失去，因为害怕而生怖畏，怖畏怨敌的破坏。而“怨敌”包括了五贼：水灾、火灾、盗贼、恶国王、不孝子。佛陀说每个人的财产，其实都是这前五家所共有的，自己仅是第六家，只占财产所有权的六分之一。我们的财产，前五家随时都可以取走，而且不用经过我们的同意。如遇到洪水、大火，或者恶国王、盗贼、不肖子孙，再多的财产也保不住。

“居家为少安隐，不得度脱，用无等故。”在家的环境是很少有安稳的，如龙树菩萨所说：“诸欲求时苦，得之多怖畏，失时怀忧恼，一切无乐时。”在家的不安稳，就是这个道理。**“用无等故”**，**“无等”**就是失去平等心，因为失去平等心，因此爱憎不舍，故身心**不得度脱**。

最后结论：**“如是长者，居家菩萨当别知在家为秽。”**在家的境界并不像我们想的这样美好，修行人即使不出家，也不要对这个境界产生贪恋，而念念不舍，应当多思维上述苦、集二谛之理。

下面引用《大般涅槃经》〈现病品第六〉的经文。

“居家迫迮犹如牢狱，一切烦恼由之而生，出家宽旷犹如虚空，一切善法因之增长，若在家居不能得尽寿，不得尽寿净修梵行。我今应当剃除须发，出家学道。”

“居家迫迮犹如牢狱”，**“迫迮”**，指非常狭隘、非常挤迫的状态。这可以从身心两方面来理解。首先从身来看，在家的居住环境，往往非常挤迫，尤其是住在大都市，大多数人的生活环境都是非常狭隘、拥挤的，并且充斥着各式各样的污染，噪音污染、空气污染、水质的污染，乃至心灵的污染。这都是非常迫迮、苦恼的境界。

出家修道之人，则仰仗释迦牟尼佛的福报加持，能够拥有很好的修学环境。释迦牟尼佛本来可以活到一百岁，但他只活了八十岁就入灭了。就是因为他知道末法时代的修行人，福报都非常浅薄；所以世尊慈悲，将他生命最后二十年的福报布施给我们。正如古语说的：“天下名山僧占多”，出家人住的道场，尤其是祖师道场，都是非常清净、非常有灵气的环境，这是出家人的福报。这跟在家人生活的环境，是一个很明显的对比。

更重要的是，在家人内心的迫迮、逼迫。一般在家人的内心所缘，跟出家人是不同的。在家人如果没有透过佛法的训练，通常都是攀缘五欲的境界。生活的目的，就只是追求五欲的快乐，内心被五欲牵动而不得自在。如渴鹿追求阳焰，不管怎么追，阳焰永远在遥不可及的远方，于是它只有不断地追求，至死方休。对于世间五欲的追求，不也是一样吗？不管怎样追求，永远没有满足的时候。下至乞丐，上至帝王将相，每个人心中都常常有感到不圆满的地方，逼迫着他去不断地追求。心被五欲所系缚，就像被关在牢狱一样。可是囚犯坐牢，还有被释放的时候；而内心的牢狱，如果没有透过佛法的修行，那到死都没有办法得到解脱。

所以居家的迫迮，就像牢狱一样，**“一切烦恼由之而生”**，从最根本的我执，到贪、瞋、痴，乃至各式各样的随烦恼，都因此而生。因为错将五欲当作心的安住处，使内心为之深深系缚，而不得自在，所以一切烦恼由之而生。

相对的，**“出家宽旷犹如虚空”**。出家修道人的心，相对于世俗之人来说是宽旷的。为什么呢？可以从两方面来看：第一，是出家修行人的慈悲心，第二，是他们的智慧。

出家修行人有广大的慈悲心，因为他们心中所想的，是一切众生的离苦得乐。或许刚开始出家的时候还做不到，但修行愈久，慈悲心的所缘将慢慢扩大，乃至终及法界众生，都是他慈悲所缘的境界。这样的心量，自然是非常宽旷、自在的。就像《八大人觉经》所说：“愿代众生受无量苦，令诸众生毕竟大乐。”出家修行人，在深山精进用功，减少衣食、减少睡眠，修种种的苦行，他的动力就来自于菩提心，只是为了使众生离苦得乐，不为自身求安乐。以自己所受之苦，替代众生之苦，这样的慈悲心，是非常宽阔的。而在家人纵然也有慈悲心，但往往有很大的局限性。只是针对他所爱的家人、眷属，或者动物的慈悲，这是很狭隘的。

出家修行人的智慧是很宽阔的。在家人的聪明，都用在衣食住行，追求五欲之乐上。而出家修行人的智慧，是缘着十法界，上求佛道，下化众生。因此不断地积功累德，以栽培智慧与善巧，来摄受、度化众生，所以他智慧之宽阔，犹如虚空无穷无尽。

“一切善法，因之增长”，透过这样广大的慈悲、智慧的心量，将心中最根本的我执，乃至法执慢慢松动、破除。与菩提心、二无我相应，再去修一切善法，就能够跟法性相应，故一切善法，因之增长。

“若在家居，不得尽寿净修梵行”，在家有很多现实的牵绊，因此不能够尽形寿专修梵行。有的在家人也是很有善根的，甚至不比出家人差。可是因为他的因缘不许可，不能出家，所以也就无法尽形寿修行梵行。所以纵然有善根，可是修道上还是有很多的障碍。所以佛陀说在家修行能够成就，那真的是火中红莲了。

通过上述比较之后，佛陀说：**“我今应当剃除须发，出家学道”**。纵然现在没有出家学道的因缘，也应当发心随学出家之法。不要因为见到有些出家人，烦恼还是很重、习气也很多，就觉得反正出了家也就这个样子，跟自己在家差不多，不应该这样想。出家人固然也会有烦恼，但出家法本身是清净、殊胜的。所以纵然现在不具足出家修道的因缘，也应当随喜三世诸佛所教诫的这个出家之法。同时，纵然身不能出家，内心也要随学出家之法，发菩提心，随学八关斋戒等出世解脱之道，渐渐为自己栽培出世的善根。

附录三 南山三观

一、前言

心生有二因缘：有从实而生，有从不实而生。如梦中所见，如水中月，如夜见杌树谓为人，如是名从不实中能令心生。是缘不定，不应言心生有故便是有。若心生因缘故有，更不应求实有。如眼见水中月，心生谓是月；若从心生便是月者，则无复真月。

——大智度论（卷十二）初序品中檀波罗蜜法施义

南山三观的内容比较深，所以我们把它放到附录来学习。这个部分分为两大段：第一段是前言，第二段是正明。首先看前言。为什么要安立前言呢？因为要先导正一般世间人常有的一种错误观念：眼见为凭。认为眼睛看到的、耳朵听到的、只要是六根能够接触到的境界，就是真实的。一般喜好科学的人，更会有这样的观念。认为科学仪器测量得到、分析出来、眼睛看得到、六根感觉得到的，都是真实的。实际上以佛法看来，这样的看法，才真的是虚妄。

道理何在呢？如文中说的：**心生有二因缘**。我们的心要生起，一定要假借因缘。而生起心的活动，又有两种不同的因缘。

第一种：**有从实而生**。依止实法，真实存在的法**而生**起。例如我们看到杯子、灯、佛桌等等，都是由我们的业力，真实显现的，所以我们能够真实地受用它，从而产生种种心的作用，这是从实法而生起的。

第二种：**有从不实而生**。**从不实**的法生起。**如梦中所见**，梦中看到的山河大地、男人、女人，这一切一切的境界，其实都只是我们的第六意识所幻现出来的影像而已。梦醒之后，这些境界就全都不见了。虽然我们的第六识，确实也缘着这些幻境而生起活动，但这都是由不实的法而生心的活动，梦中的境界都是不真实的。

如水中月，真月在天上，水中的月亮只是个倒影而已，这是不真实的。**如夜见杌树谓为人，“杌树”**就是枯木，在黑暗中因为看不清，所以看到干枯的树木，以为是个人，或者以为是鬼，而实际上这只是一棵树。虽然树是真实的，但我们的第六识所产生“人、鬼”的虚幻影像，却是我们自己强加、不真实的想法，所以这也是依不实之法而生的心。

如是名从不实中，能令心生。由此可见，**从不真实**的法**中**，一样**能令心**，生起了别的作用。所以**“是缘不定”**，能够为我们所缘的境界，不一定就是实法，也可能是虚妄的幻法，像梦境、水中月一般。所以**“不应言心生有故便是有”**，不能武断地说，只要是心能够缘虑、能使心生起了别、感知的境界，就是真实存在的。这些都是很明显的例子。

世间人总是执着地认为，五官能见、仪器能侦测到的境界，就是实有的。实际上这只是一种颠倒妄想。且不说佛法，单从科学本身来说，科学的理论，也是在不断不断地更新。现代的高等物理，已经修正了很多过去传统物理学的观念。而当时的人看来，那些明明是亲眼所见的境界，怎么会有错？但现代的高等物理学发现，很多观察到的现象，只是在某些条件下，所呈现出的状态而已，它并不永远是这样的，只是因为过去科技不够发达，所以大家只能看到那种条件下的状态而已。例如现在公认的量子力学、相对论等等，不仅修正了古典物理学所认为的“真理”(那都是过去透过感官认知，并且经过重复的实验，证明了其正确性的理论)，也同时印证了过去被认为是“迷信”的佛法，反而不可思议地更接近于近代物理学的尖端理论。

例如唯识学常用“一水四见”的例子：我们看到的水，饿鬼看来却是猛火，天人看到的是琉璃，而鱼看到水，如空气一般。可见所谓的水，这个我们完全可以看到、摸到、尝到、感受到的、如此真实的境界，实际上也只是个幻境而已，它是不真实的。

所以不是看得到、感受得到的，就一定真实。**“若心生因缘故有”**，如果我们认为，只要是心能够攀缘到的境界，就是实有的，那么**“更不应求实有”**，我们就无法见到这些境界的本来面目了。**“如眼见水中月，心生谓是月。若从心生便是月者，则无复真月**。”如果我们眼睛见到的水中月，就认为它是真月，那我们就永远都见不到真正的月亮了。因为我们把它当作真实的境界，自然就不会想再去寻找所谓“真实”之法，所以我们也就永远见不到真正的月了。

就像桌子，我们看它是如此真实，可以看到、触摸到，甚至敲打它，还会发出声音。但佛陀告诉我们，它只是五尘（色、声、香、味、触）的幻境所组成的境界，它是不真实的。我们若将这些虚诳境执以为实，那不仅会受骗，更严重的，**“则无复真月”**，对于真实法的存在，就无从了知了。常常这样思维观察，可以破除我们的坚固执着，对于修空观也会有帮助。

所以眼见不足为凭，六根攀缘六尘，生起六识，所得来的影像，就只是个影像而已，都不足以为凭，因为它们都只是幻象。当然这样讲，或许证据还不充足。所以第二段接着正式说明，以佛法的观点来看，世间人认为真实的世界，为什么它的自性不可得、是不真实的呢？以下分三段来说明。第一段，性空观；第二段，相空观；第三段，唯识观。

二、正明

(一)性空观：成实论假名相品所立之三假，即：

因成假：一切有为法乃因缘所成，故称为假。

相续假：众生心识念念相续，前念既灭，后念复生。了此相续，本无实体，故称为假。

相待假：一切诸法各有对待，如对长说短、对短说长、对无说有、对有说无，大小、多少、强弱亦复如是。

——《佛光大辞典》

问曰："若舍恶行善，是为持戒。云何言罪、不罪不可得？"

答曰："非谓邪见粗心言不可得也。若深入诸法相，行空三昧，慧眼观故，罪不可得。罪无故，不罪亦不可得。复次众生不可得故，杀罪亦不可得。罪不可得故，戒亦不可得。何以故？以有杀罪故则有戒；若无杀罪则亦无戒。"

——《大智度论》(卷十四) 释初品中赞尸罗波罗蜜之余

性空观是小乘人的观法，以天台来说，属于藏教三乘人的观法。主要是透过无常的角度，来契入空性。如《别译杂阿含经》所述：

"色是无常，无常故苦，苦即无我。若无有我，则无我所，如是知实正慧观察，受、想、行、识，亦复如是。"

因为一切法都是无常生灭的，所以本质是苦。既然是苦，谁愿意让自己处于苦中呢？可见都是被动承受的，哪有一个能真正主宰一切的"我"可得！因此建立"无我"的正见，这是性空观的主要概念。

“成实论假名相品所立之三假，即一、因成假，一切之有为法乃因缘所成，故称为假。”

在《**成实论**》的《**假名相品**》中提到，一切法都是虚妄不实的，这种虚妄不实的假法，可以从三个角度来观察：第一个是**因成假**，世间的**一切有为法**都是**因缘**和合而**成**的，当因缘结束，这个法就分离、消失了，所以它是不真实的，**故称为假**。

比如车子，我们会觉得它是一个有真实性的主体，是一个实法。但是仔细去观察，所谓的“车子”，只是由外壳、引擎、汽油、四个轮子，以及各式各样的零件所组合成的。外壳本身不是车子，里面的零件、轮子，乃至任何一个部件也都不是车子。因为所谓的“车子”，应该具有运载的功能，能够运载我们从一个地方，到另一个地方去。而任何一个零件，都不能独立完成这个功能。所以任何一个零件，都不是“车子”这个法。只是组合起来，构成这个暂时的假法，称之为“车子”。所以“车子”这个法本身，是没有真实性的。

再以佛桌为例，佛桌有它的形状、颜色，这是色尘；敲起来会发出声音，这是声尘；有木头的味道，这是香尘；若用舌头去舔，会有木头的味道，这是味尘。色、声、香、味、触的组合，构成“佛桌”这个法。实际上也就是色、声、香、味、触五尘，因缘和合，暂时组合在一起，所成就的假法，称之为“佛桌”。当这些因缘中的任何一个因缘失去时，它就不再是“佛桌”了，这是以外境为例来说明。

再来观察我们的五蕴身心。我们总觉得，色、受、想、行、识这五蕴中，有个恒常住、不变异、具有主宰性的“我”存在。但是从因成假的角度观察，事实上这只是一种错觉，像龟毛、兔角一样，是不存在的。

先观察色蕴，它本身就是无常变化的。细胞在不断地更新变化，身体也在不断地新陈代谢，这都是我们无法主导、无法控制的，所以这当中并没有一个

“我”的存在。

再观察受蕴。在我们身心当中，乐受、苦受、不苦不乐的舍受，不断地交替变化着。早上天气很冷，生起苦受，中午到外面晒太阳很温暖，又变成乐受。即使是前一秒和后一秒的感受，也在不断地变化中，所以受也是无常的。既然是无常，也就没有一个恒常存在的“我”住在里面。

再观察想蕴，想就是取相。当我们内心缘着境界的时候，会不断地在境界上安立种种名言，这是灯，这是桌子，这是麦克风，这是佛像……这种种语言文字的名言，都是想蕴的作用。由于心不断地攀缘外境，也就在境界上，不断地安立种种名言分别，所以想蕴也是无常的，也没有一个“我”的存在。

再观察行蕴。行蕴就是造作，内心生起的种种善、恶、无记的念头，都属于行蕴。早上起来心情不错，过一会儿心情又不太好了，吃过早饭，心情又变好了……我们的情绪，就这样不断不断地变化着，所以行蕴也是在不断的变化中，而且它是刹那刹那的生灭，变化得非常快速，只是我们凡夫的心粗，觉察不到而已，因此行蕴——我们的情绪念头中，也没有一个“我”的存在。

再观察识蕴。以第六意识来看，我们能够不断地观察境界、不断地思惟，感觉第六意识好像是一个连续的状态。实际上，这都是由阿赖耶识中第六识的种子起现行，显现为识蕴生起的作用、照了境界。但是这些种子一起现行，马上就消失，再起现行，再消失……不断地成熟、消亡，生灭速度非常快。正因为非常快速，所以我们会感觉它是恒常住的、连续的状态。就像电影画面其实是由一格一格的影像组成，但因为放映时，更换的频率非常快，造成了视觉上的错觉，以为是连续的画面。而有禅定的人，就能看到第六识的活动，就像念珠一样，一颗一颗的，刹那刹那的生灭。而前五识的活动更是无常，一下子耳识听听车子的声音，一下子眼识看看对面的来人……

更是刹那变异着。所以识蕴也是无常生灭的，这当中也没有一个“我”的存在。

既然色、受、想、行、识都是无常生灭的，所以五蕴当中的这个“我”，根本不可得。我们认为有一个能够讲话、能够思惟、能够知冷知热的“我”，其实那只是把色、受、想、行、识的作用组合起来，虚构了一个“我”的概念而已，就像看到干枯的树木，以为是个人，或者以为是鬼，这个“人、鬼”的概念，就只是虚构的。

所以不管外境也好，内在的五蕴身心也好，都是因缘假合，真实性不可得的，这当中的“我”都是不存在的。

关于因成假，在《大智度论》中举了一个譬喻：有一个老和尚，他的一些在家弟子，对他供养非常丰厚。但是有一天，老和尚死了，他的出家弟子们想：师父在世的时候，我们可以得到很多丰厚的供养，现在师父死了，居士们恐怕就不供养了。怎么办呢？于是他们就用枕头和棉被，铺在老和尚睡的床铺上，让它看起来好像是一个人躺在那里一样。

若有人来找老和尚，弟子们就跟他说，老和尚在房间里。在哪儿呢？弟子们也不好说谎话，就说：你没看到那个棉被、枕头吗？居士一看，以为那是老和尚在里面，就继续供养老和尚。这样一天天过去了，都没有被发现。

直到有一天，来了一个有智慧的人，他问老和尚在哪儿，弟子们就说：你没看到那个枕头和棉被吗？于是这人说：我不是问枕头和棉被，我问老和尚！结果这谎话就说不下去了。

故事中所谓的老和尚，只是棉被、枕头等等和合在一起，构成一个虚妄的老和尚的影像。同样，众生的我执，就是在色、受、想、行、识当中，虚构出了一个“我”的虚像。尤其大部分人都执着这个能够了别的识蕴是我，但是透过佛法的观察，五蕴都是无常的，五蕴当中的这个“我”，其实是不可得的。

这就是因成假。

“众生心识念念相续，前念既灭，后念复生。了此相续，本无实体，故称为假。”

这是第二相续假。因成假更多是约着空间来说，一切法是因缘和合而成的。而相续假，主要是约着时间来看，随着时间的迁流，一切法都在不断的生灭中。众生的心识，也是不断地生灭。第六识不容易观察，我们就先观察前五识。一会儿眼识攀缘台灯、一会儿眼识暂时不作用，改成耳识攀缘佛号……前五识是不断地在生生灭灭。第六意识也是一样，不断地起着种种念头，念念相续，前念既灭，后念接着生起，就像念珠一样，一颗一颗地划过去。

透过无常的观察，**“了此相续，本无实体”**，我们就可以了知，表面上看起来，这个心识的活动是相续的，我们会认为在这个相续的活动里面，有个“我”的存在。但事实上**“本无实体”**，所谓的“我”，应该是恒常住、不变异的；而这个心识，却一直不断不断地生灭，它不是一个恒常住、不变异的法，所以这个“我”的实体是了不可得的，**故称为假**，这就是相续假。

如果我们在静坐中，观察自己的念头，会发现我们的念头，就像《金刚经》所说的：**“过去心不可得，现在心不可得，未来心不可得。”**念头实际上一直不断地生生灭灭，而在这生生灭灭的念头中，根本找不到一个恒常住、不变异的“我”。我们要常常练习在静坐中，乃至日常生活中，去看自己的念头，慢慢的，对于无常就会有愈来愈深刻的体会。

“一切诸法各有对待，如对长说短，对短说长，对无说有，对有说无，大小、多少、强弱亦复如是。”这是第三个相待假。前面的因成假、相续假，都还是缘着有实体的法，来分析它是不真实的。而相待假，完全是种概念，它所分析的法，可能就是没有实体的。**一切法**都是相**对待**而安立的，因为有**长**才会有**短**，有**无**才会说**有**，有**大**才有**小**，有**多**才有**少**，有强才有弱……前面是破我执，这里可以说是小乘人破其法执。

我们在日常生活中，常常会有种种分别，善、恶、美、丑、好、坏。而往往正因为有这些分别，使得我们的内心不得自在。因为我们总是认为这些法有真实性，而活在这些虚妄的标准上。为了达到这些标准，不断地追求，因此一直活得很辛苦。若以佛法来观察会发现，这些追求是没有意义的。为什么呢？因为善、恶、美、丑……这一切的标准，都是相对待而生的，而且这些对待，只是众生名言习气而已。比如唐朝人画的美女都是胖胖的，现代人很少有人会觉得美，但唐朝人却觉得美，这就是相对待，因为那个时代人，审美观就是那样子。很多事情也是一样，好与坏都是相对待而安立的。当我们了解到相待假的时候，内心就会很轻松，不再被外在的价值观所束缚。

“问曰：若舍恶行善，是为持戒，云何言‘罪、不罪不可得’？”

如果说要**舍恶**，不做杀、盗、淫、妄的事情；**行善**，修持种种的善法，这样才算是持戒，且佛陀说持戒是善法，那么为什么又说**罪**与**不罪不可得**呢？

佛陀说造恶业，会结**罪**业，持戒之后，身心清净，可以达到**不罪**，但为什么又说罪与不罪的真实性不可得呢？

“非谓邪见粗心言不可得也。若深入诸法相，行空三昧，慧眼观故，罪不可得，罪无故，不罪亦不可得。”

先破斥世间人的断灭见。世间人内心粗重，看到经典里讲“不可得”，就把它当作是什么都没有，这是错误的。佛法里常常讲空、无，但若将这个“空、无”和“没有”划等号，是绝对的错误。它不是**邪见粗心**的人所认为的那种，什么都没有的“无”，而是要**深入诸法**的**法相**，**行空三昧**，这时以般若的甚深智**慧眼**来**观**察，了**知罪不可得**。

这要怎么理解呢？从因成假的角度来说，例如某甲杀了一只鸡，就缘起法来说，这是一个罪业，他会因此堕入三恶道，这个因果是真实不虚的；但是就诸法的自性来看，一切法都是不可得的。为什么呢？因为所谓杀鸡这个罪业，是由某甲的手、刀，还有鸡，以及杀心、杀害的动作，这些法和合在一起才能构成。

那手有没有罪？当然没有。手怎么会有罪呢？刀有没有罪？刀子若不杀鸡，可以拿来切菜，所以刀子也不会有罪。鸡，当然更没罪。这些法中都没有“罪”的存在，可见，所谓的罪，只是众法和合，假名为罪，实际上罪不可得，这是从因成假的角度来观察。

再从相续假的角度来观察，造罪是由这念心，因为起了贪染心，想要吃鸡肉，所以就杀鸡。那我们观察，能够起贪染心的这个第六意识，从相续假的角度来看，它念念迁流，念念生灭，在这样的无常生灭当中，并没有一个真实的“我”存在。

所以经典上说：“无有做者，无有受者”。能杀鸡的这个“做者”，没有真实性可得。虽然有个因缘假合的五蕴的个体存在，但其中的这个“我”的真实性不可得。无有受者，是指因为杀鸡，未来要受三恶道果报的那个五蕴身心，也是一个假合体。只是因为过去业力的牵引，所以它显现三恶道的五蕴，受三恶道的痛苦。但这个五蕴身心当中，并没有一个真实的“我”可得。所以从相续假的观点来看，能够造罪的这念心，事实上也是念念生灭，无常变化，所以没有真实性可得。

既然能够造罪的这念心都不可得了，那由心所创造出来的罪业，当然也不可得。因为罪业是由这念心所创造出来的，心就本质不可得，当然罪也是一样，就本质来说也是不可得的。

但我们反复强调，所谓不可得，不是没有。不是说杀鸡就没有罪，而是说这个罪，没有其真实的自性可得。知道罪性不可得，忏悔时才会有更大的力量。因为若认为罪有真实性，那么要破除这个罪，必须硬碰硬，就比较困难了。所以在忏悔时，要以般若智慧，观察罪没有真实性，这样，在忏悔罪业的时候就相对容易了。

所以**“慧眼观故，罪不可得。罪无故，不罪亦不可得”**，这是就相待假来看，因为有“罪”，才有“不罪”，有善才有恶，有黑暗才有光明，如果没有黑暗，怎么会有光明呢？所以同样的，用慧眼观察罪不可得，那相对的，不罪也就不可得。既然罪不可得，所以“不罪”，也就是因为持戒，所生的种种功德，也就不可得。明白了这个道理，我们再来持戒、修种种善法时，观察三轮体空，与自性相应时，就会产生很大的功德。

我们也可以从另一个例子去观察，以布施为例，观察能布施的我、所布施的对象，以及布施的物品，都是没有真实性的，那么这三个法和合在一起，构成所谓布施的功德，当然也就没有真实性，也是不可得的。所以一方面，观察罪不可得，可以帮助我们修忏；另一方面，观察不罪不可得，可以帮助我们在修功德的时候，生起三轮体空的智慧。这都是透过“三假”的分析而来的。当然，相空观、唯识观，也可以用这种方式来观察。这是第一种观察的角度。

“复次众生不可得故。杀罪亦不可得。罪不可得故，戒亦不可得。何以故？以有杀罪故则有戒；若无杀罪，则亦无戒。”

因为众生是由色、受、想、行、识五蕴所构成的，其真实性不可得。而杀罪是由众生所造，众生本身都没有真实性，所以由众生所造的杀罪，也就没有真实性，是不可得的。既然罪不可得，那么戒也不可得。为什么呢？因为有罪，才有戒法。正因为众生会犯杀罪，所以佛陀才慈悲制定不杀生戒，如果罪本身没有真实性，那么为了防止犯罪而制定的戒法，自然也就没有真实性了，这是以相待假观察罪、戒皆不可得之理。

上述以“三假”来说明，不管行善也好，造恶业也好，能造作的众生不可得，所造的善、恶业，真实性也不可得。

所以，当妄念生起，想造罪的时候，就要以“三假”的智慧，观察这念妄心是不真实的。既然是不真实的法，那为什么还要攀缘它、执着它呢?

例如我们若因贪婪心想造罪，就观察这念贪婪心，只是由根、尘、识和合所形成的一个假法，它既然是不真实的，那我们执着这念贪婪心，又有什么意义呢? 就像一个人梦里赚了一百万，醒来之后绝不会因此而兴高采烈。同样的道理，现实世界也是虚妄不实的，我们心识的流动，也是虚妄不实的，何必去执着它呢?

修善法时也观察“三假”。观能够造作的我、所造作的善法，都是不可得的。所以我们虽然努力地修善法，但是不要执着功德相，不要认为我有功德。否则，所造的就只是一些人天有漏的业。若因此产生骄慢心，那就更不好了。

这一部分是透过问答来告诉我们，怎样将“三假”的观法，运用到实际的修行中去。后面的相空观、唯识观也可以参照这样的方式去运作。

(二)相空观：诸法不自生，亦不从他生，不共不无因，是故知无生。

——《中论》(卷一)观因缘品第一

我们以天台宗的解释来说明。

前面是通过分析一切法无常，来切入空性；而相空观是以如幻空的智慧来观察一切法。它进一步看到，所谓的无常也是虚幻不实的。就像梦境，梦中的境界是无常的，但是梦醒后，什么也没有。梦中的一切法，都只是我们平常思想的投影而已，它的生起和灭去都是不真实的，这就是相空观。

为什么说它的生起和灭去，都是不真实的呢？如果一个法是真实存在的，那它必然有一个生起之处，如果它生起的处所都不存在，那就说明这个法的真实性不可得；它的生起，只是过去业力所显现的一个影像而已。

所以就透过：自生、他生、共生、无因缘生，这四个角度，来寻找诸法的生处何在？

这里所说的“诸法”，范围就很广了，包括外在的山河大地、内在的五蕴身心，都是我们所观察的境界。但是具体观察时，天台宗的古德们主张，就先观察我们的第六意识心。因为众生大都执着第六意识心的心王是“我”。如有人认为“我”思故“我”在，因为我能够思惟、能够感受到快乐、痛苦，证明了“我”的存在。所以为了让“我”快乐，就造很多恶业。这是我们最根本的我执，所以我们就观察这个第六意识的心王。

自生（自己生起）、他生（由他生起）、共生（自他共同生起）、无因缘生，这四项中，前三个都属于有因缘生，第四个是无因缘生。一切法的生起不出这两类，不是有因缘生，就是无因缘生，没有第三种可能了。

有因缘生当中，这念心是不是自生的呢？它当然不是自生的。例如我们看到一盏灯，如果没有这盏灯，那我们的第六意识心，怎么努力也不可能生起活动；我们若要听到声音，那一定要有一个声音，让第六意识去攀缘，第六意识才能够活动。纵然我们把眼睛闭起来、耳朵塞住，前五根都不去接触外境，但第六意识还是会攀缘法尘，所以还是有个所缘境。如果没有所缘境，第六意识是不能单独生起作用的，所以我们这念第六意识心是不能自生的。

其次，第六意识是由他（所缘境）生的吗？比如念佛时，这念心是由佛号这个“他”所生的吗？我们可以从两方面来看：首先，佛号是有了别性的还是没有了别性的？所谓了别性，是指它能够攀缘境界，并能在境界上产生种种觉受，乃至种种思惟的，就是了别性。显然，佛号本身是一个没有了别性的法，它只是一个声尘。一个没有了别性的法，怎么能生起有了别性的心识呢？一个是色法，一个是心法，两个法的自性不同。就像水不能生出火一样，因为两者自性不同。所以这念心不是佛号所生。

其次，如果硬要说佛号是有了别性的话，那所生起的心识，就是佛号所生的心识，跟我们又有什么关系呢？所以“他生”也不成立。

那我们这念心，是共生的吗？根尘和合而生，称为共生。既然心识不是由自（根）生，也不是由他（尘）生，那心识是根尘和合而生的吗？

如果根、尘和合能生起心识，那是根、尘这两个法，同时都具有生性（能生起识的特性）？还是两个都没有生性呢？

我们先看两个都有生性的情况：如果根、尘这两个法，都具足生起心识的特性，那么它们各自单独就能够生起识，何必要和合才生呢？如果一定要说这两个必须和合，才能生起识，那根和尘都具有生性，应该同时生起两个心才对。事实上根尘和合时，出现的了别的心只有一个，所以两个都有生性是不对的。

如果根、尘都没有生起心识的特性，都是无情物，那它们和合时，能生起心识吗？这显然是不合道理的。两个没有了别性的法，合在一起，又怎么能生起一个有了别性的心识呢？就好像把沙子和沙子放在一起，再怎么搓揉，也挤不出油来一样，因为它们本身就没有油的特性，所以心识也不是共生的。

其实佛法讲根尘和合生起识，也只是就表相上来说的。实际上心识既不是从根生起，也不是从尘生起，也不是两个法合在一起生的。而是当根尘相接触时，带动阿赖耶识中识的种子起现行，而显现出识的作用，所以它并没有一个真实的生处。

自生、他生、共生，这都是有因缘生，都被否决了。我们再看第四个，心识是无因缘生的吗？很明显，无因缘生更不可能。如果不需要因缘，就能够生起心识的话，那桌子、椅子、墙壁、地板，也都能无缘无故生起了别的心识了。或者是虚空当中，自然就出现一个能了别的心识，这是不可能的事情，所以无因缘生也不成立。

不自生、不他生、不共生、不无因缘生，往内看、往外看，都找不出这念心生起的处所，可见它并没有一个真实的生处。所谓的“一切法因缘生”，其实指的是，当根尘接触的时候，因为过去的业力显现，心识的作用，就如梦如幻地浮现出来，它只是业力所显现的一个幻影而已，并不是由根、尘，乃至一切法所生起的。

既然能取的第六意识心都是如幻的，那么所取的一切色法境界，更是如幻，没有真实性的。因为色法就只是心所缘、所投射的一个影像而已，这就是相空观。

通过这样的观察会发现，平常我们造善业、造恶业、起烦恼、享受快乐的那一念心，事实上只是个幻影般的作用，如梦中事、水中月、镜中像一样，它根本就从未真实的生起过，只是阿赖耶识的种子起现行，所显现的一个幻境而已，它是没有真实性的。

所以当我们起烦恼的时候，就回光返照问问自己，谁在起烦恼？我在起烦恼吗？我在哪里？诸法不自生、不他生、不共生、不无因缘生，这个“我”不可得。当然，平常打坐时，就要练习不断地这样观察，否则面对境界时，肯定是不会有力量的。对自己特别执着的境界，也要着重观察它不自生、不他生、不共生、不无因缘生。比如我们如果常起贪烦恼，就观察这个贪烦恼不自生、不他生、不共生、不无因缘生；或者就直接观察这念心不可得，这就是相空观。

(三)唯识观：一切浮尘诸幻化相，当处出生，随处灭尽，幻妄称相；其性

真为，妙觉明体。如是乃至五阴、六入，从十二处、至十八界。因缘和合，虚妄有生；因缘别离，虚妄名灭。殊不能知，生灭去来，本如来藏，常住妙明，不动周圆，妙真如性。性真常中，求于去、来、迷、悟、死、生了无所得。

——《大佛顶如来密因修证了义诸菩萨万行首楞严经》（卷二）

唯识观相当于天台别教和圆教的修行方法。这里引《楞严经》的经文，是从圆教的角度来分析。

“一切浮尘诸幻化相，当处出生，随处灭尽，幻妄称相，其性真为妙觉明体。”

观察一切境界都不离开现前一念心性，因为一切境界都是即空、即假、即中的。**“一切浮尘”**，包括外在的器世间和内在的根身，这种种**幻化**的**相**貌，都是因缘所生的。

从真谛来观察，它**“当处出生，随处灭尽”**，它不自生、不他生、不共生、不无因缘生，并没有一个真实的生起处，我们看到它生起，事实上只是一个幻相，所以叫“当处出生”。既然无生，当然也就无灭，所以说“随处灭尽”，生灭之间是没有间隔的，这是从真谛来观察。

从俗谛来看，**“幻妄称相”**，虽说诸法真实性不可得，依然有十法界依正果报的差别，历历分明的显现。但所有这些差别相的体，都是虚幻的，所以叫**“幻妄称相”**。所谓的生灭，只是**“当处出生，随处灭尽”**，循业发现的境界，这是从俗谛来观察。

接着讲到中谛，这就和前面的相空观不一样了：**“其性真为妙觉明体”**，虽然它的作用是如梦如幻、不真实的，但是就着第一义谛来说，它的本体就是妙觉明体，也就是我们的真如，一切法都是我们真如的全体大用，所以它的体含摄十法界。观察一切法即空、即假、即中，就是观察实相，这就是唯识观法。

底下的经文，只是再把这个上面这些观念，再加以广说。

“如是乃至五阴六入，从十二处至十八界，因缘和合虚妄有生，因缘别离虚妄名灭。殊不能知，生灭去来，本如来藏，常住妙明，不动周圆，妙真如性。性真常中，求于去来、迷悟、生死，了无所得！”

五阴、六入、十二处、十八界，就是**“诸幻化相”**。这些是从俗谛来看，一切幻化的相貌。是**“因缘和合，虚妄有生，因缘别离，虚妄名灭。”**在业力的推动下，因缘和合，就生起虚妄不实的作用。因为它没有真实的生处，所以是“虚妄有生”；既然是虚妄的生，当然，“因缘别离”，就虚妄的灭去了，它生灭都是虚妄的。这是就真谛的角度，观察一切法无所有。

再从中谛来看：**“殊不能知，生灭去来，本如来藏，常住妙明，不动周圆，妙真如性。”**虽然一切法在作用上都是生灭去来之相，但就其本体来说，却是“妙觉明体”，都是**如来藏**这种**常住妙明，不动周圆的妙真如性。“常住妙明”**、**“不动周圆”**、**“妙真如性”**，这都是在赞叹**如来藏**的功德。**“常住”**指它的本体是不生灭的；**“妙明”**指它所显现的十法界的妙用；**“不动周圆”**是总说如来藏，它的本体虽然是不生灭的（不动），但它的作用却遍法界（周圆）。**“妙真如性”**的**“妙”**，就是不可思议，一切法同时具足真、俗、中三谛，不离开现前这一念心性，这是不可思议的，这是从中谛来看。

再次从真谛来看，为什么“因缘和合虚妄有生，因缘别离虚妄名灭”，一切法不可得呢？因为**“性真常中，求于去来、迷悟、死生，了无所得！”**在这个真如本体当中，要去寻找它真实的**去来、迷悟、死生，了无所得！**一切的境界，都只是我们真如本体，循业发现，产生出来的作用。就本体来说，它们都是真如的全体大用。由此可见，我们所认为的这个“我”也是不可得的，它只是五蕴所构成的一个如梦如幻的作用。但五蕴的实体，就是如来藏。

修天台宗的空、假、中三观，并观察这三观都不离开一心，都是微妙不可思议的，这就是唯识观法。由此可见，要修唯识观法，一定要先有空观的基础，才不会含糊笼统，而错认消息了。

上述这三观的差别就在于，性空观是观察一切法无常；相空观是直接观察一切法都是如梦如幻的幻相；唯识观就是观察，一切法都是真如的全体大用。

三、结劝：

优波离即从座起，顶礼佛足，而白佛言：我亲随佛，踰城出家。亲观如来，六年勤苦；亲见如来，降伏诸魔，制诸外道。解脱世间，贪欲诸漏。承佛教戒，如是乃至，三千威仪，八万微细，性业遮业，悉皆清净。身心寂灭，成阿罗汉。我是如来众中纲纪，亲印我心，持戒修身，众推无上。佛问圆通，我以执身，身得自在；次第执心，心得通达，然后身心一切通利，斯为第一。

——《大佛顶如来密因修证了义诸菩萨万行首楞严经》（卷五）

学习了三观之后，我们应当怎样修呢？这里就引优波离尊者的修行方法来说明。在《楞严经》中讲到二十五圆通，是二十五位尊者证悟圆通的方法，其中，持戒第一的优波离尊者，是怎样透过持戒，来趣入圆通的呢？

“优波离即从座起，顶礼佛足，而白佛言：我亲随佛，踰城出家，亲观如来，六年勤苦；亲见如来，降伏诸魔，制诸外道，解脱世间，贪欲诸漏。”

这是他随佛出家，随佛修苦行，亲自看到佛降服魔障而成道的经历。

“承佛教戒，如是乃至，三千威仪，八万微细，性业遮业，悉皆清净。身心寂灭，成阿罗汉。我是如来，众中纲纪，亲印我心，持戒修身，众推无上。”

优波离尊者**承**受**佛**陀的**教诫**，**乃至三千威仪，八万细行**，从**性**戒、**遮**戒都能够持守**清净**。因此使得**身心**达到寂灭，而**成**就**阿罗汉**。因为他持戒精严，所以他是如来**众中**的**纲纪**，佛陀赞叹他持戒第一，所以他说如来**“亲印我心，持戒修身，众推无上”**。

接着就讲到他的修行方法：**“佛问圆通，我以执身，身得自在；次第执心，心得通达；然后身心，一切通利，斯为第一。”**

佛陀**问**我怎样证得实相**圆通**的方法，**“我以执身，身得自在”**，我因为执持这个色身，使色身得到自在之后，再次第地执持这念心，使心也能够得到通达，然后身心一切通利，从而证得圆通。具体来说，怎样使身心通达自在呢？我们也可以用天台三观的方法来解释：

所谓**执身**，就是持守摄律仪戒，使身得自在；再**“执心”**，也就是修三观，先以空观来分析，就是观能持的身不可得、能持的心也不可得，乃至所持的戒也都是如梦如幻不可得。

以假观来分析，虽说一切法不可得，但是不妨碍持戒、犯戒后，如幻的因果。因此仍然精进研习戒法，并持守如幻的戒法。在了不可得中，行如幻的持戒之法。

以中观来分析，观这一切能持、所持，以及一切持戒、犯戒等法，当下都是由真如所显，因此即空、即假、即中，且皆是真如的全体大用。

这持戒第一的优波离尊者，就是这样在持戒的过程中，用三观的智慧回光返照，观察身不可得、心不可得，然后次第地证入了圆通。所以只要内心与般若智慧相应，持戒也可以证入圆通。优波离尊者就是我们持戒的榜样。

此南山三观的智慧，可以用于持戒，亦可用于礼忏，乃至平时的观心。修法时可以有主有伴。

若配合持戒时，则因戒生定，因定发慧；从反面来说，则以定慧之力来摄持戒，三轮体空故，使持戒真能趋向圣道行。如《四分律比丘戒本》所说：

若有自为身欲求于佛道当尊重正法此是诸佛教。

则持戒才能像《大智度论》所说，《八十诵律》即大乘尸罗波罗蜜；《胜鬘经》所说，毗尼即大乘学。透过持戒，真正趋向一佛乘。

南山律在家备览

——讲义篇

弘一大师 遗著
良因法师 导读

老實

念佛

歲次玄枵夏首時將梅室日光別院

亡言

《南山律在家备览·宗体篇》导读大纲

- 宗体篇
  - 第一课：总明宗趣
  - 戒法
    - 通叙戒法
      - 第二课：示相彰名
      - 第三课：略明戒德
    - 归戒仪轨
      - 戒德高胜
        - 第四课：归依功德
        - 第五课：持戒功德
      - 受戒仪轨
        - 第六课：预习发戒
        - 第七课：正式作法
        - 第八课：问答释疑
  - 戒体
    - 第九课：戒体相状
  - 戒行戒相
    - 第十课：戒行戒相

《南山律在家备览·宗体篇》导读讲义

第一课 总明宗趣

- 甲一、依据
- 甲二、宗趣

甲一、依据

此课程内容，乃依据弘一大师所编之《南山律在家备览》为底本，加以糅合而成。

南山律——唐道宣律师居终南山，后世因称其撰述曰“南山律”。南山以法华、涅槃诸义，而释通四分律。贯摄两乘，囊包三藏，遗编杂集，攒聚成宗。

甲二、宗趣

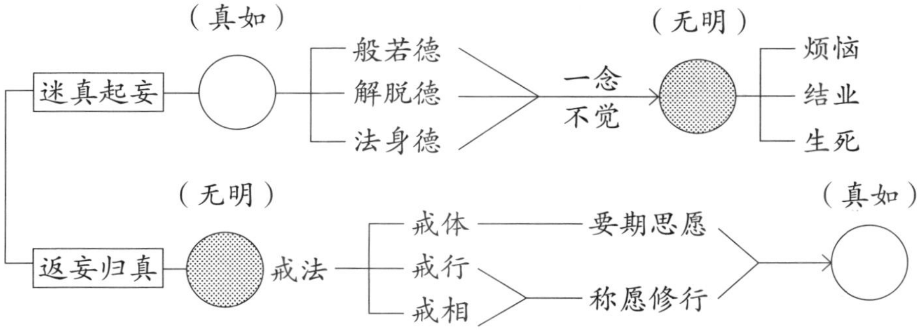

第二课 示相彰名

- 甲一、正示戒法
- 甲二、杂项料简

甲一、正示戒法

◀《事钞》云
- 示相——“言戒法者。语法而谈，不局凡圣。直明此法，必能轨成出离之道。要令受者信知有此。”
- 彰名——“虽复凡圣通有此法。今所受者，就已成而言，名为圣法。”

甲二、杂项料简

- 乙一、化教与制教差别
- 乙二、戒法与世善差别
- 乙三、遮戒与性戒差别

乙一、化教与制教差别

《业疏》云“自古详教，咸分两途。化教则通被道俗，专开信解之门。行教则局据出家，唯明修奉之务。”

化教 — 通道俗 — 开其信解 — 令开慧解 — 非对过立 — 十善五停等 — 用舍任缘

制教（行教）— 局道 — 制其修奉 — 持犯阶定 — 随过制约 — 开遮轻重等 — 违反有过

▲《资持》云“问：五八二戒既是戒制，应是行摄。答：化教所摄。”

乙二、戒法与世善差别

◀《业疏》云

- “问：一切善作尽是戒否？”
- “答：律仪民所摄善作名戒。自余十业，但单称善，不名为戒。”

◀戒有二义 — 有本期誓、遍该生境 — 余善反之，故不名戒。

乙三、遮戒与性戒差别

◀《戒疏》云

- “明遮性者，由恶缘境，不可随说。以义收之，大分为二。”
- “言性恶者。如十不善，体是违理，无论大圣制与不制，若作违行感得苦果，故言性恶。是故如来制戒防约。若不制者，业结三途，不在人道，何能修善。故因过制，从本恶以标名，禁性恶故名为性戒。”
- “言遮恶者。圣未制前，造作无罪。由非正业，无妨福善。自制已后，尘染更深，妨乱修道招世讥谤，故名遮也。”

◀（附）八关斋戒

- 性戒 — 不杀生、不偷盗、不淫欲、不妄语。
- 遮戒 — 不饮酒、不着香华鬘香油涂身、不歌舞倡伎、不坐卧高广大床、不非时食。

第三课 略明戒德

甲一、圣道本基
甲二、戒有大用

甲一、圣道本基

◀《戒疏》云——
“斯乃大圣降临，创开化本。将欲拯拔诸有，同登彼岸。为道制戒，本非世福。
然烦惑难清，要由方便，致设三学用为治元。戒如捉贼，定缚慧杀。三行相因，斯须摄济。
故初行者务先学戒，检策非违，三业清净，正定正慧，自然而立。”

《资持》云：“五分功德，以戒为初。无上菩提以戒为本。安有弃戒别求圣道？智论所谓无翅欲飞无船欲渡。圣言深勉可不信乎？”

甲二、戒有大用

▲《事钞》云“夫三宝所以隆安，九道所以师训，诸行之归凭，贤圣之依止者，必宗于戒。”

第四课 归依功德

- 甲一、归意
- 甲二、显相
- 甲三、功益

甲一、归意

◀《业疏》云
- 示境——“《多论》云：以三宝为所归。
- 显义——所归以救护为义。
- 举喻——如人获罪于王，投向他国，以求救护。彼王敕言，汝求无畏以投我者，莫出我境，莫违我教，必当救护。
- 合法——众生亦尔，系属于魔，有生死过。归向三宝，魔无如之何。”

（附）有生死过
- 死殁无常
  - 死王必来
  - 死无定期
  - 一切无益
- 三恶道苦
  - 畜生苦
  - 饿鬼苦
  - 地狱苦

甲二、显相

◀《戒疏》云“有四种三宝

- 一理体者。如五分法身为佛宝，灭理无为是法宝，声闻学无学功德是僧宝。
- 二化相者。如释迦道王三千为佛宝，演布谛教为法宝，拘邻等五为僧宝。
- 三住持者。形像塔庙为佛宝，纸素所传为法宝，戒法仪相为僧宝。
- 四一体者。如常所论。唯约心体义分三相，如涅槃说三宝同性等。”

◀《戒疏》又云

- 约义略释——此三益世，近拔三有，远清二死，希世独达，可重名宝。
- 引文广释——故《宝性论》喻分六义
  - 一、希有义。世宝贫穷所无，三宝薄福不遇。
  - 二、离垢义。世宝体无瑕秽，三宝绝离诸漏。
  - 三、势力义。世宝除贫去毒，三宝六通难思。
  - 四、庄严义。世宝严身令好，三宝能严法身。
  - 五、最胜义。世宝诸物中胜，三宝诸有无上。
  - 六、不改义。世宝炼磨不变，三宝八法不动。

▲《戒疏》又云：“四宝为言，理宝为胜，由常住故，为世所归。余三随设，体是有法。”

甲三、功德

▲《归敬仪》云："经云。若人得闻常住二字，是人生生不堕恶趣。斯何故耶？以知法佛本性常故。一时闻解，熏本识心，业种既成，净信无失。

◀《归敬仪》云

- 《归敬仪》又云"校量功德经云。四大洲中满二乘果，有人尽形供养乃至起塔。不如男子女人作如是言，我某甲归依佛法僧所得功德不可思议。以诸福中，唯三宝胜故。"
- 况能立愿归依，奉为师范。固当累劫清胜，义无陷没。
- 如经有人受三归依，弥勒初会解脱生死。
- 此乃出苦海之良津，入佛法之阶门。
- 但以罪多恶重，轻而慢者，虽曾受归，随缘还失。
- 是故智人初受归时，专心缘此，得名归依。故感善神随逐护助。"

第五课 持戒功德

┌甲一、五戒
└甲二、八戒

甲一、五戒

▲《羯磨注》云：“经云。有善男女布施满四天下众生四事供养，尽于百年。不如一日一夜持戒功德。以戒法类通情非情境故也。”

◀《业疏》释云—
- 总示—“初受戒时，已行三施尽众生界。故财有量不及此也。
- 别列—尽形不盗者，已施法界有情之财。言不杀者，已施法界有情无畏，即用戒法行己化他，即名法施遍众生界。
- 通结—财为局狭集散之法，能开烦惑恼害之门。戒法清澄，故绝斯事。”

▲《羯磨注》续云：“论云。由戒故施得清净也。”

◀《业疏》释云—
- 破戒行施之损—“《智论》云，若不持戒，得财施者，多贪不净，以利求利，恶求多求故使来世受不净果，如牛羊猪狗衣食粗恶。
- 持戒行施之益—若持戒者，既绝恶求，清净行绝，乃至佛果。”

甲二、八戒

▲《业疏》云
- 总示三名——"云戒云斋云关者，众名乃异，莫不摄净归心也。
- 别释
  - 戒——言八戒者，八即所防之境，戒则能治之业。
  - 斋
    - 言八斋者，斋谓齐也，齐一其心。
    - 或言清也，静摄其虑，如世闲室亦号斋也。
  - 关——言关斋者，即禁闭非逸，静定身心也。"

▲《业疏》云："《多》云。经说，作阎浮王于人中宝一切自在，不如八戒十六分一。"

▲《业疏》云："《善生》云。除五逆罪，余罪皆灭。"

▲《业疏》云："《智论》云。譬如软将将兵，终竟无勋健将破敌，一日之中功盖天下。五戒八戒其相同此。良由五但离邪，未能清绝。八行全净，相同无漏，约期乃少，取行则多，故功益彼。"

▲《业疏》云："《成实》云。天王福报亦所不及。帝释说偈。佛止之曰。若漏尽人应说此偈，六斋神之日，奉持于八戒，此人获福德，则为与我等。"

▲《义钞》云："优婆塞受三归五戒者，闻佛说法，得下二果，不证三四。受八戒者，亦证三四。"

（附）《佛说观无量寿佛经》："佛告阿难及韦提希。中品上生者。若有众生受持五戒。持八戒斋。修行诸戒。不造五逆。无众过患。以此善根。回向愿求生于西方极乐世界。临命终时。阿弥陀佛与诸比丘眷属围绕。放金色光至其人所。演说苦空无常无我。赞叹出家得离众苦。行者见已心大欢喜。自见己身坐莲华台。长跪合掌为佛作礼。未举头顷即得往生极乐世界。莲花寻开。当华敷时。闻众音声赞叹四谛。应时即得阿罗汉道。三明六通具八解脱。是名中品上生者。"

第六课 预习发戒

甲一、所受法体

▲《芝苑》云："标心期受，须识何法。谓佛出世制立戒法，禁防身口，调伏心行。十方诸佛三乘贤圣并同修故，名为圣法。今者发心誓禀此法作法而受。因缘和集，心境相冥，发生无作领纳在心，名为戒体。故知受时弥须用意，一生大事不可自轻。"

甲二、发戒境量

▲《芝苑》云："所缘境，即法界众生依正等法。戒依境制，体从境发。境既无量，体亦无边。"

◀《芝苑》又云
- “且现前色心，无量劫来，今生之中，造生死业，不可穷数。恶心遍布充塞法界。经云。若有体相，尽虚空界不能容受。
- 若得戒者，则翻无量恶业，悉为清净戒体，为善种子，作成佛本基。南山祖师云。未受已前，恶遍法界。今欲进受，翻前恶境，并起善心，故戒发所因，还遍法界。”

甲三、依境发心

▲《事钞》云：“次令发戒。应语言，当发上品心，得上品戒。”

◀《事钞》云
- 下品——“《毗跋律》曰：发心我今求道，当救一切众生，众生皆惜寿命。以此事受，是下品软心，虽得佛戒，犹非上胜。”
- 中品——“余二就义明之，云何中品，若言我今正心向道，解众生疑，我为一切作津梁，亦能自利，复利他人受持正戒。”
- 上品——“云何上品
  - 自利行——若言我今发心受戒，为成三聚戒故，趣三解脱门，正求泥洹果。
  - 利他行——又以此法引导众生令至涅槃。
  - 护法行——令法久住。”

▲《事钞》云：“如此自知心之分齐，得佛净戒亦有分齐。”

▲《事钞》云：“如是发戒缘境及心有增上。此之二途，必受前时，智者提授，使心心相续，见境明净。不得临时方言发心。若约临时师授，法相尚自虚浮，岂能令受者得上品耶？或全不发，岂非大事。”

甲四、用心承仰

▲《芝苑》云："心境相应，纳体正要。正作法时，冥心运想，遍缘如上情非情境，由境广故，心亦随遍。念念现前，不得浮散。当想己身，总虚空界，容受法界尘沙戒法。当此之际，深须用意莫缘他事。差之毫微，则徒染法流，一生虚丧，可不慎哉？"

三誓	三戒	三行	三门	三身
断恶誓	受摄律仪戒	修离染行	趣无作解脱门	证法身佛
修善誓	受摄善法戒	修方便行	趣空解脱门	证报身佛
度生誓	受摄众生戒	修慈悲行	趣无相解脱门	证应身佛

第七课 正式作法

甲一、简人是非

▲《羯磨注》云："当于受戒前，具问遮难。故《善生经》云。汝不盗现前僧物否？于六亲所比丘比丘尼所行不净行否？父母师长有病弃去否？杀发菩提心众生否？"

若有遮难者，忏净可受五戒。唯污尼或污比丘者，已后不许出家。

甲二、叹功问相

▲《羯磨注》云："《善生经》云。具问遮难已。若无者。应语言。此戒甚难，能为声闻菩萨戒而作根本。善男子。戒有五种，始从不杀乃至不饮酒。若受一戒，是名一分优婆塞，具持五戒，名为满分优婆塞。汝今欲受何分之戒，当随意受。尔时智者应随语为受。"

甲三、忏悔清净

▲《羯磨注》云:“《阿含》等经云。于受前忏罪已，然后受法。”

忏悔所依
- 耻心
- 畏心
- 勇心

（耻心、畏心、勇心）于三宝生大归依

甲四、作法差别

- 乙一、临时开导
- 乙二、正纳戒体
- 乙三、示相教诫

乙一、临时开导

◀《事钞》云

- “若至此时，正须广张示导发戒正宗。不得但言起上品心。则受者知何是上品。徒自枉问。今薄示相貌，临事未必诵文。”
- “应语言。善男子深戒上善，广周法界当发上心，可得上法。今受此戒，为趣泥洹果向三解脱门，成就三聚戒，令正法久住等，此名上品心。”
- “次为开广汝怀者。由尘沙戒法注汝身中，终不以报得身心而得容受。应发心作虚空器量身，方得受法界善法，故论云。若此戒法有形色者，当入汝身作天崩地裂之声。由是非色法故，令汝不觉。汝当发惊悚意，发上品殷重心。”
- “今为汝作法。此是如来所制。发得尘沙法界善法，注汝身心，汝须知之。”

乙二、正纳戒体

◀《事钞》云作法者

- 归誓——“我某甲，归依佛归依法归依僧，尽形寿为五戒优婆塞。如来至真等正觉是我世尊。三说”
- 归结——“我某甲，归依佛竟归依法竟归依僧竟，尽形寿为五戒优婆塞。如来至真等正觉是我世尊。三结”

若约受五八戒言，即三说三归誓而纳戒体，如下文所载：

- 第一遍说归誓时，法界善法，由心业力，翻恶为善，悉皆动转。
- 第二遍说归誓时，法界善法，聚集空中，如云如盖。
- 第三遍说归誓时，法界善法，从空中下，注入身心，充满正报。

乙三、示相教诫

◀《事钞》云智论。戒师应语言汝优婆塞听。

- “是多陀阿伽度阿罗诃三藐三佛陀，为优婆塞说五戒法相。汝当听受：尽形寿不杀生是优婆塞戒，能持否？答能 尽形寿不盗是优婆塞戒，能持否？答能 尽形寿不邪淫、不妄语、不饮酒、并准上说。
- 是为在家人五戒，汝尽形受持。当供养三宝，劝化作诸功德。年三月六常须持斋。用此功德，回施众生，果成佛道。”

第八课 问答释疑

┌甲一、三归
├甲二、五戒
└甲三、八戒

甲一、三归

▲《羯磨注》云："此但受归法，无有戒法。故母论云。三归下有所加得归及戒，若无加者有归无戒。"

◀《业疏》又云─┬"又问：得一年半年受否？
　　　　　　　└答：得随日多少受三归也。"

▲《业疏》云："五趣为言皆得受也。除报重者，自余山间空远轻系地狱，皆成三归。除不解者。"

甲二、五戒

▲《业疏》云："《成论》云，有人言，五戒木叉唯顿无渐，此事如何？"

◀《业疏》云
- 《成论》云，有人言，五戒木叉唯顿无渐，此事如何？
- 论答。随受一二三皆得律仪。善生所列一分二分少分多分满分是也。准斯明渐，五师受一得戒不疑。如薄俱罗唯受不杀例也。

▲《业疏》云："如成实中，亦随日受乃至尽形。"

◀《事钞》云
- 《智论》。问：口中四过，何为但有妄语。
- 答
  - 正答——但举妄语，余三并摄。
  - 转释——又佛法贵实语，故在先摄也。

◀《业疏》云
- "如律文中皆自誓受者，
- 多论文云，听五众受。
——两俱得也。"

◀《业疏》云
- "若准多论，不得重受。
- 依成实、四分，俱开重受。故末利夫人第二第三重受五戒，即其证也。"

甲三、八戒

▲《羯磨注》云："俱舍论云。若先作意于斋日受者，虽食竟亦得。"

▲《业疏》云："若将欲受，难事不得。待难解已，受者亦成。"

▲《事钞》云："善生，受八戒不得多，唯独受。"

◀《业疏》云
- 明成否 —— “《善生》云。若诸贵人常敕作恶。若欲受斋，先遮断已，后方成就。若不遮者，则不成也。
- 遮疑 —— 《成实》云。有人依官旧法，或为强力令害众生，谓无罪者，亦得杀罪，以缘具故。”

◀《业疏》云
- 身口犯 —— “若已受斋。鞭打众生，虽即日不行，待明当作，皆斋不净。以要言之若身口作非威仪事，即名不净。
- 意犯 —— 若心起贪瞋害觉，虽不破斋，斋不清净，若不修六念等，亦名不净。”

第九课 戒体相状

- 甲一、所发业体
- 甲二、发戒数量
- 甲三、结示劝修

甲一、所发业体

- 乙一、辨体多少
- 乙二、解释名义
- 乙三、显立正义

乙一、辨体多少

◀《事钞》云
- 问：别脱之戒，可有几种？
- 答
  - 约境示量——论体约境实乃无量。戒本防恶，恶缘多故，发戒亦多。故《善生》云众生无量，戒亦无量等。
  - 举要统收——今以义推，要唯二种，作及无作。二戒通收，无境不尽。

乙二、解释名义

- ◀《事钞》云
  - “问曰：既知二戒，请解其名。”
  - 答云
    - 作
      - “先明作戒体。论云。用身口业思为体。论其身口，乃是造善恶之具。”
      - “所以者何。如人无心杀生，不得杀罪。故知以心为体。”
    - 无作
      - 正示——“言无作者。一发续现，始末恒有，四心三性，不藉缘办。
      - 引证——故《杂心》云。身动灭已，与余识俱，是法随生，故名无作。成论无作品云。因心生罪福，睡眠闷等，是时常生，故名无作。”
    - 分
      - 直示——“云何名戒。戒禁恶法。
      - 引证——故《涅槃》云。戒者直是遮制一切恶法，若不作恶是名持戒。”

乙三、显立正义

- 约圆义以示体相——《业疏》续云：“欲了妄情，须知妄业，故作法受，还熏妄心;于本藏识，成善种子，此戒体也。”

  （附）种子十义：(一)从众缘生 ；(二)体性各异； (三)生性长存； (四)任运滋长； (五)含蓄根条花叶等物； (六)虽复含蓄，相不可得； (七)遇时开绽 ；(八)子果不差； (九)辗转相续； (十)出生倍多。
- 约随行以明持犯
  - 谨奉——“由有本种熏心 故力有常，能牵后习，起功用故，于诸过境能忆、能持、能防。随心动用，还熏本识，如是辗转，能静妄源。”
  - 慢犯——“若不勤察，微纵妄心。还熏本妄，更增深重。”

（附）持戒成佛三身

- 一者断恶誓—受摄律仪戒—修离染行—复本清净—证法身佛—名为断德
- 二者修善誓—受摄善法戒—修方便行—复本自在—证报身佛—名为智德
- 三者度生誓—受摄众生戒—修慈悲行—复本平等—证应身佛—名为恩德

甲二、发戒数量

- 乙一、明境遍一切
- 乙二、明发戒多少

乙一、明境遍一切

◀《事钞》云
- 总标
  - "《俱舍》云。戒从一切众生得定，分因不定。
  - 何以故。不得从一种众生得故。"
- 别释
  - 不定
    - 分不定
      - 分不定者。有人从一切分得戒，谓受比丘戒。
      - 有人从四分得，谓受所余诸戒，即五八十戒也。
    - 因不定
      - 因不定者有二义。若立无贪瞋痴为戒生因，从一切得，以不相离故。
      - 若立上中下品意为戒生因，则不从一切得。
  - 定
    - 若不从一切众生得，戒则无也何以故。由遍众生起善方得，异此不得。
    - 云何如此。恶意不死故。
  - 若有人不作五种分别得木叉戒
    - 一于某众生我离杀等。
    - 二于某分我持。
    - 三于某处能持。
    - 四某时能持。
    - 五某缘不持，除斗战事。
    - 如此受者，得善不得戒。

分
- 杀、盗、淫、妄言、两舌、恶口、绮语
  - 五八十戒从四分得
  - 具戒从一切分（七分）得
  - （以上）分不定

- 因
  - 约三善心
    - 无贪心
    - 无瞋心
    - 无痴心
    - 从一切因得——三心同时——以三善心必不相离故
  - 约三品发心
    - 上品发心
    - 中品发心
    - 下品发心
    - 不从一切因得——一品心定——以三品发心不俱故
  - 因不定

▲《业疏》云："夫论戒者，普遍生境俱无害心，方成大慈行，群行之首，岂随分学，望成大善。义不可也。"

▲《资持》云："准知得戒之心，不容毫发之恶。高超万善，轨导五乘。众圣称扬，良由于此。"

乙二、明发戒多少

- 五戒——七毒——就五戒以历
  - 情境得二十八戒
  - 非情境得七戒
  - 共得三十五戒
- 八戒——七毒——就九戒以历
  - 情境得二十八戒
  - 非情境得三十五戒
  - 共得六十三戒

甲三、结示劝修

- 《业疏》云
  - 示所归——"今识前缘，终归大乘。故须域心于处矣。
  - 引证——故《经》云：十方佛土唯有一乘,除佛方便假名字说。
  - 劝修——既知此意，当护如命如浮囊也。故文云：我为弟子结戒已，宁死不犯。又如《涅槃经》中罗刹之喻。"

第十课 戒行戒相

- 甲一、戒行
- 甲二、戒相
- 甲三、结劝

甲一、戒行

- 乙一、正明随行
- 乙二、因示舍戒

乙一、正明随行

◀《事钞》云
- 蹑前科——“戒行者，既受得此戒，秉之在心。
- 示行相——必须广修方便，检察身口威仪之行。克制专崇，高慕前圣。
- 结示名义——持心后起，义顺于前，名为戒行。”

（附）检察身口威仪之行
- 诸根不掉
- 守护律仪（轨则圆满、所行圆满、于微小罪见大怖畏）

——糅合《瑜伽师地论》

◀《事钞》云
- 对体辨行
  - 约法明——“然则受是要期思愿，随是称愿修行。
  - 约喻显——譬如
    - 筑营宫宅。先立院墙周匝，即谓坛场受体也。
    - 后便随处营构尽于一生，谓受后随行。”
- 互显相须
  - 叙互阙
    - “若但有受无随，直是空愿之院，不免寒露之弊。
    - 若但有随无受，此行或随生死，又是局狭不周，譬如无院屋宇，不免怨贼之穿窬也。
  - 示相须——必须受随相资，方有所至。”

◀《事钞》云
- “问：今受具戒，招生乐果为受为随。”
- “答：
  - 对显亲疏
    - 受疏——受是助缘，未有行功。
    - 随亲——必须因随对境防拟，以此随行至得圣果，不亲受体。
  - 别彰行相
    - 成随之相——故知一受已后，尽寿已来，方便正念，护本所受，流入行心，三善为体，则明戒行随相可修。
    - 无随之失——若但有受无随行者，反为戒欺，流入苦海。不如不受，无戒可违。
    - 结诰——是故行者明须善识，业性灼然，非为滥述。”

乙二、因示舍戒

▲《戒疏》云：“泛列经论舍相不同，如杂心说，若舍命终断善二形生也。《善生经》，加受恶戒时舍善戒。《俱舍论》，八戒期心尽夜分终故舍。且列如此。”

断善即起邪见者，邪见语通，未能的指。考行宗别文云。断善失戒，四舍之一，即生邪见远舍三宝。

◀《戒疏》云
- “问：今舍戒者，为舍已生随行为因之业；为舍初愿，本受无作体耶？
- 答：
  - 因业不失——已生为因，不可舍也。得圣无漏，方倾善习。
  - 无作体失——今所舍者，止是本体。更不相续。
  - 引证——故《杂心》云：言舍戒者，戒身种类灭也。”

◀《戒疏》云——“作法舍中，具缘有五
- 初是住自性者。
- 二所对人境。如多论云。若无出家人，随得白衣外道相解者成。
- 三有舍心。
- 四心境相当。如律，中边不领前人不解，并不成舍。
- 五一说便成。”

◀《戒疏》云
- 叙机劣——“所以开者。凡夫退位，知何不为？带戒犯非，业则难拔。
- 显开意——故开舍戒，往来无障。
- 结叹权巧——即是大圣善达机缘，任物垂教，号法王也。”

甲二、戒相

▲《事钞》云：“戒相者。威仪行成。随所施造，动则称法，美德光显，故名戒相。”

戒相有二义。一约行为相。二以法为相。事钞标宗显德篇中，“约行为相”，即此略文也。事钞随戒释相篇中，“以法为相”，即今编《持犯篇》所引据也。

甲三、结劝

▲《芝苑》云："每以两端开诱来学。一者入道须有始。二者期心必有终。言有始者。即须受戒，专志奉持。令于一切时中，对诸尘境，常忆受体，著衣吃饭、行住坐卧、语默动静，不可暂忘也。言其终者，谓归心净土，决誓往生也。以五浊恶世末法之时，惑业深缠，惯习难断，自无道力，何由修证。故释迦出世五十余年，说无量法，应可度者，皆悉已度。其未度者皆亦已作得度因缘。因缘虽多，难为造入。唯净土法门是修行径路。故诸经论偏赞净土。佛法灭尽，唯无量寿佛经百年在世。十方劝赞，信不徒然。"

附表一：律祖略史

- 出生——隋文帝开皇十六年丙辰四月八日，律祖生于京兆。曾祖陈朝驸马都尉。祖陈留太守，父名士申，吏部尚书。母姚氏。十岁遍览群书。十二岁善闲文藻。
- 出家——昔在童稚，即有信心。年十有五，喟然叹曰：“世间荣禄，难可常保。”因往事日严寺慧頵和尚。十六岁两旬之间，诵《法华经》一部。十七岁剃落。
- 受具——二十岁奉诏，依智首律师受具。顶戴宝函，绕塔行道感舍利降函，乃进受具戒。
- 住山——二十一岁，天下大乱，遂入终南山习禅，兼阅律典。
- 习律——二十六岁依首律师听习律藏。先后听二十一遍，时经六载。三十一岁，六月间，创制《行事钞》。
- 游方
  - 三十二岁思往关表，以广见闻，于和尚前跪陈行意，和尚流涕。是年周游讲肆。
  - 三十五岁远观化表，北游并晋，东达魏土。依法砺律师，始得一月，遂及物故。
- 隐居——五十一岁始隐居终南山丰德寺，摈影不出，十有二载。
- 弘护
  - 六十三岁，高宗为皇太子，建西明寺，诏为上座，乃居京师。
  - 七十二岁，乾封二年二月八日，创筑戒坛于终南山净业寺，出《戒坛图经》一卷。
- 示寂
  - 二月末，数感天人相寻，撰《律相感通传》一卷。季春，感灵，出《祇洹寺图经》二卷。
  - 十月三日，设“无遮大会”。午时，道俗咸闻天乐异香，律祖敛容迁化。

（附）律祖著述

- 戒律——《四分律删繁补阙行事钞》、《四分律删补随机羯磨疏》、《四分律比丘含注戒本疏》。
- 观行——《净心诫观法》、《释门归敬仪》。
- 护法——《续高僧传》、《广弘明集》、《集古今佛道论衡》。
- 感通——《集神州三宝感通录》、《律相感通传》、《感通录》。

附表二：明发起“上品心”法

（一）自利行：云何尊重己灵？谓我现前一心，直下与释迦如来，无二无别。云何世尊无量劫来，早成正觉，而我等昏迷颠倒，尚做凡夫？又佛世尊则具有无量神通，智慧、功德庄严，而我等则但有无量业系烦恼、生死缠缚。心性是一，迷悟天渊。静言思之，岂不可耻？譬如无价宝珠，没在淤泥，视同瓦砾，不加爱重。是故，宜应以无量善法对治烦恼。修德有功，则性德方显。如珠被濯，悬在高幢，洞达光明，映蔽一切。可谓不孤佛化，不负己灵。

（二）利他行：云何念众生恩？谓我与众生，从旷劫来，世世生生，互为父母，彼此有恩。今虽隔世昏迷，互不相识，以理推之，岂无报效？今之披毛戴角，安知非昔为其子乎？今之蠕动蜎飞，安知不曾为我父乎？每见幼离父母，长而容貌都忘，何况宿世亲缘，今则张王难记，彼其号呼于地狱之下，宛转于饿鬼之中，苦痛谁知？饥虚安诉？我虽不见不闻，彼必求拯求济。非经不能陈此事，非佛不能道此言。彼邪见人，何足以知此？是故，菩萨观于蝼蚁，皆是过去父母，未来诸佛，常思利益，念报其恩。

（三）护法行：云何令正法久住？谓我世尊无量劫来，为我等故，修菩提道，难行能行，难忍能忍，因圆果满，遂至成佛。既成佛已，化缘周讫，入于涅槃。正法、像法，皆已灭尽，仅存末法，有教无人，邪正不分，是非莫辩；竞争人我，尽逐利名，举目滔滔，天下皆是。不知佛是何人？法是何义？僧是何名？衰残至此，怠不忍言，每一思及，不觉泪下！我为佛子，不能报恩。内无益于己，外无益于人。生无益于时，死无益于后。天虽高，不能覆我，地虽厚，不能载我。极重罪人，非我而谁？由是痛不可忍，计无所出，顿忘鄙陋，忽发大心。虽不能挽回末运于此时，决当图护持正法于来世。是故，偕诸善友，同到道场，述为忏摩，建兹法会。发四十八之大愿，愿愿度生；期百千劫之深心，心心作佛。从于今日，尽未来际，毕此一形，誓归安养，既登九品，回入娑婆。俾得佛日重辉，法门再阐，僧海澄清于此界，人民被化于东方 ，劫运为之更延，正法得以久住，此则区区真实苦心。

——恭录省庵大师《劝发菩提心文》

附表三：“明发戒多少”表解

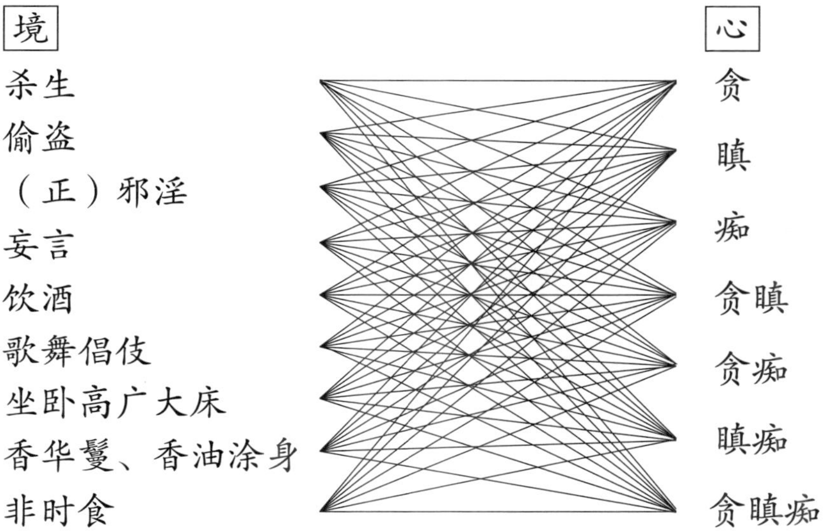

《南山律在家备览·持犯篇》导读大纲

- 持犯总义
  - 第一课：约三性犯
  - 第二课：将心望境辨犯
  - 第三课：方便趣果
  - 第四课：阙缘不成
  - 第五课：广斥愚教
- 返妄归真
  - 性戒
    - 第六课：杀戒
    - 第七课：盗戒
    - 第八课：淫戒
    - 第九课：妄语戒
  - 遮戒
    - 第十课：遮戒

《南山律在家备览·持犯篇》导读讲义

第一课 持犯总义

▲《资持》云“化制两教，辨业天乖。制则从教重轻。化则论心浓薄。教唯楷定，缘具则例入刑科。心既不常，动发则须分体性。因果既异，化制斯分。必昧宗途，未穷业本。故先料简，委示来蒙。”

- 甲一、明起业之源
- 甲二、约三性示相
- 甲三、结示伤叹

甲一、明起业之源

◀《事钞》云
- 示业本——“起业要托三毒而生。然毒之所起，我心为本。此义广张，行人须识，如忏法中具明业相。”
- 正叙重轻
  - 示犯报分齐——“今略述起罪必约三性而生，受报浅深并由意业为本。”
  - 引文显相——故明了论解云。破戒得罪轻重不定。

制轻业重　以重心破轻戒得罪重
- 无惭心
- 邪见心
- 不信心
  - 不信圣教
  - 不信果报
- 疑惑心
  - 疑圣教
  - 疑果报

制重业轻　以轻心破重戒得罪轻
- 有惭心
- 无邪见心
- 有信心
  - 信圣教
  - 信果报
- 无疑惑心
  - 不疑圣教
  - 不疑果报

甲二、约三性示相

- 乙一、善心
- 乙二、不善心
- 乙三：无记心

乙一、善心

▲《资持》云“初善心者，虽非粗恶，然是无知。结业乃轻，违制无别。”

◀《事钞》云
- 好心犯盗：“如僧祇中。知事暗于戒相，互用三宝物。随所违者，并结上罪。
- 慈心犯杀：或见他厌生，与其死具。看俗杀生，教令早与，勿使苦恼。此并慈心造罪，而前境违重。
- 示犯所以：不以无知便开不犯，由是可学，皆结根本。”

乙二、不善心

▲《资持》云“次不善心者，谓贪瞋痴三毒所起单复等分，鼓发七支故。”

◀《事钞》云
- 通叙
  - “识知戒相，或复暗学。
  - 轻慢教网，毁訾佛语。
- 引示——如明了论述云。有四种粗恶意犯罪
  - 一者浊重贪瞋痴心
  - 二者不信业报
  - 三者不惜所受戒
  - 四者轻慢佛语
  - ——故心而造，而得重果
- 结示——以此文证。由无惭愧，初无改悔，是不善心。”

乙三、无记心

◀《资持》云
- “初纵放者谓泛尔无记，
- 次约睡狂即昏迷无记。”

- “元非摄护，随流任性。意非善恶，泛尔而造。并通摄犯，唯除恒怀护持，误忘而造。此非心使，不感来果。”
- “非即如上。前为方便，后眠醉狂遂成业果，通前结正。并如论中无记感报。”
- “问：无记无业，云何有报？
- 答：解有二
  - 约方便释——初言感报者。谓先有方便，后入无记，业成在无记心中故言感报，而实无记非记果也。
  - 约总别两报释——二者不感总报，非不别受。如经中，头陀比丘不觉杀生、彼生命过堕野猪中，山上举石即因崩下还杀比丘。如成论中，睡眠成业，是无记业。”

“问：如前无记有不犯者，其相如何？

问：
- 学人 — 谓学知戒相，善达持犯。心常兢厉。偶尔忘迷、由非意缘，故开不犯。如扶持木石，失手杀人。如是等缘、并非结限。
- 非学人 — 反上所怀，并结正犯。”

甲三、结示伤叹

◀《事钞》云
- 示生死长久 — “然则业苦绵积、生报莫穷。
- 嗟毁犯陷坠 — 虚纵身口，污染尘境。既无三善可附，唯加三恶苦轮。
- 正叹 — 以此经生，可为叹息。”

第二课 不杀生戒

◎不杀生戒总科判表：

- 甲一、犯境
- 甲二、犯相
  - 乙一、列缘
  - 乙二、随释
    - 丙一、广辨杀相
      - 丁一、自作教人
      - 丁二、用语破国
      - 丁三、赞死
      - 丁四、自杀
    - 丙二、别明非畜
- 甲三、不犯

甲一、犯境

▲《事钞》云：“人者，律云：从初识至后识，而断其命也。”（初识者，谓初识在胎，犹自凝滑，是识所依。乃至命终最后一念，未舍执持，随暖坏者是也。）

甲二、犯相

乙一、列缘

▲《事钞》云：“犯缘具五。一是人。二人想。三起杀心。四兴方便。五命断。”

乙二、随释

- 丙一、广辨杀相
- 丙二、别明非畜

丙一、广辨杀相

- 丁一、自作教人
- 丁二、用语破国
- 丁三、赞死
- 丁四、自杀

丁一、自作教人

◀《事钞》云
- 自杀
  - 标示——四分云。杀有二种。一者自杀。
  - 列相——谓身现相，口赞死相，坑陷，倚拨，若安杀具，及以与药等。
- 教人
  - 标示——二教他而杀。随其前使。
  - 列相——若教叹，教遣使，往来使，重使，展转使，求男子，教求男子，遣书，教遣书等。
  - 总示——并任方便，但令命终称本期者。三性之中，能教重犯。

丁二、用语破国

▲《事钞》云："萨婆多。比丘知星历阴阳吉凶。由比丘语，征破异国，杀害得财，皆犯盗杀二上罪。优婆塞例同。"

丁三、赞死

◀《事钞》云

- 萨婆多。若为一人赞死，此人不解。边人解用此法死者，无犯。
- 今多有人自焚。多有愚丛七众赞美其人，令生欣乐，并如律本结重。

丁四、自杀

▲《事钞》云："五分四分，自杀者中罪。谓结其方便。"

行宗云："今亦有人，不知所以，自投焚溺，欲冀超升。苦因未除，宁亡三有之报，死而无悔，实唯一勇之夫。将谓永灭不生，焉知此没彼出。固当勤修三学，广运四弘。诵持方等大乘，系念诸佛嘉号。冀龙华而得度，指安养为所归。深厌死生，善识因果。欲除苦本，其要在兹。"

丙二、别明非畜

《戒本注》云

- "若杀非人，若畜生有智，解于人语，若能变形，方便杀者并中罪。不死者下罪。
- 畜生不能变形，若杀者下罪。"

若知水中有虫，或用或饮者。亦应准此而结下罪，随所用所饮一一犯也。

甲三、不犯

◀《事钞》云

- 误失 — “不犯中。律云：若掷刀杖瓦石材木，误着彼身而死。
- 看病 — 及扶抱病人而死。或以药食及以来往出入而死者。一切无害心，不犯。”

第三课 不偷盗戒

◎不偷盗戒总科判表：

- 甲一、犯境
- 甲二、犯相
  - 乙一、列缘
  - 乙二、随释
    - 丙一、有主物
    - 丙二、有主想
    - 丙三、有盗心
    - 丙四、是重物
    - 丙五、举离处
- 甲三、不犯

甲一、犯境

▲《事钞》云：“初犯境之中。谓六尘六大，有主之物，他所吝护。非理致损，斯成犯法。”

甲二、犯相

- 乙一、列缘
- 乙二、随释

乙一、列缘

▲《戒疏》云：“此戒五缘：初、是人物。二、人想。三、是重物。四、有盗心。五、举离处。”

乙二、随释

- 丙一、有主物
- 丙二、有主想
- 丙三、有盗心
- 丙四、是重物
- 丙五、举离处

丙一、有主物

- 丁一、三宝物
- 丁二、别人物
- 丁三、非畜物

丁一、三宝物

- 戊一、佛物
- 戊二、法物
- 戊三、僧物

戊一、佛物

◀《戒疏》云

- “言佛物中有四差别。”
- “初佛受用物者
  - 示物相：如堂宇衣服及以金石泥土曾为佛像之所受用者，不得差互常拟供养，生世大福。
  - 引律证：故律云。若是佛园坐具等者，一切天人供养，同塔事故。
  - 征所以：所以不许者。莫不即体法身之相。表处是深，不得轻故。”

  疏言：“不得差互”者。虽此等物朽烂破坏，不许卖此，转制他物而供养佛。惟应别制新物，供佛受用。于其烂坏之物仍旧存奉，不可弃毁或取贩卖。故《事钞》引《宝梁经》云，乃至风吹雨烂，不得贸宝供养。
- “二属佛物。所以得转者，由本施主通拟佛用，故得货易。不同前者曾为胜相，故唯一定也。”

  疏言“得转得货易”者。于此属佛之钱宝田园人畜等物、可以随宜贩卖、买取供养具等而供养佛。

  此云属佛物，与前段所云佛受用物有异。因钱宝田园人畜等物，不堪受用，但可系属，故云属佛物耳。西竺布施者，或通施三宝，或别指施佛施法施僧。别指施者，各有所属，不得互用。今云属佛物，即是别施佛者。虽许转贸，而所易得者仍属于佛，不容有滥。
- “三供养物。以幡华等得货易者，事同属佛，可以义求。”

  供养物者即是香灯华幡供具之物。疏言以幡华等得货易者，此亦有别。华等可以转贸他物供佛，与前属佛物同。若幡等唯可转变，不可转贸。

  故《资持》云，若佛幡多得作余佛事者、谓改作缯盖幢幔等物，然曾供佛体不可变，不同前华可持转贸。
- “四献佛物者。开待卫者用之、义同佛家之所摄故。”

戊二、法物

◀《戒疏》云
- "言盗法物亦有四。"
- "一法所受用者
  - 出物体：谓纸素竹木上书经像，或箱函器幞曾经盛贮，克定永施，不许改转。此则一定，敬同圣教。
  - 示所以：皆是灭理之所依持。故有损益，并望涅槃而生罪福。
  - 出谬见：有人无识，烧毁破经。我今火净，谓言得福。
  - 据文斥：此妄思度。半偈舍身著在明典，两字除惑，亦列正经。何得焚除，失事在福也。"
- "余之三相，可以准前。"

戊三、僧物

僧物有四。一、常往常住物，亦名四方僧物。二、十方常住物，亦名现前常住物。三、现前现前物，亦名当分现前物。四、十方现前物。

◀《戒疏》云
- “就僧物中则有四别。”
- “一、常住常住物
  - 出物体——如堂宇田园人畜米面。
  - 示名义——属处已定，不可分割。必欲惠给余寺，羯磨和与，若直送者是名盗损。
  - 明结犯——或有主掌自盗，不望十方不满，随取计五，便与极重。”
- “二、十方常住物
  - 列物体——如饭饼等现熟之食。
  - 示别名——本拟十方闻声同饭。
  - 明犯相——有盗此食，望护结重。望僧结轻，以僧分业无满五故。”
  - “问：声钟告集，是僧皆饭。未知他寺奴畜得否？
  - 答：
    - 判定——不合也
    - 释所以——僧具六和，随处皆是。人畜别属，义非通使，使既是局，食亦如之。”
- “三、现前现前物。如今诸俗以供养僧，无问衣药房具，并同现前僧也。”
- “四、十方现前物。如僧得施及五众亡物。”

◀《事钞》云
- 推过重——“然盗通三宝，僧物最重。
- 示重相——随损一毫，则望十方凡圣一一结罪。
- 引文示——故诸部五分中。多有人施佛物者。佛并答言，可以施僧，我在僧数，施僧得大果报。
- 引经文——又《方等经》云。五逆四重我亦能救，盗僧物者我所不救。
- 指略——余如日藏分僧护传等经广陈。”

丁二、别人物

- 戊一、掌主损失
- 戊二、明被贼
- 戊三、明盗相

戊一、掌主损失

◀《戒疏》云
- 指广——“初中。妙同钞引。
- 引善见——《善见论》中。若守护财物，谨慎不懈，而有盗者私窃而取，或强逼取，皆望本主结者，以非护主能禁之限故也。
- 明慢藏——若反此者，守物须偿，以本盗人欺守护故，是须还他。若不还犯。”

戊二、明被贼

◀《戒疏》云
- 总举——“二被贼夺者。如钞所引，义张二位，谓现不现。结罪时，当随二主心绝已否。
- 别列
  - 若财主已绝，贼主得定，此不可夺，如律贼复夺贼。
  - 二财主虽定，贼主不定，此则可夺，以缘不具故。
  - 三财主迟疑，贼主已定，此不得夺，以缘成故，何问本主。
  - 四俱不定，此则收得，由心不定，业非通畅故也。

（以上四句）今以四句可约判之。”

戊三、明盗相

◀《戒疏》云
- “三就所盗。略举通收，情非情道，并摄尽矣。”
- “如明了论解云。盗义极多。且约六根起非法行，若偷六大亦犯重罪。”
  - 六根
    - 眼盗色：如诸仙人是曾行师，有人蛇螫，作仙人书见者皆愈，然须价直。比丘被害偷看，不问损与不损，看时即犯。以此例诸秘方要术不许人传，偷见违恼，何啻在五。所谓眼盗。下根例之。
    - 耳盗声：如诵咒治病，欲学须直，比丘密听计直犯重。
    - 略指三尘：偷嗅尝触亦例此知。
    - 意盗法：若要方术病缘即差，得直方与得直听写，比丘受学心缘得差不与价直故犯重也。
  - 六大
    - 略指前三：“次约六界。前地水火可知。
    - 引释后三
      - 盗风：如律中有咒扇药涂，比丘偷摇不与价直，是谓盗风。
      - 盗空：若起阁斜临，妨他起造，是名盗空。
      - 盗识：智者识界也，人有伎俩不空度他得直方与，比丘方便就他学得不与价直，即盗识也。识不可盗，以无形故，但可从缘盗其智用耳。”

丁三、非畜物

◀《戒疏》云
- “三明非畜物者。如上立义已明。
- 可寻钞中罪轻重也。”

丙二、有主想

◀《事钞》云
- 标成犯缘——“二明有主想。
- 简阙缘
  - 本迷——若作无主想，始终不转，无罪。
  - 转想——前后互转，互得轻重。”

丙三、有盗心

《四分》明十种盗心：“一黑暗心、二邪心、三曲戾心、四恐怯心、五常有盗他物心、六者决定取、七寄物取、八恐怯取、九见便取、十倚托取。”

丙四、是重物

◀《事钞》云
- “萨婆多。问曰：盗五钱成重，是何等之钱？
- 答：有三解
  - 初云。依彼王舍国法，用何等钱，准彼钱为限。
  - 二云。随有佛法处，用何等钱，即以为限。
  - 三又云。佛依王舍国盗五钱得死罪，依而结戒。今随有佛法处，依国盗几物断死，即以为限。
- 虽有三释，论师以后义应是。”

丙五、举离处

▲《事钞》续云：“一文书成辨离处、二言教立、三移标相、四堕筹、

五异色、六转齿、七离处明不离处、八不离处明离处、九无离处辨离处、十杂明离处。”

甲三、不犯

◀《事钞》云
- 引五想 — “三明不犯中。四分云。与想取，己有想，粪扫想，暂取想，亲厚意者。皆无犯。”
- 别释第五 — “第五律中。具七法名亲厚。一难作能作。二难与能与。三难忍能忍。四密事相告。五互相覆藏。六遭苦不舍。七贫贱不轻。
- 结显 — 如是七法，人能行者，是善亲友。准此量之。”

第四课　不邪淫戒

◎不邪淫戒总科判表：

- 甲一、犯境
- 甲二、犯相
  - 乙一、列示犯缘
  - 乙二、料简杂相
- 甲三、不犯

甲一、犯境

◀《事钞》云

- 列境相——“四分中。犯境
  - 谓人、非人（天子鬼神等）畜生三趣。
  - 据报则男女二形。
  - 据处则女人三道谓大小便及口，男子二道。”
- 定犯分齐——“此等淫处。若觉，睡眠。若死未坏，少坏。但使入淫处如毛头，皆上罪。
- 不开疑想——律云。牛马猪狗雁鸡之属。莫问心怀想疑，但是正道皆重。”

甲二、犯相

- 乙一、列示犯缘
- 乙二、料简杂相

乙一、列示犯缘

◀《事钞》云
- 自造
  - “次成犯相有二缘：一、自有淫心向前境，纵有裹隔互障，但入如毛头，结成大重。
  - 具四缘成。一、是正境男则二道女则三处 二、兴染心谓非余睡眠等 三、起方便。四、与境合。便犯。”
- 怨逼
  - 示相
    - “二者、若为怨逼，或将至前境或就其身，佛开身会制令不染。
    - 亦具四缘。一、是正境不问自他二、为怨逼。三、与境合。四、受乐。便犯。”
  - 护心法
    - “善见云。淫不受乐者。如以男根纳毒蛇口中及以火中，是不染之相。”

“一缺初缘非道，道想及疑，得二中罪。

◀《戒疏》云
- 缺第二缘。无染心者，则无有犯，谓入无记及明观故。
- 缺第三缘。未起方便，威仪不破，但犯下罪。若动身相，则有次近二方便耳。
- 缺第四缘。未与境合，有二中罪。从破容仪去至对境，犯轻中罪。
- 从境交对，毛分未侵，便止心者，得重中罪。”

乙二、料简杂相

▲《资持》云：“邪淫者，俱舍有四。一、他妻。二、自妻非道大便道口道。三、非处非房室中。四、非时怀胎乳子受八斋时。”

甲三、不犯

◀《事钞》云："三明不犯中
- 无记：若睡眠无所觉知（谓开怨来逼己身分）
- 对治：不受乐（谓开怨家将造他境）
- 非意：一切无有淫意（无爱染污心故）

并不犯"

第五课 不妄语戒

◎不妄语戒总科判表：

- 甲一、明大妄
  - 乙一、犯相
    - 丙一、列缘
    - 丙二、随释
  - 乙二、不犯
- 甲二、示四过
  - 乙一、小妄语
  - 乙二、恶口
  - 乙三、两舌
  - 乙四、绮语

甲一、明大妄

丙一、列缘

▲《事钞》云：“具九缘。一对境是人。二人想。三境虚。四自知境虚。五有诳他心。六说过人法。七自言已证。八言章了。九前人解。”

丙二、随释

◀《事钞》云
- 引犯相 “四分、十诵、多论云：从得不净观已上，至四果来。若云我得，皆犯重。
- 简互造 若现身相，前人不疑，同重。疑则中罪。”
- “又四分云。天龙鬼神来供养我等，亦同犯重。”
- “又云。欲向此说乃向彼说，一切皆重。”
- “摩得伽云，自称是佛，天人师等，中罪。”

乙二、不犯

▲《事钞》云：“不犯中。律云。若戏笑，若疾疾说，屏处独说，欲说此而错说彼等。皆不犯重。而犯下罪，以非言说之仪轨故也。”

▲《戒本云》：“除增上慢。”

甲二、示四过

乙一、小妄语

▲《资持》云：“小者对大为言。但离圣法已外,一切皆归此摄。大局小通，寻之可解。”

▲《事钞》云：“四分，不犯中，但称想说故不犯。文如注戒本中。”

乙二、恶口

▲《事钞》云：“律云。佛言。凡有所说，当说善语，不应恶语便自热恼。乃至畜生闻毁惭愧，况于人也。”

▲《事钞》云：“不犯中。相利故说，为法故说，为律故说，为教授故说，为亲友故说。上皆内无嫌恨，慈济故示恶语。或因语次失口，或误说等。皆不犯。”

乙三、两舌

▲《资持》云：“两即所说之境，舌乃成言之具。疏云。此本翻译颇是质陋，现翻为离间语斯为得矣。”

▲《事钞》云：“律云。两舌者彼此斗乱令他破也。”

▲《事钞》云：“律不犯者，破恶知识，恶伴党等。”

乙四、绮语

▲《资持》云：“言绮语者。古德释云。如世绵绮交错成文。或云绮侧语，言乖道理故名绮侧。亦名无义语。”

▲《事钞》云：“成论。语虽是实语，以非时故，即名绮语。或虽是时，以随衰恼；无利益故。虽复利益，以言无本，义理不次，皆名绮语。”

▲《事钞》云：“不犯者，若小语错误等一切不犯。”

第六课 增上戒法

◎增上戒法总科判表：

- 甲一、饮酒
  - 乙一、犯相
    - 丙一、列缘
    - 丙二、随释
  - 乙二、不犯
- 甲二、过中食
  - 乙一、犯相
    - 丙一、列缘
    - 丙二、随释
  - 乙二、不犯
- 甲三、高大床
- 甲四、严身
- 甲五、歌舞

甲一、饮酒

▲《事钞》云："律云：若以我为师者，乃至不得以草木内酒中，滴口。因说酒有十过。"

《四分律》："饮酒有十过失：一颜色恶、二少力、三眼视不明、四现瞋恚相、五坏业资生、六增疾病、七益斗讼、八无名称、九智慧少、十命终堕三恶道。是为十。"

乙一、犯相

丙一、列缘

▲《戒疏》云：“三缘：一是酒。二是无重病缘。三饮咽便犯。”

饮咽犯，须论咽咽者，随一咽结一罪，多咽结多罪。

丙二、随释

◀《事钞》云
- 示物体：“《四分》中：但使是酒乃至草木作者无酒色香味，若非酒而有酒色香味，并不合饮。若酒煮和合食饮一切犯。若甜醋酒，食曲，酒糟亦犯。”
- 明疑想：“《四分》：若酒，作酒想若疑，若无酒想。皆犯。莫非取境犯。谓前有方便。”

乙二、不犯

▲《事钞》云：“律不犯者。若病，余药治不差，以酒为药。若用身外涂创。一切无犯。”

▲《戒疏》云：“余药不治，酒为药者。非谓有病即得饮也。故须遍以余药，治之不差，方始服之。”

甲二、过中食

乙一、犯相

丙一、列缘

▲《事钞》云："四缘：一是非时。二非时想。三时食。四咽咽犯。"

丙二、随释

◀《事钞》云
- "律云。时者，明相出乃至日中。非时者，从日中乃至明相未出。
- 僧祇。日正中时，名时非时，若食亦犯。时过如一瞬一发，食者正犯。"

前列缘中，云时食者，如疏钞所谓，豆谷乳酪饼果饭菜及米汁粉汁等，从明相出至于日中，圣教所许，故名时食。非时，不许妄服。

若清澄之果汁，及蜜等，并一切咸苦辛甘不任为食之药如胡椒黄芪等，以上三类不名时食，若有病者，以水和合，非时开服。

▲《事钞》云："《五百问》云。食已，用杨枝，或灰漱口。"

乙二、不犯

◀《事钞》云
- "律不犯者
  - 若作黑石蜜，和米作。
  - 有病者，煮麦令皮不破，漉汁饮。
  - 若喉中哯出，还咽不犯。
- 善见，出喉还咽，犯。"

▲《事钞》云："僧祇，一切豆谷麦，煮之头不卓破者之汁。"

准此，非时开饮，不唯麦汁，兼及豆谷。煮之须皮不破，漉汁清澄，病者开饮。若皮微破，汁稍浓浊，即属时食。慎之。

甲三、高大床

◀《事钞》云
- 引律示量：律云。高如来八指。多论，高大悉犯，俗人八戒亦同。
- 定尺数：八指者，一指二寸，姬周尺一尺六寸，唐尺一尺三寸强。

床者，凡坐卧诸床皆属之。床足用佛指量，佛指者每一指计周尺二寸。后段钞文，开搘脚木，用人指量，八指者每一指计周尺一寸。周尺体量，如附录中，周尺考委明。

▲《行宗》云："律云除入梐孔上、谓入孔枸头不在数也。"

▲《事钞》云："僧祇，若下湿处，用八指木搘脚得。上开搘脚木，用人八指量。准此下湿处搘床者，应开得在上礼佛，若搘高者不合也。"

礼佛世多处床者，今称为拜凳也。

甲四、严身

▲《资持》云："西土以华结鬘贯首及用香油涂身，以为美饰。此方须除带佩华璎脂粉涂面等。"

甲五 、歌舞

▲《业疏》云：“作倡伎乐者。倡谓俳优 ，以人为戏弄也 。乐谓金石八音之所奏也。伎通男女，即奏乐者。”

第七课 广斥愚教

- ◀《事钞》云
  - 倚滥毁伤：“今时不知教者，多自毁伤云此戒律所禁止，是声闻之法。于我大乘弃同粪土。犹如黄叶木牛木马，诳止小儿。此戒法亦复如是，诳汝声闻子也。”
  - 约理正破
    - 教逐机分
      - 叙教本融：“原夫大小二乘，理无分隔。”
      - 因机故异：对机设药，除病为先。
      - 引证：故鹿野初唱，本为声闻，八万诸天，便发大道。双林告灭，终显佛性，而有听众果成罗汉。
      - 准经显意：以此推之。悟解在心，不唯教旨也。
    - 三学次第
      - 推戒功
        - “故世尊处世，深达物机。凡所施为，必以威仪为主。
        - 但以身口所发事在戒防，三毒勃兴要由心使。今先以戒捉，次以定缚，后以慧杀，理次然乎。”
      - 斥诳妄
        - “今有不肖之人，不知己身位地。妄自安托云是大乘，轻弄真经，自重我教。
        - 即《胜鬘经》说。毗尼者即大乘学。《智论》云，八十部者即尸波罗蜜。
        - 如此经论，不入其耳，岂不为悲？”
    - 相非灭法
      - 引经：“故《百喻经》云。昔有一师，畜二弟子，各当一脚随时按摩。其大弟子，嫌彼小者，便打折其所当之脚。彼又嫌之，又折大者所当之脚。
      - 法合：譬今方等学者非于小乘，小乘学者又非方等。故使大圣法典，二途兼亡。
      - 显验：以此证知，今自目睹。”
  - 示意结劝：“恐后无知初学，为彼尘蒙。故曲引张，犹恐同染。悲夫！”

《南山律在家备览·忏悔篇》导读讲义

第一课 忏悔法门

- 甲一、释名
- 甲二、制意
- 甲三、功过
- 甲四、行法

甲一、释名

▲《资持》云：“梵云忏摩，此翻悔往。有言忏悔，梵华双举。准业疏云，取其义意谓不造新，忏谓止断未来非，悔谓耻心于往犯。有将忏字训首训鉴，义虽通得，华梵须分。”

甲二、制意

◀《事钞》云
- 叙忏意——“夫结成罪种，理须忏除，则形清心净。
- 引劝
  - 引论 故萨婆多云，无有一法，疾于心者。
  - 申劝 不可以暂恶，便永弃之。故须忏悔。”

甲三、功过

◀《事钞》云
- 示罪报——“《涅槃》云：犯四重者，生报即受。
- 明犯心
  - 约护法说破为不破——若披法服，犹未舍远。常怀惭愧，恐怖自责。其心改悔，生护法心，建立正法，为人分别。我说是人不为破戒。
  - 约坏法说为犯——若犯四重，心无怖畏惭愧发露。于彼正法，永无护惜建立之心。毁呰轻贱，言多过咎。若复说言，无佛法僧。并名趣向一阐提道。
- 示悔法
  - 标问——云何是业能得现报，不未来受？
  - 答释
    - 忏者现报即受——谓忏悔发露，供养三宝，常自呵责。以是善业，今世头目等痛、横罹死殃、鞭打、饥饿。
    - 不忏者生报方受——若不修身戒心慧，反上诸法，增长地狱。”

甲四、行法

乙一、化制通局

- 化教 — 二忏通大小乘 — 通被二众 — 具兼两忏 — 所犯罪通悔三世 — 总牒十业
- 制教 — 局小宗 —局道众 — 局事行 — 局现犯 —局名体

乙二、制教忏法

◀《事钞》云
- 标局——“若论律忏，唯局道众。
- 释局所以——由犯托受生，污本须净。
- 示立忏之法——还依初受，次第治之。”

乙三、化教忏法

◀《事钞》云
- 叙忏意 —— “若据通忏，理事二别。”
- 理忏
  - 标根性 —— “理据智利。
  - 示观行
    - 所观境 —— 观彼罪性。
    - 能观智
      - 由妄覆心，便结妄业。还须识妄，本性无生。
      - 念念分心，业随迷遣。”
- 事忏
  - 标机宜 —— “若论事忏，属彼愚钝。
  - 示忏法
    - 不堪理观 —— 由未见理，我倒常行，妄业翳心，随境缠附，动必起行，行缠三有。为说真观，心昏智迷。
    - 正明事忏
      - 止得严净道场，称叹虔仰，或因礼拜，或假诵持，旋绕竭诚，心缘胜境。
      - 则业有轻重，定不定别。
      - 或有转报，或有轻受。
      - 并如佛名方等诸经所明。”

- “时”“报”俱定（三时俱有心 并俱重心）——不可不受，则转重令轻。
- “时”定（三时俱有心）“报”不定（虽俱有心 容有重轻）——忏悔可转，则有相除。
- “时”不定（非三时俱有心）“报”定（有心者俱重心）
- “时”“报”俱不定（非三时俱有心 有心者非俱重心）
  - （以上二者）此造业轻，易忏伏也。

附录 明忏悔时“目足相资”义

◎原文

以要言之：一切罪相，无非实相。十恶、五逆、四重、八邪，皆理毒之法门，悉性染之本用。以此为能忏，即此为所观。惑智本如，理事一际。能障所障皆泯；能忏所忏俱忘。终日加功，终日无作。是名无罪相忏悔；亦名大庄严忏悔；亦名最上第一忏悔。

以此无生理观为忏悔主，方用有作事仪为忏悔缘。其事仪者：即五体投地，如泰山颓；克责己心，语泪俱下；挫情折意，首罪心哀。如此事行既勤，理观弥进。

如洗涤之法，虽净在清水。若不加之灰皂，垢腻难除。故正助合行，如目足相假。岂独灭罪？既能证真，故六根忏悔若成，六根清净可获。若不以圆观为主，则不名大乘忏法。纵能灭罪，止免三涂；纵能生善，不出三界。先知此意，然诵其文，俾在兼行取成大益也。

——四明尊者《修忏要旨》

◎脉络分析

- 以要言之：一切罪相，无非实相。
- 十恶、五逆、四重、八邪
  - 皆理毒之法门
  - 悉性染之本用
- 以此为能忏，即此为所观
- 惑智本如，理事一际
  - 能障所障皆泯
  - 能忏所忏俱忘
- 终日加功，终日无作
  - 是名无罪相忏悔
  - 亦名大庄严忏悔
  - 亦名最上第一忏悔

- 以此无生理观为忏悔主，方用有作事仪为忏悔缘。
- 其事仪者：即
  - 五体投地、如泰山颓
  - 克责己心，语泪俱下
  - 挫情折意，首罪心哀
- 如此事行既勤，理观弥进

- 如洗涤之法，虽净在清水。若不加之灰皂，垢腻难除。故正助合行，如目足相假。岂独灭罪？
- 既能证真，故六根忏悔若成，六根清净可获。若不以圆观为主，则不名大乘忏法。纵能灭罪，止免三涂；纵能生善，不出三界。
- 先知此意，然诵其文，俾在兼行取成大益也。

《南山律在家备览·别行篇》导读讲义

第一课 敬佛仪相

- 甲一、先示敬仪
- 甲二、正明敬相

甲一、先示敬仪

- 受用功胜——“若塔庙支提受用之物，乃至拟造堂殿床座材石等，已经佛像受用者。纵使风吹雨破，当奉敬之，如形像无异。”
- 承事感报
  - 《增一》云。告诸比丘。礼佛承事有五功德
  - 一者端正：以见佛像，发欢喜心。
  - 二者好声：由见形像，口自称号南无如来、无所著、至真、等正觉。
  - 三多财报：由以华香供施故。
  - 四生长者家：由见形已，心无染著，志心礼故。
  - 五命终生天。

- ◀《事钞》云
  - 对境用心
    - 《智论》云
      - 总标：若闻诸佛功德心敬，尊重恭敬赞叹。
      - 牒释：
        - 知一切众生中，德无过上，故言“尊”也。敬畏之心，过于父母师长君王。利益重故，故云“重”也。
        - 谦逊畏难，故云“恭”。
        - 推其智德，故云“敬”。
        - 美其功德，为“赞”。
        - 赞之不足，又称扬之，为“叹”。
      - 又云
        - 举喻：植佛福田者，植谓专心坚著也。
        - 法合：随以一善，礼诵香华等，至佛无尽。由智胜故。
  - 入塔法
    - 毗尼母：不得着革屣入塔绕塔。富罗不得入塔者，彼土诸人着者，皆起慢心，故不听着。寒雪多处听着靴、富罗。
    - 三千云
      - 明绕法
        - 绕塔法：一、低头视佛，二、不得蹈虫，三、不左右视，四、不唾地，五、不与人语。
        - 明用心：又当念佛，恩大难报，念佛智慧，念佛经戒，念佛功德，念佛精进乃至泥洹。
      - 明用心
        - 又念僧恩、师恩、父母恩、同学恩。
        - 又念一切人，皆使解脱离苦。
        - 又念学慧，除其三毒，求出要道。
        - 见塔上草，念手去之。有不净，即分除之。
        - 若天雨，当脱履塔下，乃上礼佛。
  - 环绕法
    - 息嫌疑：五百问云：比丘绕塔，女众随者，不得。有优婆塞，不犯。
    - 示绕法：大论：如法供养法，必应右绕。
    - 明礼辞：
      - 《善见》云：辞佛法，绕佛三匝，四方作礼而去。
      - 合十指爪掌，叉手于顶上，却行。绝不见如来。更复作礼，回前而去。

甲二、正明敬相

- 乙一、总斥非法
- 乙二、坐立差异

乙一、总斥非法

- ◀《事钞》云
  - 通斥轻慢之相
    - 斥非致毁
      - 叙合敬：佛像经教住持灵仪，并是我等所尊敬，则至真齐观。
      - 正斥
        - 今多不奉佛法。
        - 并愚教网，内无正信，见不高远，致亏大节。
        - 或在形像之前，更相戏弄，出非法语；举目攘臂，偏指圣仪；或端坐倨傲，情无畏惮；虽见经像，不起迎奉。
        - 致令俗人轻笑，损灭正法。
    - 引教申诫
      - 引文：故僧祇中："礼人不得对于佛、法。乃至悬施幡盖，不得蹈像，别施梯凳。"以此文证，明敬处别。
      - 申诫
        - 勉慎：既知多过，弥须大慎。
        - 示法：至堂殿塔庙，如履冰临深，睹形像经教，必慑然加敬。
        - 彰益：此道俗通知奉法，贤圣达其信心。
        - 举况：且如对王臣令长，事亦可会，
        - 劝依：凡情难任，圣法宜遵。
  - 别斥居床设礼
    - 指非：比世中，多有在下床上礼佛者。
    - 正斥：此全无楷模。敬人尚自被责；敬佛自心在慢，有心存道者，必不行之。
    - 引亲传以验：余亲问天竺诸僧，诸国无有此法，来此方见。

乙二、坐立差异

◀《事钞》云–《智论》云
- 外道是他法，故轻佛，来至佛所，自坐。
- 白衣如客，故命坐。
- 一切出家五众，身心属佛，故立。
- 若得道罗汉，如舍利弗等，皆坐。三道以下，并不听坐，以所作未办，结贼未破故。

《归敬仪》云：“今有安坐像前，情无敬让。可谓无事受罪，枉坏身心。如上三果尚立，况下凡乎？像立而坐，弥是不敬。比今君父，可以例诸。

此言易矣，临机难哉。常志在心，努力制抑，方可改革。不尔，虽读，不救常习。思之！惟之！”

案白衣已受归戒者，似应同道众，立而不坐。与论云白衣如客者，异也。

▲《事钞》云：“十诵：得对佛加趺坐。”

第二课 入寺法式

- 甲一、入寺法
- 甲二、出寺法

甲一、入寺法

- 乙一、清信士法
- 乙二、清信女法

乙一、清信士法

《事钞》云：礼敬舍恶等法

- 总礼三宝——入寺门二拜，总礼三宝“今依祇洹旧法出。中国士民，凡至寺门外整服一拜，入门复礼一拜。安详直进，不左右顾眄。
- 礼佛——先至佛所，礼三拜竟，围绕三匝，呗赞三契。
  若未见佛供养，设见众僧不先与语。
- 礼僧——礼佛已。方至僧房户外，礼一拜。然后入见上座，次第至下，各礼一拜。

- 诫守慎
  - 叙诫若见是非之事，不得讥诃。若发言嫌责者，自失善利，非入寺之行。僧中亦不可识，事似俗阙，检意则殊。今以俗情检道，意诚非易。若以见僧之过，则不信心生，生便障道，终无出期。
  - 且初入寺，背僧取异，云何得作出家因缘？
  - 引证经云：夫入寺者，弃舍刀仗杂物，然后乃入。
- 示行法——顺佛而行，不得逆行。设缘碍左绕，恒想佛在我右。入出之时，悉转面向佛。”

◀《事钞》云

- 想念慎护等法
  - 念三宝——礼拜佛法僧者，常念体唯是一。何者？觉法满足，自觉觉他名“佛”。所觉之道名“法”。学佛道者名“僧”。则一体无别矣。
  - 始学时名僧，终满足名佛。僧时未免诸过，佛时一切恶尽一切善满也。今我未出家学道，名俗人。回俗即是道器。如此深思，我亦有道分，云何轻侮？宜志心归依，自作出家因缘者，是名围绕念佛法僧之大意矣。
  - 离诸过——低头看地，不得高视。见地有虫，勿误伤杀。不唾僧地。
  - 修净福——当歌呗赞叹。若见草土，自手除之。
- 有缘暂宿等法
  - 护毁损——若有因缘寺中宿者，不得卧僧床席，当以己物藉之。亦勿卧沙门被中。应自设供供养于僧。岂损他供，自害善器。
  - 除调戏——并调戏言笑，说非法事。
  - 不先卧——沙门未眠，不得先寝。为除憍慢故。
  - 敬僧坐处
    - 举况——又勿坐僧床席，轻侮僧故。俗中贵士之座，犹不许贱人升之。况出世高僧，辄便相拟。
    - 引证——是以经中，共僧同床，半身枯也。如是因缘，如别广说。
  - 不后起——若至明晨，先沙门起。修恭敬之行。”

◀《事钞》云
- 示入寺本意：“凡入寺之行，与俗人作入道之缘。建立寺者，开净土之因。供养僧者，为出离之轶也。”
- 明非法之相
  - 叙无知：今末法中，善根浅薄，不感圣人示导，仅知有寺而已，不体法意。都无敬重佛法超生因缘，供养福田，而来入寺也。如此者多，非谓全无敬信者。
  - 出非法
    - 叙无智造业
      - 多有人情来往，非法聚会。
      - 又在寺止宿，坐卧床褥，随意食啖。乞索取借，如俗去还，遂意则喜，违心必瞋。系缀胸抱，望当图剥，犹失牛羊之抵突，恣顽痴之鄙情。
      - 或用力势逼掠，打扑抄夺。
      - 具造恶业，必死何疑。一旦横骸，神何可灭？随业受苦，永无救护，可共悲哉！非三宝不能救，由此人不可拔。
    - 明有智获益：若有智之人，终不行此。敬重寺法，准而行之。护惜三宝，咨请法训，自招大益。
    - 引经合证：故经云：“众僧良福田，亦是蒺藜园。斯言实矣！当知衰利由心，非前境咎。”

乙二、清信女法

◀《事钞》云
- 指同：“清信女人入寺，仪式同前。”
- 彰异
  - 指过：唯不得在男子上坐，形相语笑，脂粉涂面，画眉假饰，非法调戏。共相排荡，持手撑人。
  - 示法：必须心整容，随人教令，依次持香，一心供养。忏悔自责，生女人中，常成碍绝。于此妙法，修奉无因。不得自专，由他而办，一何苦哉！应深生鄙悼。若见沙弥，礼如大僧，勿以位小而不加敬。此于大僧为小，于俗为尊。出家受具，使入僧数。不得以小儿意轻而持接。设有说法，当谨听受，勿复唤名而走使。

甲二、出寺法

◀《事钞》云
- 结前——如此等，在寺中竭力而行。
- 正示
  - 教礼辞——所为事讫。辞出寺门，如法作礼。（佛前三拜，至门一拜，门外又一拜。若僧少时，次第各礼一拜，多者总礼三拜。）
  - 令舍施——凡以秽俗之身入寺，践金刚净刹法地，自多乖于仪式。若去时，须自赎其过。随施多少，示有不空。（若布绢香油澡豆华水，下至扫地除粪。）

第三课 瞻视病人

- 甲一、制意
- 甲二、安置处所
- 甲三、说法敛念

甲一、制意

◀《事钞》云
- 叙意
  - 叙病患——“制意者，夫有待之形，多诸婴累。四大互反，六府成病。
  - 明瞻视——若不假相提接，薄命则无所托。
  - 示凡情——然则世情流变，始终难一。健壮则亲昵，病弱则捐舍。鄙俗恒情，未能忘此。
  - 彰圣引导——故如来深鉴人物，知善未崇，恶必相遵，故亲看病。
- 引证
  - 引缘——故律中，佛言：‘汝曹不相看视，谁当应为？’乃至世尊为病人洗除大小便已，扫治卧处，极令清净，敷衣卧之。
  - 立制——便立制云：自今已去，应看病比丘，应作瞻病人。若有欲供养我者，应供养病人。
  - 结劝——佛为极地之人，犹励诸比丘，亲自下接；况同法义重，如何相弃？”
- 释疑
  - “问：供养病者等佛何耶？
  - 答
    - 约心行同佛——谓悲心看病，拔苦与乐，慈行同佛故也。
    - 约随顺法制——又论云。随顺我语，名供养佛。”

甲二、安置处所

◀《事钞》云"三安置处所——

- 若依中国本传云，祇洹西北角日光没处为无常院，若有病者安置其中。堂号无常，来者极多，还反一二。即事而求，专心念法。
- 其堂中置一立像，金薄涂之。面向西方。其像右手举，左手中系一五彩幡，脚垂曳地。当安病者在像之后，左手执幡脚，作从佛往净刹之意。瞻病者烧香散华，庄严病者。乃至若有屎尿吐唾，随有除之，亦无有罪。
- 传云：原佛垂忍土，为接群生，意在拔除烦恼，不唯粪除为恶。如诸天见人间臭秽，犹人之见屏厕，臭气难言。尚不以为恶，恒来卫护。何况佛德而有爱憎？但有归投者，无不拔济。乃至为病者随机说法。命终恒在佛所，不得移之。"

甲三、说法敛念

- 乙一、余人劝导
- 乙二、瞻病劝导

乙一、余人劝导

◀《事钞》云"四说法劝善者——

- '十诵：应随时到病者所。为说深法，是道非道，发其智慧。先所习学，或阿练若、诵经、持律、法师、阿毗昙、佐助众事。随其解行而赞叹之。'
- 传云：中国临终者，不问道俗亲缘，在边看守，及其根识未坏，便为唱读一生已来所修善行。意令病者内心欢喜，不忧前途。便得正念不乱，故生好处。"

乙二、瞻病劝导

◀《事钞》云

- 明说法
  - 量机：“其瞻病者，随其前人病有强弱，心有利钝，业有粗细，情有去取，当依志愿随后述之。
  - 说法
    - 令缘佛：或缘西方无量寿佛，或兜率弥勒佛，或灵鹫释迦本师。
    - 示心观：或身本无人，妄自立我。或外相似有，实自空无，如至焰处则无水相。或为说唯识无境，唯情妄见。
    - 示随缘：各随机辩而诱导之。”
- 示经像
  - 示经像：“应以经卷手执，示其名号。又将佛像对眼观瞩。恒与善语，勿传世事。
  - 引华严为证：华严偈云：又放光明名见佛，彼光觉悟命终者，念佛三昧必见佛，命终之后生佛前。见彼临终劝念佛，又示尊像令瞻敬，又复劝令归依佛，因是得成明净光。”

第四课 出家宗致

问：今辑在家备览，何以最后列出家宗致门耶?

答：凡俗士尚未出家，而欲出家者。须先了知出家之后，如何发心，如何苦行。自量己力，以定可否。若其力有未能，应即知难而退，不须率尔出家，免致将来忧悔。以是之故，出家宗致，为在家者所应预知。因以此门，殿于卷末焉。

- 甲一、出俗本意
  - 乙一、出家元缘
  - 乙二、劝出有益
  - 乙三、障出有损
  - 乙四、明出家已行凡罪行
  - 乙五、明出家已行凡福行
  - 乙六、明出家已行圣道行
- 甲二、应知五德

甲一、出俗本意

◀《事钞》云
- 叙本示滥
  - 示位——“沙弥建位，出俗之始
  - 明本志——创染玄藉，标心处远。
  - 示律可依——自可行教，正用承修。
  - 斥世无训——滥迹相济，世涉多有。”
- 明信智二门
  - 叙二法之要——“然信为道原功德之母，智是出世解脱之因。夫出家者，必先此二。
  - 叙不明之失
    - 明形心混俗——如未晓此，徒自剃著，内心无道，外仪无法，纵放愚情，还同秽俗。
    - 显愚法所以——所以入法，至于皓首，触事面墙者。良由自无奉信，圣智无因而生。但务养身，宁知出要胜业。”

乙一、出家元缘

◀《业疏》云：如华严偈
- 为不识故立法示之
  - 不识之过——若有不识出家法，乐着生死不求脱。
  - 立法之相——是故菩萨舍国财，为之出家求寂静。
- 为着欲故方便引之
  - 示着欲——五欲所缚不离家。
  - 明方便——欲令众生解脱故。

乙二、劝出有益

◀《业疏》云
- 叹德——“如出家功德经：若能放人出家受戒，功德无边。
- 引谕
  - 供圣喻
    - 引经——譬如四天下满中罗汉，百年供养。不如有人为涅槃故，于一日夜出家受戒。
    - 出意——谓犹前施虽多有竭，是欲界系。为法出家，非三界业，故说过前。
  - 宝塔喻
    - 引经——又云：纵起宝塔至忉利天，亦劣出家功德者。
    - 示意——一时欣出，虽未可数，然其积微，是高胜本。”

乙三、障出有损

▲《业疏》云“如出家经：为出家者，而作留碍抑制，此人断佛种故，诸恶集身，犹如大海。现得癞病，死在暗狱，无有出期。”

乙四、明出家已行凡罪行

◀《业疏》云
- 正示——“据论罪本，皆由事缚。不思厌背，师心妄造。
- 引示
  - 如《大宝积经》：出家二缚，谓诸见、利养也。
  - 如律缘制。由名利故，便生有漏。因制诸戒，为防罪业，障三涂也。”

乙五、明出家已行凡福行

◀《业疏》云
- 持戒
  - 叙持戒昧道——“今有行者，但知持戒，无心在道。道在虚通，达累为本。此而不思，但持戒善，自余讲解修习观务，悉为非道。内多瞋忿，久污净心。
  - 结示行果——此戒取结，谓为最胜。又是见取。体是欲界，增生下业。”
- 修禅——“若修世禅，缘色缘心。虽经上界，终还生死，未有出期。”
- 多闻——“若修多闻，讲诵经典，不为解脱。并增欲有，未成无漏。”
- 营事
  - 明行果——“若营世事，供养三宝塔寺等相。心无欣道，最是我所。或沦下趣。”
  - 推心因——“由造善时，自爱憎他，行谄行诳，杂惑成树，故受鬼趣相似果报。以心非实，生在恶道；以福事成，故受胜处。”

乙六、明出家已行圣道行

◀《业疏》云
- 叙难行所以：“但出世道，无始未经。皆由着世，惯习难断。
- 劝厉力须修：今既拔俗，智鉴明利。若不行者，禽兽无别。”
- “然圣道行，经说乃多，并随机缘，故药无准。要而言之，不过三种。”
- 性空
  - 标位：“一者小乘人行。
  - 示行：观事生灭
  - 见理：知无我人善恶等性。
- 相空
  - 位：二者小菩萨行。
  - 行：观事是空
  - 理：知无我人善恶等相。
- 唯识
  - 标位：三者大菩萨行。
  - 明理：观事是心
  - 示行：意言分别
  - 引证：故《摄论》云：从愿乐位至究竟位，名观中，缘意言分别为境。”

▲《资持》云：“上之三科，总论十界之因，故并名行。凡罪即三途行，凡福即修罗人天行，圣道即三乘佛果行。历示心行，令识因果。舍罪修福，革凡成圣，厌小慕大，趣一佛乘。是故业疏专指大乘为出家学本，即戒本云：‘若有自为身，欲求于佛道’，是也。”

二、应知五德

《羯磨注》云："如请僧福田经。沙弥应知五德
- 一者、发心出家，怀佩道故。
- 二者、毁其形好，应法服故。
- 三者、永割亲爱，无适莫故。
- 四者、委弃身命，遵崇道故。
- 五者、志求大乘，为度人故。"

◎附录一：明“余人劝导”法

- 兰若人——若阿练若者，当软语泛话讫，告云：“大德，今者病笃如此，唯当善念，不畏恶道。何者？自病已前，行头陀大行。佛弟子中，唯有迦叶，世尊在众，常赞叹之。乃至舍座舍衣，佛亲为也（大正T2,p416c）。以行胜行，圣人共遵。大德行绍圣踪，必生善处。何忧死至！但恐失念，妄缘俗有。此是幻法，更勿思之。”

- 诵经人——若诵经者，告云：“大德常诵某经，以为正业。实为胜行，凡圣同钦。鹦鹉闻四谛，尚七反生天，后得道迹（大正T4,p436c）；大品有经耳品（大正T8,p313c）；涅槃。‘常住’二字（大正T12,p865b），尚闻不生恶道。况复依教广诵，无谬滥过，何能坠陷，必生善处”等。

- 持律人——若持律者，云：“大德护持禁戒，顺佛正言。能于像末，兴隆三宝。正法久住，由大德一人。今者疾患绵久，恐将后世。人谁不死？但恐无善。大德以善法自持，兼摄他人。诸佛自赞，岂唯言议！但当专志佛法，余无妄缘。”

- 法师——若法师者，云：“由大德说法教化，令诸众生，识知三宝、四谛。开其盲眼，破其心病，光显佛法。使道俗生信，能令作佛。又使正法久流，实大德之力。”

- 禅师——若禅师者，云：“佛法贵如说行，不贵多说、多诵。”又云：“不以口之所言，而得清净。如说行者，乃是佛法。大德顺佛正教，依教而修。内破我倒，外遣执着。此则成圣正因，勿先此业。”如是等随其学处，于后誉之。

- 佐助众事——若佐助众事者，告云：“大德经营僧事，与圣同俦。故沓婆王种，舍罗汉身，为僧知事（大正T22,p587a）。求坚固法；乃至迦叶蹋泥，造五精舍（大正T23,p528b）；祇夜破薪，供僧受用（大正T4,p483c）；身子扫地（大正T4,p251c）；目连然灯（大正）。并大罗汉，岂有恶业？但示僧为福聚。凡愚不知，各舍自业，佐助众事。然僧田福大，不同佛法。如成论中，诸人以衣奉佛。佛令施僧。我在僧中。由僧随我语，名供养佛；为解脱故，名供养法；众僧受用，名供养僧。供养僧者，具足三归。故知僧德大也。大德既顺佛正命，料理僧徒。佛所叹尚，是第一行，何人加之！经云：‘忆所修福念于净命（大正T14,p544c）’”等。

——《四分律删繁补阙行事钞》

◎附表二：明“在家之过患”

- 苦谛 — 居家如画彩色，为但现好，疾就磨灭。居家如幻所化，无有我，而好往来聚会。居家譬如须曼华，适起随坏，多所求故。居家为如朝露，日出则堕，但有死忧。居家为如父母，乐少忧多。
- 集谛 — 居家为如罗网，常忧色声香味细滑法。居家如铁嘴鸟，但忧不善之想。居家为如毒蛇，忧说诸事。居家如火烧身，用意乱故。居家常畏怨敌，谓五贼冤家恶子故。居家为少安隐，不得度脱，用无等故。如是长者。居家菩萨当别知在家为秽。

——《郁迦罗越问菩萨行经》（卷一）· 秽居品第四

居家迫迮犹如牢狱，一切烦恼由之而生；出家宽旷犹如虚空，一切善法因之增长。若在家居，不得尽寿净修梵行。我今应当剃除须发，出家学道。

——《大般涅槃经》（卷十一）· 现病品第六

◎附表三：“南山三观”

【一】前言：

心生有二因缘：有从实而生，有从不实而生。如梦中所见，如水中月，如夜见机树谓为人，如是名从不实中能令心生。是缘不定，不应言心生有故便是有。若心生因缘故有，更不应求实有。如眼见水中月，心生谓是月；若从心生便是月者，则无复真月。

——《大智度论》（卷十二）· 初序品中 檀波罗蜜法施义

【二】正明：

（1）性空观：

《成实论·假名相品》所立之三假，即：

因成假 —— 一切有为法乃因缘所成，故称为假。

相续假 —— 众生心识念念相续，前念既灭，后念复生。了此相续，本无实体，故称为假。

相待假—— 一切诸法各有对待，如对长说短、对短说长、对无说有、对有说无，大小、多少、强弱亦复如是。

——《佛光大辞典》

问曰："若舍恶行善，是为持戒。云何言罪、不罪不可得？"

答曰："非谓邪见（粗）心言不可得也。若深入诸法相，行空三昧，慧眼观故，罪不可得。罪无故，不罪亦不可得。

复次众生不可得故，杀罪亦不可得。罪不可得故，戒亦不可得。何以故？以有杀罪故则有戒；若无杀罪则亦无戒。"

——《大智度论》（卷十四）·初序品中　赞尸罗波罗蜜义

（2）相空观：

诸法不自生　亦不从他生　不共不无因　是故知无生

"不自生"者：万物无有从自体生，必待众因。复次，若从自体生，则一法有二体：一谓生、二谓生者。若离余因，从自体生者，则无因无缘。又生更有生生则无穷。自无故"他"亦无。何以故？有自故有他。若不从自生，亦不从他生。"共生"则有二过：自生他生故。若"无因"而有万物者，是则为常，是事不然。无因则无果，若无因有果者：布施、持戒、等应堕地狱，十恶、五逆应当生天，以无因故。

——《中论》（卷一）·观因缘品第一

（3）唯识观：

一切浮尘诸幻化相，当处出生，随处灭尽，幻妄称相；其性真为，妙觉明体。如是乃至五阴、六入，从十二处、至十八界。因缘和合，虚妄有生；因缘别离，虚妄名灭。殊不能知，生灭去来，本如来藏，常住妙明，不动周圆，妙真如性。性真常中，求于去、来、迷、悟、死、生了无所得。

——《大佛顶如来密因修证了义诸菩萨万行首楞严经》（卷二）

【三】结劝：

优波离即从座起，顶礼佛足，而白佛言：我亲随佛，踰城出家。亲观如来，六年勤苦；亲见如来降伏诸魔，制诸外道。解脱世间贪欲诸漏。承佛教戒，如是乃至三千威仪，八万微细性业遮业，悉皆清净。身心寂灭，成阿罗汉。我是如来众中纲纪，亲印我心，持戒修身，众推为上。佛问圆通，我以执身，身得自在；次第执心，心得通达，然后身心一切通利，斯为第一。

——《大佛顶如来密因修证了义诸菩萨万行首楞严经》（卷五）

南山道宣律祖弘传律教年谱

惠安瑞集大华严寺沙门演音撰

附修学遗事 僧传阙略之事迹亦补记之

一岁　隋文帝开皇十六年丙辰

是年四月八日，律祖生于京兆，即都城也。有云湖州长城或吴兴丹徒者，为祖宗所出。非生处也。

曾祖陈朝驸马都尉；祖陈留太守；父名士申，吏部尚书；母姚氏。

二岁　十七年丁巳

三岁　十八年戊午

四岁　十九年己未

五岁　二十年庚申

六岁　二十一年辛酉

七岁　二十二年壬戌

八岁　二十三年癸亥

九岁　二十四年甲子

十岁　炀帝大业元年乙丑

遍览群书

十一岁　二年丙寅

十二岁　三年丁卯

善闲文藻

十三岁　四年戊辰

十四岁　五年己巳

十五岁　六年庚午

昔在童稚，即有信心。年十有五，喟然叹曰："世间荣禄，难可常保。"因往事日严寺慧頵和尚。寺在京师，隋炀帝造。

十六岁　七年辛未

两旬之间，诵《法华经》一部。

十七岁　八年壬申

是年剃落。

十八岁　九年癸酉

十九岁　十年甲戌

二十岁　十一年乙亥

奉诏，依智首律师受具。顶戴宝函，绕塔行道，感舍利降函，乃进受具戒。

二十一岁　十二年丙子

于时佛法梗塞，寺门常闲，致于律教无处师寻。但在守文，持犯不识。

二十二岁　恭帝义宁元年丁丑

二十三岁　唐高祖武德元年戊寅

大唐御世，时遭俭约；乍欲投听，志不自由。

二十四岁　二年己卯

二十五岁　三年庚辰

二十六岁　四年辛巳

是年，依首律师听习律藏。才得一遍，便欲归山坐禅。和尚教曰："戒净定明，慧方有据；始听未闲，持犯焉识。又往听律十遍，复始坐禅。和尚曰："更听十遍，可遂汝心。"又往律筵，依位伏业。时首律师命令覆讲，始不敢受，辞不获已，方乃覆文。听二十遍，时经六载。

二十七岁　五年壬午

二十八岁　六年癸未

二十九岁　七年甲申

是年高祖废日严寺，僧徒散乱，律祖等七人配住崇义寺。寺在左卫长寿坊，旧为桂阳公主及驸马居，驸马亡后，公主舍宅为寺。以妻为夫造，恩深义重，敕名崇义。是年制《释门集僧轨度图经》一卷，宋时犹存，今逸。

三十岁　八年乙酉

三十一岁　九年丙戌

因高祖沙汰僧尼，遂隐居终南山丰德寺苧麻兰若。

六月，创制《行事钞》。钞首标崇义寺者，因取本系之寺以标名焉。

三十二岁　太宗贞观元年丁亥

思往观表，以广闻见，于和尚前跪陈行意，和尚流涕，逮贞观十一年七月卒于所住。律祖撰续高僧传中，京师崇义寺释慧頵传云："不谓风树易喧，逝川难静，往还十载，遂隐中天，悲哉！"

是年周游讲肆。所造钞三卷，未及覆冶，人遂抄写。准诸钞疏卷尾批文，律祖造钞，应是始于武德九年，成于贞观元年。有谓九年六月为绝笔时者，良恐非是。

又出拾毗尼义钞三卷，助释行事钞，草稿才成，即流新罗，此方绝本。至宣宗大中四年，彼国附还。元有三卷，下卷已逸，后以两卷开为四卷。

日本古目录，屡云律钞料简一卷，道宣述。此土久逸，不详制作年代，附记于此。

三十三岁　二年戊子

三十四岁　三年己丑

三十五岁　四年庚寅

远观化表，北游并晋，东远魏土。

律祖初作《事钞》，未题制作人名。后有一本流到相州，法砺律师叹为的当，恒披看之，疑是首律师作。后律祖至相州，见砺律师，因叙问律宗之事，乃云："近收得一本《行事钞》，甚被时机，未审何人制作？"以示律祖。祖云："余所作也。"砺律师惊异，遂请题名。律祖乃于三卷首，皆书京兆崇义寺等云云。砺律师于法题之下，名题之上，中间空处，皆注八字赞美之词，即是"作者非无标名显别"等也。

砺律师于贞观九年十月卒，戒疏卷尾批文云："法砺律师，当时峰岫，远依寻读，始得一月，遂即物故，扶心之痛，何可言之！"律祖往依，未审何年，附记于此。

三十六岁　五年辛卯

三十七岁　六年壬辰

三十八岁　七年癸巳

三十九岁　八年甲午

《吴越景宵简正记》云："《事钞》重修时处者，贞观八年河中府隰州益词谷，因游灵迹，暂道幽岩，棲禅寂定，观前述作，审定文词，遂乃重修。"今解，据戒疏卷尾批文云："贞观四年，远观化表，北游并晋，东远魏土，依砺律师，始得一月，遂即物故，乃返泌部山中，为择律师又出钞三卷，乃以前本，更加润色，筋脉相通。"若据此文，重修《事钞》乃在砺律师卒后，为贞观九年后也。但古德传说，皆云八年重修，故记于此。

是年出《随机羯磨》一卷，含《注戒本》一卷，《戒本疏》三卷，《教诫新学比丘行护律仪》一卷。

四十岁　九年乙未

九年春，因游方次，于泌部绵上县惊巢村僧坊，出《随机羯磨疏》两卷。

是年四月，智首律师卒、律师撰续《高僧传》中，京师宏福寺释智首传云："余当初末尘，向经十载，具观盛化，不觉谓之生常，初未之钦遇也，乃发愤关表，具觌异徒，溢目者希，将还京辅，忽承即世，行相自崩，返望当时，有逾天岸，呜呼可悲之深矣！"

于时母氏尚存，乃返隰列，出《尼注戒本》一卷。贞观中出，未详年代，附记于此。今亦逸矣。

四十一岁　十年丙申

四十二岁　十一年丁酉

是年春末，于隰州益词谷中撰《量处轻重仪》一卷。

四十三岁　十二年戊戌

四十四岁　十三年己亥

四十五岁　十四年庚子

四十六岁　十五年辛丑

四十七岁　十六年壬寅

是年母卒。性中狎喧，乐居山野，乃往终南。

四十八岁　十七年癸卯

四十九岁　十八年甲辰

五十岁　十九年乙巳

出《比丘尼钞》三卷。

宋时所传《比丘尼钞》，疑为唐西明寺道世又名玄恽所撰。彼并出《毗尼讨要》，与《尼钞》对校，甚相符合，惟广略异耳。若以《尼钞》与《事钞》较，歧义颇多。故日本古德多判为道世所撰。今有传者，即此本也。

五十一岁　二十年丙午

是年始隐于终南山丰德寺。摈影不出。

五十二岁　二十一年丁未

重修《随机羯磨》，分为二卷。

仲冬，删定戒本一卷。

五十三岁　二十二年戊申

重出《随机羯磨疏》，二月二十七日读讫，增为四卷。

五十四岁　二十三年己酉

五十五岁　高宗永徽元年庚戌

重修《教诫新学比丘行护律仪》一卷。

重修含注戒本并疏，至二年九月十九日方讫，含注戒本二卷，疏四卷。

五十六岁　二年辛亥

出删定《尼戒本》一卷，已逸。

五十七岁　三年壬子

五十八岁　四年癸丑

五十九岁　五年甲寅

六十岁　六年乙卯

六十一岁　显庆元年丙辰

六十二岁　二年丁巳

六十三岁　三年戊午

以贞观二十年摈影山林，终于显庆二年，十有二载。三年，高宗为皇太子建西明寺，诏为上座，乃居京师。

六十四岁　四年己未

制《释门章服仪》一卷，此年重修。

制《获僧物制》一卷，宋时尚存，今逸。

制《教俗士设斋仪》一卷，已逸。

《护三宝物仪》一卷，不详撰集年代，已逸。

又《净心诫观法》一卷，在隋州与唐伽蓝夏安居撰，不详年代。附记于此。

六十五岁　五年庚申

六十六岁　龙朔元年辛酉

于京师西明寺，出《释门归敬仪》一卷。

六十七岁　二年壬戌

六十八岁　三年癸亥

六十九岁　麟德元年甲子

居终南山北，沣福二水之阴，清官乡净业寺。

七十岁　二年乙丑

七十一岁　乾封元年丙寅

七十二岁　二年丁卯

一月八日，创筑戒坛于终南山净业寺。四方岳渎沙门，寻声远集者，二十余人。至于夏初，众侣更集。重受具戒，多是远人。为出《戒坛图经》一卷。

一月十四日，于净业寺结大界净地；并出《净厨诰》一卷，宋时尚存，今逸。

二月末，数感人天相寻，撰《律相感通传》一卷。

季春，感灵，出《祇洹寺图经》二卷。唐季已逸，北宋中业自日本将至。

重修《量处轻重仪》一卷。

十月三日，设无遮大会。午时，道俗咸闻天乐异香，律祖敛容迁化。

初空于壇古；至三年，高宗敕问。丰德寺主事奏闻，请依西国法荼毗。得舍利，立塔三所，一在丰德寺，一在安丰坊，一在灵感寺。

懿宗咸通四年，并安丰坊舍利入灵感寺同起一塔。咸通十五年敕谥及塔号，僧传作十年也。

谨案此谱旧稿题云：“南山大师撰集时代略谱，附修学遗事。”即再版四分律戒相表记附录南山律苑业书出版预告中之第十三种是也。旧稿末有案语及跋记云：“案南山大师撰集如上列者，其中惟有随机羯磨入藏流传，删定僧戒本感通传世有刊本。其他悉于南宋之季，佚失不传。近乃得自东瀛，由天津刻经处刊版，汇为一帙，名曰《南山律要》。学者读之，当如何欢忻踊跃而生难遭之想耶。后二十二年，岁次癸酉。九月十九日编录，二十日录讫。匆遽握管，不无舛讹。俟后重修而订正焉。演音书时春秋五十四初度。”新稿增修之处甚多，改题今名。但无案语跋记。原稿朱标句读，二埋法师录寄弘化月刊，为便排版，改新式标点。其说明亦自各岁下方移至次行。兹依弘化月刊款式。并承二埋法师。以所录新稿副本寄示，俾得与弘化月刊互校，勘正讹字。复承圆拙法师见告，晚晴书简中，有拟将南山灵芝二谱附于南山律在家备览之计划。因将两谱收于附录。灵芝年谱，大师谨誊清至三十五岁，遂即示寂。所幸以后各岁，草稿中均已写明要事，并标记所根据书目卷页。二埋法师依草稿逐次检出，赓续编成。录登弘化月刊，阅者咸皆读喜。案灵芝著述，我国就佚，近始得自日本。惟杂著芝园集二十卷仅存三卷。其余均由天津刻经处刊出。大师将日刊南山三大部及灵芝疏记诸本，校订天津刊本，补列科文，体列详明，标点精密，极便研究。倘遇机缘，拟随时编校，收入大藏，以弘律化。

癸巳中秋大藏经会谨识

灵芝律师年谱

一岁　宋仁宗庆历八年戊子

师名元照，字湛然，自号安忍子，余杭唐氏。

二岁　皇祐元年己丑

三岁　二年庚寅

四岁　三年辛卯

五岁　四年壬辰

六岁　五年癸巳

七岁　至和元年甲午

八岁　二年乙未

九岁　嘉祐元年丙申

十岁　二年丁酉

十一岁　三年戊戌

十二岁　四年己亥

十三岁　五年庚子

十四岁　六年辛丑

十五岁　七年壬寅

十六岁　八年癸卯

十七岁　英宗治平元年甲辰

十八岁　二年乙巳

本传云："初依祥符寺慧鉴律师。十八通诵《妙法莲华经》，试中得度；遂专学毗尼。"案：考上权府书，谓"自齠龀出家，冠年比试获中，洎落发禀戒"云云。应是七八岁出家，而未落发；十八比试获中乃落发。书中所谓冠年者，应是十八，非二十也。

十九岁　三年丙午

二十岁　四年丁未

二十一岁　神宗熙宁元年戊申

案：依天台神悟法师，是此后数年中事。《净土礼忏仪·自序》云：“自下壇来，便知学律。但秉性庸薄，为行不肖。后遇天台神悟法师，苦口提诲，始知改迹。遂乃深求祖教，博究佛乘。”本传云：“后见神悟谦公讲天台教观，遂抠衣其出门。博究群宗，以律为本。悟曰：近世律学中微，汝当明法华以弘四分。”

二十二岁　二年己酉

二十三岁　三年庚戌

《戒体章》云：“熙宁三年后安居日。于南山祖师羯磨疏，录出戒体章，顾眄前贤后进，议论递作，得失亘见；故直叙大略云。”

二十四岁　四年辛亥

二十五岁　五年壬子

二十六岁　六年癸丑

二十七岁　七年甲寅

二十八岁　八年乙卯

二十九岁　九年丙辰

三十岁　十年丁巳

案：自温台还祥符，是此前数年中事。《上权府运使论增戒书》云：“熙宁间，自温台游方还本受业院。在祥符寺之东南隅，闭户专业，谢去人事。乘闲挥尘，赞述戒律。无何，谬为人所知，遂有远方之朋，负笈日至而就学焉。每患正法下衰，人情鄙薄，僧网解纽非一日矣。辙不自料，颇有意于扶持。故夫来者，必博之以禅智，约之以法律，持盂丐食以充其口腹，疏布裁衣以蔽其形苦。日加溯引，夕增励修，出处语默，率遵于佛制。如是数年间，罔敢自怠。”

三十一岁　元丰年戊午

本传云：“元丰年春三月，从广慈慧才法师受菩萨戒于雷峰。方羯磨，观音像放光明，初贯宝焰，渐散讲堂，灯炬月光，皆为映夺。净慈法真禅师为作戒光记。师乃博究顿渐律仪。南山一宗，蔚然大振。”南山律师撰《集录》云：“在昔尊道辅教之士，尝揽诸名题，集为别录。但搜括未详，时代差误，布厝紊杂，不足披捡。今以内典开元等录，及戒疏后序诸文批志，看详对会，重纂一本。时皇宋元丰改号之岁后安居日重录。”

《秀州普照院多宝塔记》云：“逮于元丰改元戊午仲秋，跨一十六载，役工方毕。……余以经从，获究始末。辙复命笔为之记云。”

三十二岁　二年己未

三十三岁　三年庚申

《受戒方便》云：“元丰三年，为诸沙弥出。”

三十四岁　四年辛酉

《上权府运使始论增戒书》云："贫道自髫龀出家，冠年比试获中。洎落发禀戒，潜心于佛乘十有六载。然将行古道，必反常情。往往同俦辈以为矫异骇众，而窥伺短失者有矣，……以致彼徒率因行事有所不同，夙怀忿愠，乃乘是增戒之势，以致斗讼。其意无他，直欲以无辜之人，陷于缧绁之中耳。自念与时寡合，一无势援，独力不能加众，厥或枉遭刑戮，固无惜于一身，但恐遏绝律风，使无闲于世耳。"

案：增戒者，因已受之戒未能优胜，再令其重受也。律论并明其法，古德亦有行之者。时人不知，谓为诡异，因致构讼；详见原文。

上书之年，依"落发禀戒十有六载"之言，而推记之约在此岁，或前岁。

三十五岁　五年壬戌

三十六岁　六年癸亥

三十七岁　七年甲子

三十八岁　八年乙丑

《为义天僧统开讲要义·序》云："高丽王子弘真祐世广智僧统义天，同弟子寿良，航海求法，首登师门，元丰八年十二月二十八日借馆伴主客学士杨杰就寺请师升座，发扬纲要：义天矍然避席作礼，请所著书，归辽东摹板流通。"

三十九岁　哲宗元祐元年丙寅

四十岁　二年丁卯

台州慈德院重修大殿记云："元祐二年仲冬月，予以结界之命，因过是院；而仲元者，具状本末，丐文为记，辞不获已，试复叙云。"

四十一岁　三年戊辰

《行宗记·序》云："于是载思载览，随说随钞，弥历岁华，遽盈卷轶；考名责实，搜古评今，俾得利钝以兼资，冀说行而两遂，尤惭寡薄，莫尽玄微，或所未安，以俟来裔！时元祐三年夏安居竟，在东安碧沼兰若绝笔，因题序云。"

四十二岁　四年己巳

四十三岁　五年庚午

四十四岁　六年辛未

四十五岁　七年壬申

四十六岁　八年癸酉

四十七岁　绍圣元年申戌

《临安无量院弥陀像记》云："元祐八年上元日，集众瞻礼，渊乃述诚说偈，发大弘誓，置像腹中，是日供五百罗汉，设会饭僧以落之。越明年四月八日，庄严圆备，仪相妙好，辉彩焕发。由是一方之人，得以归向，百世之下，得以流通。渊闻予属意此道，累以记文为请，遂援毫直书，以塞其命。"

四十八岁　二年乙亥

四十九岁　三年丙子

《上权府朝奉论慈愍三藏集书》云："贫道少小辞亲，冠年从道，寻师务学，负笈横经，于兹三十一腊矣。不料寡薄，谬为师首，在处养徒，晨夕讲训，上酬佛祖开悟之恩，次报王臣存护之德。顷以前任太守王公修撰持遣公符，邀命至此，俾于南寺重建戒坛，方欲纠募豪族，发首兴工。无何，诸师见忌，异论锋起，以谓慈愍集乃贫道自撰，假彼名字，排我宗门；会不知此文得于古藏，编于旧录，不省寡闻，辙怀私忿；以至讼于公府，干我长吏。"

上书之年，依"少小辞亲亲……。于兹三十一腊矣。"之言，而推计之，约在此岁。

《台州顺感院转轮藏记》云："台州顺感院，石晋天福中郡人胡都使舍宅为之，始名报国；今朝祥符初，改赐今额。师徒继世，甲乙住持，久不得人，寥落滋甚。熙宁十年，郡吏临华，寺僧希湛，相与募缘建转轮经藏，洎法堂僧堂三门钟鼓台房廊厨库等，于兹仅二十年，然犹兴葺未已，所费无虑一千万钱。……故为书其始末，以告同道云。"

作记之年，依"熙宁十年，……于兹仅二十年。"之语，而推计之，约在此岁。

五十岁　四年丁丑

五十一岁　元符元年戊寅

建明州开元寺戒坛誓文云："绍圣五年二月十五日沙门元照谨誓。"

案：哲宗绍圣五年，改为元符元年。

五十二岁　二年己卯

五十三岁　三年庚辰

五十四岁　徽宗 靖国/建中 辛巳

五十五岁　崇宁元年壬午

五十六岁　二年癸未

五十七岁　三年甲申

五十八岁　四年乙酉

五十九岁　五年丙戌

六十岁　大观元年丁亥

《越州龙泉寺弥陀宝阁记》云：“越州余姚龙泉寺，经始于东晋咸康中，逮今大观丁亥，凡八百五十载。大观改元仲秋晦记。”

六十一岁　二年戊子

六十二岁　三年己丑

六十三岁　四年庚寅

六十四岁　政和元年辛卯

《授大乘菩萨戒仪》云："政和元年，岁在辛卯，安居中为众僧录出。"

六十五岁　二年壬辰

六十六岁　三年癸巳

六十七岁　四年甲午

六十八岁　五年乙未

六十九岁　六年丙申

《大小乘论》云："律师临终口授，门弟子守倾执笔。"

本传云："政和六年秋九月一日，集众讽普贤行愿品，趺坐而化；湖上渔人，皆闻天乐声。寿六十九岁，僧腊五十一夏。葬于寺之西北，谥曰大智，塔曰戒光。"

弘公律师撰大智律祖年谱，缮清至三十五岁，乃竟生西；以下但有草稿，写明要事，附记出处。展读兴悲，历经三载，同学一再怂恿，谨依原稿录出，俾其成全。噫！蝇附骥尾，终有未安，同道辱教，为幸甚焉！

辛卯前安居日雪峰寺二埋仪识

后 记

《南山律在家备览导读》的编辑，仰仗十方三宝、律宗历代祖师、弘一大师的加持，大众群策群力之下，经历三年终于在此告一段落。在此之际，对于十方三宝，一切教授师长，乃至所有为此书编辑发心的大众，内心充满无限的感激。

同时在此缅怀过去给予学人律学教授之师长，包括先师上忏下云老和尚，将其亲手朱批圈点之《南山律在家备览》给予学人抄录。以及上道下海老和尚，于净律学佛院第一次宣讲《南山律在家备览宗体篇》，这也是近代第一次，有人发心宣讲此律典。以及上果下清律师、上天下因法师之出家戒学教授。暨未来学人数次学讲《南山律在家备览》时，一切与会听闻，陪着学人共同学习的诸位大德。因为有他们慈悲的引导与协助，故对此律学典籍，方能稍稍窥其堂奥。

虽说有多次学讲，而此次导读的蓝本，主要是依据学人2014–2015年间，于上海性觉寺斋戒会期间，授课之内容录音为主。

最初只是与大家共同学习，并没有出书流通的想法。后来决定出版，缘由广东正信居士，对弘一大师尊崇备至，并发心流通大师的著述。尤其对弘公所编辑，律学之入门教授《南山律在家备览》，更是欢喜踊跃，发愿广为流传。

但于各处寻觅合适的讲稿，总是因缘不具足，不得满彼之所愿。直至偶然间有居士于网络，见到学人刊登此次学讲的连载，并转告正信居士，经过与学人联系、共同协商后，最终学人决定抛砖引玉，出版此书，作为初学之引导。

在编辑过程当中，等于再次复习《南山律在家备览》的内容。此时内心只有一个想法，那就是“惭愧”。虽说常常为他人解说此理，但是自己于行持上多有所不及，因此只有深生惭愧。虽是如此，也希望大众不以人废言，法的本身还是清净、殊胜的。

并忆及弘一大师往生前几年，编辑《南山律在家备览》之茅棚，是一般人难以接受的简陋，却不妨碍大师悠游于法海中，倘佯于律典间。并大师慈悲柔和之风范，持戒忍辱之庄严，犹如雪山之优钵罗华，高贵而清净。因此能熏修此圣法，应作难遭难遇想！

愿我们尽未来际，能不断地共同学习此法。并透过一次次的串习，让此法在我们心中慢慢地生根、发芽、成长，乃至于茁壮，尽未来际修道中，因此有厚实之基础。

最后还要感谢广东正信居士的发起，以及一些默默护持，不愿留名的居士们，殚精竭虑、无怨无悔的付出。

并将此功德，回向法界众生，修行净土法门者，临终皆蒙佛上品莲台接引，往生西方极乐世界。修其余法门者，皆能与真实功德相应。并愿一切众生皆能离苦得乐，迅速成就无上菩提。

2016年夏六安月　释良因写于净律寺普贤院

※ 虽然弘一大师离开我们77年了，可大师言行一致的身教和示人的自律精神影响了一代又一代的三宝弟子。

※ 此次您手中结缘的是弘一大师遗著、良因法师导读《南山律在家备览》。
第一宗体篇，此篇主要讲述整个戒律的宗旨体性，是律藏的核心；
第二持犯篇，此篇主要讲述持戒、守戒、犯戒的因缘条件及轻重情况；
第三忏悔篇，此篇主要讲述若有犯戒，如何透过忏悔法门来恢复本来戒体的清静；
第四别行篇，此篇主要讲述作为居士去寺院应该如何遵守入寺出寺的法则、如何恭敬三宝、如何学习威仪身形以及如何提升出家学道的信念等。

※ 法宝是无价的，法宝稀有，得之不易，自己请回家不看，请不要闲置家中，请辗转流通利益众生，功德无量。

※ 疏漏之处敬请诸位大德、师兄指正，建议指导请联系： 139 2376 2869
Email至：867699186@qq.com.

《南山律在家备览》编辑小组

2019年 冬

回 向

二〇一九年，三宝弟子助印《南山律在家备览·导读》若干部，以此功德，愿我震旦国中以及世界各国，风调雨顺，物阜时雍。灾难消除，干戈永息。共沐佛化，同证菩提。

愿此次随喜出资出力每一位三宝弟子，身体安康，资生具足，现世永离衰恼，临终往生西方，并愿以此功德，回向法界众生，同渡迷津，齐成佛道。

愿法界无子众生，皆得诞生福德智慧之男，绍隆家业。弘宣佛法，普利有情，绵延相承，尽未来际。

愿此次随喜出资出力者，惟愿众等三宝弟子罪障消除，福慧增长。早证念佛三昧，共生极乐莲邦。普度众生，同圆种智。

此文格式系弘一大师一九二三年所写

《普劝发心印造经像文》所摘录

南无护法韦驮尊天菩萨

韦驮赞

韦驮天将，菩萨化身，拥护佛法誓弘深，宝杵镇魔军，功德难伦，祈祷副群心。南无普眼菩萨摩诃萨，摩诃般若波罗蜜。

ཡི་གེ་ཉི་ཤུ་རྩ་དྲུག་པ་འདི་དཔེ་ཆའི་ནང་དུ་བཞག་ན་དཔེ་ཆ་དེ་ཅི་འདྲར་
བགོམས་ཀྱང་ཉེས་པ་མི་འབྱུང་བར་འཇམ་དཔལ་རྩ་རྒྱུད་ལས་གསུངས་སོ།།

此咒置经书中　可灭误跨之罪

图书在版编目（CIP）数据

南山律在家备览 / 弘一大师遗著；良因法师导读
——上海：上海三联书店，2020.1（2025.11重印）
ISBN 978-7-5426-6820-2

Ⅰ.①南… Ⅱ.①弘… ②良… Ⅲ.①律藏—研究
Ⅳ.①B943

中国版本图书馆CIP数据核字（2019）第230549号

南山律在家备览

著　　者 / 弘一大师
导　　读 / 良因法师
责任编辑 / 冯　征
统筹策划 / 赵爱华
装帧设计 / 曾利国
监　　制 / 姚　军
责任校对 / 张大伟

出版发行 / 上海三联书店
(200041) 中国上海市静安区威海路755号30楼
邮　　箱 / sdxsanlian@sina.com
联系电话 / 编辑部：021-22895517
发行部：021-22895559
印　　刷 / 上海盛通时代印刷有限公司

版　　次 / 2020年1月第1版
印　　次 / 2025年11月第9次印刷
开　　本 / 710×1000　1/16
字　　数 / 500千字
印　　张 / 53.75
书　　号 / ISBN 978-7-5426-6820-2 / B·655
定　　价 / 158.00元

敬启读者，如发现本书有质量问题，请与印刷厂联系：021-37910000